U0862368

普通高等教育自动化类特色专业系列教材

现代控制理论

（第二版）

夏超英　编著

科学出版社

北　京

内 容 简 介

“现代控制理论”是系统和控制科学的一门基础课程，也是自动化类专业的一门核心课程，主要讲解以状态空间方法为基础的系统分析和设计方法，主要内容包括系统的状态方程描述，状态方程的解，系统的能控性和能观性，李雅普诺夫稳定性理论，控制系统的状态空间设计方法，最优控制等。

本书与作者已出版的《自动控制原理》成上下册，这套教材的特点是强调基础性和系统性，注重基本概念及其工程意义的阐述；在内容安排上尽量满足不同教学计划的授课要求，做到层次分明；在写作上力求做到内容精简，逻辑严密，尽量避免复杂数学公式的推导，符合工科学生的思维特点和认识规律。

本书可作为高等院校自动化、电气工程及其自动化、机电一体化和其他相关专业的本科生或硕士生教材，也可供相关专业技术人员参考。

图书在版编目(CIP)数据

现代控制理论 / 夏超英编著. —2 版. —北京：科学出版社，2016.6
普通高等教育自动化类特色专业系列教材
ISBN 978-7-03-048109-2

Ⅰ. ①现… Ⅱ. ①夏… Ⅲ. ①现代控制理论-高等学校-教材 Ⅳ. ①O231

中国版本图书馆 CIP 数据核字(2016)第 085817 号

责任编辑：余 江 张丽花/责任校对：高明虎
责任印制：张 伟/封面设计：迷底书装

科学出版社出版
北京东黄城根北街16号
邮政编码：100717
http://www.sciencep.com
北京九州迅驰传媒文化有限公司 印刷
科学出版社发行 各地新华书店经销
*
2012 年 6 月第 一 版 开本：787×1092 1/16
2016 年 6 月第 二 版 印张：21 3/4
2023 年 2 月第六次印刷 字数：529 000

定价：69.00 元

(如有印装质量问题，我社负责调换)

前　言

本书主要讲解以状态空间描述为基础的系统分析和设计方法，内容包括线性系统的分析和设计方法，李雅普诺夫稳定性理论和最优控制理论，是作者已出版的《自动控制原理》的配套教材。

“自动控制原理”和“现代控制理论”是控制工程学科的核心课程，一方面控制科学是奠定在坚实的数学基础之上的，理论性较强；另一方面控制科学的终极目标是工程应用，它又有很强的工程性和实践性。因此，教材如何在内容上做到理论联系实际，使学生能够深刻理解所学知识的工程背景和工程含义，而不是去死记一些干巴巴的数学公式和结论，这对学生运用所学知识解决实际问题能力的培养将是至关重要的。

出于上述考虑，作者有意识地加强了书中各知识点工程意义的解释，并注意结合经典控制理论的知识来加深对现代控制理论相关内容的理解，考虑到多变量系统零、极点的知识对学生从整体上把握多变量控制系统的结构特征，深刻理解能控性和能观性，建立经典和现代控制理论，乃至时域和频域方法之间的联系都是很有益处的，书中增加了相关内容的介绍。另外，结合作者的研究工作，以例题的形式给出了一类非线性时变系统稳定性的结果(例 4.24)、扩展最优调节器问题的解(例 6.12)和扩展最优输出跟踪器问题的解(例 6.14)。

注意到目前现代控制理论课程有所加强的趋势，和适应不同学时、本科生或研究生的不同教学要求，本书安排了传递函数矩阵的零、极点(2-6)，系统连接后的零、极点(2-7)，多输入多输出系统的标准型(2-8)，串联和反馈连接系统的能控性和能观性(3-5)，绝对稳定性理论(4-6)，无源性设计(4-7)，多输入多输出系统的极点配置(5-2)，状态反馈去耦设计(5-6)，渐近跟踪调节器设计(5-7)和最优控制理论(第 6 章)的内容。对于线性离散时间系统，在状态空间描述、传递函数、能控能观性、稳定性、标准型及系统设计方法等方面与连续时间系统有平行的结论，本书只做简单介绍。对于本科生 32 学时的教学计划来说，建议这些内容不讲，或有选择地选择其中的部分内容，对于本科生 48 学时或以上的教学计划来说，建议对上述内容的部分或全部进行系统地讲解。

本书后面的附录给出了与书中内容相关的 MATLAB 命令一览表，供读者参考。

本书由河北工业大学的安连祥教授和天津理工大学的高强教授主审，天津大学的李冬辉教授和左志强教授也为本书的内容提出了不少好的建议，在此一并表示感谢。

由于作者水平有限，书中难免存在不妥之处，希望读者不吝指正。

夏超英

2015 年 12 月于天津大学

目　　录

第1章　绪　　论

系统控制的理论和实践被认为是 20 世纪中对人类生产活动和社会生活发生重大影响的科学领域之一。在过去的半个多世纪中，自动控制技术在社会经济各部门中的广泛应用，极大地促进了化工、造纸、电力、冶金、汽车、家电等工业行业的技术进步，改善了劳动条件，提高了产品质量和劳动生产率，促进了产品的更新换代。特别是近二三十年来，随着微电子技术和计算机技术的进步，控制理论的研究成果在航空航天、军事工业、核能发电等现代科学技术领域，在生物、医学、环保、智能交通、新能源利用、经济管理等新兴领域，都起着非常重要的作用。

1-1　控制理论的形成与发展

控制理论与一切其他技术科学一样，也是在社会发展需求的推动下，从解决社会生产和工程问题的需求中产生和发展起来的。一般认为，控制理论的发展经历了“经典控制理论”和“现代控制理论”两个发展阶段。

早在控制理论形成之前，就有蒸汽机的飞轮调速器、鱼雷的航向控制系统、航海罗经的稳定器、放大电路的镇定器等自动控制装置，这些都是人们不自觉地应用了反馈控制的概念而构成的自动控制系统的例子。20 世纪二三十年代，马克斯威尔对装有调速器的蒸汽机动态特性的分析，马诺斯基对船舶驾驶控制的研究是控制理论最早期的研究成果。到 20 世纪 40 年代，以奈奎斯特的稳定判据、伯德的对数频率特性和伊万思的根轨迹法三项成果为标志，自动控制技术得到了迅速的发展，在第二次世界大战期间发挥了巨大的作用，其中雷达-火炮跟踪控制系统和 V2 火箭自动导航系统是其中最为突出的范例。至 50 年代中期，经典控制理论已经是一门十分成熟的理论，并在大量军事武器和工业过程的控制装置中得到了广泛应用。

经典控制理论采用传递函数描述控制对象，利用根轨迹法和频率特性法解决单输入单输出反馈控制系统的分析和综合问题。随着控制工程实践的不断深入，当人们试图应用经典控制理论的分析和设计方法，解决多回路和复杂系统的控制问题时，却遇到了难以克服的困难。

20 世纪五六十年代是控制理论发展的转折期，期间，维纳将控制问题和通信问题统一考虑，发展了有噪声情况下的信号滤波、预测和平滑，华尔德的序列分析和贝尔曼的动态规划考虑了一大类动态系统的优化控制问题，特别是卡尔曼把分析力学中广泛采用的状态空间描述引入到控制理论中来，并在此基础上给出了对研究系统结构和控制具有基本意义的能控性和能观性的概念，而卡尔曼、布西递推滤波器的发现，摆脱了维纳滤波器关于平稳随机过程的假设和求解积分方程的限制。同一时期，苏联学者对包含非线性特性、饱和作用的控制系统最优控制的研究，导致了庞特里亚金等“极大值原理”的发现，与变分法和贝尔曼的最优性原理相联系，又进一步刺激了与非线性泛函分析相关的优化问题的研究，并最终形成了最优控制理论。这些新理论加深了人们对控制系统自身规律性的认识，为 60 年代蓬勃兴起的航天技术的发展做出了巨大贡献，特别是在美国组织实施的载人登月工程中取得了辉煌成就。

这一时期控制理论的发展以状态空间法为特征，以解析计算为主要手段，通过严谨的数学结构和对设计指标的明确描述为控制工程提供了新的分析和设计方法，同时，将控制系统看成因果系统，将控制作用表示成系统当前状态的函数，是控制工程在设计理念上的一次突破。现代控制理论所阐述的状态空间法既适用于线性系统，也适用于非线性系统，甚至时变系统，极大地扩展了控制理论的研究范围和解决各种复杂控制问题的能力。而就多回路线性系统而言，70 年代末基于输入输出频域特性描述的系统分析与设计方法也得到了发展，在这方面主要是罗森布罗克和麦克法伦的工作，他们利用矩阵对角优势的概念进行多变量反馈系统的设计，由此得到的理论和方法可以通过计算机辅助设计方便地用于系统综合，有物理直观性强，便于综合和调整的优点。到 80 年代末，现代控制理论的其他分支如系统辨识理论、随机控制理论、非线性系统理论、鲁棒控制、自适应控制等相继提出并得到发展，现代控制理论的基本框架已经基本形成。

现代控制理论以及各分支和经典控制理论之间，并非谁能够包含谁，谁可以替代谁的关系。在控制理论的实践过程中，不同设计理念和设计方法都取得了巨大的成功，但适用范围和应用对象不同，各有所长，各有所短，如图 1.1 所示。

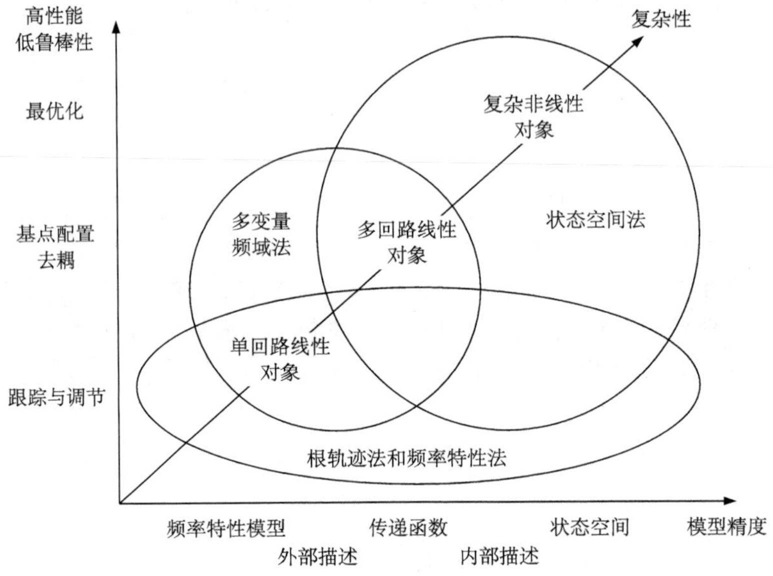

图 1.1　控制系统设计方法及适用对象

1-2　现代控制理论的应用举例

现代控制理论基于状态空间的系统分析和设计方法，阐明了状态空间模型反映的系统内部状态信息对高性能复杂控制系统设计的必要性。在经典控制理论单回路反馈控制系统设计中，随开环放大倍数的增大，会出现系统静态控制精度和动态特性、快速性和稳定性之间的矛盾，采用一阶滞后、一阶超前或二阶滞后、超前调节器，通过开环放大倍数和调节器参数的调整，只能对系统根轨迹主分支的走向、中频段幅值穿越频率和稳定裕度进行调整，控制系统达到的性能指标被限制在一定的限度以内。为提高系统的控制性能，可以采用更复杂的高阶串联调节器，除此以外，在反馈校正内环中应用输出的微分反馈，即测速反馈，这样控制作用不再只是输出误差和调节器状态的函数，还增加了被控对象的状态变量，这正是现代控制理论应用状态反馈进行系统动态设计的简单例子。在现代控制理论多变量控制系统设计中，状态反馈是内环，输出反馈是外环，用状态反馈实现的极点配置、系统镇定、去耦设计是一种用定量化方法完成的定性设计。模型不确定、参数偏差会影响极点配置和去耦设计的精度，但只要输出变量被准确测量，由于输出反馈外环的存在，闭环系统的性能对极点配置和去耦设计的误差并不敏感，即使在最优控制系统中，由状态反馈实现的最优控制策略对系统建模误差也同样具有鲁棒性。控制工程近三十年来的实践说明，建立在系统状态空间模型基础之上的状态空间方法已经成为现代控制工程分析和设计的主流方法，除航空航天和军事领域以外，工程应用中理论与实际之间存在的差距正在逐渐缩小，下面是这方面的一些实例。

在传统的电力传动领域，20 世纪 80 年代以来，由于可关断功率器件的出现和微处理器技术的高速发展，交流传动领域一直是现代控制理论应用最为活跃和最有成效的领域之一。应用旋转变换和磁场观测，将控制算法由静止坐标系旋转到电机同步坐标系下，实现了磁场和转矩的去耦控制，使出现于 20 世纪 70 年代的矢量控制策略得以实现。除此以外，为实现无速度传感器控制，各种转速观测器的设计方案，基于卡尔曼滤波器的设计方案，基于李雅普诺夫稳定性、超稳定性理论的设计方案在实际中得到了应用。为解决电机参数随温度变化对系统控制性能带来的影响，各种参数辨识算法和自适应控制方法得到了开发。经过二十多年的发展，交流传动系统的理论和实践取得了巨大的成功，交流传动系统的性能不仅可以与直流传动系统相媲美，更一举成为变速传动的主流。

在电力变换和应用领域，近三十年来电力电子技术起到了越来越重要的作用。电力电子技术涉及电力电子器件、微处理器和控制理论，其中电力电子器件是基础，而变流控制技术是核心。在电力电子变换装置中，功率器件工作在高频开关状态，引起电路拓扑结构的快速切换，不同的电路拓扑结构有不同的状态空间描述，状态空间平均模型在电力电子控制装置的分析和设计中被广泛采用。在已经普及应用的有源功率因数校正装置和谐波补偿装置中，谐波观测、去耦控制、重复控制、非线性反馈线性化等先进控制算法得到了开发与应用。近十年来，新能源的开发与利用，包括光伏发电和风能发电系统中的并网逆变技术，效率最大化控制技术，混合动力汽车、纯电动汽车和燃料电池汽车中的电机控制技术和多能源优化利用，都是控制理论重要的应用领域。

在电力行业，现代大型发电厂为妥善处理生产过程中的各个变量的关系，如压力、氧气含量、温度、速度等，以提高发电量，广泛采用了越来越多的计算机控制，并集中采用了许多现代控制工程最新和最突出的研究成果。另外，电力系统中常常发生大的扰动，这些扰动来源于负荷的突变、线路事故或切合操作。当发生诸如短路这样大的事故使系统脱离稳态工作点进入故障暂态中时，继电保护装置检测出事故并断开事故线路需要一定时间。为保证供电安全和防止大范围停电事故的发生，电力系统暂态稳定性分析所要解决的问题是，应用李雅普诺夫稳定性的分析方法对系统重新回到稳定工作点的能力、稳定域和临界清除时间做出一个估计。

目前我国正处在社会主义现代化建设的新时期，能源短缺已经成为限制社会发展的关键因素，节能降耗，建设资源节约环境友好型社会，是全社会将要面临的首要课题和艰巨任务。分布式智能电网是今后的一个发展方向，其优势在于可以充分开发利用各种分散存在的能源，并进行优化配置，以提高能源的利用效率，降低污染，其中涉及分散并网风电、太阳能发电技术、风光储发电互补技术、余热余压发电技术、电热多联供技术等，将对输配电系统的安全稳定运行产生极大影响。分布式电网的稳定性分析与控制，各供电设备和储能装置间的动态优化管理与控制，都将是控制理论特别是现代控制理论的重要应用领域。

1-3 本书的内容及教学建议

本课程主要学习现代控制理论的状态空间部分，包括线性系统分析与设计的内容，李雅普诺夫稳定性和最优控制三部分内容。

本书各章节的内容安排如下。

第 1 章包括控制理论的形成与发展，现代控制理论的应用举例等。通过对本章内容的学习，可以使学生对控制理论的知识体系，各部分间的相互关系及解决的问题，有一个整体性的了解。本章的建议学时为 2 学时。

第 2 章主要介绍连续时间系统的状态空间描述，非线性系统在工作点处的线性化，传递函数的几种标准实现，状态变换和状态方程的解，线性系统的稳定性，系统的传递函数矩阵描述和传递函数矩阵的零、极点，系统的连接，离散时间系统等。本章的建议学时为 12 学时。

第 3 章主要介绍系统的能控性和能观性的概念，能控和不能控、能观与不能观子空间的结构，能控性和能观性的代数判据，用约当标准型和传递函数矩阵判定系统的能控性能观性，串联和反馈连接系统的能控性能观性，能控能观结构分解和标准型等。本章的建议学时为 12 学时。

第 4 章介绍李雅普诺夫稳定性理论，主要内容包括李雅普诺夫稳定性的概念，李雅普诺夫第二法及其基本定理，构造李雅普诺夫函数的规则化方法，李雅普诺夫第一法，线性系统的稳定性分析，绝对稳定性理论和无源性设计等。本章的建议学时为 12 学时。

第 5 章先介绍状态反馈对系统性能的影响，极点配置、系统镇定和系统实现问题，然后介绍状态观测器、输入输出解耦和渐近跟踪调节器的设计方法。本章的建议学时为 12 学时。

第 6 章介绍最优控制理论，包括泛函变分法的主要内容和结果及其在最优控制问题中的应用，线性系统二次型性能指标最优控制，最小值原理及其应用，动态规划和最优性原理，贝尔曼方程及其与最小值原理的一致性等。本章的建议学时为 12 学时。

总之，控制工程是一个跨学科的综合性工程学科，现代控制理论是它的核心课程之一，它的理论性较强，同时又有很强的工程性和实践性。如前言中所述，任课教师可以根据本科生或研究生不同的教学要求和课时，有选择地安排教学内容。在本课程的讲授过程中，教师还应该根据专业的特点，有意识地结合实例来加深学生对知识的理解，重点讲解分析问题和解决问题的思路和方法，并由此激发学生的学习热情。

习　　题

1-1 请分别简述经典控制理论和现代控制理论的内容，采用的分析、设计方法及其适用范围，它们有哪些相同和不同？

1-2 请回顾一下自动控制原理课程中所讲授的控制系统的时域和频域两种分析和设计方法，它们各自的特点和适用范围如何？各有什么优缺点？两者间的关系如何？

1-3 如果遇到多输入多输出控制系统设计，非线性控制系统的设计，控制量少于被控量的系统设计，等等，请回顾一下自动控制原理课程所讲授的内容，其中哪些是有效的，哪些会失效，可能遇到的问题是什么？

1-4　根据指令和输出的偏差来决定控制量，称为反馈控制。反馈控制根据控制效果改变控制量，这种事后诸葛亮式的控制方式，会给系统带来哪些优点和弊端？在反馈控制的基础上，控制量还和系统的状态有关，这会带来什么好处？

1-5　如何理解被控对象的因果性和控制系统的因果性？设系统当前控制只与系统当前状态和当前指令有关，或设系统当前控制除与系统当前状态和当前指令有关外，还与今后指令(即计划)有关，后者与前者相比较，可能获得的好处是什么？对于因果的被控对象及其控制系统，除系统当前状态外，控制量还与系统以前的状态相关，这有意义吗？为什么？

1-6　如何理解经典控制理论和现代控制理论之间的关系？经典控制理论可以解决的控制问题，现代控制理论一定可以解决吗？如果回答是肯定的，请问学习经典控制理论的意义是什么？反之，同样的问题也请认真考虑一下。

1-7　系统和状态的概念对你来说应该并不陌生，请回顾一下前序课程的相关内容，系统的状态变量是如何定义的，它有些什么特点？

1-8　简单叙述一下控制理论的发展历程，不同发展阶段的标志性成果是什么？

第 2 章　系统的状态方程描述和状态方程的解

在经典控制理论中，用传递函数研究系统的动态响应过程。传递函数是在零初始条件下定义的，应用传递函数可以研究系统静止状态下的响应过程，或系统从上一个稳态到下一个稳态的响应过程，并不便于用来对非零初始状态下和未进入稳态时系统的响应过程进行分析。另外，只有线性定常系统才有传递函数，对于时变系统和非线性系统，传递函数的概念和分析方法是无效的。系统在工作点附近的线性化模型只能较好地描述系统对小信号的响应特性。随着科学技术的不断发展，自动控制系统的性能和要求越来越高，所面临的控制问题也越来越复杂多样，其中包括多输入多输出系统、非线性复杂系统、最优控制系统等。经典控制理论基于系统输入输出描述的输出反馈误差调节的系统设计理念和方法，在很多情况下无法满足控制工程实际的需求，逐渐暴露出了它的局限性。

系统的状态空间描述是控制系统状态空间分析和设计的基础，状态空间描述是系统内部特性的描述，反映了系统输入、输出和系统内部状态变量的关系。控制工程中处理的大多数被控对象或系统都是因果的，控制决策应该是系统状态的函数，依据这一理念，控制理论在 20 世纪 60 年代前后开始了从经典理论到现代理论的过渡。反映这一过渡的重要标志是卡尔曼把分析力学中广泛采用的状态空间描述引入到了控制理论中来，并在此基础上形成了系统分析与设计的状态空间方法。状态方程描述对线性和非线性系统、定常和时变系统、单输入单输出和多输入多输出系统都适用，便于研究复杂的控制策略，便于计算机求解。

本章将首先介绍系统和系统状态的概念，给出状态方程和状态空间表达式的一般形式，对如何建立系统的状态空间描述进行一些必要的讨论，然后介绍非线性系统在工作点附近的线性化方法，线性变换及其特性，系统矩阵的约当化，状态方程的解和线性定常系统稳定性的判别方法，系统传递函数矩阵和它的零点与极点，系统的连接，最后对离散时间系统进行简单的介绍。

2-1　系统的状态方程和状态空间表达式

本节先介绍系统的一些基本概念，然后从一些简单的实例开始，阐述建立系统状态空间描述的方法和原则，给出系统状态方程描述的几种形式，最后介绍系统在工作点附近的线性化方法。

1. 系统和系统的状态

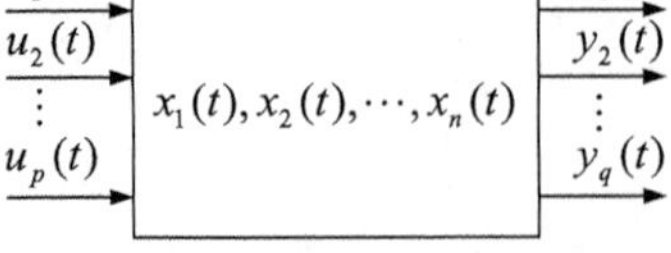

图 2.1　控制系统中的系统描述

控制工程中讨论的系统，通常用图 2.1 所示的方框图描述，图中指向方框的箭头上面的变量 $u_1(t), u_2(t), \cdots, u_p(t)$ 表示系统的输入，p 表示输入的个数；方框中表示系统内部状态的一组变量 $x_1(t), x_2(t), \cdots, x_n(t)$ 为系统的状态变量，n 表示状态变量的个数，状态变量通过微分方程和系统的输入变量相联系，微分方程表明了输入作用是如何对系统状态产生影响的，状态变量一般不能通过直接测量得到；从方框引出的箭头上面的变量 $y_1(t), y_2(t), \cdots, y_q(t)$ 表示系统的输出，q 表示输出的个数，在控制系统中，一般只有被控量才被作为输出变量，它或者是系统的某个状态变量，或者是系统状态变量的代数函数，通常可以由直接测量得到。

一般来说，系统状态变量的选取并不唯一，但它的最小个数却是一定的，它是描述系统内部动态特性个数最小的一组变量，对因果系统而言，它满足下述两个条件。

(1) 在初始时刻 $t = t_0$，状态变量 $x_1(t_0), x_2(t_0), \cdots, x_n(t_0)$ 给出系统的初始状态。

(2) 一旦给出 $t \geqslant t_0$ 时系统的输入作用和系统 t_0 时刻的初始状态，则系统 $t \geqslant t_0$ 时的状态便被唯一确定。

下面分别用

$$\boldsymbol{x}(t) = \begin{bmatrix} x_1(t) \\ x_2(t) \\ \vdots \\ x_n(t) \end{bmatrix}, \quad \boldsymbol{u}(t) = \begin{bmatrix} u_1(t) \\ u_2(t) \\ \vdots \\ u_p(t) \end{bmatrix}, \quad \boldsymbol{y}(t) = \begin{bmatrix} y_1(t) \\ y_2(t) \\ \vdots \\ y_q(t) \end{bmatrix}$$

表示系统的状态向量、输入向量和输出向量，其中状态向量中状态变量的个数 n 称为状态的维数，也称为系统的阶数。

2. 系统的状态方程描述

对于 n 阶动态系统，输入变量和状态变量间的关系可以用 n 个一阶微分方程联立组成的微分方程组来描述，这个联立的一阶微分方程组称为系统的状态方程，状态方程的解 $\boldsymbol{x}(t)$ 是 n 维状态空间中的一个点，它随时间变化的情况描述了系统的运行轨迹。系统的输出一般是系统状态变量和输入变量的函数，反映这种函数关系的表达式称为输出方程。系统的状态方程和输出方程一起称为系统的状态空间模型或状态空间表达式。当状态方程和输出方程都是状态变量和输入变量的线性函数时，称系统为线性的，否则称系统为非线性的。当系统的响应特性不随时间发生变化，即在相同初始条件和相同输入信号作用下，系统的状态响应和输出响应是相同的，不受起始时刻不同的影响，则称系统为定常的，否则称为时变的。

建立系统或对象状态空间表达式的方法有机理建模方法，根据系统方框图的建模方法，以及由系统的输入输出微分方程描述、输入输出传递函数描述建模的方法等。由不同建模方法得到的系统状态空间描述，其内涵和意义是有区别的，这在后面的章节中将逐渐给以论述。

先来看机理建模的三个例子。

例 2.1 电阻网络如图 2.2 所示，设电压源电压 u 为输入，电阻 R_4 上的电压 y 为输出，试推导输入变量和输出变量间的关系，它是动态系统吗？

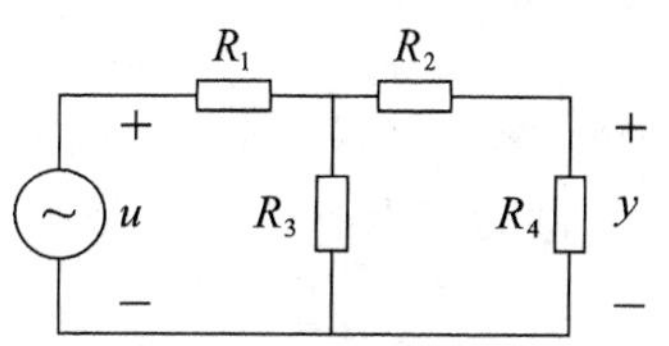

图 2.2　例 2.1 的电阻网络

解　这是一个纯电阻网络，没有储能元件，系统在 t 时刻的输出完全由 t 时刻系统的输入 u 来决定，即有

$$y = \frac{(R_2 + R_4) \parallel R_3}{R_1 + (R_2 + R_4) \parallel R_3} \frac{R_4}{R_2 + R_4} u = \frac{R_2 R_3 R_4 + R_3 R_4^2}{R_1 R_2^2 + R_1 R_4^2 + R_2^2 R_3 + R_4^2 R_3 + R_1 R_2 R_3 + R_1 R_3 R_4 + 2R_1 R_2 R_4 + 2R_2 R_3 R_4} u$$

系统用代数方程来描述，没有内部状态变量，阶数为零，是静态系统，不是动态系统。

例 2.2 RLC 网络如图 2.3 所示，设输入为电压 u_{r}，输出为电容上的电压 u_{c}，试选取状态变量，给出系统的状态空间表达式。

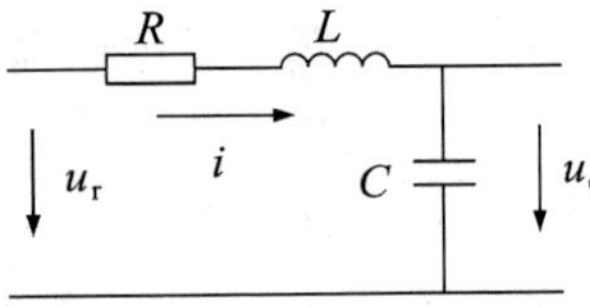

图 2.3　例 2.2 的 *RLC* 网络

解　图 2.3 所示 *RLC* 电路的回路方程为

$$u_r(t) = Ri(t) + L\frac{\mathrm{d}i(t)}{\mathrm{d}t} + \frac{1}{C}\int_{-\infty}^{t} i(\tau)\mathrm{d}\tau$$

选取回路电流 i 和电容上的电压 u_c 作为状态变量，即 $x_1(t) = i(t)$，$x_2(t) = u_c(t) = \frac{1}{C}\int_{-\infty}^{t} i(\tau)\mathrm{d}\tau$，则有系统的状态方程为

$$\dot{x}_1 = -\frac{R}{L}x_1 - \frac{1}{L}x_2 + \frac{1}{L}u_r$$

$$\dot{x}_2 = \frac{1}{C}x_1$$

输出方程为

$$y = x_2$$

写成矩阵方程的形式即

$$\begin{bmatrix}\dot{x}_1\\ \dot{x}_2\end{bmatrix} = \begin{bmatrix}-\frac{R}{L} & -\frac{1}{L}\\ \frac{1}{C} & 0\end{bmatrix}\begin{bmatrix}x_1\\ x_2\end{bmatrix} + \begin{bmatrix}\frac{1}{L}\\ 0\end{bmatrix}u_r$$

$$y = \begin{bmatrix}0 & 1\end{bmatrix}\begin{bmatrix}x_1\\ x_2\end{bmatrix}$$

这是一个单输入单输出系统的例子。

例 2.3　某一弹簧、阻尼、质量块系统如图 2.4 所示，输入为两质量块上的作用力 F_1、F_2，输出为两质量块的位移 y_1、y_2，试列写其状态空间表达式。

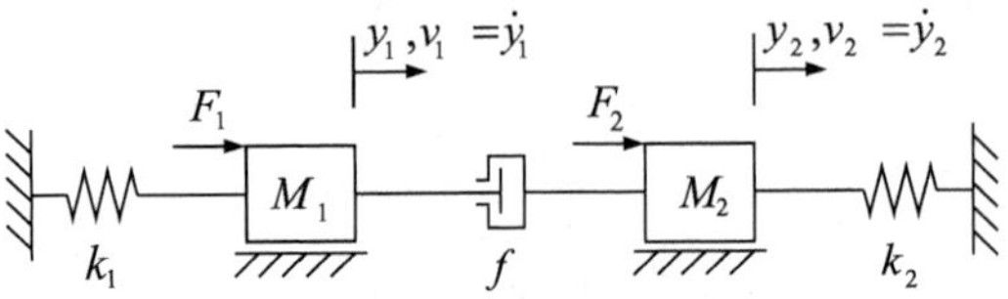

图 2.4　例 2.3 的系统

解　如图 2.4 所示选取坐标系和力的参考方向，取 $F_1 = F_2 = 0$ 时系统的静止位置为位置 y_1 和 y_2 的零点，根据牛顿运动定理，分别列写两质量块力的平衡方程有

$$M_1\ddot{y}_1 = F_1 - k_1 y_1 - f(v_1 - v_2)$$

$$M_2\ddot{y}_2 = F_2 - k_2 y_2 - f(v_2 - v_1)$$

分别选取两质量块的位移和速度作为状态变量，即 $x_1 = y_1$，$x_2 = \dot{y}_1 = v_1$，$x_3 = y_2$，$x_4 = \dot{y}_2 = v_2$，注意到 $x_2 = \dot{y}_1 = \dot{x}_1$，$x_4 = \dot{y}_2 = \dot{x}_3$，得到状态方程和输出方程为

$$\dot{x}_1 = x_2$$

$$\dot{x}_2 = -\frac{k_1}{M_1}x_1 - \frac{f}{M_1}x_2 + \frac{f}{M_1}x_4 + \frac{1}{M_1}F_1$$

$$\dot{x}_3 = x_4$$

$$\dot{x}_4 = \frac{f}{M_2}x_2 - \frac{k_2}{M_2}x_3 - \frac{f}{M_2}x_4 + \frac{1}{M_2}F_2$$

$$y_1 = x_1$$
$$y_2 = x_3$$

写成矩阵方程的形式即

$$\begin{bmatrix} \dot{x}_1 \\ \dot{x}_2 \\ \dot{x}_3 \\ \dot{x}_4 \end{bmatrix} = \begin{bmatrix} 0 & 1 & 0 & 0 \\ -\dfrac{k_1}{M_1} & -\dfrac{f}{M_1} & 0 & \dfrac{f}{M_1} \\ 0 & 0 & 0 & 1 \\ 0 & \dfrac{f}{M_2} & -\dfrac{k_2}{M_2} & -\dfrac{f}{M_2} \end{bmatrix} \begin{bmatrix} x_1 \\ x_2 \\ x_3 \\ x_4 \end{bmatrix} + \begin{bmatrix} 0 & 0 \\ \dfrac{1}{M_1} & 0 \\ 0 & 0 \\ 0 & \dfrac{1}{M_2} \end{bmatrix} \begin{bmatrix} F_1 \\ F_2 \end{bmatrix}$$

$$\begin{bmatrix} y_1 \\ y_2 \end{bmatrix} = \begin{bmatrix} 1 & 0 & 0 & 0 \\ 0 & 0 & 1 & 0 \end{bmatrix} \begin{bmatrix} x_1 \\ x_2 \\ x_3 \\ x_4 \end{bmatrix}$$

这是一个 2 输入 2 输出系统的例子。

下面是根据方框图建模的两个例子。

例 2.4 图 2.5 是电枢电压控制的直流电动机的动态结构图，图中电枢电压 u_a 减去反电动势 e_b 后作用在电枢回路的电感 L_a 和电阻 R_a 上得到电枢电流 i_a，i_a 乘以电机的转矩系数 C_m 得到电机的电磁转矩 m_m，m_m 减去负载转矩 m_L 后为转动惯量 J_m 加速得到电机转速 ω，ω 乘以电机的反电势系数 C_e 得到电机的反电动势 e_b。试以电枢电压和负载转矩作为输入，电机转速作为输出，给出直流电动机的状态空间表达式。

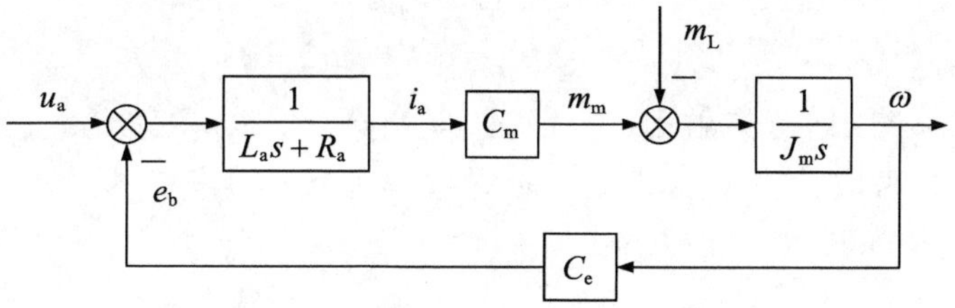

图 2.5 直流电动机的动态结构图

解 根据动态结构图，选取电机转速 ω 和电机电枢电流 i_a 作为状态变量，即 $x_1 = \omega$，$x_2 = i_a$，$u_1 = u_a$，$u_2 = m_L$，则有

$$\dot{\omega} = \frac{1}{J_m}(m_m - m_L) = \frac{C_m}{J_m} i_a - \frac{1}{J_m} m_L$$

$$\dot{i}_a = \frac{1}{L_a}(u_a - R_a i_a - e_b) = \frac{1}{L_a}(u_a - R_a i_a - C_e \omega)$$

得到直流电动机的状态空间表达式为

$$\begin{bmatrix} \dot{x}_1 \\ \dot{x}_2 \end{bmatrix} = \begin{bmatrix} 0 & \dfrac{C_m}{J_m} \\ -\dfrac{C_e}{L_a} & -\dfrac{R_a}{L_a} \end{bmatrix} \begin{bmatrix} x_1 \\ x_2 \end{bmatrix} + \begin{bmatrix} 0 & -\dfrac{1}{J_m} \\ \dfrac{1}{L_a} & 0 \end{bmatrix} \begin{bmatrix} u_1 \\ u_2 \end{bmatrix}$$

$$y = x_1 = \begin{bmatrix} 1 & 0 \end{bmatrix} \begin{bmatrix} x_1 \\ x_2 \end{bmatrix}$$

例 2.5 某含有操作非线性的反馈系统如图 2.6 所示，其中控制量是误差的非线性函数 $u = f(e)$，满足 $f(0) = 0$，系统的线性部分是输入输出微分方程描述的二阶系统。试取系统输出 y 及其各阶导数为状态变量，给出系统的状态空间表达式。

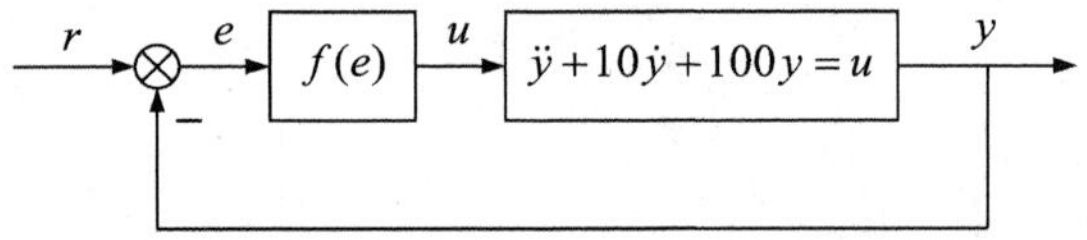

图 2.6 例 2.5 的非线性反馈系统

解 由图 2.6 得

$$\ddot{y} + 10\dot{y} + 100y = u = f(e) = f(r - y)$$

设 $x_1 = y$, $x_2 = \dot{y}$ ，系统的状态方程和输出方程为

$$\begin{aligned} \dot{x}_1 &= x_2 \\ \dot{x}_2 &= -10x_2 - 100x_1 + f(r - x_1) \\ y &= x_1 \end{aligned}$$

即

$$\begin{aligned} \dot{x}_1 &= f_1(x_1, x_2, r) = x_2 \\ \dot{x}_2 &= f_2(x_1, x_2, r) = -10x_2 - 100x_1 + f(r - x_1) \\ y &= g(x_1, x_2, r) = x_1 \end{aligned}$$

这是一个二阶的非线性系统。

实际上，对于由输入输出微分方程描述的 n 阶系统

$$F(y^{(n)}, y^{(n-1)}, \cdots, y^{(1)}, y, r) = 0$$

设函数 F 可就输出 y 的 n 阶导数解出，即有 $y^{(n)} = f(y^{(n-1)}, \cdots, y^{(1)}, y, r)$，且函数 F 中不含输入作用 r 的导数，此时可取输出 y 及其 $n-1$ 阶导数作为状态变量，即取 $x_1 = y$， $x_2 = y^{(1)}, \cdots$, $x_n = y^{(n-1)}$，则有系统的状态空间表达式为

$$\begin{aligned} \dot{x}_1 &= x_2 \\ \dot{x}_2 &= x_3 \\ &\vdots \\ \dot{x}_n &= x^{(n)} = f(x_n, x_{n-1}, \cdots, x_2, x_1, r) \\ y &= x_1 \end{aligned}$$

将输出及其 $n-1$ 阶导数作为状态变量时，称为相变量形式的状态变量。一般来讲，当系统的输入输出描述中不含输入作用的导数时，可以取相变量形式的状态变量，否则不能这样做。请看下面由传递函数建立系统状态空间描述的例子。

例 2.6 已知某被控对象的传递函数为

$$G_0(s) = \frac{Y(s)}{U(s)} = \frac{3s + 2}{s^2 + 6s + 11}$$

将对象的实际结构假想为含有两个串联的积分器，控制作用直接连接到第一个积分器的输入，各积分器输出也反馈到第一个积分器的输入，试给出对象的状态空间表达式。

解 将传递函数写成

$$Y(s)=\frac{3s+2}{s^2+6s+11}U(s)=\left(3s+2\right)\times\frac{1}{s^2+6s+11}U(s)$$

容易得到如图 2.7 所示的动态方框图，它的传递函数与题中给出的传递函数相同。

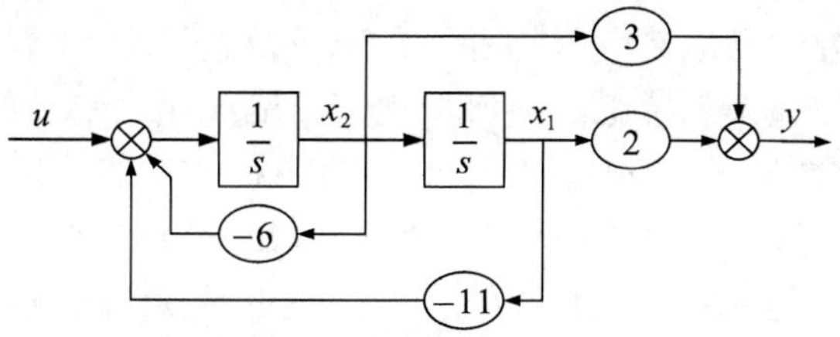

图 2.7　例 2.6 的系统方框图

取两个串联积分器的输出为状态变量，得系统的状态空间表达式为

$$\begin{bmatrix}\dot{x}_1\\ \dot{x}_2\end{bmatrix}=\begin{bmatrix}0 & 1\\ -11 & -6\end{bmatrix}\begin{bmatrix}x_1\\ x_2\end{bmatrix}+\begin{bmatrix}0\\ 1\end{bmatrix}u$$

$$y=\begin{bmatrix}2 & 3\end{bmatrix}\begin{bmatrix}x_1\\ x_2\end{bmatrix}$$

根据对象的传递函数可以得到它的输入输出微分方程描述为

$$\ddot{y}+6\dot{y}+11y=3\dot{u}+2u$$

即

$$\ddot{y}=-6\dot{y}-11y+3\dot{u}+2u$$

若选取对象的输出及其导数作为状态变量，即取相变量 $\tilde{x}_1=y$，$\tilde{x}_2=\dot{y}=\dot{\tilde{x}}_1$，则有

$$\begin{bmatrix}\dot{\tilde{x}}_1\\ \dot{\tilde{x}}_2\end{bmatrix}=\begin{bmatrix}0 & 1\\ -11 & -6\end{bmatrix}\begin{bmatrix}\tilde{x}_1\\ \tilde{x}_2\end{bmatrix}+\begin{bmatrix}0 & 0\\ 2 & 3\end{bmatrix}\begin{bmatrix}u\\ \dot{u}\end{bmatrix}$$

$$y=\begin{bmatrix}1 & 0\end{bmatrix}\begin{bmatrix}\tilde{x}_1\\ \tilde{x}_2\end{bmatrix}$$

状态方程中含有输入的导数项，不符合状态空间描述的形式要求。

类似的问题也发生在例 2.4 中。在例 2.4 中若取输出及输出的导数为状态变量，即取 $\tilde{x}_1=\omega$，$\tilde{x}_2=\dot{\omega}$，注意到 $\tilde{x}_1=x_1$，$\tilde{x}_2=C_{\mathrm{m}}i_{\mathrm{a}}-m_{\mathrm{L}}=C_{\mathrm{m}}x_2-u_2$，将它们代入到例 2.4 的结果中有

$$\begin{bmatrix}\dot{\tilde{x}}_1\\ \dot{\tilde{x}}_2\end{bmatrix}=\begin{bmatrix}0 & \dfrac{1}{J_{\mathrm{m}}}\\ -\dfrac{C_{\mathrm{m}}C_{\mathrm{e}}}{L_{\mathrm{a}}} & -\dfrac{R_{\mathrm{a}}}{L_{\mathrm{a}}}\end{bmatrix}\begin{bmatrix}\tilde{x}_1\\ \tilde{x}_2\end{bmatrix}+\begin{bmatrix}0 & 0 & 0\\ \dfrac{C_{\mathrm{m}}}{L_{\mathrm{a}}} & -\dfrac{R_{\mathrm{a}}}{L_{\mathrm{a}}} & -1\end{bmatrix}\begin{bmatrix}u_1\\ u_2\\ \dot{u}_2\end{bmatrix}$$

$$y=\begin{bmatrix}1 & 0\end{bmatrix}\begin{bmatrix}\tilde{x}_1\\ \tilde{x}_2\end{bmatrix}$$

因为状态方程的右边含有输入的导数，所以它不是希望的形式。实际上，从上述状态方程的第二行，得到电枢电压控制电机转速的电动机输入输出微分方程描述为

$$\ddot{\omega}+\frac{R_{\mathrm{a}}}{L_{\mathrm{a}}}\dot{\omega}+\frac{C_{\mathrm{m}}C_{\mathrm{e}}}{L_{\mathrm{a}}}\omega=\frac{C_{\mathrm{m}}}{L_{\mathrm{a}}}u_{\mathrm{a}}-\frac{R_{\mathrm{a}}}{L_{\mathrm{a}}}m_{\mathrm{L}}-\dot{m}_{\mathrm{L}}$$

它含有负载转矩输入的导数。

最后，并非所有系统都有状态空间描述。例如，未经滤波的微分运算 $y=\dot{u}$，增益随频率线性增大，对噪声特别敏感，没有工程价值，也难以实现，就无法得到它的状态空间表达式。从这个意义上讲，不能用状态空间表达式描述的系统被称为是无法实现的。

对于因果系统，通过适当地选取状态变量，都可以找到它的状态空间描述。采用机理建模方法时，状态变量一般选为电感上的电流、电容上的电压、物体的位置和速度或角度和转速等。基于动态结构图建模时，状态变量一般选为各积分器的输出。而由传递函数建模时，需要采取某种标准的结构形式，这将在 2-2 节进行介绍。对于状态空间描述表示的系统，对于有限的输入，状态变量的导数也是有限的，状态变量必须连续逐渐地变化。当输入变量出现有限跳变时，状态变量不能出现跳变，所以，一般不能将误差变量 $e=r-y$ 和它的导数作为系统的状态变量。

n 阶单输入单输出(SISO)线性定常系统状态空间表达式的一般形式为

$$\begin{bmatrix} \dot{x}_1 \\ \dot{x}_2 \\ \vdots \\ \dot{x}_n \end{bmatrix} = \begin{bmatrix} a_{11} & a_{12} & \cdots & a_{1n} \\ a_{21} & a_{22} & \cdots & a_{2n} \\ \vdots & \vdots & \ddots & \vdots \\ a_{n1} & a_{n2} & \cdots & a_{nn} \end{bmatrix} \begin{bmatrix} x_1 \\ x_2 \\ \vdots \\ x_n \end{bmatrix} + \begin{bmatrix} b_1 \\ b_2 \\ \vdots \\ b_n \end{bmatrix} u(t)$$

$$y = \begin{bmatrix} c_1 & c_2 & \cdots & c_n \end{bmatrix} \begin{bmatrix} x_1 \\ x_2 \\ \vdots \\ x_n \end{bmatrix} + du$$

即

$$\begin{aligned} \dot{\boldsymbol{x}} &= A\boldsymbol{x} + \boldsymbol{b}u \\ y &= \boldsymbol{c}^{\mathrm{T}}\boldsymbol{x} + du \end{aligned} \tag{2.1}$$

式中，$\boldsymbol{x} \in R^n$ 为系统的状态向量，$A \in R^{n\times n}$ 称为系统的状态矩阵，$\boldsymbol{b} \in R^{n\times 1}$ 称为系统的输入矩阵，$\boldsymbol{c}^{\mathrm{T}} \in R^{1\times n}$ 称为系统的输出矩阵，$d \in R^1$ 称为系统的直接传输系数，它们都是常数矩阵或常数，$u \in R^1$ 为系统输入，$y \in R^1$ 为系统输出。其中，控制工程中的输入作用一般有两种含义，当式(2.1)描述的是被控对象时，输入作用应理解为控制作用或操作变量，记为控制作用 u，当式(2.1)描述的是控制系统时，输入作用应理解为参考指令或参考输入，一般是随时间独立变化的量，记为参考输入 r，请注意在不同情况下其含义和作用的不同。若没有特指，则通称为输入作用，并记为 u。为简单起见，式(2.1)所示单输入单输出线性定常系统的状态空间模型，简记为系统 $(A,\boldsymbol{b},\boldsymbol{c}^{\mathrm{T}},d)$，图 2.8(a)是它的框图表示，图 2.8(b)是它的简化表示。

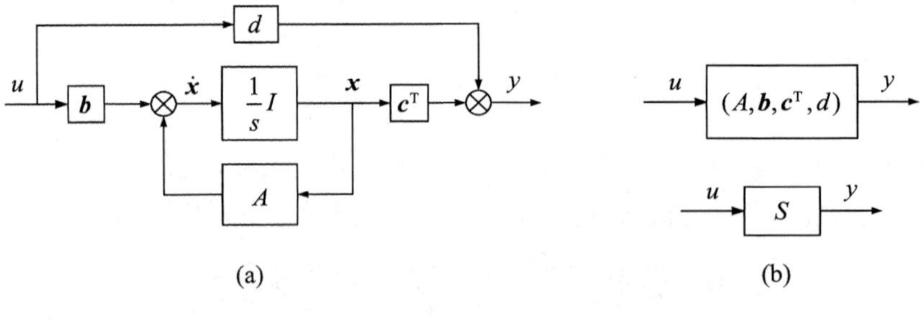

图 2.8 单输入单输出系统状态空间模型

n阶 p 维输入 q 维输出(MIMO)线性定常系统状态空间表达式的一般形式为

$$\begin{aligned}\dot{\boldsymbol{x}} &= A\boldsymbol{x} + B\boldsymbol{u} \\ \boldsymbol{y} &= C\boldsymbol{x} + D\boldsymbol{u}\end{aligned} \tag{2.2}$$

式中，$\boldsymbol{x} \in R^n$ 为系统的状态向量，$A \in R^{n\times n}$ 为系统的状态矩阵，$B \in R^{n\times p}$ 为系统的输入矩阵，$C \in R^{q\times n}$ 为系统的输出矩阵，$D \in R^{q\times p}$ 为系统的直接传输矩阵，它们都是常数矩阵，$\boldsymbol{u} \in R^p$ 为系统输入，$\boldsymbol{y} \in R^q$ 为系统输出。同样，请注意式(2.2)所描述的对象，当是被控对象或是控制系统时系统输入作为控制变量或参考指令的不同。式(2.2)所示多输入多输出线性定常系统的状态空间模型，简记为系统(A,B,C,D)，图 2.9(a)是它的框图表示，图 2.9(b)是它的简化表示。

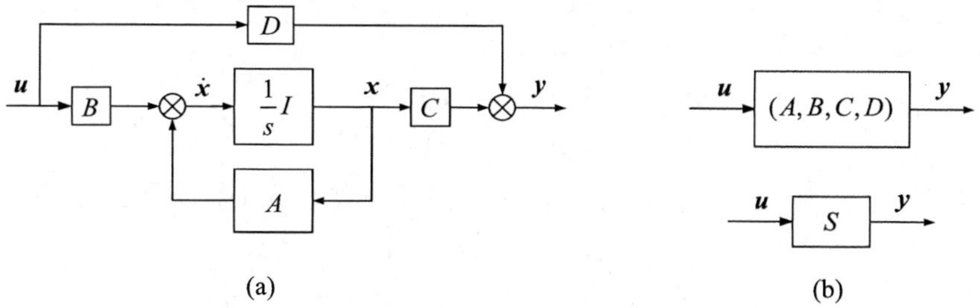

图 2.9　多输入多输出系统状态空间模型

n阶 p 维输入 q 维输出线性时变系统的状态空间表达式为

$$\begin{aligned}\dot{\boldsymbol{x}} &= A(t)\boldsymbol{x} + B(t)\boldsymbol{u} \\ \boldsymbol{y} &= C(t)\boldsymbol{x} + D(t)\boldsymbol{u}\end{aligned} \tag{2.3}$$

式中，$A(t) \in R^{n\times n}$ 为状态矩阵，$B(t) \in R^{n\times p}$ 为输入矩阵，$C(t) \in R^{q\times n}$ 为输出矩阵，$D(t) \in R^{q\times p}$ 为直接传输矩阵，它们当中至少有一个矩阵是时变矩阵，即至少有一个矩阵含有一个时变元素。式(2.3)的线性时变系统简记为系统$(A(t),B(t),C(t),D(t))$。

n阶 p 维输入 q 维输出非线性定常系统的状态空间表达式为

$$\begin{aligned}\dot{\boldsymbol{x}}(t) &= \boldsymbol{f}(\boldsymbol{x},\boldsymbol{u}) \\ \boldsymbol{y}(t) &= \boldsymbol{g}(\boldsymbol{x},\boldsymbol{u})\end{aligned} \tag{2.4}$$

式中，向量函数 $\boldsymbol{f}: R^n \times R^p \to R^n$ 和向量函数 $\boldsymbol{g}: R^n \times R^p \to R^q$ 中至少有一个元素是状态变量 $\boldsymbol{x}$ 或输入变量 $\boldsymbol{u}$ 的非线性函数。n 阶 p 维输入 q 维输出非线性时变系统的状态空间表达式为

$$\begin{aligned}\dot{\boldsymbol{x}}(t) &= \boldsymbol{f}(\boldsymbol{x},\boldsymbol{u},t) \\ \boldsymbol{y}(t) &= \boldsymbol{g}(\boldsymbol{x},\boldsymbol{u},t)\end{aligned} \tag{2.5}$$

式中，向量函数 $\boldsymbol{f}: R^n \times R^p \times R^1 \to R^n$ 和向量函数 $\boldsymbol{g}: R^n \times R^p \times R^1 \to R^q$ 中至少有一个元素是状态变量 $\boldsymbol{x}$ 或输入变量 $\boldsymbol{u}$ 的非线性函数，且至少有一个元素显含 t。其中，向量函数 $\boldsymbol{f}$ 或者因为系统的时变性，或者因为输入作用是时间的函数，导致其至少有一个元素显含 t 时，称系统是非自治的，否则称系统是自治的。显然，时变系统一定是非自治的，但定常系统，甚至是线性定常系统，也会因为随时间变化的输入而成为非自治的。

控制工程中研究的对象，一般具有相对稳定的特性，多数都是定常系统，在下面的讨论中，除非特殊说明，以研究线性或非线性定常系统为主。而且，当规定了系统的阶数、输入维数和输出维数后，假设其状态空间描述中各系数矩阵和函数向量都有适当的维数，一般不再特意给出。

3. 非线性系统在工作点附近的线性化

实际中严格意义上的线性系统并不多见，控制系统中的元器件都存在不同程度的非线性。与线性系统不同，非线性系统输入和初始条件的变化，会引起系统控制特性的变化。因此，一般来讲，研究非线性系统特定输入和特定初始条件下的控制特性才有意义。一方面，因为扰动等非理想因素的影响，系统会偏离原来预定的轨迹，设计者希望知道，扰动消除后系统返回时的调节特性如何；另一方面，当输入作用做小范围调整时，系统响应会在原来预定轨迹的基础上发生改变，设计者希望能用一种简单的方法来研究输入小范围调整时系统的响应特性。

应用非线性系统在工作点附近的线性化模型可以解决上述问题。

对 n 阶 p 维输入 q 维输出非线性定常系统

$$\begin{aligned}\dot{\boldsymbol{x}} &= \boldsymbol{f}(\boldsymbol{x},\boldsymbol{u})\\ \boldsymbol{y} &= \boldsymbol{g}(\boldsymbol{x},\boldsymbol{u})\end{aligned} \tag{2.6}$$

设它在标称初始条件 $\boldsymbol{x}_{\mathrm{e}}(t_0)=\boldsymbol{x}_{\mathrm{e}0}$，标称输入 $\boldsymbol{u}_{\mathrm{e}}(t)$ 下的解为 $\boldsymbol{x}_{\mathrm{e}}(t)$，即 $\boldsymbol{x}_{\mathrm{e}}(t)$ 满足

$$\begin{aligned}\dot{\boldsymbol{x}}_{\mathrm{e}} &= \boldsymbol{f}(\boldsymbol{x}_{\mathrm{e}},\boldsymbol{u}_{\mathrm{e}}),\quad \boldsymbol{x}_{\mathrm{e}}(t_0)=\boldsymbol{x}_{\mathrm{e}0},\quad t\geqslant t_0\\ \boldsymbol{y}_{\mathrm{e}} &= \boldsymbol{g}(\boldsymbol{x}_{\mathrm{e}},\boldsymbol{u}_{\mathrm{e}})\end{aligned} \tag{2.7}$$

现假设初始条件在 $\boldsymbol{x}_{\mathrm{e}0}$ 基础上，输入在 $\boldsymbol{u}_{\mathrm{e}}(t)$ 的基础上发生改变，即设 $\boldsymbol{x}_{\mathrm{e}}(t_0)+\tilde{\boldsymbol{x}}(t_0)=\boldsymbol{x}_{\mathrm{e}0}+\tilde{\boldsymbol{x}}_0$，$\boldsymbol{u}(t)=\boldsymbol{u}_{\mathrm{e}}(t)+\tilde{\boldsymbol{u}}(t)$，此时系统新的解满足

$$\begin{aligned}\dot{\boldsymbol{x}}_{\mathrm{e}}+\dot{\tilde{\boldsymbol{x}}} &= \boldsymbol{f}(\boldsymbol{x}_{\mathrm{e}}+\tilde{\boldsymbol{x}},\boldsymbol{u}_{\mathrm{e}}+\tilde{\boldsymbol{u}}),\quad \boldsymbol{x}_{\mathrm{e}}(t_0)+\tilde{\boldsymbol{x}}(t_0)=\boldsymbol{x}_{\mathrm{e}0}+\tilde{\boldsymbol{x}}_0,\quad t\geqslant t_0\\ \boldsymbol{y}_{\mathrm{e}}+\tilde{\boldsymbol{y}} &= \boldsymbol{g}(\boldsymbol{x}_{\mathrm{e}}+\tilde{\boldsymbol{x}},\boldsymbol{u}_{\mathrm{e}}+\tilde{\boldsymbol{u}})\end{aligned} \tag{2.8}$$

式(2.8)减式(2.7)得解的增量 $\tilde{\boldsymbol{x}}(t)$ 满足的微分方程为

$$\begin{aligned}\dot{\tilde{\boldsymbol{x}}} &= \boldsymbol{f}(\boldsymbol{x}_{\mathrm{e}}+\tilde{\boldsymbol{x}},\boldsymbol{u}_{\mathrm{e}}+\tilde{\boldsymbol{u}})-\boldsymbol{f}(\boldsymbol{x}_{\mathrm{e}},\boldsymbol{u}_{\mathrm{e}}),\quad \tilde{\boldsymbol{x}}(t_0)=\tilde{\boldsymbol{x}}_0,\quad t\geqslant t_0\\ \tilde{\boldsymbol{y}} &= \boldsymbol{g}(\boldsymbol{x}_{\mathrm{e}}+\tilde{\boldsymbol{x}},\boldsymbol{u}_{\mathrm{e}}+\tilde{\boldsymbol{u}})-\boldsymbol{g}(\boldsymbol{x}_{\mathrm{e}},\boldsymbol{u}_{\mathrm{e}})\end{aligned} \tag{2.9}$$

为便于研究初始条件和输入作用小范围改变时响应增量的特性，将式(2.9)右侧的函数增量用泰勒级数表示，忽略高次项，得工作点附近响应增量满足的线性化模型为

$$\begin{aligned}\dot{\tilde{\boldsymbol{x}}} &= \left.\frac{\partial \boldsymbol{f}(\boldsymbol{x},\boldsymbol{u})}{\partial \boldsymbol{x}}\right|_{\boldsymbol{x}_{\mathrm{e}},\boldsymbol{u}_{\mathrm{e}}}\tilde{\boldsymbol{x}}+\left.\frac{\partial \boldsymbol{f}(\boldsymbol{x},\boldsymbol{u})}{\partial \boldsymbol{u}}\right|_{\boldsymbol{x}_{\mathrm{e}},\boldsymbol{u}_{\mathrm{e}}}\tilde{\boldsymbol{u}}=A(t)\tilde{\boldsymbol{x}}+B(t)\tilde{\boldsymbol{u}},\ \tilde{\boldsymbol{x}}(t_0)=\tilde{\boldsymbol{x}}_0,\quad t\geqslant t_0\\ \tilde{\boldsymbol{y}} &= \left.\frac{\partial \boldsymbol{g}(\boldsymbol{x},\boldsymbol{u})}{\partial \boldsymbol{x}}\right|_{\boldsymbol{x}_{\mathrm{e}},\boldsymbol{u}_{\mathrm{e}}}\tilde{\boldsymbol{x}}+\left.\frac{\partial \boldsymbol{g}(\boldsymbol{x},\boldsymbol{u})}{\partial \boldsymbol{u}}\right|_{\boldsymbol{x}_{\mathrm{e}},\boldsymbol{u}_{\mathrm{e}}}\tilde{\boldsymbol{u}}=C(t)\tilde{\boldsymbol{x}}+D(t)\tilde{\boldsymbol{u}}\end{aligned} \tag{2.10}$$

式中，系数矩阵

$$A(t)=\left.\frac{\partial \boldsymbol{f}(\boldsymbol{x},\boldsymbol{u})}{\partial \boldsymbol{x}}\right|_{\boldsymbol{x}_{\mathrm{e}},\boldsymbol{u}_{\mathrm{e}}}=\begin{bmatrix}\dfrac{\partial f_1}{\partial x_1} & \dfrac{\partial f_1}{\partial x_2} & \cdots & \dfrac{\partial f_1}{\partial x_n}\\ \dfrac{\partial f_2}{\partial x_1} & \dfrac{\partial f_2}{\partial x_2} & \cdots & \dfrac{\partial f_2}{\partial x_n}\\ \vdots & \vdots & & \vdots\\ \dfrac{\partial f_n}{\partial x_1} & \dfrac{\partial f_n}{\partial x_2} & \cdots & \dfrac{\partial f_n}{\partial x_n}\end{bmatrix}_{\boldsymbol{x}_{\mathrm{e}},\boldsymbol{u}_{\mathrm{e}}}$$

$$B(t)=\left.\frac{\partial \boldsymbol{f}(\boldsymbol{x},\boldsymbol{u})}{\partial \boldsymbol{u}}\right|_{\boldsymbol{x}_e,\boldsymbol{u}_e}=\begin{bmatrix} \frac{\partial f_1}{\partial u_1} & \frac{\partial f_1}{\partial u_2} & \cdots & \frac{\partial f_1}{\partial u_p} \\ \frac{\partial f_2}{\partial u_1} & \frac{\partial f_2}{\partial u_2} & \cdots & \frac{\partial f_2}{\partial u_p} \\ \vdots & \vdots & & \vdots \\ \frac{\partial f_n}{\partial u_1} & \frac{\partial f_n}{\partial u_2} & \cdots & \frac{\partial f_n}{\partial u_p} \end{bmatrix}_{\boldsymbol{x}_e,\boldsymbol{u}_e}$$

$$C(t)=\left.\frac{\partial \boldsymbol{g}(\boldsymbol{x},\boldsymbol{u})}{\partial \boldsymbol{x}}\right|_{\boldsymbol{x}_e,\boldsymbol{u}_e}=\begin{bmatrix} \frac{\partial g_1}{\partial x_1} & \frac{\partial g_1}{\partial x_2} & \cdots & \frac{\partial g_1}{\partial x_n} \\ \frac{\partial g_2}{\partial x_1} & \frac{\partial g_2}{\partial x_2} & \cdots & \frac{\partial g_2}{\partial x_n} \\ \vdots & \vdots & & \vdots \\ \frac{\partial g_q}{\partial x_1} & \frac{\partial g_q}{\partial x_2} & \cdots & \frac{\partial g_q}{\partial x_n} \end{bmatrix}_{\boldsymbol{x}_e,\boldsymbol{u}_e}$$

$$D(t)=\left.\frac{\partial \boldsymbol{g}(\boldsymbol{x},\boldsymbol{u})}{\partial \boldsymbol{u}}\right|_{\boldsymbol{x}_e,\boldsymbol{u}_e}=\begin{bmatrix} \frac{\partial g_1}{\partial u_1} & \frac{\partial g_1}{\partial u_2} & \cdots & \frac{\partial g_1}{\partial u_p} \\ \frac{\partial g_2}{\partial u_1} & \frac{\partial g_2}{\partial u_2} & \cdots & \frac{\partial g_2}{\partial u_p} \\ \vdots & \vdots & & \vdots \\ \frac{\partial g_q}{\partial u_1} & \frac{\partial g_q}{\partial u_2} & \cdots & \frac{\partial g_q}{\partial u_p} \end{bmatrix}_{\boldsymbol{x}_e,\boldsymbol{u}_e}$$

分别为标称工作点附近线性化模型的状态矩阵、输入矩阵、输出矩阵和直接传输矩阵。因为 $\boldsymbol{x}_e(t)$、$\boldsymbol{u}_e(t)$ 一般为时间的函数，所以这些系数矩阵一般是时变的。

在很多情况下，系统希望的运行状态往往和某个定常的工作状态相对应，这个定常的工作状态称为系统的一个静态工作点，系统在静态工作点附近的控制特性是设计者最为关心的。

定义 2.1　对式(2.6)所示系统，若 $\boldsymbol{x}_0$ 满足

$$\boldsymbol{f}(\boldsymbol{x}_0,\boldsymbol{u}_0)=0 \tag{2.11}$$

则称 $\boldsymbol{x}_0$ 为系统式(2.6)在 $\boldsymbol{u}_0(t)$ 作用下的一个平衡态，或系统的一个静态工作点。

对于某个输入 $\boldsymbol{u}_0(t)$，平衡态 $\boldsymbol{x}_0$ 可能唯一存在，也可能存在多个或无穷多个，也可能不存在。对于系统式(2.6)，如果系统的初始状态 $\boldsymbol{x}(t_0)=\boldsymbol{x}_0$，则系统的状态解 $\boldsymbol{x}(t)\equiv\boldsymbol{x}_0$，即平衡态是系统状态方程的一个常值解。

系统式(2.6)在静态工作点 $\boldsymbol{x}_0$ 附近的线性化模型为

$$\begin{aligned} \dot{\tilde{\boldsymbol{x}}}&=\left.\frac{\partial \boldsymbol{f}(\boldsymbol{x},\boldsymbol{u})}{\partial \boldsymbol{x}}\right|_{\boldsymbol{x}_0,\boldsymbol{u}_0}\tilde{\boldsymbol{x}}+\left.\frac{\partial \boldsymbol{f}(\boldsymbol{x},\boldsymbol{u})}{\partial \boldsymbol{u}}\right|_{\boldsymbol{x}_0,\boldsymbol{u}_0}\tilde{\boldsymbol{u}}=A(t)\tilde{\boldsymbol{x}}+B(t)\tilde{\boldsymbol{u}},\quad \tilde{\boldsymbol{x}}(t_0)=\tilde{\boldsymbol{x}}_0,\quad t\geqslant t_0 \\ \tilde{\boldsymbol{y}}&=\left.\frac{\partial \boldsymbol{g}(\boldsymbol{x},\boldsymbol{u})}{\partial \boldsymbol{x}}\right|_{\boldsymbol{x}_0,\boldsymbol{u}_0}\tilde{\boldsymbol{x}}+\left.\frac{\partial \boldsymbol{g}(\boldsymbol{x},\boldsymbol{u})}{\partial \boldsymbol{u}}\right|_{\boldsymbol{x}_0,\boldsymbol{u}_0}\tilde{\boldsymbol{u}}=C(t)\tilde{\boldsymbol{x}}+D(t)\tilde{\boldsymbol{u}} \end{aligned} \tag{2.12}$$

显然，除非 $\boldsymbol{u}_0$ 是常值向量，否则式(2.12)的各系数矩阵一般是时变的。

若获得线性化模型的目的只是研究扰动消除后系统返回时的调节特性，则由 $\tilde{\boldsymbol{u}}=0$，得到系统在标称工作点附近的线性化模型为

$$\dot{\tilde{\boldsymbol{x}}}=\left.\frac{\partial \boldsymbol{f}(\boldsymbol{x})}{\partial \boldsymbol{x}}\right|_{\boldsymbol{x}_e,\boldsymbol{u}_e}\tilde{\boldsymbol{x}}=A(t)\tilde{\boldsymbol{x}},\quad \tilde{\boldsymbol{x}}(t_0)=\tilde{\boldsymbol{x}}_0,\quad t\geqslant t_0$$
$$\tilde{\boldsymbol{y}}=\left.\frac{\partial \boldsymbol{g}(\boldsymbol{x})}{\partial \boldsymbol{x}}\right|_{\boldsymbol{x}_e,\boldsymbol{u}_e}\tilde{\boldsymbol{x}}=C(t)\tilde{\boldsymbol{x}} \tag{2.13}$$

在静态工作点附近的线性化模型为

$$\dot{\tilde{\boldsymbol{x}}}=\left.\frac{\partial \boldsymbol{f}(\boldsymbol{x})}{\partial \boldsymbol{x}}\right|_{\boldsymbol{x}_0,\boldsymbol{u}_0}\tilde{\boldsymbol{x}}=A(t)\tilde{\boldsymbol{x}},\quad \tilde{\boldsymbol{x}}(t_0)=\tilde{\boldsymbol{x}}_0,\quad t\geqslant t_0$$
$$\tilde{\boldsymbol{y}}=\left.\frac{\partial \boldsymbol{g}(\boldsymbol{x})}{\partial \boldsymbol{x}}\right|_{\boldsymbol{x}_0,\boldsymbol{u}_0}\tilde{\boldsymbol{x}}=C(t)\tilde{\boldsymbol{x}} \tag{2.14}$$

同样，只有当 $\boldsymbol{u}_0$ 是常值向量时，式(2.14)的系数矩阵才一定是定常的，而 $\boldsymbol{u}_0$ 为常值向量的情况往往是实际应用中最为常见的。

后面第 4 章关于系统稳定性的研究将表明，非线性系统工作点附近的稳定性可以由它线性化模型的稳定性来保证，而线性系统的稳定性只与它的状态矩阵 $A(t)$ 或 A 相关联，线性化模型式(2.10)特别是式(2.12)是最为常用的。

例 2.7 图 2.10 表示某旋转机械的转角控制系统，图中输入 $r=t1(t)$ 为单位斜坡信号，$\varphi(e)$ 表示功率放大环节的饱和非线性特性，它限制了功放环节输出电压的最大值，设电机工作在线性区域，由电枢电压到转速为一阶惯性环节，转速积分得到电机转角输出。设系统零初始状态下的响应为标称响应 $y_e(t)$，稳态误差为 e_{ss}，求系统标称响应和稳态工作点附近的线性化模型。

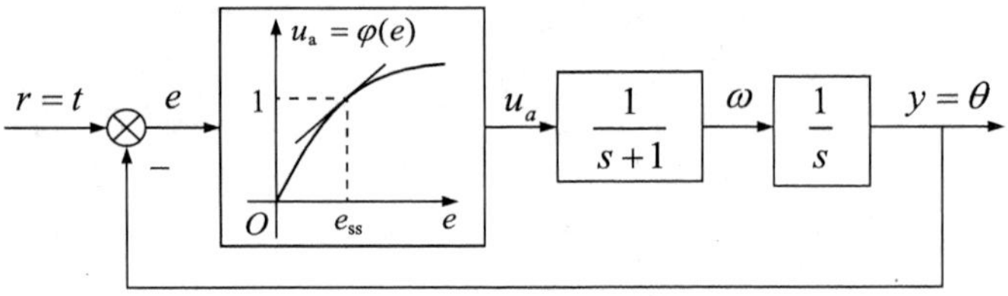

图 2.10 例 2.7 的系统框图

解 取 $x_1=y$ 和 $x_2=\dot{y}$ 作为状态，系统的状态空间描述为

$$\dot{x}_1=x_2=f_1(\boldsymbol{x},r)$$
$$\dot{x}_2=-x_2+\varphi(e)=-x_2+\varphi(r-x_1)=f_2(\boldsymbol{x},r)$$
$$y=x_1=g(\boldsymbol{x},r)$$

于是有标称响应 $x_{1e}(t)=y_e(t)$、$x_{2e}(t)=\dot{y}_e(t)$、$r_e=t$ 附近的线性化模型为

$$\dot{\tilde{\boldsymbol{x}}}=\left.\begin{bmatrix}\dfrac{\partial f_1}{\partial x_1} & \dfrac{\partial f_1}{\partial x_2}\\ \dfrac{\partial f_2}{\partial x_1} & \dfrac{\partial f_2}{\partial x_2}\end{bmatrix}\right|_{\boldsymbol{x}_e,r_e}\tilde{\boldsymbol{x}}+\left.\begin{bmatrix}\dfrac{\partial f_1}{\partial r}\\ \dfrac{\partial f_2}{\partial r}\end{bmatrix}\right|_{\boldsymbol{x}_e,r_e}\tilde{r}=\begin{bmatrix}0 & 1\\ -\left.\dfrac{\mathrm{d}\varphi}{\mathrm{d}e}\right|_{e=t-y_e(t)} & -1\end{bmatrix}\tilde{\boldsymbol{x}}+\begin{bmatrix}0\\ \left.\dfrac{\mathrm{d}\varphi}{\mathrm{d}e}\right|_{e=t-y_e(t)}\end{bmatrix}\tilde{r}$$

$$\tilde{\boldsymbol{y}}=\left.\begin{bmatrix}\dfrac{\partial g}{\partial x_1} & \dfrac{\partial g}{\partial x_2}\end{bmatrix}\right|_{\boldsymbol{x}_e,r_e}\tilde{\boldsymbol{x}}+\left.\frac{\partial g}{\partial r}\right|_{\boldsymbol{x}_e,r_e}\tilde{r}=\begin{bmatrix}1 & 0\end{bmatrix}\tilde{\boldsymbol{x}}$$

式中，状态矩阵和输入矩阵是时变的，$\left.\dfrac{\mathrm{d}\varphi}{\mathrm{d}e}\right|_{e=t-y_e(t)}$ 为非线性饱和特性曲线工作点处切线的斜

率。稳态响应 $x_{10}=t-e_{ss}$、$x_{20}=1$、$r_0=t$ 附近的线性化模型为

$$\dot{\tilde{\boldsymbol{x}}}=\begin{bmatrix}\dfrac{\partial f_1}{\partial x_1} & \dfrac{\partial f_1}{\partial x_2}\\ \dfrac{\partial f_2}{\partial x_1} & \dfrac{\partial f_2}{\partial x_2}\end{bmatrix}_{x_0,r_0}\tilde{\boldsymbol{x}}+\begin{bmatrix}\dfrac{\partial f_1}{\partial r}\\ \dfrac{\partial f_2}{\partial r}\end{bmatrix}_{x_0,r_0}\tilde{r}=\begin{bmatrix}0 & 1\\ -\left.\dfrac{\mathrm{d}\varphi}{\mathrm{d}e}\right|_{e=e_{ss}} & -1\end{bmatrix}\tilde{\boldsymbol{x}}+\begin{bmatrix}0\\ \left.\dfrac{\mathrm{d}\varphi}{\mathrm{d}e}\right|_{e=e_{ss}}\end{bmatrix}\tilde{r}$$

$$\tilde{\boldsymbol{y}}=\begin{bmatrix}\dfrac{\partial g}{\partial x_1} & \dfrac{\partial g}{\partial x_2}\end{bmatrix}_{x_0,r_0}\tilde{\boldsymbol{x}}+\left.\dfrac{\partial g}{\partial r}\right|_{x_0,r_0}\tilde{r}=\begin{bmatrix}1 & 0\end{bmatrix}\tilde{\boldsymbol{x}}$$

式中，各系数矩阵都是定常的，$\left.\dfrac{\mathrm{d}\varphi}{\mathrm{d}e}\right|_{e=e_{ss}}$ 为非线性饱和特性曲线在静态工作点处切线的斜率。显然，只要也仅需要非线性系统的某个响应过程中非线性环节的工作点不发生变化，线性化模型就是定常的。

例 2.8 安装在水平方向运动小车支点上的单摆系统如图 2.11(a)所示，图中 M 为小车的质量，k 为小车与地面的摩擦系数，y 为支点在水平方向的位移，F 为施加在小车上水平方向的力。图 2.11(b)是单摆受力分解图，m 为单摆的质量，L 为单摆质心到支点的距离，θ 为单摆相对质心转过的角度，J 为单摆对质心的转动惯量，H 和 V 分别为小车通过支点作用在单摆上的水平方向和竖直方向的作用力。试以 $x_1=\theta$，$x_2=\dot{\theta}$，$x_3=y$，$x_4=\dot{y}$ 为状态，$u=F$ 为输入，$y_1=\theta$，$y_2=y$ 为输出，列写系统的状态空间表达式，并进一步给出单摆位于竖直平衡位置附近的线性化状态空间表达式。

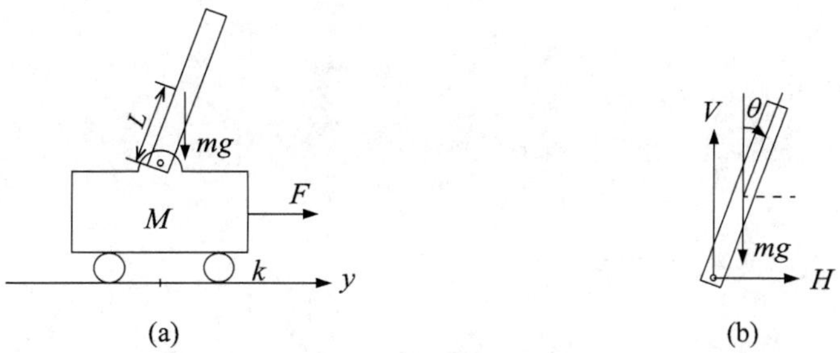

图 2.11 小车单摆系统

解 根据牛顿定律，列写单摆在水平方向和竖直方向上力的平衡方程为

$$m\frac{\mathrm{d}^2}{\mathrm{d}t^2}(y+L\sin\theta)=H$$

$$m\frac{\mathrm{d}^2}{\mathrm{d}t^2}(L\cos\theta)=V-mg$$

单摆对质心的力矩平衡方程为

$$J\ddot{\theta}=VL\sin\theta-HL\cos\theta$$

而小车在水平方向上力的平衡方程为

$$M\ddot{y}=F-H-k\dot{y}$$

消去中间变量 V 和 H，得到

$$J\ddot{\theta}=mgL\sin\theta-mL^2\ddot{\theta}-mL\ddot{y}\cos\theta$$

$$M\ddot{y}=F-m\left(\ddot{y}+L\ddot{\theta}\cos\theta-L\dot{\theta}^2\sin\theta\right)-k\dot{y}$$

即有单摆系统的状态空间表达式为

$$
\begin{aligned}
\dot{x}_1 &= x_2 \\
\dot{x}_2 &= \frac{(m+M)mgL\sin x_1 - mL\cos x_1\left(u + mLx_2^2\sin x_1 - kx_4\right)}{\left(J+mL^2\right)(m+M) - m^2L^2\cos^2 x_1} \\
\dot{x}_3 &= x_4 \\
\dot{x}_4 &= \frac{-m^2L^2 g\cos x_1\sin x_1 + \left(J+mL^2\right)\left(u + mLx_2^2\sin x_1 - kx_4\right)}{\left(J+mL^2\right)(m+M) - m^2L^2\cos^2 x_1} \\
y_1 &= x_1 \\
y_2 &= x_3
\end{aligned}
$$

单摆位于竖直平衡位置时 $x_{10} = \theta_0 = 0$，令各状态变量的导数为零，得到 $x_{20} = x_{40} = 0$，$x_{30} = y_0$，$u_0 = 0$，即单摆竖直不动，小车静止在某一位置。引入状态变量的增量 $\tilde{x}_1 = x_1 - x_{10} = x_1$，$\tilde{x}_2 = x_2 - x_{20} = x_2$，$\tilde{x}_3 = x_3 - x_{30} = x_3 - y_0$，$\tilde{x}_4 = x_4 - x_{40} = x_4$，$\tilde{u} = u - u_0 = u$，在平衡位置附近 $\sin x_1 = x_1$，$\cos x_1 \approx 1$，代入状态方程式的右边可以分出关于状态增量的线性项和高次项，直接忽略掉高阶小量 $x_2^2\sin x_1$，可得平衡位置附近线性化状态空间表达式为

$$
\begin{bmatrix} \dot{\tilde{x}}_1 \\ \dot{\tilde{x}}_2 \\ \dot{\tilde{x}}_3 \\ \dot{\tilde{x}}_4 \end{bmatrix} = \frac{1}{\varDelta}\begin{bmatrix} 0 & \varDelta & 0 & 0 \\ (m+M)mgL & 0 & 0 & mLk \\ 0 & 0 & 0 & \varDelta \\ -m^2L^2g & 0 & 0 & -\left(J+mL^2\right)k \end{bmatrix}\begin{bmatrix} \tilde{x}_1 \\ \tilde{x}_2 \\ \tilde{x}_3 \\ \tilde{x}_4 \end{bmatrix} + \begin{bmatrix} 0 \\ -mL \\ 0 \\ J+mL^2 \end{bmatrix}\tilde{u}
$$

$$
\begin{bmatrix} \tilde{y}_1 \\ \tilde{y}_2 \end{bmatrix} = \begin{bmatrix} 1 & 0 & 0 & 0 \\ 0 & 0 & 1 & 0 \end{bmatrix}\begin{bmatrix} \tilde{x}_1 \\ \tilde{x}_2 \\ \tilde{x}_3 \\ \tilde{x}_4 \end{bmatrix}
$$

式中，$\varDelta = \left(J+mL^2\right)(m+M) - m^2L^2$。

2-2　传递函数的几种标准实现

机理建模的状态变量有明确的物理或工程意义，状态空间模型能够真实地反映系统的内部结构信息。实际中，只有在对对象的结构和工作机理了解很充分的情况下，才可以采用机理建模。否则，可以通过做实验的方法，根据对象的输入输出数据得到它的传递函数，再由传递函数得到它的状态空间模型。

从系统的传递函数出发，寻找一个状态空间表达式，它和系统的传递函数有相同的输入输出特性，这一过程称为求传递函数的状态空间实现，简称为实现问题。显然，同一传递函数的状态空间实现并不唯一，一般总是选取一些具有标准结构的系统作为传递函数的实现，这将导致除输出以外，系统的状态变量并没有确切的物理或工程含义。在现代控制理论的系统设计方法中，当性能指标只涉及系统的输入输出变量时，由系统实现的方法建立对象的状态空间模型是可行的。而当性能指标涉及系统的内部状态变量时，这些状态变量必须具有特定的工程含义，一般只能采用机理建模的方法得到对象的状态空间模型。

下面只讨论单输入单输出系统的四种典型实现：能控标准实现、能观标准实现、对角实

现和约当实现。其中，所谓能控实现，指系统输入对系统状态总是能控的实现；所谓能观实现，指通过对系统输出的观测总可以得到系统状态信息的实现。有关系统能控性和能观性在第 3 章中还要做专门的讨论，而关于多输入多输出系统的实现将在第 5 章中给出。

根据线性定常系统的状态空间描述式(2.1)和图 2.8，对于 n 阶系统，必然含有 n 个积分器，且总是将积分器的输出作为状态变量，状态变量和输入变量分别通过状态矩阵和输入矩阵作用到积分器的输入，系统输出是各状态变量的线性组合。在下面求取系统的状态空间实现时，首先应该遵循上述原则。其次，积分器可以采用串联方式，也可以采用并联方式，而对于输入矩阵和输出矩阵的取法，希望在传递函数的参数发生变化时，其状态空间实现或者始终保持能控，或者始终保持能观。最后，希望尽量减少状态空间模型中参数的个数，对于 n 阶单输入单输出系统的传递函数

$$\begin{aligned} g(s) &= \frac{y(s)}{r(s)} = \frac{N(s)}{D(s)} = \frac{b_n s^n + b_{n-1}s^{n-1} + \cdots + b_1 s + b_0}{s^n + a_{n-1}s^{n-1} + \cdots + a_1 s + a_0} \\ &= b_n + \frac{(b_{n-1} - a_{n-1}b_n)s^{n-1} + (b_{n-2} - a_{n-2}b_n)s^{n-2} + \cdots + (b_1 - a_1 b_n)s + b_0 - a_0 b_n}{s^n + a_{n-1}s^{n-1} + \cdots + a_1 s + a_0} \end{aligned} \tag{2.15}$$

它的输入输出微分方程描述为

$$y^{(n)} + a_{n-1}y^{(n-1)} + \cdots + a_1\dot{y} + a_0 y = b_n r^{(n)} + b_{n-1}r^{(n-1)} + \cdots + b_1\dot{r} + b_0 r \tag{2.16}$$

这样，包括直接传输系数在内，状态空间模型中参数的个数不应大于 $2n+1$。

1. 能控标准实现

采取最后一级积分器的输出通过状态矩阵反馈到各积分器输入，输入作用到第一级积分器的输入，各积分器的输出通过输出矩阵得到系统输出的方式，有能控标准 I 型系统实现如图 2.12 所示。

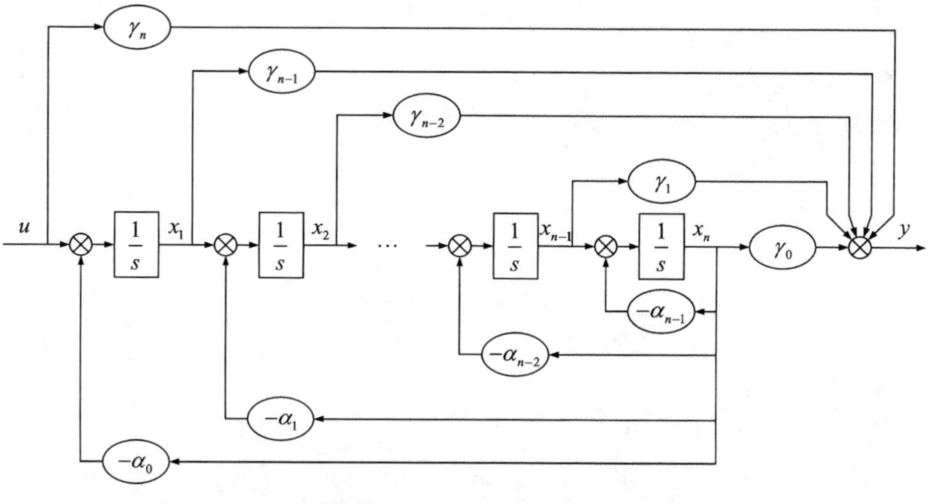

图 2.12　能控标准 I 型实现

对图 2.12 所示实现，应用梅逊增益公式，得到系统的传递函数为

$$\frac{y(s)}{u(s)}=\gamma_n+\frac{\frac{\gamma_{n-1}}{s}\Delta_1+\frac{\gamma_{n-2}}{s^2}\Delta_2+\cdots+\frac{\gamma_1}{s^{n-1}}\Delta_{n-1}+\frac{\gamma_0}{s^n}\Delta_n}{1+\frac{\alpha_0}{s^n}+\frac{\alpha_1}{s^{n-1}}+\cdots+\frac{\alpha_{n-2}}{s^2}+\frac{\alpha_{n-1}}{s}}$$
$$=\gamma_n+\frac{\gamma_{n-1}s^{n-1}\Delta_1+\gamma_{n-2}s^{n-2}\Delta_2+\cdots+\gamma_1 s\Delta_{n-1}+\gamma_0\Delta_n}{s^n+\alpha_{n-1}s^{n-1}+\cdots+\alpha_1 s+\alpha_0} \tag{2.17}$$

式中

$$\Delta_1=\left(1+\frac{\alpha_1}{s^{n-1}}+\cdots+\frac{\alpha_{n-2}}{s^2}+\frac{\alpha_{n-1}}{s}\right)$$
$$\Delta_2=\left(1+\frac{\alpha_2}{s^{n-2}}+\cdots+\frac{\alpha_{n-2}}{s^2}+\frac{\alpha_{n-1}}{s}\right)$$
$$\vdots$$
$$\Delta_{n-1}=\left(1+\frac{\alpha_{n-1}}{s}\right)$$
$$\Delta_n=1$$

化简得

$$\frac{y(s)}{u(s)}=\gamma_n+\frac{\gamma_{n-1}s^{n-1}\Delta_1+\gamma_{n-2}s^{n-2}\Delta_2+\cdots+\gamma_1 s\Delta_{n-1}+\gamma_0\Delta_n}{s^n+\alpha_{n-1}s^{n-1}+\cdots+\alpha_1 s+\alpha_0}$$
$$=\frac{\gamma_n(s^n+\alpha_{n-1}s^{n-1}+\cdots+\alpha_1 s+\alpha_0)+\gamma_{n-1}(s^{n-1}+\alpha_{n-1}s^{n-2}+\cdots+\alpha_2 s+\alpha_1)+\cdots+\gamma_1(s+\alpha_{n-1})+\gamma_0}{s^n+\alpha_{n-1}s^{n-1}+\cdots+\alpha_1 s+\alpha_0}$$
$$=\frac{\gamma_n s^n+(\alpha_{n-1}\gamma_n+\gamma_{n-1})s^{n-1}+\cdots+(\alpha_1\gamma_n+\alpha_2\gamma_{n-1}+\cdots+\alpha_{n-1}\gamma_2+\gamma_1)s+\alpha_0\gamma_n+\alpha_1\gamma_{n-1}+\cdots+\alpha_{n-1}\gamma_1+\gamma_0}{s^n+\alpha_{n-1}s^{n-1}+\cdots+\alpha_1 s+\alpha_0} \tag{2.18}$$

比较式(2.18)和式(2.15)可知，传递函数式(2.15)分母多项式$D(s)$的系数与能控标准Ⅰ型实现中状态反馈系数间的关系为$\alpha_i=a_i(i=0,1,\cdots,n-1)$，传递函数式(2.15)分子多项式$N(s)$的系数与能控标准Ⅰ型实现输出矩阵中参数的关系为

$$\begin{aligned}
&b_n=\gamma_n\\
&b_{n-1}=a_{n-1}\gamma_n+\gamma_{n-1}\\
&\quad\vdots\\
&b_1=a_1\gamma_n+a_2\gamma_{n-1}+\cdots+a_{n-1}\gamma_2+\gamma_1\\
&b_0=a_0\gamma_n+a_1\gamma_{n-1}+\cdots+a_{n-1}\gamma_1+\gamma_0
\end{aligned} \tag{2.19}$$

用矩阵表示上述关系为

$$\begin{bmatrix}1&0&0&\cdots&0\\a_{n-1}&1&0&\ddots&\vdots\\a_{n-2}&a_{n-1}&1&\ddots&0\\\vdots&\ddots&\ddots&\ddots&0\\a_0&\cdots&a_{n-2}&a_{n-1}&1\end{bmatrix}\begin{bmatrix}\gamma_n\\\gamma_{n-1}\\\vdots\\\gamma_1\\\gamma_0\end{bmatrix}=\begin{bmatrix}b_n\\b_{n-1}\\\vdots\\b_1\\b_0\end{bmatrix} \tag{2.20}$$

由图2.12得到能控标准Ⅰ型的状态空间描述为

$$
\begin{aligned}
\dot{x}_1 &= -\alpha_0 x_n + u \\
\dot{x}_2 &= x_1 - \alpha_1 x_n \\
&\vdots \\
\dot{x}_{n-1} &= x_{n-2} - \alpha_{n-2} x_n \\
\dot{x}_n &= x_{n-1} - \alpha_{n-1} x_n \\
y &= \gamma_{n-1} x_1 + \gamma_{n-2} x_2 + \cdots + \gamma_1 x_{n-1} + \gamma_0 x_n + \gamma_n u
\end{aligned}
$$

即

$$
\begin{aligned}
\dot{\boldsymbol{x}} &= \begin{bmatrix} 0 & & & & -\alpha_0 \\ 1 & 0 & & & -\alpha_1 \\ & \ddots & \ddots & & \vdots \\ & & 1 & 0 & -\alpha_{n-2} \\ & & & 1 & -\alpha_{n-1} \end{bmatrix} \boldsymbol{x} + \begin{bmatrix} 1 \\ 0 \\ \vdots \\ 0 \\ 0 \end{bmatrix} u \\
y &= \begin{bmatrix} \gamma_{n-1} & \gamma_{n-2} & \cdots & \gamma_1 & \gamma_0 \end{bmatrix} \boldsymbol{x} + \gamma_n u
\end{aligned} \tag{2.21}
$$

为叙述简单，式(2.21)能控标准 I 型实现简记为$(A_{\text{cI}}, \boldsymbol{b}_{\text{cI}}, \boldsymbol{c}_{\text{cI}}^{\text{T}})$。

图 2.12 所示的能控标准 I 型实现，当系统传递函数式(2.15)分母、分子多项式的系数发生变化时，只要不出现零点和极点相消，系统就是能控能观的，否则一旦出现零极点相消，系统能控性维持，能观性被破坏。例如，从图 2.12 容易看出，当$\alpha_i = 0(i = 0,1,\cdots,n-1)$时，若 $\gamma_i = 0(i = 0,1,\cdots,l-1)$，则能控标准 I 型实现中最后$l$个积分器的输出$x_n, x_{n-1}, \cdots, x_{n-l+1}$在系统输出$y$中没有反映，所以系统是不能观的。

若采取各积分器输出通过状态矩阵反馈到第一级积分器输入，输入作用到第一级积分器的输入，各积分器的输出通过输出矩阵得到系统输出的方式，有能控标准II型系统实现如图 2.13 所示。

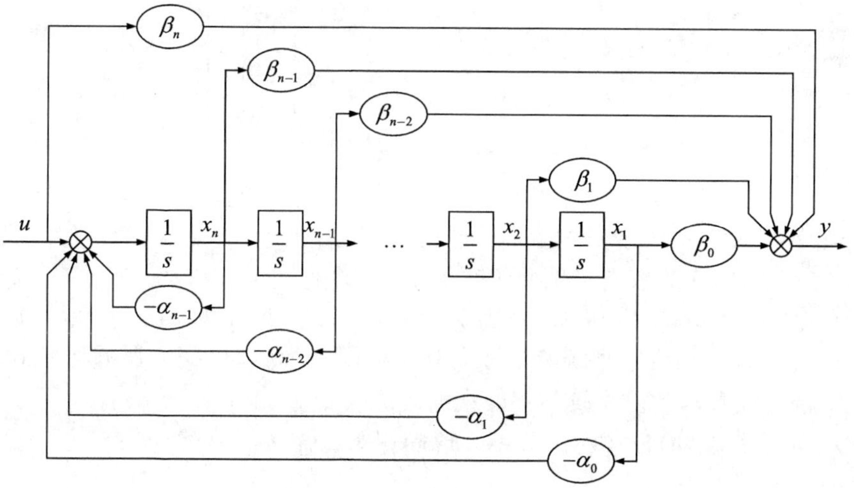

图 2.13　能控标准II型实现

对于图 2.13 所示的实现，应用梅逊增益公式，容易得到系统的传递函数为

$$\frac{y(s)}{u(s)}=\beta_n+\frac{\dfrac{\beta_{n-1}}{s}+\dfrac{\beta_{n-2}}{s^2}+\cdots+\dfrac{\beta_1}{s^{n-1}}+\dfrac{\beta_0}{s^n}}{1+\dfrac{\alpha_0}{s^n}+\dfrac{\alpha_1}{s^{n-1}}+\cdots+\dfrac{\alpha_{n-2}}{s^2}+\dfrac{\alpha_{n-1}}{s}}=\beta_n+\frac{\beta_{n-1}s^{n-1}+\beta_{n-2}s^{n-2}+\cdots+\beta_1 s+\beta_0}{s^n+\alpha_{n-1}s^{n-1}+\cdots+\alpha_1 s+\alpha_0} \tag{2.22}$$

比较式(2.22)和式(2.15)可知，传递函数式(2.15)分母多项式$D(s)$的系数与能控标准II型实现中状态反馈系数间的关系为$\alpha_i=a_i(i=0,1,\cdots,n-1)$，传递函数式(2.15)分子多项式$N(s)$系数与能控标准II型实现输出矩阵中参数的关系为

$$\begin{aligned}
\beta_n&=b_n\\
\beta_{n-1}&=b_{n-1}-a_{n-1}b_n\\
&\vdots\\
\beta_1&=b_1-a_1b_n\\
\beta_0&=b_0-a_0b_n
\end{aligned} \tag{2.23}$$

当$m\leqslant n-1$时，可以推出$\beta_n=b_n=0$，$\beta_i=b_i(i=0,2,\cdots,n-1)$。

由图2.13得到能控标准II型实现的状态空间描述为

$$\begin{aligned}
\dot{x}_1&=x_2\\
\dot{x}_2&=x_3\\
&\vdots\\
\dot{x}_{n-1}&=x_n\\
\dot{x}_n&=-\alpha_0x_1-\alpha_1x_2-\cdots-\alpha_{n-2}x_{n-1}-\alpha_{n-1}x_n+u\\
y&=\beta_0x_1+\beta_1x_2+\cdots+\beta_{n-2}x_{n-1}+\beta_{n-1}x_n+\beta_nu
\end{aligned}$$

即

$$\begin{aligned}
\dot{\boldsymbol{x}}&=\begin{bmatrix}0&1&0&\cdots&0\\0&0&1&\ddots&\vdots\\\vdots&\ddots&\ddots&\ddots&0\\0&\cdots&0&0&1\\-\alpha_0&-\alpha_1&\cdots&-\alpha_{n-2}&-\alpha_{n-1}\end{bmatrix}\boldsymbol{x}+\begin{bmatrix}0\\0\\\vdots\\0\\1\end{bmatrix}u\\
y&=\begin{bmatrix}\beta_0&\beta_1&\cdots&\beta_{n-2}&\beta_{n-1}\end{bmatrix}\boldsymbol{x}+\beta_nu
\end{aligned} \tag{2.24}$$

注意，图2.12的能控标准I型和图2.13的能控标准II型状态变量的标号顺序相反，反映在输出矩阵中，系数的排列顺序相反。同样，图2.13所示的能控标准II型实现，当系统传递函数分母、分子多项式的系数发生变化时，它的能观性可能被破坏，但能控性维持。例如，设有l个在原点的零点和极点相消，$l<n$，则可以推出$\alpha_i=0(i=0,1,\cdots,l-1)$和$\beta_i=0(i=0,1,\cdots,l-1)$。这样，系统能控标准II型实现中最后$l$个积分器的输出$x_1,x_2,\cdots,x_l$在系统输出$y$中没有反映，所以系统是不能观的。

为叙述简单，式(2.24)能控标准II型实现简记为$(A_{\mathrm{cII}},\boldsymbol{b}_{\mathrm{cII}},\boldsymbol{c}_{\mathrm{cII}}^{\mathrm{T}})$。

2. 能观标准实现

与能控实现相反，当传递函数分母、分子多项式的系数发生变化时，系统能观实现的能控性可能被破坏，但能观性维持。

采取最后一级积分器的输出通过状态矩阵反馈到各积分器输入，系统输出和最后一级积分器输出相连，系统输入通过输入矩阵作用到各积分器的输入，得到能观标准I型系统实现

如图 2.14 所示。

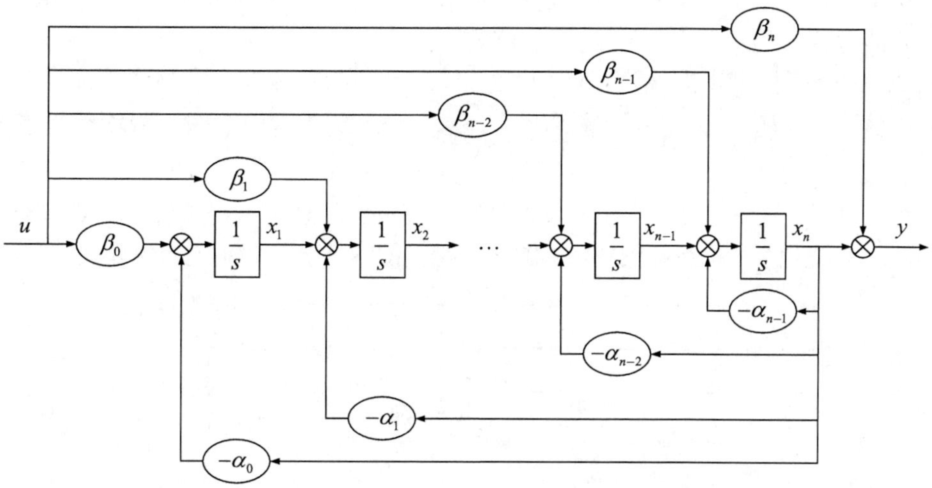

图 2.14　能观标准 I 型实现

对图 2.14 所示实现，应用梅逊增益公式，得到系统的传递函数为

$$\frac{y(s)}{u(s)}=\beta_n+\frac{\dfrac{\beta_{n-1}}{s}+\dfrac{\beta_{n-2}}{s^2}+\cdots+\dfrac{\beta_1}{s^{n-1}}+\dfrac{\beta_0}{s^n}}{1+\dfrac{\alpha_0}{s^n}+\dfrac{\alpha_1}{s^{n-1}}+\cdots+\dfrac{\alpha_{n-2}}{s^2}+\dfrac{\alpha_{n-1}}{s}}=\beta_n+\frac{\beta_{n-1}s^{n-1}+\beta_{n-2}s^{n-2}+\cdots+\beta_1 s+\beta_0}{s^n+\alpha_{n-1}s^{n-1}+\cdots+\alpha_1 s+\alpha_0} \tag{2.25}$$

比较式(2.25)和式(2.15)可知，传递函数式(2.15)分母多项式 $D(s)$ 的系数与能观标准 I 型实现中状态反馈系数间的关系为 $\alpha_i=a_i(i=0,1,\cdots,n-1)$，传递函数式(2.15)分子多项式 $N(s)$ 的系数与能观标准 I 型实现输出矩阵中参数的关系为式(2.23)。

由图 2.14 得到能观标准 I 型的状态空间描述为

$$\begin{aligned}
\dot{x}_1&=-\alpha_0x_n+\beta_0u\\
\dot{x}_2&=x_1-\alpha_1x_n+\beta_1u\\
&\ \vdots\\
\dot{x}_{n-1}&=x_{n-2}-\alpha_{n-2}x_n+\beta_{n-2}u\\
\dot{x}_n&=x_{n-1}-\alpha_{n-1}x_n+\beta_{n-1}u\\
y&=x_n+\beta_nu
\end{aligned}$$

即

$$\begin{aligned}
\dot{\boldsymbol{x}}&=\begin{bmatrix}0 & & & & -\alpha_0\\ 1 & 0 & & & -\alpha_1\\ & \ddots & \ddots & & \vdots\\ & & 1 & 0 & -\alpha_{n-2}\\ & & & 1 & -\alpha_{n-1}\end{bmatrix}\boldsymbol{x}+\begin{bmatrix}\beta_0\\ \beta_1\\ \vdots\\ \beta_{n-2}\\ \beta_{n-1}\end{bmatrix}u\\
y&=\begin{bmatrix}0 & 0 & \cdots & 0 & 1\end{bmatrix}\boldsymbol{x}+\beta_nu
\end{aligned} \tag{2.26}$$

图 2.14 所示的能观标准 I 型实现，当系统传递函数分母、分子多项式的系数发生变化时，只要不出现零点和极点相消，系统就是能控能观的，否则一旦出现零极点相消，系统能观性

维持，能控性被破坏。例如，设有 $l(l<n)$ 个在原点的零点和极点相消，则可推出 $\alpha_i=0(i=0,1,\cdots,l-1)$ 和 $\beta_i=0(i=0,1,\cdots,l-1)$。这样，系统能观标准Ⅰ型实现中最前面的 l 个积分器与系统输入没有联系，系统是不能控的。

式(2.26)的能观标准Ⅰ型实现简记为 $(A_{\text{oI}},\boldsymbol{b}_{\text{oI}},\boldsymbol{c}_{\text{oI}}^{\text{T}})$。能观标准Ⅰ型和能控标准Ⅱ型互成对偶关系，即有 $A_{\text{oI}}=A_{\text{cII}}^{\text{T}}$，$\boldsymbol{b}_{\text{oI}}=(\boldsymbol{c}_{\text{cII}}^{\text{T}})^{\text{T}}$，$\boldsymbol{c}_{\text{oI}}^{\text{T}}=(\boldsymbol{b}_{\text{cII}})^{\text{T}}$，反映在实现框图中即将综合点改为引出点，引出点改为综合点，信号线方向取反，积分器的输入输出端互换。

若采取各积分器输出通过状态矩阵反馈到第一级积分器输入，输出和最后一级积分器输出相连，输入通过输入矩阵作用到各积分器的输入，得到能观标准Ⅱ型系统实现如图 2.15 所示。

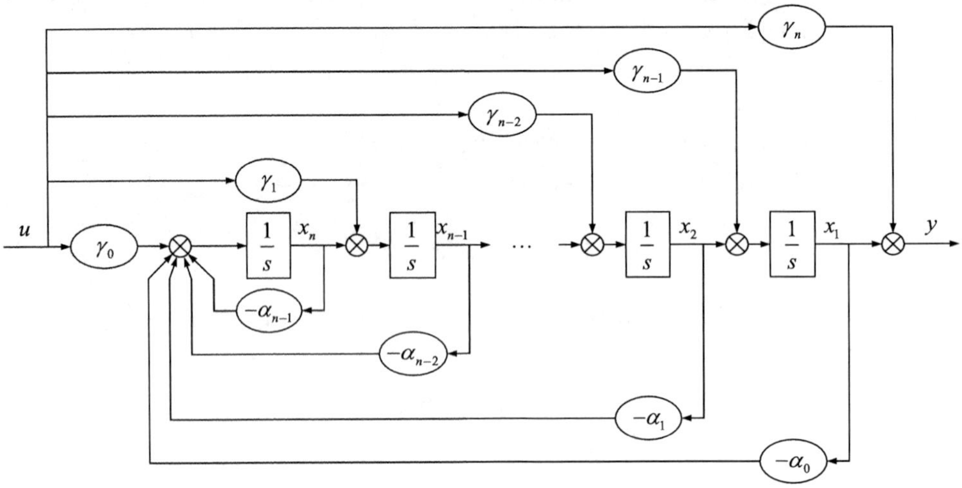

图 2.15　能观标准Ⅱ型实现

对图 2.15 所示实现，应用梅逊增益公式，得到系统的传递函数为

$$\frac{y(s)}{u(s)}=\gamma_n+\frac{\dfrac{\gamma_{n-1}}{s}\Delta_1+\dfrac{\gamma_{n-2}}{s^2}\Delta_2+\cdots+\dfrac{\gamma_1}{s^{n-1}}\Delta_{n-1}+\dfrac{\gamma_0}{s^n}\Delta_n}{1+\dfrac{\alpha_0}{s^n}+\dfrac{\alpha_1}{s^{n-1}}+\cdots+\dfrac{\alpha_{n-2}}{s^2}+\dfrac{\alpha_{n-1}}{s}}$$

$$=\gamma_n+\frac{\gamma_{n-1}s^{n-1}\Delta_1+\gamma_{n-2}s^{n-2}\Delta_2+\cdots+\gamma_1 s\Delta_{n-1}+\gamma_0\Delta_n}{s^n+\alpha_{n-1}s^{n-1}+\cdots+\alpha_1 s+\alpha_0}$$

式中

$$\Delta_1=\left(1+\frac{\alpha_1}{s^{n-1}}+\cdots+\frac{\alpha_{n-2}}{s^2}+\alpha\frac{\alpha_{n-1}}{s}\right)$$

$$\Delta_2=\left(1+\frac{\alpha_2}{s^{n-2}}+\cdots+\frac{\alpha_{n-2}}{s^2}+\frac{\alpha_{n-1}}{s}\right)$$

$$\vdots$$

$$\Delta_{n-1}=\left(1+\frac{\alpha_{n-1}}{s}\right)$$

$$\Delta_n=1$$

化简得

$$
\begin{aligned}
\frac{y(s)}{u(s)} &= \gamma_n + \frac{\gamma_{n-1}s^{n-1}\Delta_1 + \gamma_{n-2}s^{n-2}\Delta_2 + \cdots + \gamma_1 s\Delta_{n-1} + \gamma_0\Delta_n}{s^n + \alpha_{n-1}s^{n-1} + \cdots + \alpha_1 s + \alpha_0} \\
&= \frac{\gamma_n(s^n + \alpha_{n-1}s^{n-1} + \cdots + \alpha_1 s + \alpha_0) + \gamma_{n-1}(s^{n-1} + \alpha_{n-1}s^{n-2} + \cdots + \alpha_2 s + \alpha_1) + \cdots + \gamma_1(s + \alpha_{n-1}) + \gamma_0}{s^n + \alpha_{n-1}s^{n-1} + \cdots + \alpha_1 s + \alpha_0} \\
&= \frac{\gamma_n s^n + (\alpha_{n-1}\gamma_n + \gamma_{n-1})s^{n-1} + \cdots + (\alpha_1\gamma_n + \alpha_2\gamma_{n-1} + \cdots + \alpha_{n-1}\gamma_2 + \gamma_1)s + \alpha_0\gamma_n + \alpha_1\gamma_{n-1} + \cdots + \alpha_{n-1}\gamma_1 + \gamma_0}{s^n + \alpha_{n-1}s^{n-1} + \cdots + \alpha_1 s + \alpha_0}
\end{aligned}
\tag{2.27}
$$

比较式(2.27)和式(2.15)可知，传递函数式(2.15)分母多项式系数与能观标准II型实现中状态反馈系数间的关系为$\alpha_i = a_i (i = 0,1,\cdots,n-1)$，传递函数式(2.15)分子多项式系数与能观标准II型实现输入矩阵中参数的关系为式(2.19)或式(2.20)。

由图 2.15 得到能观标准II型的状态空间描述为

$$
\begin{aligned}
\dot{x}_1 &= x_2 + \gamma_{n-1}u \\
\dot{x}_2 &= x_3 + \gamma_{n-2}u \\
&\vdots \\
\dot{x}_{n-1} &= x_n + \gamma_1 u \\
\dot{x}_n &= -\alpha_0 x_1 - \alpha_1 x_2 - \cdots - \alpha_{n-1}x_n + \gamma_0 u \\
y &= x_1 + \gamma_n u
\end{aligned}
$$

即

$$
\begin{aligned}
\dot{\boldsymbol{x}} &= \begin{bmatrix} 0 & 1 & & & \\ & 0 & 1 & & \\ & & \ddots & \ddots & \vdots \\ & & & 0 & 1 \\ -\alpha_0 & -\alpha_1 & \cdots & -\alpha_{n-2} & -\alpha_{n-1} \end{bmatrix}\boldsymbol{x} + \begin{bmatrix} \gamma_{n-1} \\ \gamma_{n-2} \\ \vdots \\ \gamma_1 \\ \gamma_0 \end{bmatrix} u \\
y &= \begin{bmatrix} 1 & 0 & \cdots & 0 & 0 \end{bmatrix}\boldsymbol{x} + \gamma_n u
\end{aligned}
\tag{2.28}
$$

注意，图 2.14 的能观标准 I 型和图 2.15 的能观标准II型状态变量的标号顺序相反，反映在输入矩阵中，系数的排列顺序相反。同样，图 2.15 所示的能观标准II型实现，当系统传递函数分母、分子多项式的系数发生变化时，它的能观性维持，但能控性可能被破坏。例如，从图 2.15 容易看出，当$\alpha_i = 0(i = 0,1,\cdots,n-1)$时，若 $\gamma_i = 0(i = 0,1,\cdots,l-1)$，则能观标准II型实现中最前面的$l$个积分器与系统输入没有联系，系统是不能控的。

式(2.28)的能观标准II型实现简记为$(A_{\text{oII}}, \boldsymbol{b}_{\text{oII}}, \boldsymbol{c}_{\text{oII}}^{\text{T}})$。能观标准II型和能控标准 I 型互成对偶关系，即有$A_{\text{oII}} = A_{\text{cI}}^{\text{T}}$，$\boldsymbol{b}_{\text{oII}} = (\boldsymbol{c}_{\text{cI}}^{\text{T}})^{\text{T}}$，$\boldsymbol{c}_{\text{oII}}^{\text{T}} = (\boldsymbol{b}_{\text{cI}})^{\text{T}}$，反映在实现框图中即将综合点改为引出点，引出点改为综合点，信号线方向取反，积分器的输入输出端互换。

3. 对角标准实现

除上述积分器串联形式的可控、可观实现外，还有并联形式的对角标准实现和约当标准实现。在并联实现中，各积分器的输出只反馈到各自的输入，对可控实现，输入直接和积分器相连，输出通过输出矩阵和各积分器输出相连。反之，对可观实现，输入通过输入矩阵和积分器相连，输出直接和各积分器输出相连。

设传递函数式(2.15)只含单重互异实极点$\lambda_1,\lambda_2,\cdots,\lambda_n$，此时有系统的对角标准实现，即系统矩阵$A$是对角矩阵。设系统传递函数的部分分式展开式为

$$g(s)=\frac{c_1}{s-\lambda_1}+\frac{c_2}{s-\lambda_2}+\cdots+\frac{c_n}{s-\lambda_n}+b_n \tag{2.29}$$

于是有

$$y(s)=\frac{c_1}{s-\lambda_1}u(s)+\frac{c_2}{s-\lambda_2}u(s)+\cdots+\frac{c_n}{s-\lambda_n}u(s)+b_n u(s)$$

取状态变量

$$x_i(s)=\frac{1}{s-\lambda_i}u(s),\quad i=1,2,\cdots,n$$

或者

$$x_i(s)=\frac{c_i}{s-\lambda_i}u(s),\quad i=1,2,\cdots,n$$

则有对角能控标准实现和对角能观标准实现分别如图 2.16(a)、(b)所示。

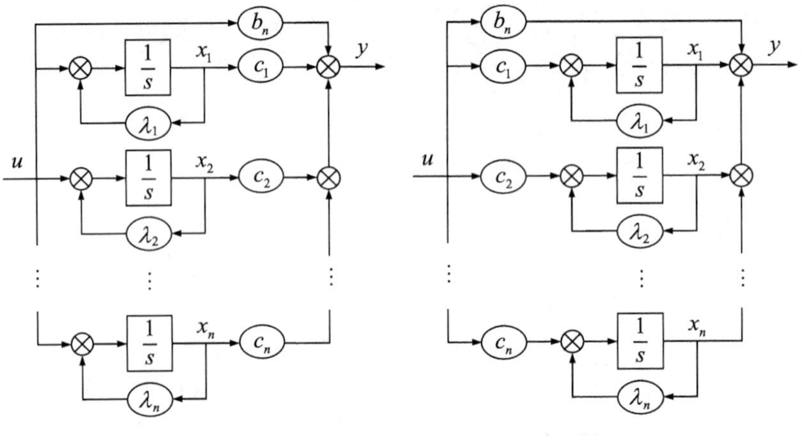

图 2.16　对角标准实现

由图 2.16，对角能控标准实现的状态空间描述为

$$\dot{\boldsymbol{x}}=\begin{bmatrix}\lambda_1 & & & \\ & \lambda_2 & & \\ & & \ddots & \\ & & & \lambda_n\end{bmatrix}\boldsymbol{x}+\begin{bmatrix}1\\1\\ \vdots \\1\end{bmatrix}u,\quad y=\begin{bmatrix}c_1 & c_2 & \cdots & c_n\end{bmatrix}\boldsymbol{x}+b_n u \tag{2.30}$$

对角能观标准实现的状态空间描述为

$$\dot{\boldsymbol{x}}=\begin{bmatrix}\lambda_1 & & & \\ & \lambda_2 & & \\ & & \ddots & \\ & & & \lambda_n\end{bmatrix}\boldsymbol{x}+\begin{bmatrix}c_1\\c_2\\ \vdots \\c_n\end{bmatrix}u,\quad y=\begin{bmatrix}1 & 1 & \cdots & 1\end{bmatrix}\boldsymbol{x}+b_n u \tag{2.31}$$

4. 约当标准实现

设传递函数式(2.15)除单重实极点外还含有多重实极点，此时有系统的约当标准实现，即系统矩阵 A 是约当矩阵。

例如，设传递函数的分母多项式为 $D(s)=(s-\lambda_1)^3(s-\lambda_4)\cdots(s-\lambda_n)$， λ_1 为系统的三重实

极点，$\lambda_4,\cdots,\lambda_n$ 为系统的互异实极点，则系统传递函数的部分分式展开式为

$$G(s)=\frac{c_{11}}{(s-\lambda_1)^3}+\frac{c_{12}}{(s-\lambda_1)^2}+\frac{c_{13}}{s-\lambda_1}+\frac{c_4}{s-\lambda_4}+\cdots+\frac{c_n}{s-\lambda_n}+b_n \tag{2.32}$$

则有能控约当标准实现和能观约当标准实现分别如图 2.17(a)、(b)所示。

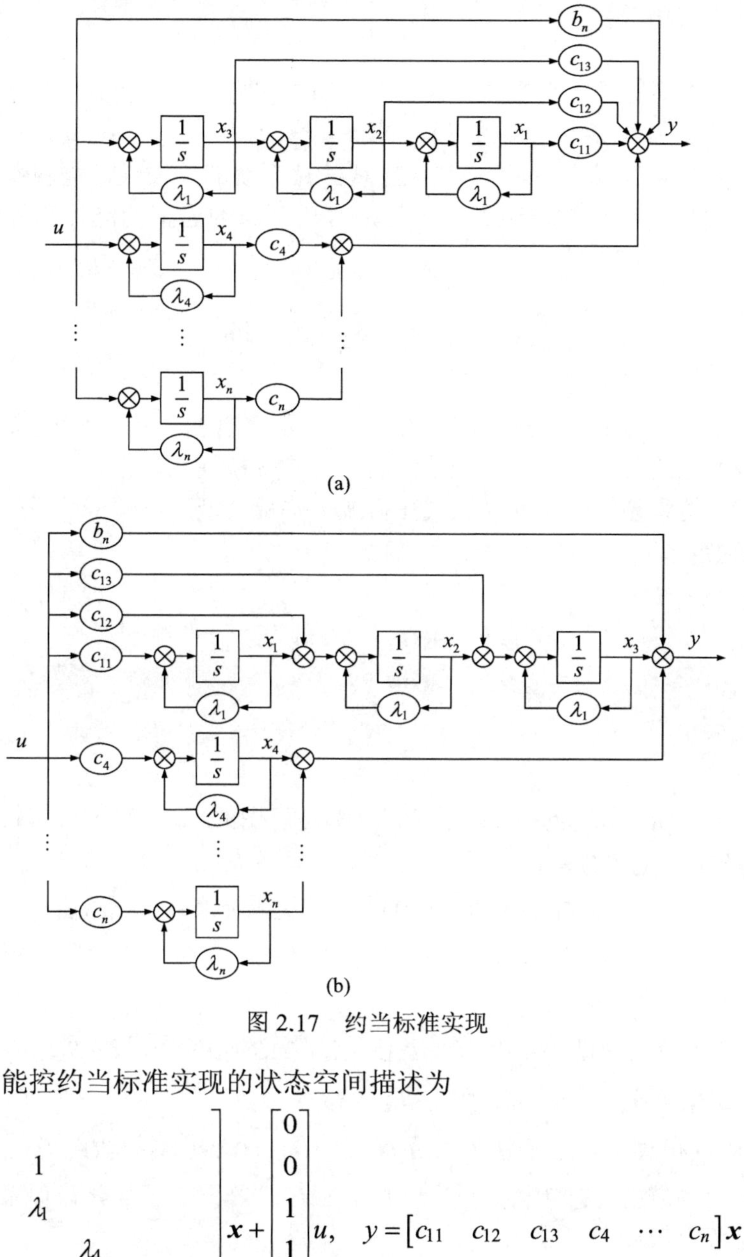

图 2.17　约当标准实现

由图 2.17，能控约当标准实现的状态空间描述为

$$\dot{\boldsymbol{x}}=\begin{bmatrix}\lambda_1 & 1 & & & & \\ & \lambda_1 & 1 & & & \\ & & \lambda_1 & & & \\ & & & \lambda_4 & & \\ & & & & \ddots & \\ & & & & & \lambda_n\end{bmatrix}\boldsymbol{x}+\begin{bmatrix}0\\0\\1\\1\\\vdots\\1\end{bmatrix}u,\quad y=\begin{bmatrix}c_{11} & c_{12} & c_{13} & c_4 & \cdots & c_n\end{bmatrix}\boldsymbol{x}+b_n u \tag{2.33}$$

能观约当标准实现的状态空间描述为

$$\dot{\boldsymbol{x}}=\begin{bmatrix}\lambda_1 & & & & & \\ 1 & \lambda_1 & & & & \\ & 1 & \lambda_1 & & & \\ & & & \lambda_4 & & \\ & & & & \ddots & \\ & & & & & \lambda_n\end{bmatrix}\boldsymbol{x}+\begin{bmatrix}c_{11}\\ c_{12}\\ c_{13}\\ c_4\\ \vdots\\ c_n\end{bmatrix}u,\quad y=\begin{bmatrix}0 & 0 & 1 & 1 & \cdots & 1\end{bmatrix}\boldsymbol{x}+b_n u \tag{2.34}$$

从对角型和约当型标准实现框图 2.16 和图 2.17 容易看出，当系统传递函数分母、分子多项式的系数发生变化出现零极点相消时(对应于 $c_1, c_2, \cdots, c_n$ 或 $c_{11}, c_4, \cdots, c_n$ 中某个或某些系数为零，部分分式展开式中少项)，能控实现维持系统的能控性，能观性被破坏；能观实现维持系统的能观性，能控性被破坏。另外，对角型和约当型的能控和能观两种实现互为对偶。

2-3 线 性 变 换

对于一个给定的动态系统，选取的状态变量不同，它的状态空间表达式也就不同，这些不同的状态空间表达式可以通过状态变量间的非奇异变换联系起来。另外，借助状态变量的非奇异变换，可以将系统状态空间表达式变换成一些标准型，以便于分析研究。

1. 线性非奇异变换

对于线性时变系统

$$\begin{aligned}\dot{\boldsymbol{x}}&=A(t)\boldsymbol{x}+B(t)\boldsymbol{u}\\ \boldsymbol{y}&=C(t)\boldsymbol{x}+D(t)\boldsymbol{u}\end{aligned} \tag{2.35}$$

取线性非奇异变换

$$\boldsymbol{x}=T(t)\tilde{\boldsymbol{x}} \tag{2.36}$$

式中，变换矩阵 $T(t)\in R^{n\times n}$，它的每个元素对于 t 都是可微的，而且对于一切 $t\geqslant t_0$，$\det T(t)\neq 0$。将变换式(2.36)代入式(2.35)，得到

$$\begin{aligned}&\dot{T}(t)\tilde{\boldsymbol{x}}+T(t)\dot{\tilde{\boldsymbol{x}}}=A(t)T(t)\tilde{\boldsymbol{x}}+B(t)\boldsymbol{u},\quad \tilde{\boldsymbol{x}}(t_0)=T^{-1}(t_0)\boldsymbol{x}_0\\ &\boldsymbol{y}=C(t)T(t)\tilde{\boldsymbol{x}}+D(t)\boldsymbol{u}\end{aligned}$$

即

$$\begin{aligned}\dot{\tilde{\boldsymbol{x}}}&=\left[T^{-1}(t)A(t)T(t)-T^{-1}(t)\dot{T}(t)\right]\tilde{\boldsymbol{x}}+T^{-1}(t)B(t)\boldsymbol{u}=\tilde{A}(t)\tilde{\boldsymbol{x}}+\tilde{B}(t)\boldsymbol{u}\\ \boldsymbol{y}&=C(t)T(t)\tilde{\boldsymbol{x}}+D(t)\boldsymbol{u}=\tilde{C}(t)\tilde{\boldsymbol{x}}+\tilde{D}(t)\boldsymbol{u}\end{aligned} \tag{2.37}$$

式中，$\tilde{A}(t)=T^{-1}(t)A(t)T(t)-T^{-1}(t)\dot{T}(t)$、$\tilde{B}(t)=T^{-1}(t)B(t)$、$\tilde{C}(t)=C(t)T(t)$、$\tilde{D}(t)=D(t)$。可以看出，变换前后系统的状态矩阵、输入矩阵和输出矩阵发生了变化，但系统的直接传输矩阵和输入、输出没有改变。

相反地，对变换后系统式(2.37)做相反方向的变换，即取

$$\tilde{\boldsymbol{x}}=T^{-1}(t)\boldsymbol{x}$$

因为 $T(t)T^{-1}(t)=I$，$\dot{T}(t)T^{-1}(t)+T(t)\dot{T}^{-1}(t)=0$，所以有

$$
\begin{aligned}
\bar{A}(t) &= T(t)\tilde{A}(t)T^{-1}(t) - T(t)\dot{T}^{-1}(t) \\
&= T(t)\left[T^{-1}(t)A(t)T(t) - T^{-1}(t)\dot{T}(t)\right]T^{-1}(t) - T(t)\dot{T}^{-1}(t) \\
&= A(t) - \dot{T}(t)T^{-1}(t) - T(t)\dot{T}^{-1}(t) = A(t) \\
\bar{B}(t) &= T(t)\tilde{B}(t) = T(t)T^{-1}(t)B(t) = B(t) \\
\bar{C}(t) &= \tilde{C}(t)T^{-1}(t) = C(t)T(t)T^{-1}(t) = C(t)
\end{aligned}
$$

这说明对系统式(2.35)进行式(2.36)的变换，是一种可逆变换。

对于线性定常系统

$$
\begin{aligned}
\dot{\boldsymbol{x}} &= A\boldsymbol{x} + B\boldsymbol{u} \\
\boldsymbol{y} &= C\boldsymbol{x} + D\boldsymbol{u}
\end{aligned} \tag{2.38}
$$

取线性定常非奇异变换

$$
\boldsymbol{x} = T\tilde{\boldsymbol{x}} \tag{2.39}
$$

式中，变换矩阵 $T \in R^{n\times n}$， $\det T \neq 0$ ，得到

$$
\begin{aligned}
&T\dot{\tilde{\boldsymbol{x}}} = AT\tilde{\boldsymbol{x}} + B\boldsymbol{u}, \quad \tilde{\boldsymbol{x}}(t_0) = T^{-1}\boldsymbol{x}_0 \\
&\boldsymbol{y} = CT\tilde{\boldsymbol{x}} + D\boldsymbol{u}
\end{aligned}
$$

即

$$
\begin{aligned}
\dot{\tilde{\boldsymbol{x}}} &= T^{-1}AT\tilde{\boldsymbol{x}} + T^{-1}B\boldsymbol{u} = \tilde{A}\tilde{\boldsymbol{x}} + \tilde{B}\boldsymbol{u} \\
\boldsymbol{y} &= CT\tilde{\boldsymbol{x}} + D\boldsymbol{u} = \tilde{C}\tilde{\boldsymbol{x}} + \tilde{D}\boldsymbol{u}
\end{aligned} \tag{2.40}
$$

式中，$\tilde{A} = T^{-1}AT$ 、$\tilde{B} = T^{-1}B$ 、$\tilde{C} = CT$ 、$\tilde{D} = D$ 。同样可以看出，变换前后系统的状态矩阵、输入矩阵和输出矩阵发生了变化，但系统的直接传输矩阵和输入、输出没有改变。

显然，对线性定常系统式(2.38)进行式(2.39)的变换也是可逆的。若通过线性非奇异状态变换，可以使得两个线性定常系统的状态空间描述有相同的系数矩阵，则称这两个线性定常系统是代数等价的。

对于线性定常系统，下面讨论线性定常非奇异变换的一些特性。

定义 2.2 对线性定常系统 (A,B,C,D) ，称多项式

$$
\psi(s) = \det\left(\lambda I - A\right) = \lambda^n + a_{n-1}\lambda^{n-1} + \cdots + a_1\lambda + a_0 \tag{2.41}
$$

为系统的特征多项式，方程

$$
\psi(s) = \det\left(\lambda I - A\right) = \lambda^n + a_{n-1}\lambda^{n-1} + \cdots + a_1\lambda + a_0 = 0 \tag{2.42}
$$

为系统的特征方程，特征方程的根为系统的特征根或矩阵 A 的特征根。

对于 n 阶线性定常系统，设 $A \in R^{n\times n}$ ，则系统的特征多项式是实系数多项式，系统的特征根也即 A 的特征根共有 n 个，它们或为实数或为成对出现的共轭复数。因为

$$
\det\left(\lambda T^{-1}T - T^{-1}AT\right) = \det\left(T^{-1}(\lambda I - A)T\right) = \det\left(T^{-1}\right)\det\left(\lambda I - A\right)\det\left(T\right) = \det\left(\lambda I - A\right)
$$

故线性非奇异变换不改变系统 (A,B,C,D) 的特征根和特征方程的系数。

定义 2.3 设 λ 是 $A \in R^{n\times n}$ 的特征值，则满足

$$
A\boldsymbol{x} = \lambda\boldsymbol{x}
$$

即

$$
(\lambda I - A)\boldsymbol{x} = 0
$$

的非零解向量 $\boldsymbol{x}$ 称为矩阵 A 和特征值 λ 对应的特征向量。因为矩阵 A 的特征根或为实数或为成对出现的共轭复数，与此相对应，特征向量也或为实数向量或为成对出现的共轭复数向量。

因为 λ 是 A 的特征值，即有 $\det(\lambda I - A) = 0$，矩阵 $\lambda I - A$ 不满秩，故系统每个特征值至少对应一个特征向量。矩阵 A 和特征值 λ 对应的线性无关的特征向量的个数等于

$$\sigma = n - \operatorname{rank}(\lambda I - A)$$

称为矩阵 $\lambda I - A$ 的降秩数。另外，从 $(\lambda I - A)\boldsymbol{x} = 0$ 可以得到

$$0 = T^{-1}(\lambda I - A)\boldsymbol{x} = T^{-1}(\lambda I - A)TT^{-1}\boldsymbol{x} = (\lambda I - T^{-1}AT)T^{-1}\boldsymbol{x}$$

即虽然非奇异线性变换 $\boldsymbol{x} = T\tilde{\boldsymbol{x}}$ 不改变矩阵 A 的特征值，但特征向量由 $\boldsymbol{x}$ 变为 $T^{-1}\boldsymbol{x}$。

2. 用非奇异线性变换将系统化为能控标准型或能观标准型

对单输入单输出系统 $(A, \boldsymbol{b}, \boldsymbol{c}^{\mathrm{T}})$，根据系统特征多项式(2.41)的系数构造矩阵

$$L = \begin{bmatrix} a_1 & \cdots & a_{n-2} & a_{n-1} & 1 \\ \vdots & \iddots & \iddots & \iddots & \\ a_{n-2} & a_{n-1} & 1 & & \\ a_{n-1} & 1 & & & \\ 1 & & & & \end{bmatrix}$$

显然 L 非奇异，则系统 $(A, \boldsymbol{b}, \boldsymbol{c}^{\mathrm{T}})$ 可以转换为能控标准型的条件是矩阵

$$M = \begin{bmatrix} \boldsymbol{b} & A\boldsymbol{b} & \cdots & A^{n-1}\boldsymbol{b} \end{bmatrix} \tag{2.43}$$

非奇异。此时线性变换 $\boldsymbol{x} = T_{\mathrm{cI}}\tilde{\boldsymbol{x}}$，$T_{\mathrm{cI}} = M$，将系统 $(A, \boldsymbol{b}, \boldsymbol{c}^{\mathrm{T}})$ 变为能控标准 I 型，即有

$$A_{\mathrm{cI}} = T_{\mathrm{cI}}^{-1}AT_{\mathrm{cI}} = \begin{bmatrix} 0 & \cdots & 0 & -a_0 \\ 1 & \ddots & \vdots & -a_1 \\ & \ddots & 0 & \vdots \\ & & 1 & -a_{n-1} \end{bmatrix}, \quad \boldsymbol{b}_{\mathrm{cI}} = T_{\mathrm{cI}}^{-1}\boldsymbol{b} = \begin{bmatrix} 1 \\ 0 \\ \vdots \\ 0 \end{bmatrix}, \quad \boldsymbol{c}_{\mathrm{cI}}^{\mathrm{T}} = \boldsymbol{c}^{\mathrm{T}}T_{\mathrm{cI}} = \begin{bmatrix} \gamma_{n-1} & \gamma_{n-1} & \cdots & \gamma_0 \end{bmatrix}$$

线性变换 $\boldsymbol{x} = T_{\mathrm{cII}}\tilde{\boldsymbol{x}}$，$T_{\mathrm{cII}} = ML$，将系统 $(A, \boldsymbol{b}, \boldsymbol{c}^{\mathrm{T}})$ 变为能控标准 II 型，即有

$$A_{\mathrm{cII}} = T_{\mathrm{cII}}^{-1}AT_{\mathrm{cII}} = \begin{bmatrix} 0 & 1 & & \\ \vdots & \ddots & \ddots & \\ 0 & \cdots & 0 & 1 \\ -a_0 & -a_1 & \cdots & -a_{n-1} \end{bmatrix}, \quad \boldsymbol{b}_{\mathrm{cII}} = T_{\mathrm{cII}}^{-1}\boldsymbol{b} = \begin{bmatrix} 0 \\ \vdots \\ 0 \\ 1 \end{bmatrix}, \quad \boldsymbol{c}_{\mathrm{cII}}^{\mathrm{T}} = \boldsymbol{c}^{\mathrm{T}}T_{\mathrm{cII}} = \begin{bmatrix} \beta_0 & \beta_1 & \cdots & \beta_{n-1} \end{bmatrix}$$

系统 $(A, \boldsymbol{b}, \boldsymbol{c}^{\mathrm{T}})$ 可以转换为能观标准型的条件是矩阵

$$N = \begin{bmatrix} \boldsymbol{c}^{\mathrm{T}} \\ \boldsymbol{c}^{\mathrm{T}}A \\ \vdots \\ \boldsymbol{c}^{\mathrm{T}}A^{n-1} \end{bmatrix} \tag{2.44}$$

非奇异。此时线性变换 $\boldsymbol{x} = T_{\mathrm{oI}}\tilde{\boldsymbol{x}}$，$T_{\mathrm{oI}} = N^{-1}L^{-1}$，将系统 $(A, \boldsymbol{b}, \boldsymbol{c}^{\mathrm{T}})$ 转化为能观标准 I 型，即有

$$A_{\mathrm{oI}} = T_{\mathrm{oI}}^{-1}AT_{\mathrm{oI}} = A_{\mathrm{cII}}^{\mathrm{T}}, \quad \boldsymbol{b}_{\mathrm{oI}} = T_{\mathrm{oI}}^{-1}\boldsymbol{b} = (\boldsymbol{c}_{\mathrm{cII}}^{\mathrm{T}})^{\mathrm{T}}, \quad \boldsymbol{c}_{\mathrm{oI}}^{\mathrm{T}} = \boldsymbol{c}^{\mathrm{T}}T_{\mathrm{oI}} = \boldsymbol{b}_{\mathrm{cII}}^{\mathrm{T}}$$

线性变换 $\boldsymbol{x} = T_{\mathrm{oII}}\tilde{\boldsymbol{x}}$，$T_{\mathrm{oII}} = N^{-1}$，将系统 $(A, \boldsymbol{b}, \boldsymbol{c}^{\mathrm{T}})$ 转化为能观标准 II 型，即有

$$A_{\mathrm{oII}} = T_{\mathrm{oII}}^{-1}AT_{\mathrm{oII}} = A_{\mathrm{cI}}^{\mathrm{T}}, \quad \boldsymbol{b}_{\mathrm{oII}} = T_{\mathrm{oII}}^{-1}\boldsymbol{b} = (\boldsymbol{c}_{\mathrm{cI}}^{\mathrm{T}})^{\mathrm{T}}, \quad \boldsymbol{c}_{\mathrm{oII}}^{\mathrm{T}} = \boldsymbol{c}^{\mathrm{T}}T_{\mathrm{oII}} = \boldsymbol{b}_{\mathrm{cI}}^{\mathrm{T}}$$

3. 用非奇异线性变换将矩阵 A 化成对角型和约当型

对于矩阵的特征值及其特征向量，有以下一些重要结论：

(1) 设矩阵 $A\in R^{n\times n}$ 有 n 个相异的特征根，则与这 n 个相异特征根对应的 n 个特征向量线性无关(注意，反之不一定成立，即 n 个特征向量线性无关时，可能有重根)。

(2) 设矩阵 $A\in R^{n\times n}$ 有 m 个相异的特征根 $\lambda_i(i=1,2,\cdots,m)$，特征根 λ_i 的重数为 l_i，与特征根 λ_i 对应的线性无关的特征向量为 $\boldsymbol{p}_{i1},\boldsymbol{p}_{i2},\cdots,\boldsymbol{p}_{i\sigma_i}$，则 $\sigma_i\leqslant l_i$，$\sum_{i=1}^{m}\sigma_i\leqslant n$，且向量组 $\boldsymbol{p}_{11},\boldsymbol{p}_{12},\cdots,\boldsymbol{p}_{1\sigma_1}$；$\boldsymbol{p}_{21},\boldsymbol{p}_{22},\cdots,\boldsymbol{p}_{2\sigma_2}$；$\cdots$；$\boldsymbol{p}_{m1},\boldsymbol{p}_{m2},\cdots,\boldsymbol{p}_{m\sigma_m}$ 线性无关。

在下面的讨论中，C 表示复数域，$R^{n\times n}$ 中的矩阵看作是 $C^{n\times n}$ 中的元，向量为 C^n 中的元，构成复数域上的线性空间。这样，下面有关矩阵对角型和约当型的结果不仅适用于特征根为实根的情况，也适用于特征根为复数根的情况。

矩阵 A 可以对角化的充分必要条件是它有 n 个线性独立的特征向量，这包括以下两种情况：

(1) 矩阵 A 的特征根 λ_i 互异。

(2) 矩阵 λ_iI-A 的降秩数 σ_i 等于特征根 λ_i 的重数 l_i，即有 $\sigma_i=n-\operatorname{rank}(\lambda_iI-A)=l_i$。

在上述两种情况下，根据有关特征值及其特征向量的结论 (1) 和 (2)，矩阵 A 有 n 个线性独立的特征向量，可用这些特征向量组成变换矩阵。设特征根 $\lambda_i(i=1,2,\cdots,m)$ 的重数为 $l_i(i=1,2,\cdots,m)$，与特征根 λ_i 对应的 l_i 个特征向量为 $\boldsymbol{p}_{i1},\boldsymbol{p}_{i2},\cdots,\boldsymbol{p}_{il_i}$，则有

$$\begin{bmatrix}\lambda_1\boldsymbol{p}_{11} & \cdots & \lambda_1\boldsymbol{p}_{1l_1} & \cdots & \lambda_m\boldsymbol{p}_{m1} & \cdots & \lambda_m\boldsymbol{p}_{ml_m}\end{bmatrix}=A\begin{bmatrix}\boldsymbol{p}_{11} & \cdots & \boldsymbol{p}_{1l_1} & \cdots & \boldsymbol{p}_{m1} & \cdots & \boldsymbol{p}_{ml_m}\end{bmatrix}$$

即

$$\begin{aligned}&\begin{bmatrix}\boldsymbol{p}_{11} & \cdots & \boldsymbol{p}_{1l_1} & \cdots & \boldsymbol{p}_{m1} & \cdots & \boldsymbol{p}_{ml_m}\end{bmatrix}\operatorname{diag}\begin{bmatrix}\lambda_1 & \cdots & \lambda_1 & \cdots & \lambda_m & \cdots & \lambda_m\end{bmatrix}\\ &=A\begin{bmatrix}\boldsymbol{p}_{11} & \cdots & \boldsymbol{p}_{1l_1} & \cdots & \boldsymbol{p}_{m1} & \cdots & \boldsymbol{p}_{ml_m}\end{bmatrix}\end{aligned}$$

则有

$$\operatorname{diag}\begin{bmatrix}\lambda_1 & \cdots & \lambda_1 & \cdots & \lambda_m & \cdots & \lambda_m\end{bmatrix}=P^{-1}AP \tag{2.45}$$

式中

$$P=\begin{bmatrix}\boldsymbol{p}_{11} & \cdots & \boldsymbol{p}_{1l_1} & \cdots & \boldsymbol{p}_{m1} & \cdots & \boldsymbol{p}_{ml_m}\end{bmatrix}$$

例 2.9 设 $A=\begin{bmatrix}2 & -1 & -1\\ 0 & -1 & 0\\ 0 & 2 & 1\end{bmatrix}$，试求变换矩阵 P，将 A 对角化。

解 由特征方程

$$\det(\lambda I-A)=\det\begin{bmatrix}\lambda-2 & 1 & 1\\ 0 & \lambda+1 & 0\\ 0 & -2 & \lambda-1\end{bmatrix}=(\lambda-2)(\lambda+1)(\lambda-1)$$

得特征根为 $\lambda_1=2,\lambda_2=-1,\lambda_3=1$。由

$$(\lambda_1I-A)\boldsymbol{p}_1=\begin{bmatrix}0 & 1 & 1\\ 0 & 3 & 0\\ 0 & -2 & 1\end{bmatrix}\boldsymbol{p}_1=0$$

得非零解 $\boldsymbol{p}_1=\begin{bmatrix}p_{11}\\0\\0\end{bmatrix}$，取 $p_{11}=1$，有 $\boldsymbol{p}_1=\begin{bmatrix}1\\0\\0\end{bmatrix}$。同理，由

$$(\lambda_2 I-A)\boldsymbol{p}_2=\begin{bmatrix}-3 & 1 & 1\\0 & 0 & 0\\0 & -2 & -2\end{bmatrix}\boldsymbol{p}_2=0$$

得非零解 $\boldsymbol{p}_2=\begin{bmatrix}0\\p_{22}\\-p_{22}\end{bmatrix}$，取 $p_{22}=1$ 有 $\boldsymbol{p}_2=\begin{bmatrix}0\\1\\-1\end{bmatrix}$。再由

$$(\lambda_3 I-A)\boldsymbol{p}_3=\begin{bmatrix}-1 & 1 & 1\\0 & 2 & 0\\0 & -2 & 0\end{bmatrix}\boldsymbol{p}_3=0$$

得非零解 $\boldsymbol{p}_3=\begin{bmatrix}p_{31}\\0\\p_{31}\end{bmatrix}$，取 $p_{31}=1$，有 $\boldsymbol{p}_3=\begin{bmatrix}1\\0\\1\end{bmatrix}$。于是得到变换矩阵

$$P=\begin{bmatrix}\boldsymbol{p}_1 & \boldsymbol{p}_2 & \boldsymbol{p}_3\end{bmatrix}=\begin{bmatrix}1 & 0 & 1\\0 & 1 & 0\\0 & -1 & 1\end{bmatrix}$$

且有

$$P^{-1}AP=\begin{bmatrix}1 & -1 & -1\\0 & 1 & 0\\0 & 1 & 1\end{bmatrix}\begin{bmatrix}2 & -1 & -1\\0 & -1 & 0\\0 & 2 & 1\end{bmatrix}\begin{bmatrix}1 & 0 & 1\\0 & 1 & 0\\0 & -1 & 1\end{bmatrix}=\begin{bmatrix}2 & 0 & 0\\0 & -1 & 0\\0 & 0 & 1\end{bmatrix}$$

例 2.10 设 $A=\begin{bmatrix}2 & 0 & 0\\1 & 1 & 0\\1 & 0 & 1\end{bmatrix}$，试求变换矩阵 P，将 A 对角化。

解 由特征方程

$$\det(\lambda I-A)=\det\begin{bmatrix}\lambda-2 & 0 & 0\\-1 & \lambda-1 & 0\\-1 & 0 & \lambda-1\end{bmatrix}=(\lambda-2)(\lambda-1)^2$$

得特征根为 $\lambda_1=2,\lambda_2=\lambda_3=1$。从

$$(\lambda_1 I-A)\boldsymbol{p}_1=\begin{bmatrix}0 & 0 & 0\\-1 & 1 & 0\\-1 & 0 & 1\end{bmatrix}\boldsymbol{p}_1=0$$

得非零解 $\boldsymbol{p}_1=\begin{bmatrix}p_{11}\\p_{11}\\p_{11}\end{bmatrix}$。取 $p_{11}=1$，有 $\boldsymbol{p}_1=\begin{bmatrix}1\\1\\1\end{bmatrix}$。从

$$(\lambda_2 I - A)\boldsymbol{p}_2 = \begin{bmatrix} -1 & 0 & 0 \\ -1 & 0 & 0 \\ -1 & 0 & 0 \end{bmatrix} \boldsymbol{p}_2 = 0$$

得非零解 $\boldsymbol{p}_2 = \begin{bmatrix} 0 \\ p_{22} \\ p_{23} \end{bmatrix}$。与降秩数 $n - \text{rank}(\lambda_2 I - A) = 2$ 对应，可取 $p_{22} = 1, p_{23} = 0$ 和 $p_{22} = 0, p_{23} = 1$，得两个线性独立解 $\boldsymbol{p}_{21} = \begin{bmatrix} 0 \\ 1 \\ 0 \end{bmatrix}$，$\boldsymbol{p}_{22} = \begin{bmatrix} 0 \\ 0 \\ 1 \end{bmatrix}$。于是得到变换矩阵

$$P = \begin{bmatrix} \boldsymbol{p}_1 & \boldsymbol{p}_{21} & \boldsymbol{p}_{22} \end{bmatrix} = \begin{bmatrix} 1 & 0 & 0 \\ 1 & 1 & 0 \\ 1 & 0 & 1 \end{bmatrix}$$

且有

$$P^{-1}AP = \begin{bmatrix} 1 & 0 & 0 \\ -1 & 1 & 0 \\ -1 & 0 & 1 \end{bmatrix} \begin{bmatrix} 2 & 0 & 0 \\ 1 & 1 & 0 \\ 1 & 0 & 1 \end{bmatrix} \begin{bmatrix} 1 & 0 & 0 \\ 1 & 1 & 0 \\ 1 & 0 & 1 \end{bmatrix} = \begin{bmatrix} 2 & 0 & 0 \\ 0 & 1 & 0 \\ 0 & 0 & 1 \end{bmatrix}$$

一般情况下，矩阵 $\lambda_i I - A$ 的降秩数小于等于特征根 λ_i 的重数，即 $\sigma_i = n - \text{rank}(\lambda_i I - A) \leqslant l_i$，若假设矩阵 $\lambda_i I - A(i = 1, 2, \cdots, m)$ 的降秩数都等于 1，即

$$\sigma_i = n - \text{rank}(\lambda_i I - A) = 1, \quad i = 1, 2, \cdots, m$$

则总可以找到非奇异变换矩阵 P，将矩阵 A 化成如下约当型：

$$\begin{aligned} P^{-1}AP &= \begin{bmatrix} J_1 & & & \\ & J_2 & & \\ & & \ddots & \\ & & & J_m \end{bmatrix} \\ J_i &= \begin{bmatrix} \lambda_i & 1 & & \\ & \lambda_i & 1 & \\ & & \ddots & 1 \\ & & & \lambda_i \end{bmatrix}_{l_i \times l_i}, \quad i = 1, 2, \cdots, m \end{aligned} \tag{2.46}$$

式中，由递推公式

$$\left.\begin{aligned} (\lambda_i I - A)\boldsymbol{p}_{i,1} &= 0 \\ (\lambda_i I - A)\boldsymbol{p}_{i,2} &= -\boldsymbol{p}_{i,1} \\ &\vdots \\ (\lambda_i I - A)\boldsymbol{p}_{i,l_i} &= -\boldsymbol{p}_{i,l_i - 1} \end{aligned}\right\}, \quad i = 1, 2, \cdots, m \tag{2.47}$$

得到与 λ_i 对应的特征向量 $\boldsymbol{p}_{i,1}$ 和广义特征向量 $\boldsymbol{p}_{i,2}$，…，$\boldsymbol{p}_{i,l_i}$，这些特征向量和广义特征向量共有 $\sum_{i=1}^{m} l_i = n$ 个，它们是线性独立的，由这些特征向量和广义特征向量构成变换矩阵 P 的列向量，即取

$$P=\left[\boldsymbol{p}_{1,1},\boldsymbol{p}_{1,2},\cdots,\boldsymbol{p}_{1,l_1};\boldsymbol{p}_{2,1},\boldsymbol{p}_{2,2},\cdots,\boldsymbol{p}_{2,l_2};\cdots;\boldsymbol{p}_{m,1},\boldsymbol{p}_{m,2},\cdots,\boldsymbol{p}_{m,l_m}\right]$$

将它代入到式(2.46)的第一个式子中，应用分块矩阵的乘法，容易得到与约当块 J_i 对应的 l_i 列为

$$\begin{aligned}&\begin{bmatrix}\boldsymbol{p}_{i,1} & \boldsymbol{p}_{i,2} & \cdots & \boldsymbol{p}_{i,l_i}\end{bmatrix}\begin{bmatrix}\lambda_i & 1 & & \\ & \lambda_i & 1 & \\ & & \ddots & 1\\ & & & \lambda_i\end{bmatrix}_{l_i\times l_i}, \quad i=1,2,\cdots,m\\ &=A\begin{bmatrix}\boldsymbol{p}_{i,1} & \boldsymbol{p}_{i,2} & \cdots & \boldsymbol{p}_{i,l_i}\end{bmatrix}\end{aligned}$$

它正是式(2.47)表明的递推关系。

若假设矩阵 $\lambda_i I-A$ 的降秩数大于等于1，即

$$\sigma_i=n-\operatorname{rank}(\lambda_i I-A)\geqslant 1,\quad i=1,2,\cdots,m$$

则总可以找到非奇异变换矩阵 P，将矩阵 A 化成如下约当块分裂的约当型：

$$\begin{aligned}&P^{-1}AP=\begin{bmatrix}J_1 & & & \\ & J_2 & & \\ & & \ddots & \\ & & & J_m\end{bmatrix}\\ &J_i=\begin{bmatrix}J_{i1} & & & \\ & J_{i2} & & \\ & & \ddots & \\ & & & J_{i\sigma_i}\end{bmatrix},\quad i=1,2,\cdots,m\\ &J_{ij}=\begin{bmatrix}\lambda_i & 1 & & \\ & \lambda_i & 1 & \\ & & \ddots & 1\\ & & & \lambda_i\end{bmatrix}_{l_{ij}\times l_{ij}},\quad j=1,2,\cdots,\sigma_i\end{aligned}\tag{2.48}$$

式中，σ_i 即矩阵 $\lambda_i I-A$ 的降秩数，也即与 λ_i 对应的线性独立的特征向量的个数，l_{ij} 是与 λ_i 对应的第 j 个约当子块的维数，于是有 $\sum_{j=1}^{\sigma_i}l_{ij}=l_i$，$\sum_{i=1}^{m}l_i=n$。由递推公式

$$\left.\begin{aligned}&(\lambda_i I-A)\boldsymbol{p}_{i,j,1}=0\\ &(\lambda_i I-A)\boldsymbol{p}_{i,j,2}=-\boldsymbol{p}_{i,j,1}\\ &\vdots\\ &(\lambda_i I-A)\boldsymbol{p}_{i,j,l_{ij}}=-\boldsymbol{p}_{i,j,l_{ij}-1}\end{aligned}\right.,\quad i=1,2,\cdots,m;j=1,2,\cdots,\sigma_i\tag{2.49}$$

得到 λ_i 的第 j 个约当子块对应的特征向量 $\boldsymbol{p}_{i,j,1}$ 和广义特征向量 $\boldsymbol{p}_{i,j,2},\cdots,\boldsymbol{p}_{i,j,l_{ij}}$，由这些特征向量和广义特征向量构成变换矩阵 P 进行变换，即可得到式(2.48)的约当块分裂的约当型。

其中，特征根 λ_i 的第 j 个约当子块的维数 l_{ij} 的判定方法请看下面的例题，有关这方面更深入的讨论，可以参考线性代数的相关书籍(程云鹏，2004)。

例 2.11 设 $A=\begin{bmatrix}0&6&-5\\1&0&2\\3&2&4\end{bmatrix}$，试求变换矩阵 P，将 A 化为约当型。

解 从

$$\det(sI-A)=(s-2)(s-1)^2$$

得相异特征根为 $\lambda_1=2,\lambda_2=1$，对应的重数为 $l_1=1,l_2=2$。从

$$(\lambda_1 I-A)\boldsymbol{p}_{1,1}=\begin{bmatrix}2&-6&5\\-1&2&-2\\-3&-2&-2\end{bmatrix}\boldsymbol{p}_{1,1}=0$$

得非零解 $\boldsymbol{p}_{1,1}=\begin{bmatrix}p_{1,1,1}\\-\dfrac{1}{2}p_{1,1,1}\\-p_{1,1,1}\end{bmatrix}$，取 $p_{11}=2$，有 $\boldsymbol{p}_{1,1}=\begin{bmatrix}2\\-1\\-2\end{bmatrix}$。从

$$(\lambda_2 I-A)\boldsymbol{p}_{2,1}=\begin{bmatrix}1&-6&5\\-1&1&-2\\-3&-2&-3\end{bmatrix}\boldsymbol{p}_{2,1}=0$$

得非零解 $\boldsymbol{p}_{2,1}=\begin{bmatrix}p_{2,1,1}\\-3p_{2,1,1}/7\\-5p_{2,1,1}/7\end{bmatrix}$，取 $p_{2,1,1}=1$，有 $\boldsymbol{p}_{2,1}=\begin{bmatrix}1\\-3/7\\-5/7\end{bmatrix}$。将 $\boldsymbol{p}_{2,1}$ 代入 $(\lambda_2 I-A)\boldsymbol{p}_{2,2}=-\boldsymbol{p}_{2,1}$ 得

$$\begin{bmatrix}1&-6&5\\-1&1&-2\\-3&-2&-3\end{bmatrix}\boldsymbol{p}_{2,2}=\begin{bmatrix}-1\\3/7\\5/7\end{bmatrix}$$

得非零解 $\boldsymbol{p}_{2,2}=\begin{bmatrix}p_{2,2,1}\\-22p_{2,2,1}/49\\-46p_{2,2,1}/49\end{bmatrix}$，取 $p_{2,2,1}=1$，得 $\boldsymbol{p}_{2,2}=\begin{bmatrix}1\\-22/49\\-46/49\end{bmatrix}$。于是有

$$P=\begin{bmatrix}\boldsymbol{p}_{1,1}&\boldsymbol{p}_{2,1}&\boldsymbol{p}_{2,2}\end{bmatrix}=\begin{bmatrix}2&1&1\\-1&-3/7&-22/49\\-2&-5/7&-46/49\end{bmatrix}$$

$$J=P^{-1}AP=\begin{bmatrix}-4&-11&1\\2&-6&5\\7&28&-7\end{bmatrix}\begin{bmatrix}0&6&-5\\1&0&2\\3&2&4\end{bmatrix}\begin{bmatrix}2&1&1\\-1&-3/7&-22/49\\-2&-5/7&-46/49\end{bmatrix}=\begin{bmatrix}2&0&0\\0&1&1\\0&0&1\end{bmatrix}$$

例 2.12 设

$$A=\begin{bmatrix}0&1&0&&&\\0&0&1&&0&\\-8&-12&-6&&&\\&&&0&1&0\\&0&&-4&-4&0\\&&&0&0&-2\end{bmatrix}$$

试求变换矩阵 P，将 A 化为约当型。

解 矩阵 A 为分块对角矩阵，容易得到

$$\det(sI - A) = (s^3 + 6s^2 + 12s + 8)(s^2 + 4s + 4)(s + 2) = (s + 2)^6$$

有 $\lambda_1 = -2$，$l_1 = 6$。由 $(\lambda_1 I - A)\boldsymbol{p}_1 = (-2I - A)\boldsymbol{p}_1 = 0$，可以解得三个线性无关的特征向量为

$$\boldsymbol{p}_{1,1,1} = \begin{bmatrix} 1 \\ -2 \\ 4 \\ 0 \\ 0 \\ 0 \end{bmatrix}, \quad \boldsymbol{p}_{1,2,1} = \begin{bmatrix} 0 \\ 0 \\ 0 \\ 1 \\ -2 \\ 0 \end{bmatrix}, \quad \boldsymbol{p}_{1,3,1} = \begin{bmatrix} 0 \\ 0 \\ 0 \\ 0 \\ 0 \\ 1 \end{bmatrix}$$

由 $\boldsymbol{p}_{1,1,1}$ 计算 λ_1 的第一个约当子块的广义特征向量，有

$$\boldsymbol{p}_{1,1,2} = \begin{bmatrix} 0 \\ 1 \\ -4 \\ 0 \\ 0 \\ 0 \end{bmatrix}, \quad \boldsymbol{p}_{1,1,3} = \begin{bmatrix} 0 \\ 0 \\ 1 \\ 0 \\ 0 \\ 0 \end{bmatrix}$$

而 $(-2I - A)\boldsymbol{p}_{1,1,4} = -\boldsymbol{p}_{1,1,3}$ 为

$$\begin{bmatrix} -2 & -1 & 0 & 0 & 0 & 0 \\ 0 & -2 & -1 & 0 & 0 & 0 \\ 8 & 12 & 4 & 0 & 0 & 0 \\ 0 & 0 & 0 & -2 & -1 & 0 \\ 0 & 0 & 0 & 4 & 2 & 0 \\ 0 & 0 & 0 & 0 & 0 & 0 \end{bmatrix} \boldsymbol{p}_{1,1,4} = -\boldsymbol{p}_{1,1,3} = -\begin{bmatrix} 0 \\ 0 \\ 1 \\ 0 \\ 0 \\ 0 \end{bmatrix}$$

它无解，说明 λ_1 的第一个约当子块的维数为 3。相同地，可以解得 λ_1 的第二个约当子块的维数为 2，广义特征向量为

$$\boldsymbol{p}_{1,2,2} = \begin{bmatrix} 0 \\ 0 \\ 0 \\ 0 \\ 1 \\ 0 \end{bmatrix}$$

第三个约当子块的维数为 1，没有广义特征向量。于是得到变换矩阵为

$$P = \left[\boldsymbol{p}_{1,1,1}, \boldsymbol{p}_{1,1,2}, \boldsymbol{p}_{1,1,3}; \boldsymbol{p}_{1,2,1}, \boldsymbol{p}_{1,2,2}; \boldsymbol{p}_{1,3,1} \right] = \begin{bmatrix} 1 & 0 & 0 & & & \\ -2 & 1 & 0 & & 0 & \\ 4 & -4 & 1 & & & \\ & & & 1 & 0 & 0 \\ & 0 & & -2 & 1 & 0 \\ & & & 0 & 0 & 1 \end{bmatrix}$$

$$J=P^{-1}AP=\begin{bmatrix} -2 & 1 & & & & \\ & -2 & 1 & & 0 & \\ & & -2 & & & \\ & & & -2 & 1 & \\ & 0 & & & -2 & \\ & & & & & -2 \end{bmatrix}$$

4. 凯莱-哈密顿定理与最小多项式

定理 2.1(凯莱-哈密顿定理) 矩阵 $A\in R^{n\times n}$ 的特征多项式一定是矩阵 A 的化零多项式，即设 A 的特征多项式为

$$\psi(s)=\det(sI-A)=s^n+a_{n-1}s^{n-1}+\cdots+a_1s+a_0$$

则一定有

$$\psi(A)=A^n+a_{n-1}A^{n-1}+\cdots+a_1A+a_0I=0$$

定义 2.4 设多项式 $\varphi_{\mathrm{m}}(s)=s^l+b_{l-1}s^{l-1}+\cdots+b_1s+b_0$ 是使

$$A^l+b_{l-1}A^{l-1}+\cdots+b_1A+b_0I=0$$

成立的首项系数为 1，阶次最小的多项式，则称 $\varphi_{\mathrm{m}}(s)$ 是矩阵 A 的最小多项式。根据凯莱-哈密顿定理，矩阵 $A\in R^{n\times n}$ 的最小多项式的阶次小于等于矩阵 A 的阶次 n。

矩阵 A 的最小多项式有如下一些重要性质：

(1)矩阵 A 的最小多项式存在且唯一。

(2)设有多项式 $\varphi(s)$ 使 $\varphi(A)=0$，则 $\varphi(s)$ 必能被 A 的最小多项式 $\varphi_{\mathrm{m}}(s)$ 整除。

(3)矩阵 $sI-A$ 的伴随矩阵 $\mathrm{adj}(sI-A)$ 的每个元素都是多项式，记这些多项式的最大公因子为 $d(s)$，则特征多项式 $\psi(s)=\det(sI-A)=\varphi_{\mathrm{m}}(s)d(s)$。

(4)设矩阵 A 有 m 个相异的特征根 $\lambda_1,\lambda_2,\cdots,\lambda_m$，$d_i$ 是 A 的约当标准型中 λ_i 所对应的约当块中最大约当子块的维数，则 A 的最小多项式 $\varphi_{\mathrm{m}}(s)=(s-\lambda_1)^{d_1}(s-\lambda_2)^{d_2}\cdots(s-\lambda_m)^{d_m}$。

2-4 线性系统状态方程的解

本节讨论线性系统状态方程的解。在经典控制理论中，对于传递函数描述的系统，系统的输出响应由系统对初始条件的输出响应和系统对输入作用的输出响应叠加得到。对于状态方程描述的线性系统，系统的状态响应同样满足叠加原理，系统的状态响应也由系统对于初始条件的状态响应和对于输入作用的状态响应叠加得到。

1. 线性状态方程的解

由线性微分方程解的知识知道，线性齐次微分方程

$$\dot{\boldsymbol{x}}=A(t)\boldsymbol{x},\quad \boldsymbol{x}(t_0)=\boldsymbol{x}_0 \tag{2.50}$$

的任何一个解都是它的 n 个线性独立解 $\boldsymbol{x}_i(t)(i=1,2,\cdots,n)$ 的线性组合，这 n 个线性独立解由任意 n 个线性独立初始条件下式(2.50)的解组成，构成齐次微分方程式(2.50)的解空间。由 n 个线性独立解向量构成的矩阵

$$\boldsymbol{\Psi}(t)=\begin{bmatrix}\boldsymbol{x}_1(t) & \boldsymbol{x}_2(t) & \cdots & \boldsymbol{x}_n(t)\end{bmatrix}$$

称为线性齐次微分方程式(2.50)的基解矩阵，是矩阵微分方程

$$\dot{X} = A(t)X$$

的解矩阵。基解矩阵$\Psi(t)$总是可逆的，齐次微分方程式(2.50)满足初始条件$\boldsymbol{x}(t_0)=\boldsymbol{x}_0$的解用基解矩阵表示为

$$\boldsymbol{x}(t) = \Psi(t)\Psi^{-1}(t_0)\boldsymbol{x}_0$$

定义矩阵

$$\Phi(t,t_0) = \Psi(t)\Psi^{-1}(t_0) \tag{2.51}$$

为微分方程式(2.50)的状态转移矩阵，状态转移矩阵也总是可逆的。用状态转移矩阵，式(2.50)满足初始条件$\boldsymbol{x}(t_0)=\boldsymbol{x}_0$的解又可以表示为

$$\boldsymbol{x}(t) = \Phi(t,t_0)\boldsymbol{x}_0$$

根据状态转移矩阵的定义，容易得到它下面的一些性质：

(1) 状态转移矩阵的逆矩阵$\Phi^{-1}(t_1,t_0)=\Phi(t_0,t_1)$。

(2) 状态转移矩阵的传递性$\Phi(t_2,t_1)\Phi(t_1,t_0)=\Phi(t_2,t_0)$。

(3) 状态转移矩阵的初始矩阵$\Phi(t_0,t_0)=\Phi(t_0,t)\Phi(t,t_0)=\Phi^{-1}(t,t_0)\Phi(t,t_0)=I$。

(4) 状态转移矩阵求导$\dfrac{\mathrm{d}}{\mathrm{d}t}\Phi(t,t_0)=A(t)\Phi(t,t_0)$，$\dfrac{\mathrm{d}}{\mathrm{d}t}\Phi^{-1}(t,t_0)=\dfrac{\mathrm{d}}{\mathrm{d}t}\Phi(t_0,t)=-\Phi(t_0,t)A(t)$。

(5) 对偶系统矩阵$-A^{\mathrm{T}}(t)$的状态转移矩阵等于$[\Phi^{\mathrm{T}}(t,t_0)]^{-1}$。

对于线性非齐次微分方程

$$\dot{\boldsymbol{x}} = A(t)\boldsymbol{x} + B(t)\boldsymbol{u}, \quad \boldsymbol{x}(t_0) = \boldsymbol{x}_0 \tag{2.52}$$

应用参数变易法，设它的解为

$$\boldsymbol{x}(t) = \Phi(t,t_0)\boldsymbol{z}(t) \tag{2.53}$$

将它代入到式(2.52)，得到

$$\dot{\Phi}(t,t_0)\boldsymbol{z}(t) + \Phi(t,t_0)\dot{\boldsymbol{z}}(t) = A(t)\Phi(t,t_0)\boldsymbol{z}(t) + B(t)\boldsymbol{u}(t)$$

应用状态转移矩的性质(4)，$\dot{\Phi}(t,t_0)=A(t)\Phi(t,t_0)$，代入有

$$\dot{\boldsymbol{z}}(t) = \Phi^{-1}(t,t_0)B(t)\boldsymbol{u}(t) = \Phi(t_0,t)B(t)\boldsymbol{u}(t)$$

积分得

$$\boldsymbol{z}(t) = \boldsymbol{z}(t_0) + \int_{t_0}^{t}\Phi(t_0,\tau)B(\tau)\boldsymbol{u}(\tau)\mathrm{d}\tau$$

将它代回到式(2.53)中，并应用状态转移矩的性质(3)，得到

$$\boldsymbol{x}(t) = \Phi(t,t_0)\boldsymbol{z}(t_0) + \int_{t_0}^{t}\Phi(t,t_0)\Phi(t_0,\tau)B(\tau)\boldsymbol{u}(\tau)\mathrm{d}\tau = \Phi(t,t_0)\boldsymbol{z}(t_0) + \int_{t_0}^{t}\Phi(t,\tau)B(\tau)\boldsymbol{u}(\tau)\mathrm{d}\tau$$

代入初始条件得到

$$\boldsymbol{x}(t) = \Phi(t,t_0)\boldsymbol{x}(t_0) + \int_{t_0}^{t}\Phi(t,\tau)B(\tau)\boldsymbol{u}(\tau)\mathrm{d}\tau \tag{2.54}$$

这样，非齐次线性微分方程式(2.52)的解，由$\boldsymbol{u}(t)=0$时齐次微分方程的自由解$\Phi(t,t_0)\boldsymbol{x}(t_0)$和$\boldsymbol{x}(t_0)=0$时$\boldsymbol{u}(t)$作用下的强迫解叠加得到。$\boldsymbol{x}(t_0)$激励下的自由解也称为系统式(2.52)的零输入解，$\boldsymbol{u}(t)$作用下的强迫解也称为系统式(2.52)的零状态解。

对于线性定常齐次微分方程

$$\dot{\boldsymbol{x}} = A\boldsymbol{x}, \quad \boldsymbol{x}(t_0) = \boldsymbol{x}_0 \tag{2.55}$$

和线性定常非齐次微分方程

$$\dot{x} = Ax + Bu, \quad x(t_0) = x_0 \tag{2.56}$$

对于任意时刻 t_0、t 和 $\overline{t}_0$、$\overline{t}$ 和初始状态 x_0、$\overline{x}_0$，只要初始状态 x_0、$\overline{x}_0$ 相同，时间间隔 $t-t_0$、$\overline{t}-\overline{t}_0$ 相等，则终点时刻的状态 $x(t)$ 和 $\overline{x}(\overline{t})$ 也相等，由时间和初始状态的任意性可知线性定常系统的状态转移矩阵只是时间差的函数，即有

$$\Phi(t,t_0) = \Phi(t-t_0)$$

这样线性定常微分方程式(2.56)的解又可表示为

$$x(t) = \Phi(t-t_0)x(t_0) + \int_{t_0}^{t} \Phi(t-\tau)Bu(\tau)\mathrm{d}\tau \tag{2.57}$$

线性定常系统状态转移矩阵的性质如下：

(1)状态转移矩阵的逆矩阵 $\Phi^{-1}(t) = \Phi(-t)$。

(2)状态转移矩的传递性 $\Phi(t_2)\Phi(t_1) = \Phi(t_2+t_1)$。

(3)状态转移矩的初始矩阵 $\Phi(0) = \Phi(-t)\Phi(t) = \Phi^{-1}(t)\Phi(t) = I$。

(4)状态转移矩的求导 $\dfrac{\mathrm{d}}{\mathrm{d}t}\Phi(t) = A\Phi(t)$，$\dfrac{\mathrm{d}}{\mathrm{d}t}\Phi^{-1}(t) = \dfrac{\mathrm{d}}{\mathrm{d}t}\Phi(-t) = -\Phi(-t)A$。

(5)状态转移矩 $\Phi(t)$ 和 A 可交换　在 $\dfrac{\mathrm{d}}{\mathrm{d}t}\Phi(-t) = -\Phi(-t)A$ 中，令 $-t=\overline{t}$，则有 $\dfrac{\mathrm{d}}{\mathrm{d}\overline{t}}\Phi(\overline{t}) = \Phi(\overline{t})A$，得到 $\dfrac{\mathrm{d}}{\mathrm{d}t}\Phi(t) = A\Phi(t) = \Phi(t)A$。

(6)对偶系统矩阵 $-A^{\mathrm{T}}$ 的状态转移矩阵等于 $[\Phi^{\mathrm{T}}(t)]^{-1}$。

2. 矩阵指数函数

定义矩阵指数函数

$$\mathrm{e}^{At} = I + At + \frac{1}{2!}A^2t^2 + \cdots + \frac{1}{k!}A^kt^k + \cdots \tag{2.58}$$

根据式(2.58)的定义，容易推得

$$\frac{\mathrm{d}}{\mathrm{d}t}\mathrm{e}^{At} = A\mathrm{e}^{At}$$

将

$$x(t) = \mathrm{e}^{A(t-t_0)}x_0 \tag{2.59}$$

代入到齐次微分方程式(2.55)中有

$$\dot{x}(t) = \frac{\mathrm{d}}{\mathrm{d}t}\mathrm{e}^{A(t-t_0)}x_0 = A\mathrm{e}^{A(t-t_0)}x_0 = Ax(t)$$

$$x(t_0) = \mathrm{e}^{A(t_0-t_0)}x_0 = x_0$$

即式(2.59)给出的解满足齐次微分方程式(2.55)和初始条件。因此，矩阵指数函数 $\mathrm{e}^{A(t-t_0)}$ 为线性定常系统式(2.55)和式(2.56)的状态转移矩阵。

矩阵指数函数 e^{At} 有下面的一些性质：

(1) $\mathrm{e}^{At}\mathrm{e}^{A\tau} = \mathrm{e}^{A(t+\tau)}$。

(2) $(\mathrm{e}^{At})^{-1} = \mathrm{e}^{-At}$。

(3)只有 A 和 B 是可交换的 $n\times n$ 阶矩阵时，即 $AB=BA$ 成立时，才有 $\mathrm{e}^{At}\mathrm{e}^{Bt} = \mathrm{e}^{(A+B)t}$。

(4) 根据凯莱-哈密顿定理，矩阵 A 满足自身的特征方程，即

$$\psi(A)=A^{n}+a_{n-1}A^{n-1}+\cdots+a_{1}A+a_{0}I=0$$

于是有 $A^{n}=-a_{n-1}A^{n-1}-\cdots-a_{1}A^{1}-a_{0}I$，反复用它消去矩阵指数 e^{At} 中 A 的 n 及 n 以上的幂次项，得到矩阵指数函数的有限项表达式

$$e^{At}=I+At+\frac{1}{2!}A^{2}t^{2}+\frac{1}{2!}A^{3}t^{3}+\cdots=\alpha_{n-1}(t)A^{n-1}+\alpha_{n-2}(t)A^{n-2}+\cdots+\alpha_{1}(t)A+\alpha_{0}(t)I$$

一般来说，要得到系数 $\alpha_{i}(t)(i=0,1,\cdots,n-1)$ 的表达式是困难的，但当矩阵 A 的特征根互异时有

$$\begin{bmatrix}\alpha_{0}(t)\\ \alpha_{1}(t)\\ \alpha_{2}(t)\\ \vdots\\ \alpha_{n-1}(t)\end{bmatrix}=\begin{bmatrix}1&\lambda_{1}&\lambda_{1}^{2}&\cdots&\lambda_{1}^{n-1}\\ 1&\lambda_{2}&\lambda_{2}^{2}&\cdots&\lambda_{2}^{n-1}\\ 1&\lambda_{3}&\lambda_{3}^{2}&\cdots&\lambda_{3}^{n-1}\\ \vdots&\vdots&\vdots&&\vdots\\ 1&\lambda_{n}&\lambda_{n}^{2}&\cdots&\lambda_{n}^{n-1}\end{bmatrix}^{-1}\begin{bmatrix}e^{\lambda_{1}t}\\ e^{\lambda_{2}t}\\ e^{\lambda_{3}t}\\ \vdots\\ e^{\lambda_{n}t}\end{bmatrix}$$

应用矩阵指数函数，线性定常微分方程式 (2.56) 的解又表示为

$$\boldsymbol{x}(t)=e^{A(t-t_{0})}\boldsymbol{x}(t_{0})+\int_{t_{0}}^{t}e^{A(t-\tau)}B\boldsymbol{u}(\tau)d\tau \tag{2.60}$$

当初始时刻为 $t_{0}=0$ 时，有

$$\boldsymbol{x}(t)=e^{At}\boldsymbol{x}(0)+\int_{0}^{t}e^{A(t-\tau)}B\boldsymbol{u}(\tau)d\tau \tag{2.61}$$

根据式 (2.61)，典型输入信号作用下系统响应的计算公式可以简化如下：

在脉冲输入 $\boldsymbol{u}(t)=\boldsymbol{k}\delta(t)$ 作用下，系统响应为

$$\boldsymbol{x}(t)=e^{At}\boldsymbol{x}(0)+e^{At}B\boldsymbol{k} \tag{2.62}$$

在阶跃输入 $\boldsymbol{u}(t)=\boldsymbol{k}1(t)$ 作用下，系统响应为

$$\boldsymbol{x}(t)=e^{At}\boldsymbol{x}(0)+A^{-1}(e^{At}-I)B\boldsymbol{k} \tag{2.63}$$

在斜坡输入 $\boldsymbol{u}(t)=\boldsymbol{k}t1(t)$ 作用下，系统响应为

$$\boldsymbol{x}(t)=e^{At}\boldsymbol{x}(0)+[A^{-2}(e^{At}-I)-A^{-1}t]B\boldsymbol{k} \tag{2.64}$$

下面给出几个特殊矩阵的矩阵指数函数。

(1) 若 A 是对角矩阵，即 $A=\Lambda=\mathrm{diag}[\lambda_{1}\quad\lambda_{2}\quad\cdots\quad\lambda_{n}]$，则

$$e^{At}=\begin{bmatrix}e^{\lambda_{1}t}&&&\\&e^{\lambda_{2}t}&&\\&&\ddots&\\&&&e^{\lambda_{n}t}\end{bmatrix}$$

于是，当 A 可对角化时，设 $T^{-1}AT=\Lambda$，则

$$e^{At}=T\begin{bmatrix}e^{\lambda_{1}t}&&&\\&e^{\lambda_{2}t}&&\\&&\ddots&\\&&&e^{\lambda_{n}t}\end{bmatrix}T^{-1}$$

(2) 若 A 是约当矩阵，即 $A=J=\begin{bmatrix}\lambda & 1 & & \\ & \lambda & \ddots & \\ & & \ddots & 1 \\ & & & \lambda\end{bmatrix}_{n\times n}$，则

$$e^{Jt}=e^{\lambda t}\begin{bmatrix}1 & t & \frac{1}{2!}t^2 & \cdots & \frac{1}{(n-1)!}t^{n-1} \\ & 1 & t & \ddots & \vdots \\ & & 1 & \ddots & \frac{1}{2!}t^2 \\ & 0 & & \ddots & t \\ & & & & 1\end{bmatrix}$$

(3) 对特征根有共轭复数的情况，以 $\lambda_{1,2}=\sigma\pm j\omega$ 为例，设对应的复数特征向量为 $\boldsymbol{p}_1$、$\boldsymbol{p}_2$，取变换矩阵 $Q=[\mathrm{Re}[\boldsymbol{p}_1]\quad \mathrm{Im}[\boldsymbol{p}_1]]$，可将 A 化为仅含实数元素的模式矩阵，即

$$M=Q^{-1}AQ=\begin{bmatrix}\sigma & \omega \\ -\omega & \sigma\end{bmatrix}$$

则有

$$e^{Mt}=e^{\sigma t}\begin{bmatrix}\cos\omega t & \sin\omega t \\ -\sin\omega t & \cos\omega t\end{bmatrix}$$

例 2.13 已知系统的状态转移矩阵

$$\Phi(t)=\begin{bmatrix}e^{-t} & 0 & 0 \\ 0 & (1-2t)e^{-2t} & 4te^{-2t} \\ 0 & te^{-2t} & e^{-2t}\end{bmatrix}$$

求矩阵 A。

解 因为 $\frac{d}{dt}\Phi(t)=\Phi(t)A$，故有 $\left.\frac{d}{dt}\Phi(t)\right|_{t=0}=\Phi(0)A=A$，于是得到

$$A=\left.\frac{d}{dt}\Phi(t)\right|_{t=0}=\left.\begin{bmatrix}-e^{-t} & 0 & 0 \\ 0 & (-4+4t)e^{-2t} & (4-8t)e^{-2t} \\ 0 & (1-2t)e^{-2t} & -2e^{-2t}\end{bmatrix}\right|_{t=0}=\begin{bmatrix}-1 & 0 & 0 \\ 0 & -4 & 4 \\ 0 & 1 & -2\end{bmatrix}$$

3. 矩阵指数函数的计算

(1) 直接由矩阵指数函数的定义

$$e^{At}=I+At+\frac{1}{2!}A^2t^2+\cdots+\frac{1}{k!}A^kt^k+\cdots$$

求 e^{At} 的方法。

(2) 因为

$$e^{At}=TT^{-1}e^{At}TT^{-1}=T\left[I+(T^{-1}AT)t+\frac{1}{2!}(T^{-1}AT)^2t^2+\cdots+\frac{1}{k!}(T^{-1}AT)^kt^k+\cdots\right]T^{-1}$$

故有将矩阵 A 变换成约当标准型求 e^{At} 的方法，即先通过非奇异变换 $\boldsymbol{x}=T\tilde{\boldsymbol{x}}$，将 A 变换成式

(2.48)的约当标准型，设其中的约当子块为

$$J_{ij}=\begin{bmatrix}\lambda_i & 1 & & \\ & \lambda_i & 1 & \\ & & \ddots & 1 \\ & & & \lambda_i\end{bmatrix}_{n_{ij}\times n_{ij}}$$

由此得到与每个约当子块对应的指数矩阵

$$\mathrm{e}^{J_{ij}t}=\mathrm{e}^{\lambda_i t}\begin{bmatrix}1 & t & \frac{1}{2!}t^2 & \cdots & \frac{1}{(n_{ij}-1)!}t^{n_{ij}-1} \\ & 1 & t & \ddots & \vdots \\ & & 1 & \ddots & \frac{1}{2!}t^2 \\ & 0 & & \ddots & t \\ & & & & 1\end{bmatrix}_{n_{ij}\times n_{ij}}$$

由它们组合成 e^{Jt} ，再由

$$\mathrm{e}^{At}=T\mathrm{e}^{Jt}T^{-1}$$

得到 e^{At} 。

(3) 拉氏变换法，即先对微分方程 $\dot{\boldsymbol{x}}=A\boldsymbol{x}$ 取拉氏变换得到 $sI\boldsymbol{x}(s)-\boldsymbol{x}(0)=A\boldsymbol{x}(s)$ ，即 $\boldsymbol{x}(s)=(sI-A)^{-1}\boldsymbol{x}(0)$，再做拉氏反变换得到 $\boldsymbol{x}(t)=L^{-1}[(sI-A)^{-1}]\boldsymbol{x}(0)$，将其与 $\boldsymbol{x}(t)=\mathrm{e}^{At}\boldsymbol{x}(0)$ 比较得到 $\mathrm{e}^{At}=L^{-1}[(sI-A)^{-1}]$ 。

(4) 利用凯莱-哈密顿定理求 e^{At} 的方法。

例 2.14 已知 $A=\begin{bmatrix}0 & 1 & 0\\ 0 & 0 & 1\\ 0 & 1 & 0\end{bmatrix}$，试用 e^{At} 的级数展开法和拉氏变换法求 e^{At} 。

解 e^{At} 的级数展开法。不难验证

$$A=A^3=A^5=\cdots=\begin{bmatrix}0 & 1 & 0\\ 0 & 0 & 1\\ 0 & 1 & 0\end{bmatrix},\quad A^2=A^4=A^6=\cdots=\begin{bmatrix}0 & 0 & 1\\ 0 & 1 & 0\\ 0 & 0 & 1\end{bmatrix}$$

于是有

$$\mathrm{e}^{At}=I+At+\frac{1}{2!}A^2t^2+\frac{1}{3!}A^3t^3+\cdots=\begin{bmatrix}1 & t+\frac{t^3}{3!}+\frac{t^5}{5!}+\cdots & \frac{t^2}{2!}+\frac{t^4}{4!}+\cdots \\ 0 & 1+\frac{t^2}{2!}+\frac{t^4}{4!}+\cdots & t+\frac{t^3}{3!}+\frac{t^5}{5!}+\cdots \\ 0 & t+\frac{t^3}{3!}+\frac{t^5}{5!}+\cdots & 1+\frac{t^2}{2!}+\frac{t^4}{4!}+\cdots\end{bmatrix}$$

因为 $\mathrm{e}^t=1+t+\frac{t^2}{2!}+\frac{t^3}{3!}+\cdots$， $\mathrm{e}^{-t}=1-t+\frac{t^2}{2!}-\frac{t^3}{3!}+\cdots$， 于是有

$$e^{At}=\begin{bmatrix}1 & \frac{1}{2}(e^{t}-e^{-t}) & \frac{1}{2}(e^{t}+e^{-t})-1\\ 0 & \frac{1}{2}(e^{t}+e^{-t}) & \frac{1}{2}(e^{t}-e^{-t})\\ 0 & \frac{1}{2}(e^{t}-e^{-t}) & \frac{1}{2}(e^{t}+e^{-t})\end{bmatrix}$$

拉氏变换法。因为

$$(sI-A)^{-1}=\begin{bmatrix}s & -1 & 0\\ 0 & s & -1\\ 0 & -1 & s\end{bmatrix}^{-1}=\frac{1}{s(s^2-1)}\begin{bmatrix}s^2-1 & s & 1\\ 0 & s^2 & s\\ 0 & s & s^2\end{bmatrix}=\begin{bmatrix}\frac{1}{s} & \frac{1}{s^2-1} & \frac{1}{s(s^2-1)}\\ 0 & \frac{s}{s^2-1} & \frac{1}{s^2-1}\\ 0 & \frac{1}{s^2-1} & \frac{s}{s^2-1}\end{bmatrix}$$

故得

$$e^{At}=L^{-1}\left[(sI-A)^{-1}\right]=L^{-1}\left\{\begin{bmatrix}\frac{1}{s} & \frac{1}{s^2-1} & \frac{1}{s(s^2-1)}\\ 0 & \frac{s}{s^2-1} & \frac{1}{s^2-1}\\ 0 & \frac{1}{s^2-1} & \frac{s}{s^2-1}\end{bmatrix}\right\}=\begin{bmatrix}1 & \frac{1}{2}(e^{t}-e^{-t}) & \frac{1}{2}(e^{t}+e^{-t})-1\\ 0 & \frac{1}{2}(e^{t}+e^{-t}) & \frac{1}{2}(e^{t}-e^{-t})\\ 0 & \frac{1}{2}(e^{t}-e^{-t}) & \frac{1}{2}(e^{t}+e^{-t})\end{bmatrix}$$

例 2.15 设 $A=\begin{bmatrix}0 & 1 & 0\\ 0 & 0 & 1\\ -6 & -11 & -6\end{bmatrix}$，试用化为约当阵的方法求 e^{At}。

解 能控标准Ⅱ型式(2.24)中状态矩阵的形式称为友矩阵形式，当 A 为友矩阵且特征根互异时，将 A 化为对角矩阵的变换矩阵为范德蒙矩阵

$$T=\begin{bmatrix}1 & 1 & 1 & \cdots & 1\\ \lambda_1 & \lambda_2 & \lambda_3 & \cdots & \lambda_n\\ \lambda_1^2 & \lambda_2^2 & \lambda_3^2 & \cdots & \lambda_n^2\\ \vdots & \vdots & \vdots & & \vdots\\ \lambda_1^{n-1} & \lambda_2^{n-1} & \lambda_3^{n-1} & \cdots & \lambda_n^{n-1}\end{bmatrix}$$

本例中 A 的特征值由

$$\det\begin{bmatrix}s & -1 & 0\\ 0 & s & -1\\ 6 & 11 & s+6\end{bmatrix}=(s+1)(s+2)(s+3)$$

得到为 $\lambda_1=-1$、$\lambda_2=-2$、$\lambda_3=-3$，构造范德蒙矩阵作为变换矩阵，即

$$T=\begin{bmatrix}1 & 1 & 1\\ \lambda_1 & \lambda_2 & \lambda_3\\ \lambda_1^2 & \lambda_2^2 & \lambda_3^2\end{bmatrix}=\begin{bmatrix}1 & 1 & 1\\ -1 & -2 & -3\\ 1 & 4 & 9\end{bmatrix},\quad T^{-1}=\frac{1}{2}\begin{bmatrix}6 & 5 & 1\\ -6 & -8 & -2\\ 2 & 3 & 1\end{bmatrix}$$

得到

$$T^{-1}AT=\begin{bmatrix}-1 & 0 & 0\\ 0 & -2 & 0\\ 0 & 0 & -3\end{bmatrix},\quad e^{T^{-1}ATt}=\begin{bmatrix}e^{-t} & 0 & 0\\ 0 & e^{-2t} & 0\\ 0 & 0 & e^{-3t}\end{bmatrix}$$

于是有

$$e^{At}=\frac{1}{2}\begin{bmatrix}1 & 1 & 1\\ -1 & -2 & -3\\ 1 & 4 & 9\end{bmatrix}\begin{bmatrix}e^{-t} & 0 & 0\\ 0 & e^{-2t} & 0\\ 0 & 0 & e^{-3t}\end{bmatrix}\begin{bmatrix}6 & 5 & 1\\ -6 & -8 & -2\\ 2 & 3 & 1\end{bmatrix}=\frac{1}{2}\begin{bmatrix}6e^{-t}-6e^{-2t}+2e^{-3t} & \times & \times\\ -6e^{-t}+12e^{-2t}-6e^{-3t} & \times & \times\\ 6e^{-t}-24e^{-2t}+18e^{-3t} & \times & \times\end{bmatrix}$$

例 2.16 求系统 $\dot{\boldsymbol{x}}=\begin{bmatrix}0 & 1\\ -2 & -3\end{bmatrix}\boldsymbol{x}+\begin{bmatrix}0\\ 1\end{bmatrix}u$ 在单位阶跃输入作用下的状态响应。

解 此例中 A 为友矩阵。由系统的特征方程 $\det\begin{bmatrix}s & -1\\ 2 & s+3\end{bmatrix}=(s+1)(s+2)$ 得系统的特征根为 $\lambda_1=-1$，$\lambda_2=-2$。构造范德蒙矩阵 $T=\begin{bmatrix}1 & 1\\ -1 & -2\end{bmatrix}$，得状态转移矩阵为

$$e^{At}=T\begin{bmatrix}e^{-t} & 0\\ 0 & e^{-2t}\end{bmatrix}T^{-1}=\begin{bmatrix}1 & 1\\ -1 & -2\end{bmatrix}\begin{bmatrix}e^{-t} & 0\\ 0 & e^{-2t}\end{bmatrix}\begin{bmatrix}2 & 1\\ -1 & -1\end{bmatrix}=\begin{bmatrix}2e^{-t}-e^{-2t} & e^{-t}-e^{-2t}\\ -2e^{-t}+2e^{-2t} & -e^{-t}+2e^{-2t}\end{bmatrix}$$

于是有系统在阶跃输入作用下的状态响应为

$$\begin{aligned}\boldsymbol{x}(t)&=e^{At}\boldsymbol{x}(0)+\int_0^t e^{A(t-\tau)}\boldsymbol{b}u(\tau)d\tau\\ &=\begin{bmatrix}(2e^{-t}-e^{-2t})x_1(0)+(e^{-t}-e^{-2t})x_2(0)\\ (-2e^{-t}+2e^{-2t})x_1(0)+(-e^{-t}+2e^{-2t})x_2(0)\end{bmatrix}+\int_0^t\begin{bmatrix}e^{-(t-\tau)}-e^{-2(t-\tau)}\\ -e^{-(t-\tau)}+2e^{-2(t-\tau)}\end{bmatrix}d\tau\\ &=\begin{bmatrix}0.5+(2x_1(0)+x_2(0)-1)e^{-t}-(x_1(0)+x_2(0)-0.5)e^{-2t}\\ -(2x_1(0)+x_2(0)-1)e^{-t}+(2x_1(0)+2x_2(0)-1)e^{-2t}\end{bmatrix}\end{aligned}$$

当系统的初始状态为零时，系统的零状态响应为

$$\boldsymbol{x}(t)=\begin{bmatrix}0.5-e^{-t}+0.5e^{-2t}\\ e^{-t}-e^{-2t}\end{bmatrix}$$

用简化计算式(2.63)有系统的零状态响应为

$$\boldsymbol{x}(t)=A^{-1}(e^{At}-I)B=\begin{bmatrix}0 & 1\\ -2 & -3\end{bmatrix}^{-1}\begin{bmatrix}2e^{-t}-e^{-2t}-1 & e^{-t}-e^{-2t}\\ -2e^{-t}+2e^{-2t} & -e^{-t}+2e^{-2t}-1\end{bmatrix}\begin{bmatrix}0\\ 1\end{bmatrix}=\begin{bmatrix}0.5-e^{-t}+0.5e^{-2t}\\ e^{-t}-e^{-2t}\end{bmatrix}$$

2-5 线性系统的稳定性分析

对于给定的系统，其响应过程由输入和系统的初始条件决定。一般来说，只要满足一定条件，微分方程的解就连续地依赖于初始条件，即初始条件的偏差越小，在有限时间内解的偏差也越小，但这一特性当时间趋于无穷大时并不维持。若起始于某一初始条件的微分方程的某个解，当初始条件的偏差充分小时，在有限和无限时间范围内解的偏差也充分小，则称这个解是稳定的，如果解的偏差还随着时间的增长趋于零，则称这个解是渐近稳定的。

1. 线性系统稳定性的特点

对于线性系统

$$\dot{\boldsymbol{x}} = A(t)\boldsymbol{x} + B(t)\boldsymbol{u}, \quad t \geqslant t_0 \tag{2.65}$$

为考察由 $\boldsymbol{x}^*(t_0) = \boldsymbol{x}_0^*$ 出发的解 $\boldsymbol{x}^*(t)$ 的稳定性，考虑系统在另一初态 $\boldsymbol{x}(t_0) = \boldsymbol{x}_0$ 下的解 $\boldsymbol{x}(t)$ 和 $\boldsymbol{x}^*(t)$ 之间的差 $\boldsymbol{e}(t) = \boldsymbol{x}(t) - \boldsymbol{x}^*(t)$，显然有

$$\begin{aligned}
&\dot{\boldsymbol{x}}^* = A(t)\boldsymbol{x}^* + B(t)\boldsymbol{u}, \ \boldsymbol{x}^*(t_0) = \boldsymbol{x}_0^* \\
&\dot{\boldsymbol{x}} = A(t)\boldsymbol{x} + B(t)\boldsymbol{u}, \ \boldsymbol{x}(t_0) = \boldsymbol{x}_0 \\
&\dot{\boldsymbol{e}} = \dot{\boldsymbol{x}} - \dot{\boldsymbol{x}}^* \\
&\ \ = A(t)\boldsymbol{x} + B(t)\boldsymbol{u} - A(t)\boldsymbol{x}^* - B(t)\boldsymbol{u} \\
&\ \ = A(t)(\boldsymbol{x} - \boldsymbol{x}^*) \\
&\ \ = A(t)\boldsymbol{e}, \ \boldsymbol{e}(t_0) = \boldsymbol{e}_0 = \boldsymbol{x}_0 - \boldsymbol{x}_0^*
\end{aligned}$$

另外，由 2-4 节的讨论知道，线性系统状态方程式(2.65)的解等于初始状态激励下的零输入响应加上输入作用下的零状态响应，如式(2.54)所示。这样，由 $\boldsymbol{x}^*(t_0) = \boldsymbol{x}_0^*$ 出发的解和由 $\boldsymbol{x}(t_0) = \boldsymbol{x}_0$ 出发的解分别为

$$\boldsymbol{x}^*(t) = \Phi(t,t_0)\boldsymbol{x}^*(t_0) + \int_{t_0}^{t} \Phi(t,\tau)B(\tau)\boldsymbol{u}(\tau)\mathrm{d}\tau$$

$$\boldsymbol{x}(t) = \Phi(t,t_0)\boldsymbol{x}(t_0) + \int_{t_0}^{t} \Phi(t,\tau)B(\tau)\boldsymbol{u}(\tau)\mathrm{d}\tau$$

式中，零状态响应由输入作用 $\boldsymbol{u}(t)$ 唯一确定。上述两式相减得到

$$\boldsymbol{e}(t) = \boldsymbol{x}(t) - \boldsymbol{x}^*(t) = \Phi(t,t_0)\left[\boldsymbol{x}(t_0) - \boldsymbol{x}^*(t_0)\right]$$

容易看出，由于系统的线性性质，解的稳定性与解无关，唯一地由状态阵 $A(t)$ 或状态转移矩阵决定，等价于线性齐次系统

$$\dot{\boldsymbol{x}} = A(t)\boldsymbol{x}, \quad t \geqslant t_0 \tag{2.66}$$

零解的稳定性。若线性齐次微分方程式(2.66)的零解稳定或渐近稳定，则任意初态和任意输入作用下非奇次微分方程式(2.65)的解也是稳定或渐近稳定的，而且是全局稳定或全局渐近稳定的，这时称系统是稳定或渐近稳定的。线性系统稳定性的上述性质，是由线性系统解的拓扑结构决定的，如图 2.18 所示。

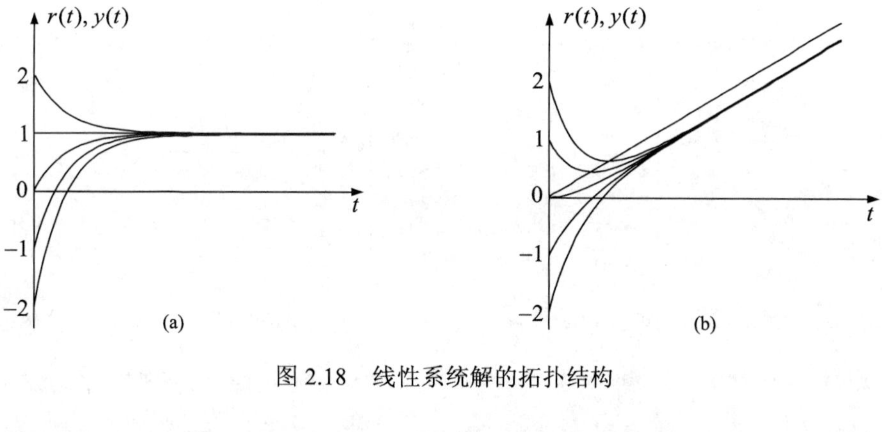

图 2.18 线性系统解的拓扑结构

在工程实践中，人们总是希望控制系统的响应渐近地由参考指令决定，初始条件对系统响应的影响应该渐近收敛到零，即系统的稳态响应不受初始条件的影响，在扰动解除后系统会自动恢复到原来的工作状态。实际可用的控制系统都必须是渐近稳定的。

2. 线性定常系统的稳定性

对于线性定常系统

$$\dot{\boldsymbol{x}} = A\boldsymbol{x} + B\boldsymbol{u}, \quad t \geqslant 0$$

如前所述，它的稳定性和相应的齐次系统

$$\dot{\boldsymbol{x}} = A\boldsymbol{x}, \quad t \geqslant 0 \tag{2.67}$$

的稳定性等价。线性齐次系统式(2.67)解的表达式为

$$\boldsymbol{x}(t) = \mathrm{e}^{At}\boldsymbol{x}_0, \quad t \geqslant 0 \tag{2.68}$$

设系统矩阵 $A \in R^{n\times n}$ 的特征多项式

$$\det(sI - A) = s^n + a_{n-1}s^{n-1} + \cdots + a_1 s + a_0 \tag{2.69}$$

从解的表达式(2.68)，容易得到关于线性定常系统稳定性的下述定理 2.2。

定理 2.2 线性定常齐次系统式(2.67)的稳定性完全由矩阵 A 的特征值在复平面上的位置来决定。线性定常系统式(2.67)渐近稳定的充分必要条件是系统矩阵 A 的特征多项式(2.69)的所有特征值都具有负的实部。线性定常系统式(2.67)稳定的充分必要条件是矩阵 A 的特征多项式(2.69)的所有特征值的实部都小于等于零，且零实部的特征值只能是矩阵 A 的最小多项式的单根，即在矩阵 A 的约当标准型中，与零实部特征值对应的约当块的阶数只能为 1。

证明 设 J 为线性定常系统式(2.67)中矩阵 A 的约当标准型，即有非奇异变换矩阵 T 使 $J = T^{-1}AT$，以约当块不分列的情况为例，线性定常系统式(2.67)的解矩阵为

$$\mathrm{e}^{At} = \mathrm{e}^{TJT^{-1}t} = T\mathrm{e}^{Jt}T^{-1}$$

$$\mathrm{e}^{Jt} = \mathrm{diag}\begin{bmatrix} \mathrm{e}^{J_1 t} & & & \\ & \mathrm{e}^{J_2 t} & & \\ & & \ddots & \\ & & & \mathrm{e}^{J_m t} \end{bmatrix}$$

设 J_i 的阶数为 l_i，对应的特征根为 λ_i，则有 $\sum\limits_{i=1}^{m} l_i = n$。其中

$$\mathrm{e}^{J_i t} = \begin{bmatrix} 1 & t & \dfrac{t^2}{2!} & \cdots & \dfrac{t^{l_i-1}}{(l_i-1)!} \\ 0 & 1 & t & \ddots & \vdots \\ 0 & 0 & 1 & \ddots & \dfrac{t^2}{2!} \\ \vdots & \vdots & \vdots & \ddots & t \\ 0 & 0 & 0 & \cdots & 1 \end{bmatrix} \mathrm{e}^{\lambda_i t}, \quad i = 1,2,\cdots,m$$

系统式(2.67)零平凡解渐近稳定要求 $\lim\limits_{t\to+\infty} \mathrm{e}^{At} = 0$，这等价于 $\lim\limits_{t\to+\infty} \mathrm{e}^{Jt} = 0$，又等价于 $\lim\limits_{t\to+\infty} \mathrm{e}^{J_i t} = 0 (i = 1,2,\cdots,m)$，而 $\lim\limits_{t\to+\infty} \mathrm{e}^{J_i t} = 0 (i = 1,2,\cdots,m)$ 等价于 $\mathrm{Re}\,\lambda_i < 0 (i = 1,2,\cdots,m)$。系统式(2.67)零平凡解稳定要求 e^{At} 有界，这等价于 e^{Jt} 有界，又等价于 $\mathrm{e}^{J_i t} (i = 1,2,\cdots,m)$ 有界，而

$e^{J_i t}(i=1,2,\cdots,m)$ 有界等价于 $\mathrm{Re}\,\lambda_i \leqslant 0(i=1,2,\cdots,m)$，且当 $\mathrm{Re}\,\lambda_i = 0$ 时 $l_i = 1(i=1,2,\cdots,m)$。证毕。

若 $A \in R^{n\times n}$ 的特征多项式(2.69)的所有特征根都具有负的实部，则称矩阵 A 为赫尔维茨(Hurwitz)矩阵。矩阵 $A \in R^{n\times n}$ 为 Hurwitz 矩阵的充分必要条件是由它的特征多项式(2.69)的系数组成的下述 n 个赫尔维茨行列式

$$\Delta_1 = a_{n-1},\quad \Delta_2 = \begin{vmatrix} a_{n-1} & a_{n-3} \\ a_n & a_{n-2} \end{vmatrix},\quad \cdots,\quad \Delta_n = \begin{vmatrix} a_{n-1} & a_{n-3} & a_{n-5} & \cdots & a_{-n+1} \\ a_n & a_{n-2} & a_{n-4} & \cdots & a_{-n+2} \\ a_{n+1} & a_{n-1} & a_{n-3} & \cdots & a_{-n+3} \\ \vdots & \vdots & \vdots & & \vdots \\ a_{2n-2} & a_{2n-4} & a_{2n-6} & \cdots & a_0 \end{vmatrix} \tag{2.70}$$

都大于零，式中 $a_n = 1$，$i > n$ 和 $i < 0$ 时，$a_i = 0$，此即为著名的赫尔维茨代数判据。

实数矩阵 A 的特征多项式(2.69)是实系数的，如果它的特征根都是负实数或有负实部的共轭复数，则它的一次因式和二次因式的系数都是正数，由此可以推出特征多项式(2.69)的 n 个系数 $a_i > 0(i=0,1,\cdots,n-1)$。因此，$A$ 的特征多项式(2.69)的所有系数都为正且不出现缺项，是 A 为 Hurwitz 矩阵的必要条件。在此必要条件满足时，可以证明，A 为 Hurwitz 矩阵的充分必要条件是奇次阶的赫尔维茨行列式大于零或偶次阶的赫尔维茨行列式大于零，即

$$\Delta_{奇} > 0$$

或

$$\Delta_{偶} > 0$$

这样，对于 1 阶和 2 阶系统，当 A 的特征多项式(2.69)的系数都为大于零的正数时，它就是 Hurwitz 的。对于 3 阶系统，当 A 的特征多项式(2.69)的系数都为大于零的正数，且 $a_2a_1 > a_3a_0$ 时，它就是 Hurwitz 的。对于高阶系统，应用赫尔维茨代数判据会遇到矩阵计算上的困难，此时可以根据特征多项式(2.69)的系数构造劳斯表，应用劳斯判据判定系统的稳定性。

在经典控制理论中，用传递函数研究系统的输出响应过程，而系统的传递函数是在零初始条件下定义的，只涉及系统输出响应的稳定性问题，即外部稳定问题。在现代控制理论中，用状态方程研究系统的状态响应过程，涉及系统内部状态响应的稳定问题。一般来说，只要系统满足一定的限制条件，由系统的内部稳定性可以推出它的外部稳定性，反之则不然。反映在上面的定理 2.2 中，是用系统矩阵 A 的特征多项式来判断系统的稳定性，而不是用系统传递函数的分母多项式。正如下面内容将要说明的，系统传递函数分母多项式的阶次一般总是小于等于系统矩阵 A 的阶次。

2-6 系统的传递函数矩阵

传递函数矩阵是多输入多输出线性定常系统的输入输出描述，对于给定的线性定常系统的状态空间描述，它的传递函数矩阵是唯一确定的（反之则不然）。本节讨论传递函数矩阵和状态空间描述之间的关系，给出传递函数矩阵极点和零点的概念、计算方法和它们的特性。

1. 系统的传递函数矩阵

n 阶 p 维输入 q 维输出线性定常系统的传递函数矩阵描述为

$$
G(s)=\begin{bmatrix} g_{11}(s) & g_{12}(s) & \cdots & g_{1p}(s) \\ g_{21}(s) & g_{22}(s) & \cdots & g_{2p}(s) \\ \vdots & \vdots & & \vdots \\ g_{q1}(s) & g_{q2}(s) & \cdots & g_{qp}(s) \end{bmatrix} \tag{2.71}
$$

式中，$g_{ij}(s)$表示第j个输入到第i个输出（$u_j \to y_i$）的传递函数。关于系统的传递函数矩阵有以下几点说明：

(1) 传递函数矩阵的各元素$g_{ij}(s)$都是复变量s的有理分式函数，且分母多项式的阶次大于或等于分子多项式的阶次，当

$$
G(\infty)=\lim_{s\to\infty} G(s)=\begin{bmatrix} g_{11}(\infty) & g_{12}(\infty) & \cdots & g_{1p}(\infty) \\ g_{21}(\infty) & g_{22}(\infty) & \cdots & g_{2p}(\infty) \\ \vdots & \vdots & & \vdots \\ g_{q1}(\infty) & g_{q2}(\infty) & \cdots & g_{qp}(\infty) \end{bmatrix} \tag{2.72}
$$

为非零常数矩阵时称传递函数矩阵$G(s)$为真的，为零矩阵时称传递函数矩阵$G(s)$为严格真的。

(2) 设传递函数矩阵各元素$g_{ij}(s)$的分子多项式和分母多项式互质，传递函数矩阵所有1阶子式的最小公分母就是传递函数矩阵$G(s)$的分母多项式，记为$\varphi_G(s)$，即

$$
G(s)=\frac{Q(s)}{\varphi_G(s)} \tag{2.73}
$$

式中$Q(s)$为传递函数矩阵的分子多项式矩阵，且没有公因子可以和分母多项式$\varphi_G(s)$的因子相消。

(3) 传递函数是系统的外部描述，只反映系统输入变量和输出变量间的关系，系统具体实现中可能会存在与输入或输出不相关联的部分，这将提高它的阶次。在传递函数矩阵各元素分子分母多项式互质的约定下，传递函数矩阵所有1阶、2阶、直到$\min(p,q)$阶子式的最小公分母称为传递函数矩阵$G(s)$的特征多项式，记为$\psi_G(s)$。特征多项式$\psi_G(s)$的阶次等于传递函数矩阵$G(s)$最小实现的阶次。这里所谓传递函数矩阵$G(s)$的最小实现，是指在所有传递函数矩阵等于$G(s)$的状态空间实现中，阶数最小的一类实现。第3章将证明，所有传递函数矩阵的最小实现一定是代数等价的，而且一定是能控能观的。

(4) 当传递函数矩阵满足

$$
\operatorname{rank} G(s)=\min(p,q)
$$

时称它是正则的，否则称它是非正则的或退化的。对于方的传递函数矩阵，当

$$
\det G(s)\neq 0
$$

时，称它是非奇异的，否则称它是奇异的。

2. 由系统的状态空间描述得到系统的传递函数矩阵

设n阶p维输入q维输出线性定常系统的状态空间描述为

$$
\begin{aligned} \dot{\boldsymbol{x}} &= \boldsymbol{A}\boldsymbol{x}+\boldsymbol{B}\boldsymbol{u} \\ \boldsymbol{y} &= \boldsymbol{C}\boldsymbol{x}+\boldsymbol{D}\boldsymbol{u} \end{aligned} \tag{2.74}
$$

设系统的初始状态为零，对式(2.74)进行拉氏变换得

$$s\boldsymbol{x}(s)=A\boldsymbol{x}(s)+B\boldsymbol{u}(s)$$
$$\boldsymbol{y}(s)=C\boldsymbol{x}(s)+D\boldsymbol{u}(s)$$

式中，$\boldsymbol{u}(s)$、$\boldsymbol{y}(s)$和$\boldsymbol{x}(s)$分别为系统输入向量$\boldsymbol{u}(t)$、输出向量$\boldsymbol{y}(t)$和状态向量$\boldsymbol{x}(t)$的拉氏变换，即

$$\boldsymbol{u}(s)=\begin{bmatrix} u_1(s) \\ u_2(s) \\ \vdots \\ u_p(s) \end{bmatrix}=\begin{bmatrix} L[u_1(t)] \\ L[u_2(t)] \\ \vdots \\ L[u_p(t)] \end{bmatrix}=L[\boldsymbol{u}(t)],\quad \boldsymbol{y}(s)=\begin{bmatrix} y_1(s) \\ y_2(s) \\ \vdots \\ y_q(s) \end{bmatrix}=\begin{bmatrix} L[y_1(t)] \\ L[y_2(t)] \\ \vdots \\ L[y_q(t)] \end{bmatrix}=L[\boldsymbol{y}(t)]$$

$$\boldsymbol{x}(s)=\begin{bmatrix} x_1(s) \\ x_2(s) \\ \vdots \\ x_n(s) \end{bmatrix}=\begin{bmatrix} L[x_1(t)] \\ L[x_2(t)] \\ \vdots \\ L[x_n(t)] \end{bmatrix}=L[\boldsymbol{x}(t)]$$

于是有

$$(sI-A)\boldsymbol{x}(s)=B\boldsymbol{u}(s)$$

这样，得到输入到状态（$\boldsymbol{u}\to\boldsymbol{x}$）的传递函数矩阵为

$$\begin{aligned}\frac{\boldsymbol{x}(s)}{\boldsymbol{u}(s)}&=\begin{bmatrix} g_{11}(s) & g_{12}(s) & \cdots & g_{1p}(s) \\ g_{21}(s) & g_{22}(s) & \cdots & g_{2p}(s) \\ \vdots & \vdots & & \vdots \\ g_{n1}(s) & g_{n2}(s) & \cdots & g_{np}(s) \end{bmatrix} \\ &=(sI-A)^{-1}B=\frac{\operatorname{adj}(sI-A)B}{\det(sI-A)}=\frac{\operatorname{adj}(sI-A)B}{\psi(s)}\end{aligned} \tag{2.75}$$

式中，$\psi(s)=\det(sI-A)$为系统的特征多项式，$\psi(s)=0$为系统的特征方程，其中

$$g_{ij}(s)=\frac{x_i(s)}{u_j(s)}=\frac{\boldsymbol{e}_i^{\mathrm{T}}\operatorname{adj}(sI-A)\boldsymbol{b}_j}{\det(sI-A)}=\frac{\boldsymbol{e}_i^{\mathrm{T}}\operatorname{adj}(sI-A)\boldsymbol{b}_j}{\psi(s)},\quad i=1,2,\cdots,n;\quad j=1,2,\cdots,p$$

表示第j个输入到第i个状态（$u_j\to x_i$）的传递函数；$\boldsymbol{e}_i^{\mathrm{T}}\operatorname{adj}(sI-A)$表示伴随矩阵$\operatorname{adj}(sI-A)$的第$i$行，$\boldsymbol{b}_j$表示输入矩阵$B$的第$j$列，$g_{ij}(s)(i=1,2,\cdots,n;j=1,2,\cdots,p)$是复变量$s$的严格真有理分式，即$\deg[\boldsymbol{e}_i^{\mathrm{T}}\operatorname{adj}(sI-A)\boldsymbol{b}_j]<n(i=1,2,\cdots,n;j=1,2,\cdots,p)$。

输入到输出（$\boldsymbol{u}\to\boldsymbol{y}$）的传递函数矩阵为

$$\begin{aligned}\frac{\boldsymbol{y}(s)}{\boldsymbol{u}(s)}=G(s)&=\begin{bmatrix} g_{11}(s) & g_{12}(s) & \cdots & g_{1p}(s) \\ g_{21}(s) & g_{22}(s) & \cdots & g_{2p}(s) \\ \vdots & \vdots & & \vdots \\ g_{q1}(s) & g_{q2}(s) & \cdots & g_{qp}(s) \end{bmatrix} \\ &=C(sI-A)^{-1}B+D=\frac{C\operatorname{adj}(sI-A)B}{\det(sI-A)}+D=\frac{C\operatorname{adj}(sI-A)B}{\psi(s)}+D\end{aligned} \tag{2.76}$$

式中

$$g_{ij}(s)=\frac{y_i(s)}{u_j(s)}=\frac{\boldsymbol{c}_i^{\mathrm{T}}\operatorname{adj}(sI-A)\boldsymbol{b}_j}{\det(sI-A)}+d_{ij}=\frac{\boldsymbol{c}_i^{\mathrm{T}}\operatorname{adj}(sI-A)\boldsymbol{b}_j}{\psi(s)}+d_{ij},\quad i=1,2,\cdots,q;\quad j=1,2,\cdots,p$$

表示第 j 个输入到第 i 个输出（$u_j \to y_i$）的传递函数；$\boldsymbol{c}_i^{\mathrm{T}}$ 表示输出矩阵 C 的第 i 行，$\boldsymbol{b}_j$ 表示输入矩阵 B 的第 j 列。因为 $\deg[\boldsymbol{c}_i^{\mathrm{T}}\mathrm{adj}(sI-A)\boldsymbol{b}_j] < n(i=1,2,\cdots,q; j=1,2,\cdots,p)$，故当 $d_{ij}=0$ 时，$g_{ij}(s)(i=1,2,\cdots,q; j=1,2,\cdots,p)$ 是复变量 s 的严格真有理分式，否则 $d_{ij}\neq 0$ 时，$g_{ij}(s)$ 是 s 的真有理分式，分子和分母多项式的阶次相等。

传递函数是在零初始状态下定义的，如果令系统的输入和初始状态都为零，则系统输出恒为零。系统状态到输出的传递函数矩阵应理解为以系统非零初始条件作为输入到输出的传递函数矩阵。令 $\boldsymbol{u}=0$，应用拉氏变换的微分定理，并代入初始条件得到

$$s\boldsymbol{x}(s)-\boldsymbol{x}_0 = A\boldsymbol{x}(s)$$
$$\boldsymbol{y}(s)=C\boldsymbol{x}(s)$$

即

$$(sI-A)\boldsymbol{x}(s)=\boldsymbol{x}_0$$
$$\boldsymbol{y}(s)=C\boldsymbol{x}(s)$$

其中，$\boldsymbol{x}_0$ 应理解为作用在 n 个积分器输入端的脉冲矢量 $\boldsymbol{x}_0\delta(t)$ 的拉氏变换（若看作是作用在 n 个积分器输出端的阶跃矢量 $\boldsymbol{x}_0 1(t)$，以此作为输入，则求得的传递函数矩阵每一个元素都应乘以 $1/s$），于是有

$$\begin{aligned}\frac{\boldsymbol{y}(s)}{\boldsymbol{x}_0}=G(s)&=\begin{bmatrix} g_{11}(s) & g_{12}(s) & \cdots & g_{1n}(s) \\ g_{21}(s) & g_{22}(s) & \cdots & g_{2n}(s) \\ \vdots & \vdots & & \vdots \\ g_{q1}(s) & g_{q2}(s) & \cdots & g_{qn}(s) \end{bmatrix} \\ &= C(sI-A)^{-1}=\frac{C\mathrm{adj}(sI-A)}{\det(sI-A)}=\frac{C\mathrm{adj}(sI-A)}{\psi(s)}\end{aligned} \tag{2.77}$$

式中

$$g_{ij}(s)=\frac{y_i(s)}{x_j(0)}=\frac{\boldsymbol{c}_i^{\mathrm{T}}\mathrm{adj}(sI-A)\boldsymbol{e}_j}{\det(sI-A)}=\frac{\boldsymbol{c}_i^{\mathrm{T}}\mathrm{adj}(sI-A)\boldsymbol{e}_j}{\psi(s)}, \quad i=1,2,\cdots,q; \quad j=1,2,\cdots,n$$

表示第 j 个初始状态到第 i 个输出（$x_j(0)\to y_i$）的传递函数；$\boldsymbol{c}_i^{\mathrm{T}}$ 表示输出矩阵 C 的第 i 行，$\mathrm{adj}(sI-A)\boldsymbol{e}_j$ 表示伴随矩阵 $\mathrm{adj}(sI-A)$ 的第 j 列。因为 $\deg[\boldsymbol{c}_i^{\mathrm{T}}\mathrm{adj}(sI-A)\boldsymbol{e}_j] < n(i=1,2,\cdots,q; j=1,2,\cdots,n)$，故 $g_{ij}(s)(i=1,2,\cdots,q; j=1,2,\cdots,n)$ 是复变量 s 的严格真有理分式。

有关系统状态空间描述和传递函数矩阵描述间的关系，有以下几点说明：

(1) 当且仅当系统的直接传输矩阵 $D=0$ 时，系统的输入输出传递函数矩阵的每个元素才是 s 的严格真有理分式，系统直接传输矩阵和系统输入输出传递函数矩阵的关系为

$$D=\lim_{s\to\infty}G(s)=\begin{bmatrix} g_{11}(\infty) & g_{12}(\infty) & \cdots & g_{1p}(\infty) \\ g_{21}(\infty) & g_{22}(\infty) & \cdots & g_{2p}(\infty) \\ \vdots & \vdots & & \vdots \\ g_{q1}(\infty) & g_{q2}(\infty) & \cdots & g_{qp}(\infty) \end{bmatrix}=G(\infty) \tag{2.78}$$

即有

$$d_{ij}=\lim_{s\to\infty}g_{ij}(s)=g_{ij}(\infty)$$

(2) 当系统稳定时，可以得到系统输入到输出的静态增益矩阵为

$$G(0)=\begin{bmatrix} g_{11}(0) & g_{12}(0) & \cdots & g_{1p}(0) \\ g_{21}(0) & g_{22}(0) & \cdots & g_{2p}(0) \\ \vdots & \vdots & & \vdots \\ g_{q1}(0) & g_{q2}(0) & \cdots & g_{qp}(0) \end{bmatrix}=\lim_{s\to 0}\left[C(sI-A)^{-1}B+D\right]=-CA^{-1}B+D \tag{2.79}$$

(3) 系统 (A,B,C,D) 经线性变换 $\tilde{\boldsymbol{x}}=T^{-1}\boldsymbol{x}$ 后变为 $(\tilde{A},\tilde{B},\tilde{C},\tilde{D})=(T^{-1}AT,T^{-1}B,CT,D)$，变换后系统 $(\tilde{A},\tilde{B},\tilde{C},\tilde{D})$ 的传递函数矩阵为

$$CT(sI-T^{-1}AT)^{-1}T^{-1}B+D=C\left[T(sI-T^{-1}AT)T^{-1}\right]^{-1}B+D=C(sI-A)^{-1}B+D$$

所以，状态变换不改变系统输入输出间的传递函数矩阵。

(4) 伴随矩阵 $\mathrm{adj}(sI-A)$ 的每个元素都是 s 的多项式，设这些多项式的最大公因子是 $d(s)$，则 $\mathrm{adj}(sI-A)=d(s)P(s)$，$P(s)$ 是 $n\times n$ 维的多项式矩阵，根据 2-3 节矩阵 A 的最小多项式 $\varphi_{\mathrm{m}}(s)$ 的性质 (3) 和 (4) 有

$$G(s)=\frac{C\mathrm{adj}(sI-A)B}{\det(sI-A)}=\frac{d(s)CP(s)B}{\psi(s)}=\frac{CP(s)B}{\varphi_{\mathrm{m}}(s)}=\frac{Q(s)}{\varphi_{\mathrm{G}}(s)} \tag{2.80}$$

故传递函数矩阵的分母至多是最小多项式 $\varphi_{\mathrm{m}}(s)$，只有当多项式矩阵 $CP(s)B$ 没有公因子进一步与 $\varphi_{\mathrm{m}}(s)$ 的因子相消时，传递函数矩阵的分母多项式 $\varphi_{\mathrm{G}}(s)$ 才等于最小多项式 $\varphi_{\mathrm{m}}(s)$，否则 $\varphi_{\mathrm{G}}(s)$ 的阶次会进一步降低，这由矩阵 C 、B 的取值决定。

(5) 当 (A,B,C,D) 是传递函数矩阵 $G(s)$ 的最小实现时，矩阵 A 的特征多项式才与传递函数矩阵 $G(s)$ 的特征多项式相等，即 $\psi(s)=\psi_{\mathrm{G}}(s)$，矩阵 A 的最小多项式才一定与传递函数矩阵 $G(s)$ 的分母多项式相等，即 $\varphi_{\mathrm{m}}(s)=\varphi_{\mathrm{G}}(s)$，否则矩阵 A 特征多项式的阶次一定大于传递函数矩阵 $G(s)$ 特征多项式的阶次，矩阵 A 最小多项式的阶次就会大于或等于传递函数矩阵 $G(s)$ 分母多项式的阶次。

(6) 非正则或奇异的传递函数矩阵通常表明控制系统设计上的不合理，例如，输入矩阵或输出矩阵不满秩导致的传递函数矩阵中出现线性相关的行或列等，在今后的讨论中总假设这种情况不会出现，传递函数矩阵总是正则或非奇异的。

例 2.17 设状态矩阵

$$A_1=\begin{bmatrix} -3 & 1 & & \\ & -3 & 1 & \\ & & -3 & \\ & & & -3 \end{bmatrix},\quad A_2=\begin{bmatrix} -3 & 1 & & & \\ & -3 & & & \\ & & -3 & 1 & \\ & & & -3 & \\ & & & & -3 \end{bmatrix}$$

试分别计算 $\dfrac{\mathrm{adj}(sI-A_1)}{\det(sI-A_1)}$ 和 $\dfrac{\mathrm{adj}(sI-A_2)}{\det(sI-A_2)}$。

解 由

$$\mathrm{adj}(sI-A_1)=\begin{bmatrix} (s+3)^3 & -(s+3)^2 & s+3 & 0 \\ 0 & (s+3)^3 & -(s+3)^2 & 0 \\ 0 & 0 & (s+3)^3 & 0 \\ 0 & 0 & 0 & (s+3)^3 \end{bmatrix}$$

$$
=(s+3)\begin{bmatrix} (s+3)^2 & -(s+3) & 1 & 0 \\ 0 & (s+3)^2 & -(s+3) & 0 \\ 0 & 0 & (s+3)^2 & 0 \\ 0 & 0 & 0 & (s+3)^2 \end{bmatrix}
$$

得到

$$
\frac{\operatorname{adj}(sI-A_1)}{\det(sI-A_1)}=\frac{\operatorname{adj}(sI-A_1)}{(s+3)^4}=\frac{1}{(s+3)^3}\begin{bmatrix} (s+3)^2 & -(s+3) & 1 & 0 \\ 0 & (s+3)^2 & -(s+3) & 0 \\ 0 & 0 & (s+3)^2 & 0 \\ 0 & 0 & 0 & (s+3)^2 \end{bmatrix}
$$

由

$$
\operatorname{adj}(sI-A_2)=\begin{bmatrix} (s+3)^4 & -(s+3)^3 & 0 & 0 & 0 \\ 0 & (s+3)^4 & 0 & 0 & 0 \\ 0 & 0 & (s+3)^4 & -(s+3)^3 & 0 \\ 0 & 0 & 0 & (s+3)^4 & 0 \\ 0 & 0 & 0 & 0 & (s+3)^4 \end{bmatrix}
$$

$$
=(s+3)^3\begin{bmatrix} s+3 & -1 & 0 & 0 & 0 \\ 0 & s+3 & 0 & 0 & 0 \\ 0 & 0 & s+3 & -1 & 0 \\ 0 & 0 & 0 & s+3 & 0 \\ 0 & 0 & 0 & 0 & s+3 \end{bmatrix}
$$

得到

$$
\frac{\operatorname{adj}(sI-A_2)}{\det(sI-A_2)}=\frac{\operatorname{adj}(sI-A_2)}{(s+3)^5}=\frac{1}{(s+3)^2}\begin{bmatrix} s+3 & -1 & 0 & 0 & 0 \\ 0 & s+3 & 0 & 0 & 0 \\ 0 & 0 & s+3 & -1 & 0 \\ 0 & 0 & 0 & s+3 & 0 \\ 0 & 0 & 0 & 0 & s+3 \end{bmatrix}
$$

例 2.18 设 $A=\begin{bmatrix} 0 & 1 \\ 0 & -2 \end{bmatrix}, B_1=\begin{bmatrix} 1 & 0 \\ 0 & 1 \end{bmatrix}, B_2=\begin{bmatrix} 1 & 0 \\ 0 & 0 \end{bmatrix}, C=\begin{bmatrix} 1 & 0 \\ 0 & 1 \end{bmatrix}$，求两种情况下系统的传递函数矩阵。

解 $\det(sI-A)=\det\begin{bmatrix} s & -1 \\ 0 & s+2 \end{bmatrix}=s^2+2s$， $B=B_1=\begin{bmatrix} 1 & 0 \\ 0 & 1 \end{bmatrix}$时，有

$$
G_1(s)=\frac{1}{s^2+2s}\left[\begin{bmatrix} 1 & 0 \\ 0 & 1 \end{bmatrix}\operatorname{adj}\begin{bmatrix} s & -1 \\ 0 & s+2 \end{bmatrix}\begin{bmatrix} 1 & 0 \\ 0 & 1 \end{bmatrix}\right]=\frac{1}{s^2+2s}\left[\begin{bmatrix} 1 & 0 \\ 0 & 1 \end{bmatrix}\begin{bmatrix} s+2 & 1 \\ 0 & s \end{bmatrix}\begin{bmatrix} 1 & 0 \\ 0 & 1 \end{bmatrix}\right]
$$

$$
=\frac{1}{s^2+2s}\begin{bmatrix} s+2 & 1 \\ 0 & s \end{bmatrix}=\begin{bmatrix} \dfrac{1}{s} & \dfrac{1}{s(s+2)} \\ 0 & \dfrac{1}{s+2} \end{bmatrix}
$$

系统矩阵 A 的特征多项式和传递函数矩阵的特征多项式相等，即 $\psi(s)=\psi_G(s)=s(s+2)$，所以 (A,B_1,C) 是传递函数矩阵 $G_1(s)$ 的一个最小实现。

而 $B=B_2=\begin{bmatrix}1&0\\0&0\end{bmatrix}$ 时，有

$$G_2(s)=\frac{1}{s^2+2s}\left[\begin{bmatrix}1&0\\0&1\end{bmatrix}\begin{bmatrix}s+2&1\\0&s\end{bmatrix}\begin{bmatrix}1&0\\0&0\end{bmatrix}\right]=\frac{1}{s}\begin{bmatrix}1&0\\0&0\end{bmatrix}=\begin{bmatrix}\frac{1}{s}&0\\0&0\end{bmatrix}$$

系统矩阵 A 的特征多项式和传递函数矩阵的特征多项式不相等，所以 (A,B_2,C) 不是传递函数矩阵 $G_2(s)$ 的最小实现。

3. 传递函数矩阵的极点和零点

对于单输入单输出系统，传递函数特征多项式 $\psi_G(s)$ 等于分母多项式 $\varphi_G(s)$，设传递函数 $g(s)$ 的分母多项式与分子多项式互质，则定义传递函数的有限极点为特征多项式 $\psi_G(s)$ 的根，即传递函数分母多项式 $\varphi_G(s)$ 的根，定义传递函数的有限零点为零点多项式

$$z(s)=\varphi_G(s)g(s)=\varphi_G(s)\frac{q(s)}{\varphi_G(s)}=q(s)$$

的根，也即传递函数分子多项式的根。

对于多输入多输出系统，传递函数矩阵特征多项式 $\psi_G(s)$ 的阶次大于或等于分母多项式 $\varphi_G(s)$ 的阶次，设正则传递函数矩阵 $G(s)$ 的各元素分母多项式与分子多项式互质，则定义传递函数矩阵的有限极点为特征多项式 $\psi_G(s)$ 的根。当输入的维数和输出的维数相等时，定义方形传递函数矩阵的有限零点为零点多项式

$$z(s)=\psi_G(s)\left|G(s)\right|$$

的根。设 (A,B,C,D) 是 n 阶 p 维输入 q 维输出传递函数矩阵 $G(s)$ 的最小实现，则传递函数矩阵 $G(s)$ 的特征多项式 $\psi_G(s)$ 等于矩阵 A 的特征多项式 $\psi(s)$，对于传递函数矩阵是方阵的情况，利用分块矩阵行列式的舒尔(Schur)公式

$$\det\begin{bmatrix}A_{11}&A_{12}\\A_{21}&A_{22}\end{bmatrix}=\det A_{11}\det\left(A_{22}-A_{21}A_{11}^{-1}A_{12}\right)$$

上述零点多项式还可以表示为

$$\begin{aligned}z(s)&=\psi_G(s)\left|G(s)\right|=\psi(s)\left|G(s)\right|\\&=\det(sI-A)\det\left[C(sI-A)^{-1}B+D\right]=\det\begin{bmatrix}sI-A&-B\\C&D\end{bmatrix}\end{aligned}\tag{2.81}$$

将这一结果推广到一般，无论输入的维数等于或不等于输出的维数，定义传递函数矩阵 $G(s)$ 的有限零点是满足

$$\operatorname{rank}\begin{bmatrix}sI-A&-B\\C&D\end{bmatrix}<n+\min(p,q)\tag{2.82}$$

的 s 的取值，即在最小实现的前提条件下，传递函数的极点和零点可以用其状态空间实现的系数矩阵来定义。

下面的定理 2.3 给出了传递函数矩阵极点和零点的性质。

定理 2.3 设 (A,B,C,D) 是传递函数矩阵 $G(s)$ 的一个最小实现，实数或复数 λ 是 $G(s)$ 的

极点，则存在初始状态 $\boldsymbol{x}(0)$ 和非零向量 $\boldsymbol{h}$ ，使得系统在零输入下的输出响应

$$\boldsymbol{y}(t)=\boldsymbol{h}\mathrm{e}^{\lambda t},\quad t\geqslant 0$$

实数或复数 z 是 $G(s)$ 的零点，则存在初始状态 $\boldsymbol{x}(0)$ 和非零常值向量 $\boldsymbol{r}$ ，使系统对输入 $\boldsymbol{u}(t)=\boldsymbol{r}\mathrm{e}^{zt}\times 1(t)$ 的输出响应

$$\boldsymbol{y}(t)\equiv 0$$

证明　先看极点的情况。因为 λ 是 $G(s)$ 的极点，(A,B,C,D) 是传递函数矩阵 $G(s)$ 的一个最小实现，所以 λ 必是 A 的特征值。设 $\boldsymbol{v}$ 是与 A 的特征值 λ 对应的特征向量，则 $\boldsymbol{v}$ 也是 $(sI-A)^{-1}$ 与其特征值 $(s-\lambda)^{-1}$ 对应的特征向量，取 $\boldsymbol{x}(0)=\boldsymbol{v}$ 有

$$\boldsymbol{y}(s)=C(sI-A)^{-1}\boldsymbol{v}=C\boldsymbol{v}(s-\lambda)^{-1}$$

即得系统的零输入响应

$$\boldsymbol{y}(t)=C\boldsymbol{v}\mathrm{e}^{\lambda t}$$

对于最小实现，今后将给出证明，矩阵 $\begin{bmatrix} sI-A \\ C \end{bmatrix}$ 的列向量对于 s 的每个取值都线性独立，因此对于非零向量 $\boldsymbol{v}$ 和 λ 有 $\begin{bmatrix} \lambda I-A \\ C \end{bmatrix}\boldsymbol{v}\neq 0$ ，因为 $\boldsymbol{v}$ 是与 A 的特征值 λ 对应的特征向量，$(\lambda I-A)\boldsymbol{v}=0$ ，故必有 $C\boldsymbol{v}=\boldsymbol{h}\neq 0$ 。

再看零点的情况。设 z 是传递函数矩阵 $G(s)$ 的零点，则矩阵 $\begin{bmatrix} zI-A & -B \\ C & D \end{bmatrix}$ 的秩小于状态向量维数和输入向量维数的和，故存在由初始状态 $\boldsymbol{x}(0)$ 和输入向量 $\boldsymbol{r}$ 组成的非零向量满足：

$$\begin{bmatrix} zI-A & -B \\ C & D \end{bmatrix}\begin{bmatrix} \boldsymbol{x}(0) \\ \boldsymbol{r} \end{bmatrix}=0$$

也即

$$\begin{bmatrix} zI-A \\ C \end{bmatrix}\boldsymbol{x}(0)=\begin{bmatrix} B \\ -D \end{bmatrix}\boldsymbol{r}$$

其中，$\boldsymbol{x}(0)=0$ 时，因为 $\begin{bmatrix} \boldsymbol{x}(0) \\ \boldsymbol{r} \end{bmatrix}\neq 0$，故有 $\boldsymbol{r}\neq 0$ ，$\boldsymbol{x}(0)\neq 0$ 时，同样因为是最小实现，矩阵 $\begin{bmatrix} zI-A \\ C \end{bmatrix}$ 的列向量对于 z 的每个取值都线性独立，故也有 $\boldsymbol{r}\neq 0$ ，于是总有 $\boldsymbol{r}\neq 0$ 。设 $\boldsymbol{x}(t)=\boldsymbol{x}(0)\mathrm{e}^{zt}$ ，$\boldsymbol{u}(t)=\boldsymbol{r}\mathrm{e}^{zt}$ ，代入到系统的状态方程有

$$\dot{\boldsymbol{x}}(t)=z\boldsymbol{x}(0)\mathrm{e}^{zt}=A\boldsymbol{x}(0)\mathrm{e}^{zt}+B\boldsymbol{r}\mathrm{e}^{zt}$$

得到

$$\left(zI-A\right)\boldsymbol{x}(0)\mathrm{e}^{zt}=B\boldsymbol{r}\mathrm{e}^{zt}$$

因为 $(zI-A)\boldsymbol{x}(0)=B\boldsymbol{r}$ ，故上式为恒等式，$\boldsymbol{x}(t)=\boldsymbol{x}(0)\mathrm{e}^{zt}$ ，$\boldsymbol{u}(t)=\boldsymbol{r}\mathrm{e}^{zt}$ 确实为系统的一个解，且有

$$\boldsymbol{y}(t)=C\boldsymbol{x}(t)+D\boldsymbol{u}(t)=C\boldsymbol{x}(0)\mathrm{e}^{zt}+D\boldsymbol{r}\mathrm{e}^{zt}=-D\boldsymbol{r}\mathrm{e}^{zt}+D\boldsymbol{r}\mathrm{e}^{zt}\equiv 0$$

关于传递函数矩阵为方阵的情况，$p=q$ ，式(2.82)的条件等价于

$$\det\begin{bmatrix} zI-A & -B \\ C & D \end{bmatrix}=0$$

根据舒尔公式就可以得到式(2.82)的结果。证毕。

有关传递函数矩阵的零点和极点，有以下几点注意事项：

(1)在根据上述传递函数矩阵极点和零点的定义来计算极点和零点时，请注意传递函数矩阵中每个元素分子多项式与分母多项式互质性的要求，否则会导致传递函数矩阵特征多项式$\psi_G(s)$和极、零点的计算错误。在使用传递函数矩阵状态空间实现的系数矩阵来计算极点和零点时，请注意最小实现的要求，否则同样会发生错误。

(2)只有在系统(A,B,C,D)为最小实现的条件下，特征多项式$\psi(s)=\det(sI-A)$才是相应传递函数矩阵的极点多项式，而由式(2.81)或式(2.82)给出的传递函数矩阵的零点称为传输零点。显然，传递函数矩阵分子多项式矩阵$Q(s)$各元素的公因子也是传递函数矩阵的零点，称为阻塞零点，阻塞零点也是传输零点，但反之不然。对于多变量系统，传递函数矩阵的传输零点可以与极点相同，但并不出现真正的零、极点相消，而阻塞零点一定不是传递函数矩阵的极点，因为这将导致系统的降阶实现。

(3)阻塞零点与单变量系统传递函数的零点更为相似，在系统设计中，前后串联连接的系统之间，只允许一个系统的稳定阻塞零点和另一个系统的稳定极点发生对消，不然的话，因为这种对消是实质性的，会导致系统的非最小实现，在系统内部留下不稳定极点，系统无法正常运行。

(4) 通常，传递函数矩阵的极点和零点或者是实数或者是成对出现的共轭复数，传递函数矩阵的极点数等于它的最小阶状态空间实现的维数，传递函数矩阵或者没有零点或者只有有限多个零点，只有在系统传递函数矩阵为退化或奇异时，才会出现零点个数为无穷的情况。与单变量系统相同，当系统的所有零点和极点的实部都小于零时，称为是最小相位的，否则称为是非最小相位的，非最小相位系统会遇到控制上的困难。

2-7 系统的连接

本节讨论系统相互连接时的状态空间描述和传递函数矩阵，分别讨论并联、串联和反馈连接三种连接方式，这些连接方式在控制系统分析和设计中经常会遇到。

设系统$S_1=(A_1,B_1,C_1,D_1)$和系统$S_2=(A_2,B_2,C_2,D_2)$的状态、输入、输出和它们的维数分别为$\boldsymbol{x}_1\in R^{m_1}$，$\boldsymbol{x}_2\in R^{m_2}$，$\boldsymbol{u}_1\in R^{p_1}$，$\boldsymbol{u}_2\in R^{p_2}$，$\boldsymbol{y}_1\in R^{q_1}$，$\boldsymbol{y}_2\in R^{q_2}$，两系统的传递函数矩阵分别为

$$G_1(s)=C_1(sI-A_1)^{-1}B_1+D_1$$
$$G_2(s)=C_2(sI-A_2)^{-1}B_2+D_2$$

它们连接后系统$S=(A,B,C,D)$的状态、输入、输出及其维数分别为$\boldsymbol{x}=\begin{bmatrix}\boldsymbol{x}_1\\ \boldsymbol{x}_2\end{bmatrix}\in R^{m_1+m_2}$，$\boldsymbol{u}\in R^p$，$\boldsymbol{y}\in R^q$，下面具体给出三种连接后系统的状态空间表达式和传递函数矩阵。

1. 并联连接

系统并联连接的框图如图2.19所示。

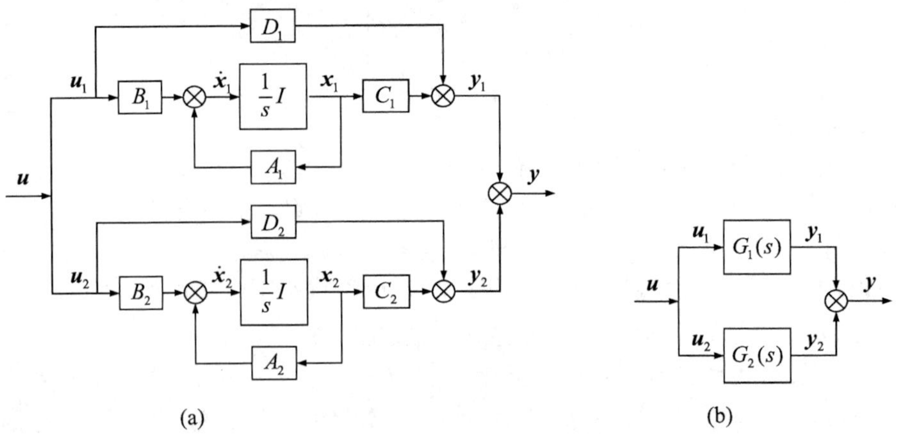

图 2.19　系统的并联连接

在图 2.19 所示的并联系统中，系统 S_1 和 S_2 有相同的输入 $\boldsymbol{u}$，输出为两系统输出之和，即 $\boldsymbol{y}=\boldsymbol{y}_1+\boldsymbol{y}_2$，因此两系统的输入输出维数应相等，即有 $p_1=p_2=p$，$q_1=q_2=q$。易见，并联后系统的状态空间表达式为

$$
\begin{aligned}
\begin{bmatrix} \dot{\boldsymbol{x}}_1 \\ \dot{\boldsymbol{x}}_2 \end{bmatrix} &= \begin{bmatrix} A_1 & 0 \\ 0 & A_2 \end{bmatrix}\begin{bmatrix} \boldsymbol{x}_1 \\ \boldsymbol{x}_2 \end{bmatrix} + \begin{bmatrix} B_1 \\ B_2 \end{bmatrix}\boldsymbol{u} \\
\boldsymbol{y} &= \begin{bmatrix} C_1 & C_2 \end{bmatrix}\begin{bmatrix} \boldsymbol{x}_1 \\ \boldsymbol{x}_2 \end{bmatrix} + (D_1+D_2)\boldsymbol{u}
\end{aligned} \tag{2.83}
$$

即并联后系统 S 的状态矩阵、输入矩阵、输出矩阵和直接传输矩阵分别为

$$
A=\begin{bmatrix} A_1 & 0 \\ 0 & A_2 \end{bmatrix},\quad B=\begin{bmatrix} B_1 \\ B_2 \end{bmatrix},\quad C=\begin{bmatrix} C_1 & C_2 \end{bmatrix},\quad D=D_1+D_2
$$

并联后系统 S 的传递函数矩阵为

$$
\begin{aligned}
G(s) &= C(sI-A)^{-1}B+D=\begin{bmatrix} C_1 & C_2 \end{bmatrix}\begin{bmatrix} (sI-A_1)^{-1} & 0 \\ 0 & (sI-A_2)^{-1} \end{bmatrix}\begin{bmatrix} B_1 \\ B_2 \end{bmatrix}+D_1+D_2 \\
&= C_1(sI-A_1)^{-1}B_1+D_1+C_2(sI-A_2)^{-1}B_2+D_2 \\
&= G_1(s)+G_2(s)
\end{aligned} \tag{2.84}
$$

设传递函数矩阵 $G_1(s)$ 和 $G_2(s)$ 都是方阵，(A_1,B_1,C_1,D_1) 和 (A_2,B_2,C_2,D_2) 分别是它们的最小实现，阶次分别为 n_1 和 n_2，并联连接后传递函数矩阵 $G_1(s)+G_2(s)$ 的特征多项式的阶次等于 n_1+n_2，则并联系统式(2.83)是 $G_1(s)+G_2(s)$ 的最小实现(它的一个充分条件是并联两系统没有相同的极点，相关结果将在第 3 章给出)，在这种情况下，并联系统传递函数矩阵的极点多项式和零点多项式可以根据并联两系统的特征多项式和并联后系统的传递函数矩阵来计算，即有

$$
\psi(s)=\det(sI-A)=\det\begin{bmatrix} sI-A_1 & 0 \\ 0 & sI-A_2 \end{bmatrix}=\psi_1(s)\psi_2(s)
$$

$$
z(s)=\psi(s)\det G(s)=\psi_1(s)\psi_2(s)\det\left[G_1(s)+G_2(s)\right]
$$

即并联连接后系统的极点多项式等于两并联系统传递函数矩阵极点多项式的乘积。

2. 串联连接

系统串联连接的框图如图 2.20 所示。

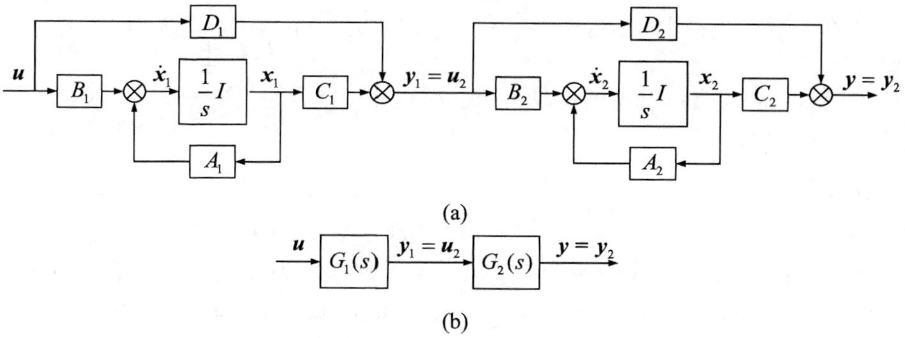

图 2.20　系统的串联连接

按照图 2.20 给出的串联顺序，系统 S_1 在前，S_2 在后，故系统 S_1 的输入是串联后系统的输入，即 $\boldsymbol{u}=\boldsymbol{u}_1$；系统 S_1 输出是系统 S_2 的输入，即 $\boldsymbol{y}_1=\boldsymbol{u}_2$；系统 S_2 的输出是串联后系统的输出，即 $\boldsymbol{y}=\boldsymbol{y}_2$。因此有 $p_1=p$，$q_1=p_2$，$q_2=q$。将上述关系代入到系统状态方程中有

$$\begin{aligned}\dot{\boldsymbol{x}}_1&=A_1\boldsymbol{x}_1+B_1\boldsymbol{u}\\ \boldsymbol{y}_1&=C_1\boldsymbol{x}_1+D_1\boldsymbol{u}\\ \dot{\boldsymbol{x}}_2&=A_2\boldsymbol{x}_2+B_2\boldsymbol{y}_1\\ \boldsymbol{y}=\boldsymbol{y}_2&=C_2\boldsymbol{x}_2+D_2\boldsymbol{y}_1\end{aligned}$$

消去中间变量 $\boldsymbol{y}_1$，将它表示成 $\boldsymbol{x}_1$ 和 $\boldsymbol{u}$ 的函数，有

$$\begin{aligned}\dot{\boldsymbol{x}}_1&=A_1\boldsymbol{x}_1+B_1\boldsymbol{u}\\ \dot{\boldsymbol{x}}_2&=A_2\boldsymbol{x}_2+B_2(C_1\boldsymbol{x}_1+D_1\boldsymbol{u})=A_2\boldsymbol{x}_2+B_2C_1\boldsymbol{x}_1+B_2D_1\boldsymbol{u}\\ \boldsymbol{y}&=C_2\boldsymbol{x}_2+D_2(C_1\boldsymbol{x}_1+D_1\boldsymbol{u})=C_2\boldsymbol{x}_2+D_2C_1\boldsymbol{x}_1+D_2D_1\boldsymbol{u}\end{aligned}$$

即

$$\begin{aligned}\begin{bmatrix}\dot{\boldsymbol{x}}_1\\ \dot{\boldsymbol{x}}_2\end{bmatrix}&=\begin{bmatrix}A_1&0\\ B_2C_1&A_2\end{bmatrix}\begin{bmatrix}\boldsymbol{x}_1\\ \boldsymbol{x}_2\end{bmatrix}+\begin{bmatrix}B_1\\ B_2D_1\end{bmatrix}\boldsymbol{u}\\ \boldsymbol{y}&=\begin{bmatrix}D_2C_1&C_2\end{bmatrix}\begin{bmatrix}\boldsymbol{x}_1\\ \boldsymbol{x}_2\end{bmatrix}+D_2D_1\boldsymbol{u}\end{aligned}\tag{2.85}$$

即串联后系统 S 的状态矩阵、输入矩阵、输出矩阵和直接传输矩阵分别为

$$A=\begin{bmatrix}A_1&0\\ B_2C_1&A_2\end{bmatrix},\quad B=\begin{bmatrix}B_1\\ B_2D_1\end{bmatrix},\quad C=\begin{bmatrix}D_2C_1&C_2\end{bmatrix},\quad D=D_2D_1$$

串联后系统 S 的传递函数矩阵为

$$\begin{aligned}G(s)&=C(sI-A)^{-1}B+D\\ &=\begin{bmatrix}D_2C_1&C_2\end{bmatrix}\begin{bmatrix}sI-A_1&0\\ -B_2C_1&sI-A_2\end{bmatrix}^{-1}\begin{bmatrix}B_1\\ B_2D_1\end{bmatrix}+D_2D_1\\ &=\begin{bmatrix}D_2C_1(sI-A_1)^{-1}+C_2(sI-A_2)^{-1}B_2C_1(sI-A_1)^{-1}&C_2(sI-A_2)^{-1}\end{bmatrix}\begin{bmatrix}B_1\\ B_2D_1\end{bmatrix}+D_2D_1\end{aligned}$$

$$
\begin{aligned}
&= \begin{bmatrix} D_2C_1(sI-A_1)^{-1} & 0 \end{bmatrix}\begin{bmatrix} B_1 \\ B_2D_1 \end{bmatrix} \\
&\quad + \begin{bmatrix} C_2(sI-A_2)^{-1}B_2C_1(sI-A_1)^{-1} & C_2(sI-A_2)^{-1} \end{bmatrix}\begin{bmatrix} B_1 \\ B_2D_1 \end{bmatrix} + D_2D_1 \\
&= D_2\left[G_1(s)-D_1\right]+\left[G_2(s)-D_2\right]\left[G_1(s)-D_1\right]+\left[G_2(s)-D_2\right]D_1+D_2D_1 \\
&= G_2(s)G_1(s)
\end{aligned}
\tag{2.86}
$$

设传递函数矩阵$G_1(s)$和$G_2(s)$都是方阵，(A_1,B_1,C_1,D_1)和(A_2,B_2,C_2,D_2)分别是它们的最小实现，阶次分别为n_1和n_2，(A_1,B_1,C_1,D_1)在前，(A_2,B_2,C_2,D_2)在后，串联后系统传递函数矩阵$G_2(s)G_1(s)$特征多项式的阶数等于n_1+n_2，则串联系统式(2.85)是$G_2(s)G_1(s)$的最小实现(一个充分条件是任何一个系统的极点或零点不会和另外一个系统的零点或极点相同，相关结果将在第 3 章给出)，在这种情况下，串联系统传递函数矩阵的极点多项式和零点多项式分别等于两串联系统特征多项式的乘积和零点多项式的乘积，即有

$$
\psi(s)=\det(sI-A)=\det\begin{bmatrix} sI-A_1 & 0 \\ -B_2C_1 & sI-A_2 \end{bmatrix}=\psi_1(s)\psi_2(s)
$$

$$
\begin{aligned}
z(s)&=\det(sI-A)\det G(s)=\psi_1(s)\psi_2(s)\det\left[G_2(s)G_1(s)\right] \\
&=\psi_1(s)\det G_1(s)\psi_2(s)\det G_2(s)=z_1(s)z_2(s)
\end{aligned}
$$

3. 输出反馈连接

系统输出反馈连接的框图如图 2.21 所示。

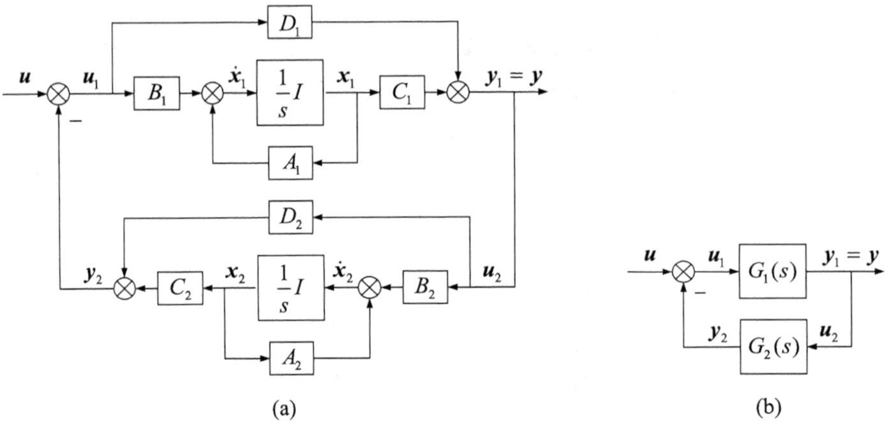

图 2.21 系统的反馈连接

在图 2.21 所示反馈连接系统中，系统S_1的输入等于系统输入减去系统S_2的输出，即$\boldsymbol{u}_1=\boldsymbol{u}-\boldsymbol{y}_2$；系统$S_2$输入是系统$S_1$的输出，即$\boldsymbol{u}_2=\boldsymbol{y}_1$；系统反馈连接后的输出是系统$S_1$的输出，即$\boldsymbol{y}=\boldsymbol{y}_1$。因此有$p_1=q_2=p$，$q_1=p_2=q$。将上述关系代入到系统状态方程中有

$$
\begin{aligned}
\dot{\boldsymbol{x}}_1&=A_1\boldsymbol{x}_1+B_1(\boldsymbol{u}-\boldsymbol{y}_2) \\
\boldsymbol{y}=\boldsymbol{y}_1&=C_1\boldsymbol{x}_1+D_1(\boldsymbol{u}-\boldsymbol{y}_2) \\
\dot{\boldsymbol{x}}_2&=A_2\boldsymbol{x}_2+B_2\boldsymbol{y}_1 \\
\boldsymbol{y}_2&=C_2\boldsymbol{x}_2+D_2\boldsymbol{y}_1
\end{aligned}
$$

消去中间变量 $\boldsymbol{y}_2$，将它表示成 $\boldsymbol{x}_1$、$\boldsymbol{x}_2$ 和 $\boldsymbol{u}$ 的函数，有

$$\boldsymbol{y}_2 = C_2\boldsymbol{x}_2 + D_2\boldsymbol{y}_1 = C_2\boldsymbol{x}_2 + D_2\left[C_1\boldsymbol{x}_1 + D_1(\boldsymbol{u} - \boldsymbol{y}_2)\right] = C_2\boldsymbol{x}_2 + D_2C_1\boldsymbol{x}_1 + D_2D_1\boldsymbol{u} - D_2D_1\boldsymbol{y}_2$$

设矩阵 $I + D_2D_1$ 非奇异，得到

$$\boldsymbol{y}_2 = (I + D_2D_1)^{-1}(C_2\boldsymbol{x}_2 + D_2C_1\boldsymbol{x}_1 + D_2D_1\boldsymbol{u})$$

如此得到

$$\begin{aligned}
\dot{\boldsymbol{x}}_1 &= A_1\boldsymbol{x}_1 + B_1\left[\boldsymbol{u} - (I + D_2D_1)^{-1}(C_2\boldsymbol{x}_2 + D_2C_1\boldsymbol{x}_1 + D_2D_1\boldsymbol{u})\right] \\
&= \left[A_1 - B_1(I + D_2D_1)^{-1}D_2C_1\right]\boldsymbol{x}_1 - B_1(I + D_2D_1)^{-1}C_2\boldsymbol{x}_2 + B_1(I + D_2D_1)^{-1}\boldsymbol{u} \\
\dot{\boldsymbol{x}}_2 &= A_2\boldsymbol{x}_2 + B_2\left\{C_1\boldsymbol{x}_1 + D_1\left[\boldsymbol{u} - (I + D_2D_1)^{-1}(C_2\boldsymbol{x}_2 + D_2C_1\boldsymbol{x}_1 + D_2D_1\boldsymbol{u})\right]\right\} \\
&= B_2(I + D_2D_1)^{-1}C_1\boldsymbol{x}_1 + \left[A_2 - B_2D_1(I + D_2D_1)^{-1}C_2\right]\boldsymbol{x}_2 + B_2D_1(I + D_2D_1)^{-1}\boldsymbol{u} \\
\boldsymbol{y} &= \boldsymbol{y}_1 = C_1\boldsymbol{x}_1 + D_1\left[\boldsymbol{u} - (I + D_2D_1)^{-1}(C_2\boldsymbol{x}_2 + D_2C_1\boldsymbol{x}_1 + D_2D_1\boldsymbol{u})\right] \\
&= (I + D_2D_1)^{-1}C_1\boldsymbol{x}_1 - D_1(I + D_2D_1)^{-1}C_2\boldsymbol{x}_2 + D_1(I + D_2D_1)^{-1}\boldsymbol{u}
\end{aligned}$$

即

$$\begin{aligned}
\begin{bmatrix}\dot{\boldsymbol{x}}_1 \\ \dot{\boldsymbol{x}}_2\end{bmatrix} &= \begin{bmatrix} A_1 - B_1(I + D_2D_1)^{-1}D_2C_1 & -B_1(I + D_2D_1)^{-1}C_2 \\ B_2(I + D_2D_1)^{-1}C_1 & A_2 - B_2D_1(I + D_2D_1)^{-1}C_2 \end{bmatrix}\begin{bmatrix}\boldsymbol{x}_1 \\ \boldsymbol{x}_2\end{bmatrix} + \begin{bmatrix} B_1(I + D_2D_1)^{-1} \\ B_2D_1(I + D_2D_1)^{-1}\end{bmatrix}\boldsymbol{u} \\
\boldsymbol{y} &= \begin{bmatrix}(I + D_2D_1)^{-1}C_1 & -D_1(I + D_2D_1)^{-1}C_2\end{bmatrix}\begin{bmatrix}\boldsymbol{x}_1 \\ \boldsymbol{x}_2\end{bmatrix} + D_1(I + D_2D_1)^{-1}\boldsymbol{u}
\end{aligned} \tag{2.87}$$

当 $D_1 = D_2 = 0$ 时，反馈连接后系统的状态矩阵、输入矩阵、输出矩阵和直接传输矩阵分别为

$$A = \begin{bmatrix} A_1 & -B_1C_2 \\ B_2C_1 & A_2 \end{bmatrix},\quad B = \begin{bmatrix} B_1 \\ 0 \end{bmatrix},\quad C = \begin{bmatrix} C_1 & 0 \end{bmatrix},\quad D = 0$$

根据图 2.21(b)提供的连接关系，有

$$\begin{aligned}
\boldsymbol{y}_1(s) &= G_1(s)\boldsymbol{u}_1(s) \\
\boldsymbol{u}_1(s) &= \boldsymbol{u}(s) - \boldsymbol{y}_2(s) \\
\boldsymbol{y}_2(s) &= G_2(s)\boldsymbol{u}_2(s) \\
\boldsymbol{u}_2(s) &= \boldsymbol{y}_1(s) \\
\boldsymbol{y}_1(s) &= \boldsymbol{y}(s)
\end{aligned}$$

消去中间变量 $\boldsymbol{u}_1(s), \boldsymbol{y}_2(s), \boldsymbol{u}_2(s), \boldsymbol{y}_1(s)$，得

$$\boldsymbol{y}(s) = G_1(s)\left[\boldsymbol{u}(s) - G_2(s)\boldsymbol{y}(s)\right]$$

即

$$G(s) = \frac{\boldsymbol{y}(s)}{\boldsymbol{u}(s)} = \left[I + G_1(s)G_2(s)\right]^{-1}G_1(s) = G_1(s)\left[1 + G_2(s)G_1(s)\right]^{-1} \tag{2.88}$$

设传递函数矩阵 $G_1(s)$ 和 $G_2(s)$ 都是方阵，(A_1, B_1, C_1, D_1) 和 (A_2, B_2, C_2, D_2) 分别是它们的最小实现，阶次分别为 n_1 和 n_2，(A_1, B_1, C_1, D_1) 在前向通道，(A_2, B_2, C_2, D_2) 在反馈通道，反馈系统传递函数矩阵式(2.88)特征多项式的阶数等于 $n_1 + n_2$，则反馈系统式(2.87)是反馈系统传递函数矩阵式(2.88)的最小实现(一个充分条件是前向通路传递函数矩阵 $G_1(s)$ 的零点不是反馈通路传递函数矩阵 $G_2(s)$ 的极点，相关结果将在第 3 章给出)，反馈系统传递函数矩阵的

零点多项式为(为简单并考虑到大多数情况，仅讨论 $D_1=0$ 的情况)

$$z(s)=\det\begin{bmatrix} sI-A_1+B_1D_2C_1 & B_1C_2 & -B_1 \\ -B_2C_1 & sI-A_2 & 0 \\ C_1 & 0 & 0 \end{bmatrix}$$

因为行变换或列变换不改变行列式的值，故有

$$z(s)=\det\begin{bmatrix} sI-A_1+B_1D_2C_1 & -B_1 & B_1C_2 \\ -B_2C_1 & 0 & sI-A_2 \\ C_1 & 0 & 0 \end{bmatrix}=\det\begin{bmatrix} sI-A_1+B_1D_2C_1 & -B_1 & B_1C_2 \\ C_1 & 0 & 0 \\ -B_2C_1 & 0 & sI-A_2 \end{bmatrix}$$

$$=\det\begin{bmatrix} sI-A_1 & -B_1 & B_1C_2 \\ C_1 & 0 & 0 \\ 0 & 0 & sI-A_2 \end{bmatrix}=\det\begin{bmatrix} sI-A_1 & -B_1 \\ C_1 & 0 \end{bmatrix}\det\left(sI-A_2\right)=z_1(s)\psi_2(s)$$

即反馈连接后系统的零点多项式等于前向通道传递函数矩阵零点多项式和反馈通道传递函数矩阵极点多项式的乘积。这样，根据关系式(2.81)，闭环系统的极点多项式

$$\psi(s)=\frac{z(s)}{\det\left(\left[I+G_1(s)G_2(s)\right]^{-1}G_1(s)\right)}=\frac{z_1(s)\psi_2(s)\det\left[I+G_1(s)G_2(s)\right]}{\det G_1(s)}$$
$$=\psi_1(s)\psi_2(s)\det\left[I+G_1(s)G_2(s)\right] \tag{2.89}$$

式中，$I+G_1(s)G_2(s)$ 称为反馈连接系统的回差矩阵，式(2.89)给出了系统开环特征多项式、闭环特征多项式和回差矩阵的关系。

例 2.19 对于 p 维输入 p 维输出的多变量单位反馈系统，被控对象的传递函数矩阵为 $G_0(s)$，$(A,B,C,D=0)$ 是它的最小实现，设采用误差的比例控制 $u_i=ke_i=k(r_i-c_i)$，即每个误差经过同样的增益 k 放大后作用在被控对象上，试讨论 $k=0$ 和 $k\to\infty$ 时闭环系统的有限极点，并由此论述最小相位被控对象对控制系统设计带来的好处。

解 容易看出系统的开环传递函数矩阵为 $kG_0(s)$，开环传递函数矩阵的极点多项式 $\psi_0(s)=\det(sI-A)$，根据式(2.89)闭环系统的特征多项式为

$$\psi(s)=\psi_0(s)\det\left[I+kG_0(s)\right]$$

这样，增益 $k=0$ 时，闭环极点就等于开环极点。因为

$$\psi(s)=\psi_0(s)k^p\det\left[\frac{1}{k}I+G_0(s)\right]$$

所以 $k\to\infty$ 时，复平面上有限区域内的闭环极点就是多项式

$$\psi_0(s)\det G_0(s)=z_0(s)=\det\begin{bmatrix} sI-A & -B \\ C & D \end{bmatrix}$$

的根，即开环零点多项式的根。这样，控制器饱和时，系统的性能将由开环传递函数矩阵来决定，这要求系统开环是稳定的。当控制器工作在线性区域时，若系统的开环增益足够大，则系统的有限极点将靠近开环零点，这要求系统开环零点是稳定的。总之，要求被控对象是最小相位的。

例 2.20 若 p 维输入 p 维输出多变量单位反馈系统被控对象的传递函数矩阵可以表示成所谓并矢形，即

$$G_0(s)=P_1\mathrm{diag}\left[g_1(s),g_2(s),\cdots,g_p(s)\right]P_2$$

式中，P_1 和 P_2 是非奇异定常矩阵，选取控制器

$$K(s)=\rho P_2^{-1}\mathrm{diag}\left[k_1(s),k_2(s),\cdots,k_p(s)\right]P_1^{-1}$$

则有

$$G_0(s)K(s)=\rho P_1\mathrm{diag}\left[k_1(s)g_1(s),k_2(s)g_2(s),\cdots,k_p(s)g_p(s)\right]P_1^{-1}$$

试讨论在这种情况下，$\rho:0\to\infty$ 变化时闭环根轨迹的特点。

解 容易看出，在这种情况下系统开环传递函数矩阵的极点多项式等于各标量传递函数 $k_i(s)g_i(s)$ 分母多项式的乘积，系统开环传递函数矩阵的零点多项式等于各标量传递函数 $k_i(s)g_i(s)$ 分子多项式的乘积。根据式(2.89)，闭环系统的极点多项式

$$\begin{aligned}\psi(s)&=\psi_0(s)\det\left[I+K(s)G_0(s)\right]\\&=\psi_0(s)\det\left[I+\rho P_1\mathrm{diag}\left[k_1(s),k_2(s),\cdots,k_p(s)\right]\mathrm{diag}\left[g_1(s),g_2(s),\cdots,g_p(s)\right]P_1^{-1}\right]\\&=\psi_0(s)\det\left[P_1\left(I+\rho\mathrm{diag}\left[k_1(s),k_2(s),\cdots,k_p(s)\right]\mathrm{diag}\left[g_1(s),g_2(s),\cdots,g_p(s)\right]\right)P_1^{-1}\right]\\&=\psi_0(s)\prod_{i=1}^{p}\left[1+\rho k_i(s)g_i(s)\right]=\prod_{i=1}^{p}\psi_i(s)\left[1+\rho k_i(s)g_i(s)\right]=\prod_{i=1}^{p}\left[\psi_i(s)+\rho z_i(s)\right]\end{aligned}$$

式中，$\psi_0(s)$ 是开环系统的极点多项式，$\psi_i(s)$ 是各标量传递函数 $k_i(s)g_i(s)$ 的极点多项式，$\psi_0(s)=\prod_{i=1}^{p}\psi_i(s)$，$z_i(s)$ 是各标量传递函数 $k_i(s)g_i(s)$ 的零点多项式。显然，$\rho:0\to\infty$ 变化时，闭环系统的根轨迹就是 p 个标量传递函数 $\rho k_i(s)g_i(s)$ 根轨迹的简单合成。然而，在上述情况下，除非 P_1 还是对角矩阵，否则不同输入变量和输出变量间的耦合依然存在。由于多变量系统不同输入变量和输出变量间的相互耦合作用，多变量系统的根轨迹和系统零、极点对系统性能的影响十分复杂，至今仍然是一个没有得到彻底解决的难题。

2-8 线性离散时间系统

前面所讨论的都是连续时间系统，连续时间系统中的变量都随时间连续变化。离散时间系统是另一类动态系统，该类系统中的变量只在一定的离散时刻才被测量或更改。计算机控制系统是典型的离散时间系统，在计算机控制系统中，对系统输出变量的测量和对控制作用的修改只在离散的时间点上进行，这些离散的时间点称为采样点，采样点之间的时间间隔称为采样周期。

离散时间系统的理论在很大程度上平行于连续时间系统，下面只做简单介绍。

1. 离散时间系统的状态方程描述

离散时间系统的状态方程为差分方程形式，n 阶 p 维输入 q 维输出线性定常离散时间系统的状态方程为

$$\begin{aligned}&\boldsymbol{x}(k+1)=G\boldsymbol{x}(k)+H\boldsymbol{u}(k),\ \boldsymbol{x}(0)=\boldsymbol{x}_0\\&\boldsymbol{y}(k)=C\boldsymbol{x}(k)+D\boldsymbol{u}(k)\end{aligned}\tag{2.90}$$

式中，状态矩阵 $G\in R^{n\times n}$，输入矩阵 $H\in R^{n\times p}$，输出矩阵 $C\in R^{q\times n}$，直接传输矩阵 $D\in R^{q\times p}$，如图 2.22 所示，图中 $1/z$ 表示延迟一拍，即延迟一个采样周期。

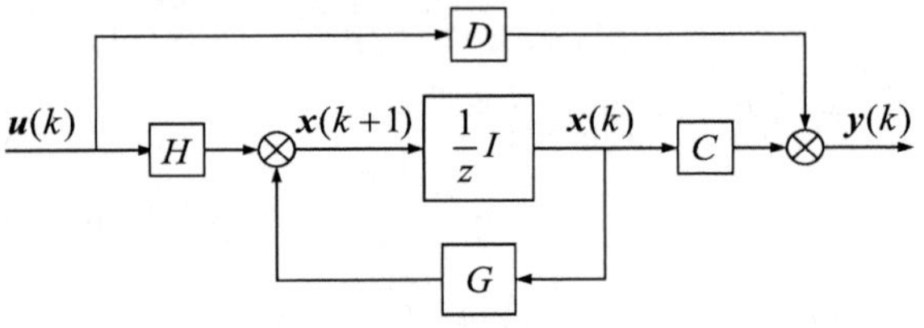

图 2.22　线性定常离散时间系统

n阶 p 维输入q维输出线性时变离散时间系统的状态方程为

$$\begin{aligned}\boldsymbol{x}(k+1)&=G(k)\boldsymbol{x}(k)+H(k)\boldsymbol{u}(k),\ \boldsymbol{x}(0)=\boldsymbol{x}_0\\ \boldsymbol{y}(k)&=C(k)\boldsymbol{x}(k)+D(k)\boldsymbol{u}(k)\end{aligned}\tag{2.91}$$

式中，状态矩阵$G(k)\in R^{n\times n}$，输入矩阵$H(k)\in R^{n\times p}$，输出矩阵$C(k)\in R^{q\times n}$，直接传输矩阵$D(k)\in R^{q\times p}$，它们中的元素至少有一个随节拍k变化。

n阶 p 维输入q维输出非线性离散时间系统的状态方程为

$$\begin{aligned}\boldsymbol{x}(k+1)&=\boldsymbol{f}\left[\boldsymbol{x}(k),\boldsymbol{u}(k),k\right]\\ \boldsymbol{y}(k)&=\boldsymbol{g}\left[\boldsymbol{x}(k),\boldsymbol{u}(k),k\right]\end{aligned}\tag{2.92}$$

式中，向量函数$\boldsymbol{f}:R^n\times R^p\times R^1\to R^n$和向量函数$\boldsymbol{g}:R^n\times R^p\times R^1\to R^q$中至少有一个元素是状态变量$\boldsymbol{x}$或输入变量$\boldsymbol{u}$的非线性函数，当这些函数至少有一个显含$k$时，系统为非线性非自治或非线性时变的，当全部不显含k时，系统为非线性自治的或非线性定常的。

为叙述方便，线性定常离散时间系统式(2.90)简记为(G,H,C,D)，线性时变离散时间系统式(2.91)简记为$(G(k),H(k),C(k),D(k))$。

2. 线性定常离散时间系统的解

对于线性定常离散系统式(2.90)，已知系统初态和输入作用，迭代求解状态响应的过程如下：

$$\begin{aligned}\boldsymbol{x}(1)&=G\boldsymbol{x}(0)+H\boldsymbol{u}(0)\\ \boldsymbol{x}(2)&=G\boldsymbol{x}(1)+H\boldsymbol{u}(1)=G^2\boldsymbol{x}(0)+GH\boldsymbol{u}(0)+H\boldsymbol{u}(1)\\ &\ \vdots\\ \boldsymbol{x}(k)&=G\boldsymbol{x}(k-1)+H\boldsymbol{u}(k-1)\\ &=G^k\boldsymbol{x}(0)+G^{k-1}H\boldsymbol{u}(0)+G^{k-2}H\boldsymbol{u}(1)+\cdots+GH\boldsymbol{u}(k-2)+H\boldsymbol{u}(k-1)\end{aligned}$$

即有

$$\boldsymbol{x}(k)=G^k\boldsymbol{x}(0)+\sum_{j=0}^{k-1}G^{k-j-1}H\boldsymbol{u}(j)\tag{2.93}$$

或

$$\boldsymbol{x}(k)=G^k\boldsymbol{x}(0)+\sum_{j=0}^{k-1}G^{j}H\boldsymbol{u}(k-j-1)\tag{2.94}$$

对线性定常离散系统，也可以用z变换法求系统的状态响应。对式(2.90)的状态差分方程两边进行z变换有

$$z\boldsymbol{x}(z)-z\boldsymbol{x}(0)=G\boldsymbol{x}(z)+H\boldsymbol{u}(z)$$

即

$$(zI-G)\boldsymbol{x}(z)=z\boldsymbol{x}(0)+H\boldsymbol{u}(z)$$

于是得到

$$\boldsymbol{x}(z)=(zI-G)^{-1}z\boldsymbol{x}(0)+(zI-G)^{-1}H\boldsymbol{u}(z)$$

上式两边取 z 反变换有

$$\boldsymbol{x}(k)=Z^{-1}\left[(zI-G)^{-1}z\boldsymbol{x}(0)\right]+Z^{-1}\left[(zI-G)^{-1}H\boldsymbol{u}(z)\right] \tag{2.95}$$

将式(2.94)和式(2.95)相比较有

$$\begin{aligned}&G^k\boldsymbol{x}(0)=Z^{-1}\left[(zI-G)^{-1}z\right]\boldsymbol{x}(0)\\&\sum_{j=0}^{k-1}G^jH\boldsymbol{u}(k-j-1)=Z^{-1}\left[(zI-G)^{-1}H\boldsymbol{u}(z)\right]\end{aligned} \tag{2.96}$$

对于散时间系统式(2.90)，设 G 为可逆矩阵，定义

$$\varPhi(k)=G^k \tag{2.97}$$

为散时间系统式(2.90)的状态转移矩阵。根据式(2.96)的第一式显然有

$$G^k=Z^{-1}\left[(zI-G)^{-1}z\right] \tag{2.98}$$

状态转移矩阵 $\varPhi(k)$ 有下面的性质：

(1) $\varPhi(0)=G^0=I$ 。

(2) $\varPhi(k-h)=\varPhi(k-h_1)\varPhi(h_1-h)=G^{k-h}$ 。

(3) $\varPhi^{-1}(k)=\varPhi(-k)=G^{-k}$ 。

利用状态转移矩阵，散时间系统式(2.90)的解可以表示为

$$\boldsymbol{x}(k)=\varPhi(k)\boldsymbol{x}(0)+\sum_{j=0}^{k-1}\varPhi(k-j-1)H\boldsymbol{u}(j) \tag{2.99}$$

或

$$\boldsymbol{x}(k)=\varPhi(k)\boldsymbol{x}(0)+\sum_{j=0}^{k-1}\varPhi(j)H\boldsymbol{u}(k-j-1) \tag{2.100}$$

3. 线性定常离散时间系统的稳定性

类似于连续时间系统的讨论，线性定常离散时间系统式(2.90)的稳定性等价于齐次系统

$$\boldsymbol{x}(k+1)=G\boldsymbol{x}(k) \tag{2.101}$$

零平凡解的稳定性。多项式

$$\det(zI-G)=z^n+a_{n-1}z^{n-1}+\cdots+a_1z+a_0 \tag{2.102}$$

称为线性离散时间系统式(2.101)的特征多项式。方程

$$\det(zI-G)=z^n+a_{n-1}z^{n-1}+\cdots+a_1z+a_0=0 \tag{2.103}$$

称为线性离散时间系统式(2.101)的特征方程，它的根 $\lambda_1,\lambda_2,\cdots,\lambda_n$ 称为系统的特征根。由齐次系统式(2.101)的解

$$\boldsymbol{x}(k)=G^k\boldsymbol{x}_0$$

容易得到关于线性定常离散时间系统稳定性的下述定理 2.4。

定理 2.4 线性定常离散时间系统式(2.101)渐近稳定的充分必要条件是矩阵 G 的特征多

项式 (2.102)的所有特征值都位于复平面的单位圆内，即

$$|\lambda_i| < 1, \quad i = 1, 2, \cdots, n$$

线性定常离散时间系统式(2.101)稳定的充分必要条件是矩阵 G 的特征多项式(2.102)的所有特征值都位于复平面的单位圆内或单位圆上，且位于单位圆上的特征值只能是 A 的最小多项式的单根，即在 A 的约当标准型中，与单位圆上特征值对应的约当块的阶数只能为 1。

为回避求高阶代数方程根在计算上的困难，可以借助 w 变换

$$z = \frac{w+1}{w-1} \tag{2.104}$$

将左半 w 平面映射到 z 平面的单位圆内，将右半 w 平面映射到 z 平面的单位圆外，将 w 平面的虚轴映射到 z 平面的单位圆上。即在特征方程式(2.102)中令 $z = (w+1)/(w-1)$ 得到复变量 w 的特征方程 $F(w) = 0$，用劳斯判据，根据 $F(w) = 0$ 的特征根是否只出现在 w 平面的左半开平面，即可判定离散时间系统式(2.101)的稳定性。或者也可以直接根据特征方程(2.102)的系数，应用朱利判据来判定离散时间系统的稳定性。

4. 线性定常离散时间系统的脉冲传递函数矩阵

线性定常离散时间系统式(2.90)由输入到状态的脉冲传递函数矩阵为

$$\frac{\boldsymbol{x}(z)}{\boldsymbol{u}(z)} = (zI - G)^{-1} H = \frac{\text{adj}(zI - G)H}{\det(zI - G)} = \frac{\text{adj}(zI - G)H}{\psi(z)} \tag{2.105}$$

系统式(2.90)由输入到输出的脉冲传递函数矩阵为

$$\frac{\boldsymbol{y}(z)}{\boldsymbol{u}(z)} = C(zI - G)^{-1} H + D = \frac{C\text{adj}(zI - G)H}{\det(zI - G)} + D = \frac{C\text{adj}(zI - G)H}{\psi(z)} + D = G(z) \tag{2.106}$$

式中，$\psi(z) = \det(zI - G)$ 为系统的特征多项式，$\psi(z) = 0$ 为系统的特征方程。

5. 连续时间系统的离散化

在控制工程中遇到最多的离散时间系统是采样控制系统。在采样系统中，被控过程本身是连续时间系统，它的控制量、状态量和输出量都是连续时间信号，控制器只在离散的时间点上得到控制指令、测量系统输出、修改控制作用，这些时间点一般是等间隔的，即 $t_{k+1} - t_k = T$，T 为采样周期。离散时间上的控制序列 $\{\boldsymbol{u}(kT)\}$ 经零阶保持器（D/A 转换器）变换为连续时间信号 $\boldsymbol{u}(t)$ 后作用于被控对象，$\boldsymbol{u}(t)$ 在 kT 和 $(k+1)T$ 之间保持常值，即 $kT \leqslant t < (k+1)T$ 时，$\boldsymbol{u}(t) = \boldsymbol{u}(kT)$。系统状态和输出在采样时刻 kT 的值为 $\boldsymbol{x}(kT)$、$\boldsymbol{y}(kT)$，对输出的采样是通过采样器（A/D 转换器）来实现的。在采样系统中，描述控制序列 $\{\boldsymbol{u}(kT)\}$、输出采样序列 $\{\boldsymbol{y}(kT)\}$ 和状态采样序列 $\{\boldsymbol{x}(kT)\}$ 间关系的离散时间模型，需要根据被控对象的连续时间模型推出，这称为连续时间模型的离散化。

对于线性定常系统

$$\begin{aligned} \dot{\boldsymbol{x}} &= A\boldsymbol{x} + B\boldsymbol{u} \\ \boldsymbol{y} &= C\boldsymbol{x} + D\boldsymbol{u} \end{aligned} \tag{2.107}$$

设在其输入侧加有零阶保持器，控制序列、状态序列、输出序列之间的关系为

$$\begin{aligned} \boldsymbol{x}((k+1)T) &= \mathrm{e}^{AT}\boldsymbol{x}(kT) + \int_{kT}^{(k+1)T} \mathrm{e}^{A[(k+1)T-\tau]} B\boldsymbol{u}(kT)\mathrm{d}\tau \\ &= \mathrm{e}^{AT}\boldsymbol{x}(kT) - \int_{kT}^{(k+1)T} \mathrm{e}^{A[(k+1)T-\tau]}\mathrm{d}[(k+1)T-\tau)]B\boldsymbol{u}(kT) \end{aligned}$$

$$= e^{AT}\boldsymbol{x}(kT) + \int_0^T e^{A\xi}d\xi B\boldsymbol{u}(kT)$$
$$\boldsymbol{y}(kT) = C\boldsymbol{x}(kT) + D\boldsymbol{u}(kT)$$

容易看出，这是一个线性定常的离散时间系统，将其记为

$$\begin{aligned}\boldsymbol{x}(k+1) &= G(T)\boldsymbol{x}(k) + H(T)\boldsymbol{u}(k)\\ \boldsymbol{y}(k) &= C\boldsymbol{x}(k) + D\boldsymbol{u}(k)\end{aligned} \tag{2.108}$$

式中

$$\begin{aligned}G(T) &= e^{AT}\\ H(T) &= \int_0^T e^{A\xi}d\xi B\end{aligned} \tag{2.109}$$

为依赖于采样周期T的定常系数矩阵。

一般来说，式(2.90)和式(2.91)的离散时间系统，它的状态矩阵G和$G(k)$并不一定是可逆的。然而，连续时间系统加零阶保持器离散化得到的系统式(2.108)，它的状态矩阵$G = e^{AT}$，总是可逆的，且有$G^{-1} = e^{-AT}$。另外，设λ_i是A的特征值，对应的特征向量为$\boldsymbol{\eta}$，则有$A\boldsymbol{\eta} = \lambda_i\boldsymbol{\eta}$，$A^2\boldsymbol{\eta} = \lambda_i A\boldsymbol{\eta} = \lambda_i^2\boldsymbol{\eta}$，$\cdots$，$A^k\boldsymbol{\eta} = \lambda_i^{k-1}A\boldsymbol{\eta} = \lambda_i^k\boldsymbol{\eta}$，所以

$$e^{AT}\boldsymbol{\eta} = \left(I + A + \frac{1}{2!}A^2 + \cdots + \frac{1}{k!}A^k + \cdots\right)\boldsymbol{\eta} = \left(I + \lambda_i + \frac{1}{2!}\lambda_i^2 + \cdots + \frac{1}{k!}\lambda_i^k + \cdots\right)\boldsymbol{\eta} = e^{\lambda_i T}\boldsymbol{\eta}$$

即$e^{\lambda_i T}$是$G = e^{AT}$的特征值。若离散化前连续时间系统的特征值有负的实部，$\mathrm{Re}[\lambda_i] < 0(i = 1,2,\cdots,n)$，则离散化后系统的特征值就在单位圆内，$\left|e^{\lambda_i T}\right| < 1(i = 1,2,\cdots,n)$，这说明稳定的连续时间系统，它的离散化模型式(2.108)也是稳定的。不过，连续时间模型和离散时间模型极点之间的这种对应关系，在它们的零点之间并不存在。

除去在连续时间系统前加保持器这种情况外，在控制工程中还会遇到不加保持器，直接对系统输入和输出进行采样，建立离散化模型的问题。在这种情况下，离散化模型只是连续时间系统模型的一种近似，采样周期必须足够小，使得在一个采样周期里状态量和控制量的变化相对来说很小。对于式(2.107)的线性定常系统，直接用差分运算近似替代微分运算得到

$$\frac{\boldsymbol{x}[(k+1)T] - \boldsymbol{x}(kT)}{T} = A\boldsymbol{x}(kT) + B\boldsymbol{u}(kT)$$
$$\boldsymbol{y}(kT) = C\boldsymbol{x}(kT) + D\boldsymbol{u}(kT)$$

有连续时间系统的离散化近似状态空间表达式为

$$\begin{aligned}\boldsymbol{x}(k+1) &= (I + AT)\boldsymbol{x}(k) + BT\boldsymbol{u}(k)\\ \boldsymbol{y}(k) &= C\boldsymbol{x}(k) + D\boldsymbol{u}(k)\end{aligned} \tag{2.110}$$

当采样周期很小时，$I + AT \approx e^{AT}$。显然，上述对象输入侧加有零阶保持器时连续时间模型和离散时间模型极点间的关系在这里只能近似成立。

习　题

2-1　在图 2.23 中，以电容C上的电压u_1和电感L上的电流i_2为状态变量，以电感L上的电流i_2为输出，或以电容C上的电压u_1和电感L上的电压u_2为状态变量，以电感L上的电压u_2为输出，在两种情况下列写系统的状态空间表达式。

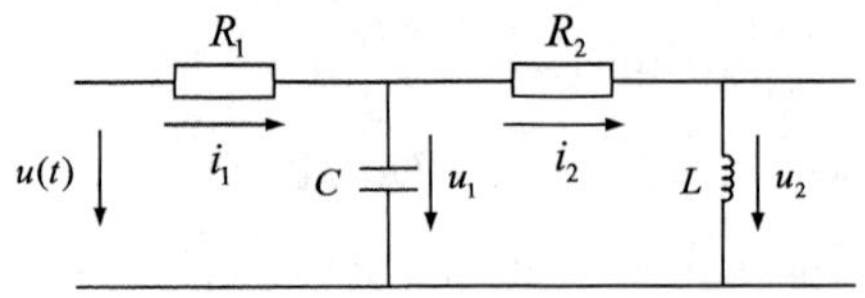

图 2.23　习题 2-1 图

2-2　电枢电压控制的直流电动机如图 2.24 所示。图中 R_a、L_a 为电枢回路的电阻和电感，e_b 为电动机的反电动势，ω 为电动机的转速，θ_m 为电动机转子的转角，J_m 为电动机轴上的转动惯量，m_L 为电动机轴上的负载转矩。在励磁电流 i_f 恒定时，反电动势 e_b 和转速 ω 成正比，电磁转矩 m_m 和电枢电流 i_a 成正比，即有

$$e_b = C_e\omega = C_e\frac{d\theta_m}{dt}$$

$$m_m = C_m i_a$$

式中，C_e、C_m 分别为电动机的反电势系数和转矩系数。试以电机的电枢电压 u_a 和负载转矩 m_L 作为输入，转速 ω 和转角 θ_m 作为输出，电枢电流 i_a、转速 ω 和转角 θ_m 作为状态变量，列写系统的状态方程。

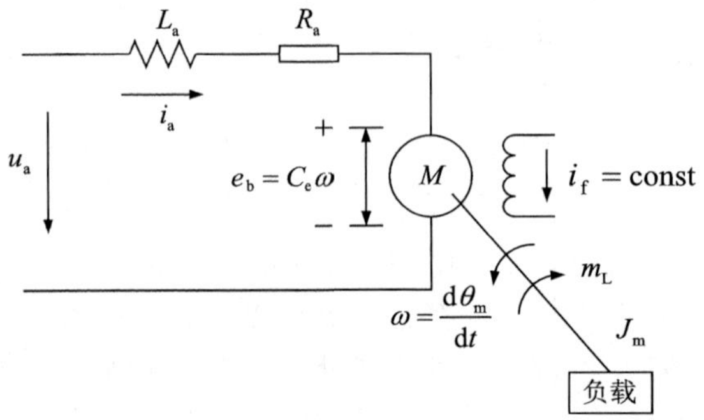

图 2.24　习题 2-2 图

2-3　已知系统由下列 3 个传递函数顺序串联而成

$$G_1(s)=\frac{0.1}{0.1s+1},\qquad G_2(s)=\frac{0.5}{0.5s+1},\qquad G_3(s)=\frac{1}{s}$$

试将 $G_1(s)$、$G_2(s)$、$G_3(s)$ 的输出依次取为状态变量 x_1、x_2、x_3，列写被控系统的状态空间表达式。

2-4　系统方框图如图 2.25 所示，取各方框的输出及其导数作为状态变量，列写系统的状态空间表达式。

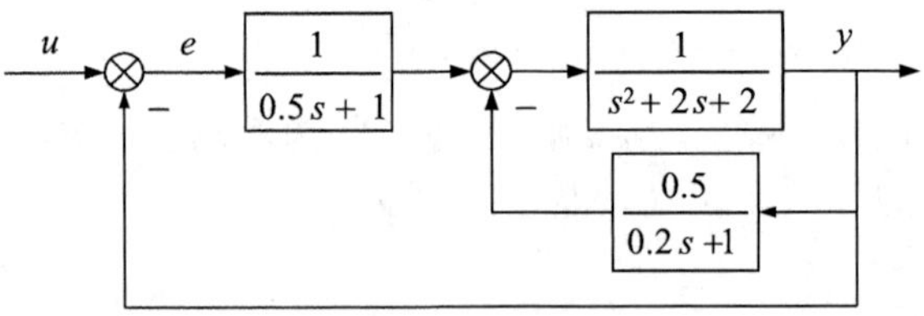

图 2.25　习题 2-4 图

2-5　试建立下列系统的状态空间描述。

(1) 反馈系统如图 2.26 所示，其中传递函数 $G(s)$ 表示一个线性时不变系统，$\boldsymbol{z}=\boldsymbol{\psi}(t,\boldsymbol{y})$ 定义了一个时变静态非线性向量函数，$\boldsymbol{r}$、$\boldsymbol{u}$、$\boldsymbol{y}$、$\boldsymbol{z}$ 是同维数的向量，$\boldsymbol{r}$ 为输入，$\boldsymbol{y}$ 为输出。

(2) n 阶微分方程

$$y^{(n)} = g_1\left(t, y, \dot{y}, \cdots, y^{(n-1)}, u\right) + g_2\left(t, y, \dot{y}, \cdots, y^{(n-2)}\right)\dot{u}$$

描述的单输入单输出系统，其中 g_2 是自变量的可微函数，u 为输入，y 为输出。提示：取 $x_n = y^{(n-1)} - g_2\left(t, y, \dot{y}, \cdots, y^{(n-2)}\right)u$ 。

2-6　系统如图 2.27 所示，图中反馈非线性函数 $f(y) = y^3$ 。

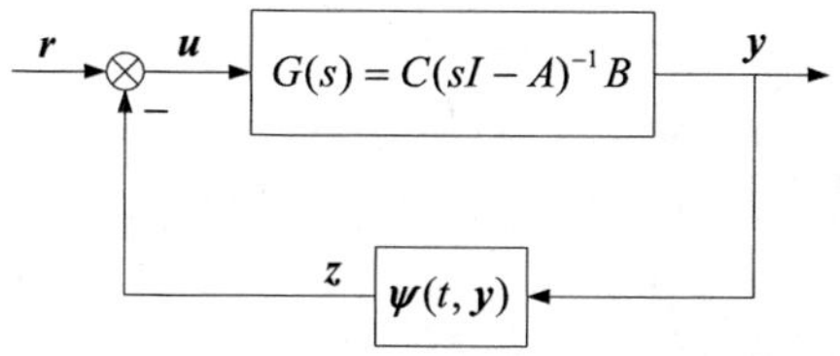

图 2.26　习题 2-5 图

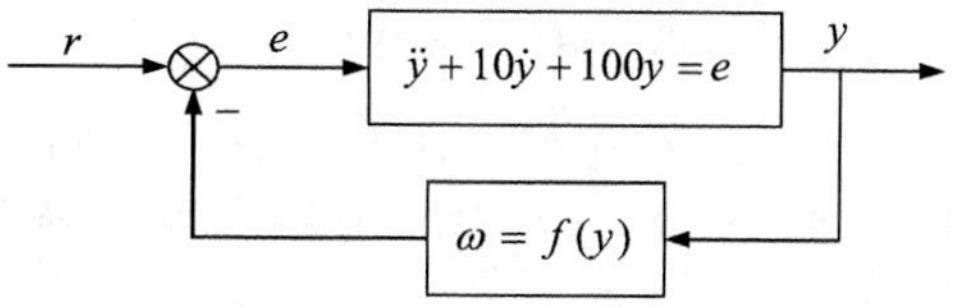

图 2.27　习题 2-6 图

(1) 取系统输出 y 及其导数为状态，求系统的状态方程。

(2) 设输入 $r(t) = 2000 \times 1(t)$，求系统的静态工作点及静态工作点附近线性化的状态空间表达式。

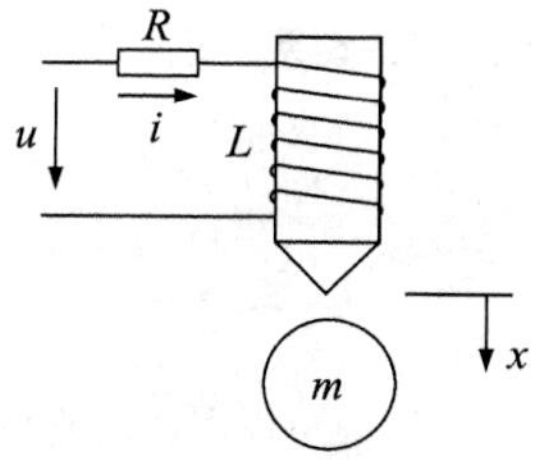

图 2.28　习题 2-7 图

2-7　图 2.28 所示为磁悬浮系统的原理性试验模型，图中电磁铁线圈的电阻为 R，线圈的电感为 L，设它们为常值，电磁吸力与电磁线圈中电流 i 的平方成正比，与电磁铁与金属球间的距离 x 成反比，即有

$$F(x,i) = \frac{ki^2}{x}$$

式中，k 为比例常数。设当 $i = i_0$，$x = x_0$ 时，电磁吸力刚好抵消金属球重力 mg 。试以 (x_0, i_0) 为平衡位置，以加在电磁线圈中上的电压 u 为控制量，电磁铁与金属球间的距离 x 为输出量，求平衡位置附近系统的线性化状态空间模型。

2-8　设系统矩阵

$$A = \begin{bmatrix} 2 & -1 \\ -1 & 2 \end{bmatrix}$$

求变换矩阵 P，将矩阵 A 对角化。

2-9　设系统矩阵

$$A = \begin{bmatrix} 0 & 1 & 0 \\ 0 & 0 & 1 \\ -105 & -71 & -15 \end{bmatrix}$$

试用范德蒙变换矩阵将矩阵 A 对角化。

2-10　设系统矩阵

$$A = \begin{bmatrix} 2 & -1 & 0 & 0 & 0 & 0 \\ 0 & 2 & -1 & 0 & 0 & 0 \\ 0 & 0 & 2 & 0 & 0 & 0 \\ 0 & 0 & 0 & 3 & -0.5 & 0 \\ 0 & 0 & 0 & 2 & 1 & 0 \\ 0 & 0 & 0 & 0 & 0 & 2 \end{bmatrix}$$

求变换矩阵 P，将矩阵 A 约当化。

2-11　设二阶线性齐次系统 $\dot{\boldsymbol{x}} = A\boldsymbol{x}$ ，当 $\boldsymbol{x}(0) = \begin{bmatrix} 1 \\ -1 \end{bmatrix}$ 时，系统的解为 $\boldsymbol{x}(t) = \begin{bmatrix} e^{-2t} \\ -e^{-2t} \end{bmatrix}$ ；当 $\boldsymbol{x}(0) = \begin{bmatrix} 2 \\ -1 \end{bmatrix}$ 时，系统的解为 $\boldsymbol{x}(t) = \begin{bmatrix} 2e^{-t} \\ -e^{-t} \end{bmatrix}$ 。

(1) 求系统的状态转移矩阵 $\Phi(t)$ 。

(2) 求系统矩阵 A 。

2-12　设系统 (A,B,C) 的初始条件为零，试证明

(1) 系统在脉冲输入 $\boldsymbol{u}(t) = \boldsymbol{k}\delta(t)$ 作用下的状态响应为

$$\boldsymbol{x}(t) = e^{At}B\boldsymbol{k}$$

(2) 系统在阶跃输入 $\boldsymbol{u}(t) = \boldsymbol{k}1(t)$ 作用下的状态响应为

$$\boldsymbol{x}(t) = A^{-1}(e^{At} - I)B\boldsymbol{k}$$

(3) 系统在斜坡输入 $\boldsymbol{u}(t) = \boldsymbol{k}t1(t)$ 作用下的状态响应为

$$\boldsymbol{x}(t) = [A^{-2}(e^{At} - I) - A^{-1}t]B\boldsymbol{k}$$

2-13　求系统的状态转移矩阵。

(1) 设系统矩阵

$$A = \begin{bmatrix} 0 & 0 & 1 & 0 \\ 0 & 0 & 0 & 1 \\ 0 & 0 & 0 & 0 \\ 0 & 0 & 0 & 0 \end{bmatrix}$$

试用计算矩阵指数函数和拉氏变换两种方法计算 e^{At} 。

(2) 设系统矩阵

$$A = \begin{bmatrix} 0 & 1 \\ -6 & -5 \end{bmatrix}$$

试用变换为对角规范形和拉氏变换两种方法计算 e^{At} 。

2-14　设系统矩阵

$$A = \begin{bmatrix} 0 & 1 & 0 \\ 0 & 0 & 1 \\ -6 & -11 & -6 \end{bmatrix}$$

试分别采用对角规范形和矩阵指数有限项表达式两种方法计算矩阵指数 e^{At} 。

2-15　已知系统的状态方程和初始状态如下

$$\dot{\boldsymbol{x}} = \begin{bmatrix} -1 & 0 \\ 0 & -2 \end{bmatrix}\boldsymbol{x} + \begin{bmatrix} 1 \\ 1 \end{bmatrix}u, \quad \boldsymbol{x}(0) = \begin{bmatrix} 2 \\ 3 \end{bmatrix}$$

(1) 试求 $u(t) = 1(t)$ 时系统的解。

(2) 试求 $u(t) = t1(t)$ 时系统的解。

(3) 试求 $u(t) = \sin t1(t)$ 时系统的解。

2-16　设两线性定常系统的系统矩阵为

$$A_1 = \begin{bmatrix} -8 & 6 & -5 & 5 \\ 1 & -6 & 0 & 0 \\ -2 & 1 & -4 & 0 \\ 2 & 0 & 0 & -10 \end{bmatrix}, \quad A_2 = \begin{bmatrix} 0 & 1 & 0 & -1 \\ 0 & 0 & 1 & 0 \\ 0 & -2 & -1 & 0 \\ 1 & 0 & 0 & -10 \end{bmatrix}$$

试判定它们的稳定性。

2-17　设系统的状态空间描述为

$$\dot{\boldsymbol{x}}=\begin{bmatrix}1 & 0\\ 1 & -1\end{bmatrix}\boldsymbol{x}+\begin{bmatrix}0\\ 1\end{bmatrix}u$$

$$y=\begin{bmatrix}1 & 1\end{bmatrix}\boldsymbol{x}$$

(1)试求系统输入到状态和输入到输出的传递函数。

(2)试求系统状态到输出的传递函数。

(3)绘制系统初始条件非零时的框图，对系统的稳定性进行讨论。

2-18　已知系统状态空间表达式的系数矩阵为

$$A=\begin{bmatrix}-5 & -4 & 2\\ 3 & 3 & -2\\ 0 & 2 & -2\end{bmatrix},\quad B=\begin{bmatrix}-1 & 0\\ 1 & 0\\ 0 & 2\end{bmatrix},\quad C=\begin{bmatrix}1 & 1 & 0\\ 0 & 0 & 1\end{bmatrix},\quad D=\begin{bmatrix}0 & 0\\ 0 & 1\end{bmatrix}$$

求系统的传递函数矩阵。

2-19　试分别求取下列单输入单输出系统能控标准Ⅱ型

$$\dot{\boldsymbol{x}}=\begin{bmatrix}0 & 1 & & \\ & 0 & 1 & \\ & & 0 & 1\\ -\alpha_0 & -\alpha_1 & -\alpha_2 & -\alpha_3\end{bmatrix}\boldsymbol{x}+\begin{bmatrix}0\\ 0\\ 0\\ 1\end{bmatrix}u$$

$$y=\begin{bmatrix}\beta_0 & \beta_1 & \beta_2 & \beta_3\end{bmatrix}\boldsymbol{x}$$

和能观标准Ⅱ型

$$\dot{\boldsymbol{x}}=\begin{bmatrix}0 & 1 & & \\ & 0 & 1 & \\ & & 0 & 1\\ -\alpha_0 & -\alpha_1 & -\alpha_2 & -\alpha_3\end{bmatrix}\boldsymbol{x}+\begin{bmatrix}\gamma_3\\ \gamma_2\\ \gamma_1\\ \gamma_0\end{bmatrix}u$$

$$y=\begin{bmatrix}1 & 0 & 0 & 0\end{bmatrix}\boldsymbol{x}$$

的传递函数。

2-20　考虑动态方程

$$\dot{\boldsymbol{x}}=\begin{bmatrix}0 & 1\\ -2 & -3\end{bmatrix}\boldsymbol{x}+\begin{bmatrix}0\\ 1\end{bmatrix}u,\quad y=\begin{bmatrix}3 & 1\end{bmatrix}\boldsymbol{x}$$

(1)试求一个初始状态，使得系统的零输入响应对所有 $t\geqslant 0$ 为 $y=5\mathrm{e}^{-t}$ 。

(2)试求一个初始状态，使得系统在输入 $u(t)=2\mathrm{e}^{-3t}\times 1(t)$ 作用下的响应对所有 $t\geqslant 0$ 为 $y\equiv 0$ 。

2-21　试确定下述线性定常系统的极点和零点。

(1)系统的传递函数矩阵分别为

$$G_1(s)=\begin{bmatrix}\dfrac{1}{s-1} & \dfrac{s+10}{2(s-1)^3}\\ 0 & \dfrac{s+1}{(s-1)^2}\end{bmatrix},\quad G_2(s)=\begin{bmatrix}\dfrac{s(s+1)}{s^2+1} & \dfrac{s+1}{s+2}\\ 0 & \dfrac{(s+1)(s+2)}{s^2+2s+2}\end{bmatrix},\quad G_3(s)=\begin{bmatrix}s^2-1 & 0\\ 0 & s-1\end{bmatrix}^{-1}\begin{bmatrix}1 & s-1\\ 2 & s\end{bmatrix},$$

(2)系统的状态空间表达式（已知它们都是系统传递函数矩阵的最小实现）分别为

$$\dot{\boldsymbol{x}}_1=\begin{bmatrix}0 & 1 & 0\\ 0 & 0 & 1\\ -2 & -4 & -3\end{bmatrix}\boldsymbol{x}_1+\begin{bmatrix}1 & 0\\ 0 & 1\\ -1 & 1\end{bmatrix}\boldsymbol{u}_1$$

$$y_1=\begin{bmatrix}1&1&0\\0&1&0\end{bmatrix}\boldsymbol{x}_1$$

$$\dot{\boldsymbol{x}}_2=\begin{bmatrix}1&0&1\\0&1&0\\1&1&0\end{bmatrix}\boldsymbol{x}_2+\begin{bmatrix}1&0\\0&1\\1&0\end{bmatrix}\boldsymbol{u}_2$$

$$y_2=\begin{bmatrix}1&4&1\end{bmatrix}\boldsymbol{x}_2$$

2-22　已知两 PI 调节器系统的系数矩阵为

$$A_1=\begin{bmatrix}0&0\\0&0\end{bmatrix},\quad B_1=\begin{bmatrix}50&0\\0&50\end{bmatrix},\quad C_1=\begin{bmatrix}1&0\\0&1\end{bmatrix},\quad D_1=\begin{bmatrix}8&0\\0&10\end{bmatrix}$$

被控对象系统的系数矩阵为

$$A_2=\begin{bmatrix}-2&0&0\\0&-9&0\\0&0&0\end{bmatrix},\quad B_2=\begin{bmatrix}1&0\\1&0\\0&1\end{bmatrix},\quad C_2=\begin{bmatrix}1&0&0\\0&1&1\end{bmatrix},\quad D_2=\begin{bmatrix}0&0\\0&0\end{bmatrix}$$

(1) 分别求调节器系统和被控对象系统传递函数矩阵的零点和极点。

(2) 调节器和被控对象组成闭环控制系统，试以对象输出为系统输出，或以误差信号为系统输出，求两种情况下闭环系统的零、极点。

2-23　采样系统如图 2.29 所示，采样周期 $T=1\text{ s}$，取系统输出 y 及 $\dot{y}$ 作为状态，求系统的离散时间状态空间表达式。

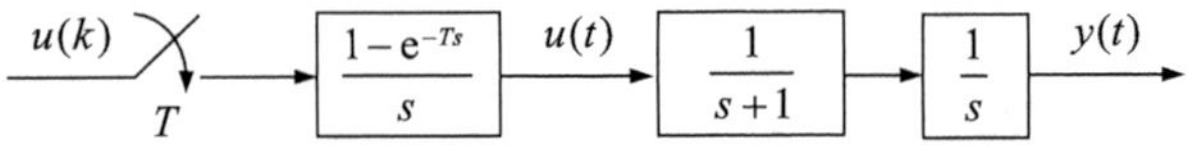

图 2.29　习题 2-23 图

2-24　给定离散时间系统状态方程和初始条件如下，试用递推公式和 z 变换两种方法，求单位阶跃输入时系统的状态响应。

$$\boldsymbol{x}(k+1)=\begin{bmatrix}0&1\\-0.16&-1\end{bmatrix}\boldsymbol{x}(k)+\begin{bmatrix}1\\1\end{bmatrix}u(k),\quad \boldsymbol{x}(0)=\begin{bmatrix}1\\-1\end{bmatrix}$$

2-25　带有分数延时的采样系统如图 2.30 所示，图中 T 为采样周期，τ 为分数延时，$0\leqslant\tau<T$。试求系统的脉冲传递函数矩阵。

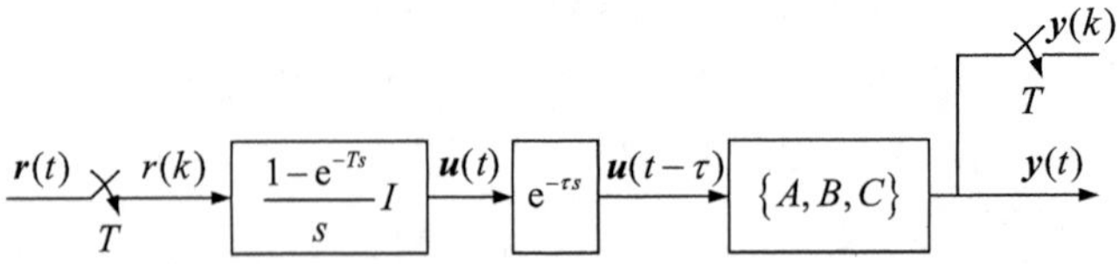

图 2.30　习题 2-25 图

第 3 章　线性系统的能控性和能观性

能控性和能观性揭示了系统内部状态变量与系统输入、输出间的关系，是状态空间法进行系统分析和设计的基础。直观地说，能控性说明的是系统输入对系统状态变量的控制能力，能观性说明的是系统输出反映系统内部状态的能力。

例如，在图 3.1(a)所示的 RC 网络中，状态为电容 C_1 和 C_2 上的电压，设电路中参数满足 $R_1C_1 = R_2C_2$，若系统初始状态 $x_1(t_0) = x_2(t_0)$，则无论输入电压源 $u(t)$ 如何变化，因为两只电容上电压增加的速率一样，状态变量会始终位于 $x_1(t) = x_2(t)$ 的直线上，要到达该直线之外的状态是不可能的，这说明系统的状态不完全能控。

在图 3.1(b)所示的 RL 网络中，状态为流过电感 L_1 和 L_2 上的电流，设电路中参数满足 $L_1/R_1 = L_2/R_2$，若初始状态 $x_1(t_0) = x_2(t_0)$，容易看出，当 $u(t)$=0 时，因为两只电感上电流变化的速率一样，流过电感 L_1 和 L_2 上的电流就会始终相等，输出 $y = R_3(x_1 - x_2) \equiv 0$，这说明系统的状态不完全能观。

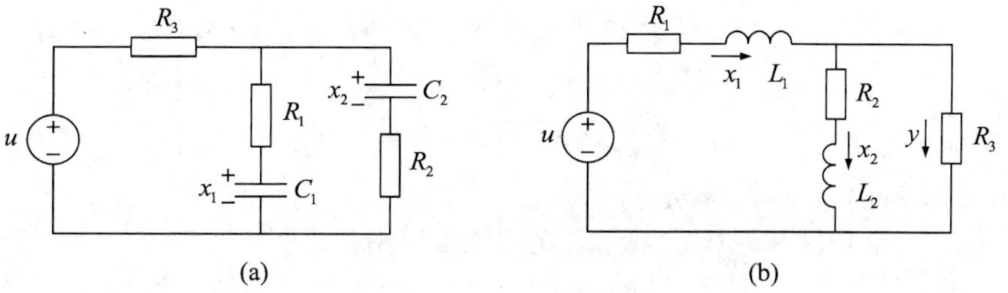

图 3.1　简单的电路网络

可以看出，不能控或不能观一般属于系统中的奇异情况。然而，能控性和能观性不只是定性指标，还是定量指标。一个良好的系统设计，为达到控制目的所消耗的能量应相对较少，为获得系统状态信息所付出的代价应相对较低。例如，对于图 3.1(a)所示电路，一旦不满足 $R_1C_1 = R_2C_2$ 的条件，电容 C_1 和电容 C_2 上的电压就是能控的。但如果 $R_1C_1 \approx R_2C_2$，则系统状态的能控性就会很差，即在一定时间内完成对电容 C_1 和电容 C_2 上电压的控制，就需要比较高的电源电压，花费比较大的能量。对于图 3.1(b)所示电路，一旦不满足 $L_1/R_1 = L_2/R_2$ 的条件，电感 L_1 和电感 L_2 上的电流就是能观的，但如果 $L_1/R_1 \approx L_2/R_2$，则对于 $x_1 \approx x_2$ 的情况，输出信号就很微弱，这意味着需要更长的测量时间和更高的测量精度。

本章首先给出系统能控性和能观性的定义，并进行一些必要的讨论，根据定义给出系统能控性和能观性的基本判据，并由此推出线性定常系统能控性和能观性的适用判据，介绍依据约当标准型和传递函数矩阵进行系统能控性和能观性的判定方法，介绍串联和反馈连接系统的能控性和能观性，介绍离散时间系统的能控性和能观性，最后是系统能控能观结构分解和能控能观标准型相关内容的介绍。

3-1 连续时间线性系统的能控性和能观性

1. 线性系统的能控性和能达性

状态能控性讨论的是控制作用 $\boldsymbol{u}(t)$ 对系统状态变量 $\boldsymbol{x}(t)$ 的控制能力，与系统输出 $\boldsymbol{y}(t)$ 无关，所以只根据系统状态空间表达式的状态方程来讨论即可。

定义 3.1 对于线性系统

$$\dot{\boldsymbol{x}} = A(t)\boldsymbol{x} + B(t)\boldsymbol{u}$$

及 t_0 时刻的非零初始状态 $\boldsymbol{x}(t_0) = \boldsymbol{x}_0$，若存在有限时间区间 $[t_0, t_1]$，$t_0 < t_1 < \infty$，及定义在该时间区间上的控制作用 $\boldsymbol{u}(t)$，$\|\boldsymbol{u}(t)\| < \infty$，使系统状态由 $\boldsymbol{x}(t_0) = \boldsymbol{x}_0$，$\|\boldsymbol{x}_0\| < \infty$，转移到 $\boldsymbol{x}(t_1) = 0$，则称系统状态 $\boldsymbol{x}_0$ 在 $[t_0, t_1]$ 上能控。其次，若系统对任意状态 $\boldsymbol{x}_0$，$\|\boldsymbol{x}_0\| < \infty$，在 $[t_0, t_1]$ 上都能控，则称系统在 $[t_0, t_1]$ 上完全能控。最后，若对任意时刻 t_0 和任意有限时间区间 $[t_0, t_1]$，系统在 $[t_0, t_1]$ 上都完全能控，则称系统完全能控，或简称系统能控。

定义 3.2 对于线性系统

$$\dot{\boldsymbol{x}} = A(t)\boldsymbol{x} + B(t)\boldsymbol{u}$$

及 t_0 时刻，若存在有限时间区间 $[t_0, t_1]$，$t_0 < t_1 < \infty$，及定义在该时间区间上的控制作用 $\boldsymbol{u}(t)$，$\|\boldsymbol{u}(t)\| < \infty$，使系统状态由 $\boldsymbol{x}(t_0) = 0$ 转移到非零状态 $\boldsymbol{x}(t_1) = \boldsymbol{x}_\text{f}$，$\|\boldsymbol{x}_\text{f}\| < \infty$，则称系统状态 $\boldsymbol{x}_\text{f}$ 在 $[t_0, t_1]$ 上能达。其次，若系统对任意非零状态 $\boldsymbol{x}_\text{f}$，$\|\boldsymbol{x}_\text{f}\| < \infty$，在 $[t_0, t_1]$ 上都能达，则称系统在 $[t_0, t_1]$ 上完全能达。最后，若对任意时刻 t_0 和任意有限时间区间 $[t_0, t_1]$，系统在 $[t_0, t_1]$ 上都能达，则称系统完全能达，或简称系统能达。

有关系统状态能控性和系统状态能达性的几点讨论和说明：

(1) 在上述系统能控性和能达性的定义中，对系统的运行轨线并没有具体要求，也并未涉及应该如何选取控制作用的问题。

(2) 根据上述线性系统状态能控性的定义，设非零状态 $\boldsymbol{x}_{\text{c}1}$ 在 $[t_0, t_1]$ 上能控，则存在控制作用 $\boldsymbol{u}_1(t)$，在有限时间 $[t_0, t_1]$ 内将系统由状态 $\boldsymbol{x}_{\text{c}1}$ 转移到状态空间的原点，即有

$$\boldsymbol{x}(t_1) = \Phi(t_1, t_0)\boldsymbol{x}_{\text{c}1} + \int_{t_0}^{t_1} \Phi(t_1, \tau)B(\tau)\boldsymbol{u}_1(\tau)\mathrm{d}\tau = 0 \tag{3.1}$$

于是有能控状态 $\boldsymbol{x}_{\text{c}1}$ 的表达式

$$\boldsymbol{x}_{\text{c}1} = -\Phi(t_1, t_0)^{-1}\int_{t_0}^{t_1} \Phi(t_1, \tau)B(\tau)\boldsymbol{u}_1(\tau)\mathrm{d}\tau = -\int_{t_0}^{t_1} \Phi(t_0, \tau)B(\tau)\boldsymbol{u}_1(\tau)\mathrm{d}\tau \tag{3.2}$$

再假设系统的另一非零状态 $\boldsymbol{x}_{\text{c}2}$ 在同一时间区间 $[t_0, t_1]$ 上能控，则存在控制作用 $\boldsymbol{u}_2(t)$，在有限时间 $[t_0, t_1]$ 内将系统由状态 $\boldsymbol{x}_{\text{c}2}$ 转移到状态空间的原点，于是有能控状态 $\boldsymbol{x}_{\text{c}2}$ 的表达式

$$\boldsymbol{x}_{\text{c}2} = -\Phi(t_1, t_0)^{-1}\int_{t_0}^{t_1} \Phi(t_1, \tau)B(\tau)\boldsymbol{u}_2(\tau)\mathrm{d}\tau = -\int_{t_0}^{t_1} \Phi(t_0, \tau)B(\tau)\boldsymbol{u}_2(\tau)\mathrm{d}\tau$$

显然对能控状态 $\boldsymbol{x}_{\text{c}1}$ 和 $\boldsymbol{x}_{\text{c}2}$ 的线性组合 $a\boldsymbol{x}_{\text{c}1} + b\boldsymbol{x}_{\text{c}2}$，存在控制作用 $a\boldsymbol{u}_1(t) + b\boldsymbol{u}_2(t)$，满足

$$a\boldsymbol{x}_{\text{c}1} + b\boldsymbol{x}_{\text{c}2} = -\int_{t_0}^{t_1} \Phi(t_0, \tau)B(\tau)\left[a\boldsymbol{u}_1(\tau) + b\boldsymbol{u}_2(\tau)\right]\mathrm{d}\tau$$

这说明对于线性系统来说，能控状态的线性组合也是能控状态，即线性系统的所有能控状态组成一个子空间，称为能控子空间，记为 X_c。系统的任一能控状态必然属于能控子空间 X_c。

除非系统完全能控，否则系统能控子空间 X_c 的维数小于系统的维数 n，在这种情况下，定义能控子空间 X_c 的正交补空间 $X_{\bar{c}} = X_c^{\perp}$，称为不能控子空间。根据定义，能控子空间 X_c 中的任一状态 $\boldsymbol{x}_c$ 和不能控子空间 $X_{\bar{c}}$ 中的任一状态 $\boldsymbol{x}_{\bar{c}}$ 都是正交的，即有 $\boldsymbol{x}_c^{\mathrm{T}}\boldsymbol{x}_{\bar{c}} = 0$。$n$ 维状态空间 X 是能控子空间 X_c 和它的正交补空间 $X_{\bar{c}}$ 的直和，即 $X = X_c \oplus X_{\bar{c}}$。后面有关系统结构分解的相关内容将指出，控制作用只能影响系统状态变量在能控子空间上的投影值，却无法影响系统状态变量在不能控子空间上的投影值。线性系统能控状态的这种线性结构是由线性系统解的线性性质决定的，对线性时变和线性定常系统都成立，对于非线性系统一般不成立。

(3) 对能控状态 $\boldsymbol{x}_c$，必能找到控制作用 $\boldsymbol{u}(t)$，使得

$$\boldsymbol{x}(t_1) = \boldsymbol{\Phi}(t_1,t_0)\boldsymbol{x}_c + \int_{t_0}^{t_1}\boldsymbol{\Phi}(t_1,\tau)B(\tau)\boldsymbol{u}(\tau)\mathrm{d}\tau = 0$$

即

$$\int_{t_0}^{t_1}\boldsymbol{\Phi}(t_1,\tau)B(\tau)\boldsymbol{u}(\tau)\mathrm{d}\tau = -\boldsymbol{\Phi}(t_1,t_0)\boldsymbol{x}_c$$

上式左端为系统的零初态响应，因此状态 $-\boldsymbol{\Phi}(t_1,t_0)\boldsymbol{x}_c$ 是能达的。因为状态转移矩阵 $\boldsymbol{\Phi}(t_1,t_0)$ 非奇异，所以当系统完全能控时，系统也完全能达。线性系统完全能控和完全能达的等价性，是连续时间线性系统解的可逆转性决定的，对于离散时间线性系统一般并不成立，除非它是由连续时间线性系统离散化后得到的，否则其状态转移矩阵不一定可逆。

(4) 由不能控子空间 $X_{\bar{c}}$ 中的某一状态 $\boldsymbol{x}_{\bar{c}}$ 和能控子空间 X_c 中的任一状态 $\boldsymbol{x}_c$ 的正交性有

$$\boldsymbol{x}_{\bar{c}}^{\mathrm{T}}\boldsymbol{x}_c = -\boldsymbol{x}_{\bar{c}}^{\mathrm{T}}\int_{t_0}^{t_1}\boldsymbol{\Phi}(t_0,\tau)B(\tau)\boldsymbol{u}(\tau)\mathrm{d}\tau = -\int_{t_0}^{t_1}\boldsymbol{x}_{\bar{c}}^{\mathrm{T}}\boldsymbol{\Phi}(t_0,\tau)B(\tau)\boldsymbol{u}(\tau)\mathrm{d}\tau = 0$$

再由 $\boldsymbol{x}_c \in X_c$ 的任意性，有 $\boldsymbol{u}(t)$ 的任意性，于是对于不能控子空间中的状态 $\boldsymbol{x}_{\bar{c}}$ 必然有

$$\boldsymbol{x}_{\bar{c}}^{\mathrm{T}}\boldsymbol{\Phi}(t_0,t)B(t) \equiv 0, \quad t \in [t_0,t_1]$$

即 $\boldsymbol{\Phi}(t_0,t)B(t)$ 的 n 个行向量在 $[t_0,t_1]$ 上是线性相关的，由此得到系统在 $[t_0,t_1]$ 上完全能控的充分必要条件是 $\boldsymbol{\Phi}(t_0,t)B(t)$ 的 n 个行向量在 $[t_0,t_1]$ 上线性独立。因此，系统的能控性由状态转移矩阵和输入矩阵唯一确定，即由系统的状态矩阵和输入矩阵唯一确定，与输出矩阵和直接传输矩阵无关，系统 $(A(t),B(t),C(t),D(t))$ 能控，也称为矩阵对 $(A(t),B(t))$ 能控。

(5) 对于线性时变系统，能控性或能达性与初始时间 t_0 以及有限时间区间 $[t_0,t_1]$ 的长短有关，显然，当系统在时间区间 $[t_0,t_1]$ 上能控或能达时，系统在更长的时间区间 $[t_0,t_2](t_2>t_1)$ 上也是能控或能达的。对于线性定常系统，能控性或能达性与初始时间 t_0 以及时间区间 $[t_0,t_1]$ 的长短无关，当系统在某一有限时间区间 $[t_0,t_1]$ 上能控或能达时，系统在任意有限时间区间上都是能控或能达的。

例 3.1 简单 RC 网络如图 3.1(a)所示，输入是电源电压 $u(t)$，状态变量 $x_1(t)$ 和 $x_2(t)$ 分别是电容 C_1 和 C_2 上的电压，若设电路参数为 $R_1 = R_2 = R_3 = 1/3\Omega$，$C_1 = C_2 = 1\mathrm{F}$，试分析此时系统状态的能控性。

解 根据电路图 3.1(a)列写系统的状态方程有

$$R_1C_1\dot{x}_1 + x_1 = u - R_3(C_1\dot{x}_1 + C_2\dot{x}_2)$$

$$R_2C_2\dot{x}_2 + x_2 = u - R_3(C_1\dot{x}_1 + C_2\dot{x}_2)$$

从第一式解出 $\dot{x}_1$ 代入第二式，从第二式解出 $\dot{x}_2$ 代入第一式，化简得

$$\left(R_1C_1+R_3C_1+\frac{R_3C_2R_1C_1}{R_2C_2}\right)\dot{x}_1=-\frac{R_3C_2+R_2C_2}{R_2C_2}x_1+\frac{R_3C_2}{R_2C_2}x_2+u$$

$$\left(R_2C_2+R_3C_2+\frac{R_3C_1R_2C_2}{R_1C_1}\right)\dot{x}_2=\frac{R_3C_1}{R_1C_1}x_1-\frac{R_3C_1+R_1C_1}{R_1C_1}x_2+u$$

即

$$\left(R_1C_1R_2C_2+R_2C_2R_3C_1+R_1C_1R_3C_2\right)\dot{x}_1=\varDelta\dot{x}_1=-R_2C_2R_3C_2x_1+R_3C_2x_2+R_2C_2u$$

$$\left(R_1C_1R_2C_2+R_2C_2R_3C_1+R_1C_1R_3C_2\right)\dot{x}_2=\varDelta\dot{x}_2=R_3C_1x_1-R_1C_1R_3C_1x_2+R_1C_1u$$

式中，$\varDelta=R_1C_1R_2C_2+R_2C_2R_3C_1+R_1C_1R_3C_2$，则有

$$\dot{x}_1=-\frac{R_3C_2+R_2C_2}{\varDelta}x_1+\frac{R_3C_2}{\varDelta}x_2+\frac{R_2C_2}{\varDelta}u$$

$$\dot{x}_2=\frac{R_3C_1}{\varDelta}x_1-\frac{R_3C_1+R_1C_1}{\varDelta}x_2+\frac{R_1C_1}{\varDelta}u$$

即

$$\begin{bmatrix}\dot{x}_1\\\dot{x}_2\end{bmatrix}=\begin{bmatrix}-\dfrac{R_3C_2+R_2C_2}{\varDelta} & \dfrac{R_3C_2}{\varDelta}\\\dfrac{R_3C_1}{\varDelta} & -\dfrac{R_3C_1+R_1C_1}{\varDelta}\end{bmatrix}\begin{bmatrix}x_1\\x_2\end{bmatrix}+\begin{bmatrix}\dfrac{R_2C_2}{\varDelta}\\\dfrac{R_1C_1}{\varDelta}\end{bmatrix}u$$

将 $R_1=R_2=R_3=1/3\Omega$，$C_1=C_2=1\text{F}$ 代入得到

$$\begin{bmatrix}\dot{x}_1\\\dot{x}_2\end{bmatrix}=\begin{bmatrix}-2 & 1\\1 & -2\end{bmatrix}\begin{bmatrix}x_1\\x_2\end{bmatrix}+\begin{bmatrix}1\\1\end{bmatrix}u$$

计算系统的状态转移矩阵为

$$\mathrm{e}^{At}=\frac{1}{2}\begin{bmatrix}\mathrm{e}^{-t}+\mathrm{e}^{-3t} & \mathrm{e}^{-t}-\mathrm{e}^{-3t}\\\mathrm{e}^{-t}-\mathrm{e}^{-3t} & \mathrm{e}^{-t}+\mathrm{e}^{-3t}\end{bmatrix}$$

根据不能控子空间状态 $\boldsymbol{x}_{\bar{c}}^{\mathrm{T}}\in X_{\bar{c}}$ 满足的条件

$$\boldsymbol{x}_{\bar{c}}^{\mathrm{T}}\mathrm{e}^{At}B=\frac{1}{2}\boldsymbol{x}_{\bar{c}}^{\mathrm{T}}\begin{bmatrix}\mathrm{e}^{-t}+\mathrm{e}^{-3t} & \mathrm{e}^{-t}-\mathrm{e}^{-3t}\\\mathrm{e}^{-t}-\mathrm{e}^{-3t} & \mathrm{e}^{-t}+\mathrm{e}^{-3t}\end{bmatrix}\begin{bmatrix}1\\1\end{bmatrix}=\boldsymbol{x}_{\bar{c}}^{\mathrm{T}}\begin{bmatrix}\mathrm{e}^{-t}\\\mathrm{e}^{-t}\end{bmatrix}=0$$

得不能控子空间 $X_{\bar{c}}$ 的状态满足 $x_1=-x_2$，不能控子空间的正交补空间为能控子空间 X_{c}，能控子空间中的状态满足 $x_1=x_2$，即任何位于直线 $x_1=x_2$ 上的初始状态都是能控状态，这从控制作用对系统状态的贡献，即系统的零状态响应

$$\boldsymbol{x}(t)=\begin{bmatrix}x_1(t)\\x_2(t)\end{bmatrix}=\int_0^t\mathrm{e}^{A(t-\tau)}\boldsymbol{b}u(\tau)\mathrm{d}\tau$$

$$=\frac{1}{2}\int_0^t\begin{bmatrix}\mathrm{e}^{-(t-\tau)}+\mathrm{e}^{-3(t-\tau)} & \mathrm{e}^{-(t-\tau)}-\mathrm{e}^{-3(t-\tau)}\\\mathrm{e}^{-(t-\tau)}-\mathrm{e}^{-3(t-\tau)} & \mathrm{e}^{-(t-\tau)}+\mathrm{e}^{-3(t-\tau)}\end{bmatrix}\begin{bmatrix}1\\1\end{bmatrix}u(\tau)\mathrm{d}\tau=\int_0^t\begin{bmatrix}\mathrm{e}^{-(t-\tau)}\\\mathrm{e}^{-(t-\tau)}\end{bmatrix}u(\tau)\mathrm{d}\tau=\begin{bmatrix}1\\1\end{bmatrix}\int_0^t\mathrm{e}^{-(t-\tau)}u(\tau)\mathrm{d}\tau$$

可以清楚地看出，即控制作用的影响始终表现在 $x_1=x_2$ 的方向上。

引入坐标变换

$$\begin{bmatrix}\bar{x}_1\\\bar{x}_2\end{bmatrix}=\frac{1}{\sqrt{2}}\begin{bmatrix}1 & 1\\1 & -1\end{bmatrix}\begin{bmatrix}x_1\\x_2\end{bmatrix}=\frac{1}{\sqrt{2}}\begin{bmatrix}x_1+x_2\\x_1-x_2\end{bmatrix}$$

这样，在坐标 $\bar{x}_1$ 上投影为零的状态就是不能控子空间的状态，在坐标 $\bar{x}_2$ 上投影为零的状态就是能控子空间的状态，$\bar{x}_1=0$ 和 $\bar{x}_2=0$ 两条直线正交，状态变量 $\boldsymbol{x}$ 在 $\bar{x}_1$ 上的投影值为 $\boldsymbol{x}$ 的能控分量，状态变量 $\boldsymbol{x}$ 在 $\bar{x}_2$ 上的投影值为 $\boldsymbol{x}$ 的不能控分量，如图 3.2 所示。坐标变换后系统的状态空间描述为

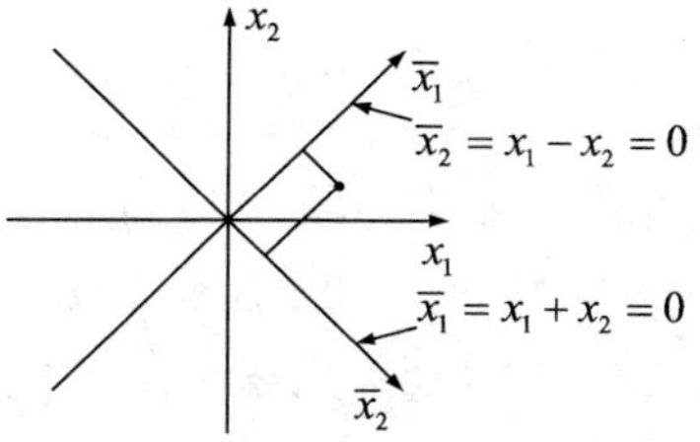

图 3.2　例 3.1 的能控状态和不能控状态

$$\begin{bmatrix}\dot{\bar{x}}_1\\ \dot{\bar{x}}_2\end{bmatrix}=\begin{bmatrix}1&1\\1&-1\end{bmatrix}\begin{bmatrix}-2&1\\1&-2\end{bmatrix}\begin{bmatrix}1&1\\1&-1\end{bmatrix}^{-1}\begin{bmatrix}\bar{x}_1\\ \bar{x}_2\end{bmatrix}+\frac{1}{\sqrt{2}}\begin{bmatrix}1&1\\1&-1\end{bmatrix}\begin{bmatrix}1\\1\end{bmatrix}u$$
$$=\begin{bmatrix}-1&0\\0&-3\end{bmatrix}\begin{bmatrix}\bar{x}_1\\ \bar{x}_2\end{bmatrix}+\begin{bmatrix}\sqrt{2}\\0\end{bmatrix}u$$

从中可以清楚地看出系统输入只对状态变量的能控分量 $\bar{x}_1$ 有控制作用，对状态变量的不能控分量 $\bar{x}_2$ 没有任何控制作用，任何不能控分量 $\bar{x}_2$ 不为零的状态 $\boldsymbol{x}$ 都是不能控的。

2. 线性系统的能观性和能重构性

状态能观性讨论的是系统输出变量 $\boldsymbol{y}(t)$ 反映状态变量 $\boldsymbol{x}(t)$ 的能力问题。通常情况下，系统的控制量 $\boldsymbol{u}(t)$ 是已知的，输出量 $\boldsymbol{y}(t)$ 可以通过直接测量得知，而系统的状态变量无法通过直接测量得知。如果通过有限时间间隔 $[t_0,t_1]$ 内对输出变量 $\boldsymbol{y}(t)$ 的测量能确定出系统的初始状态 $\boldsymbol{x}(t_0)$，则由式

$$\boldsymbol{x}(t)=\Phi(t,t_0)\boldsymbol{x}_0+\int_{t_0}^{t}\Phi(t,\tau)B(\tau)\boldsymbol{u}(\tau)\mathrm{d}\tau$$

就可以确定出系统的状态变量。

系统状态变量和输出变量的关系式为

$$\boldsymbol{y}(t)=C(t)\boldsymbol{x}(t)=C(t)\Phi(t,t_0)\boldsymbol{x}_0+C(t)\int_{t_0}^{t}\Phi(t,\tau)B(\tau)\boldsymbol{u}(\tau)\mathrm{d}\tau$$

上式中，等号右边第二项是控制量对系统输出的影响，是已知的，将其移到等式左边，与测量得到的输出合并到一起处理成已知量，得到

$$\boldsymbol{y}(t)-C(t)\int_{t_0}^{t}\Phi(t,\tau)B(\tau)\boldsymbol{u}(\tau)\mathrm{d}\tau=C(t)\Phi(t,t_0)\boldsymbol{x}_0$$

于是关于系统能观性和能重构性的讨论，可以假设 $\boldsymbol{u}(t)\equiv 0$，以去除控制作用的影响。

与能控性不同，系统能观性的讨论是从对系统不能观状态的定义开始的。

定义 3.3　对于线性系统

$$\dot{\boldsymbol{x}}=A(t)\boldsymbol{x}$$
$$\boldsymbol{y}(t)=C(t)\boldsymbol{x}$$

及 t_0 时刻的非零初始状态 $\boldsymbol{x}(t_0)=\boldsymbol{x}_0$，若存在有限时间区间 $[t_0,t_1]$，$t_0<t_1<\infty$，在该时间段内系统的输出量 $\boldsymbol{y}(t)\equiv 0$，则称系统状态 $\boldsymbol{x}_0$ 在 $[t_0,t_1]$ 上不能观。其次，若对任意状态 $\boldsymbol{x}_0$ 在 $[t_0,t_1]$ 上都不能观，则称系统在 $[t_0,t_1]$ 上完全不能观。再其次，若对任意时刻 t_0 和任意有限时间区间 $[t_0,t_1]$，系统在 $[t_0,t_1]$ 上都完全不能观，则称系统完全不能观，或简称系统不能观。

定义 3.4　对于线性系统

$$\dot{\boldsymbol{x}} = A(t)\boldsymbol{x}$$
$$\boldsymbol{y}(t) = C(t)\boldsymbol{x}$$

及 t_1 时刻的非零末端状态 $\boldsymbol{x}(t_1) = \boldsymbol{x}_f$，若存在有限时间区间 $[t_0, t_1]$，$t_0 < t_1 < \infty$，在该时间段内系统的输出量 $\boldsymbol{y}(t) \equiv 0$，则称系统状态 $\boldsymbol{x}_f$ 在 $[t_0, t_1]$ 上不能重构。其次，若对任意状态 $\boldsymbol{x}_f$ 在 $[t_0, t_1]$ 上都不能重构，则称系统在 $[t_0, t_1]$ 上完全不能重构。最后，若对任意时刻 t_1 和任意有限时间区间 $[t_0, t_1]$，系统在 $[t_0, t_1]$ 上都完全不能重构，则称系统完全不能重构，或简称系统不能重构。

有关系统状态能观性和系统状态能重构性的几点讨论和说明：

(1) 上述有关系统不能观状态和不能重构状态的定义，指系统状态因未能在输出中反映，因而无法得到其相关信息的事实，但并未涉及在相反情况下如何从系统输出测量得到系统状态变量的问题。

(2) 根据上述线性系统状态不能观的定义，设非零状态 $\boldsymbol{x}_{\bar{o}1}$ 和 $\boldsymbol{x}_{\bar{o}2}$ 在 $[t_0, t_1]$ 上不能观，则有

$$\boldsymbol{y}_1(t) = C(t)\Phi(t, t_0)\boldsymbol{x}_{\bar{o}1} \equiv 0, \quad t \in [t_0, t_1]$$
$$\boldsymbol{y}_2(t) = C(t)\Phi(t, t_0)\boldsymbol{x}_{\bar{o}2} \equiv 0, \quad t \in [t_0, t_1]$$

于是不能观状态 $\boldsymbol{x}_{\bar{o}1}$ 和 $\boldsymbol{x}_{\bar{o}2}$ 的线性组合 $a\boldsymbol{x}_{\bar{o}1} + b\boldsymbol{x}_{\bar{o}2}$ 满足

$$a\boldsymbol{y}_1(t) + b\boldsymbol{y}_2(t) = aC(t)\Phi(t, t_0)\boldsymbol{x}_{\bar{o}1} + bC(t)\Phi(t, t_0)\boldsymbol{x}_{\bar{o}2} = C(t)\Phi(t, t_0)(a\boldsymbol{x}_{\bar{o}1} + b\boldsymbol{x}_{\bar{o}2}) \equiv 0$$

这说明对于线性系统来说，不能观状态的线性组合还是不能观状态，即线性系统的所有不能观状态组成一个子空间，称为不能观子空间，记为 $X_{\bar{o}}$。除非系统完全不能观，否则系统不能观子空间 $X_{\bar{o}}$ 的维数小于系统的维数 n，在这种情况下，定义不能观子空间 $X_{\bar{o}}$ 的正交补空间 $X_o = X_{\bar{o}}^{\perp}$，称为能观子空间。根据定义，能观子空间 X_o 中的任一状态 $\boldsymbol{x}_o$ 和不能观子空间 $X_{\bar{o}}$ 中的任一状态 $\boldsymbol{x}_{\bar{o}}$ 都是正交的，即有 $\boldsymbol{x}_o^{\mathrm{T}}\boldsymbol{x}_{\bar{o}} = 0$。$n$ 维状态空间 X 是能观子空间 X_o 和不能观子空间 $X_{\bar{o}}$ 的直和，即 $X = X_o \oplus X_{\bar{o}}$。后面有关系统结构分解的内容将指出，通过有限时间内对系统输出量的测量，只能得到系统状态变量在能观子空间上的投影值，而无法得到系统状态变量在不能观子空间上的投影值。线性系统能观状态的这种线性结构是由线性系统解的线性性质决定的，对线性时变和线性定常系统都成立，对于非线性系统一般不成立。

(3) 对能观状态 $\boldsymbol{x}_o$，显然状态 $\Phi(t_1, t_0)\boldsymbol{x}_o$ 是能重构状态。矩阵 $\Phi(t_1, t_0)$ 为非奇异矩阵，所以当系统完全能观时，系统也完全能重构。线性系统完全能观和完全能重构的等价性，是连续时间线性系统解的可逆转性决定的，对于离散时间线性系统一般并不成立，除非它是由连续时间线性系统离散化后得到的，否则其状态转移矩阵不一定可逆。

(4) 若系统不完全能观，则一定存在非零状态 $\boldsymbol{x}_{\bar{o}}$ 满足条件

$$C(t)\Phi(t, t_0)\boldsymbol{x}_{\bar{o}} \equiv 0, \quad t \in [t_0, t_1] \tag{3.3}$$

即 $C(t)\Phi(t, t_0)$ 的 n 个列向量在 $[t_0, t_1]$ 上是线性相关的，由此得到系统在 $[t_0, t_1]$ 上完全能观的充分必要条件是 $C(t)\Phi(t, t_0)$ 的 n 个列向量在 $[t_0, t_1]$ 上线性独立。因此，系统的能观性由状态转移矩阵和输出矩阵唯一确定，即由系统的状态矩阵和输出矩阵唯一确定，与输入矩阵和直接传输矩阵无关，系统 $(A(t), B(t), C(t), D(t))$ 能观，也称为矩阵对 $(A(t), C(t))$ 能观。

(5) 对于线性时变系统，能观性或能重构性与初始时间 t_0 以及有限时间区间 $[t_0, t_1]$ 的长短有关，显然，当系统在时间区间 $[t_0, t_1]$ 上能观或能重构时，系统在更长的时间区间 $[t_0, t_2]\,(t_2 > t_1)$ 上也是能观或能重构的。对于线性定常系统，能观性或能重构性与初始时间 t_0 以及时间区间 $[t_0, t_1]$ 的长短无关，当系统在某一有限时间区间 $[t_0, t_1]$ 上能观或能重构时，系统在任意有限时间区间上都是能观或能重构的。

例 3.2 简单 RL 网络如图 3.1(b)所示，输入是电源电压 $u(t)$，状态变量 $x_1(t)$ 和 $x_2(t)$ 分别是流过电感 L_1 和 L_2 的电流，若设电路参数为 $R_1 = R_2 = R_3 = 1\Omega$，$L_1 = L_2 = 1\text{H}$，试分析其状态的能观性。

解 根据电路图 3.1(b)列写系统的状态方程和输出方程有

$$L_1\dot{x}_1 + R_1x_1 = -R_3(x_1 - x_2) + u$$
$$L_2\dot{x}_2 + R_2x_2 = R_3(x_1 - x_2)$$
$$y = x_1 - x_2$$

化简得

$$\dot{x}_1 = -\frac{R_1 + R_3}{L_1}x_1 + \frac{R_3}{L_1}x_2 + \frac{1}{L_1}u$$
$$\dot{x}_2 = \frac{R_3}{L_2}x_1 - \frac{R_2 + R_3}{L_2}x_2$$
$$y = x_1 - x_2$$

即

$$\begin{bmatrix}\dot{x}_1\\ \dot{x}_2\end{bmatrix} = \begin{bmatrix}-\dfrac{R_1 + R_3}{L_1} & \dfrac{R_3}{L_1}\\ \dfrac{R_3}{L_2} & -\dfrac{R_2 + R_3}{L_2}\end{bmatrix}\begin{bmatrix}x_1\\ x_2\end{bmatrix} + \begin{bmatrix}\dfrac{1}{L_1}\\ 0\end{bmatrix}u$$
$$y = \begin{bmatrix}1 & -1\end{bmatrix}\begin{bmatrix}x_1\\ x_2\end{bmatrix}$$

将 $R_1 = R_2 = R_3 = 1\Omega$，$L_1 = L_2 = 1\text{H}$ 代入得到

$$\begin{bmatrix}\dot{x}_1\\ \dot{x}_2\end{bmatrix} = \begin{bmatrix}-2 & 1\\ 1 & -2\end{bmatrix}\begin{bmatrix}x_1\\ x_2\end{bmatrix} + \begin{bmatrix}1\\ 0\end{bmatrix}u$$
$$y = \begin{bmatrix}1 & -1\end{bmatrix}\begin{bmatrix}x_1\\ x_2\end{bmatrix}$$

计算系统的状态转移矩阵为

$$\mathrm{e}^{At} = \frac{1}{2}\begin{bmatrix}\mathrm{e}^{-t} + \mathrm{e}^{-3t} & \mathrm{e}^{-t} - \mathrm{e}^{-3t}\\ \mathrm{e}^{-t} - \mathrm{e}^{-3t} & \mathrm{e}^{-t} + \mathrm{e}^{-3t}\end{bmatrix}$$

根据不能观子空间状态 $\boldsymbol{x}_{\bar{o}}^{\mathrm{T}} \in X_{\bar{o}}$ 满足的条件

$$C\mathrm{e}^{At}\boldsymbol{x}_{\bar{o}} = \frac{1}{2}\begin{bmatrix}1 & -1\end{bmatrix}\begin{bmatrix}\mathrm{e}^{-t} + \mathrm{e}^{-3t} & \mathrm{e}^{-t} - \mathrm{e}^{-3t}\\ \mathrm{e}^{-t} - \mathrm{e}^{-3t} & \mathrm{e}^{-t} + \mathrm{e}^{-3t}\end{bmatrix}\boldsymbol{x}_{\bar{o}} = \begin{bmatrix}\mathrm{e}^{-3t} & -\mathrm{e}^{-3t}\end{bmatrix}\boldsymbol{x}_{\bar{o}} = 0$$

得不能观子空间 $X_{\bar{o}}$ 的状态满足 $x_1 = x_2$，不能观子空间的正交补空间为能观子空间 X_{o}，能观子空间中的状态满足 $x_1 = -x_2$。系统状态在 $x_1 = x_2$ 方向上的投影始终无法在输出中被观测到。

引入坐标变换

$$\begin{bmatrix}\bar{x}_1\\ \bar{x}_2\end{bmatrix} = \frac{1}{\sqrt{2}}\begin{bmatrix}1 & -1\\ 1 & 1\end{bmatrix}\begin{bmatrix}x_1\\ x_2\end{bmatrix} = \frac{1}{\sqrt{2}}\begin{bmatrix}x_1 - x_2\\ x_1 + x_2\end{bmatrix}$$

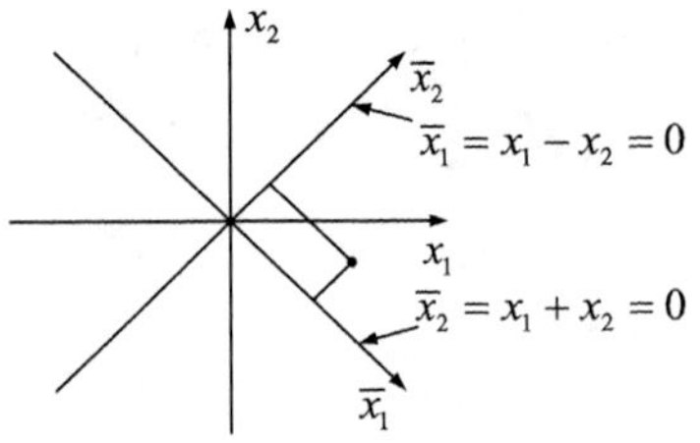

图 3.3　例 3.1 的能观状态和不能观状态

这样，在坐标 $\bar{x}_1$ 上投影为零的状态就是不能观子空间的状态，在坐标 $\bar{x}_2$ 上投影为零的状态就是能观子空间的状态，$\bar{x}_1 = 0$ 和 $\bar{x}_2 = 0$ 两条直线正交，状态变量 $\boldsymbol{x}$ 在 $\bar{x}_1$ 上的投影值为 $\boldsymbol{x}$ 的能观分量，状态变量 $\boldsymbol{x}$ 在 $\bar{x}_2$ 上的投影值为 $\boldsymbol{x}$ 的不能观分量，如图 3.3 所示。坐标变换后系统的状态空间描述为

$$\begin{bmatrix}\dot{\bar{x}}_1\\ \dot{\bar{x}}_2\end{bmatrix}=\begin{bmatrix}1 & -1\\ 1 & 1\end{bmatrix}\begin{bmatrix}-2 & 1\\ 1 & -2\end{bmatrix}\begin{bmatrix}1 & -1\\ 1 & 1\end{bmatrix}^{-1}\begin{bmatrix}\bar{x}_1\\ \bar{x}_2\end{bmatrix}+\frac{1}{\sqrt{2}}\begin{bmatrix}1 & -1\\ 1 & 1\end{bmatrix}\begin{bmatrix}1\\ 0\end{bmatrix}u$$
$$=\begin{bmatrix}-3 & 0\\ 0 & -1\end{bmatrix}\begin{bmatrix}\bar{x}_1\\ \bar{x}_2\end{bmatrix}+\frac{1}{\sqrt{2}}\begin{bmatrix}1\\ 1\end{bmatrix}u$$
$$y=\begin{bmatrix}1 & -1\end{bmatrix}\sqrt{2}\begin{bmatrix}1 & -1\\ 1 & 1\end{bmatrix}^{-1}\begin{bmatrix}\bar{x}_1\\ \bar{x}_2\end{bmatrix}=\begin{bmatrix}\sqrt{2} & 0\end{bmatrix}\begin{bmatrix}\bar{x}_1\\ \bar{x}_2\end{bmatrix}$$

可以清楚地看出通过对系统输出的观测只能得到状态向量能观分量 $\bar{x}_1$ 的信息，无法得到不能观分量 $\bar{x}_2$ 的信息。

3-2　连续时间线性系统的能控性和能观性判据

1. 能控性和能观性的基本判据

由前面的讨论知道，系统在 $[t_0,t_1]$ 上完全能控的充分必要条件是 $\Phi(t_0,t)B(t)$ 的 n 个行向量在 $[t_0,t_1]$ 上线性独立，系统在 $[t_0,t_1]$ 上完全能观的充分必要条件是 $C(t)\Phi(t,t_0)$ 的 n 个列向量在 $[t_0,t_1]$ 上线性独立。检验函数向量在时间区间 $[t_0,t_1]$ 上是否线性独立，计算烦琐困难。根据线性代数的知识，$\Phi(t_0,t)B(t)$ 的 n 个行向量在时间区间 $[t_0,t_1]$ 上线性独立的充分必要条件是，能控性格拉姆矩阵

$$G_c(t_0,t_1)=\int_{t_0}^{t_1}\Phi(t_0,\tau)B(\tau)B^{\mathrm{T}}(\tau)\Phi^{\mathrm{T}}(t_0,\tau)\mathrm{d}\tau \tag{3.4}$$

非奇异。$C(t)\Phi(t,t_0)$ 的 n 个列向量在时间区间 $[t_0,t_1]$ 上线性独立的充分必要条件是，能观性格拉姆矩阵

$$G_o(t_0,t_1)=\int_{t_0}^{t_1}\Phi^{\mathrm{T}}(\tau,t_0)C^{\mathrm{T}}(\tau)C(\tau)\Phi(\tau,t_0)\mathrm{d}\tau \tag{3.5}$$

非奇异。故有如下定理 3.1。

定理 3.1　线性系统 $(A(t),B(t),C(t))$ 在时间区间 $[t_0,t_1]$ 上完全能控的充分必要条件为能控性格拉姆矩阵 $G_c(t_0,t_1)\in R^{n\times n}$ 非奇异。在时间区间 $[t_0,t_1]$ 上完全能观的充分必要条件为能观性格拉姆矩阵 $G_o(t_0,t_1)\in R^{n\times n}$ 非奇异。

能控性格拉姆矩阵不仅可以用来判定系统的能控性，还可以用来求解控制量，即对于能控系统的任意非零初始状态 $\boldsymbol{x}(t_0)=\boldsymbol{x}_0$，将控制量取为

$$\boldsymbol{u}(t)=-B^{\mathrm{T}}(t)\Phi^{\mathrm{T}}(t_0,t)G_c^{-1}(t_0,t_1)\boldsymbol{x}_0$$

便可将系统状态在 $t=t_1$ 时转移到原点，即有

$$
\begin{aligned}
\boldsymbol{x}(t_1) &= \Phi(t_1,t_0)\boldsymbol{x}_0 + \int_{t_0}^{t_1}\Phi(t_1,\tau)B(\tau)\boldsymbol{u}(\tau)\mathrm{d}\tau \\
&= \Phi(t_1,t_0)\boldsymbol{x}_0 - \int_{t_0}^{t_1}\Phi(t_1,\tau)B(\tau)B^{\mathrm{T}}(\tau)\Phi^{\mathrm{T}}(t_0,\tau)G_{\mathrm{c}}^{-1}(t_0,t_1)\boldsymbol{x}_0\mathrm{d}\tau \\
&= \Phi(t_1,t_0)\boldsymbol{x}_0 - \Phi(t_1,t_0)\int_{t_0}^{t_1}\Phi(t_0,\tau)B(\tau)B^{\mathrm{T}}(\tau)\Phi^{\mathrm{T}}(t_0,\tau)\mathrm{d}\tau G_{\mathrm{c}}^{-1}(t_0,t_1)\boldsymbol{x}_0 \\
&= \Phi(t_1,t_0)\boldsymbol{x}_0 - \Phi(t_1,t_0)\boldsymbol{x}_0 = 0
\end{aligned}
$$

同样，能观性格拉姆矩阵不仅可以用来判定系统的能观性，还可以用来求解状态变量的初值，即对于能观系统任意非零初始状态 $\boldsymbol{x}(t_0)=\boldsymbol{x}_0$ 下系统的零输入响应

$$
\boldsymbol{y}(t) = C(t)\Phi(t,t_0)\boldsymbol{x}_0
$$

根据对时间区间 $[t_0,t_1]$ 上的输出测量做积分运算，便可得到状态变量的初值，即有

$$
\begin{aligned}
& G_{\mathrm{o}}^{-1}(t_0,t_1)\int_{t_0}^{t_1}\Phi^{\mathrm{T}}(\tau,t_0)C^{\mathrm{T}}(\tau)\boldsymbol{y}(\tau)\mathrm{d}\tau \\
&= G_{\mathrm{o}}^{-1}(t_0,t_1)\int_{t_0}^{t_1}\Phi^{\mathrm{T}}(\tau,t_0)C^{\mathrm{T}}(\tau)C(\tau)\Phi(\tau,t_0)\boldsymbol{x}_0\mathrm{d}\tau \\
&= G_{\mathrm{o}}^{-1}(t_0,t_1)\int_{t_0}^{t_1}\Phi^{\mathrm{T}}(\tau,t_0)C^{\mathrm{T}}(\tau)C(\tau)\Phi(\tau,t_0)\mathrm{d}\tau\boldsymbol{x}_0 = \boldsymbol{x}_0
\end{aligned}
$$

对于线性定常系统 (A,B,C)，状态能控性和状态能观性与有限时间区间 $[t_0,t_1]$ 的初始时刻以及长度无关，这样将初始时刻取为 $t_0=0$，终点时刻取为任意的 $t_1<\infty$，并将线性定常系统的状态转移矩阵

$$
\Phi(t,0) = \Phi(t) = \mathrm{e}^{At}
$$

代入定理 3.1，便得到下面的定理 3.2。

定理 3.2 线性定常系统 (A,B,C) 完全能控的充分必要条件为，对任意 $t_1>0$，能控性格拉姆矩阵

$$
G_{\mathrm{c}}(0,t_1) = \int_0^{t_1}\mathrm{e}^{-A\tau}BB^{\mathrm{T}}\mathrm{e}^{-A^{\mathrm{T}}\tau}\mathrm{d}\tau \tag{3.6}
$$

非奇异。完全能观的充分必要条件为，对任意 $t_1>0$，能观性格拉姆矩阵

$$
G_{\mathrm{o}}(0,t_1) = \int_0^{t_1}\mathrm{e}^{A^{\mathrm{T}}\tau}C^{\mathrm{T}}C\mathrm{e}^{A\tau}\mathrm{d}\tau \tag{3.7}
$$

非奇异。

2. 线性定常系统能控性能观性的代数判据

能控性和能观性的基本判据主要用于理论推导和研究。下面根据能控性和能观性的基本判据给出一些更便于应用的判据。

根据上面的内容，线性定常系统 (A,B,C) 完全能控的充分必要条件是 $\mathrm{e}^{At}B$ 的 n 个行向量线性无关，即方程组

$$
\boldsymbol{x}_{\bar{\mathrm{c}}}^{\mathrm{T}}\mathrm{e}^{At}B = 0 \tag{3.8}
$$

不存在非零解 $\boldsymbol{x}_{\bar{\mathrm{c}}}^{\mathrm{T}}\neq 0$。将式 (3.8) 微分 $n-1$ 次得

$$
\boldsymbol{x}_{\bar{\mathrm{c}}}^{\mathrm{T}}\mathrm{e}^{At}\begin{bmatrix}B & AB & A^2B & \cdots & A^{n-1}\end{bmatrix} = 0
$$

因为 e^{At} 可逆，所以上式只有零解 $\boldsymbol{x}_{\bar{\mathrm{c}}}=0$ 的充分必要条件是

$$
\operatorname{rank}\begin{bmatrix}B & AB & A^2B & \cdots & A^{n-1}B\end{bmatrix} = n \tag{3.9}
$$

其次，系统 (A,B,C) 完全能观的充分必要条件是 $C\mathrm{e}^{At}$ 的 n 个列向量线性无关，即方程组

$$Ce^{At}\boldsymbol{x}_{\bar{o}} = 0 \tag{3.10}$$

不存在非零解 $\boldsymbol{x}_{\bar{o}}^{\mathrm{T}} \neq 0$。将式(3.10)微分 $n-1$ 次得

$$\begin{bmatrix} C \\ CA \\ CA^2 \\ \vdots \\ CA^{n-1} \end{bmatrix} e^{At}\boldsymbol{x}_{\bar{o}} = 0$$

因为 e^{At} 可逆，所以上式只有零解 $\boldsymbol{x}_{\bar{o}} = 0$ 的充分必要条件是

$$\mathrm{rank}\begin{bmatrix} C \\ CA \\ CA^2 \\ \vdots \\ CA^{n-1} \end{bmatrix} = n \tag{3.11}$$

于是有下面定理 3.3 的系统能控性和能观性的代数判据。

定理 3.3 n 阶线性定常系统 (A,B,C) 完全能控的充分必要条件是，系统的能控性矩阵

$$Q_{\mathrm{c}} = \left[B, AB, A^2B, \cdots, A^{n-1}B\right] \tag{3.12}$$

满秩，即 $\mathrm{rank}Q_{\mathrm{c}} = n$。系统完全能观的充分必要条件是，系统的能观性矩阵

$$Q_{\mathrm{o}} = \begin{bmatrix} C \\ CA \\ CA^2 \\ \vdots \\ CA^{n-1} \end{bmatrix} \tag{3.13}$$

满秩，即 $\mathrm{rank}Q_{\mathrm{o}} = n$。

对于单输入单输出系统 $(A,\boldsymbol{b},\boldsymbol{c}^{\mathrm{T}})$，能控性矩阵为

$$Q_{\mathrm{c}} = \left[\boldsymbol{b}, A\boldsymbol{b}, A^2\boldsymbol{b}, \cdots, A^{n-1}\boldsymbol{b}\right] \tag{3.14}$$

系统能控的充分必要条件为 $\det Q_{\mathrm{c}} \neq 0$。能观性矩阵为

$$Q_{\mathrm{o}} = \begin{bmatrix} \boldsymbol{c}^{\mathrm{T}} \\ \boldsymbol{c}^{\mathrm{T}}A \\ \boldsymbol{c}^{\mathrm{T}}A^2 \\ \vdots \\ \boldsymbol{c}^{\mathrm{T}}A^{n-1} \end{bmatrix} \tag{3.15}$$

系统能观的充分必要条件为 $\det Q_{\mathrm{o}} \neq 0$。

容易看出，系统能控性矩阵的列向量都是 B 的列向量和 A 的列向量的线性组合，系统能观性矩阵的行向量都是 C 的行向量和 A 的行向量的线性组合，所以一旦有 $\mathrm{rank}[B \quad A] < n$，系统就一定不能控，一旦有 $\mathrm{rank}\begin{bmatrix} C \\ A \end{bmatrix} < n$，系统就一定不能观。

能控性和能观性的代数判据也称为秩判据。对于线性定常系统，根据能控性和能观性的代数判据可以有以下一些结论：

(1) 设系统 (A,B,C) 经过线性变换 $\boldsymbol{x}=T\tilde{\boldsymbol{x}}$ 得到 $(\tilde{A},\tilde{B},\tilde{C})=(T^{-1}AT,T^{-1}B,CT)$，于是有

$$\tilde{Q}_c=\left[\tilde{B},\tilde{A}\tilde{B},\tilde{A}^2\tilde{B},\cdots,\tilde{A}^{n-1}\tilde{B}\right]=T^{-1}\left[B,AB,A^2B,\cdots,A^{n-1}B\right]=T^{-1}Q_c$$

因为 T^{-1} 非奇异，根据矩阵乘积的秩的性质，有 $\text{rank}\tilde{Q}_c\leqslant\text{rank}Q_c$。但反之因为

$$Q_c=\left[B,AB,A^2B,\cdots,A^{n-1}B\right]=T\left[\tilde{B},\tilde{A}\tilde{B},\tilde{A}^2\tilde{B},\cdots,\tilde{A}^{n-1}\tilde{B}\right]=T\tilde{Q}_c$$

又有 $\text{rank}Q_c\leqslant\text{rank}\tilde{Q}_c$，所以 $\text{rank}Q_c=\text{rank}\tilde{Q}_c$，即非奇异线性变换不改变系统的能控性。

同理，非奇异线性变换也不改变系统的能观性。

(2) 当系统不完全能控时，$\text{rank}Q_c<n$，任意不能控子空间的状态向量 $\boldsymbol{x}_{\bar{c}}$ 满足式(3.8)。式(3.8)微分 $n-1$ 次，并令 $t=0$ 得到 $\boldsymbol{x}_{\bar{c}}^{\mathrm{T}}[B\quad AB\quad A^2B\quad\cdots\quad A^{n-1}]=0$，即任意不能控子空间中的状态向量 $\boldsymbol{x}_{\bar{c}}$ 与能控性矩阵 Q_c 中的每个列向量都正交。设 $\text{rank}Q_c=l$，则系统能控性矩阵 Q_c 中的 l 个线性无关的列向量组成能控子空间 X_c 的一组基，张成能控子空间，即

$$X_c=\text{span}Q_c$$

同理，系统不完全能观时，设 $\text{rank}Q_o<n$，任意不能观子空间的状态向量 $\boldsymbol{x}_{\bar{o}}$ 满足式(3.10)，即 $\boldsymbol{x}_{\bar{o}}$ 与能观性矩阵 Q_o 中的每个行向量都正交。设 $\text{rank}Q_o=m$，则系统能观性矩阵 Q_o 中的 m 个线性无关的行向量组成能观子空间 X_o 的一组基，张成能观子空间，即

$$X_o=\text{span}Q_o$$

(3) 能控子空间由能控性矩阵 Q_c 的列向量张成，任意能控状态 $\boldsymbol{x}_c\in X_c$ 都是能控性矩阵 Q_c 列向量的线性组合，根据凯莱-哈密顿定理，A^n 可以由 $I,A,A^2,\cdots,A^{n-1}$ 的线性组合表示，因此 $A\boldsymbol{x}_c$ 也是能控性矩阵 Q_c 列向量的线性组合，即 $A\boldsymbol{x}_c\in X_c$，所以能控子空间 X_c 是对 A 的不变子空间。这说明，如果初始状态 $\boldsymbol{x}_0\in X_c$，则系统的零输入响应

$$\mathrm{e}^{At}\boldsymbol{x}_0=\left(I+At+\frac{1}{2!}A^2t^2+\cdots\right)\boldsymbol{x}_0$$

将始终保持在能控子空间中。另外，控制作用只能产生能控子空间中的向量，即任意控制作用下系统的零状态响应

$$\boldsymbol{x}(t)=\int_0^t\mathrm{e}^{A(t-\tau)}B\boldsymbol{u}(\tau)\mathrm{d}\tau=\int_0^t\left(B+AB(t-\tau)+\frac{1}{2!}A^2B(t-\tau)^2+\cdots\right)\boldsymbol{u}(\tau)\mathrm{d}\tau$$

始终在能控子空间中。所以，系统由能控子空间出发的解将始终在能控子空间中。

而对于能控子空间的正交补空间 $X_{\bar{c}}$ 中的状态 $\boldsymbol{x}_{\bar{c}}$，因为有

$$(A^{\mathrm{T}}\boldsymbol{x}_{\bar{c}})^{\mathrm{T}}Q_c=\boldsymbol{x}_{\bar{c}}^{\mathrm{T}}AQ_c=0$$

所以能控子空间的正交补空间 $X_{\bar{c}}$ 是 A^{T} 的不变子空间，即有 $A^{\mathrm{T}}\boldsymbol{x}_{\bar{c}}\in X_{\bar{c}}$。由系统不能控子空间 $X_{\bar{c}}$ 出发的解不总保持在不能控子空间中，除非系统的状态矩阵 $A=A^{\mathrm{T}}$。

同理，系统的不能观子空间 $X_{\bar{o}}$ 是对 A 的不变子空间，能观子空间 X_o 是对 A^{T} 的不变子空间，由不能观子空间 $X_{\bar{o}}$ 出发的零输入响应将始终在不能观子空间 $X_{\bar{o}}$ 中，由系统能观子空间 X_o 出发的解，不总保持在能观子空间中，除非系统的状态矩阵 $A=A^{\mathrm{T}}$。

例 3.3 将单位质量物体沿水平方向和垂直方向的距离和速度分别记为 s_1,v_1,s_2,v_2，不记重力作用。试问

(1) 物体只受和水平方向恒成 θ 角的一个控制力 $u_1(t)$ 作用，它的能控性如何？

(2) 若再加一个控制力 $u_2(t)$，和水平方向恒成 β 角，且作用方向和 $u_1(t)$ 不在一条直线上，

它的能控性又如何？

(3)对该系统，取 s_1、s_2 作为观测量，系统能观吗？

(4)对该系统，取 v_1、v_2 作为观测量，系统的能观性又如何？

解 (1)物体受和水平方向恒成 θ 角的控制力 $u_1(t)$ 作用时，有

$$\begin{aligned}\dot{s}_1 &= v_1\\ \dot{v}_1 &= u_1\cos\theta\\ \dot{s}_2 &= v_2\\ \dot{v}_2 &= u_1\sin\theta\end{aligned}$$

即

$$A=\begin{bmatrix}0&1&0&0\\0&0&0&0\\0&0&0&1\\0&0&0&0\end{bmatrix},\qquad \boldsymbol{b}=\begin{bmatrix}0\\\cos\theta\\0\\\sin\theta\end{bmatrix}$$

系统的能控性矩阵为

$$Q_c=\begin{bmatrix}\boldsymbol{b} & A\boldsymbol{b} & A^2\boldsymbol{b} & A^3\boldsymbol{b}\end{bmatrix}=\begin{bmatrix}0&\cos\theta&0&0\\\cos\theta&0&0&0\\0&\sin\theta&0&0\\\sin\theta&0&0&0\end{bmatrix}$$

因为 $\text{rank}Q_c=2<4$，系统不能控。另外，从

$$\text{rank}[\boldsymbol{b}\quad A]=\text{rank}\begin{bmatrix}0&0&1&0&0\\\cos\theta&0&0&0&0\\0&0&0&0&1\\\sin\theta&0&0&0&0\end{bmatrix}=3<4$$

也可以判定系统不能控。

(2)物体受两力作用时，有

$$\begin{aligned}\dot{s}_1 &= v_1\\ \dot{v}_1 &= u_1\cos\theta+u_2\cos\beta\\ \dot{s}_2 &= v_2\\ \dot{v}_2 &= u_1\sin\theta+u_2\sin\beta\end{aligned}$$

即

$$A=\begin{bmatrix}0&1&0&0\\0&0&0&0\\0&0&0&1\\0&0&0&0\end{bmatrix},\qquad B=\begin{bmatrix}0&0\\\cos\theta&\cos\beta\\0&0\\\sin\theta&\sin\beta\end{bmatrix}$$

因为

$$
\begin{bmatrix} B & AB \end{bmatrix} = \begin{bmatrix} 0 & 0 & \cos\theta & \cos\beta \\ \cos\theta & \cos\beta & 0 & 0 \\ 0 & 0 & \sin\theta & \sin\beta \\ \sin\theta & \sin\beta & 0 & 0 \end{bmatrix}
$$

所以有 $\theta \neq \beta$ 时，$\operatorname{rank}Q_c = \operatorname{rank}[B \quad AB \quad A^2B \quad A^3B] = 4$，系统能控。

(3) 取 s_1、s_2 作为观测量时有

$$
A = \begin{bmatrix} 0 & 1 & 0 & 0 \\ 0 & 0 & 0 & 0 \\ 0 & 0 & 0 & 1 \\ 0 & 0 & 0 & 0 \end{bmatrix}, \quad C = \begin{bmatrix} 1 & 0 & 0 & 0 \\ 0 & 0 & 1 & 0 \end{bmatrix}
$$

因为

$$
\begin{bmatrix} C \\ CA \end{bmatrix} = \begin{bmatrix} 1 & 0 & 0 & 0 \\ 0 & 0 & 1 & 0 \\ 0 & 1 & 0 & 0 \\ 0 & 0 & 0 & 1 \end{bmatrix}
$$

所以有 $\operatorname{rank}Q_o = 4$，系统能观。

(4) 取 v_1、v_2 作为观测量时有

$$
A = \begin{bmatrix} 0 & 1 & 0 & 0 \\ 0 & 0 & 0 & 0 \\ 0 & 0 & 0 & 1 \\ 0 & 0 & 0 & 0 \end{bmatrix}, \quad C = \begin{bmatrix} 0 & 1 & 0 & 0 \\ 0 & 0 & 0 & 1 \end{bmatrix}
$$

因为

$$
\operatorname{rank}Q_o \leqslant \operatorname{rank}\begin{bmatrix} C \\ A \end{bmatrix} = \operatorname{rank}\begin{bmatrix} 0 & 1 & 0 & 0 \\ 0 & 0 & 0 & 1 \\ 0 & 1 & 0 & 0 \\ 0 & 0 & 0 & 0 \\ 0 & 0 & 0 & 1 \\ 0 & 0 & 0 & 0 \end{bmatrix} = 2 < 4
$$

所以系统不能观。

3. 能控性和能观性的 PBH 判据

系统能控性和能观性的 PBH 判据由波波夫(Popov)、贝尔维奇(Belevitch)和豪塔斯(Hautus)提出，因此以他们姓氏的首字母组合命名，称为 PBH 判据，这里只介绍其结果，证明请见书后给出的参考文献(孙增圻，1988)。

定理 3.4 n 阶线性定常系统 (A,B,C) 完全能控的充分必要条件是，对矩阵 A 的任意一个特征根 λ_i 有

$$
\operatorname{rank}\left(\begin{bmatrix} B & \lambda_i I - A \end{bmatrix}\right) = n, \quad i = 1,2,\cdots,n \tag{3.16}
$$

或对于任意复数 s 有

$$\operatorname{rank}\left(\begin{bmatrix} B & sI-A \end{bmatrix}\right)=n \tag{3.17}$$

完全能观的充分必要条件是，对矩阵 A 的任意一个特征根 λ_i 有

$$\operatorname{rank}\left(\begin{bmatrix} C \\ \lambda_i I-A \end{bmatrix}\right)=n,\quad i=1,2,\cdots,n \tag{3.18}$$

或对于任意复数 s 有

$$\operatorname{rank}\left(\begin{bmatrix} C \\ sI-A \end{bmatrix}\right)=n \tag{3.19}$$

4. 能控能观性判据

下面给出线性定常系统既能控又能观的判据。

定理 3.5 p 维输入 q 维输出 n 阶线性定常系统 (A,B,C) 既能控又能观的充分必要条件是

$$\operatorname{rank}(Q_o Q_c)=n \tag{3.20}$$

式中，$Q_o \in R^{(n\times q)\times n}$、$Q_c \in R^{n\times(n\times p)}$ 分别为系统的能观性和能控性矩阵。

证明 先看充分性。若 $\operatorname{rank}(Q_o Q_c)=n$，则由矩阵秩的性质有

$$\operatorname{rank}(Q_o Q_c)\leqslant \min\{\operatorname{rank}Q_o, \operatorname{rank}Q_c\}$$

所以

$$\operatorname{rank}Q_o=\operatorname{rank}Q_c=n$$

即系统能控能观。再看必要性。对于能观性矩阵 $Q_o \in R^{(n\times q)\times n}$ 和 $Q_c \in R^{n\times(n\times p)}$，由希勒维斯特(Sylvester)不等式有

$$\operatorname{rank}Q_o+\operatorname{rank}Q_c-n\leqslant \operatorname{rank}(Q_o Q_c)\leqslant \min\{\operatorname{rank}Q_o, \operatorname{rank}Q_c\}$$

则由 $\operatorname{rank}Q_o=\operatorname{rank}Q_c=n$ 得到

$$\operatorname{rank}(Q_o Q_c)=n$$

证毕。

注意，除非 $p=q=1$ 式(3.20)中的能观性矩阵和能控性矩阵的次序不能调换。$p\neq q$ 时，调换次序后前一个矩阵的列数不等于后一个矩阵的行数，两个矩阵不能相乘。而且，即使 $p=q$，调换次序后，在必要性的证明中也无法由希勒维斯特不等式得到 $\operatorname{rank}(Q_o Q_c)=n$ 的结论。

5. 能控性和能观性的对偶性原理

定义 3.5 系统

$$\dot{\boldsymbol{x}}_1=A\boldsymbol{x}_1+B\boldsymbol{u}_1$$
$$\boldsymbol{y}_1=C\boldsymbol{x}_1$$

和系统

$$\dot{\boldsymbol{x}}_2=A^{\mathrm{T}}\boldsymbol{x}_2+C^{\mathrm{T}}\boldsymbol{u}_2$$
$$\boldsymbol{y}_2=B^{\mathrm{T}}\boldsymbol{x}_2$$

互称为对偶系统，如图 3.4 所示。从图 3.4 看出，互为对偶的两个系统，信号传递方向取反，即系统中各方框的输入输出互换，引出点变为综合点，综合点变为引出点，且各方框中的矩阵取转置。

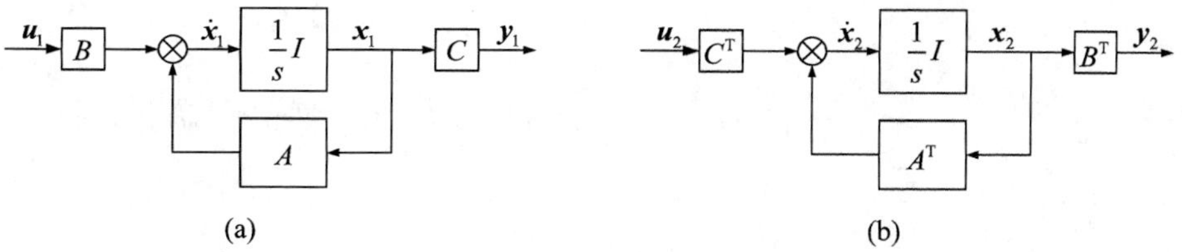

图 3.4　对偶系统方框图

根据对偶系统的定义，容易推出，系统 (A,B,C) 的能控性等价于对偶系统 (A^T,C^T,B^T) 的能观性，系统 (A,B,C) 的能观性等价于对偶系统 (A^T,C^T,B^T) 的能控性。除能控性和能观性的变化外，对偶系统的输入和输出的维数也会发生相应的变化，对偶系统的传递函数矩阵互为转置，即有

$$G_1^T(s)=\left[C(sI-A)^{-1}B\right]^T=\left[B^T(sI-A^T)^{-1}C^T\right]=G_2(s)$$

$$G_2^T(s)=\left[B^T(sI-A^T)^{-1}C^T\right]^T=\left[C(sI-A)^{-1}B\right]=G_1(s)$$

3-3　用约当标准型判定系统的能控性和能观性

在下面的讨论中，设系统的状态矩阵已经经过非奇异变换转化成了对角或约当标准型，系统的输入矩阵、输出矩阵也做了相应的变换，并在此基础上讨论系统能控性和能观性的判别方法，这些判别方法容易应用代数判据或 PBH 判据给出证明，故从略。

1. 单输入系统能控性的判定方法

先看系统矩阵 A 为对角矩阵且特征根互异的情况，此时

$$A=\begin{bmatrix}\lambda_1 & & & \\ & \lambda_2 & & \\ & & \ddots & \\ & & & \lambda_n\end{bmatrix},\quad \boldsymbol{b}=\begin{bmatrix}\beta_1\\ \beta_2\\ \vdots\\ \beta_n\end{bmatrix}$$

式中，$\lambda_1,\lambda_2,\cdots,\lambda_n$ 为 A 的互异特征根，则系统能控的充分必要条件是 $\boldsymbol{b}$ 中的元素全不为零。

请注意，上述结论只适用于特征根互异的情况，若特征根有重根，且系统矩阵又可以对角化，说明重根对应的约当块分裂，对于单输入系统，一旦出现这种情况，就不能控。

例 3.4　试分析系统

$$\dot{\boldsymbol{x}}=\begin{bmatrix}\lambda & 0\\ 0 & \lambda\end{bmatrix}\boldsymbol{x}+\begin{bmatrix}b_1\\ b_2\end{bmatrix}u$$

的能控性。

解　系统如图 3.5 所示，除输入系数 b_1、b_2 外，它是两相同系统的并联，容易看出只有满足 $x_1/x_2=b_1/b_2$ 的状态，才是能控的，否则是不能控的，能控状态构成一维子空间。

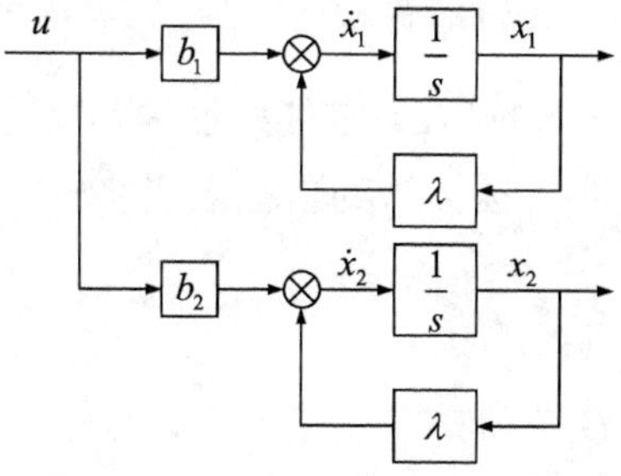

图 3.5　例 3.4 的系统

再看系统矩阵 A 为约当标准型且约当块不分裂的情况，此时

$$A=\begin{bmatrix}J_1 & & & \\ & J_2 & & \\ & & \ddots & \\ & & & J_m\end{bmatrix},\ \boldsymbol{b}=\left[\beta_{1l_1},\beta_{1l_1-1},\cdots,\beta_{11};\beta_{2l_2},\beta_{2l_2-1},\cdots,\beta_{21};\cdots;\beta_{ml_m},\beta_{ml_m-1},\cdots,\beta_{m1}\right]^{\mathrm{T}}$$

式中

$$J_i=\begin{bmatrix}\lambda_i & 1 & & \\ & \lambda_i & \ddots & \\ & & \ddots & 1 \\ & & & \lambda_i\end{bmatrix}_{l_i\times l_i},\quad i=1,2,\cdots,m$$

$\lambda_1,\lambda_2,\cdots,\lambda_m$ 为 A 的互异特征根，l_i 是 λ_i 的重数，$\sum_{i=1}^{m}l_i=n$，这时系统能控的充分必要条件是 $\boldsymbol{b}$ 中与每个约当块最后一行对应的 m 个数 $\beta_{11},\beta_{21},\cdots,\beta_{m1}$ 全不为零。

例 3.5 试分析系统

$$\begin{bmatrix}\dot{x}_1\\ \dot{x}_2\end{bmatrix}=\begin{bmatrix}\lambda_1 & 1\\ 0 & \lambda_1\end{bmatrix}\begin{bmatrix}x_1\\ x_2\end{bmatrix}+\begin{bmatrix}b_1\\ b_2\end{bmatrix}u$$

的能控性。

解 系统只有一个约当块，只要与约当块最后一行对应的 $b_2\neq 0$，系统就能控，即使 $b_1=0$，x_1 与 u 不直接相联系，但 x_1 通过 x_2 和 u 相联系，如图 3.6(a)所示。反之，$b_2=0$，$b_1\neq 0$，x_2 不受控制，系统不能控，如图 3.6(b)所示。

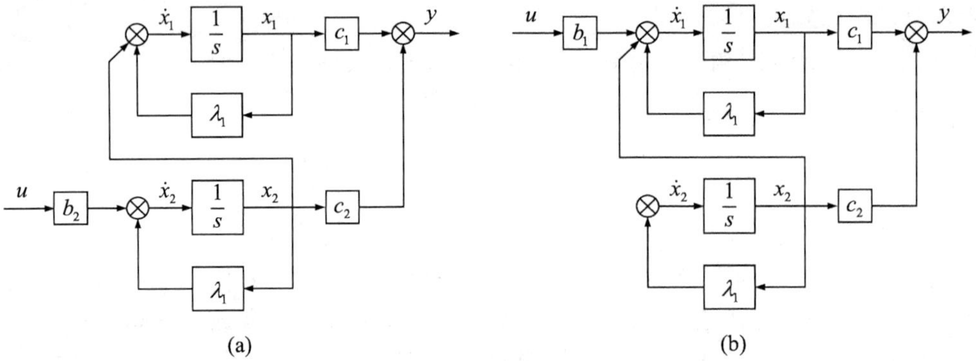

图 3.6 例 3.5 的系统

2. 多输入系统能控性的判定方法

设 A 为约当标准型

$$A=\begin{bmatrix}J_1 & & & \\ & J_2 & & \\ & & \ddots & \\ & & & J_m\end{bmatrix}$$

$$J_i=\begin{bmatrix} J_{i1} & & & \\ & J_{i2} & & \\ & & \ddots & \\ & & & J_{i\sigma_i} \end{bmatrix}, \quad i=1,2,\cdots,m$$

$$J_{ij}=\begin{bmatrix} \lambda_i & 1 & & \\ & \lambda_i & 1 & \\ & & \ddots & 1 \\ & & & \lambda_i \end{bmatrix}_{l_{ij}\times l_{ij}}, \quad j=1,2,\cdots,\sigma_i$$

式中，$\lambda_1,\lambda_2,\cdots,\lambda_m$ 是 A 的互不相同的特征值，l_i 是 λ_i 的重数，σ_i 是第 i 个特征根分裂的约当块的个数，l_{ij} 是第 i 个特征根的第 j 个约当块的维数，于是有 $\sum\limits_{j=1}^{\sigma_i} l_{ij}=l_i$，$\sum\limits_{i=1}^{m} l_i=n$。按照 A 的分块，把 B 的行向量进行分块表示为

$$B=\begin{bmatrix} B_1 \\ B_2 \\ \vdots \\ B_m \end{bmatrix}; \quad B_i=\begin{bmatrix} B_{i1} \\ B_{i2} \\ \vdots \\ B_{i\sigma_i} \end{bmatrix}, \quad i=1,2,\cdots,m; \quad B_{ij}=\begin{bmatrix} \boldsymbol{b}_{ij1}^{\mathrm{T}} \\ \boldsymbol{b}_{ij2}^{\mathrm{T}} \\ \vdots \\ \boldsymbol{b}_{ijl_{ij}}^{\mathrm{T}} \end{bmatrix}, \quad j=1,2,\cdots,\sigma_i$$

对于每个 i，把 $B_{i1},B_{i2},\cdots,B_{i\sigma_i}$ 的最后一行取出来，得到 σ_i 个 B 的行向量，把它们记为 U_i，即

$$U_i=\left\{\boldsymbol{b}_{i1l_{i1}}^{\mathrm{T}},\cdots,\boldsymbol{b}_{i\sigma_i l_{i\sigma_i}}^{\mathrm{T}}\right\}$$

则系统能控的充分必要条件是，对于每个 i $(i=1,2,\cdots,m)$，U_i 中的 σ_i 个行向量是线性独立的。

容易看出，对于单输入系统，一旦出现约当块分裂的情况，系统就不能控。例如，例 3.4 的单输入单输出系统

$$A=\begin{bmatrix} \lambda_1 & \\ & \lambda_1 \end{bmatrix}, \quad B=\begin{bmatrix} b_1 \\ b_2 \end{bmatrix}$$

特征根 λ_1 分裂成两个约当块，将输入矩阵相应分块为

$$B=[B_1], \quad B_1=\begin{bmatrix} B_{11} \\ B_{12} \end{bmatrix}, \quad B_{11}=[b_1], \quad B_{12}=[b_2]$$

b_1,b_2 总相关，故系统不能控。对于多输入系统，当 A 为约当型且约当块不分裂时，与每个约当块对应的 B_1，B_2，$\cdots$，B_m，只要它们各自的最后一行非零，系统就能控。对于约当块分裂的情况，要求系统输入变量的个数必须大于等于最大的约当块分裂个数，且系统输入矩阵中与每个特征值 λ_i 分裂的 σ_i 个约当块第一级相联系的 σ_i 个列向量 $\boldsymbol{b}_{i1l_{i1}}^{\mathrm{T}},\cdots,\boldsymbol{b}_{i\sigma_i l_{i\sigma_i}}^{\mathrm{T}}$ 必须线性独立，请看下面的例子。

例 3.6 试判定系统

$$\dot{\boldsymbol{x}}=\begin{bmatrix} -1 & & & \\ & -1 & & \\ & & -2 & 1 \\ & & & -2 \end{bmatrix}\boldsymbol{x}+\begin{bmatrix} b_{11} & b_{12} \\ b_{21} & b_{22} \\ b_{31} & b_{32} \\ b_{41} & b_{42} \end{bmatrix}\boldsymbol{u}$$

的能控性。

解 本例题中

$$A=\begin{bmatrix} J_1 & \\ & J_2 \end{bmatrix},\ J_1=\begin{bmatrix} J_{11} & \\ & J_{12} \end{bmatrix},\ J_{11}=J_{12}=-1,\ J_2=\begin{bmatrix} -2 & 1 \\ 0 & -2 \end{bmatrix}$$

按 A 的约当块，将 B 分块表示为

$$B=\begin{bmatrix} B_1 \\ B_2 \end{bmatrix},\ B_1=\begin{bmatrix} B_{11} \\ B_{12} \end{bmatrix},\ B_{11}=\begin{bmatrix} b_{11} & b_{12} \end{bmatrix},\ B_{12}=\begin{bmatrix} b_{21} & b_{22} \end{bmatrix},\ B_2=\begin{bmatrix} b_{31} & b_{32} \\ b_{41} & b_{42} \end{bmatrix}$$

于是有

$$U_1=\left\{\begin{bmatrix} b_{11} & b_{12} \end{bmatrix},\begin{bmatrix} b_{21} & b_{22} \end{bmatrix}\right\}$$

$$U_2=\left\{\begin{bmatrix} b_{41} & b_{42} \end{bmatrix}\right\}$$

故系统能控的充分必要条件为$\begin{bmatrix} b_{11} \\ b_{12} \end{bmatrix},\begin{bmatrix} b_{21} \\ b_{22} \end{bmatrix}$线性独立，$\begin{bmatrix} b_{41} \\ b_{42} \end{bmatrix}$不为零。

3. 单输出系统能观性的判定方法

对于系统矩阵 A 为对角矩阵且特征根互异的情况，此时

$$A=\begin{bmatrix} \lambda_1 & & & \\ & \lambda_2 & & \\ & & \ddots & \\ & & & \lambda_n \end{bmatrix},\quad \boldsymbol{c}^{\mathrm{T}}=\begin{bmatrix} c_1 & c_2 & \cdots & c_n \end{bmatrix}$$

式中，$\lambda_1,\lambda_2,\cdots,\lambda_n$ 为 A 的互异特征根，则系统能观的充分必要条件是 $\boldsymbol{c}^{\mathrm{T}}$ 中的元素全不为零。

对于系统矩阵 A 为约当标准型且约当块不分裂的情况，此时

$$A=\begin{bmatrix} J_1 & & & \\ & J_2 & & \\ & & \ddots & \\ & & & J_m \end{bmatrix},\quad \boldsymbol{c}^{\mathrm{T}}=\begin{bmatrix} c_{1l_1},c_{1l_1-1},\cdots,c_{11};c_{2l_2},c_{2l_2-1},\cdots,c_{21};\cdots;c_{ml_m},c_{ml_m-1},\cdots c_{m1} \end{bmatrix}$$

式中

$$J_i=\begin{bmatrix} \lambda_i & 1 & & \\ & \lambda_i & \ddots & \\ & & \ddots & 1 \\ & & & \lambda_i \end{bmatrix}_{l_i\times l_i},\quad i=1,2,\cdots,m$$

$\lambda_1,\lambda_2,\cdots,\lambda_m$ 为 A 的互异特征根，l_i 是 λ_i 的重数，$\sum\limits_{i=1}^{m}l_i=n$，则系统能观的充分必要条件是 $\boldsymbol{c}^{\mathrm{T}}$ 中与每个约当块第一列对应的 m 个数 $c_{1l_1},c_{2l_2},\cdots,c_{ml_m}$ 全不为零。

4. 多输出系统能观性的判定方法

设 A 为约当标准型

$$A=\begin{bmatrix} J_1 & & & \\ & J_2 & & \\ & & \ddots & \\ & & & J_m \end{bmatrix}$$

$$J_i=\begin{bmatrix} J_{i1} & & & \\ & J_{i2} & & \\ & & \ddots & \\ & & & J_{i\sigma_i} \end{bmatrix},\quad i=1,2,\cdots,m$$

$$J_{ij}=\begin{bmatrix} \lambda_i & 1 & & \\ & \lambda_i & 1 & \\ & & \ddots & 1 \\ & & & \lambda_i \end{bmatrix}_{l_{ij}\times l_{ij}},\quad j=1,2,\cdots,\sigma_i$$

式中，$\lambda_1,\lambda_2,\cdots,\lambda_m$ 是 A 的互不相同的特征值，l_i 是 λ_i 的重数，σ_i 是第 i 个特征根分裂的约当块的个数，l_{ij} 是第 i 个特征根的第 j 个约当块的维数，于是有 $\sum_{j=1}^{\sigma_i} l_{ij}=l_i$，$\sum_{i=1}^{m} l_i=n$。按照 A 的分块，把 C 的列向量相应地分块表示为

$$C=\begin{bmatrix} C_1 & C_2 & \cdots & C_m \end{bmatrix}$$

$$C_i=\begin{bmatrix} C_{i1} & C_{i2} & \cdots & C_{i\sigma_i} \end{bmatrix},\quad i=1,2,\cdots,m$$

$$C_{ij}=\begin{bmatrix} \boldsymbol{c}_{ij1} & \boldsymbol{c}_{ij2} & \cdots & \boldsymbol{c}_{ijl_{ij}} \end{bmatrix},\quad j=1,2,\cdots,\sigma_i$$

对于每个 i，把 $C_{i1},C_{i2},\cdots,C_{i\sigma_i}$ 的第一列取出来，得到 σ_i 个 C 的列向量，把它们记为 V_i，即

$$V_i=\{\boldsymbol{c}_{i11},\cdots,\boldsymbol{c}_{i\sigma_i 1}\}$$

则系统能观的充分必要条件是，对于每个 i，$i=1,2,\cdots,m$，V_i 中的 σ_i 个列向量是线性独立的。

容易看出，对于单输出系统，一旦出现约当块分裂的情况，系统就不能观。而对于多输出系统，当 A 为约当型且约当块不分裂时，与每个约当块对应的 $C_1,C_2,\cdots,C_m$，只要它们各自的第一列非零系统就能观。对于约当块分裂的情况，要求系统输出变量的个数必须大于等于最大的约当块分裂个数，且系统输出矩阵中与每个特征值 λ_i 分裂的 σ_i 个约当块最后一级相联系的 σ_i 个列向量 $\boldsymbol{c}_{i11},\cdots,\boldsymbol{c}_{i\sigma_i 1}$ 必须线性独立。

3-4　用传递函数矩阵判定系统的能控性和能观性

传递函数或传递函数矩阵是系统的外部描述，传递函数矩阵的状态空间实现不唯一，不同实现的能控性和能观性也不同，因此不可能只根据传递函数矩阵对系统的能控性和能观性做出判断，本节讨论如何结合系统状态空间描述的部分信息，用传递函数矩阵来判定系统能控性和能观性的方法。

首先，可以计算系统状态矩阵 A 的特征值，若特征值 $\lambda_1,\lambda_2,\cdots,\lambda_n$ 互不相同，不妨设

$$A=\begin{bmatrix} \lambda_1 & & \\ & \ddots & \\ & & \lambda_n \end{bmatrix}$$

并记

$$B=\begin{bmatrix} \boldsymbol{b}_1^{\mathrm{T}} \\ \vdots \\ \boldsymbol{b}_n^{\mathrm{T}} \end{bmatrix},\quad C=\begin{bmatrix} \boldsymbol{c}_1 & \cdots & \boldsymbol{c}_n \end{bmatrix}$$

则系统的传递函数矩阵

$$G(s)=\frac{C\text{adj}(sI-A)B}{\det(sI-A)}=\sum_{i=1}^{n}\frac{\boldsymbol{c}_i\boldsymbol{b}_i^{\mathrm{T}}}{s-\lambda_i}$$

若系统不能控或不能观，根据 3-3 节的结论，必存在 i 使 $\boldsymbol{c}_i=0$ 或 $\boldsymbol{b}_i=0$，于是有 $\boldsymbol{c}_i\boldsymbol{b}_i^{\mathrm{T}}$ 是零矩阵，说明 $G(s)$ 的分母没有 $s-\lambda_i$ 这个因子，也就是说 $G(s)$ 的分子部分 $C\text{adj}(sI-A)B$ 有因子 $s-\lambda_i$ 与分母 $\det(sI-A)$ 中的 $s-\lambda_i$ 相消。反之，若系统能控且能观，根据 3-3 节的结论，对于每个 i，都有 $\boldsymbol{c}_i\neq 0$ 和 $\boldsymbol{b}_i\neq 0$，而从 $\boldsymbol{c}_i$ 和 $\boldsymbol{b}_i$ 为非零列向量容易推得 $\boldsymbol{c}_i\boldsymbol{b}_i^{\mathrm{T}}$ 为非零矩阵，从而 $G(s)$ 的分母包含 $(s-\lambda_1)$，$(s-\lambda_2)$，…，$(s-\lambda_n)$ 全部因子，$G(s)$ 的分子分母间没有发生因子相消。同样，也可以分别对系统的能控性或能观性进行讨论，即有下面的结论：

如果系统矩阵 A 的特征值互不相同，则系统 (A,B,C) 为能控能观的充分必要条件是，输入到输出的传递函数矩阵 $C(sI-A)^{-1}B$ 的分母是特征多项式 $\det(sI-A)$，与分子 $C\text{adj}(sI-A)B$ 间不发生因子相消；系统 (A,B,C) 为能控的充分必要条件是，输入到状态的传递函数矩阵 $(sI-A)^{-1}B$ 的分母是特征多项式 $\det(sI-A)$，与分子 $\text{adj}(sI-A)B$ 间不发生因子相消；系统 (A,B,C) 为能观的充分必要条件是，状态到输出的传递函数矩阵 $C(sI-A)^{-1}$ 的分母是特征多项式 $\det(sI-A)$，与分子 $C\text{adj}(sI-A)$ 间不发生因子相消。

从上面的结论可以看出，当系统矩阵的特征值互不相同时，系统输入到状态的传递函数矩阵 $(sI-A)^{-1}B$ 的分母是特征多项式与分子间不发生因子相消，系统状态到输出的传递函数矩阵 $C(sI-A)^{-1}$ 的分母是特征多项式与分子间不发生因子相消，上述两条件成立，与系统输入到输出的传递函数矩阵 $C(sI-A)^{-1}B$ 的分母是特征多项式与分子间不发生因子相消是一回事，这时系统将是能控能观的。

其次，可以计算伴随矩阵 $\text{adj}(sI-A)$，确定其各元素是否存在阶数大于等于 1 的最大公因子，如果不存在，则系统矩阵 A 的最小多项式 $\varphi_{\mathrm{m}}(s)$ 和特征多项式 $\det(sI-A)$ 一致，根据 2-3 节有关矩阵 A 的最小多项式 $\varphi_{\mathrm{m}}(s)$ 的性质(3)，此时系统特征多项式 $\det(sI-A)$ 和伴随矩阵 $\text{adj}(sI-A)$ 间没有因子相消，A 的约当块不分裂，不妨设

$$A=\begin{bmatrix} J_1 & & & \\ & J_2 & & \\ & & \ddots & \\ & & & J_m \end{bmatrix},\quad J_i=\begin{bmatrix} \lambda_i & 1 & & \\ & \lambda_i & \ddots & \\ & & \ddots & 1 \\ & & & \lambda_i \end{bmatrix}_{l_i\times l_i}$$

式中，$\lambda_1,\lambda_2,\cdots,\lambda_m$ 是 A 的互不相同的特征值，l_i 是 λ_i 的重数，$\sum\limits_{i=1}^{m}l_i=n$。按照 A 的分块方法，把 B 的行向量相应地分块表示为 $B=\begin{bmatrix} B_1 \\ B_2 \\ \vdots \\ B_m \end{bmatrix}$，把 C 的列向量相应地分块表示为 $C=[C_1\quad C_2\quad \cdots\quad C_m]$，于是有

$$G(s)=\frac{C\text{adj}(sI-A)B}{\det(sI-A)}=\sum_{i=1}^{m}C_i(sI-J_i)^{-1}B_i$$

而

$$(sI-J_i)^{-1}=\begin{bmatrix}\frac{1}{s-\lambda_i} & \frac{1}{(s-\lambda_i)^2} & \cdots & \frac{1}{(s-\lambda_i)^{l_i}}\\ & \ddots & \ddots & \vdots\\ & & \ddots & \frac{1}{(s-\lambda_i)^2}\\ & & & \frac{1}{s-\lambda_i}\end{bmatrix}_{l_i\times l_i},\quad C_i=\begin{bmatrix}\boldsymbol{c}_{i1} & \cdots & \boldsymbol{c}_{il_i}\end{bmatrix},\quad B_i=\begin{bmatrix}\boldsymbol{b}_{i1}^{\mathrm{T}}\\ \vdots\\ \boldsymbol{b}_{il_i}^{\mathrm{T}}\end{bmatrix}$$

将 $(sI-J_i)^{-1}$ 表示成

$$(sI-J_i)^{-1}=\frac{1}{s-\lambda_i}\begin{bmatrix}1 & & & \\ & 1 & & \\ & & \ddots & \\ & & & 1\end{bmatrix}+\frac{1}{(s-\lambda_i)^2}\begin{bmatrix}0 & 1 & & \\ & 0 & \ddots & \\ & & \ddots & 1\\ & & & 0\end{bmatrix}+\cdots+\frac{1}{(s-\lambda_i)^{l_i}}\begin{bmatrix}0 & \cdots & 0 & 1\\ & 0 & \cdots & 0\\ & & \ddots & \vdots\\ & & & 0\end{bmatrix}$$

容易看出

$$C_i(sI-J_i)^{-1}B_i=\sum_{j=1}^{l_i}\frac{P_{ij}}{(s-\lambda_i)^j}$$

式中，P_{ij} 是 $q\times p$ 阶的常数矩阵，$P_{il_i}=\boldsymbol{c}_{i1}\boldsymbol{b}_{il_i}^{\mathrm{T}}$，$P_{il_i}$ 不是零矩阵的充分必要条件是 $\boldsymbol{c}_{i1}$ 和 $\boldsymbol{b}_{il_i}^{\mathrm{T}}$ 都不是零向量。同样，也可以分别对传递函数矩阵 $(sI-A)^{-1}B$ 和 $C(sI-A)^{-1}$ 进行讨论。根据 3-3 节的内容，系统矩阵 A 的最小多项式和特征多项式一致时，有与系统矩阵 A 的特征值互不相同时相同的结论。

如果伴随矩阵 $\mathrm{adj}(sI-A)$ 的各元素存在阶数大于等于 1 的最大公因子 $d(s)$，即 $\mathrm{adj}(sI-A)=d(s)P(s)$，则系统传递函数矩阵的分母最多只能是最小多项式 $\varphi_{\mathrm{m}}(s)$。上面的讨论说明，在 $\det(sI-A)=\varphi_{\mathrm{m}}(s)$ 的情况下，可以用考察传递函数矩阵的分母是否等于 $\varphi_{\mathrm{m}}(s)$ 来判定系统的能控性和能观性。没有 $\det(sI-A)=\varphi_{\mathrm{m}}(s)$ 的条件，容易找到反例，即使传递函数矩阵的分母等于 $\varphi_{\mathrm{m}}(s)$，系统仍不能控或不能观。在这种情况下，计算系统 (A,B,C) 的传递函数矩阵 $G(s)=C(sI-A)^{-1}B$，设其各元素分子多项式和分母多项式互质(如果各元素分子多项式和分母多项式有公因子，要将它们对消掉)，则传递函数矩阵各阶子式最小公分母的阶次等于它最小阶实现的阶次，于是有系统 (A,B,C) 为能控能观的充分必要条件是传递函数矩阵 $C(sI-A)^{-1}B$ 各阶子式最小公分母的阶次等于矩阵 A 的阶次；系统 (A,B,C) 为能控的充分必要条件是传递函数矩阵 $(sI-A)^{-1}B$ 各阶子式最小公分母的阶次等于矩阵 A 的阶次；系统 (A,B,C) 为能观的充分必要条件是传递函数矩阵 $C(sI-A)^{-1}$ 各阶子式最小公分母的阶次等于矩阵 A 的阶次。但下面有关系统能控性和能观性的必要条件成立：

如果系统 (A,B,C) 为能控且能观，则它的传递函数矩阵的分母是最小多项式 $\varphi_{\mathrm{m}}(s)$，与分子 $CP(s)B$ 间不发生因子相消；如果系统 (A,B,C) 为能控，则传递函数矩阵 $(sI-A)^{-1}B$ 的分母是最小多项式 $\varphi_{\mathrm{m}}(s)$，与分子 $P(s)B$ 间不发生因子相消；如果系统 (A,B,C) 为能观，则传递函数矩阵 $C(sI-A)^{-1}$ 的分母是最小多项式 $\varphi_{\mathrm{m}}(s)$，与分子 $CP(s)$ 间不发生因子相消。

另外，对单输入单输出系统，传递函数的分母等于 A 的特征多项式还是系统能控或能观的必要条件，即有如下结论：

单输入单输出系统能控能观的充分必要条件是，传递函数 $\boldsymbol{c}^{\mathrm{T}}(sI-A)^{-1}\boldsymbol{b}$ 的分母是

$\det(sI-A)$，与分子 $\boldsymbol{c}^{\mathrm{T}}\mathrm{adj}(sI-A)\boldsymbol{b}$ 间不发生因子相消；能控的充分必要条件是，传递函数矩阵 $(sI-A)^{-1}\boldsymbol{b}$ 的分母是 $\det(sI-A)$，与分子 $\mathrm{adj}(sI-A)\boldsymbol{b}$ 间不发生因子相消；能观的充分必要条件是传递函数矩阵 $\boldsymbol{c}^{\mathrm{T}}(sI-A)^{-1}$ 的分母是 $\det(sI-A)$，与分子 $\boldsymbol{c}^{\mathrm{T}}\mathrm{adj}(sI-A)$ 间不发生因子相消。单输入单输出系统一旦发生特征多项式 $\det(sI-A)$ 和伴随矩阵 $\mathrm{adj}(sI-A)$ 间的因子相消，即约当块分裂，则系统既不能控也不能观。

例 3.7 设系统的系数矩阵为

$$A=\begin{bmatrix}1&0&0\\0&2&0\\0&0&3\end{bmatrix},\quad B=\begin{bmatrix}1&0\\1&0\\0&1\end{bmatrix},\quad C=\begin{bmatrix}1&1&0\\0&0&1\end{bmatrix}$$

试分析系统的能控性和能观性。

解 系统特征多项式 $\psi(s)=(s-1)(s-2)(s-3)$，特征根相异，系统的传递函数矩阵为

$$G(s)=\frac{C\mathrm{adj}(sI-A)B}{\det(sI-A)}=\frac{\begin{bmatrix}1&1&0\\0&0&1\end{bmatrix}\begin{bmatrix}(s-2)(s-3)&&\\&(s-1)(s-3)&\\&&(s-1)(s-2)\end{bmatrix}\begin{bmatrix}1&0\\1&0\\0&1\end{bmatrix}}{(s-1)(s-2)(s-3)}$$

$$=\frac{\begin{bmatrix}(s-2)(s-3)+(s-1)(s-3)&0\\0&(s-1)(s-2)\end{bmatrix}}{(s-1)(s-2)(s-3)}=\begin{bmatrix}\dfrac{2s-3}{(s-1)(s-2)}&0\\0&\dfrac{1}{(s-3)}\end{bmatrix}$$

传递函数矩阵的分母多项式等于系统的特征多项式，与分子多项式矩阵间没有公因子相消，故系统是能控能观的。

例 3.8 设系统的系数矩阵为

$$A=\begin{bmatrix}1&3&2\\0&4&2\\0&0&1\end{bmatrix},\quad B=\begin{bmatrix}1&0\\0&1\\0&0\end{bmatrix},\quad C=\begin{bmatrix}1&0&0\\0&1&1\end{bmatrix}$$

试分别判定系统的能控性和能观性。

解 先看能控性，因为

$$(sI-A)^{-1}B=\frac{\mathrm{adj}\begin{bmatrix}s-1&-3&-2\\0&s-4&-2\\0&0&s-1\end{bmatrix}\begin{bmatrix}1&0\\0&1\\0&0\end{bmatrix}}{(s-1)^2(s-4)}=\frac{\begin{bmatrix}(s-4)(s-1)&3(s-1)&2(s-1)\\0&(s-1)^2&2(s-1)\\0&0&(s-4)(s-1)\end{bmatrix}\begin{bmatrix}1&0\\0&1\\0&0\end{bmatrix}}{(s-1)^2(s-4)}$$

$$=\frac{\begin{bmatrix}s-4&3&2\\0&s-1&2\\0&0&s-4\end{bmatrix}\begin{bmatrix}1&0\\0&1\\0&0\end{bmatrix}}{(s-1)(s-4)}=\frac{\begin{bmatrix}s-4&3\\0&s-1\\0&0\end{bmatrix}}{(s-1)(s-4)}$$

从中看出系统的特征多项式 $\psi(s)=(s-1)^2(s-4)$，最小多项式 $\varphi_{\mathrm{m}}(s)=(s-1)(s-4)$，特征多项

式不等于最小多项式，由此无法确定系统能控。另一方面，传递函数矩阵的分母是最小多项式，与分子之间没有发生进一步的因子相消，由此无法确定系统不能控。计算传递函数矩阵各 1 阶和 2 阶子式的最小公分母为 $(s+1)(s+4)$，阶次等于 2，小于矩阵 A 的阶次 3，所以系统不能控。

再看能观性，同样从传递函数矩阵

$$C(sI-A)^{-1}=\frac{\begin{bmatrix}1&0&0\\0&1&1\end{bmatrix}\operatorname{adj}\begin{bmatrix}s-1&-3&-2\\0&s-4&-2\\0&0&s-1\end{bmatrix}}{(s-1)^2(s-4)}$$

$$=\frac{\begin{bmatrix}1&0&0\\0&1&1\end{bmatrix}\begin{bmatrix}s-4&3&2\\0&s-1&2\\0&0&s-4\end{bmatrix}}{(s-1)(s-4)}=\frac{\begin{bmatrix}s-4&3&2\\0&s-1&s-2\end{bmatrix}}{(s-1)(s-4)}$$

因为同样的理由无法确定系统能观或不能观。计算传递函数矩阵各 1 阶和 2 阶子式的最小公分母为 $(s-1)^2(s-4)$，阶次等于矩阵 A 的阶次 3，所以系统能观。

例 3.9 系统如图 3.7(a)、(b)所示，试判断系统的能控性和能观性。

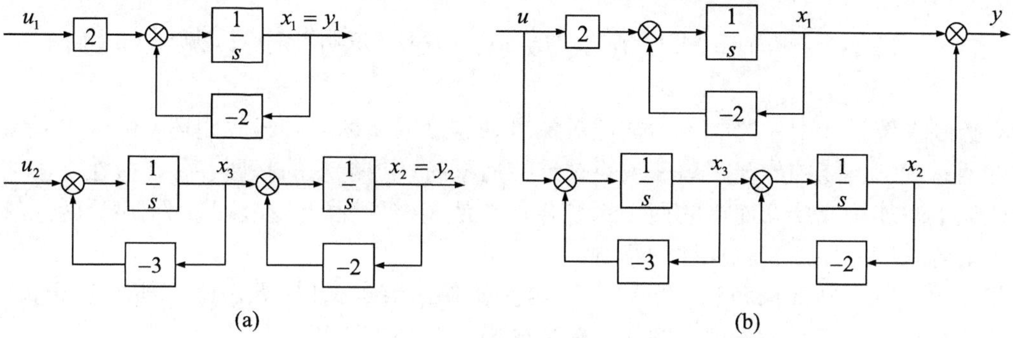

图 3.7 例 3.9 的系统框图

解 图 3.7(a)系统的状态空间描述为

$$\begin{bmatrix}\dot{x}_1\\\dot{x}_2\\\dot{x}_3\end{bmatrix}=\begin{bmatrix}-2&0&0\\0&-2&1\\0&0&-3\end{bmatrix}\begin{bmatrix}x_1\\x_2\\x_3\end{bmatrix}+\begin{bmatrix}2&0\\0&0\\0&1\end{bmatrix}\begin{bmatrix}u_1\\u_2\end{bmatrix}$$

$$\begin{bmatrix}y_1\\y_2\end{bmatrix}=\begin{bmatrix}1&0&0\\0&1&0\end{bmatrix}\begin{bmatrix}x_1\\x_2\\x_3\end{bmatrix}$$

特征多项式 $\psi(s)=(s+2)^2(s+3)$，特征根 −2 对应的约当块分裂，伴随矩阵 $\operatorname{adj}(sI-A)$ 各元素的最大公因子 $d(s)=s+2$，最小多项式 $\varphi_{\mathrm{m}}(s)=(s+2)(s+3)$，特征多项式不等于最小多项式，计算系统的传递函数矩阵为

$$\begin{bmatrix} y_1(s) \\ y_2(s) \end{bmatrix} = \begin{bmatrix} \dfrac{2}{s+2} \\ \dfrac{2}{(s+2)(s+3)} \end{bmatrix} \begin{bmatrix} u_1(s) \\ u_2(s) \end{bmatrix} = \frac{1}{(s+2)(s+3)} \begin{bmatrix} s+3 & 0 \\ 0 & 2 \end{bmatrix} \begin{bmatrix} u_1(s) \\ u_2(s) \end{bmatrix}$$

计算传递函数矩阵各 1 阶和 2 阶子式的最小公分母为系统是 $(s+2)^2(s+3)$，阶次等于矩阵 A 的阶次 3，系统能控能观。

图 3.7(b) 所示系统的状态空间描述为

$$\begin{bmatrix} \dot{x}_1 \\ \dot{x}_2 \\ \dot{x}_3 \end{bmatrix} = \begin{bmatrix} -2 & 0 & 0 \\ 0 & -2 & 1 \\ 0 & 0 & -3 \end{bmatrix} \begin{bmatrix} x_1 \\ x_2 \\ x_3 \end{bmatrix} + \begin{bmatrix} 2 \\ 0 \\ 1 \end{bmatrix} u$$

$$y = \begin{bmatrix} 1 & 1 & 0 \end{bmatrix} \begin{bmatrix} x_1 \\ x_2 \\ x_3 \end{bmatrix}$$

特征多项式、伴随矩阵各元素的最大公因子、最小多项式同图 3.7(a) 的情况，尽管有传递函数的分母多项式等于最小多项式，但因为是单输入单输出系统，一旦出现约当块分裂的情况，特征多项式和伴随矩阵间必有因子相消，系统既不能控也不能观。

3-5 串联和反馈连接系统的能控性和能观性

在控制系统设计中，控制器与被控对象串联连接或反馈连接组成闭环系统，串联或反馈连接的两系统各自能控能观是串联或反馈连接后系统能控能观的必要条件，故在下面的讨论中总假设串联连接或反馈连接的两个系统各自都是能控能观的，在此基础上讨论两系统间零、极点对消对系统能控性和能观性的影响。

先看两系统串联连接的情况。设 p 维输入 p 维输出系统 (A_1, B_1, C_1, D_1) 和 (A_2, B_2, C_2, D_2) 能控能观，极点多项式、零点多项式和传递函数矩阵分别为

$$\psi_1(s) = \det(sI - A_1), \quad z_1(s) = \det\begin{bmatrix} sI - A_1 & -B_1 \\ C_1 & D_1 \end{bmatrix}, \quad G_1(s) = C_1(sI - A_1)^{-1}B_1 + D_1 = \frac{Q_1(s)}{\varphi_1(s)}$$

$$\psi_2(s) = \det(sI - A_2), \quad z_2(s) = \det\begin{bmatrix} sI - A_2 & -B_2 \\ C_2 & D_2 \end{bmatrix}, \quad G_2(s) = C_2(sI - A_2)^{-1}B_2 + D_2 = \frac{Q_2(s)}{\varphi_2(s)}$$

如图 2.20 所示，系统 (A_1, B_1, C_1, D_1) 在前，系统 (A_2, B_2, C_2, D_2) 在后，串联后系统以 $\boldsymbol{u}$ 作为输入，以 $\boldsymbol{y}$ 作为输出，关于它的能控性和能观性有下面的结论：

当前面系统的零点多项式 $z_1(s)$ 和后面系统的极点多项式 $\psi_2(s)$ 没有因子对消时，串联后系统能控；当传递函数矩阵 $G_1(s)$ 的分子多项式矩阵 $Q_1(s)$ 有公因子（传递函数矩阵 $G_1(s)$ 的阻塞零点）与 $\psi_2(s)$ 的因子对消时，串联后系统不能控。当前面系统的极点多项式 $\psi_1(s)$ 和后面系统的零点多项式 $z_2(s)$ 没有因子对消时，串联后系统能观；当传递函数矩阵 $G_2(s)$ 的分子多项式矩阵 $Q_2(s)$ 有公因子（传递函数矩阵 $G_2(s)$ 的阻塞零点）与 $\psi_1(s)$ 的因子对消时，串联后系统不能观。

下面只就上述结论中能观性的内容进行证明，对于能控性，容易根据对偶性原理得证。

先看能观的充分性条件，由 2-7 节，串联系统的状态空间描述为

$$\begin{bmatrix} \dot{\boldsymbol{x}}_1 \\ \dot{\boldsymbol{x}}_2 \end{bmatrix} = \begin{bmatrix} A_1 & 0 \\ B_2C_1 & A_2 \end{bmatrix} \begin{bmatrix} \boldsymbol{x}_1 \\ \boldsymbol{x}_2 \end{bmatrix} + \begin{bmatrix} B_1 \\ B_2D_1 \end{bmatrix} \boldsymbol{u}$$

$$\boldsymbol{y} = \begin{bmatrix} D_2C_1 & C_2 \end{bmatrix} \begin{bmatrix} \boldsymbol{x}_1 \\ \boldsymbol{x}_2 \end{bmatrix} + D_2D_1\boldsymbol{u}$$

根据能观性的 PBH 判据，串联后系统能观要求对任意复数 s 有

$$\operatorname{rank} M(s) = \operatorname{rank} \begin{bmatrix} sI_{n_1} - A_1 & 0 \\ -B_2C_1 & sI_{n_2} - A_2 \\ D_2C_1 & C_2 \end{bmatrix} = n_1 + n_2$$

式中，n_1、n_2 分别为系统 (A_1, B_1, C_1, D_1) 和系统 (A_2, B_2, C_2, D_2) 的维数。因为 (A_2, B_2, C_2, D_2) 能观，故对任意复数 s 有

$$\operatorname{rank} \begin{bmatrix} sI_{n_2} - A_2 \\ C_2 \end{bmatrix} = n_2$$

另一方面，对于不是 A_1 特征值的 s 有

$$\operatorname{rank} \begin{bmatrix} sI_{n_1} - A_1 \end{bmatrix} = n_1$$

$$\operatorname{rank} M(s) = \operatorname{rank} \begin{bmatrix} sI_{n_1} - A_1 & 0 \\ -B_2C_1 & sI_{n_2} - A_2 \\ D_2C_1 & C_2 \end{bmatrix} = n_1 + n_2$$

下面考虑 s 是 A_1 特征值的情况，交换 $M(s)$ 的行后再将它表示成

$$\begin{bmatrix} -B_2C_1 & sI_{n_2} - A_2 \\ sI_{n_1} - A_1 & 0 \\ D_2C_1 & C_2 \end{bmatrix} = \begin{bmatrix} sI_{n_2} - A_2 & -B_2 & 0 \\ 0 & 0 & I_{n_1} \\ C_2 & D_2 & 0 \end{bmatrix} \begin{bmatrix} 0 & I_{n_2} \\ C_1 & 0 \\ sI_{n_1} - A_1 & 0 \end{bmatrix}$$

因为 (A_1, B_1, C_1, D_1) 能观，所以有

$$\operatorname{rank} \begin{bmatrix} 0 & I_{n_2} \\ C_1 & 0 \\ sI_{n_1} - A_1 & 0 \end{bmatrix} = n_2 + \operatorname{rank} \begin{bmatrix} C_1 \\ sI_{n_1} - A_1 \end{bmatrix} = n_1 + n_2$$

而

$$\operatorname{rank} \begin{bmatrix} sI_{n_2} - A_2 & -B_2 & 0 \\ 0 & 0 & I_{n_1} \\ C_2 & D_2 & 0 \end{bmatrix} = \operatorname{rank} \begin{bmatrix} sI_{n_2} - A_2 & -B_2 \\ C_2 & D_2 \end{bmatrix} + n_1$$

假定对 A_1 的所有特征值 s 成立

$$\operatorname{rank} \begin{bmatrix} sI_{n_2} - A_2 & -B_2 \\ C_2 & D_2 \end{bmatrix} = n_2 + p \tag{3.21}$$

即 A_1 的特征值不是系统 (A_2, B_2, C_2, D_2) 的零点，则有

$$\text{rank}\begin{bmatrix} sI_{n_2}-A_2 & -B_2 & 0 \\ 0 & 0 & I_{n_1} \\ C_2 & D_2 & 0 \end{bmatrix} = n_2+p+n_1$$

根据希勒维斯特(Sylvester)不等式，对矩阵 $S\in R^{l\times m}$， $T\in R^{m\times k}$ 有

$$\text{rank}(S)+\text{rank}(T)-m\leqslant \text{rank}(ST)\leqslant \min\left\{\text{rank}(S),\text{rank}(T)\right\}$$

应用希勒维斯特不等式，在式(3.21)成立的条件下，有

$$n_1+n_2\leqslant \text{rank}M(s)\leqslant n_1+n_2$$

于是在式(3.21)成立的条件下，对所有复数 s 有

$$\text{rank}M(s)=n_1+n_2$$

即串联后系统能观。

再看能观的必要性条件。设传递函数矩阵 $G_2(s)$ 的分子多项式矩阵 $Q_2(s)$ 与传递函数矩阵 $G_1(s)$ 的极点多项式 $\psi_1(s)$ 有公因子 $(s+\lambda)$ 对消，则 λ 分别是传递函数矩阵 $G_1(s)$ 的极点和 $G_2(s)$ 的零点(传递函数矩阵 $G_2(s)$ 的阻塞零点)。根据极点的性质，系统 (A_1,B_1,C_1,D_1) 存在初始状态 $\boldsymbol{x}_1(0)$，使系统 (A_1,B_1,C_1,D_1) 零输入下的输出响应为 $C_1\boldsymbol{x}_1(0)\mathrm{e}^{\lambda t}$，将它作为系统 (A_2,B_2,C_2,D_2) 的输入，并进一步假设 λ 是系统 (A_2,B_2,C_2,D_2) 的阻塞零点，即 $(s+\lambda)$ 是传递函数矩阵 $G_2(s)$ 的分子多项式矩阵 $Q_2(s)$ 各元素的公因子 $(s+\lambda)$，则 λ 不可能又是 $G_2(s)$ 的极点，所以 $(\lambda I-A_2)$ 可逆。根据零点的性质，系统 (A_2,B_2,C_2,D_2) 在非零初始状态 $\boldsymbol{x}_2(0)=(\lambda I-A_2)^{-1}B_2C_1\boldsymbol{x}_1(0)$ 下的输出响应恒为零，即串联系统非零初始状态下的零输入响应恒为零，不能观。

对于两系统反馈连接的情况，根据系统能控性和能观性的定义，以及上述两系统串联传递函数矩阵间零、极点相同时可能发生的对串联系统能控性和能观性的影响，不难得到图 2.20 所示系统 (A_1,B_1,C_1,D_1) 在前向通道，系统 (A_2,B_2,C_2,D_2) 在反馈通道，以 $\boldsymbol{u}$ 作为输入以 $\boldsymbol{y}$ 作为输出反馈系统能控性和能观性的下述结论：

反馈系统的能控性等价于系统 (A_1,B_1,C_1,D_1) 在前，系统 (A_2,B_2,C_2,D_2) 在后串联系统的能控性，能观性等价于系统 (A_2,B_2,C_2,D_2) 在前，系统 (A_1,B_1,C_1,D_1) 在后串联系统的能观性，即当前向通道系统的零点和反馈通道系统的极点相同时，将可能同时破坏闭环系统的能控性和能观性，而前向通道系统的极点和反馈通道系统的零点相同，闭环系统的能控性和能观性不受影响。

例 3.10 两系统的串联连接和反馈连接如图 3.8(a)、(b)所示，其中传递函数 $G_1(s)$ 和 $G_2(s)$ 本身的零、极点不发生对消，即 $b\neq a$， $e/d\neq c$， $e\neq 0$，试讨论两系统能控或能观时传递函数 $G_1(s)$ 和 $G_2(s)$ 的参数间应满足的条件。

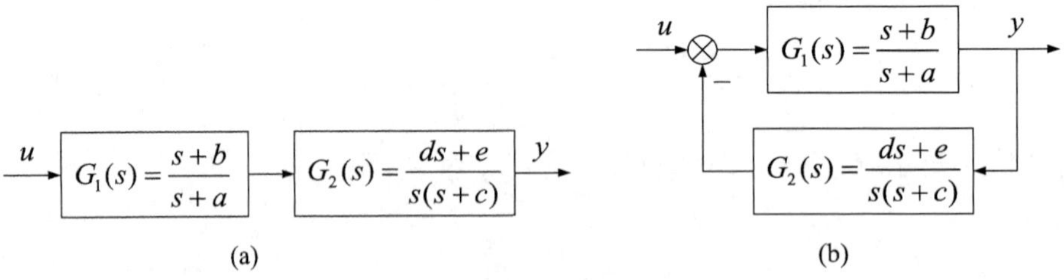

图 3.8 例 3.10 的系统框图

解 用能控标准Ⅱ型分别实现两个传递函数，串联连接的系统如图 3.9 所示。

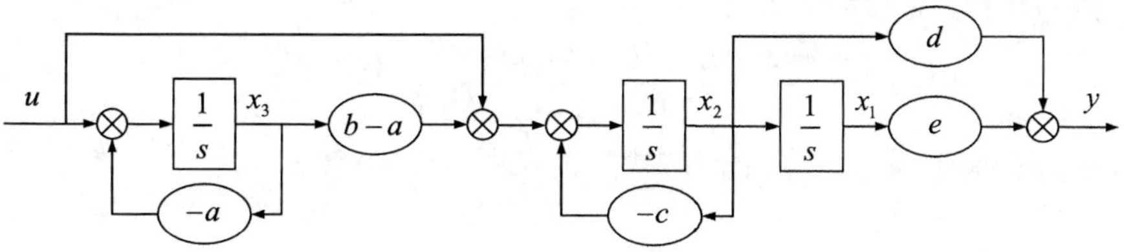

图 3.9 例 3.10 两个系统的串联连接

显然，图 3.9 所示 3 阶系统的特征多项式为 $\psi(s)=s(s+a)(s+c)$，按图 3.9 中状态变量的取法，输入到状态的传递函数矩阵为

$$\frac{\begin{bmatrix} s+b \\ s(s+b) \\ s(s+c) \end{bmatrix}}{s(s+a)(s+c)}$$

分子分母间不发生因子相消应满足的条件为 $b\neq c$ 和 $b\neq 0$，此时系统能控。各积分器前状态综合点到输出的传递函数矩阵为

$$\frac{\left[e(s+a)(s+c) \quad d(s+a)\left(s+\dfrac{e}{d}\right) \quad d(b-a)\left(s+\dfrac{e}{d}\right)\right]}{s(s+a)(s+c)}$$

分子分母间不发生因子相消应满足的条件为 $a\neq e/d$，此时系统能观。

反馈连接的系统如图 3.10 所示。

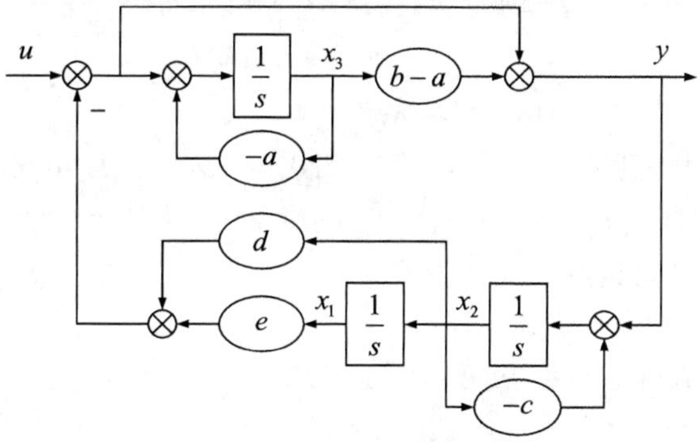

图 3.10 例 3.10 两个系统的反馈连接

图 3.8(b)所示系统的特征多项式为 $\psi(s)=s(s+a)(s+c)+(s+b)(ds+e)$，按图 3.10 中状态变量的取法，输入到状态的传递函数矩阵为

$$\frac{\begin{bmatrix} s+b \\ s(s+b) \\ s(s+c) \end{bmatrix}}{s(s+a)(s+c)+(s+b)(ds+e)}$$

容易看出分子分母间不发生因子相消应满足的条件为 $b\neq c$ 和 $b\neq 0$，即不存在前向通道传递

函数 $G_1(s)$ 零点与反馈通道传递函数 $G_2(s)$ 极点的对消，此时系统能控。各积分器前状态综合点到输出的传递函数矩阵为

$$\frac{\begin{bmatrix}-e(s+b)(s+c) & -(s+b)(ds+e) & (b-a)s(s+c)\end{bmatrix}}{s(s+a)(s+c)+(s+b)(ds+e)}$$

容易看出分子分母间不发生因子相消应满足的条件为 $b \neq c$ 和 $b \neq 0$，即不存在 $G_2(s)$ 极点与 $G_1(s)$ 零点的对消，此时系统能观。

图 3.8(b) 反馈连接系统的闭环传递函数为

$$\frac{y(s)}{u(s)}=\frac{\dfrac{s+b}{s+a}}{1+\dfrac{(s+b)(ds+e)}{s(s+a)(s+c)}}=\frac{s(s+b)(s+c)}{s(s+a)(s+c)+(s+b)(ds+e)}$$

前向通道传递函数 $G_1(s)$ 的极点和反馈通道传递函数 $G_2(s)$ 的零点相消，即传递函数的参数间满足关系 $a=e/d$，这时有

$$\frac{y(s)}{u(s)}=\frac{s(s+b)(s+c)}{(s+a)\left[s(s+c)+d(s+b)\right]}$$

并不引起闭环传递函数的零极点相消，闭环系统还是能控能观的。

在控制系统设计中，只有稳定的零、极点才可以对消，不稳定零、极点间的对消，将导致系统存在不能控或不能观的内部不稳定模态，甚至是不能控也不能观的内部不稳定模态，这将导致系统内部状态的振荡或饱和，无法正常运行。

3-6 离散时间线性系统的能控性和能观性

定义 3.6 称 n 阶 p 维输入 q 维输出线性定常离散时间系统

$$\begin{aligned}\boldsymbol{x}(k+1)&=G\boldsymbol{x}(k)+H\boldsymbol{u}(k)\\ \boldsymbol{y}(k)&=C\boldsymbol{x}(k)\end{aligned}\tag{3.22}$$

第 k 拍是能控的，是指对任意的 $\boldsymbol{x}(0)$，都存在控制作用 $\boldsymbol{u}(0),\boldsymbol{u}(1),\cdots,\boldsymbol{u}(k-1)$，使 $\boldsymbol{x}(k)=0$。第 k 拍是能观的，是指根据对 $\boldsymbol{y}(0),\boldsymbol{y}(1),\cdots,\boldsymbol{y}(k-1)$ 的测量，能够唯一地确定系统的初始状态 $\boldsymbol{x}(0)$。

对于线性定常离散时间系统式(3.22)，因为

$$\begin{aligned}\boldsymbol{x}(k)&=G\boldsymbol{x}(k-1)+H\boldsymbol{u}(k-1)\\ &=G\left[G\boldsymbol{x}(k-2)+H\boldsymbol{u}(k-2)\right]+H\boldsymbol{u}(k-1)\\ &=G^2\boldsymbol{x}(k-2)+GH\boldsymbol{u}(k-2)+H\boldsymbol{u}(k-1)\\ &\ \ \vdots\\ &=G^k\boldsymbol{x}(0)+G^{k-1}H\boldsymbol{u}(0)+G^{k-2}H\boldsymbol{u}(1)+\cdots+GH\boldsymbol{u}(k-2)+H\boldsymbol{u}(k-1)\\ &=G^k\boldsymbol{x}(0)+\begin{bmatrix}H & GH & \cdots & G^{k-2}H & G^{k-1}H\end{bmatrix}\begin{bmatrix}\boldsymbol{u}(k-1)\\ \boldsymbol{u}(k-2)\\ \vdots\\ \boldsymbol{u}(1)\\ \boldsymbol{u}(0)\end{bmatrix}\end{aligned}$$

定义能控性矩阵

$$Q_c(k)=\begin{bmatrix} H & GH & \cdots & G^{k-2}H & G^{k-1}H \end{bmatrix}$$

令 $\boldsymbol{x}(k)=0$，可得

$$-G^k\boldsymbol{x}(0)=Q_c(k)\begin{bmatrix} \boldsymbol{u}(k-1) \\ \boldsymbol{u}(k-2) \\ \vdots \\ \boldsymbol{u}(1) \\ \boldsymbol{u}(0) \end{bmatrix}$$

上式有 n 个方程，右边 $k\times p$ 维的未知列向量有解的充分必要条件为 $G^k\boldsymbol{x}(0)$ 是 $Q_c(k)$ 列向量的线性组合，于是有

$$\operatorname{rank}Q_c(k)=\operatorname{rank}\left[Q_c(k),G^k\boldsymbol{x}(0)\right]$$

由 $\boldsymbol{x}(0)$ 的任意性，上式的条件等价为

$$\operatorname{rank}Q_c(k)=\operatorname{rank}\left[Q_c(k),G^k\right]$$

若假设 G 可逆，则第 k 拍能控的条件又等价为

$$\operatorname{rank}Q_c(k)=\operatorname{rank}\begin{bmatrix} H & GH & \cdots & G^{k-2}H & G^{k-1}H \end{bmatrix}=n$$

显然，这要求 $k\times p\geqslant n$。因为有

$$\operatorname{rank}Q_c(n)=\operatorname{rank}Q_c(n+j),\quad j=1,2,\cdots$$

所以，若 $\operatorname{rank}Q_c(n)<n$，则增加控制拍数系统仍不能控。另外，因为 $Q_c(k)$ 的各列都是 H 和 G 列向量的线性组合，所以一旦 $\operatorname{rank}[H\quad G]<n$，系统就不能控。

对单输入系统，设 G 可逆，能控性矩阵

$$Q_c(n)=\begin{bmatrix} \boldsymbol{h} & G\boldsymbol{h} & \cdots & G^{n-2}\boldsymbol{h} & G^{n-1}\boldsymbol{h} \end{bmatrix}$$

非奇异时，系统能控，否则不能控。

对于线性定常离散时间系统式(3.22)，设 $\boldsymbol{u}(0),\boldsymbol{u}(1),\cdots,\boldsymbol{u}(k-2)$ 已知，则有

$$\begin{aligned}
&\boldsymbol{y}(0)=C\boldsymbol{x}(0)\\
&\boldsymbol{y}(1)=C\left[G\boldsymbol{x}(0)+H\boldsymbol{u}(0)\right]=CG\boldsymbol{x}(0)+CH\boldsymbol{u}(0)\\
&\vdots\\
&\boldsymbol{y}(k-1)=CG^{k-1}\boldsymbol{x}(0)+C\sum_{j=0}^{k-2}G^jH\boldsymbol{u}(k-j-2)
\end{aligned}$$

即

$$\begin{bmatrix} \boldsymbol{y}(0) \\ \boldsymbol{y}(1) \\ \vdots \\ \boldsymbol{y}(k-1) \end{bmatrix}-\begin{bmatrix} 0 \\ CH\boldsymbol{u}(0) \\ \vdots \\ C\sum_{j=0}^{k-2}G^jH\boldsymbol{u}(k-j-2) \end{bmatrix}=\begin{bmatrix} C \\ CG \\ \vdots \\ CG^{k-1} \end{bmatrix}\boldsymbol{x}(0)$$

定义能观性矩阵

$$
Q_o(k)=\begin{bmatrix} C \\ CG \\ \vdots \\ CG^{k-1} \end{bmatrix}_{(q\times k)\times n}
$$

则有

$$
\begin{bmatrix} \boldsymbol{y}(0) \\ \boldsymbol{y}(1) \\ \vdots \\ \boldsymbol{y}(k-1) \end{bmatrix}-\begin{bmatrix} 0 \\ CH\boldsymbol{u}(0) \\ \vdots \\ C\sum_{j=0}^{k-2} G^j H\boldsymbol{u}(k-j-2) \end{bmatrix}=Q_o(k)\boldsymbol{x}(0)
$$

上式左边是已知的 $q\times k$ 维的列向量，其中输出序列是从某初态出发，系统在所给输入序列激励下的输出响应，故方程有解，而由 $\boldsymbol{u}(k)$ 的任意性，有唯一解 $\boldsymbol{x}(0)$ 的充分必要条件，也即第 k 拍能观的充分必要条件是

$$
\mathrm{rank}Q_o(k)=\mathrm{rank}\begin{bmatrix} C \\ CG \\ \vdots \\ CG^{k-1} \end{bmatrix}=n
$$

显然，这要求 $k\times q\geqslant n$ 。因为有

$$
\mathrm{rank}Q_o(n)=\mathrm{rank}Q_o(n+j),\qquad j=1,2,\cdots
$$

所以，若 $\mathrm{rank}Q_o(n)<n$ ，增加观测拍数系统仍不能观。另外，因为 $Q_o(k)$ 的各列都是 C 和 G 行向量的线性组合，所以一旦 $\mathrm{rank}\begin{bmatrix} C \\ G \end{bmatrix}<n$ ，系统就不能观。

对单输出系统，设 G 可逆，矩阵

$$
Q_o(n)=\begin{bmatrix} \boldsymbol{c}^{\mathrm{T}} \\ \boldsymbol{c}^{\mathrm{T}}G \\ \vdots \\ \boldsymbol{c}^{\mathrm{T}}G^{n-1} \end{bmatrix}
$$

非奇异时，系统能观，否则不能观。

3-7 系统的结构分解

本节利用能控子空间和能观子空间的状态构成状态变量的基底，通过坐标变换对系统进行结构分解，以期更深入地了解系统的结构特性，为系统的分析与综合带来方便。

1. 能控结构分解

设系统 (A,B,C) 不完全能控，$\mathrm{rank}Q_c=l_\alpha<n$ ，设 $\boldsymbol{v}_1,\boldsymbol{v}_2,\cdots,\boldsymbol{v}_{l_\alpha}$ 是能控子空间 $X_c\in R^{l_\alpha}$ 的一组基向量，除此以外，再选取 $n-l_\alpha$ 个向量 $\boldsymbol{v}_{l_\alpha+1},\boldsymbol{v}_{l_\alpha+2},\cdots,\boldsymbol{v}_n$ ，它们一起组成 n 维状态空间的一组基向量，则矩阵

$$T_c = \left[\boldsymbol{v}_1, \boldsymbol{v}_2, \cdots, \boldsymbol{v}_{l_\alpha}, \boldsymbol{v}_{l_\alpha+1}, \boldsymbol{v}_{l_\alpha+2}, \cdots, \boldsymbol{v}_n \right] \tag{3.23}$$

非奇异。取坐标变换

$$\boldsymbol{x} = T_c \tilde{\boldsymbol{x}} \tag{3.24}$$

因为T_c的前l_α个列向量是能控子空间的一组基向量，所以任何能控子空间的向量$\boldsymbol{x} \in X_c$，在基向量$\boldsymbol{v}_1, \boldsymbol{v}_2, \cdots, \boldsymbol{v}_{l_\alpha}, \boldsymbol{v}_{l_\alpha+1}, \boldsymbol{v}_{l_\alpha+2}, \cdots, \boldsymbol{v}_n$的后$n - l_\alpha$个向量上的投影为零，即若$\boldsymbol{x} \in X_c$，则$\tilde{\boldsymbol{x}} = T_c^{-1}\boldsymbol{x} = [\tilde{x}_1, \tilde{x}_2, \cdots, \tilde{x}_{l_\alpha}, 0, 0, \cdots, 0]^{\mathrm{T}}$，反之也成立，否则$\boldsymbol{x} \notin X_c$，也即$\tilde{\boldsymbol{x}} \notin X_c$。在任意有限的时间内，系统的控制作用只能将状态变量$\tilde{\boldsymbol{x}}$的前l_α个分量控制为零，除非状态变量$\tilde{\boldsymbol{x}}$的后$n - l_\alpha$个分量的初值为零，否则系统状态就不能控。初始状态在能控子空间中的系统的响应将始终保持在能控子空间中。上述事实可表述为下面的定理3.6。

定理 3.6 设n阶p维输入q维输出系统(A, B, C)不完全能控，$\mathrm{rank}Q_c = l_\alpha$，则式(3.23)、式(3.24)的变换将系统$(A, B, C)$变成如下分块矩阵形式

$$\begin{aligned} \begin{bmatrix} \dot{\tilde{\boldsymbol{x}}}_1 \\ \dot{\tilde{\boldsymbol{x}}}_2 \end{bmatrix} &= \begin{bmatrix} A_{11}^c & A_{12}^c \\ 0 & A_{22}^c \end{bmatrix} \begin{bmatrix} \tilde{\boldsymbol{x}}_1 \\ \tilde{\boldsymbol{x}}_2 \end{bmatrix} + \begin{bmatrix} B_1^c \\ 0 \end{bmatrix} \boldsymbol{u} = A^c \tilde{\boldsymbol{x}} + B^c \boldsymbol{u} \\ \boldsymbol{y} &= \begin{bmatrix} C_1^c & C_2^c \end{bmatrix} \begin{bmatrix} \tilde{\boldsymbol{x}}_1 \\ \tilde{\boldsymbol{x}}_2 \end{bmatrix} = C^c \tilde{\boldsymbol{x}} \end{aligned} \tag{3.25}$$

式中，$A_{11}^c \in R^{l_\alpha \times l_\alpha}$，$A_{22}^c \in R^{(n-l_\alpha)\times(n-l_\alpha)}$，$B_1^c \in R^{l_\alpha \times p}$，$C_1^c \in R^{q \times l_\alpha}$，$C_2^c \in R^{q \times (n-l_\alpha)}$，且有

$$\mathrm{rank}\left[B_1^c, A_{11}^c B_1^c, (A_{11}^c)^2 B_1^c, \cdots, (A_{11}^c)^{l_\alpha-1} B_1^c \right] = \mathrm{rank}\left[B, AB, A^2 B, \cdots, A^{n-1}B \right] = l_\alpha \tag{3.26}$$

以及

$$C(sI - A)^{-1}B = C_1^c (sI - A_{11}^c)^{-1} B_1^c \tag{3.27}$$

证明 记

$$V_1 = \left[\boldsymbol{v}_1, \boldsymbol{v}_2, \cdots, \boldsymbol{v}_{l_\alpha} \right], \quad V_2 = \left[\boldsymbol{v}_{l_\alpha+1}, \boldsymbol{v}_{l_\alpha+2}, \cdots, \boldsymbol{v}_n \right]$$

则式(3.23)的变换矩阵

$$T_c = \begin{bmatrix} V_1 & V_2 \end{bmatrix}$$

相应地将T_c^{-1}记为

$$T_c^{-1} = \begin{bmatrix} W_1 \\ W_2 \end{bmatrix}$$

则有

$$T_c^{-1} T_c = \begin{bmatrix} W_1 \\ W_2 \end{bmatrix} \begin{bmatrix} V_1 & V_2 \end{bmatrix} = \begin{bmatrix} W_1 V_1 & W_1 V_2 \\ W_2 V_1 & W_2 V_2 \end{bmatrix} = \begin{bmatrix} I_{l_\alpha} & 0 \\ 0 & I_{n-l_\alpha} \end{bmatrix}$$

因为能控子空间X_c是A的不变子空间，所以AV_1的列向量可由$\boldsymbol{v}_1, \boldsymbol{v}_2, \cdots, \boldsymbol{v}_{l_\alpha}$线性表出，这说明存在$l_\alpha \times l_\alpha$维矩阵$A_{11}^c$使

$$AV_1 = V_1 A_{11}^c$$

于是在坐标变换$\boldsymbol{x} = T_c \tilde{\boldsymbol{x}}$下，有

$$\begin{aligned} A^c = T_c^{-1} A T_c &= \begin{bmatrix} W_1 \\ W_2 \end{bmatrix} A \begin{bmatrix} V_1 & V_2 \end{bmatrix} = \begin{bmatrix} W_1 \\ W_2 \end{bmatrix} \begin{bmatrix} AV_1 & AV_2 \end{bmatrix} = \begin{bmatrix} W_1 \\ W_2 \end{bmatrix} \begin{bmatrix} V_1 A_{11}^c & AV_2 \end{bmatrix} \\ &= \begin{bmatrix} A_{11}^c & W_1 A V_2 \\ 0 & W_2 A V_2 \end{bmatrix} = \begin{bmatrix} A_{11}^c & A_{12}^c \\ 0 & A_{22}^c \end{bmatrix} \end{aligned}$$

同样，由于 B 的列向量也可由 $\boldsymbol{v}_1,\boldsymbol{v}_2,\cdots,\boldsymbol{v}_{l_\alpha}$ 线性表出，故存在 $l_\alpha \times p$ 维矩阵 B_1^{c}，使得

$$B = V_1 B_1^{\mathrm{c}}$$

即坐标变换 $\boldsymbol{x} = T_{\mathrm{c}}\tilde{\boldsymbol{x}}$ 使得

$$B^{\mathrm{c}} = T_{\mathrm{c}}^{-1}B = \begin{bmatrix} W_1 \\ W_2 \end{bmatrix} V_1 B_1^{\mathrm{c}} = \begin{bmatrix} B_1^{\mathrm{c}} \\ 0 \end{bmatrix}$$

$$C^{\mathrm{c}} = CT_{\mathrm{c}} = C\begin{bmatrix} V_1 & V_2 \end{bmatrix} = \begin{bmatrix} CV_1 & CV_2 \end{bmatrix} = \begin{bmatrix} C_1^{\mathrm{c}} & C_2^{\mathrm{c}} \end{bmatrix}$$

式(3.25)得证。

对于式(3.26)，由 $\mathrm{rank}(T_{\mathrm{c}}^{-1}Q_{\mathrm{c}}) = \mathrm{rank}Q_{\mathrm{c}} = l_\alpha$ 以及

$$T_{\mathrm{c}}^{-1}Q_{\mathrm{c}} = T_{\mathrm{c}}^{-1}\begin{bmatrix} B & AB & A^2B & \cdots & A^{n-1}B \end{bmatrix} = \begin{bmatrix} B^{\mathrm{c}} & A^{\mathrm{c}}B^{\mathrm{c}} & (A^{\mathrm{c}})^2B^{\mathrm{c}} & \cdots & (A^{\mathrm{c}})^{n-1}B \end{bmatrix}$$
$$= \begin{bmatrix} B_1^{\mathrm{c}} & A_{11}^{\mathrm{c}}B_1^{\mathrm{c}} & (A_{11}^{\mathrm{c}})^2B_1^{\mathrm{c}} & \cdots & (A_{11}^{\mathrm{c}})^{n-1}B_1^{\mathrm{c}} \\ 0 & 0 & 0 & \cdots & 0 \end{bmatrix}$$

根据凯莱-哈密顿定理有

$$\mathrm{rank}\begin{bmatrix} B_1^{\mathrm{c}}, A_{11}^{\mathrm{c}}B_1^{\mathrm{c}}, \cdots, (A_{11}^{\mathrm{c}})^{l_\alpha-1}B_1^{\mathrm{c}} \end{bmatrix} = \mathrm{rank}\begin{bmatrix} B_1^{\mathrm{c}}, A_{11}^{\mathrm{c}}B_1^{\mathrm{c}}, \cdots, (A_{11}^{\mathrm{c}})^{n-1}B_1^{\mathrm{c}} \end{bmatrix} = \mathrm{rank}Q_{\mathrm{c}} = l_\alpha$$

最后，对于式(3.27)，因为

$$(sI - A^{\mathrm{c}})^{-1} = \begin{bmatrix} sI - A_{11}^{\mathrm{c}} & -A_{12}^{\mathrm{c}} \\ 0 & sI - A_{22}^{\mathrm{c}} \end{bmatrix}^{-1} = \begin{bmatrix} (sI - A_{11}^{\mathrm{c}})^{-1} & (sI - A_{11}^{\mathrm{c}})^{-1}A_{12}^{\mathrm{c}}(sI - A_{22}^{\mathrm{c}})^{-1} \\ 0 & (sI - A_{22}^{\mathrm{c}})^{-1} \end{bmatrix}$$

所以

$$C(sI - A)^{-1}B = C^{\mathrm{c}}(sI - A^{\mathrm{c}})^{-1}B^{\mathrm{c}} = C_1^{\mathrm{c}}(sI - A_{11}^{\mathrm{c}})^{-1}B_1^{\mathrm{c}}$$

证毕。

定理 3.6 给出的式(3.25)的状态空间描述$(A^{\mathrm{c}}, B^{\mathrm{c}}, C^{\mathrm{c}})$称为系统$(A,B,C)$的能控结构分解，如图 3.11 所示。

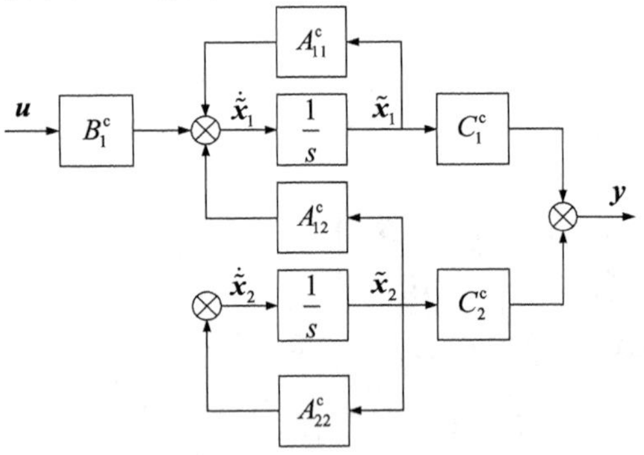

图 3.11　系统的能控结构分解

定理 3.6 的证明中已经给出了能控结构分解变换矩阵 T_{c} 的求法，即从能控性矩阵 Q_{c} 中取出 l_α 个线性不相关的列向量作为变换矩阵 T_{c} 的前 l_α 个列相量 $\boldsymbol{v}_1,\boldsymbol{v}_2,\cdots,\boldsymbol{v}_{l_\alpha}$，变换矩阵 T_{c} 的后 $n-l_\alpha$ 个列向量 $\boldsymbol{v}_{l_\alpha+1},\boldsymbol{v}_{l_\alpha+2},\cdots,\boldsymbol{v}_n$ 可以在保证 T_{c} 可逆的条件下任取。当然，也可以用 $\boldsymbol{v}_1,\boldsymbol{v}_2,\cdots,\boldsymbol{v}_{l_\alpha}$ 构成奇次线性方程组

$$\begin{bmatrix} \boldsymbol{v}_1^{\mathrm{T}} \\ \boldsymbol{v}_2^{\mathrm{T}} \\ \vdots \\ \boldsymbol{v}_{l_\alpha}^{\mathrm{T}} \end{bmatrix} \boldsymbol{v} = 0$$

它的 $n-l_\alpha$ 个线性独立解向量 $\boldsymbol{v}_{l_\alpha+1},\boldsymbol{v}_{l_\alpha+2},\cdots,\boldsymbol{v}_n$ 与 $\boldsymbol{v}_1,\boldsymbol{v}_2,\cdots,\boldsymbol{v}_{l_\alpha}$ 正交，是能控子空间 X_{c} 的正交补空间 $X_{\bar{\mathrm{c}}}$ 的一组基向量，也可作为变换矩阵 T_{c} 的后 $n-l_\alpha$ 个列向量。

变换矩阵的非唯一性，决定了系统能控结构分解的非唯一性。实际上，因为 $\mathrm{rank}Q_{\mathrm{c}} = l_\alpha$，

故通过行变换可以将能控性矩阵的后 $n-l_\alpha$ 行变为零，即存在矩阵 T^{-1} 使得

$$T^{-1}\begin{bmatrix}B & AB & \cdots & A^{n-1}B\end{bmatrix}=\begin{bmatrix}\bar{B} & \bar{A}\bar{B} & \cdots & \bar{A}^{n-1}\bar{B}\end{bmatrix}=\begin{bmatrix}\bar{Q}_1 & \bar{Q}_2 & \cdots & \bar{Q}_n \\ 0 & 0 & \cdots & 0\end{bmatrix} \tag{3.28}$$

式中，$\bar{Q}_i(i=1,2,\cdots,n)$ 是 $l_\alpha \times p$ 阶矩阵，对此有下面的定理 3.7。

定理 3.7 设 n 阶 p 维输入 q 维输出系统 (A,B,C) 不完全能控，$\operatorname{rank}Q_c=l_\alpha$，则状态变换 $\boldsymbol{x}=T\tilde{\boldsymbol{x}}$ 将系统 (A,B,C) 变成式(3.25)能控结构分解形式的充分必要条件是式(3.28)成立。

证明 先看必要性。如果状态变换 $\boldsymbol{x}=T\tilde{\boldsymbol{x}}$ 能将系统 (A,B,C) 变成式(3.25)的能控结构分解形式，则将式(3.25)中 A^c、B^c 直接代入计算有

$$\begin{aligned}T^{-1}\begin{bmatrix}B & AB & \cdots & A^{n-1}B\end{bmatrix}&=\begin{bmatrix}T^{-1}B & T^{-1}ATT^{-1}B & \cdots & (T^{-1}AT)^{n-1}T^{-1}B\end{bmatrix}\\&=\begin{bmatrix}B_1^c & A_{11}^cB_1^c & \cdots & (A_{11}^c)^{n-1}B_1^c \\ 0 & 0 & \cdots & 0\end{bmatrix}\end{aligned}$$

式中，B_1^c、$(A_{11}^c)^iB_1^c(i=1,2,\cdots,n-1)$ 是 $l_\alpha \times p$ 阶矩阵。必要性得证。

再看充分性。如果式(3.28)的条件满足，记式(3.28)中的

$$\bar{A}=T^{-1}AT=\begin{bmatrix}\bar{A}_{11} & \bar{A}_{12} \\ \bar{A}_{21} & \bar{A}_{22}\end{bmatrix}$$

则由式(3.28)有

$$\bar{B}=\begin{bmatrix}\bar{Q}_1 \\ 0\end{bmatrix},\quad \bar{A}^i\bar{B}=\begin{bmatrix}\bar{A}_{11} & \bar{A}_{12} \\ \bar{A}_{21} & \bar{A}_{22}\end{bmatrix}^i\begin{bmatrix}\bar{Q}_1 \\ 0\end{bmatrix}=\begin{bmatrix}\bar{Q}_{i+1} \\ 0\end{bmatrix},\quad i=1,2,\cdots,n-1$$

$i=1$ 时有

$$\bar{A}\bar{B}=\begin{bmatrix}\bar{A}_{11} & \bar{A}_{12} \\ \bar{A}_{21} & \bar{A}_{22}\end{bmatrix}\begin{bmatrix}\bar{Q}_1 \\ 0\end{bmatrix}=\begin{bmatrix}\bar{Q}_2 \\ 0\end{bmatrix}$$

得到 $\bar{Q}_2=\bar{A}_{11}\bar{Q}_1$，$\bar{A}_{21}\bar{Q}_1=0$。$i=2$ 时有

$$\bar{A}^2\bar{B}=\bar{A}\bar{A}\bar{B}=\bar{A}\begin{bmatrix}\bar{Q}_2 \\ 0\end{bmatrix}=\begin{bmatrix}\bar{A}_{11} & \bar{A}_{12} \\ \bar{A}_{21} & \bar{A}_{22}\end{bmatrix}\begin{bmatrix}\bar{A}_{11}\bar{Q}_1 \\ 0\end{bmatrix}=\begin{bmatrix}\bar{Q}_3 \\ 0\end{bmatrix}$$

得到 $\bar{Q}_3=\bar{A}_{11}^2\bar{Q}_1$，$\bar{A}_{21}\bar{A}_{11}\bar{Q}_1=0$，如此类推，直至得到 $\bar{Q}_n=\bar{A}_{11}^{n-1}\bar{Q}_1$，$\bar{A}_{21}\bar{A}_{11}^{n-2}\bar{Q}_1=0$。于是有

$$\begin{gathered}\begin{bmatrix}\bar{Q}_1 & \bar{Q}_2 & \cdots & \bar{Q}_n\end{bmatrix}=\begin{bmatrix}\bar{Q}_1 & \bar{A}_{11}\bar{Q}_1 & \cdots & \bar{A}_{11}^{n-1}\bar{Q}_1\end{bmatrix}\\ \bar{A}_{21}\begin{bmatrix}\bar{Q}_1 & \bar{A}_{11}\bar{Q}_1 & \cdots & \bar{A}_{11}^{n-2}\bar{Q}_1\end{bmatrix}=0\end{gathered}$$

因为 $\operatorname{rank}\begin{bmatrix}\bar{Q}_1 & \bar{Q}_2 & \cdots & \bar{Q}_n\end{bmatrix}=\operatorname{rank}\begin{bmatrix}\bar{Q}_1 & \bar{A}_{11}\bar{Q}_1 & \cdots & \bar{A}_{11}^{n-1}\bar{Q}_1\end{bmatrix}=l_\alpha$，由于 $l_\alpha<n$，$\bar{A}_{11}$ 的阶数 $\leqslant n-1$，根据凯莱-哈密顿定理

$$\operatorname{rank}\begin{bmatrix}\bar{Q}_1 & \bar{Q}_2 & \cdots & \bar{Q}_n\end{bmatrix}=\operatorname{rank}\begin{bmatrix}\bar{Q}_1 & \bar{A}_{11}\bar{Q}_1 & \cdots & \bar{A}_{11}^{n-2}\bar{Q}_1\end{bmatrix}=l_\alpha$$

即 $[\bar{Q}_1 \quad \bar{A}_{11}\bar{Q}_1 \quad \cdots \quad \bar{A}_{11}^{n-2}\bar{Q}_1]$ 的行向量是线性独立的，因此必有 $\bar{A}_{21}=0$。充分性证毕。

下面对式(3.25)的能控标准分解作几点讨论：

(1)令系统的初始状态为零，从图 3.11 容易看出，系统 (A_{11}^c,B_1^c,C_1^c) 和系统 (A,B,C) 是零状态等价的，有相同的传递函数矩阵，所以从输入输出特性分析系统 (A,B,C) 时，可以等价地用降维系统 (A_{11}^c,B_1^c,C_1^c) 来代替。

(2) 变换矩阵的非唯一性，决定了系统能控结构分解的非唯一性，同一系统的不同能控标准分解，能控子系统 (A_{11}^c, B_1^c, C_1^c) 具有相同的维数和相同的传递函数矩阵，A_{11}^c 和 A_{22}^c 的特征值各自维持不变，分别称为系统的能控因子和不能控因子。

(3) 系统为能控的充分必要条件是，经过坐标变换不能转化成式(3.25)的形式，并且其中 A_{11}^c 的阶次 $l_\alpha < n$。

例 3.11 已知系统系数矩阵

$$A=\begin{bmatrix}-2 & 2 & -1\\ 0 & -2 & 0\\ 1 & -4 & 0\end{bmatrix},\quad \boldsymbol{b}=\begin{bmatrix}0\\0\\1\end{bmatrix},\quad \boldsymbol{c}^{\mathrm{T}}=\begin{bmatrix}1 & -1 & 1\end{bmatrix}$$

试判断系统的能控性，如果系统不完全能控，则进行能控标准分解。

解 计算系统的能控性判别矩阵有

$$\operatorname{rank}Q_c=\operatorname{rank}\begin{bmatrix}\boldsymbol{b} & A\boldsymbol{b} & A^2\boldsymbol{b}\end{bmatrix}=\operatorname{rank}\begin{bmatrix}0 & -1 & 2\\ 0 & 0 & 0\\ 1 & 0 & -1\end{bmatrix}=2<3$$

系统不能控。选取能控性判别矩阵的第一列和第二列作为变换矩阵 T_c 的前两列，在变换矩阵可逆的条件下任取 T_c 的第三列，如取 $\boldsymbol{v}_3^{\mathrm{T}}=[1\quad 1\quad 1]$，则有

$$T_c=\begin{bmatrix}\boldsymbol{v}_1,\boldsymbol{v}_2,\boldsymbol{v}_3\end{bmatrix}=\begin{bmatrix}0 & -1 & 1\\ 0 & 0 & 1\\ 1 & 0 & 1\end{bmatrix},\quad T^{-1}=\begin{bmatrix}0 & -1 & 1\\ -1 & 1 & 0\\ 0 & 1 & 0\end{bmatrix}$$

得系统的能控标准分解为

$$A_c=T_c^{-1}AT_c=\begin{bmatrix}0 & -1 & 1\\ -1 & 1 & 0\\ 0 & 1 & 0\end{bmatrix}\begin{bmatrix}-2 & 2 & -1\\ 0 & -2 & 0\\ 1 & -4 & 0\end{bmatrix}\begin{bmatrix}0 & -1 & 1\\ 0 & 0 & 1\\ 1 & 0 & 1\end{bmatrix}=\begin{bmatrix}0 & -1 & -1\\ 1 & -2 & -1\\ 0 & 0 & -2\end{bmatrix}$$

$$\boldsymbol{b}_c=T_c^{-1}\boldsymbol{b}=\begin{bmatrix}0 & -1 & 1\\ -1 & 1 & 0\\ 0 & 1 & 0\end{bmatrix}\begin{bmatrix}0\\0\\1\end{bmatrix}=\begin{bmatrix}1\\0\\0\end{bmatrix}$$

$$(\boldsymbol{c}^c)^{\mathrm{T}}=\boldsymbol{c}^{\mathrm{T}}T_c=\begin{bmatrix}1 & -1 & 1\end{bmatrix}\begin{bmatrix}0 & -1 & 1\\ 0 & 0 & 1\\ 1 & 0 & 1\end{bmatrix}=\begin{bmatrix}1 & -1 & 1\end{bmatrix}$$

或者也可以解奇次线性方程组

$$\begin{bmatrix}\boldsymbol{v}_1^{\mathrm{T}}\\ \boldsymbol{v}_2^{\mathrm{T}}\end{bmatrix}\boldsymbol{x}=\begin{bmatrix}0 & 0 & 1\\ -1 & 0 & 0\end{bmatrix}\boldsymbol{x}=\begin{bmatrix}0 & 0 & 1\\ -1 & 0 & 0\end{bmatrix}\begin{bmatrix}x_1\\x_2\\x_3\end{bmatrix}=0$$

得非零 $x_1=x_3=0$，$x_2\neq 0$，取 $x_2=1$，得到系统能控子空间的正交补空间的基向量 $\boldsymbol{v}_3^{\mathrm{T}}=[0\quad 1\quad 0]$，取状态变换矩阵

$$T_c=\begin{bmatrix}\boldsymbol{v}_1,\boldsymbol{v}_2,\boldsymbol{v}_3\end{bmatrix}=\begin{bmatrix}0 & -1 & 0\\ 0 & 0 & 1\\ 1 & 0 & 0\end{bmatrix},\quad T^{-1}=\begin{bmatrix}0 & 0 & 1\\ -1 & 0 & 0\\ 0 & 1 & 0\end{bmatrix}$$

得系统的能控标准分解为

$$A_{\mathrm{c}}=T_{\mathrm{c}}^{-1}AT_{\mathrm{c}}=\begin{bmatrix}0&0&1\\-1&0&0\\0&1&0\end{bmatrix}\begin{bmatrix}-2&2&-1\\0&-2&0\\1&-4&0\end{bmatrix}\begin{bmatrix}0&-1&0\\0&0&1\\1&0&0\end{bmatrix}=\begin{bmatrix}0&-1&-4\\1&-2&-2\\0&0&-2\end{bmatrix}$$

$$\boldsymbol{b}_{\mathrm{c}}=T_{\mathrm{c}}^{-1}\boldsymbol{b}=\begin{bmatrix}0&0&1\\-1&0&0\\0&1&0\end{bmatrix}\begin{bmatrix}0\\0\\1\end{bmatrix}=\begin{bmatrix}1\\0\\0\end{bmatrix}$$

$$(\boldsymbol{c}^{\mathrm{c}})^{\mathrm{T}}=\boldsymbol{c}^{\mathrm{T}}T_{\mathrm{c}}=\begin{bmatrix}1&-1&1\end{bmatrix}\begin{bmatrix}0&-1&0\\0&0&1\\1&0&0\end{bmatrix}=\begin{bmatrix}1&-1&-1\end{bmatrix}$$

2. 能观结构分解

设系统(A,B,C)不完全能观，$\operatorname{rank}Q_{\mathrm{o}}=l_\beta<n$，设$\boldsymbol{w}_1,\boldsymbol{w}_2,\cdots,\boldsymbol{w}_{l_\beta}$是能观子空间$X_{\mathrm{o}}\in R^{l_\beta}$的一组基向量，除此以外，再选取$n-l_\beta$个向量$\boldsymbol{w}_{l_\beta+1},\boldsymbol{w}_{l_\beta+2},\cdots,\boldsymbol{w}_n$，它们一起组成$n$维状态空间的一组基向量，则矩阵

$$(T_{\mathrm{o}}^{\mathrm{T}})^{-1}=\left[\boldsymbol{w}_1,\boldsymbol{w}_2,\cdots,\boldsymbol{w}_{l_\beta},\boldsymbol{w}_{l_\beta+1},\boldsymbol{w}_{l_\beta+2},\cdots,\boldsymbol{w}_n\right]\tag{3.29}$$

非奇异。取坐标变换

$$\boldsymbol{x}=T_{\mathrm{o}}\tilde{\boldsymbol{x}}\tag{3.30}$$

即

$$T_{\mathrm{o}}^{-1}\boldsymbol{x}=\begin{bmatrix}\boldsymbol{w}_1^{\mathrm{T}}\\\vdots\\\boldsymbol{w}_{l_\beta}^{\mathrm{T}}\\\boldsymbol{w}_{l_\beta+1}^{\mathrm{T}}\\\vdots\\\boldsymbol{w}_n^{\mathrm{T}}\end{bmatrix}\boldsymbol{x}=\tilde{\boldsymbol{x}}$$

因为T_{o}^{-1}的前l_β个行向量是能观子空间的一组基向量，任何不能观子空间中的向量$\boldsymbol{x}\in X_{\bar{\mathrm{o}}}$都与$T_{\mathrm{o}}^{-1}$的前$l_\beta$个行向量正交，即$\tilde{\boldsymbol{x}}$的前$l_\beta$个分量的值为零，即若$\boldsymbol{x}\in X_{\bar{\mathrm{o}}}$，则$\tilde{\boldsymbol{x}}=T_{\mathrm{o}}^{-1}\boldsymbol{x}=[0,0,\cdots,0,\tilde{x}_{l_\beta+1},\tilde{x}_{l_\beta+2},\cdots,\tilde{x}_n]^{\mathrm{T}}$，反之也成立，否则$\boldsymbol{x}\notin X_{\bar{\mathrm{o}}}$，即$\tilde{\boldsymbol{x}}\notin X_{\bar{\mathrm{o}}}$。通过对输出量的观测，只能得到状态变量$\tilde{\boldsymbol{x}}$的前$l_\beta$个分量的值。除非状态变量$\tilde{\boldsymbol{x}}$的后$n-l_\beta$个分量的初值为零，否则系统状态就不能观。初始状态在不能观子空间中的系统响应将始终保持在不能观子空间中。上述事实可表述为下面的定理 3.8。

定理 3.8　设n阶p维输入q维输出系统(A,B,C)不完全能观，$\operatorname{rank}Q_{\mathrm{o}}=l_\beta$，则式(3.29)、式(3.30)的变换将系统$(A,B,C)$变为

$$\begin{aligned}&\begin{bmatrix}\dot{\tilde{\boldsymbol{x}}}_1\\\dot{\tilde{\boldsymbol{x}}}_2\end{bmatrix}=\begin{bmatrix}A_{11}^{\mathrm{o}}&0\\A_{21}^{\mathrm{o}}&A_{22}^{\mathrm{o}}\end{bmatrix}\begin{bmatrix}\tilde{\boldsymbol{x}}_1\\\tilde{\boldsymbol{x}}_2\end{bmatrix}+\begin{bmatrix}B_1^{\mathrm{o}}\\B_2^{\mathrm{o}}\end{bmatrix}\boldsymbol{u}=A^{\mathrm{o}}\tilde{\boldsymbol{x}}+B^{\mathrm{o}}\boldsymbol{u}\\&\boldsymbol{y}=\begin{bmatrix}C_1^{\mathrm{o}}&0\end{bmatrix}\begin{bmatrix}\tilde{\boldsymbol{x}}_1\\\tilde{\boldsymbol{x}}_2\end{bmatrix}=C^{\mathrm{o}}\tilde{\boldsymbol{x}}\end{aligned}\tag{3.31}$$

式中，$A_{11}^{\mathrm{o}} \in R^{l_\beta \times l_\beta}$，$A_{22}^{\mathrm{o}} \in R^{(n-l_\beta)\times(n-l_\beta)}$，$B_1^{\mathrm{o}} \in R^{l_\beta \times p}$，$B_2^{\mathrm{o}} \in R^{(n-l_\beta)\times p}$，$C_1^{\mathrm{o}} \in R^{q \times l_\beta}$，且有

$$\operatorname{rank}\begin{bmatrix} C_1^{\mathrm{o}} \\ C_1^{\mathrm{o}} A_{11}^{\mathrm{o}} \\ \vdots \\ C_1^{\mathrm{o}} (A_{11}^{\mathrm{o}})^{l_\beta - 1} \end{bmatrix} = l_\beta \tag{3.32}$$

以及

$$C(sI - A)^{-1} B = C_1^{\mathrm{o}} (sI - A_{11}^{\mathrm{o}})^{-1} B_1^{\mathrm{o}} \tag{3.33}$$

证明 应用对偶性原理来证明此定理。按定理 3.8 的条件，系统 (A,B,C) 不完全能观，则对偶系统 $(A^{\mathrm{T}},C^{\mathrm{T}},B^{\mathrm{T}})$ 不完全能控，$\operatorname{rank}[C^{\mathrm{T}},A^{\mathrm{T}}C^{\mathrm{T}},(A^{\mathrm{T}})^2C^{\mathrm{T}},\cdots,(A^{\mathrm{T}})^{n-1}C^{\mathrm{T}}] = l_\beta$，根据定理 3.6，得到对偶系统 $(A^{\mathrm{T}},C^{\mathrm{T}},B^{\mathrm{T}})$ 的能控结构分解，变换矩阵为式(3.29)中的 $(T_{\mathrm{o}}^{\mathrm{T}})^{-1}$。

上述变换结果的对偶系统即为所求，相应地，得到系统 (A,B,C) 能观结构分解形式的变换矩阵为式(3.29)中的 $(T_{\mathrm{o}}^{\mathrm{T}})^{-1}$ 的转置求逆，即 T_{o}。证毕。

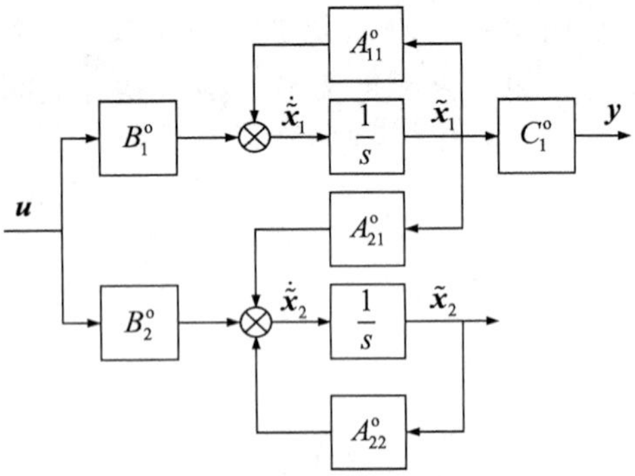

图 3.12 系统的能观结构分解

定理 3.8 给出的式(3.29)的状态空间描述 $(A^{\mathrm{o}},B^{\mathrm{o}},C^{\mathrm{o}})$ 称为系统 (A,B,C) 的能观结构分解，如图 3.12 所示。

从能观性矩阵 Q_{o} 中取出 l_β 个线性不相关的行向量作为矩阵 $(T_{\mathrm{o}}^{\mathrm{T}})^{-1}$ 的前 l_β 个列相量 $\boldsymbol{w}_1,\boldsymbol{w}_2,\cdots,\boldsymbol{w}_{l_\beta}$，$(T_{\mathrm{o}}^{\mathrm{T}})^{-1}$ 的后 $n-l_\beta$ 个列向量 $\boldsymbol{w}_{l_\beta+1},\boldsymbol{w}_{l_\beta+2},\cdots,\boldsymbol{w}_n$ 在保证 $(T_{\mathrm{o}}^{\mathrm{T}})^{-1}$ 可逆的条件下任取，由此得到变换矩阵 T_{o}。当然，也可以用 $\boldsymbol{w}_1,\boldsymbol{w}_2,\cdots,\boldsymbol{w}_{l_\beta}$ 构成奇次线性方程组

$$\begin{bmatrix} \boldsymbol{w}_1^{\mathrm{T}} \\ \boldsymbol{w}_2^{\mathrm{T}} \\ \vdots \\ \boldsymbol{w}_{l_\beta}^{\mathrm{T}} \end{bmatrix} \boldsymbol{w} = 0$$

它的 $n-l_\beta$ 个线性独立解向量 $\boldsymbol{w}_{l_\beta+1},\boldsymbol{w}_{l_\beta+2},\cdots,\boldsymbol{w}_n$ 与 $\boldsymbol{w}_1,\boldsymbol{w}_2,\cdots,\boldsymbol{w}_{l_\beta}$ 正交，是能观子空间 X_{o} 的正交补空间 $X_{\bar{\mathrm{o}}}$ 的一组基向量，也可作为矩阵 $(T_{\mathrm{o}}^{\mathrm{T}})^{-1}$ 的后 $n-l_\beta$ 个列向量。

设 $\operatorname{rank}Q_{\mathrm{o}} = l_\beta$，故通过列变换可以将能观性矩阵的后 $n-l_\beta$ 列变为零，即存在矩阵 T 使得

$$\begin{bmatrix} C \\ CA \\ \vdots \\ CA^{n-1} \end{bmatrix} T = \begin{bmatrix} \bar{P}_1 & 0 \\ \bar{P}_2 & 0 \\ \vdots & \vdots \\ \bar{P}_n & 0 \end{bmatrix} \tag{3.34}$$

式中，$\bar{P}_i (i = 1,2,\cdots,n)$ 是 $q \times l_\beta$ 阶矩阵，与定理 3.7 对应，有下面的定理 3.9。

定理 3.9 设 n 阶 p 维输入 q 维输出系统 (A,B,C) 不完全能观，$\operatorname{rank}Q_{\mathrm{o}} = l_\beta$，则状态变换 $\boldsymbol{x} = T\tilde{\boldsymbol{x}}$ 将系统 (A,B,C) 变成式(3.31)能观结构分解形式的充分必要条件是式(3.34)成立。

定理 3.9 的证明同定理 3.7，略。

式(3.31)的能观结构分解也有与能控结构分解相同的特性，即系统$(A_{11}^{\mathrm{o}},B_1^{\mathrm{o}},C_1^{\mathrm{o}})$和系统$(A,B,C)$是零状态等价的，有相同的传递函数矩阵，所以从输入输出特性分析系统(A,B,C)时，可以等价地用降维系统$(A_{11}^{\mathrm{o}},B_1^{\mathrm{o}},C_1^{\mathrm{o}})$来代替。系统的能观结构分解非唯一，同一系统的不同能观结构分解，能观子系统$(A_{11}^{\mathrm{o}},B_1^{\mathrm{o}},C_1^{\mathrm{o}})$具有相同的维数和相同的传递函数矩阵，$A_{11}^{\mathrm{o}}$和$A_{22}^{\mathrm{o}}$的特征值各自维持不变，分别称为系统的能观因子和不能观因子。系统为能观的充分必要条件是，经过坐标变换不能转化成式(3.31)的形式，并且其中A_{11}^{o}的阶次$l_\beta < n$。

例 3.12 已知系统系数矩阵

$$A=\begin{bmatrix}1 & 2 & -1\\0 & 1 & 0\\1 & -4 & 3\end{bmatrix},\quad \boldsymbol{b}=\begin{bmatrix}0\\0\\1\end{bmatrix},\quad \boldsymbol{c}^{\mathrm{T}}=\begin{bmatrix}1 & -1 & 1\end{bmatrix}$$

试判断系统的能观性，如果系统不完全能观，则进行能观标准分解。

解 计算系统的能观性判别矩阵有

$$\operatorname{rank}Q_{\mathrm{o}}=\operatorname{rank}\begin{bmatrix}\boldsymbol{c}^{\mathrm{T}}\\ \boldsymbol{c}^{\mathrm{T}}A\\ \boldsymbol{c}^{\mathrm{T}}A^2\end{bmatrix}=\operatorname{rank}\begin{bmatrix}1 & -1 & 1\\2 & -3 & 2\\4 & -7 & 4\end{bmatrix}=2<3$$

系统不能观。选取能观性判别矩阵的第一行和第二行作为$(T_{\mathrm{o}}^{\mathrm{T}})^{-1}$的前两列，在$(T_{\mathrm{o}}^{\mathrm{T}})^{-1}$可逆的条件下任取$(T_{\mathrm{o}}^{\mathrm{T}})^{-1}$的第三列，如取$\boldsymbol{w}_3^{\mathrm{T}}=[0\quad 0\quad 1]$，则有

$$(T_{\mathrm{o}}^{\mathrm{T}})^{-1}=\begin{bmatrix}\boldsymbol{w}_1 & \boldsymbol{w}_2 & \boldsymbol{w}_3\end{bmatrix}=\begin{bmatrix}1 & 2 & 0\\-1 & -3 & 0\\1 & 2 & 1\end{bmatrix},\quad T_{\mathrm{o}}^{\mathrm{T}}=\begin{bmatrix}3 & 2 & 0\\-1 & -1 & 0\\-1 & 0 & 1\end{bmatrix}$$

状态变换后系统的系数矩阵为

$$A_{\mathrm{o}}=T_{\mathrm{o}}^{-1}AT_{\mathrm{o}}=\begin{bmatrix}1 & -1 & 1\\2 & -3 & 2\\0 & 0 & 1\end{bmatrix}\begin{bmatrix}1 & 2 & -1\\0 & 1 & 0\\1 & -4 & 3\end{bmatrix}\begin{bmatrix}3 & -1 & -1\\2 & -1 & 0\\0 & 0 & 1\end{bmatrix}=\begin{bmatrix}0 & 1 & 0\\-2 & 3 & 0\\-5 & 3 & 2\end{bmatrix}$$

$$\boldsymbol{b}_{\mathrm{o}}=T_{\mathrm{o}}^{-1}\boldsymbol{b}=\begin{bmatrix}1 & -1 & 1\\2 & -3 & 2\\0 & 0 & 1\end{bmatrix}\begin{bmatrix}0\\0\\1\end{bmatrix}=\begin{bmatrix}1\\2\\1\end{bmatrix}$$

$$\boldsymbol{c}_{\mathrm{o}}^{\mathrm{T}}=\boldsymbol{c}^{\mathrm{T}}T_{\mathrm{o}}=\begin{bmatrix}1 & -1 & 1\end{bmatrix}\begin{bmatrix}3 & -1 & -1\\2 & -1 & 0\\0 & 0 & 1\end{bmatrix}=\begin{bmatrix}1 & 0 & 0\end{bmatrix}$$

或者也可以解奇次线性方程组

$$\begin{bmatrix}\boldsymbol{w}_1^{\mathrm{T}}\\ \boldsymbol{w}_2^{\mathrm{T}}\end{bmatrix}\boldsymbol{w}=\begin{bmatrix}1 & -1 & 1\\2 & -3 & 2\end{bmatrix}\boldsymbol{w}=\begin{bmatrix}1 & -1 & 1\\2 & -3 & 2\end{bmatrix}\begin{bmatrix}w_1\\w_2\\w_3\end{bmatrix}=0$$

得非零解$w_1=-w_3$，$w_2=0$，取$w_1=1$，$w_3=-1$，得到系统能观子空间的正交补空间的基向量$\boldsymbol{w}_3^{\mathrm{T}}=[1\quad 0\quad -1]$，取状态变换矩阵

$$(T_o^T)^{-1}=\begin{bmatrix}w_1 & w_2 & w_3\end{bmatrix}=\begin{bmatrix}1 & 2 & 1\\ -1 & -3 & 0\\ 1 & 2 & -1\end{bmatrix},\quad T_o^T=\begin{bmatrix}1.5 & 2 & 1.5\\ -0.5 & -1 & -0.5\\ 0.5 & 0 & -0.5\end{bmatrix}$$

状态变换后系统的系数矩阵为

$$A_o=T_o^{-1}AT_o=\begin{bmatrix}1 & -1 & 1\\ 2 & -3 & 2\\ 1 & 0 & -1\end{bmatrix}\begin{bmatrix}1 & 2 & -1\\ 0 & 1 & 0\\ 1 & -4 & 3\end{bmatrix}\begin{bmatrix}1.5 & -0.5 & 0.5\\ 2 & -1 & 0\\ 1.5 & -0.5 & -0.5\end{bmatrix}=\begin{bmatrix}0 & 1 & 0\\ -2 & 3 & 0\\ 6 & -4 & 2\end{bmatrix}$$

$$\boldsymbol{b}_o=T_o^{-1}\boldsymbol{b}=\begin{bmatrix}1 & -1 & 1\\ 2 & -3 & 2\\ 1 & 0 & -1\end{bmatrix}\begin{bmatrix}0\\ 0\\ 1\end{bmatrix}=\begin{bmatrix}1\\ 2\\ -1\end{bmatrix}$$

$$\boldsymbol{c}_o^T=\boldsymbol{c}^TT_o=\begin{bmatrix}1 & -1 & 1\end{bmatrix}\begin{bmatrix}1.5 & -0.5 & 0.5\\ 2 & -1 & 0\\ 1.5 & -0.5 & -0.5\end{bmatrix}=\begin{bmatrix}1 & 0 & 0\end{bmatrix}$$

通过上述系统的能控或能观结构分解，能控和不能控子系统可能不完全能观，能观和不能观子系统可能不完全能控，因此还可以进一步分解。

由定理 3.5，记 $l=\text{rank}(Q_oQ_c)$ 为系统能控能观子系统的维数，则系统能控子空间的维数 $l_\alpha=\text{rank}(Q_c)$、系统能观子空间的维数 $l_\beta=\text{rank}(Q_o)$ 和系统阶次 n 间满足关系 $l\leqslant\min(l_\alpha,l_\beta)$，$\max(l_\alpha,l_\beta)\leqslant n$。下面以先进行系统的能控结构分解为例，分几种不同情况，给出系统进一步进行结构分解的方法。

(1) $l=l_\alpha=l_\beta<n$ 的情况。

此时能控子系统也是能观的，式(3.25)系统的能控子系统的能观性矩阵

$$Q_\beta^c=\begin{bmatrix}C_1^c\\ C_1^cA_{11}^c\\ \vdots\\ C_1^c(A_{11}^c)^{n-1}\end{bmatrix}$$

的列向量线性独立，将式(3.25)的 A^c、B^c、C^c 的具体形式代入，式(3.25)系统的能观性矩阵

$$Q_o=\begin{bmatrix}C^c\\ C^cA^c\\ \vdots\\ C^c(A^c)^{n-1}\end{bmatrix}=\begin{bmatrix}Q_\beta^c & R^c\end{bmatrix}$$

式中，R^c 是 $nq\times(n-l_\alpha)$ 阶矩阵，因为 $l=l_\alpha=l_\beta$，故 R^c 的列向量可以用 Q_β^c 的列向量线性表示，即存在 $l_\alpha\times(n-l_\alpha)$ 阶矩阵 P 使得 $R^c=Q_\beta^cP$，取

$$T_1=\begin{bmatrix}I & P\\ 0 & I\end{bmatrix},\quad T_1^{-1}=\begin{bmatrix}I & -P\\ 0 & I\end{bmatrix}$$

则有

$$Q_{\text{o}}=\begin{bmatrix}Q_{\beta}^{\text{c}} & R^{\text{c}}\end{bmatrix}=\begin{bmatrix}Q_{\beta}^{\text{c}} & 0\end{bmatrix}\begin{bmatrix}I & P\\0 & I\end{bmatrix}$$

从而有

$$Q_{\text{o}}T_1^{-1}=\begin{bmatrix}Q_{\beta}^{\text{c}} & R^{\text{c}}\end{bmatrix}T_1^{-1}=\begin{bmatrix}Q_{\beta}^{\text{c}} & 0\end{bmatrix}$$

根据定理 3.9，坐标变换 $\tilde{\boldsymbol{x}}=T_1^{-1}\bar{\boldsymbol{x}}$ 将式(3.25)的系统 $(A^{\text{c}},B^{\text{c}},C^{\text{c}})$ 转化为能观结构分解形式

$$\bar{A}=T_1A^{\text{c}}T_1^{-1}=\begin{bmatrix}\bar{A}_{11} & 0\\\bar{A}_{21} & \bar{A}_{22}\end{bmatrix},\quad \bar{B}=TB^{\text{c}}=\begin{bmatrix}\bar{B}_1\\\bar{B}_2\end{bmatrix},\quad \bar{C}=C^{\text{c}}T_1^{-1}=\begin{bmatrix}\bar{C}_1 & 0\end{bmatrix}$$

式中，$\bar{A}_{11}\in R^{l_\alpha\times l_\alpha}$，$\bar{A}_{22}\in R^{(n-l_\alpha)\times(n-l_\alpha)}$，$\bar{B}_1\in R^{l_\alpha\times p}$，$\bar{B}_2\in R^{(n-l_\alpha)\times p}$。然而

$$\bar{B}=T_1B^{\text{c}}=\begin{bmatrix}I & P\\0 & I\end{bmatrix}B^{\text{c}}=B^{\text{c}}$$

$$\bar{C}=C^{\text{c}}T_1^{-1}=\begin{bmatrix}C_1^{\text{c}} & C_2^{\text{c}}-C_1^{\text{c}}P\end{bmatrix}$$

得到

$$B_1^{\text{c}}=\bar{B}_1,\quad \bar{B}_2=0,\quad C_1^{\text{c}}=\bar{C}_1,\quad C_2^{\text{c}}-C_1^{\text{c}}P=0$$

此外

$$\bar{A}=T_1A^{\text{c}}T_1^{-1}=\begin{bmatrix}I & P\\0 & I\end{bmatrix}\begin{bmatrix}A_{11}^{\text{c}} & A_{12}^{\text{c}}\\0 & A_{22}^{\text{c}}\end{bmatrix}\begin{bmatrix}I & -P\\0 & I\end{bmatrix}=\begin{bmatrix}A_{11}^{\text{c}} & A_{12}^{\text{c}}+PA_{22}^{\text{c}}-A_{11}^{\text{c}}P\\0 & A_{22}^{\text{c}}\end{bmatrix}$$

故有

$$\bar{A}_{21}=0,\quad A_{12}^{\text{c}}+PA_{22}^{\text{c}}-A_{11}^{\text{c}}P=0,\quad \bar{A}_{11}=A_{11}^{\text{c}},\quad \bar{A}_{22}=A_{22}^{\text{c}}$$

所以

$$\bar{A}=\begin{bmatrix}A_{11}^{\text{c}} & 0\\0 & A_{22}^{\text{c}}\end{bmatrix},\quad \bar{B}=\begin{bmatrix}B_1^{\text{c}}\\0\end{bmatrix},\quad \bar{C}=\begin{bmatrix}C_1^{\text{c}} & 0\end{bmatrix} \tag{3.35}$$

即 $l=l_\alpha=l_\beta<n$ 时，坐标变换 $\tilde{\boldsymbol{x}}=T_1^{-1}\bar{\boldsymbol{x}}$ 将式(3.25)系统 $(A^{\text{c}},B^{\text{c}},C^{\text{c}})$ 转化为式(3.35)的形式，且 $(A_{11}^{\text{c}},B_1^{\text{c}},C_1^{\text{c}})$ 是能控能观的，A_{22}^{c} 是不能控不能观的。

(2) $l_\alpha<l_\beta=n$ 的情况。

此时系统是能观的，只能作能控结构分解，且 $l=l_\alpha$，能控子系统还是能观的。

(3) $l=l_\alpha<l_\beta<n$ 的情况。

此时能控子系统是能观的，能控子系统的能观性矩阵 Q_{β}^{c} 的列向量线性独立，因为 $l=l_\alpha<l_\beta$，所以 R^{c} 中还可选出 $l_\beta-l$ 个列，和 Q_{β}^{c} 的列合在一起仍然是线性独立的，R^{c} 的其他列向量可由它们线性表示。将 R^{c} 的上述 $l_\beta-l$ 个列构成的矩阵记为 R_1，则存在可逆矩阵

$$T_2^{-1}=\begin{bmatrix}I & R_1\\0 & P_2\end{bmatrix},\quad T_2=\begin{bmatrix}I & -R_1P_2^{-1}\\0 & P_2^{-1}\end{bmatrix}$$

式中，R_1、P_2 分别是 $l_\alpha\times(n-l_\alpha)$、$(n-l_\alpha)\times(n-l_\alpha)$ 阶矩阵，对式(3.25)系统的能观性矩阵 $[Q_{\beta}^{\text{c}}\quad R^{\text{c}}]$ 进行列变换，得到 $[Q_{\beta}^{\text{c}}\quad R^{\text{c}}]T_2^{-1}=[Q_{\beta}^{\text{c}}\quad R_1\quad 0]$，根据定理 3.9，坐标变换 $\tilde{\boldsymbol{x}}=T_2^{-1}\bar{\boldsymbol{x}}$ 将式(3.25)的系统 $(A^{\text{c}},B^{\text{c}},C^{\text{c}})$ 转化为能观结构分解形式

$$\overline{A}=T_2A^{\mathrm{c}}T_2^{-1}=\begin{bmatrix}\overline{A}_{11} & \overline{A}_{12} & 0\\ \overline{A}_{21} & \overline{A}_{22} & 0\\ \overline{A}_{31} & \overline{A}_{32} & \overline{A}_{33}\end{bmatrix}$$

式中，$\overline{A}_{11}\in R^{l_\alpha\times l_\alpha}$，$\overline{A}_{22}\in R^{(l_\beta-l_\alpha)\times(l_\beta-l_\alpha)}$，$\overline{A}_{33}\in R^{(n-l_\beta)\times(n-l_\beta)}$。由于

$$\begin{bmatrix}I & -P_1P_2^{-1}\\ 0 & P_2^{-1}\end{bmatrix}\begin{bmatrix}A_{11}^{\mathrm{c}} & A_{12}^{\mathrm{c}}\\ 0 & A_{22}^{\mathrm{c}}\end{bmatrix}\begin{bmatrix}I & P_1\\ 0 & P_2\end{bmatrix}=\begin{bmatrix}A_{11}^{\mathrm{c}} & A_{11}^{\mathrm{c}}P_1+A_{12}^{\mathrm{c}}P_2-P_1P_2^{-1}A_{22}^{\mathrm{c}}P_2\\ 0 & P_2^{-1}A_{22}^{\mathrm{c}}P_2\end{bmatrix}$$

所以有 $\overline{A}_{21}=0$，$\overline{A}_{31}=0$，即

$$\overline{A}=T_2A^{\mathrm{c}}T_2^{-1}=\begin{bmatrix}A_{11}^{\mathrm{c}} & \overline{A}_{12} & 0\\ 0 & \overline{A}_{22} & 0\\ 0 & \overline{A}_{32} & \overline{A}_{33}\end{bmatrix}=\begin{bmatrix}\overline{A}_{11} & \overline{A}_{12} & 0\\ 0 & \overline{A}_{22} & 0\\ 0 & \overline{A}_{32} & \overline{A}_{33}\end{bmatrix} \tag{3.36}$$

此外

$$\overline{B}=T_2B^{\mathrm{c}}=\begin{bmatrix}I & -P_1P_2^{-1}\\ 0 & P_2^{-1}\end{bmatrix}\begin{bmatrix}B_1^{\mathrm{c}}\\ 0\end{bmatrix}=\begin{bmatrix}B_1^{\mathrm{c}}\\ 0\\ 0\end{bmatrix}=\begin{bmatrix}\overline{B}_1\\ 0\\ 0\end{bmatrix}$$

$$\overline{C}=C^{\mathrm{c}}T_2^{-1}=\begin{bmatrix}C_1^{\mathrm{c}} & C_2^{\mathrm{c}}\end{bmatrix}\begin{bmatrix}I & P_1\\ 0 & P_2\end{bmatrix}=\begin{bmatrix}C_1^{\mathrm{c}} & C_2 & 0\end{bmatrix}=\begin{bmatrix}\overline{C}_1 & \overline{C}_2 & 0\end{bmatrix} \tag{3.37}$$

式中，C_2 是 $q\times(l_\beta-l_\alpha)$ 阶矩阵。即 $l=l_\alpha<l_\beta<n$ 时，坐标变换 $\tilde{\boldsymbol{x}}=T_2^{-1}\overline{\boldsymbol{x}}$ 将式(3.25)的系统 $(A^{\mathrm{c}},B^{\mathrm{c}},C^{\mathrm{c}})$ 转化为式(3.36)、式(3.37)的形式，且 $(\overline{A}_{11},\overline{B}_1,\overline{C}_1)$ 是能控能观的，$(\overline{A}_{22},\overline{C}_2)$ 是不能控能观的，$\overline{A}_{33}$ 是不能控不能观的。

同法可对 $l=l_\beta<l_\alpha<n$ 的情况进行讨论。

(4) $l<\min(l_\alpha,l_\beta),\max(l_\alpha,l_\beta)<n$ 的情况。

此时系统能控结构分解式(3.25)中能控子系统的能观性矩阵的秩 $\mathrm{rank}Q_\beta^{\mathrm{c}}=l$，系统 (A,B,C) 能观性矩阵的秩 $\mathrm{rank}Q_{\mathrm{o}}=\mathrm{rank}[Q_\beta^{\mathrm{c}}\quad R^{\mathrm{c}}]=l_\beta$，说明 $[Q_\beta^{\mathrm{c}}\quad R^{\mathrm{c}}]$ 中可选出 l_β 个列向量线性独立，其中 l 个属于 Q_β^{c}，$l_\beta-l$ 个属于 R^{c}，以它们为列构成的矩阵分别记为 R_1 和 R_2，则 Q_β^{c} 的列向量均可由 R_1 的列向量线性表示，R^{c} 的列向量均可由 R_1 和 R_2 的列向量线性表示，故存在可逆变换矩阵

$$T_3^{-1}=\begin{bmatrix}P_1 & P_2\\ 0 & P_3\end{bmatrix}$$

式中，P_1、P_2、P_3 分别是 $l_\alpha\times l_\alpha$、$l_\alpha\times(n-l_\alpha)$、$(n-l_\alpha)\times(n-l_\alpha)$ 阶矩阵，对式(3.25)系统的能观性矩阵 $[Q_\beta^{\mathrm{c}}\quad R^{\mathrm{c}}]$ 进行列变换，得到 $[Q_\beta^{\mathrm{c}}\quad R^{\mathrm{c}}]T_3^{-1}=[R_1\quad 0\quad R_2\quad 0]$，再取列变换

$$T_4^{-1}=\begin{bmatrix}I_l & 0 & 0 & 0\\ 0 & 0 & I_{l_\alpha-l} & 0\\ 0 & I_{l_\beta-l} & 0 & 0\\ 0 & 0 & 0 & I_{n-l_\alpha-l_\beta+l}\end{bmatrix},\quad T_4=\begin{bmatrix}I_l & 0 & 0 & 0\\ 0 & 0 & I_{l_\beta-l} & 0\\ 0 & I_{l_\alpha-l} & 0 & 0\\ 0 & 0 & 0 & I_{n-l_\alpha-l_\beta+l}\end{bmatrix}$$

就有 $[R_1\quad 0\quad R_2\quad 0]T_4^{-1}=[R_1\quad R_2\quad 0\quad 0]$，根据定理 3.9，坐标变换 $\tilde{\boldsymbol{x}}=T_4^{-1}T_3^{-1}\overline{\boldsymbol{x}}$ 将式(3.25)的

系统 (A^c,B^c,C^c) 转化为能观结构分解形式。记

$$T_3A^cT_3^{-1}=\begin{bmatrix}P_1^{-1} & -P_1^{-1}P_2P_3^{-1}\\0 & P_3^{-1}\end{bmatrix}\begin{bmatrix}A_{11}^c & A_{12}^c\\0 & A_{22}^c\end{bmatrix}\begin{bmatrix}P_1 & P_2\\0 & P_3\end{bmatrix}=\begin{bmatrix}\bar{A}_{11} & \bar{A}_{12} & \bar{A}_{13} & \bar{A}_{14}\\\bar{A}_{21} & \bar{A}_{22} & \bar{A}_{23} & \bar{A}_{24}\\0 & 0 & \bar{A}_{33} & \bar{A}_{34}\\0 & 0 & \bar{A}_{43} & \bar{A}_{44}\end{bmatrix}\begin{matrix}\}l\\\}l_\alpha-l\\\}l_\beta-l\\\}n-l_\alpha-l_\beta+l\end{matrix}$$

$$C^cT_3^{-1}=\begin{bmatrix}C_1^c & C_2^c\end{bmatrix}\begin{bmatrix}P_1 & P_2\\0 & P_3\end{bmatrix}=\begin{bmatrix}C_1^cP_1 & C_1^cP_2+C_2^cP_3\end{bmatrix}=\begin{bmatrix}\bar{C}_1 & \bar{C}_2 & \bar{C}_3 & \bar{C}_4\end{bmatrix}\tag{3.38}$$

则有

$$T_4T_3A^cT_3^{-1}T_4^{-1}=\begin{bmatrix}\bar{A}_{11} & \bar{A}_{13} & \bar{A}_{12} & \bar{A}_{14}\\0 & \bar{A}_{33} & 0 & \bar{A}_{34}\\\bar{A}_{21} & \bar{A}_{23} & \bar{A}_{22} & \bar{A}_{24}\\0 & \bar{A}_{43} & 0 & \bar{A}_{44}\end{bmatrix}\begin{matrix}\}l\\\}l_\beta-l\\\}l_\alpha-l\\\}n-l_\alpha-l_\beta+l\end{matrix}$$

$$C^cT_3^{-1}T_4^{-1}=\begin{bmatrix}\bar{C}_1 & \bar{C}_3 & \bar{C}_2 & \bar{C}_4\end{bmatrix}$$

由于坐标变换 $\tilde{\boldsymbol{x}}=T_4^{-1}T_3^{-1}\bar{\boldsymbol{x}}$ 是能观结构分解，所以必有 $\bar{A}_{12}=0$，$\bar{A}_{14}=0$，$\bar{A}_{34}=0$，$\bar{C}_2=0$，$\bar{C}_4=0$。将上述结果代入式(3.38)，有

$$\bar{A}=T_3A^cT_3^{-1}=\begin{bmatrix}\bar{A}_{11} & 0 & \bar{A}_{13} & 0\\\bar{A}_{21} & \bar{A}_{22} & \bar{A}_{23} & \bar{A}_{24}\\0 & 0 & \bar{A}_{33} & 0\\0 & 0 & \bar{A}_{43} & \bar{A}_{44}\end{bmatrix}\begin{matrix}\}l\\\}l_\alpha-l\\\}l_\beta-l\\\}n-l_\alpha-l_\beta+l\end{matrix},\quad \bar{C}=C^cT_3^{-1}=\begin{bmatrix}\bar{C}_1 & 0 & \bar{C}_3 & 0\end{bmatrix}\tag{3.39}$$

再记

$$T_3B^c=\begin{bmatrix}P_1^{-1} & -P_1^{-1}P_2P_3^{-1}\\0 & P_3^{-1}\end{bmatrix}\begin{bmatrix}B_1^c\\0\end{bmatrix}=\begin{bmatrix}P_1^{-1}B_1^c\\0\end{bmatrix}=\begin{bmatrix}\bar{B}_1\\\bar{B}_2\\0\\0\end{bmatrix}\tag{3.40}$$

即 $l<\min(l_\alpha,l_\beta),\max<(l_\alpha,l_\beta)<n$ 时，坐标变换 $\tilde{\boldsymbol{x}}=T_3^{-1}\bar{\boldsymbol{x}}$ 将式(3.25)的系统 (A^c,B^c,C^c) 转化为式(3.39)、式(3.40)的形式。式(3.39)、式(3.40)的结构分解形式称为系统的能控能观标准结构分解，其中 l 维子系统为能控能观子系统，$l_\alpha-l$ 维子系统为能控不能观子系统，$l_\beta-l$ 维子系统为不能控能观子系统，$n-l_\alpha-l_\beta+l$ 维子系统为不能控不能观子系统，相应地，$\bar{A}_{11}$、$\bar{A}_{22}$、$\bar{A}_{33}$、$\bar{A}_{44}$ 的特征值分别称为系统的能控能观因子、能控不能观因子、不能控能观因子、不能控不能观因子。系统 (A,B,C) 和它的能控能观标准结构分解的 l 维能控能观子系统 $(\bar{A}_{11},\bar{B}_1,\bar{C}_1)$ 是零状态等价的，有相同的传递函数矩阵。系统的能控能观标准结构分解并非唯一，但各子系统的维数及其特征值维持不变。

系统能控能观标准结构分解如图 3.13 所示。

例 3.13 设 2 输入单输出 4 阶系统为

$$A=\begin{bmatrix}-2 & 1 & 0 & 0\\0 & -2 & 0 & 0\\0 & 0 & -2 & 1\\0 & 0 & 0 & -2\end{bmatrix},\quad B=\begin{bmatrix}1 & 1\\1 & 2\\0 & 0\\0 & 0\end{bmatrix},\quad C=\begin{bmatrix}1 & 0 & 1 & 0\end{bmatrix}$$

试对该系统进行结构分解。

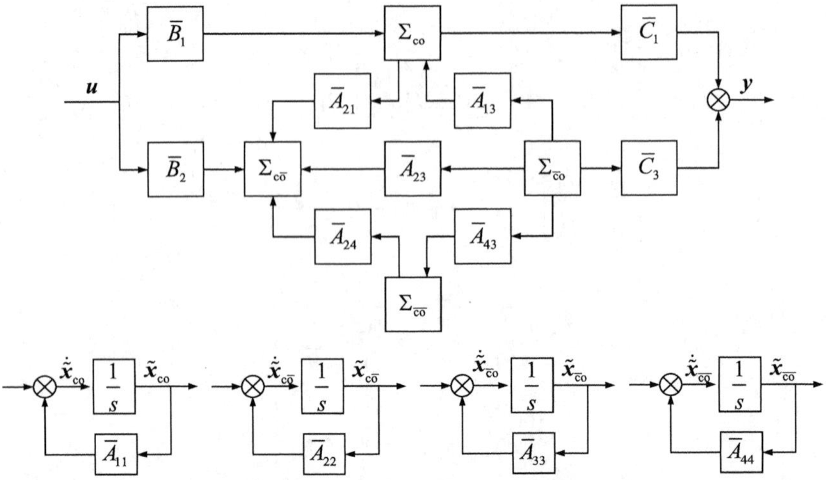

图 3.13　系统的标准结构分解

解　显然，该系统已经具有能控结构分解形式，其中

$$A_{11}^{c}=\begin{bmatrix}-2 & 1\\ 0 & -2\end{bmatrix},\quad A_{12}^{c}=\begin{bmatrix}0 & 0\\ 0 & 0\end{bmatrix},\quad A_{22}^{c}=\begin{bmatrix}-2 & 1\\ 0 & -2\end{bmatrix},\quad B_1^{c}=\begin{bmatrix}1 & 1\\ 1 & 2\end{bmatrix},\quad C_1^{c}=C_2^{c}=\begin{bmatrix}1 & 0\end{bmatrix}$$

$$l_\alpha=\text{rank}Q_c=\text{rank}\begin{bmatrix}B & AB & A^2B & A^3B\end{bmatrix}=\text{rank}\begin{bmatrix}1 & 1 & -1 & 0 & 0 & -4 & 4 & 16\\ 1 & 2 & -2 & -4 & 4 & 8 & -8 & -16\\ 0 & 0 & 0 & 0 & 0 & 0 & 0 & 0\\ 0 & 0 & 0 & 0 & 0 & 0 & 0 & 0\end{bmatrix}=2$$

$$l_\beta=\text{rank}Q_o=\text{rank}\begin{bmatrix}C\\ CA\\ CA^2\\ CA^3\end{bmatrix}=\text{rank}\begin{bmatrix}1 & 0 & 1 & 0\\ -2 & 1 & -2 & 1\\ 4 & -4 & 4 & -4\\ -8 & 12 & -8 & 12\end{bmatrix}=2$$

$$l=\text{rank}(Q_oQ_c)=\text{rank}\begin{bmatrix}1 & 1 & -1 & 0 & 0 & -4 & 4 & 16\\ -1 & 0 & 0 & -4 & 4 & 16 & -16 & -48\\ 0 & -4 & 4 & 16 & -16 & -48 & 48 & 128\\ 4 & 16 & -16 & -48 & 48 & 128 & -128 & -320\end{bmatrix}=2$$

属于 $l=l_\alpha=l_\beta<n$ 的情况。本题中 (A,B,C) 已经具有能控结构分解形式，故有

$$\begin{bmatrix}C^c\\ C^cA^c\\ \vdots\\ C^c(A^c)^{n-1}\end{bmatrix}=\begin{bmatrix}Q_\beta^c & R^c\end{bmatrix}=\begin{bmatrix}C\\ CA\\ \vdots\\ CA^{n-1}\end{bmatrix}=Q_o=\begin{bmatrix}1 & 0 & 1 & 0\\ -2 & 1 & -2 & 1\\ 4 & -4 & 4 & -4\\ -8 & 12 & -8 & 12\end{bmatrix}$$

容易看出

$$\begin{bmatrix}Q_\beta^c & R^c\end{bmatrix}T_1^{-1}=\begin{bmatrix}1 & 0 & 1 & 0\\ -2 & 1 & -2 & 1\\ 4 & -4 & 4 & -4\\ -8 & 12 & -8 & 12\end{bmatrix}\begin{bmatrix}1 & 0 & -1 & 0\\ 0 & 1 & 0 & -1\\ 0 & 0 & 1 & 0\\ 0 & 0 & 0 & 1\end{bmatrix}=\begin{bmatrix}Q_\beta^c & 0\end{bmatrix}$$

即

$$T_1^{-1}=\begin{bmatrix} I & -P_1 \\ 0 & I \end{bmatrix}=\begin{bmatrix} 1 & 0 & -1 & 0 \\ 0 & 1 & 0 & -1 \\ 0 & 0 & 1 & 0 \\ 0 & 0 & 0 & 1 \end{bmatrix},\quad P_1=\begin{bmatrix} -1 & 0 \\ 0 & -1 \end{bmatrix}$$

于是得到

$$\overline{A}=T_1A^{\mathrm{c}}T_1^{-1}=T_1AT_1^{-1}=\begin{bmatrix} -2 & 1 & 0 & 0 \\ 0 & -2 & 0 & 0 \\ 0 & 0 & -2 & 1 \\ 0 & 0 & 0 & -2 \end{bmatrix},\quad \overline{B}=T_1B^{\mathrm{c}}=T_1B=\begin{bmatrix} 1 & 1 \\ 1 & 2 \\ 0 & 0 \\ 0 & 0 \end{bmatrix}$$

$$\overline{C}=C^{\mathrm{c}}T_1^{-1}=CT_1^{-1}=\begin{bmatrix} 1 & 0 & 0 & 0 \end{bmatrix}$$

即有式(3.35)的结构分解形式，其中

$$A_{11}^{\mathrm{c}}=\begin{bmatrix} -2 & 1 \\ 0 & -2 \end{bmatrix},\quad A_{12}^{\mathrm{c}}=\begin{bmatrix} 0 & 0 \\ 0 & 0 \end{bmatrix},\quad A_{21}^{\mathrm{c}}=\begin{bmatrix} 0 & 0 \\ 0 & 0 \end{bmatrix},\quad A_{22}^{\mathrm{c}}=\begin{bmatrix} -2 & 1 \\ 0 & -2 \end{bmatrix}$$

$$B_1^{\mathrm{c}}=\begin{bmatrix} 1 & 1 \\ 1 & 2 \end{bmatrix},\quad B_2^{\mathrm{c}}=\begin{bmatrix} 0 & 0 \\ 0 & 0 \end{bmatrix},\quad C_1^{\mathrm{c}}=\begin{bmatrix} 1 & 0 \end{bmatrix},\quad C_2^{\mathrm{c}}=\begin{bmatrix} 0 & 0 \end{bmatrix}$$

例 3.14 设单输入单输出 4 阶系统为

$$A=\begin{bmatrix} 0 & 2 & -2 & 0 \\ -1 & 3 & -1 & -1 \\ 0 & 0 & 0 & -1 \\ 0 & 0 & 1 & -2 \end{bmatrix},\quad B=\begin{bmatrix} 2 \\ 1 \\ 0 \\ 0 \end{bmatrix},\quad C=\begin{bmatrix} 1 & -1 & 1 & -1 \end{bmatrix}$$

试对该系统进行结构分解。

解 从形式上看，该系统已经是能控结构分解形式，其实不然，因为

$$\left(\begin{bmatrix} 0 & 2 \\ -1 & 3 \end{bmatrix},\begin{bmatrix} 2 \\ 1 \end{bmatrix}\right)$$

并不是能控对。计算得

$$l_\alpha=\operatorname{rank}Q_{\mathrm{c}}=\operatorname{rank}\begin{bmatrix} B & AB & A^2B & A^3B \end{bmatrix}=\operatorname{rank}\begin{bmatrix} 2 & 2 & 2 & 2 \\ 1 & 1 & 1 & 1 \\ 0 & 0 & 0 & 0 \\ 0 & 0 & 0 & 0 \end{bmatrix}=1$$

$$l_\beta=\operatorname{rank}Q_{\mathrm{o}}=\operatorname{rank}\begin{bmatrix} C \\ CA \\ CA^2 \\ CA^3 \end{bmatrix}=\operatorname{rank}\begin{bmatrix} 1 & -1 & 1 & -1 \\ 1 & -1 & -2 & 2 \\ 1 & -1 & 1 & -1 \\ 1 & -1 & -2 & 2 \end{bmatrix}=2$$

$$l=\operatorname{rank}(Q_{\mathrm{o}}Q_{\mathrm{c}})=\operatorname{rank}\begin{bmatrix} 1 & 1 & 1 & 1 \\ 1 & 1 & 1 & 1 \\ 1 & 1 & 1 & 1 \\ 1 & 1 & 1 & 1 \end{bmatrix}=1$$

属于$l = l_\alpha < l_\beta < n$的情况。先进行系统的能控结构分解，取变换矩阵

$$T_c = \begin{bmatrix} 2 & 0 & 0 & 0 \\ 1 & 1 & 0 & 0 \\ 0 & 0 & 1 & 0 \\ 0 & 0 & 0 & 1 \end{bmatrix}, \quad T_c^{-1} = \begin{bmatrix} 0.5 & 0 & 0 & 0 \\ -0.5 & 1 & 0 & 0 \\ 0 & 0 & 1 & 0 \\ 0 & 0 & 0 & 1 \end{bmatrix}$$

得能控结构分解

$$A^c = T_c^{-1} A T_c = \begin{bmatrix} 1 & 1 & -1 & 0 \\ 0 & 2 & 0 & -1 \\ 0 & 0 & 0 & -1 \\ 0 & 0 & 1 & -2 \end{bmatrix}, \quad B^c = T_c^{-1} B = \begin{bmatrix} 1 \\ 0 \\ 0 \\ 0 \end{bmatrix}$$

$$C^c = T_c C = \begin{bmatrix} 1 & -1 & 1 & -1 \end{bmatrix}$$

即

$$A_{11}^c = \begin{bmatrix} 1 \end{bmatrix}, \quad A_{12}^c = \begin{bmatrix} 1 & -1 & 0 \end{bmatrix}, \quad A_{22}^c = \begin{bmatrix} 2 & 0 & -1 \\ 0 & 0 & -1 \\ 0 & 1 & -2 \end{bmatrix}, \quad C_1^c = \begin{bmatrix} 1 \end{bmatrix}, \quad C_2^c = \begin{bmatrix} -1 & 1 & -1 \end{bmatrix}$$

计算得到

$$\begin{bmatrix} C^c \\ C^c A^c \\ \vdots \\ C^c (A^c)^{n-1} \end{bmatrix} = \begin{bmatrix} Q_\beta^c & R^c \end{bmatrix} = \begin{bmatrix} 1 & -1 & 1 & -1 \\ 1 & -1 & -2 & 2 \\ 1 & -1 & 1 & -1 \\ 1 & -1 & -2 & 2 \end{bmatrix}$$

再取列变换

$$T_2^{-1} = \begin{bmatrix} 1 & 0 & 1 & 0 \\ 0 & 0 & 1 & 0 \\ 0 & 1 & 0 & 1 \\ 0 & 0 & 0 & 1 \end{bmatrix}$$

得

$$\begin{bmatrix} Q_\beta^c & R^c \end{bmatrix} T_2^{-1} = \begin{bmatrix} 1 & 1 & 0 & 0 \\ 1 & -2 & 0 & 0 \\ 1 & 1 & 0 & 0 \\ 1 & -2 & 0 & 0 \end{bmatrix}$$

于是有

$$\bar{A} = T_2 A^c T_2^{-1} = \begin{bmatrix} 1 & -1 & 0 & 0 \\ 0 & -1 & 0 & 0 \\ 0 & 0 & 2 & -1 \\ 0 & 1 & 0 & -1 \end{bmatrix}, \quad \bar{B} = T_2 B^c = \begin{bmatrix} 1 \\ 0 \\ 0 \\ 0 \end{bmatrix}, \quad \bar{C} = C^c T_2^{-1} = \begin{bmatrix} 1 & 1 & 0 & 0 \end{bmatrix}$$

即有式(3.36)、式(3.37)的结构分解形式，其中

$$\bar{A}_{11}=[1],\quad \bar{A}_{12}=[-2],\quad \bar{A}_{13}=[0\quad 0],\quad \bar{A}_{21}=[0],\quad \bar{A}_{22}=[-1],\quad \bar{A}_{23}=[0\quad 0]$$

$$\bar{A}_{31}=[0],\quad \bar{A}_{32}=\begin{bmatrix}0\\1\end{bmatrix},\quad \bar{A}_{33}=\begin{bmatrix}2 & -1\\0 & -1\end{bmatrix}$$

$$\bar{B}_1=[1],\quad \bar{B}_2=[0],\quad \bar{B}_3=\begin{bmatrix}0\\0\end{bmatrix}$$

$$\bar{C}_1=[1],\quad \bar{C}_2=[1],\quad \bar{C}_3=[0\quad 0]$$

3-8　系统的标准型

本节讨论通过坐标变换把线性定常系统的状态方程式转化成便于分析的标准型，以简化系统输入、输出和状态变量间的关系，减少状态方程中的参数个数。下面从单输入单输出系统的标准型开始，然后推广到多输入多输出系统，其中主要介绍能控标准型，对于能观标准型，则根据对偶性原理从能控标准型得到。

1. 单输入单输出系统的能控标准型

设 n 阶单输入单输出系统

$$\begin{aligned}\dot{\boldsymbol{x}}&=A\boldsymbol{x}+\boldsymbol{b}u\\ y&=\boldsymbol{c}^{\mathrm{T}}\boldsymbol{x}\end{aligned}\tag{3.41}$$

能控。选取

$$T_1=\begin{bmatrix}\boldsymbol{b} & A\boldsymbol{b} & \cdots & A^{n-1}\boldsymbol{b}\end{bmatrix}\tag{3.42}$$

因为系统能控，故 $\det T_1\neq 0$，因为 $\boldsymbol{b}$ 在 T_1 的第一列，即有 $\boldsymbol{b}=T_1\boldsymbol{e}_1$，故得

$$T_1^{-1}\boldsymbol{b}=\boldsymbol{e}_1\tag{3.43}$$

其次，$A\boldsymbol{b}$ 是 AT_1 的第一列，T_1 的第二列，即有 $A\boldsymbol{b}=T_1\boldsymbol{e}_2$；$A^2\boldsymbol{b}$ 是 AT_1 的第二列，T_1 的第三列，即有 $A^2\boldsymbol{b}=T_1\boldsymbol{e}_3$，等等。于是得到

$$AT_1=\begin{bmatrix}T_1\boldsymbol{e}_2, T_1\boldsymbol{e}_3,\cdots,T_1\boldsymbol{e}_n, A^n\boldsymbol{b}\end{bmatrix}\tag{3.44}$$

设系统的特征多项式 $\psi(s)=\det(sI-A)=s^n+a_{n-1}s^{n-1}+\cdots+a_1s+a_0$，由凯莱-哈密顿定理有

$$\psi(A)=A^n+a_{n-1}A^{n-1}+\cdots+a_1A+a_0I=0$$

于是有

$$\begin{aligned}A^n\boldsymbol{b}&=-a_{n-1}A^{n-1}\boldsymbol{b}-\cdots-a_1A\boldsymbol{b}-a_0\boldsymbol{b}\\&=-a_{n-1}T_1\boldsymbol{e}_n-\cdots-a_1T_1\boldsymbol{e}_2-a_0T_1\boldsymbol{e}_1\\&=T_1\sum_{j=1}^{n}-a_{j-1}\boldsymbol{e}_j\end{aligned}\tag{3.45}$$

将它代入到式(3.44)得

$$AT_1=T_1\left[\boldsymbol{e}_2,\boldsymbol{e}_3,\cdots,\boldsymbol{e}_n,\sum_{j=1}^{n}-a_{j-1}\boldsymbol{e}_j\right]\tag{3.46}$$

由式(3.46)和式(3.43)得单输入单输出系统 $(A,\boldsymbol{b},\boldsymbol{c}^{\mathrm{T}})$ 的能控标准 I 型：

$$A_1^{c} = T_1^{-1}AT_1 = \begin{bmatrix} 0 & 0 & \cdots & 0 & -a_0 \\ 1 & 0 & \ddots & \vdots & -a_1 \\ 0 & 1 & \ddots & 0 & \vdots \\ \vdots & \ddots & \ddots & 0 & -a_{n-2} \\ 0 & \cdots & 0 & 1 & -a_{n-1} \end{bmatrix}, \quad \boldsymbol{b}_1^{c} = T_1^{-1}\boldsymbol{b} = \begin{bmatrix} 1 \\ 0 \\ \vdots \\ 0 \end{bmatrix} \tag{3.47}$$

$$(\boldsymbol{c}_1^{c})^{\mathrm{T}} = \boldsymbol{c}^{\mathrm{T}}T_1 = \begin{bmatrix} \gamma_{n-1} & \gamma_{n-2} & \cdots & \gamma_0 \end{bmatrix}$$

式中，输出矩阵 $(\boldsymbol{c}_1^{c})^{\mathrm{T}}$ 没有特殊形式。

在能控标准Ⅰ型基础上，设 T_1^{-1} 的第 n 行为 $\boldsymbol{h}^{\mathrm{T}}$，即

$$\boldsymbol{h}^{\mathrm{T}} = \boldsymbol{e}_n^{\mathrm{T}}T_1^{-1} \tag{3.48}$$

从 $\boldsymbol{h}^{\mathrm{T}}$ 和 T_1 的定义有

$$\begin{aligned} &\boldsymbol{h}^{\mathrm{T}}A^k\boldsymbol{b} = 0, \quad 0 \leqslant k \leqslant n-1 \\ &\boldsymbol{h}^{\mathrm{T}}A^{n-1}\boldsymbol{b} = 1 \end{aligned} \tag{3.49}$$

取变换矩阵

$$T_2^{-1} = \begin{bmatrix} \boldsymbol{h}^{\mathrm{T}} \\ \boldsymbol{h}^{\mathrm{T}}A \\ \vdots \\ \boldsymbol{h}^{\mathrm{T}}A^{n-1} \end{bmatrix} \tag{3.50}$$

则 T_2^{-1} 是可逆的。因为若设 T_2^{-1} 的行向量线性相关，即存在不全零的一组数 $\alpha_1,\alpha_2,\cdots,\alpha_n$，使

$$\alpha_1\boldsymbol{h} + \alpha_2A^{\mathrm{T}}\boldsymbol{h} + \cdots + \alpha_n(A^{n-1})^{\mathrm{T}}\boldsymbol{h} = 0$$

设 α_j 满足 $\alpha_j \neq 0$，$\alpha_k = 0(j < k \leqslant n)$，于是有

$$\alpha_1\boldsymbol{h} + \alpha_2A^{\mathrm{T}}\boldsymbol{h} + \cdots + \alpha_j(A^{j-1})^{\mathrm{T}}\boldsymbol{h} = 0$$

两边左乘 $\boldsymbol{b}^{\mathrm{T}}(A^{n-j})^{\mathrm{T}}$ 有

$$\alpha_1\boldsymbol{b}^{\mathrm{T}}(A^{n-j})^{\mathrm{T}}\boldsymbol{h} + \alpha_2\boldsymbol{b}^{\mathrm{T}}(A^{n-j+1})^{\mathrm{T}}\boldsymbol{h} + \cdots + \alpha_j\boldsymbol{b}^{\mathrm{T}}(A^{n-1})^{\mathrm{T}}\boldsymbol{h} = 0$$

而根据式(3.49)的结果有

$$\alpha_1\boldsymbol{b}^{\mathrm{T}}(A^{n-j})^{\mathrm{T}}\boldsymbol{h} + \alpha_2\boldsymbol{b}^{\mathrm{T}}(A^{n-j+1})^{\mathrm{T}}\boldsymbol{h} + \cdots + \alpha_j\boldsymbol{b}^{\mathrm{T}}(A^{n-1})^{\mathrm{T}}\boldsymbol{h} = \alpha_j \neq 0$$

引出矛盾，故 T_2^{-1} 行向量线性相关的假设不成立，T_2^{-1} 是可逆的。

从 T_2^{-1} 的定义，并利用凯莱-哈密顿定理，容易看出

$$T_2^{-1}A = \begin{bmatrix} \boldsymbol{h}^{\mathrm{T}}A \\ \boldsymbol{h}^{\mathrm{T}}A^2 \\ \vdots \\ \boldsymbol{h}^{\mathrm{T}}A^{n-1} \\ \boldsymbol{h}^{\mathrm{T}}A^n \end{bmatrix} = \begin{bmatrix} \boldsymbol{e}_2^{\mathrm{T}} \\ \boldsymbol{e}_3^{\mathrm{T}} \\ \vdots \\ \boldsymbol{e}_n^{\mathrm{T}} \\ \sum\limits_{j=1}^{n} -a_{j-1}\boldsymbol{e}_j^{\mathrm{T}} \end{bmatrix} T_2^{-1} \tag{3.51}$$

另外，由式(3.49)和式(3.50)有

$$T_2^{-1}\boldsymbol{b} = \boldsymbol{e}_n \tag{3.52}$$

由式(3.51)和式(3.52)得单输入单输出系统 $(A,\boldsymbol{b},\boldsymbol{c}^{\mathrm{T}})$ 的能控标准Ⅱ型：

$$
A_2^{c} = T_2^{-1} A T_2 = \begin{bmatrix} 0 & 1 & 0 & \cdots & 0 \\ 0 & 0 & 1 & \ddots & \vdots \\ \vdots & \vdots & \ddots & \ddots & 0 \\ 0 & 0 & \cdots & 0 & 1 \\ -a_0 & -a_1 & \cdots & -a_{n-2} & -a_{n-1} \end{bmatrix}, \quad b_2^{c} = T_2^{-1} \boldsymbol{b} = \begin{bmatrix} 0 \\ 0 \\ \vdots \\ 1 \end{bmatrix} \tag{3.53}
$$

$$
(\boldsymbol{c}_2^{c})^{\mathrm{T}} = \boldsymbol{c}^{\mathrm{T}} T_2 = \begin{bmatrix} \beta_0 & \cdots & \beta_{n-2} & \beta_{n-1} \end{bmatrix}
$$

式中，输出矩阵 $(\boldsymbol{c}_2^{c})^{\mathrm{T}}$ 没有特殊的形式。

能控标准Ⅱ型也称为能控相伴标准型或龙伯格能控标准型，它与系统的特征多项式关系密切，便于进行系统的极点配置，在后面会经常用到。

2. 多输入多输出系统的能控标准型

对于单输入系统，它的能控性矩阵 Q_c 只有 n 列，因此上述能控标准型的变换矩阵及所得标准型都是唯一的。对于多输入系统，能控性矩阵 Q_c 的列数大于系统的阶次 n，能控标准型的变换矩阵及所得标准型并不唯一，除非对形成变换矩阵列向量的取法，即能控性矩阵 Q_c 线性独立列向量的搜索方法做出特别规定。

以下设输入矩阵 B 满秩，$\mathrm{rank}B = p$，整数组 $\sigma_j (j=1,2,\cdots,l; 1 \leqslant l \leqslant p)$ 满足下述能控性矩阵列选择的三个条件：

(1) $\sigma_j \geqslant 1$。

(2) $\sum_{j=1}^{l} \sigma_i = n$。

(3) $\det\left[\boldsymbol{b}_1, A\boldsymbol{b}_1, \cdots, A^{\sigma_1 - 1}\boldsymbol{b}_1; \boldsymbol{b}_2, A\boldsymbol{b}_2, \cdots, A^{\sigma_2 - 1}\boldsymbol{b}_2; \cdots; \boldsymbol{b}_l, A\boldsymbol{b}_l, \cdots, A^{\sigma_l - 1}\boldsymbol{b}_l \right] \neq 0$。

显然，若系统 (A,B,C) 能控，则至少有一组满足上述条件的整数组 $\sigma_j (j=1,2,\cdots,l)$ 存在。

下面给出采用列搜索方法和行搜索方法时，多输入多输出系统的能控标准型。

所谓列搜索方法即按照 $\boldsymbol{b}_1, A\boldsymbol{b}_1, \cdots, A^{n-1}\boldsymbol{b}_1; \boldsymbol{b}_2, A\boldsymbol{b}_2, \cdots, A^{n-1}\boldsymbol{b}_2; \cdots; \boldsymbol{b}_p, A\boldsymbol{b}_p, \cdots, A^{n-1}\boldsymbol{b}_p$ 的顺序排列被搜索列向量，从左到右依次进行搜索，当某列向量不能用前面已被选入的列向量线性表示时，该列向量才被选入，否则不被选入，直至选出 n 个线性无关的列向量。在上述从左到右的搜索过程中，对于 B 的某一个列向量 $\boldsymbol{b}_j$，一旦 $A^k \boldsymbol{b}_j$ 可以表示为已选入列向量的线性组合，因为

$$
\begin{aligned}
A^{k+1}\boldsymbol{b}_j &= A(A^k \boldsymbol{b}_j) = A(\alpha_1 A^{k-1}\boldsymbol{b}_j + \alpha_2 A^{k-2}\boldsymbol{b}_j + \cdots) \\
&= \alpha_1 A^k \boldsymbol{b}_j + \alpha_2 A^{k-1}\boldsymbol{b}_j + \cdots = \alpha_1(\alpha_1 A^{k-1}\boldsymbol{b}_j + \alpha_2 A^{k-2}\boldsymbol{b}_j + \cdots) + \alpha_2 A^{k-1}\boldsymbol{b}_j + \cdots
\end{aligned}
$$

所以 $A^{k+1}\boldsymbol{b}_j$ 也一定可以表示成已选入列向量的线性组合，$A^{k+2}\boldsymbol{b}_j$、$A^{k+3}\boldsymbol{b}_j$，$\cdots$ $A^{n-1}\boldsymbol{b}_j$ 也同样可以，故 $A^k\boldsymbol{b}_j, A^{k+1}\boldsymbol{b}_j, \cdots, A^{n-1}\boldsymbol{b}_j$ 便都不会被选入。显然，列搜索方法不一定能否将输入矩阵 B 的全部列向量选入，而且除 $\boldsymbol{b}_1$ 外，一般也不能保证输入矩阵 B 中的哪个列向量被选中。实际中，若有必要，总可以通过引入输入变换矩阵的方法，改变输入矩阵列向量的顺序，在下面的讨论中不妨假设按照列搜索方法选出 n 个线性无关的列向量时，输入矩阵 B 的列向量 $\boldsymbol{b}_1, \boldsymbol{b}_2, \cdots, \boldsymbol{b}_p$ 被依次地选取了其中的前 l 个。

这样，将上述列搜索方法搜索的结果依次排列，构成变换矩阵

$$
T_3 = \left[\boldsymbol{b}_1, A\boldsymbol{b}_1, \cdots, A^{\sigma_1 - 1}\boldsymbol{b}_1; \boldsymbol{b}_2, A\boldsymbol{b}_2, \cdots, A^{\sigma_2 - 1}\boldsymbol{b}_2; \cdots; \boldsymbol{b}_l, A\boldsymbol{b}_l, \cdots, A^{\sigma_l - 1}\boldsymbol{b}_l \right] \tag{3.54}
$$

显然有

$$
B = T_3 \left[\boldsymbol{e}_{d_0+1}, \boldsymbol{e}_{d_1+1}, \cdots, \boldsymbol{e}_{d_{l-1}+1}, T_3^{-1}\boldsymbol{b}_{l+1}, \cdots, T_3^{-1}\boldsymbol{b}_p \right]
$$

即

$$T_3^{-1}B=\left[\boldsymbol{e}_{d_0+1},\boldsymbol{e}_{d_1+1},\cdots,\boldsymbol{e}_{d_{l-1}+1},T_3^{-1}\boldsymbol{b}_{l+1},\cdots,T_3^{-1}\boldsymbol{b}_p\right] \tag{3.55}$$

式中，$d_0=0$，$d_i=\sum_{j=1}^{i}\sigma_j\ (i=1,2,3,\cdots,l)$。容易看出

$$\begin{aligned}AT_3=\Big[&T_3\boldsymbol{e}_{d_0+2},T_3\boldsymbol{e}_{d_0+3},\cdots,T_3\boldsymbol{e}_{d_1},A^{\sigma_1}\boldsymbol{b}_1;\\&T_3\boldsymbol{e}_{d_1+2},T_3\boldsymbol{e}_{d_1+3},\cdots,T_3\boldsymbol{e}_{d_2},A^{\sigma_2}\boldsymbol{b}_2;\cdots;T_3\boldsymbol{e}_{d_{l-1}+2},T_3\boldsymbol{e}_{d_{l-1}+3},\cdots,T_3\boldsymbol{e}_{d_l},A^{\sigma_l}\boldsymbol{b}_l\Big]\end{aligned} \tag{3.56}$$

其中，根据列搜索结果的特性，$A^{\sigma_i}\boldsymbol{b}_i$ 一定能表示成变换矩阵 T_3 中列向量 $A^{\sigma_i-1}\boldsymbol{b}_i$ 及之前各列向量的线性组合，即

$$A^{\sigma_i}\boldsymbol{b}_i=-\sum_{j=1}^{i}\sum_{k=1}^{\sigma_j}\alpha_k^{ji}A^{k-1}\boldsymbol{b}_j=-\sum_{j=1}^{i}\sum_{k=1}^{\sigma_j}\alpha_k^{ji}T_3\boldsymbol{e}_{d_{j-1}+k}=-T_3\sum_{j=1}^{i}\sum_{k=1}^{\sigma_j}\alpha_k^{ji}\boldsymbol{e}_{d_{j-1}+k} \tag{3.57}$$

将式(3.57)代入式(3.56)，由式(3.55)和式(3.56)得多输入多输出系统列搜索下(A,B,C)的能控标准 I 型的状态矩阵为

$$\begin{aligned}&A_3^{\mathrm{c}}=\begin{bmatrix}A_{11}&A_{12}&\cdots&A_{1l}\\&A_{22}&\cdots&A_{2l}\\&&\ddots&\vdots\\&&&A_{ll}\end{bmatrix}\\&A_{ii}=\begin{bmatrix}0&&&-\alpha_1^{ii}\\1&\ddots&&-\alpha_2^{ii}\\&\ddots&0&\vdots\\&&1&-\alpha_{\sigma_i}^{ii}\end{bmatrix}_{\sigma_i\times\sigma_i},\quad i=1,2,\cdots,l\\&A_{ji}=\begin{bmatrix}&-\alpha_1^{ji}\\&-\alpha_2^{ji}\\0&\vdots\\&-\alpha_{\sigma_j}^{ji}\end{bmatrix}_{\sigma_j\times\sigma_i},\quad i,j=1,2,\cdots,l;\quad i\neq j\end{aligned} \tag{3.58}$$

输入矩阵为

$$B_3^{\mathrm{c}}=\begin{bmatrix}1&&&&&\\0&0&&&&\\\vdots&&&&&\\0&&&&&\\&1&&&&\\&0&&&&\\&\vdots&&T_3^{-1}\boldsymbol{b}_{l+1}&\cdots&T_3^{-1}\boldsymbol{b}_p\\&0&&&&\\&&\ddots&&&\\&&1&&&\\&0&0&&&\\&&\vdots&&&\\&&0&&&\end{bmatrix} \tag{3.59}$$

为便于理解，将 A_3^{c} 具体写出为

$$
A_3^{\mathrm{c}} = \begin{bmatrix}
0 & & & -\alpha_1^{11} & & & & -\alpha_1^{12} & & & & & -\alpha_1^{1l} \\
1 & \ddots & & -\alpha_2^{11} & & & & -\alpha_2^{12} & \cdots & & & & -\alpha_2^{1l} \\
& \ddots & 0 & \vdots & & & & \vdots & & & & & \vdots \\
& & 1 & -\alpha_{\sigma_1}^{11} & & & & -\alpha_{\sigma_1}^{12} & & & & & -\alpha_{\sigma_1}^{1l} \\
& & & 0 & 0 & & & -\alpha_1^{22} & & & & & -\alpha_1^{2l} \\
& & & & 1 & \ddots & & -\alpha_2^{22} & \cdots & & & & -\alpha_2^{1l} \\
& & & & & \ddots & 0 & \vdots & & & & & \vdots \\
& & & & & & 1 & -\alpha_{\sigma_2}^{22} & & & & & -\alpha_{\sigma_2}^{2l} \\
& & & & & & & 0 & \ddots & & \vdots & & \\
& & & & & & & & \ddots & 0 & & & -\alpha_1^{ll} \\
& & & & & & & & & 1 & \ddots & & -\alpha_2^{ll} \\
& & & & & & & & & & \ddots & 0 & \vdots \\
& & & & & & & & & & & 1 & -\alpha_{\sigma_1}^{ll}
\end{bmatrix} \tag{3.60}
$$

为得到列搜索下的能控标准Ⅱ型，定义行向量

$$
\boldsymbol{h}_i^{\mathrm{T}} = \boldsymbol{e}_{d_i}^{\mathrm{T}} T_3^{-1}, \quad i = 1, 2, \cdots, l
$$

从

$$
T_3^{-1} T_3 = \begin{bmatrix} \vdots \\ \boldsymbol{h}_1^{\mathrm{T}} \\ \vdots \\ \boldsymbol{h}_2^{\mathrm{T}} \\ \vdots \\ \vdots \\ \boldsymbol{h}_l^{\mathrm{T}} \end{bmatrix} \left[\boldsymbol{b}_1, A\boldsymbol{b}_1, \cdots, A^{\sigma_1 - 1}\boldsymbol{b}_1; \boldsymbol{b}_2, A\boldsymbol{b}_2, \cdots, A^{\sigma_2 - 1}\boldsymbol{b}_2; \cdots; \boldsymbol{b}_l, A\boldsymbol{b}_l, \cdots, A^{\sigma_l - 1}\boldsymbol{b}_l \right] = I \tag{3.61}
$$

并注意到列搜索所得 n 个列向量间的关系，可以得到

$$
\boldsymbol{h}_i^{\mathrm{T}} A^k \boldsymbol{b}_j = \begin{cases} 0, & 0 \leqslant k < \sigma_j - 1 \\ 1, & k = \sigma_j - 1, \quad i = j \\ 0, & k = \sigma_j - 1, \quad i \neq j \\ 0, & i > j \\ *, & i < j, \quad k \geqslant \sigma_j \end{cases} \tag{3.62}
$$

其中，式(3.62)的第 1、2、3 式从式(3.61)直接可得。根据式(3.61)，对于 $i > j$ ，显然有

$$
\boldsymbol{h}_i^{\mathrm{T}} A^k \boldsymbol{b}_j = 0, \quad i > j, \quad 0 \leqslant k \leqslant \sigma_j - 1
$$

对于 $k > \sigma_j - 1$ 的情况，因为 $A^k \boldsymbol{b}_j$ 可以表示成 $\boldsymbol{b}_1, A\boldsymbol{b}_1, \cdots, A^{\sigma_1 - 1}\boldsymbol{b}_1$ ； $\boldsymbol{b}_2, A\boldsymbol{b}_2, \cdots, A^{\sigma_2 - 1}\boldsymbol{b}_2$ ； $\cdots$ ； $\boldsymbol{b}_j, A\boldsymbol{b}_j, \cdots, A^{\sigma_j - 1}\boldsymbol{b}_j$ 各向量的线性组合，所以从

$$
\boldsymbol{h}_i^{\mathrm{T}} \left[\boldsymbol{b}_1, A\boldsymbol{b}_1, \cdots, A^{\sigma_1 - 1}\boldsymbol{b}_1; \boldsymbol{b}_2, A\boldsymbol{b}_2, \cdots, A^{\sigma_2 - 1}\boldsymbol{b}_2; \cdots; \boldsymbol{b}_j, A\boldsymbol{b}_j, \cdots, A^{\sigma_j - 1}\boldsymbol{b}_j \right] = 0, \quad i > j
$$

就可以得到

$$\boldsymbol{h}_i^{\mathrm{T}} A^k \boldsymbol{b}_j = 0, \quad i > j, \quad k > \sigma_j - 1$$

故 $i > j$ 时，对任意 k 都有 $\boldsymbol{h}_i^{\mathrm{T}} A^k \boldsymbol{b}_j = 0$，即式(3.62)的第 4 式成立。再有，$k \geqslant \sigma_j$ 时，$A^k \boldsymbol{b}_j$ 可以表示为 $\boldsymbol{b}_1, A\boldsymbol{b}_1, \cdots, A^{\sigma_1 -1}\boldsymbol{b}_1$；$\cdots$ $\boldsymbol{b}_i, A\boldsymbol{b}_i, \cdots, A^{\sigma_i -1}\boldsymbol{b}_i$；$\cdots$；$\boldsymbol{b}_j, A\boldsymbol{b}_j, \cdots, A^{\sigma_j -1}\boldsymbol{b}_j$ 各向量的线性组合，因为 $\boldsymbol{h}_i^{\mathrm{T}} A^{\sigma_i -1} \boldsymbol{b}_i = 1$，所以 $i < j$，$k \geqslant \sigma_j$ 时，$\boldsymbol{h}_i^{\mathrm{T}} A^k \boldsymbol{b}_j$ 可能不为零，即式(3.62)的第 5 式成立。

取变换矩阵 T_4^{-1} 为

$$T_4^{-1} = \begin{bmatrix} \boldsymbol{h}_1^{\mathrm{T}} \\ \boldsymbol{h}_1^{\mathrm{T}} A \\ \vdots \\ \boldsymbol{h}_1^{\mathrm{T}} A^{\sigma_1 -1} \\ \vdots \\ \boldsymbol{h}_l^{\mathrm{T}} \\ \boldsymbol{h}_l^{\mathrm{T}} A \\ \vdots \\ \boldsymbol{h}_l^{\mathrm{T}} A^{\sigma_l -1} \end{bmatrix} \tag{3.63}$$

容易证明 T_4^{-1} 是非奇异的，考虑变换 $\boldsymbol{x} = T_4 \tilde{\boldsymbol{x}}$，因为 $T_4^{-1} A$ 的第 1 行 $\boldsymbol{h}_1^{\mathrm{T}} A$ 等于 T_4^{-1} 的第 2 行，$T_4^{-1} A$ 的第 2 行 $\boldsymbol{h}_1^{\mathrm{T}} A^2$ 等于 T_4^{-1} 的第 3 行，等等，于是有

$$T_4^{-1} A = \begin{bmatrix} \boldsymbol{e}_{d_0+2}^{\mathrm{T}} T_4^{-1} \\ \boldsymbol{e}_{d_0+3}^{\mathrm{T}} T_4^{-1} \\ \vdots \\ \boldsymbol{h}_1^{\mathrm{T}} A^{\sigma_1} \\ \vdots \\ \boldsymbol{e}_{d_{l-1}+2}^{\mathrm{T}} T_4^{-1} \\ \boldsymbol{e}_{d_{l-1}+3}^{\mathrm{T}} T_4^{-1} \\ \vdots \\ \boldsymbol{h}_l^{\mathrm{T}} A^{\sigma_l} \end{bmatrix} \tag{3.64}$$

$T_4^{-1} A$ 的第 d_i 行是 $\boldsymbol{h}_i^{\mathrm{T}} A^{\sigma_i}$，虽然不知它具体是什么样的向量，但因为 T_4^{-1} 正则，其行向量可作为 n 维空间的一个基，故 $\boldsymbol{h}_i^{\mathrm{T}} A^{\sigma_i}$ 总可以用 T_4^{-1} 的行向量线性表示，即有

$$\boldsymbol{h}_i^{\mathrm{T}} A^{\sigma_i} = -\sum_{j=1}^{l} \sum_{k=1}^{\sigma_j} \beta_k^{ji} \boldsymbol{h}_j^{\mathrm{T}} A^{k-1} = -\sum_{j=1}^{l} \sum_{k=1}^{\sigma_j} \beta_k^{ji} \boldsymbol{e}_{d_{j-1}+k}^{\mathrm{T}} T_4^{-1} \tag{3.65}$$

将式(3.65)代入式(3.64)，得多输入多输出系统列搜索下 (A, B, C) 的能控标准Ⅱ型的状态矩阵为

$$A_4^{\mathrm{c}} = \begin{bmatrix} \bar{A}_{11} & \bar{A}_{12} & \cdots & \bar{A}_{1l} \\ \bar{A}_{21} & \bar{A}_{22} & \cdots & \bar{A}_{2l} \\ \vdots & \vdots & & \vdots \\ \bar{A}_{l1} & \bar{A}_{l2} & \cdots & \bar{A}_{ll} \end{bmatrix}$$

$$
A_{ii}=\begin{bmatrix} 0 & 1 & & \\ & \ddots & \ddots & \\ & & 0 & 1 \\ -\beta_1^{ii} & -\beta_2^{ii} & \cdots & -\beta_{\sigma_i}^{ii} \end{bmatrix}_{\sigma_i\times\sigma_i}, \quad i=1,2,\cdots,l
$$

$$
\bar{A}_{ij}=\begin{bmatrix} & & 0 & \\ -\beta_1^{ij} & -\beta_2^{ij} & \cdots & -\beta_{\sigma_j}^{ij} \end{bmatrix}_{\sigma_i\times\sigma_j}, \quad i,j=1,2,\cdots,l; \quad i\neq j \tag{3.66}
$$

根据式(3.62)给出的关系，得多输入多输出系统列搜索下(A,B,C)的能控标准II型的输入矩阵为

$$
B_4^{\mathrm{c}}=T_4^{-1}B=\begin{bmatrix}
\boldsymbol{h}_1^{\mathrm{T}}\boldsymbol{b}_1 & \cdots & \boldsymbol{h}_1^{\mathrm{T}}\boldsymbol{b}_l & \boldsymbol{h}_1^{\mathrm{T}}\boldsymbol{b}_{l+1} & \cdots & \boldsymbol{h}_1^{\mathrm{T}}\boldsymbol{b}_p \\
\boldsymbol{h}_1^{\mathrm{T}}A\boldsymbol{b}_1 & \cdots & \boldsymbol{h}_1^{\mathrm{T}}A\boldsymbol{b}_l & \boldsymbol{h}_1^{\mathrm{T}}A\boldsymbol{b}_{l+1} & \cdots & \boldsymbol{h}_1^{\mathrm{T}}A\boldsymbol{b}_p \\
\vdots & & \vdots & \vdots & & \vdots \\
\boldsymbol{h}_1^{\mathrm{T}}A^{\sigma_1-1}\boldsymbol{b}_1 & \cdots & \boldsymbol{h}_1^{\mathrm{T}}A^{\sigma_1-1}\boldsymbol{b}_l & \boldsymbol{h}_1^{\mathrm{T}}A^{\sigma_1-1}\boldsymbol{b}_{l+1} & \cdots & \boldsymbol{h}_1^{\mathrm{T}}A^{\sigma_1-1}\boldsymbol{b}_p \\
\boldsymbol{h}_2^{\mathrm{T}}\boldsymbol{b}_1 & \cdots & \boldsymbol{h}_2^{\mathrm{T}}\boldsymbol{b}_l & \boldsymbol{h}_2^{\mathrm{T}}\boldsymbol{b}_{l+1} & \cdots & \boldsymbol{h}_2^{\mathrm{T}}\boldsymbol{b}_p \\
\boldsymbol{h}_2^{\mathrm{T}}A\boldsymbol{b}_1 & \cdots & \boldsymbol{h}_2^{\mathrm{T}}A\boldsymbol{b}_l & \boldsymbol{h}_2^{\mathrm{T}}A\boldsymbol{b}_{l+1} & \cdots & \boldsymbol{h}_2^{\mathrm{T}}A\boldsymbol{b}_p \\
\vdots & & \vdots & \vdots & & \vdots \\
\boldsymbol{h}_2^{\mathrm{T}}A^{\sigma_2-1}\boldsymbol{b}_1 & \cdots & \boldsymbol{h}_2^{\mathrm{T}}A^{\sigma_2-1}\boldsymbol{b}_l & \boldsymbol{h}_2^{\mathrm{T}}A^{\sigma_2-1}\boldsymbol{b}_{l+1} & \cdots & \boldsymbol{h}_2^{\mathrm{T}}A^{\sigma_2-1}\boldsymbol{b}_p \\
\vdots & & \vdots & \vdots & & \vdots \\
\boldsymbol{h}_l^{\mathrm{T}}\boldsymbol{b}_1 & \cdots & \boldsymbol{h}_l^{\mathrm{T}}\boldsymbol{b}_l & \boldsymbol{h}_l^{\mathrm{T}}\boldsymbol{b}_{l+1} & \cdots & \boldsymbol{h}_l^{\mathrm{T}}\boldsymbol{b}_p \\
\boldsymbol{h}_l^{\mathrm{T}}A\boldsymbol{b}_1 & \cdots & \boldsymbol{h}_l^{\mathrm{T}}A\boldsymbol{b}_l & \boldsymbol{h}_l^{\mathrm{T}}A\boldsymbol{b}_{l+1} & \cdots & \boldsymbol{h}_l^{\mathrm{T}}A\boldsymbol{b}_p \\
\vdots & & \vdots & \vdots & & \vdots \\
\boldsymbol{h}_l^{\mathrm{T}}A^{\sigma_l-1}\boldsymbol{b}_1 & \cdots & \boldsymbol{h}_l^{\mathrm{T}}A^{\sigma_l-1}\boldsymbol{b}_l & \boldsymbol{h}_l^{\mathrm{T}}A^{\sigma_l-1}\boldsymbol{b}_{l+1} & \cdots & \boldsymbol{h}_l^{\mathrm{T}}A^{\sigma_l-1}\boldsymbol{b}_p
\end{bmatrix}
$$

$$
=\begin{bmatrix}
0 & & & & & \\
\vdots & * & & & & \\
0 & & & & & \\
1 & & & & & \\
& 0 & & & & \\
& \vdots & & & & \\
& 0 & & T_4^{-1}\boldsymbol{b}_{l+1} & \cdots & T_4^{-1}\boldsymbol{b}_p \\
& 1 & & & & \\
& & \ddots & & & \\
& & 0 & & & \\
& & \vdots & & & \\
& 0 & 0 & & & \\
& & 1 & & &
\end{bmatrix} \tag{3.67}
$$

为便于理解，将A_4^{c}具体写出为

$$
A_4^{\mathrm{c}}=\begin{bmatrix}
0 & 1 & & & & & & & & & & \\
 & \ddots & \ddots & & & & & & \cdots & & & \\
 & & 0 & 1 & & & & & & & & \\
-\beta_1^{11} & -\beta_2^{11} & \cdots & -\beta_{\sigma_1}^{11} & -\beta_1^{12} & -\beta_2^{12} & \cdots & -\beta_{\sigma_2}^{12} & & -\beta_1^{1l} & -\beta_2^{1l} & \cdots & -\beta_{\sigma_l}^{1l} \\
 & & & & 0 & 1 & & & & & & & \\
 & & & & & \ddots & \ddots & & \cdots & & & & \\
 & & & & & & 0 & 1 & & & & & \\
-\beta_1^{21} & -\beta_2^{21} & \cdots & -\beta_{\sigma_1}^{21} & -\beta_1^{22} & -\beta_2^{22} & \cdots & -\beta_{\sigma_2}^{22} & & -\beta_1^{2l} & -\beta_2^{2l} & \cdots & -\beta_{\sigma_l}^{2l} \\
 & \vdots & & & & \vdots & & & \ddots & & \vdots & & \\
 & & & & & & & & & 0 & 1 & & \\
 & & & & & & & & \cdots & & \ddots & \ddots & \\
 & & & & & & & & & & & 0 & 1 \\
-\beta_1^{l1} & -\beta_2^{l1} & \cdots & -\beta_{\sigma_1}^{l1} & -\beta_1^{l2} & -\beta_2^{l2} & \cdots & -\beta_{\sigma_2}^{l2} & & -\beta_1^{ll} & -\beta_2^{ll} & \cdots & -\beta_{\sigma_l}^{ll}
\end{bmatrix} \tag{3.68}
$$

所谓行搜索方法即按照 $\boldsymbol{b}_1,\boldsymbol{b}_2,\cdots,\boldsymbol{b}_p;A\boldsymbol{b}_1,A\boldsymbol{b}_2,\cdots,A\boldsymbol{b}_p;\cdots;A^{n-1}\boldsymbol{b}_1,A^{n-1}\boldsymbol{b}_2,\cdots,A^{n-1}\boldsymbol{b}_p$ 的顺序排列被搜索列向量，从左到右依次进行搜索，只有当某列向量不能用前面已被选入的列向量线性表示时，该列向量才被选入，否则不被选入，直至选出 n 个线性无关的列向量。在上述从左到右的搜索过程中，对于 B 的某一个列向量 $\boldsymbol{b}_j$，一旦 $A^k\boldsymbol{b}_j$ 可以表示为已选入列向量的线性组合，因为与前述相同的理由，$A^{k+1}\boldsymbol{b}_j$, $A^{k+2}\boldsymbol{b}_j$, $A^{k+3}\boldsymbol{b}_j,\cdots,A^{n-1}\boldsymbol{b}_j$ 也同样可以，故 $A^k\boldsymbol{b}_j$, $A^{k+1}\boldsymbol{b}_j,\cdots,A^{n-1}\boldsymbol{b}_j$ 便都不会被选入。与列搜索方法不同，因为输入矩阵 B 满秩，行搜索方法总能将 B 的所有列向量 $\boldsymbol{b}_1,\boldsymbol{b}_2,\cdots,\boldsymbol{b}_p$ 选中。

将上述行搜索方法搜索的结果重新进行排列，构成变换矩阵

$$
T_5=\left[\boldsymbol{b}_1,A\boldsymbol{b}_1,\cdots,A^{\sigma_1-1}\boldsymbol{b}_1;\boldsymbol{b}_2,A\boldsymbol{b}_2,\cdots,A^{\sigma_2-1}\boldsymbol{b}_2;\cdots;\boldsymbol{b}_p,A\boldsymbol{b}_p,\cdots,A^{\sigma_p-1}\boldsymbol{b}_p\right] \tag{3.69}
$$

显然有

$$
B=T_5\left[\boldsymbol{e}_{d_0+1},\boldsymbol{e}_{d_1+1},\cdots,\boldsymbol{e}_{d_{p-1}+1}\right]
$$

即

$$
T_5^{-1}B=\left[\boldsymbol{e}_{d_0+1},\boldsymbol{e}_{d_1+1},\cdots,\boldsymbol{e}_{d_{p-1}+1}\right] \tag{3.70}
$$

式中，$d_0=0$，$d_i=\sum_{j=1}^{i}\sigma_j\,(i=1,2,3,\cdots,p)$。其他与列搜索的推导过程类似，有

$$
\begin{aligned}
AT_5=\Big[&T_5\boldsymbol{e}_{d_0+2},T_5\boldsymbol{e}_{d_0+3},\cdots,T_5\boldsymbol{e}_{d_1},A^{\sigma_1}\boldsymbol{b}_1;\\
&T_5\boldsymbol{e}_{d_1+2},T_5\boldsymbol{e}_{d_1+3},\cdots,T_5\boldsymbol{e}_{d_2},A^{\sigma_2}\boldsymbol{b}_2;\cdots;T_5\boldsymbol{e}_{d_{p-1}+2},T_5\boldsymbol{e}_{d_{p-1}+3},\cdots,T_5\boldsymbol{e}_{d_p},A^{\sigma_p}\boldsymbol{b}_p\Big]
\end{aligned} \tag{3.71}
$$

注意，变换矩阵 T_5 列向量的排列顺序与行搜索结果的排列顺序不同，是将行搜索结果进行重新排列后得到的，因此 $A^{\sigma_i}\boldsymbol{b}_i$ 一般只能表示成变换矩阵 T_5 中各列向量的线性组合，这一点与列搜索有所不同。于是有

$$
A^{\sigma_i}\boldsymbol{b}_i=-\sum_{j=1}^{p}\sum_{k=1}^{\sigma_j}\alpha_k^{ji}A^{k-1}\boldsymbol{b}_j=-\sum_{j=1}^{p}\sum_{k=1}^{\sigma_j}\alpha_k^{ji}T_5\boldsymbol{e}_{d_{j-1}+k}=-T_5\sum_{j=1}^{p}\sum_{k=1}^{\sigma_j}\alpha_k^{ji}\boldsymbol{e}_{d_{j-1}+k} \tag{3.72}
$$

将式(3.72)代入式(3.71)，由式(3.70)和式(3.71)得多输入多输出系统行搜索下 (A,B,C) 的能控标准 I 型的状态矩阵为

$$A_5^{\mathrm{c}}=\begin{bmatrix} A_{11} & A_{12} & \cdots & A_{1p} \\ A_{21} & A_{22} & \cdots & A_{2p} \\ \vdots & \vdots & \ddots & \vdots \\ A_{p1} & A_{p2} & \cdots & A_{pp} \end{bmatrix}$$

$$A_{ii}=\begin{bmatrix} 0 & & & -\alpha_1^{ii} \\ 1 & \ddots & & -\alpha_2^{ii} \\ & \ddots & 0 & \vdots \\ & & 1 & -\alpha_{\sigma_i}^{ii} \end{bmatrix}_{\sigma_i\times\sigma_i}, \quad i=1,2,\cdots,p \tag{3.73}$$

$$A_{ji}=\begin{bmatrix} & -\alpha_1^{ji} \\ 0 & -\alpha_2^{ji} \\ & \vdots \\ & -\alpha_{\sigma_j}^{ji} \end{bmatrix}_{\sigma_j\times\sigma_i}, \quad i,j=1,2,\cdots,p; \quad i\neq j$$

输入矩阵为

$$B_5^{\mathrm{c}}=\begin{bmatrix} 1 & & \\ 0 & & 0 \\ \vdots & & \\ 0 & & \\ & 1 & \\ & 0 & \\ & \vdots & \\ & 0 & \\ & & \ddots \\ & & 1 \\ & 0 & 0 \\ & & \vdots \\ & & 0 \end{bmatrix} \tag{3.74}$$

为便于理解，将 A_5^{c} 具体写出为

$$A_5^{\mathrm{c}}=\left[\begin{array}{cccc|cccc|c|cccc} 0 & & & -\alpha_1^{11} & & & & -\alpha_1^{12} & & & & & -\alpha_1^{1p} \\ 1 & \ddots & & -\alpha_2^{11} & & & & -\alpha_2^{12} & & & & & -\alpha_2^{1p} \\ & \ddots & 0 & \vdots & & & & \vdots & & & & & \vdots \\ & & 1 & -\alpha_{\sigma_1}^{11} & & & & -\alpha_{\sigma_1}^{12} & & & & & -\alpha_{\sigma_1}^{1p} \\ & & & -\alpha_1^{21} & 0 & & & -\alpha_1^{22} & & & & & -\alpha_1^{2p} \\ & & & -\alpha_2^{21} & 1 & \ddots & & -\alpha_2^{22} & & & & & -\alpha_2^{2p} \\ & & & \vdots & & \ddots & 0 & \vdots & & & & & \vdots \\ & & & -\alpha_{\sigma_2}^{21} & & & 1 & -\alpha_{\sigma_2}^{22} & & & & & -\alpha_{\sigma_2}^{2p} \\ & & \vdots & & & & \vdots & & \ddots & & & \vdots & \\ & & & -\alpha_1^{p1} & & & & -\alpha_1^{p2} & & 0 & & & -\alpha_1^{pp} \\ & & & -\alpha_2^{p1} & & & & -\alpha_2^{p2} & \cdots & 1 & \ddots & & -\alpha_2^{pp} \\ & & & \vdots & & & & \vdots & & & \ddots & 0 & \vdots \\ & & & -\alpha_{\sigma_p}^{p1} & & & & -\alpha_{\sigma_p}^{p2} & & & & 1 & -\alpha_{\sigma_p}^{pp} \end{array}\right] \tag{3.75}$$

为得到行搜索下的能控标准Ⅱ型，定义行向量

$$\boldsymbol{h}_i^{\mathrm{T}} = \boldsymbol{e}_{d_i}^{\mathrm{T}} T_5^{-1}, \quad i = 1, 2, \cdots, p$$

从

$$T_5^{-1} T_5 = \begin{bmatrix} \vdots \\ \boldsymbol{h}_1^{\mathrm{T}} \\ \vdots \\ \boldsymbol{h}_2^{\mathrm{T}} \\ \vdots \\ \vdots \\ \boldsymbol{h}_p^{\mathrm{T}} \end{bmatrix} \left[\boldsymbol{b}_1, A\boldsymbol{b}_1, \cdots, A^{\sigma_1 - 1}\boldsymbol{b}_1; \boldsymbol{b}_2, A\boldsymbol{b}_2, \cdots, A^{\sigma_2 - 1}\boldsymbol{b}_2; \cdots; \boldsymbol{b}_p, A\boldsymbol{b}_p, \cdots, A^{\sigma_p - 1}\boldsymbol{b}_p\right] = I \tag{3.76}$$

可以推得

$$\boldsymbol{h}_i^{\mathrm{T}} A^k \boldsymbol{b}_j = \begin{cases} 0, & 0 \leqslant k < \sigma_j - 1 \\ 1, & k = \sigma_j - 1, \quad i = j \\ 0, & k = \sigma_j - 1, \quad i \neq j \\ 0, & 0 \leqslant k < \sigma_i - 1 \\ *, & k \geqslant \max\{\sigma_j, \sigma_i - 1\}, \quad i \neq j \end{cases} \tag{3.77}$$

式中，式(3.77)的第 1、2、3 式从式(3.76)直接可得，式(3.77)的第 4、5 式，由行搜索所得 n 个列向量间的关系可得。

取变换矩阵 T_6^{-1} 为

$$T_6^{-1} = \begin{bmatrix} \boldsymbol{h}_1^{\mathrm{T}} \\ \boldsymbol{h}_1^{\mathrm{T}} A \\ \vdots \\ \boldsymbol{h}_1^{\mathrm{T}} A^{\sigma_1 - 1} \\ \vdots \\ \boldsymbol{h}_p^{\mathrm{T}} \\ \boldsymbol{h}_p^{\mathrm{T}} A \\ \vdots \\ \boldsymbol{h}_p^{\mathrm{T}} A^{\sigma_p - 1} \end{bmatrix} \tag{3.78}$$

容易证明 T_6^{-1} 是非奇异的，考虑变换 $\boldsymbol{x} = T_6 \tilde{\boldsymbol{x}}$，因为 $T_6^{-1}A$ 的第 1 行 $\boldsymbol{h}_1^{\mathrm{T}} A$ 等于 T_6^{-1} 的第 2 行，$T_6^{-1}A$ 的第 2 行 $\boldsymbol{h}_1^{\mathrm{T}} A^2$ 等于 T_6^{-1} 的第 3 行，等等，于是有

$$T_6^{-1} A = \begin{bmatrix} \boldsymbol{e}_{d_1+2}^{\mathrm{T}} T_6^{-1} \\ \boldsymbol{e}_{d_1+3}^{\mathrm{T}} T_6^{-1} \\ \vdots \\ \boldsymbol{h}_1^{\mathrm{T}} A^{\sigma_1} \\ \vdots \\ \boldsymbol{e}_{d_p+2}^{\mathrm{T}} T_6^{-1} \\ \boldsymbol{e}_{d_p+3}^{\mathrm{T}} T_6^{-1} \\ \vdots \\ \boldsymbol{h}_p^{\mathrm{T}} A^{\sigma_p} \end{bmatrix} \tag{3.79}$$

$T_6^{-1}A$ 的第 d_i 行是 $\boldsymbol{h}_i^{\mathrm{T}}A^{\sigma_i}$，虽然不知它具体是什么样的向量，但因为 T_6^{-1} 正则，其行向量可作为 n 维空间的一个基，故 $\boldsymbol{h}_i^{\mathrm{T}}A^{\sigma_i}$ 总可以用 T_6^{-1} 的行向量线性表出，即有

$$\boldsymbol{h}_i^{\mathrm{T}}A^{\sigma_i}=-\sum_{j=1}^{r}\sum_{k=1}^{\sigma_j}\beta_k^{ji}\boldsymbol{h}_j^{\mathrm{T}}A^{k-1}=-\sum_{j=1}^{r}\sum_{k=1}^{\sigma_j}\beta_k^{ji}\boldsymbol{e}_{d_{j-1}+k}^{\mathrm{T}}T_6^{-1} \tag{3.80}$$

将式(3.80)代入式(3.79)，得多输入多输出系统行搜索下 (A,B,C) 的能控标准Ⅱ型的状态矩阵为

$$A_6^{\mathrm{c}}=\begin{bmatrix}\bar{A}_{11} & \bar{A}_{12} & \cdots & \bar{A}_{1p}\\ \bar{A}_{21} & \bar{A}_{22} & \cdots & \bar{A}_{2p}\\ \vdots & \vdots & & \vdots\\ \bar{A}_{p1} & \bar{A}_{p2} & \cdots & \bar{A}_{pp}\end{bmatrix}$$

$$\bar{A}_{ii}=\begin{bmatrix}0 & 1 & & \\ & \ddots & \ddots & \\ & & 0 & 1\\ -\beta_1^{ii} & -\beta_2^{ii} & \cdots & -\beta_{\sigma_i}^{ii}\end{bmatrix}_{\sigma_i\times\sigma_i},\quad i=1,2,\cdots,p$$

$$\bar{A}_{ij}=\begin{bmatrix} & & 0 & \\ -\beta_1^{ij} & -\beta_2^{ij} & \cdots & -\beta_{\sigma_j}^{ij}\end{bmatrix}_{\sigma_i\times\sigma_j},\quad i,j=1,2,\cdots,p;\quad i\neq j \tag{3.81}$$

为便于理解，将 A_6^{c} 具体写出为

$$A_6^{\mathrm{c}}=\left[\begin{array}{cccccccccccc}
0 & 1 & & & & & & & & & & \\
 & \ddots & \ddots & & & & & & & & & \\
 & & 0 & 1 & & & & & \cdots & & & \\
-\beta_1^{11} & -\beta_2^{11} & \cdots & -\beta_{\sigma_1}^{11} & -\beta_1^{12} & -\beta_2^{12} & \cdots & -\beta_{\sigma_2}^{12} & & -\beta_1^{1p} & -\beta_2^{1p} & \cdots & -\beta_{\sigma_p}^{1p}\\
 & & & & 0 & 1 & & & & & & & \\
 & & & & & \ddots & \ddots & & \cdots & & & & \\
 & & & & & & 0 & 1 & & & & & \\
-\beta_1^{21} & -\beta_2^{21} & \cdots & -\beta_{\sigma_1}^{21} & -\beta_1^{22} & -\beta_2^{22} & \cdots & -\beta_{\sigma_2}^{22} & & -\beta_1^{2p} & -\beta_2^{2p} & \cdots & -\beta_{\sigma_p}^{2p}\\
 & \vdots & & & & \vdots & & & \ddots & & \vdots & & \\
 & & & & & & & & & 0 & 1 & & \\
 & & & & & & & & \cdots & & \ddots & \ddots & \\
 & & & & & & & & & & & 0 & 1\\
-\beta_1^{p1} & -\beta_2^{p1} & \cdots & -\beta_{\sigma_1}^{p1} & -\beta_1^{p2} & -\beta_2^{p2} & \cdots & -\beta_{\sigma_2}^{p2} & & -\beta_1^{pp} & -\beta_2^{pp} & \cdots & -\beta_{\sigma_p}^{pp}
\end{array}\right] \tag{3.82}$$

根据式(3.77)给出的关系，得多输入多输出系统行搜索下 (A,B,C) 的能控标准Ⅱ型的输入矩阵为

$$B_6^{c}=T_6^{-1}B=\begin{bmatrix} \boldsymbol{h}_1^{T}\boldsymbol{b}_1 & \boldsymbol{h}_1^{T}\boldsymbol{b}_2 & \cdots & \boldsymbol{h}_1^{T}\boldsymbol{b}_p \\ \boldsymbol{h}_1^{T}A\boldsymbol{b}_1 & \boldsymbol{h}_1^{T}A\boldsymbol{b}_2 & \cdots & \boldsymbol{h}_1^{T}A\boldsymbol{b}_p \\ \vdots & \vdots & & \vdots \\ \boldsymbol{h}_1^{T}A^{\sigma_1-1}\boldsymbol{b}_1 & \boldsymbol{h}_1^{T}A^{\sigma_1-1}\boldsymbol{b}_2 & \cdots & \boldsymbol{h}_1^{T}A^{\sigma_1-1}\boldsymbol{b}_p \\ \boldsymbol{h}_2^{T}\boldsymbol{b}_1 & \boldsymbol{h}_2^{T}\boldsymbol{b}_2 & \cdots & \boldsymbol{h}_2^{T}\boldsymbol{b}_p \\ \boldsymbol{h}_2^{T}A\boldsymbol{b}_1 & \boldsymbol{h}_2^{T}A\boldsymbol{b}_2 & \cdots & \boldsymbol{h}_2^{T}A\boldsymbol{b}_p \\ \vdots & \vdots & & \vdots \\ \boldsymbol{h}_2^{T}A^{\sigma_2-1}\boldsymbol{b}_1 & \boldsymbol{h}_2^{T}A^{\sigma_2-1}\boldsymbol{b}_2 & \cdots & \boldsymbol{h}_2^{T}A^{\sigma_2-1}\boldsymbol{b}_p \\ \vdots & \vdots & & \vdots \\ \boldsymbol{h}_p^{T}\boldsymbol{b}_1 & \boldsymbol{h}_p^{T}\boldsymbol{b}_2 & \cdots & \boldsymbol{h}_p^{T}\boldsymbol{b}_p \\ \boldsymbol{h}_p^{T}A\boldsymbol{b}_1 & \boldsymbol{h}_p^{T}A\boldsymbol{b}_2 & \cdots & \boldsymbol{h}_p^{T}A\boldsymbol{b}_p \\ \vdots & \vdots & & \vdots \\ \boldsymbol{h}_p^{T}A^{\sigma_p-1}\boldsymbol{b}_1 & \boldsymbol{h}_p^{T}A^{\sigma_p-1}\boldsymbol{b}_2 & \cdots & \boldsymbol{h}_p^{T}A^{\sigma_p-1}\boldsymbol{b}_p \end{bmatrix}$$

$$=\begin{bmatrix} 0 & 0 & \cdots & 0 \\ \vdots & \vdots & & \vdots \\ 0 & 0 & \cdots & 0 \\ 1 & \boldsymbol{h}_1^{T}A^{\sigma_1-1}\boldsymbol{b}_2 & \cdots & \boldsymbol{h}_1^{T}A^{\sigma_1-1}\boldsymbol{b}_p \\ 0 & 0 & \cdots & 0 \\ \vdots & \vdots & & \vdots \\ 0 & 0 & \cdots & 0 \\ \boldsymbol{h}_2^{T}A^{\sigma_2-1}\boldsymbol{b}_1 & 1 & \cdots & \boldsymbol{h}_2^{T}A^{\sigma_2-1}\boldsymbol{b}_p \\ \vdots & \vdots & & \vdots \\ 0 & 0 & \cdots & 0 \\ \vdots & \vdots & & \vdots \\ 0 & 0 & \cdots & 0 \\ \boldsymbol{h}_p^{T}A^{\sigma_p-1}\boldsymbol{b}_1 & \boldsymbol{h}_p^{T}A^{\sigma_p-1}\boldsymbol{b}_2 & \cdots & 1 \end{bmatrix} \tag{3.83}$$

从行搜索的顺序容易看出，行搜索一般会得到

$$\sigma_1 \geqslant \sigma_2 \geqslant \cdots \geqslant \sigma_p \tag{3.84}$$

的结果，否则，可以通过输入变换，改变输入矩阵 B 列向量的顺序，再进行搜索，直到式(3.84)的条件被满足。式(3.84)成立时，利用式(3.77)给出的关系，B_6^{c} 就变为

$$B_6^{c}=T_6^{-1}B=\begin{bmatrix} B_1 \\ B_2 \\ \vdots \\ B_p \end{bmatrix},\quad B_i=\begin{bmatrix} & 0 & \\ & & \\ b_{i1} & \cdots & b_{ip} \end{bmatrix}_{\sigma_i\times p},\quad i=1,2,\cdots,p \tag{3.85}$$

$$b_{ij}=\begin{cases} 0, & j<i \\ 1, & j=i \\ *, & j>i \end{cases}$$

例 3.15 已知系统系数矩阵

$$A=\begin{bmatrix}0&0&0&1\\1&0&0&-2\\-22&-11&-4&0\\-23&-6&0&-6\end{bmatrix},\quad B=\begin{bmatrix}0&0\\0&0\\0&1\\1&3\end{bmatrix},\quad C=\begin{bmatrix}0&0&0&1\\0&0&1&0\end{bmatrix}$$

试用列搜索和行搜索两种方法，求系统的能控标准II型。

解 系统的能控性矩阵为

$$Q_c=\begin{bmatrix}\boldsymbol{b}_1 & \boldsymbol{b}_2 & A\boldsymbol{b}_1 & A\boldsymbol{b}_2 & A^2\boldsymbol{b}_1 & A^2\boldsymbol{b}_2 & A^3\boldsymbol{b}_1 & A^3\boldsymbol{b}_2\end{bmatrix}$$
$$=\begin{bmatrix}0&0&1&3&-6&-18&25&75\\0&0&-2&-6&13&39&-56&-168\\0&1&0&-4&0&16&-11&-97\\1&3&-6&-18&25&75&-90&-270\end{bmatrix}$$

$\mathrm{rank}Q_c=4$，系统完全能控。

采用列搜索时，Q_c 的第一、三、五、七列，即 $\boldsymbol{b}_1, A\boldsymbol{b}_1, A^2\boldsymbol{b}_1, A^3\boldsymbol{b}_1$ 被选入，$\sigma_1=4$，$\sigma_2=0$。将它们依次排列构造变换矩阵

$$T_3=\begin{bmatrix}\boldsymbol{b}_1, A\boldsymbol{b}_1, A^2\boldsymbol{b}_1, A^3\boldsymbol{b}_1\end{bmatrix}=\begin{bmatrix}0&1&-6&25\\0&-2&13&-56\\0&0&0&-11\\1&-6&25&-90\end{bmatrix},\quad T_3^{-1}=\begin{bmatrix}28&11&-6/11&1\\13&6&-1&0\\2&1&-6/11&0\\0&0&-1/11&0\end{bmatrix}$$

取 T_4^{-1} 的第 $\sigma_1=4$ 行得

$$\boldsymbol{h}_1^{\mathrm{T}}=\begin{bmatrix}0&0&-1/11&0\end{bmatrix}$$

构造坐标变换矩阵

$$T_4^{-1}=\begin{bmatrix}\boldsymbol{h}_1^{\mathrm{T}}\\\boldsymbol{h}_1^{\mathrm{T}}A\\\boldsymbol{h}_1^{\mathrm{T}}A^2\\\boldsymbol{h}_2^{\mathrm{T}}\end{bmatrix}=\begin{bmatrix}0&0&-1/11&0\\2&1&4/11&0\\-7&-4&-16/11&0\\28&16&64/11&1\end{bmatrix}$$

得到龙伯格能控典范型系数矩阵为

$$A_4^c=T_4^{-1}AT_4=\begin{bmatrix}0&1&0&0\\0&0&1&0\\0&0&0&1\\-24&-50&-35&-10\end{bmatrix}$$

$$B_4^c=T_4^{-1}B=\begin{bmatrix}0&-1/11\\0&4/11\\0&-16/11\\1&97/11\end{bmatrix},\quad C_4^c=CT_4=\begin{bmatrix}0&0&4&1\\-11&0&0&0\end{bmatrix}$$

采用行搜索时，Q_c 的第一、二、三、五列，即 $\boldsymbol{b}_1, \boldsymbol{b}_2, A\boldsymbol{b}_1, A^2\boldsymbol{b}_1$ 被选入，$\sigma_1=3$，$\sigma_2=1$，把它们重新排序得到

$$T_5=\left[\boldsymbol{b}_1,A\boldsymbol{b}_1,A^2\boldsymbol{b}_1,\boldsymbol{b}_2\right]=\begin{bmatrix}0&1&-6&0\\0&-2&13&0\\0&0&0&1\\1&-6&25&3\end{bmatrix},\quad T_5^{-1}=\begin{bmatrix}28&11&-3&1\\12&6&0&0\\2&1&0&0\\0&0&1&0\end{bmatrix}$$

取 T_5^{-1} 的第 $\sigma_1=3$ 行和第 $\sigma_1+\sigma_2=4$ 行，得

$$\boldsymbol{h}_1^{\mathrm{T}}=\begin{bmatrix}2&1&0&0\end{bmatrix},\quad \boldsymbol{h}_2^{\mathrm{T}}=\begin{bmatrix}0&0&1&0\end{bmatrix}$$

构造坐标变换矩阵

$$T_6^{-1}=\begin{bmatrix}\boldsymbol{h}_1^{\mathrm{T}}\\\boldsymbol{h}_1^{\mathrm{T}}A\\\boldsymbol{h}_1^{\mathrm{T}}A^2\\\boldsymbol{h}_2^{\mathrm{T}}\end{bmatrix}=\begin{bmatrix}2&1&0&0\\1&0&0&0\\0&0&0&1\\0&0&1&0\end{bmatrix}$$

得到龙伯格能控典范型系数矩阵为

$$A_6^{\mathrm{c}}=T_6^{-1}AT_6=\begin{bmatrix}0&1&0&0\\0&0&1&0\\-6&-11&-6&0\\-11&0&0&-4\end{bmatrix}$$

$$B_6^{\mathrm{c}}=T_6^{-1}B=\begin{bmatrix}0&0\\0&0\\1&3\\0&1\end{bmatrix},\quad C_6^{\mathrm{c}}=CT_6=\begin{bmatrix}0&0&1&0\\0&0&0&1\end{bmatrix}$$

3. 系统的能观标准型

根据对偶性原理，系统 (A,B,C) 的能观标准 I 型可以由系统 $(A^{\mathrm{T}},C^{\mathrm{T}},B^{\mathrm{T}})$ 的能控标准 II 型的对偶系统得到。以行搜索方法为例，为得到系统 (A,B,C) 的能观标准 I 型，先求对偶系统 $(A^{\mathrm{T}},C^{\mathrm{T}},B^{\mathrm{T}})$ 的能控标准 II 型 $(A_6^{\mathrm{c}},B_6^{\mathrm{c}},C_6^{\mathrm{c}})$，其中 $A_6^{\mathrm{c}}=T_6^{-1}A^{\mathrm{T}}T_6$，$B_6^{\mathrm{c}}=T_6^{-1}C^{\mathrm{T}}$，$C_6^{\mathrm{c}}=B^{\mathrm{T}}T_6$，由此得到 (A,B,C) 的能观标准 I 型 $(A_5^{\mathrm{o}},B_5^{\mathrm{o}},C_5^{\mathrm{o}})=((A_6^{\mathrm{c}})^{\mathrm{T}},(C_6^{\mathrm{c}})^{\mathrm{T}},(B_6^{\mathrm{c}})^{\mathrm{T}})$，即

$$A_5^{\mathrm{o}}=(A_6^{\mathrm{c}})^{\mathrm{T}}=(T_6^{-1}A^{\mathrm{T}}T_6)^{\mathrm{T}}=(T_6)^{\mathrm{T}}A(T_6^{-1})^{\mathrm{T}}$$
$$B_5^{\mathrm{o}}=(C_6^{\mathrm{c}})^{\mathrm{T}}=(B^{\mathrm{T}}T_6)^{\mathrm{T}}=T_6^{\mathrm{T}}B$$
$$C_5^{\mathrm{o}}=(B_6^{\mathrm{c}})^{\mathrm{T}}=(T_6^{-1}C^{\mathrm{T}})^{\mathrm{T}}=C(T_6^{-1})^{\mathrm{T}}$$

即设系统 $(A^{\mathrm{T}},C^{\mathrm{T}},B^{\mathrm{T}})$ 能控标准 II 型的转换矩阵为 T_6，则 $(T_6^{-1})^{\mathrm{T}}$ 就是 (A,B,C) 能观标准 I 型的转换矩阵。

同理，设系统 $(A^{\mathrm{T}},C^{\mathrm{T}},B^{\mathrm{T}})$ 能控标准 I 型的转换矩阵为 T_5，则 $(T_5^{-1})^{\mathrm{T}}$ 就是 (A,B,C) 能观标准 II 型的转换矩阵。

习　　题

3-1　控制系统框图如图 3.14 所示。

(1) 试列写系统的状态空间表达式。

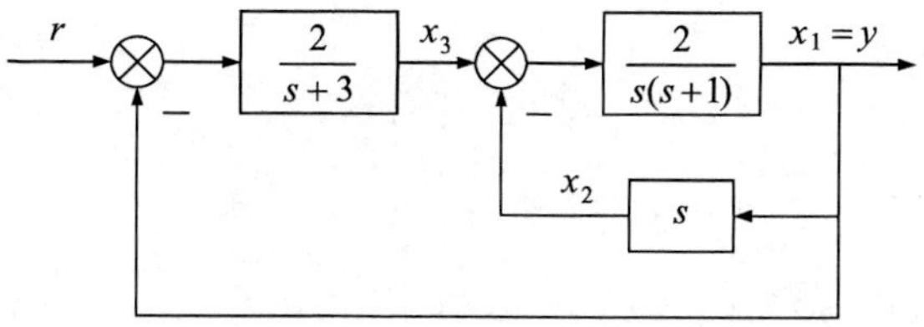

图 3.14　习题 3-1 图

(2) 试判断系统的能控性和能观性。

3-2　二级倒立摆如图 3.15 所示，摆直立平衡位置附近线性化的状态方程描述为

$$\begin{bmatrix}\dot{\theta}_1\\ \ddot{\theta}_1\\ \dot{\theta}_2\\ \ddot{\theta}_2\\ \dot{x}\\ \ddot{x}\end{bmatrix}=\begin{bmatrix}0&1&0&0&0&0\\16&0&-8&0&0&0\\0&0&0&1&0&0\\-16&0&16&0&0&0\\0&0&0&0&0&1\\0&0&0&0&0&0\end{bmatrix}\begin{bmatrix}\theta_1\\ \dot{\theta}_1\\ \theta_2\\ \dot{\theta}_2\\ x\\ \dot{x}\end{bmatrix}+\begin{bmatrix}0\\-1\\0\\0\\0\\1\end{bmatrix}u$$

试检查各状态的能控性。

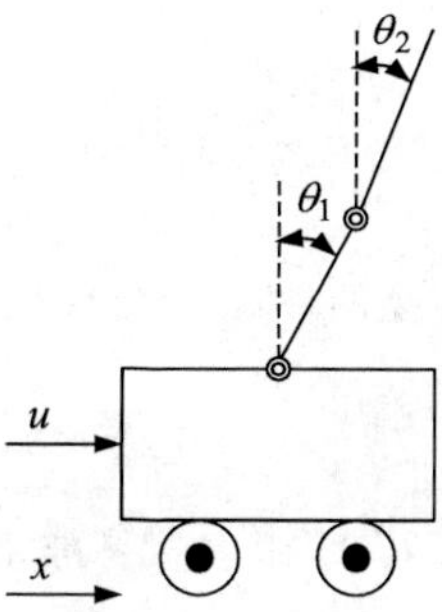

图 3.15　习题 3-2 图

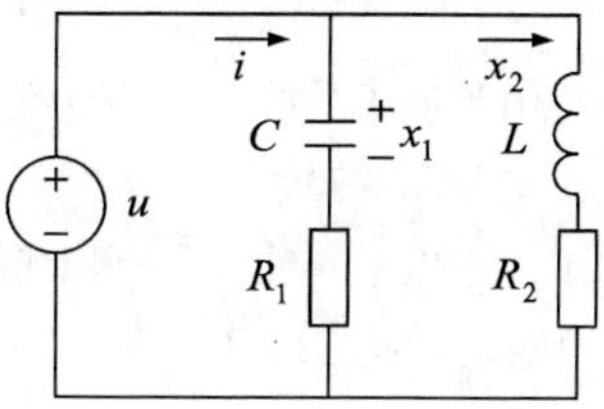

图 3.16　习题 3-3 图

3-3　简单 RLC 网络如图 3.16 所示，状态变量 x_1 为电容 C 上的电压，状态变量 x_2 为电感 L 上的电流，输入为电压源的电压 u，输出检测量为电容 C 上的电压 x_1。试给出

(1) 系统的状态空间表达式。

(2) 确定使系统能控时电路参数应满足的条件，此时系统能观吗？

(3) 若将检测量改为电流 i，此时系统能观吗，条件是什么？

3-4　用一根弹簧连接两个摆，如图 3.17 所示，下平衡位置附近线性化的微分方程为

$$ml^2\ddot{\theta}_1=-ka^2(\theta_1-\theta_2)-mg\theta_1-lu_1$$
$$ml^2\ddot{\theta}_2=-ka^2(\theta_2-\theta_1)-mg\theta_2+lu_2$$

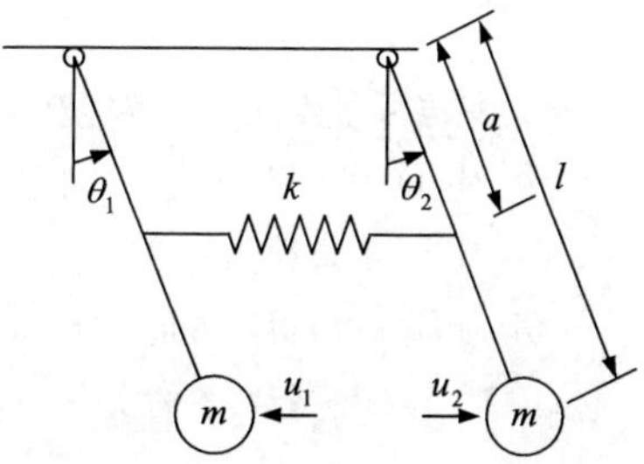

图 3.17　习题 3-4 图

(1)若 u_1 和 u_2 是大小相等方向相反的两个力，即 $u_1=u_2$，系统能控否？证明你的结论。

(2)若 u_1 和 u_2 是大小独立的两个力，系统能控否？证明你的结论。

3-5　给定系统的系数矩阵

$$A=\begin{bmatrix}1&0&-1\\0&1&0\\0&0&2\end{bmatrix},\quad B=\begin{bmatrix}a\\b\\c\end{bmatrix},\quad C=\begin{bmatrix}d&e&f\end{bmatrix}$$

试证明无论 a 、 b 、 c 取何值，系统都不是完全能控的；无论 d 、 e 、 f 取何值，系统都不是完全能观的。

3-6　已知系统的状态空间表达式为

$$\dot{\boldsymbol{x}}=\begin{bmatrix}1&0&0\\2&2&3\\-2&0&-1\end{bmatrix}\boldsymbol{x}+\begin{bmatrix}1\\2\\-2\end{bmatrix}u$$

$$y=\begin{bmatrix}1&1&2\end{bmatrix}\boldsymbol{x}$$

作状态变换

$$\boldsymbol{x}=\begin{bmatrix}1&1&0\\0&1&1\\0&-1&0\end{bmatrix}\boldsymbol{z}$$

(1) 分别讨论 z_1 、 z_2 、 z_3 的能控性和能观性。

(2) 将能控且能观的状态表示成 x_1 、 x_2 、 x_3 的线性组合。

(3) 将不能控但能观的状态表示成 x_1 、 x_2 、 x_3 的线性组合。

3-7　设系统的传递函数为

$$G(s)=\frac{s+2}{(s+1)(s+2)(s+3)}$$

(1) 试给出上述传递函数描述系统的能控对角型和能控标准 II 型两种实现，绘制系统的模拟框图。

(2) 上述两种实现一定不能观吗？为什么？

(3) 就上述两种实现，指出系统能观和不能观的子空间。

3-8　证明单输入单输出能控标准 II 型系统总是能控的，单输入单输出能观标准 II 型系统总是能观的。

3-9　对于系统

$$\dot{\boldsymbol{x}}=A\boldsymbol{x}+\boldsymbol{b}u$$

$$y=\boldsymbol{c}^{\mathrm{T}}\boldsymbol{x}$$

试证明当满足 $\boldsymbol{c}^{\mathrm{T}}\boldsymbol{b}=\boldsymbol{c}^{\mathrm{T}}A\boldsymbol{b}=\boldsymbol{c}^{\mathrm{T}}A^2\boldsymbol{b}=\cdots=\boldsymbol{c}^{\mathrm{T}}A^{n-2}\boldsymbol{b}=0$ ， $\boldsymbol{c}^{\mathrm{T}}A^{n-1}\boldsymbol{b}=k\neq 0$ 时，它一定是既能控也能观的。

3-10　已知系统的传递函数为

$$\frac{s+a}{s^3+7s^2+14s+8}$$

(1) 求当系统不能控或不能观时 a 的值。

(2) 对 (1) 中求得的 a 值，求取一个状态空间实现使得系统是不能控的。

(3) 对 (1) 中求得的 a 值，求取一个状态空间实现使得系统是不能观的。

(4) 对 (1) 中求得的 a 值，求取一个状态空间实现使得系统的某个状态是不能控不能观的。

3-11　已知两个系统的状态矩阵相同，输入矩阵不同，具体数值如下

$$A=\begin{bmatrix}-2&1&0&0&0\\0&-2&1&0&0\\0&0&-2&0&0\\0&0&0&-2&1\\0&0&0&0&-2\end{bmatrix},\quad B_1=\begin{bmatrix}0&0\\0&0\\10&0\\0&0\\0&1\end{bmatrix},\quad B_2=\begin{bmatrix}0&0\\0&1\\10&0\\0&0\\0&0\end{bmatrix}$$

试判定它们的能控性。

3-12　已知两个系统的状态矩阵相同，输出矩阵不同，具体数值如下

$$A=\begin{bmatrix}-2&1&0&0&0\\0&-2&1&0&0\\0&0&-2&0&0\\0&0&0&-2&1\\0&0&0&0&-2\end{bmatrix},\quad C_1=\begin{bmatrix}1&0&0&0&0\\0&0&0&9&0\end{bmatrix},\quad C_2=\begin{bmatrix}1&0&0&9&0\\0&0&0&0&0\end{bmatrix}$$

试判定它们的能观性。

3-13　设系统

$$\dot{\boldsymbol{x}}=\begin{bmatrix}2&0&&&&\\&2&1&&0&\\&&2&0&&\\&&&3&0&\\&0&&&3&1\\&&&&&3\end{bmatrix}\boldsymbol{x}+\begin{bmatrix}\boldsymbol{b}_1^{\mathrm{T}}\\\boldsymbol{b}_2^{\mathrm{T}}\\\boldsymbol{b}_3^{\mathrm{T}}\\\boldsymbol{b}_4^{\mathrm{T}}\\\boldsymbol{b}_5^{\mathrm{T}}\\\boldsymbol{b}_6^{\mathrm{T}}\end{bmatrix}\boldsymbol{u}$$

$$\boldsymbol{y}=\begin{bmatrix}\boldsymbol{c}_1&\boldsymbol{c}_2&\boldsymbol{c}_3&\boldsymbol{c}_4&\boldsymbol{c}_5&\boldsymbol{c}_6\end{bmatrix}\boldsymbol{x}$$

试回答：

(1)若系统能控，B 的行向量 $\boldsymbol{b}_1^{\mathrm{T}},\boldsymbol{b}_2^{\mathrm{T}},\cdots,\boldsymbol{b}_6^{\mathrm{T}}$ 应该满足什么条件？

(2)若系统能观，C 的列向量 $\boldsymbol{c}_1,\boldsymbol{c}_2,\cdots,\boldsymbol{c}_6$ 应该满足什么条件？

(3)若系统能控能观，则 $\boldsymbol{u}$ 至少应该是多少维的？ $\boldsymbol{y}$ 至少应该是多少维的？

3-14　已知系统状态空间描述的系数矩阵如下

$$A=\begin{bmatrix}0&1&0\\0&0&1\\-6&-11&-6\end{bmatrix},\quad \boldsymbol{b}=\begin{bmatrix}0\\0\\1\end{bmatrix},\quad \boldsymbol{c}^{\mathrm{T}}=\begin{bmatrix}4&5&1\end{bmatrix}$$

试用求传递函数的方法判定系统的能控性和能观性，并分别给出能控、不能控和能观、不能观的模态。

3-15　试用如下方法判断图 3.18 所示系统的能控性和能观性。

(1)系统系数矩阵 A 、 B 、 C 、 D 的条件。

(2)传递函数零极点相消的条件。

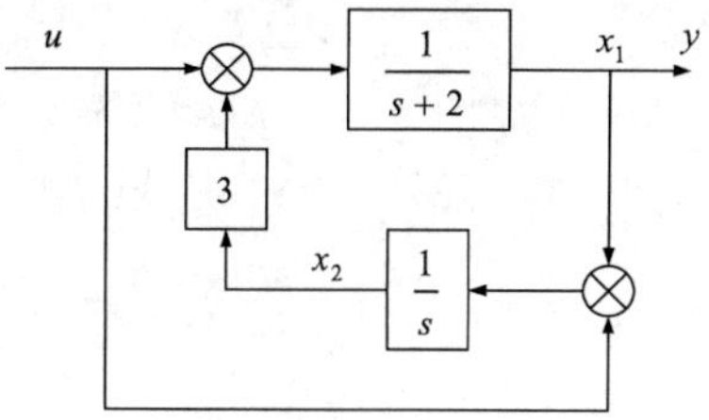

图 3.18　习题 3-15 图

3-16　两个能控能观的单输入单输出系统 S_1 、 S_2 为

$$S_1:\dot{\boldsymbol{x}}_1=A_1\boldsymbol{x}_1+\boldsymbol{b}_1u_1,\quad y_1=\boldsymbol{c}_1^{\mathrm{T}}\boldsymbol{x}_1$$

$$S_2:\dot{x}_2=A_2x_2+b_2u_2,\quad y_2=c_2x_2$$

式中

$$A_1=\begin{bmatrix}0&1\\-3&-4\end{bmatrix},\quad \boldsymbol{b}_1=\begin{bmatrix}0\\1\end{bmatrix},\quad \boldsymbol{c}_1^{\mathrm{T}}=\begin{bmatrix}2&1\end{bmatrix}$$

$$A_2=-2,\quad b_2=1,\quad c_2=1$$

把 S_1 、 S_2 串联起来，如图 3.19 所示。

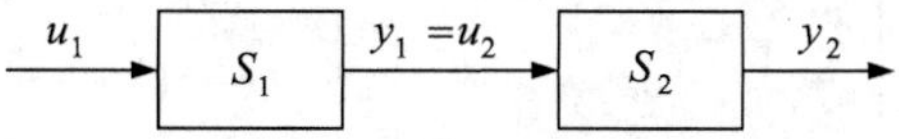

图 3.19　习题 3-16 图

(1)针对状态变量 $\boldsymbol{x}^{\mathrm{T}}=\begin{bmatrix}\boldsymbol{x}_1^{\mathrm{T}}&x_2\end{bmatrix}$，列写串联后系统的状态空间表达式。

(2)用代数判据判定串联后系统的能控性和能观性。

(3)用传递函数判定系统的能控能观性。

3-17　两个一阶系统串联和反馈连接如图 3.20(a)、(b)所示。试分别写出系统的状态空间表达式，利用系统能控性和能观性的代数判据，给出系统能控时参数应满足的条件，系统能观时参数应满足的条件。

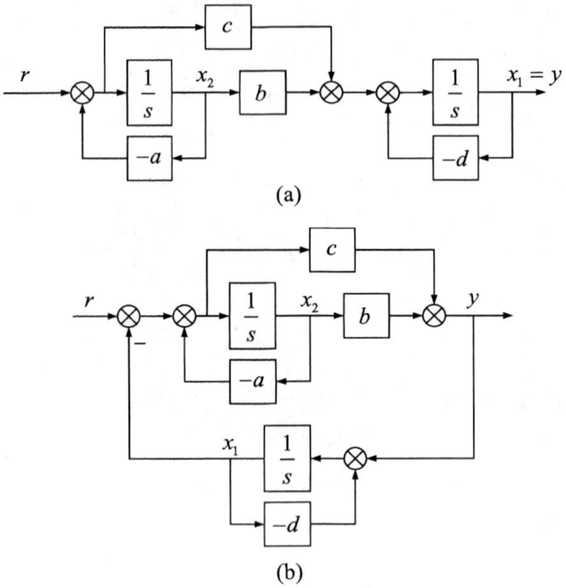

图 3.20　习题 3-17 图

3-18　对于线性定常连续时间系统

$$A=\begin{bmatrix}0 & 1\\ -1 & 0\end{bmatrix},\quad \boldsymbol{b}=\begin{bmatrix}1\\ 0\end{bmatrix},\quad \boldsymbol{c}^{\mathrm{T}}=\begin{bmatrix}0 & 1\end{bmatrix}$$

设在输入侧加零阶保持器，采样周期为 T，试求系统的离散化模型，并讨论离散化后系统的能控性和能观性。

3-19　已知系统的系数矩阵为

$$A=\begin{bmatrix}1 & 2 & -1\\ 0 & 1 & 0\\ 1 & -4 & 3\end{bmatrix},\quad \boldsymbol{b}=\begin{bmatrix}0\\ 0\\ 1\end{bmatrix},\quad \boldsymbol{c}^{\mathrm{T}}=\begin{bmatrix}1 & -1 & 1\end{bmatrix}$$

试进行能控结构分解，给出能控子系统的状态空间描述。

3-20　已知系统的系数矩阵为

$$A=\begin{bmatrix}-1 & 0 & 0\\ 1 & 1 & 0\\ 0 & 3 & -2\end{bmatrix},\quad \boldsymbol{b}=\begin{bmatrix}1\\ 0\\ 0\end{bmatrix},\quad \boldsymbol{c}^{\mathrm{T}}=\begin{bmatrix}0 & 1 & -1\end{bmatrix}$$

试进行能观结构分解，给出能观子系统的状态空间描述。

3-21　给定系统的系数矩阵为

$$A=\begin{bmatrix}-1 & 0 & 0 & 0\\ 2 & -3 & 0 & 0\\ 1 & 0 & -2 & 0\\ 4 & -1 & 2 & 4\end{bmatrix},\quad B=\begin{bmatrix}0\\ 0\\ 1\\ 2\end{bmatrix},\quad C=\begin{bmatrix}3 & 0 & 1 & 0\end{bmatrix}$$

(1)通过观察系统的系数矩阵或绘制出系统的方框图进行观察，找出系统可控可观、可控不可观、不可控可观、不可控不可观的状态变量分别是哪个？

(2)给出系统的传递函数。

3-22　设系统的状态空间描述为

$$\begin{bmatrix}\dot{x}_1\\ \dot{x}_2\\ \dot{x}_3\\ \dot{x}_4\\ \dot{x}_5\\ \dot{x}_6\end{bmatrix}=\begin{bmatrix}-4&1&0&0&0&0\\0&-4&0&0&0&0\\0&0&3&1&0&0\\0&0&0&3&0&0\\0&0&0&0&-1&1\\0&0&0&0&0&-1\end{bmatrix}\begin{bmatrix}x_1\\x_2\\x_3\\x_4\\x_5\\x_6\end{bmatrix}+\begin{bmatrix}1&3\\5&7\\4&3\\0&0\\1&6\\0&0\end{bmatrix}\begin{bmatrix}u_1\\u_2\end{bmatrix}$$

$$\begin{bmatrix}y_1\\y_2\end{bmatrix}=\begin{bmatrix}3&1&0&5&0&0\\1&4&0&2&0&0\end{bmatrix}\begin{bmatrix}x_1\\x_2\\x_3\\x_4\\x_5\\x_6\end{bmatrix}$$

(1)通过观察判定系统的哪些变量是能控的？哪些是不能控的？哪些是能观的？哪些是不能观的？

(2)在(1)的基础上，列出系统哪些变量是能控能观的？哪些是能控不能观的？哪些是不能控能观的？哪些是不能控不能观的？

(3)调整 A 、 B 、 C 的行和列，给出系统能控能观标准结构分解后的状态空间表达式。

3-23　根据线性代数的知识知道，子空间的交集也是子空间，因此系统能控能观状态、能控不能观状态、能观不能控状态、不能控不能观状态各形成一个子空间，不同子空间的基向量间是正交的，当这些子空间的维数和正好等于系统的阶数时，可以用这些子空间的基向量组成变换矩阵，实现系统的标准结构分解。试应用这种方法得到系统

$$\begin{bmatrix}\dot{x}_1\\ \dot{x}_2\\ \dot{x}_3\\ \dot{x}_4\\ \dot{x}_5\\ \dot{x}_6\\ \dot{x}_7\\ \dot{x}_8\end{bmatrix}=\begin{bmatrix}-3&1&&&&&&\\&-3&&&&&&\\&&-4&1&&&&\\&&&-4&&&&\\&&&&-1&1&&\\&&&&&-1&&\\&&&&&&-5&1\\&&&&&&&-5\end{bmatrix}\begin{bmatrix}x_1\\x_2\\x_3\\x_4\\x_5\\x_6\\x_7\\x_8\end{bmatrix}+\begin{bmatrix}1&3\\5&7\\4&3\\0&0\\1&6\\0&0\\9&2\\0&0\end{bmatrix}\begin{bmatrix}u_1\\u_2\end{bmatrix}$$

$$\begin{bmatrix}y_1\\y_2\end{bmatrix}=\begin{bmatrix}3&4&0&5&0&0&3&6\\1&1&0&2&0&0&7&1\end{bmatrix}\begin{bmatrix}x_1\\x_2\\x_3\\x_4\\x_5\\x_6\\x_7\\x_8\end{bmatrix}$$

的标准结构分解，并求出系统的传递函数矩阵。

3-24　设两输入线性定常系统

$$\dot{\boldsymbol{x}}=\begin{bmatrix}0&0&1&0\\3&0&-3&1\\-1&1&4&-1\\1&0&-1&0\end{bmatrix}\boldsymbol{x}+\begin{bmatrix}0&0\\1&0\\0&1\\0&0\end{bmatrix}\boldsymbol{u}$$

试用列搜索方法得到变换矩阵，将系统变换为能控标准Ⅱ型。

3-25　设两输入线性定常系统同习题 3-24，试用行搜索方法得到变换矩阵，将系统变换为能控标准Ⅱ型。

第 4 章　系统的稳定性分析

对于给定的系统，其响应过程由输入和系统的初始条件决定。系统和输入作用一定时，不同初始条件下的解是不同的，初始条件对解的影响就是稳定性要研究的内容。

一般来说，只要满足一定条件，微分方程的解就连续地依赖于初始条件，即初始条件的偏差越小，在有限时间内解的偏差也越小，但这一特性当时间趋于无穷大时并不维持。若起始于某一初始条件的微分方程的某个解，当初始条件的偏差充分小时，在有限和无限时间范围内解的偏差也充分小，则称这个解是稳定的，如果解的偏差还随着时间的增长趋于零，则称这个解是渐近稳定的。若系统在任何输入、任何初始条件下的解都具备上述特性，则称此系统是稳定或渐近稳定的。

系统的稳定性有外部稳定和内部稳定之分。所谓外部稳定性，考察的是系统输出响应的稳定性问题，使用的是系统的外部描述，如传递函数描述，系统输入输出微分方程描述等。所谓内部稳定性，考察的是系统状态响应的稳定性问题，使用的是系统的内部描述，如状态空间描述，微分方程描述等。因为系统输出是系统状态变量的函数，所以只要输出函数满足一定条件，系统的内部稳定可以保证系统的外部稳定，反之，只有在系统能控能观的条件下，才有可能由系统外部稳定推出系统内部稳定。外部稳定而非内部稳定的系统在实际中往往是不能接受的，因为内部状态的失控将对系统带来损害。

在工程实践中，人们总是希望控制系统的响应渐近地由参考指令决定，初始条件对系统响应的影响应该渐近收敛到零，即系统的稳态响应不受初始条件的影响，在扰动解除后系统会自动恢复到原来的工作状态。稳定性分析与设计是反馈控制系统分析和设计的最基本和最重要的内容之一。在经典控制理论中，研究对象是单回路线性定常系统，其输出响应的稳定性问题可以通过劳斯判据、奈奎斯特判据、根轨迹法或频率特性法得到圆满解决。在现代控制理论中，对于多回路线性定常系统，其状态响应的稳定性问题已经在第 2-5 节中进行了阐述，而非线性或时变系统的稳定性问题，至今仍然是一个十分重要且具有挑战性的研究领域。

1892 年由俄国学者李雅普诺夫(Lyapunov)给出的稳定性理论是系统稳定性的一般性理论，适用于线性定常系统，也适用于非线性系统和时变系统。本章除对李雅普诺夫稳定性的概念，李雅普诺夫第二法及基本定理，构造李雅普诺夫函数的规则化方法，李雅普诺夫第一法，线性系统的稳定性分析等内容进行重点介绍外，还对绝对稳定性、无源化设计方法进行简要介绍。

4-1　李雅普诺夫稳定性

1. 微分方程解的两个基本定理

李雅普诺夫稳定性是关于微分方程解的稳定性的理论，在介绍李雅普诺夫稳定性之前，先给出微分方程解的唯一性和解对初始条件的连续依赖性两个基本定理。

考虑微分方程

$$\frac{\mathrm{d}\boldsymbol{x}}{\mathrm{d}t}=\boldsymbol{g}(\boldsymbol{x},t) \tag{4.1}$$

式中，状态向量 $\boldsymbol{x}=[x_1,x_2,\cdots,x_n]^{\mathrm{T}}\in\Omega\subset R^n$，时间 t 属于某开区间 $I=(t_1,t_2)$，$t_1>-\infty$，$t_2<+\infty$，函数向量 $\boldsymbol{g}(\boldsymbol{x},t)=[g_1(\boldsymbol{x},t),g_2(\boldsymbol{x},t),\cdots,g_n(\boldsymbol{x},t)]^{\mathrm{T}}:\Omega\times I\to R^n$ 的各元素为连续函数。若对于任意的 $\boldsymbol{x},\boldsymbol{y}\in\Omega$，$t\in I$，存在常数 $L>0$，使得

$$\left|g_i(\boldsymbol{x},t)-g_i(\boldsymbol{y},t)\right|<L\sum_{j=1}^{n}\left|x_j-y_j\right| \tag{4.2}$$

则称 $g_i(\boldsymbol{x},t)$ 在 $\Omega\times I$ 上满足李普希兹(Lipschitz)条件。显然，若 $g_i(\boldsymbol{x},t)$ 的所有偏导数存在，且在 $\Omega\times I$ 上有

$$\left|\frac{\partial g_i(x_1,x_2,\cdots,x_n,t)}{\partial x_j}\right|\leqslant K,\quad j=1,2,\cdots,n \tag{4.3}$$

式中，K 为某正实数，则上述李普希兹条件自然满足。

定理 4.1(解的存在性和唯一性)　若 $\boldsymbol{g}(\boldsymbol{x},t)=[g_1(\boldsymbol{x},t),g_2(\boldsymbol{x},t),\cdots,g_n(\boldsymbol{x},t)]^{\mathrm{T}}$ 在 $\Omega\times I$ 上连续且满足李普希兹条件($\boldsymbol{g}$ 的每一个元素满足李普希兹条件)，则对任意的 $(\boldsymbol{x}_0,t_0)\in\Omega\times I$，总存在常数 $\delta>0$，使得在区间 $[t_0-\delta,t_0+\delta]$ 内微分方程式(4.1)存在唯一解 $\boldsymbol{x}(t,\boldsymbol{x}_0,t_0)$，满足

$$\frac{\mathrm{d}\boldsymbol{x}(t,\boldsymbol{x}_0,t_0)}{\mathrm{d}t}=\boldsymbol{g}\left[\boldsymbol{x}(t,\boldsymbol{x}_0,t_0),t\right],\quad \boldsymbol{x}(t_0)=\boldsymbol{x}_0$$

上述解的唯一性定理是局部性质的，因为它只在区间 $[t_0-\delta,t_0+\delta]$ 内保证了解的存在和唯一性，而无法保证在 (t_1,t_2) 内解的存在和唯一性，然而可以通过反复应用这一定理来扩展区间，即从 $(\boldsymbol{x}_0,t_0)\in\Omega\times I$ 开始，如果满足定理的条件，则存在 $\delta_1>0$，得到 $[t_0-\delta_1,t_0+\delta_1]$ 区间内解的存在和唯一性。如果这时仍有 $[\boldsymbol{x}(t_0+\delta_1),t_0+\delta_1]\in\Omega\times I$，且满足定理的条件，则再以 $\boldsymbol{x}(t_0+\delta_1)$ 和 $t_0+\delta_1$ 作为新的起始状态和时间，存在 $\delta_2>0$，得到 $[t_0+\delta_1-\delta_2,t_0+\delta_1+\delta_2]$ 区间内解的存在性和唯一性。将 $[t_0-\delta_1,t_0+\delta_1]$ 和 $[t_0+\delta_1-\delta_2,t_0+\delta_1+\delta_2]$ 拼接在一起，就得到 $[t_0-\delta_1,t_0+\delta_1+\delta_2]$ 区间内解的存在性和唯一性等，直至 $\Omega\times I$ 的边界。

微分方程解的唯一性决定了微分方程起始于不同初始值的 n 维相轨迹不可能相交，在下面的讨论中始终假设微分方程解存在并且是唯一的。

定理 4.2(解对初始条件的连续依赖性)　设微分方程式(4.1)满足定理 4.1 的条件，它的两个解 $\boldsymbol{x}(t)=\boldsymbol{x}(t,\boldsymbol{x}_0,t_0)$，$\bar{\boldsymbol{x}}(t)=\bar{\boldsymbol{x}}(t,\bar{\boldsymbol{x}}_0,t_0)$，在 $[t_0,t_1]$ 上定义且位于 Ω 内，则对于任意的 $\varepsilon>0$，存在 $\delta>0$，当 $\|\boldsymbol{x}_0-\bar{\boldsymbol{x}}_0\|<\delta$ 时，$\|\boldsymbol{x}(t)-\bar{\boldsymbol{x}}(t)\|<\varepsilon$ 在 $[t_0,t_1]$ 内恒成立。

注意，下面将要介绍的李雅普诺夫稳定性，尽管可以理解为是将上述解对初始条件的依赖性由有限区间 $[t_0,t_1]$ 推广到无穷区间 $[t_0,+\infty]$，但并不只限于此，所处理的系统在所讨论的区域内可能并非各点都满足李普希兹(Lipschitz)条件。

2. 李雅普诺夫局部稳定性的定义

定义 4.1　设 $\boldsymbol{x}^*(t)$ 是 n 阶微分方程组

$$\dot{\boldsymbol{x}}=\boldsymbol{f}(\boldsymbol{x},t) \tag{4.4}$$

满足初始条件 $(\boldsymbol{x}_0^*,t_0)$ 的解，定义区间为 $[t_0,+\infty]$。如果对于任意给定的 $\varepsilon>0$，存在

$\delta=\delta(t_0,\varepsilon)>0$，使得当初始状态 $(\boldsymbol{x}_0,t_0)$ 满足 $\|\boldsymbol{x}_0-\boldsymbol{x}_0^*\|<\delta(t_0,\varepsilon)$ 时，由 $\boldsymbol{x}_0$ 出发的解 $\boldsymbol{x}(t)$，对任意的 $t>t_0$，满足 $\|\boldsymbol{x}(t)-\boldsymbol{x}^*(t)\|\leqslant\varepsilon$，则称系统的解 $\boldsymbol{x}^*(t)$ 是稳定的。反之，当定义的条件不满足时，则称系统的解 $\boldsymbol{x}^*(t)$ 是不稳定的。

若系统的解 $\boldsymbol{x}^*(t)$ 是稳定的，且有 $\lim\limits_{t\to\infty}\|\boldsymbol{x}(t)-\boldsymbol{x}^*(t)\|=0$，则称系统的解 $\boldsymbol{x}^*(t)$ 是渐近稳定的。

设 $S(\delta)$ 是以 $\boldsymbol{x}_0^*$ 为中心，半径为 δ 的区域，$S(\varepsilon)$ 是以 $\boldsymbol{x}^*(t)$ 为中心，半径为 ε 的区域。李雅普诺夫意义下稳定性的几何含义是，如果对于每一个区域 $S(\varepsilon)$，总能找到一个区域 $S(\delta)$，使得对所有时刻 $t\in[t_0,+\infty)$，由区域 $S(\delta)$ 中任意一点出发的解都不离开区域 $S(\varepsilon)$，则称系统由 $\boldsymbol{x}_0^*$ 出发的解 $\boldsymbol{x}^*(t)$ 是稳定的。如果由区域 $S(\delta)$ 内出发的解轨迹，无论区域 $S(\delta)$ 选择的多么小，都会至少有一条轨线离开区域 $S(\varepsilon)$，则称系统的解 $\boldsymbol{x}^*(t)$ 是不稳定的。在二维情况下，以 $\boldsymbol{x}^*(t)$ 为中心，李雅普诺夫意义下的稳定、渐近稳定、不稳定的图示分别如图 4.1 (a)、(b)、(c) 所示。

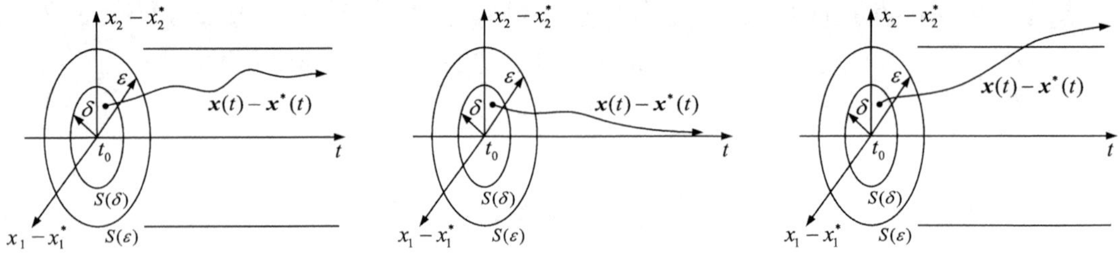

图 4.1　李雅普诺夫稳定性的几何含义

显然，上述解的稳定和渐近稳定的李雅普诺夫定义，具有局部的性质，这包含两个含义：其一是李雅普诺夫稳定性考虑的是由初态 $\boldsymbol{x}_0^*$ 出发的解 $\boldsymbol{x}^*(t)$，当初态受到扰动但位于 $\boldsymbol{x}_0^*$ 的邻域内时，扰动解是否可以恢复的问题；其二是按照李雅普诺夫稳定性的定义，若由初态 $\boldsymbol{x}_0^*$ 出发的解 $\boldsymbol{x}^*(t)$ 是稳定或渐近稳定的，则初态位于 $\boldsymbol{x}_0^*$ 邻域内的其他解也是稳定或渐近稳定的。

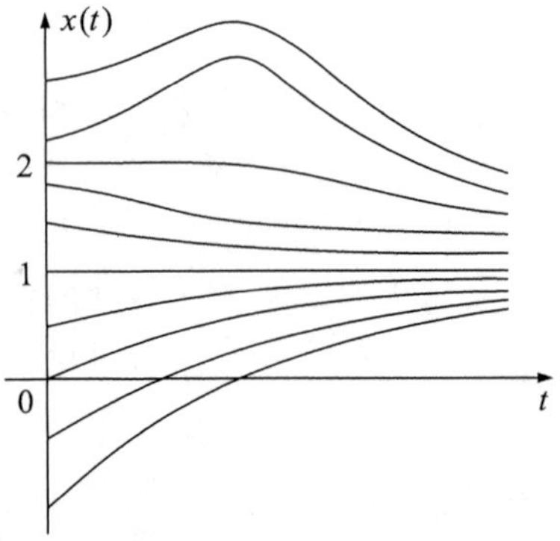

图 4.2　全局渐近稳定的一个例子

3. 大范围或全局渐近稳定性的定义

在上述局部稳定性定义的基础上，对于渐近稳定性，有如下大范围或全局渐近稳定性的定义。大范围或全局渐近稳定性的定义是在局部稳定性定义的基础上给出的。

定义 4.2　对于式 (4.4) 所示的微分方程组，若由初始状态 $\boldsymbol{x}_0^*$ 出发的解 $\boldsymbol{x}^*(t)$ 是稳定的，且对任意初始状态下的解 $\boldsymbol{x}(t)$ 都有 $\lim\limits_{t\to\infty}\|\boldsymbol{x}(t)-\boldsymbol{x}^*(t)\|=0$，则称解 $\boldsymbol{x}^*(t)$ 是大范围或全局渐近稳定的。

在工程上总是希望系统具有大范围或全局渐近稳定性。注意，大范围或全局渐近稳定并未要求初始条件位于 $\boldsymbol{x}_0^*$ 的邻域以外的解也是稳定的。如图 4.2 所示，系统由 $\boldsymbol{x}_0(0)=1$ 出发的解是渐近稳定的，并且是全局渐近稳定的，但系统由 $\boldsymbol{x}_0(0)=2$

出发的解却并非稳定的（$\boldsymbol{x}_0(0)=2$ 时，系统微分方程不满足李普希兹(Lipschitz)条件）。容易看出，全局渐近稳定系统只可能收敛于一点，不可能收敛于多点。

由 2-5 节的内容我们知道，对于线性系统，解的稳定性与解无关，即系统在任意初态和任意输入作用下某个解的稳定性，与对应奇次系统零平凡解的稳定性是等价的，由系统的结构和参数，即由系统的状态矩阵唯一确定。

对于非线性系统，不同输入作用、不同初始条件下系统解的稳定性一般是不同的，只有研究特定输入和特定初始条件下系统解的稳定性才有意义。对向量函数 $\boldsymbol{f}$ 中显含 t 的非自治系统来说，上述稳定性定义中球域 $S(\delta)$ 的大小同时依赖于 t_0 和 ε。如果球域 $S(\delta)$ 的大小实际上与 t_0 无关，则解稳定时称为一致稳定，解渐近稳定时称为一致渐近稳定。对向量函数 $\boldsymbol{f}$ 中不显含 t 的自治系统来说，解只依赖于初始状态，与初始时刻无关，一旦某个解稳定或渐近稳定，则该解也一致稳定或一致渐近稳定，二者并无区别。

下面通过几个简单的例子来对李雅普诺夫稳定性的概念加以说明。

例 4.1 考虑光滑水平面上质量为 M 的物体，在水平方向恒定力 F 的作用下做变速运行。若设空气阻力与运动速度成比例 f，试根据稳定性的李雅普诺夫定义，讨论运动的稳定性。若是在真空条件下，没有空气阻力，运动的稳定性又如何？如果不仅考虑物体运动的速度，还考虑位置，在上述两种情况下，物体运动的稳定性又如何？

解 以物体在受力方向上的速度 v 作为状态变量，根据牛顿运动定律，有如下状态方程

$$\frac{\mathrm{d}v}{\mathrm{d}t}=\frac{1}{M}(F-fv) \tag{4.5}$$

两边积分得到解

$$v=\frac{F}{f}+\left(v(0)-\frac{F}{f}\right)\mathrm{e}^{-\frac{f}{M}t}$$

容易看出，不同初始速度下物体的运行速度，当初始速度 $v(0)$ 的偏差充分小时，速度 $v(t)$ 的偏差也充分小，因此上述变速运动是稳定的。随着物体运动速度的升高或降低，空气阻力也会随之变大或变小，并最终达到作用力 F 和空气阻力平衡时 $v=F/f$，速度不再提高或降低。因为无论物体的初始速度如何，它们的最终速度都趋于 $v=F/f$，根据李雅普诺夫稳定性定义，上述变速运动是渐近稳定的。

在真空条件下没有空气阻力时，描述物体运动速度的微分方程为

$$\frac{\mathrm{d}v}{\mathrm{d}t}=\frac{F}{M} \tag{4.6}$$

两边积分得到解

$$v(t)=\frac{F}{M}t+v(0)$$

容易看出，不同初始速度时，物体运动速度的差将始终保持初始时刻的速度差不变，根据李雅普诺夫稳定性定义，上述运动是稳定的，而非渐近稳定的(见 2-5 节，零特征值为系统的单根)。

如果同时考虑物体运动的速度和位置，则有关上述运动稳定性的结论会有所不同。因为位置的微分等于速度，描述物体运动的微分方程现在变成了两阶，有空气阻力时为

$$
\begin{aligned}
\frac{\mathrm{d}s}{\mathrm{d}t} &= v \\
\frac{\mathrm{d}v}{\mathrm{d}t} &= \frac{1}{M}(F - fv)
\end{aligned} \tag{4.7}
$$

真空条件下为

$$
\begin{aligned}
\frac{\mathrm{d}s}{\mathrm{d}t} &= v \\
\frac{\mathrm{d}v}{\mathrm{d}t} &= \frac{F}{M}
\end{aligned} \tag{4.8}
$$

即在式(4.5)和式(4.6)的基础上，各增加了一个由速度到位置的积分环节。因为以相同速度运动的物体，初始时刻的位置误差会保持不变，而速度差不变的运动物体位置差会趋于无穷大。所以，根据前面的讨论，不仅考察物体的速度也考察位置时，有空气阻力的情况下，运动是稳定的，而非渐近稳定的，真空条件下，运动是不稳定的(见 2-5 节，零特征值为系统的两重根，且对应的约当块不分列)。

例 4.1 讨论的是一个线性定常系统的例子。对于线性系统，解的稳定性和系统的初始状态、输入作用无关，由系统本身的结构和参数决定。对于非线性系统，研究其稳定性的困难程度比线性系统要复杂和困难的多，请看下面的例子。

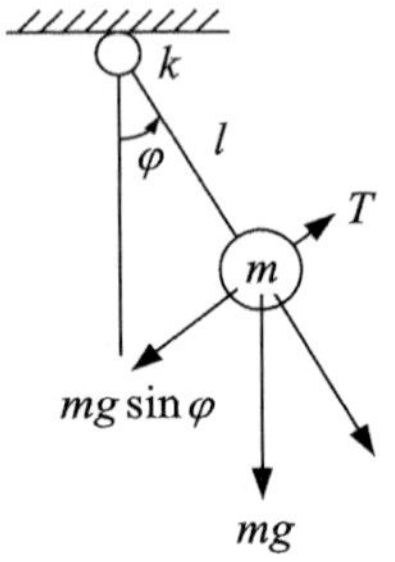

图 4.3　单摆系统

例 4.2　考虑图 4.3 所示的有阻尼的单摆振荡系统，图中 m 为摆球的质量，l 为摆长，k 为摩擦系数，T 为作用在摆球上的力矩。假设单摆可以做 360° 旋转，试根据稳定性的李雅普诺夫定义，讨论单摆下平衡位置和上平衡位置的稳定性，再考虑单摆以某一初始位置、初始摆速起始的运动，以及单摆在受到一个脉冲力作用时运动的稳定性。

解　根据李雅普诺夫稳定性的定义，易知单摆静止在下平衡位置这样一种静止状态是渐近稳定的，因为给初始位置和初始速度一个扰动，只要初始扰动充分小，单摆运动的位置和速度就会充分小，并最终停在下平衡位置。而单摆静止在上平衡位置这样一种运动状态是不稳定的，因为无论给初始位置和初始速度的扰动多么小，单摆都很难回到上平衡位置并保持静止，一般总是顺时针方向或反时针方向旋转，在下平衡位置振荡，并最终静止在下平衡位置。

考虑单摆系统以某一初始位置、初始摆速起始的运动，容易看出，除去那些正好使单摆最终停留在上平衡位置的初始条件所对应的运动以外，其他的运动都是渐近稳定的，初始条件的微小摄动将只带来运动的微小摄动,并最终静止于下平衡位置。

同样,对于初始时刻受到某一强度脉冲力作用的单摆系统,考虑方法相同, 除去那些正好使单摆最终停留在上平衡位置的脉冲力强度、初始位置和初始摆速所对应的运动以外，其他的运动都是渐近稳定的。

单摆系统是典型的非线性系统。一般来说，非线性系统某一运动的稳定性，不只与系统本身的特性有关，还与初始条件、外部作用的大小和形式有关。

4. 稳定性问题的简化

讨论系统 $\dot{\boldsymbol{x}} = \boldsymbol{f}(\boldsymbol{x},t)$ 满足初始条件 $\boldsymbol{x}(t_0) = \boldsymbol{x}_0^*$ 的解 $\boldsymbol{x}^*(t)$ 的稳定性，要考虑系统在另一初态下的解 $\boldsymbol{x}(t)$ 和 $\boldsymbol{x}^*(t)$ 之间的差 $\tilde{\boldsymbol{x}}(t) = \boldsymbol{x}(t) - \boldsymbol{x}^*(t)$，它满足

$$\dot{\tilde{\boldsymbol{x}}}=\dot{\boldsymbol{x}}-\dot{\boldsymbol{x}}^{*}=\boldsymbol{f}(\boldsymbol{x},t)-\dot{\boldsymbol{x}}^{*}=\boldsymbol{f}(\tilde{\boldsymbol{x}}+\boldsymbol{x}^{*},t)-\dot{\boldsymbol{x}}^{*}=\boldsymbol{\varphi}(\tilde{\boldsymbol{x}},t) \tag{4.9}$$

式中，$\boldsymbol{x}^{*}(t)$作为t的已知函数，在函数$\boldsymbol{\varphi}(\tilde{\boldsymbol{x}},t)$中被消隐掉了。通过这种简化处理，讨论系统$\dot{\boldsymbol{x}}=\boldsymbol{f}(\boldsymbol{x},t)$解$\boldsymbol{x}^{*}(t)$的稳定性和讨论系统$\dot{\tilde{\boldsymbol{x}}}=\boldsymbol{\varphi}(\tilde{\boldsymbol{x}},t)$零平凡解的稳定性是等价的。因为$\boldsymbol{\varphi}(0,t)=-\dot{\boldsymbol{x}}^{*}+\boldsymbol{f}(\boldsymbol{x}^{*},t)=0$，故零是系统$\dot{\tilde{\boldsymbol{x}}}=\boldsymbol{\varphi}(\tilde{\boldsymbol{x}},t)$的一个解，满足$0=\boldsymbol{\varphi}(0,t)$，称为系统式(4.9)的零平凡解。请看下面的例题。

例 4.3 系统如图 4.4 所示，图中控制量和误差量的关系为$u=e^3$，试将系统零初始状态下解的稳定性问题转化成零平凡解的稳定性问题。

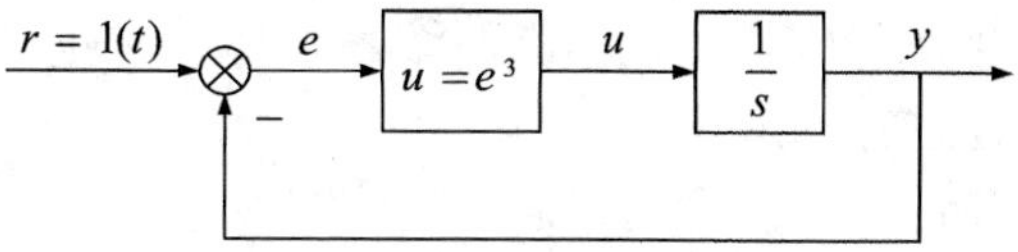

图 4.4 例 4.3 的系统框图

解 描述图 4.4 系统的微分方程为

$$\dot{y}=(1-y)^3,\quad t\geqslant 0$$

系统零初始状态$y(0)=0$时的解为$y^{*}(t)=1-\dfrac{1}{\sqrt{2t+1}}$。设系统初始状态非零时的解为$y(t)$，则有

$$\begin{aligned}\dot{\tilde{y}}&=\dot{y}-\dot{y}^{*}=[1-(y-y^{*})-y^{*}]^3-(1-y^{*})^3=(1-\tilde{y}-y^{*})^3-(1-y^{*})^3\\&=-\tilde{y}^3+3\tilde{y}^2(1-y^{*})-3\tilde{y}(1-y^{*})^2+(1-y^{*})^3-(1-y^{*})^3\\&=-\tilde{y}^3+3\tilde{y}^2(1-y^{*})-3\tilde{y}(1-y^{*})^2\\&=-\tilde{y}^3+3\tilde{y}^2\frac{1}{\sqrt{2t+1}}-3\tilde{y}\frac{1}{2t+1}\end{aligned}$$

于是考察系统解$y^{*}(t)$的稳定性和考察系统

$$\dot{\tilde{y}}=-\tilde{y}^3+3\tilde{y}^2\frac{1}{\sqrt{2t+1}}-3\tilde{y}\frac{1}{2t+1}$$

零平凡解的稳定性是等价的。

在控制系统的分析与设计中，平衡态的稳定性问题特别受到关注。平衡态$\boldsymbol{x}_0$是系统的常值解，满足$\boldsymbol{f}(\boldsymbol{x}_0,t)=0$，和上面的讨论相同，因为

$$\dot{\tilde{\boldsymbol{x}}}(t)=\dot{\boldsymbol{x}}(t)-\dot{\boldsymbol{x}}_0(t)=\dot{\boldsymbol{x}}(t)=\boldsymbol{f}(\boldsymbol{x},t)=\boldsymbol{f}(\tilde{\boldsymbol{x}}+\boldsymbol{x}_0,t)=\boldsymbol{\varphi}(\tilde{\boldsymbol{x}},t) \tag{4.10}$$

故平衡态$\boldsymbol{x}_0$的稳定性问题同样可以转化为系统$\dot{\tilde{\boldsymbol{x}}}=\boldsymbol{\varphi}(\tilde{\boldsymbol{x}},t)$零平凡解的稳定性问题。

仍以例 4.3 为例，显然$y_0=1$是系统$\dot{y}=(1-y)^3,t\geqslant 0$的稳态解。为讨论稳态解$y_0=1$的稳定性，做变换$\tilde{y}=y-y_0=y-1$有$\dot{\tilde{y}}=-\tilde{y}^3$，即讨论系统$\dot{y}=(1-y)^3$稳态解$y_0\equiv 1$的稳定性，和讨论系统$\dot{\tilde{y}}=-\tilde{y}^3$零平凡解的稳定性是等价的。

从例 4.3 容易看出，即使是自治系统，某时间解的稳定性问题转化为零平凡解的稳定性问题时，一般也要归结为非自治系统零解的稳定性问题。而自治系统平衡态的稳定性问题则总是可以归结为自治系统零平凡解的稳定性问题。一般来讲，解决非自治系统的稳定性问题要比解决自治系统的稳定性问题困难得多，正是由于这一原因，李雅普诺夫理论对解决系统稳态工作点的稳定性问题往往更为有效。

在下面的讨论中，假设解的稳定性问题已经转化为零平凡解的稳定性问题，并且只对零平凡解的稳定性问题进行讨论。

4-2 李雅普诺夫第二法（直接法）

为讨论动态系统式(4.4)零平凡解的稳定性，李雅普诺夫给出了本质上不同的两种方法，分别称为李雅普诺夫第一法和李雅普诺夫第二法。李雅普诺夫第二法也称为直接法，其指导思想是寻找一个标量函数V，称为李雅普诺夫函数，通过系统微分方程求它对时间的全导数$\dot{V}$，应用V和$\dot{V}$具有的某种定号性质，直接就系统零平凡解的稳定性做出肯定或是否定的结论，而无需对系统微分方程进行求解。

下面先给出正定函数和正定二次型的概念。

1. 正定函数和正定二次型

定义 4.3 称函数$V(\boldsymbol{x}):R^n \to R$为正定的，若对所有$\boldsymbol{x} \neq 0$都有$V(\boldsymbol{x}) > 0$，且$V(0)=0$。称时变函数$V(\boldsymbol{x},t):R^n \times R \to R$为正定的，若$V(\boldsymbol{x},t)$有一个正定函数作为其下界，即存在一个正定函数$W(\boldsymbol{x})$，使得$V(\boldsymbol{x},t) > W(\boldsymbol{x})$，且$V(0,t) \equiv 0$。称函数$V(\boldsymbol{x}):R^n \to R$为负定的，若对所有$\boldsymbol{x} \neq 0$都有$V(\boldsymbol{x}) < 0$，且$V(0)=0$。称时变函数$V(\boldsymbol{x},t):R^n \times R \to R$为负定的，若$V(\boldsymbol{x},t)$有一个负定函数作为其上界，即存在一个负定函数$W(\boldsymbol{x})$，使得$V(\boldsymbol{x},t) < W(\boldsymbol{x})$，且$V(0,t) \equiv 0$。

显然，若函数$V(\boldsymbol{x})$或$V(\boldsymbol{x},t)$是正定的，则函数$-V(\boldsymbol{x})$或$-V(\boldsymbol{x},t)$是负定的，反之，若函数$V(\boldsymbol{x})$或$V(\boldsymbol{x},t)$是负定的，则函数$-V(\boldsymbol{x})$或$-V(\boldsymbol{x},t)$是正定的。

定义 4.4 称函数$V(\boldsymbol{x}):R^n \to R$或函数$V(\boldsymbol{x},t):R^n \times R \to R$为半正定的，若对所有$\boldsymbol{x} \neq 0$都有$V(\boldsymbol{x}) \geqslant 0$或$V(\boldsymbol{x},t) \geqslant 0$，且$V(0)=0$或$V(0,t) \equiv 0$。称函数$V(\boldsymbol{x}):R^n \to R$或函数$V(\boldsymbol{x},t):R^n \times R \to R$为半负定的，若对所有$\boldsymbol{x} \neq 0$都有$V(\boldsymbol{x}) \leqslant 0$或$V(\boldsymbol{x},t) \leqslant 0$，且$V(0)=0$或$V(0,t) \equiv 0$。

显然，若函数$V(\boldsymbol{x})$或$V(\boldsymbol{x},t)$是半正定的，则函数$-V(\boldsymbol{x})$或$-V(\boldsymbol{x},t)$是半负定的，反之，若函数$V(\boldsymbol{x})$或$V(\boldsymbol{x},t)$是半负定的，则函数$-V(\boldsymbol{x})$或$-V(\boldsymbol{x},t)$是半正定的。

注意，与$V(\boldsymbol{x},t)$为正定或负定的定义不同，在关于$V(\boldsymbol{x},t)$为半正定或半负定的定义中，并未要求存在一个半正定或半负定函数$W(\boldsymbol{x})$作为$V(\boldsymbol{x},t)$的下界或上界。

例如，在二维状态空间$\boldsymbol{x} \in R^2$中，函数$V(\boldsymbol{x}) = x_1^2 + x_2^2$是正定的，函数$V(\boldsymbol{x}) = x_1^2$、函数$V(\boldsymbol{x}) = x_1^2 + x_2^2 - 2x_1x_2 = (x_1 - x_2)^2$是半正定的，函数$V(\boldsymbol{x}) = x_1^2 + x_2^2 + 3x_1x_2 = (x_1 + x_2)^2 + x_1x_2$是不定的，也称是变号的，而函数$V(\boldsymbol{x}) = \dfrac{1}{1+t^2}(x_1^2 + x_2^2)$并非正定函数，因为不存在一个正定函数作为它的下界，它只是半正定的。

定义 4.5 若$V(\boldsymbol{x})$正定，且$\|\boldsymbol{x}\| \to \infty$时，也有$V(\boldsymbol{x}) \to \infty$，则称$V(\boldsymbol{x})$为无穷大正定。

设$P = P^{\mathrm{T}} \in R^{n \times n}$为对称矩阵，$p_{ij}$是它的第$i$行第$j$列上的元素，由于对称性有$p_{ij} = p_{ji}$。标量函数$V(\boldsymbol{x}) = \boldsymbol{x}^{\mathrm{T}} P \boldsymbol{x} = \sum\limits_{i=1}^{n}\sum\limits_{j=1}^{n} p_{ij} x_i x_j$称为二次型函数，二次型函数$V(\boldsymbol{x}) = \boldsymbol{x}^{\mathrm{T}} P \boldsymbol{x}$为正定时，称对称矩阵$P$为正定矩阵。判定二次型函数$V(\boldsymbol{x}) = \boldsymbol{x}^{\mathrm{T}} P \boldsymbol{x}$为正定、负定、半正定、半负定（简称为$P$正定、负定、半正定、半负定）有下面的定理 4.3。

定理 4.3 矩阵 $P = P^{\mathrm{T}} \in R^{n\times n}$ 为正定的充分必要条件是 P 的各阶主子式都是正的，即

$$p_{11} > 0, \det\begin{vmatrix} p_{11} & p_{12} \\ p_{21} & p_{22} \end{vmatrix} > 0, \cdots, \det[P] > 0$$

矩阵 $P = P^{\mathrm{T}} \in R^{n\times n}$ 为负定的充分必要条件是 P 的各阶主子式是负正交替的，即

$$p_{11} < 0, \det\begin{vmatrix} p_{11} & p_{12} \\ p_{21} & p_{22} \end{vmatrix} > 0, \cdots, (-1)^n \det[P] > 0$$

矩阵 $P = P^{\mathrm{T}} \in R^{n\times n}$ 为半正定的充分必要条件是 P 的前 $n-1$ 阶主子式都是非负的，而 P 的行列式为零，即

$$p_{11} \geqslant 0, \det\begin{vmatrix} p_{11} & p_{12} \\ p_{21} & p_{22} \end{vmatrix} \geqslant 0, \cdots, \det[P] = 0$$

矩阵 $P = P^{\mathrm{T}} \in R^{n\times n}$ 为半负定的充分必要条件是 P 的前 $n-1$ 阶主子式是非正非负交替的，而 P 的行列式为零，即

$$p_{11} \leqslant 0, \det\begin{vmatrix} p_{11} & p_{12} \\ p_{21} & p_{22} \end{vmatrix} \geqslant 0, \cdots, \det[P] = 0$$

显然，若 P 正定，则 $-P$ 负定，若 P 半正定，则 $-P$ 半负定，反之，若 P 负定，则 $-P$ 正定，若 P 半负定，则 $-P$ 半正定。

正定矩阵有如下一些有用性质，今后会用到。

正定矩阵(或半正定矩阵)的所有特征根都为正实数(或非负实数)，负定矩阵(或半负定矩阵)的所有特征根都为负实数(或非正实数)。

矩阵 $P \in R^{n\times n}$ 为正定矩阵(或半正定矩阵)的充分必要条件为存在非奇异矩阵 $Q \in R^{n\times n}$ (或矩阵 $Q \in R^{m\times n}$)使得 $P = Q^{\mathrm{T}}Q$ 。

矩阵 $P \in R^{n\times n}$ 为正定矩阵(或半正定矩阵)的充分必要条件为存在正定矩阵 $Q \in R^{n\times n}$ (或半正定矩阵 $Q \in R^{n\times n}$)使得 $P = Q^2$ 。

若 $P \in R^{n\times n}$ 为正定矩阵，$C \in R^{n\times m}$ 为列满秩矩阵(因此 $m \leqslant n$)，则 $C^{\mathrm{T}}PC \in R^{m\times m}$ 为正定矩阵。

设 A 和 B 是维数相同的正定矩阵，若 $A-B$ 为正定矩阵(或半正定矩阵)，则称 A 大于 B (或 A 大于等于 B)，记为 $A > B$ (或 $A \geqslant B$)。显然 $A > B$ (或 $A \geqslant B$)的充分必要条件是对于任意 $\boldsymbol{x} \neq 0$ ，都有 $\boldsymbol{x}^{\mathrm{T}} A\boldsymbol{x} > \boldsymbol{x}^{\mathrm{T}} B\boldsymbol{x}$ (或 $\boldsymbol{x}^{\mathrm{T}} A\boldsymbol{x} \geqslant \boldsymbol{x}^{\mathrm{T}} B\boldsymbol{x}$)。

注意，只有当两个正定矩阵的差为定号矩阵时，它们才可以比较大小，并非任意两个维数相同的正定矩阵都能比较大小。

由矩阵不等式的定义，容易得到矩阵比较大小的下面几个性质：

若 $A \geqslant B$， $B \geqslant C$ ，则 $A \geqslant C$ (传递性)。

若 $A \geqslant B$， $k \geqslant 0$ ，则 $kA \geqslant kB$ (线性)。

若 $A_1 \geqslant B_1$， $A_2 \geqslant B_2$，则 $A_1 + A_2 \geqslant B_1 + B_2$ (线性)。

若 A 和 B 为同维数的正定阵， $AB = BA$， $A \geqslant B$，则 $A^2 \geqslant B^2$ 。

若 A 和 B 为同维数的正定阵， $A \geqslant B$ ，则 $B^{-1} \geqslant A^{-1}$ 。

设 A 正定， $\lambda_{\max}$ 和 $\lambda_{\min}$ 分别是 A 最大和最小特征值，则有 $\lambda_{\min} I \leqslant A \leqslant \lambda_{\max} I$ 。

同样，可以定义复二次型 $W(\boldsymbol{x}) = \boldsymbol{x}^{\mathrm{H}} H \boldsymbol{x} = \sum_{i=1}^{n}\sum_{j=1}^{n} h_{ij}\overline{x}_i x_j$ ，其中 $H = H^{\mathrm{H}} \in C^{n\times n}$ 为对称复数矩阵， $\boldsymbol{x} \in C^n$ 为复数向量，上标 H 表示共轭转置， $\overline{x}_i$ 表示复数 x_i 的共轭。对称的复数矩阵 $H = H^{\mathrm{H}} \in C^{n\times n}$ 称为埃尔米特(Hermite)矩阵：

Hermite 矩阵有如下性质：

(1) Hermite 矩阵是方阵，其对角元素为实数。

(2) Hermite 矩阵的特征值恒为实数。

(3) 设 $H(s)$ 为 Hermite 矩阵，则复矢量 $\boldsymbol{x}$ 的二次型 $\boldsymbol{x}^{\mathrm{H}} H \boldsymbol{x}$ 为实数。

根据复二次型 $W(\boldsymbol{x})$ 的定号性，分别称 Hermite 矩阵 H 为正定、负定、半正定、半负定。Hermite 矩阵为正定(或半正定的)充分必要条件为它的特征根全部为正实数(或非负实数)。

有关实数正定矩阵及其不等式的一些性质，将其中转置符号 T 改为共轭转置符号 H 后，对 Hermite 正定矩阵仍然成立。

2. 李雅普诺夫稳定性的基本定理

首先，对于自治系统

$$\dot{\boldsymbol{x}} = \boldsymbol{f}(\boldsymbol{x}) \tag{4.11}$$

式中， $\boldsymbol{x} \in R^n$ ，向量函数 $\boldsymbol{f}: R^n \to R^n$ 保证微分方程式(4.11)解的唯一性，且 $\boldsymbol{f}(0) = 0$ ，如前所述，此时无需区分一致渐近稳定和渐近稳定，也无需区分一致稳定和稳定，李雅普诺夫函数 $V(\boldsymbol{x})$ 通过系统微分方程式(4.11)，对时间的全导数为

$$\dot{V}(\boldsymbol{x}) = \frac{\mathrm{d}V(\boldsymbol{x})}{\mathrm{d}t} = \left(\frac{\partial}{\partial \boldsymbol{x}} V(\boldsymbol{x})\right)^{\mathrm{T}} \dot{\boldsymbol{x}} = \left(\frac{\partial}{\partial \boldsymbol{x}} V(\boldsymbol{x})\right)^{\mathrm{T}} \boldsymbol{f}(\boldsymbol{x})$$

并不显含时间 t，下面给出在这种情况下利用李雅普诺夫方法进行稳定性分析的几个基本定理。

定理 4.4 对于自治系统式(4.11)，在包含状态空间原点在内的某个域 Ω 内，如果存在一个对 $\boldsymbol{x}$ 具有连续一阶偏导数的标量函数 $V(\boldsymbol{x})$ 满足如下条件：

(1) $V(\boldsymbol{x})$ 正定。

(2) $V(\boldsymbol{x})$ 对时间 t 的全导数 $\dot{V}(\boldsymbol{x})$ 负定。

则系统的零平凡解在域 Ω 内为渐近稳定。如果在大范围内或全局范围内满足上述条件，且

(3) $\|\boldsymbol{x}\| \to \infty$ 时， $V(\boldsymbol{x}) \to \infty$ 。

则系统的零平凡解为大范围或全局渐近稳定。

定理 4.5 对于自治系统式(4.11)，在包含状态空间原点在内的某个域 Ω 内，如果存在一个对 $\boldsymbol{x}$ 具有连续一阶偏导数的标量函数 $V(\boldsymbol{x})$ 满足如下条件：

(1) $V(\boldsymbol{x})$ 正定。

(2) $V(\boldsymbol{x})$ 对时间 t 的全导数 $\dot{V}(\boldsymbol{x})$ 半负定。

则系统的零平凡解在域 Ω 内为稳定。除上述条件外，若还有

(3) 除平凡解 $\boldsymbol{x}(t) \equiv 0$ 以外，集合 $\{\boldsymbol{x} | \dot{V}(\boldsymbol{x}) = 0\}$ 不包含系统的任意一条半正轨迹。

则系统的零平凡解在域 Ω 内为渐近稳定。如果在大范围内或全局范围内满足上述条件，且

(4) $\|\boldsymbol{x}\| \to \infty$ 时， $V(\boldsymbol{x}) \to \infty$ 。

则系统的零平凡解为大范围渐近稳定。

定理 4.6 对于自治系统式(4.11)，在包含状态空间原点在内的某个域Ω内，如果存在一个对$\boldsymbol{x}$具有连续一阶偏导数的标量函数$V(\boldsymbol{x})$满足如下条件：

(1) $V(\boldsymbol{x})$正定。

(2) $V(\boldsymbol{x})$对时间t的全导数$\dot{V}(\boldsymbol{x})$正定。

则系统的零平凡解为不稳定。

注意，在上述定理中，除去全局渐近稳定以外，其他渐近稳定、稳定和不稳定，除去特别注明和所讨论的对象是线性系统的情况以外，都只具有局部性的含义。另外，一旦系统在原点为大范围渐近稳定，则原点一定是系统的唯一平衡点。

其次，对于非自治系统

$$\dot{\boldsymbol{x}} = \boldsymbol{f}(\boldsymbol{x},t), \quad t \geqslant t_0 \tag{4.12}$$

式中，$\boldsymbol{x} \in R^n$，向量函数$\boldsymbol{f}: R^n \times R^1 \to R^n$保证微分方程式(4.12)解的唯一性，且$\boldsymbol{f}(0,t) \equiv 0$。此时李雅普诺夫函数$V(\boldsymbol{x},t)$一般与时间$t$相关，通过系统微分方程式(6-12)对时间的全导数为

$$\dot{V}(\boldsymbol{x},t) = \frac{\mathrm{d}V(\boldsymbol{x},t)}{\mathrm{d}t} = \left(\frac{\partial}{\partial \boldsymbol{x}} V(\boldsymbol{x},t)\right)^{\mathrm{T}} \boldsymbol{f}(\boldsymbol{x},t) + \frac{\partial}{\partial t} V(\boldsymbol{x},t), \quad t \geqslant t_0$$

即使选取的李雅普诺夫函数与时间t无关，经过系统微分方程式(4.12)对时间的全导数仍然显含时间t。根据4-1节的定义，对于显含时间t的正定函数$V(\boldsymbol{x},t)$，要求有一正定函数$W(\boldsymbol{x})$作为它的下界，对于显含t的半正定函数$V(\boldsymbol{x},t)$没有这样的要求。下面将给出利用李雅普诺夫方法对非自治系统式(4.12)的零平凡解进行稳定性分析的几个定理，在应用这些定理时请注意有关时变正定函数的上述特点，否则可能会导致错误的结果。例如，系统

$$\dot{x}_1 = 0.5x_1$$
$$\dot{x}_2 = 0.5x_2$$

它的解为

$$x_1(t) = x_1(t_0)\mathrm{e}^{0.5(t-t_0)}$$
$$x_2(t) = x_2(t_0)\mathrm{e}^{0.5(t-t_0)}$$

显然零平凡解是不稳定的。若取$V(\boldsymbol{x},t) = (x_1^2 + x_2^2)\mathrm{e}^{-2t}$，则有

$$\begin{aligned}\dot{V}(\boldsymbol{x},t) &= \frac{\partial V}{\partial x_1}\frac{\mathrm{d}x_1}{\mathrm{d}t} + \frac{\partial V}{\partial x_2}\frac{\mathrm{d}x_2}{\mathrm{d}t} + \frac{\partial V}{\partial t} \\ &= (x_1^2 + x_2^2)\mathrm{e}^{-2t} - 2(x_1^2 + x_2^2)\mathrm{e}^{-2t} \\ &= -(x_1^2 + x_2^2)\mathrm{e}^{-2t} \leqslant 0\end{aligned}$$

会导致系统零平凡解为稳定的错误结论，其原因是$V(\boldsymbol{x},t) = (x_1^2 + x_2^2)\mathrm{e}^{-2t}$没有正定函数$W(\boldsymbol{x})$作为其下界，因而不是正定的，而其中因子$\mathrm{e}^{-2t}$的衰减速度大于解的发散速度$\mathrm{e}^{0.5t}$，所以导致了错误的结论。

另外，对于非自治系统，需要对一致渐近稳定和渐近稳定、一致稳定和稳定进行区分。

在下面几个定理的叙述中，所谓$V(\boldsymbol{x},t)$正定且有界，即指存在两个连续的非减标量函数$\alpha(\|\boldsymbol{x}\|)$和$\beta(\|\boldsymbol{x}\|)$，满足$\alpha(0)=0$，$\beta(0)=0$，使对一切$t \geqslant t_0$和一切$\boldsymbol{x} \neq 0$都有$\beta(\|\boldsymbol{x}\|) \geqslant V(\boldsymbol{x},t) \geqslant \alpha(\|\boldsymbol{x}\|) > 0$。所谓$\dot{V}(\boldsymbol{x},t)$负定且有界，即指存在一个连续的非减标量函数

$r(\|\boldsymbol{x}\|)$，满足 $r(0)=0$，使对一切 $t \geqslant t_0$ 和一切 $\boldsymbol{x} \neq 0$ 都有 $\dot{V}(\boldsymbol{x},t) \leqslant -r(\|\boldsymbol{x}\|) < 0$。其中非减标量函数也称为楔函数，楔函数 $\varphi: R^+ \to R^+$ 是正实数到正实数的一个映射，而且是单调上升的，即对任意 $b > a > 0$ 有 $\varphi(b) > \varphi(a) > 0$。楔函数有下面的性质：

对于在包含状态空间原点的某个域 Ω 内定义的任意正定连续函数 $W(\boldsymbol{x})$，必存在两个楔函数 φ_1 和 φ_2，使得

$$\varphi_1(\|\boldsymbol{x}\|) \leqslant W(\boldsymbol{x}) \leqslant \varphi_2(\|\boldsymbol{x}\|)$$

因此，在下面的几个定理中，有关 $V(\boldsymbol{x},t)$ 正定且有界的条件可以修改为存在两个正定函数 $W_1(\boldsymbol{x})$ 和 $W_2(\boldsymbol{x})$，使对一切 $t \geqslant t_0$ 和一切 $\boldsymbol{x} \neq 0$ 都有 $W_2(\boldsymbol{x}) \geqslant V(\boldsymbol{x},t) \geqslant W_1(\boldsymbol{x}) > 0$，根据 $V(\boldsymbol{x},t)$ 为正定的定义，也可以修改为 $V(\boldsymbol{x},t)$ 正定，且以 $W_2(\boldsymbol{x})$ 为上界。有关 $\dot{V}(\boldsymbol{x},t)$ 负定且有界的条件可以修改为存在一个正定函数 $W_3(\boldsymbol{x})$，使对一切 $t \geqslant t_0$ 和一切 $\boldsymbol{x} \neq 0$ 都有 $\dot{V}(\boldsymbol{x},t) \leqslant -W_3(\boldsymbol{x})<0$。根据 $\dot{V}(\boldsymbol{x},t)$ 为负定的定义，$\dot{V}(\boldsymbol{x},t)$ 为负定已经蕴含了存在正定函数 $W_3(\boldsymbol{x})$，满足 $\dot{V}(\boldsymbol{x},t) \leqslant -W_3(\boldsymbol{x})<0$ 的条件。因此，上述有关 $\dot{V}(\boldsymbol{x},t)$ 负定且有界的条件，可以直接修改为 $\dot{V}(\boldsymbol{x},t)$ 负定，$\dot{V}(\boldsymbol{x},t) \leqslant -W_3(\boldsymbol{x})<0$ 的条件实际上可以被取消。

定理 4.7（一致渐近稳定的判别定理） 对于非自治系统式(4.12)，在包含状态空间原点在内的某个域 Ω 内，如果存在一个对 $\boldsymbol{x}$ 和 t 具有连续一阶偏导数的标量函数 $V(\boldsymbol{x},t)$ 满足如下条件：

(1) $V(\boldsymbol{x},t)$ 正定且有界。

(2) $V(\boldsymbol{x},t)$ 对时间 t 的全导数 $\dot{V}(\boldsymbol{x},t)$ 负定且有界。

则系统的零平凡解在域 Ω 内为一致渐近稳定。如果在大范围内或全局范围内满足上述条件，且

(3) $\|\boldsymbol{x}\| \to \infty$ 时，$V(\boldsymbol{x},t) \to \infty$。

则系统的零平凡解为大范围一致渐近稳定。

定理 4.8（一致稳定的判别定理） 对于非自治系统式(4.12)，在包含状态空间原点在内的某个域 Ω 内，如果存在一个对 $\boldsymbol{x}$ 和 t 具有连续一阶偏导数的标量函数 $V(\boldsymbol{x},t)$ 满足如下条件：

(1) $V(\boldsymbol{x},t)$ 正定且有界。

(2) $V(\boldsymbol{x},t)$ 对时间 t 的全导数 $\dot{V}(\boldsymbol{x},t)$ 半负定。

则系统的零平凡解在域 Ω 内为一致稳定。

定理 4.9（渐近稳定的判别定理） 对于非自治系统式(4.12)，在包含状态空间原点在内的某个域 Ω 内，如果存在一个对 $\boldsymbol{x}$ 和 t 具有连续一阶偏导数的标量函数 $V(\boldsymbol{x},t)$ 满足如下条件：

(1) $V(\boldsymbol{x},t)$ 正定有界。

(2) $V(\boldsymbol{x},t)$ 对时间 t 的全导数 $\dot{V}(\boldsymbol{x},t)$ 负定。

则系统的零平凡解在域 Ω 内为渐近稳定。如果在大范围内或全局范围内满足上述条件，且

(3) $\|\boldsymbol{x}\| \to \infty$ 时，$V(\boldsymbol{x},t) \to \infty$。

则系统的零平凡解为大范围渐近稳定。

定理 4.9 说明，对于非自治系统式(4.12)，即使是要得到系统零平凡解为渐近稳定，而非一致渐近稳定的结论，正定函数 $V(\boldsymbol{x},t)$ 有界的条件一般也难以取消。有关这方面的反例在

一般关于系统稳定性的书籍中都可以找到(廖晓昕，2000)。

定理 4.10(稳定的判别定理)　对于非自治系统式(4.12)，在包含状态空间原点在内的某个域Ω内，如果存在一个对$\boldsymbol{x}$和t具有连续一阶偏导数的标量函数$V(\boldsymbol{x},t)$满足如下条件：

(1) $V(\boldsymbol{x},t)$正定。

(2) $V(\boldsymbol{x},t)$对时间t的全导数$\dot{V}(\boldsymbol{x},t)$半负定。

则系统的零平凡解在域Ω内为稳定。

定理 4.11(不稳定的判别定理)　对于非自治系统式(4.12)，在包含状态空间原点在内的某个域Ω内，如果存在一个对$\boldsymbol{x}$和t具有连续一阶偏导数的标量函数$V(\boldsymbol{x},t)$满足如下条件：

(1) $V(\boldsymbol{x},t)$正定且有界。

(2) $V(\boldsymbol{x},t)$对时间t的全导数$\dot{V}(\boldsymbol{x},t)$正定。

则系统的零平凡解为不稳定。

上面的定理只给出了系统零平凡解为稳定或不稳定的充分条件。在处理实际问题时，如何寻找合适的李雅普诺夫函数，目前还缺少一般性的有效方法，主要凭研究者的经验。

对于自治系统，请看下面的一些例子。

例 4.4　设系统的状态方程为

$$\dot{x}_1 = x_2 - x_1(x_1^2 + x_2^2)$$
$$\dot{x}_2 = -x_1 - x_2(x_1^2 + x_2^2)$$

试考察系统的稳定性。

解　显然，原点是系统的平衡点且是唯一的平衡点。选取正定函数

$$V(\boldsymbol{x}) = x_1^2 + x_2^2$$

则有

$$\begin{aligned}\dot{V}(\boldsymbol{x}) &= 2x_1\dot{x}_1 + 2x_2\dot{x}_2 = 2x_1\left[x_2 - x_1(x_1^2 + x_2^2)\right] + 2x_2\left[-x_1 - x_2(x_1^2 + x_2^2)\right] \\ &= -2(x_1^4 + 2x_1^2x_2^2 + x_2^4) = -2(x_1^2 + x_2^2)^2 < 0\end{aligned}$$

另外，$\|\boldsymbol{x}\| \to \infty$时，$V(\boldsymbol{x}) \to \infty$，根据定理 4.4，系统在原点是大范围渐近稳定的。

例 4.5　设系统的状态方程为

$$\dot{x}_1 = x_2$$
$$\dot{x}_2 = -x_1 - (1 + x_2^2)x_2$$

试考察系统的稳定性。

解　易知原点是系统的唯一平衡点。选取正定函数

$$V(\boldsymbol{x}) = x_1^2 + x_2^2$$

则有

$$\dot{V}(\boldsymbol{x}) = 2x_1\dot{x}_1 + 2x_2\dot{x}_2 = 2x_1x_2 + 2x_2\left[-x_1 - (1 + x_2)^2 x_2\right] = -2x_2^2(1 + x_2)^2 \leqslant 0$$

考察集合$\{\boldsymbol{x}|\dot{V}(\boldsymbol{x}) = 0\}$，它包含两个集合$\{x_1任意, x_2 = 0\}$和$\{x_1任意, x_2 = -1\}$，其中集合$\{x_1任意, x_2 = 0\}$，因为将$x_2 = 0$代入状态方程的第二式，可以推出$x_1 = 0$，所以集合$\{x_1任意, x_2 = 0\}$只包含系统的零解；集合$\{x_1任意, x_2 = -1\}$，因为将$x_2 = -1$代入状态方程的第二式，有$x_1 = 2$，但这和状态方程的第一式矛盾，所以集合$\{x_1任意, x_2 = -1\}$不包含系统的任何解在内。

另外，$\|\boldsymbol{x}\| \to \infty$ 时，$V(\boldsymbol{x}) \to \infty$，根据定理 4.5，系统在原点是大范围渐近稳定的。

例 4.6 试考察系统

$$\begin{aligned} \dot{x}_1 &= x_1(x_1^2 + x_2^2 - 1) - x_2 \\ \dot{x}_2 &= x_1 + x_2(x_1^2 + x_2^2 - 1) \end{aligned}$$

在原点的稳定性。

解 选取李雅普诺夫函数 $V(\boldsymbol{x}) = x_1^2 + x_2^2$，则有

$$\dot{V}(\boldsymbol{x}) = 2(x_1^2 + x_2^2)(x_1^2 + x_2^2 - 1)$$

在球 $x_1^2 + x_2^2 \leqslant 1$ 内，$\dot{V}(\boldsymbol{x}) < 0$，根据定理 4.4，系统在原点是局部渐近稳定的。

例 4.7 对于图 4.3 所示有阻尼的单摆系统，试列写系统的微分方程，选择李雅普诺夫函数，分析系统下平衡位置的稳定性。

解 图 4.3 所示单摆系统的微分方程为

$$ml^2 \frac{\mathrm{d}^2\varphi}{\mathrm{d}t^2} + k\frac{\mathrm{d}\varphi}{\mathrm{d}t} + lmg\sin\varphi = 0$$

式中，k 表示阻尼的大小，m 表示摆的质量，l 为摆长，g 是重力加速度。令 $\mathrm{d}\varphi^2/\mathrm{d}t^2 = \mathrm{d}\varphi/\mathrm{d}t = 0$，静态工作点满足 $lmg\sin\varphi = 0$，得到 $\varphi = 0$（对应于下平衡位置）和 $\varphi = \pi$（对应于上平衡位置）两个静态工作点。

令 $x_1 = \varphi$，$x_2 = \dot{\varphi}$，有状态方程

$$\begin{aligned} \dot{x}_1 &= x_2 \\ \dot{x}_2 &= -\frac{g}{l}\sin x_1 - \frac{k}{ml^2}x_2 \end{aligned}$$

对于下平衡位置，取李雅普诺夫函数 $V(\boldsymbol{x}) = \dfrac{1}{2}ml^2x_2^2 + lmg(1-\cos x_1)$，它是系统动能加上相对于下平衡位置的势能，$-\pi < x_1 < \pi$ 时 $V(\boldsymbol{x})$ 正定，且有

$$\dot{V}(\boldsymbol{x}) = \frac{\partial V}{\partial x_1}\dot{x}_1 + \frac{\partial V}{\partial x_2}\dot{x}_2 = x_2 lmg\sin x_1 + ml^2x_2\left(-\frac{g}{l}\sin x_1 - \frac{k}{ml^2}x_2\right) = -kx_2^2 \leqslant 0$$

因为集合 $\left\{\boldsymbol{x} \middle| \dot{V}(\boldsymbol{x}) = 0\right\} = \left\{x_1\text{任意}，x_2 = 0\right\}$，不含系统的任何非零解，根据定理 4.5，系统的下平衡位置渐近稳定。

对于非自治系统，请看下面的例子。

例 4.8（一致渐近稳定的例子） 试研究二阶振荡方程

$$\ddot{x} + \alpha\dot{x} + \beta[1+\varphi(t)]x = 0$$

的稳定性。式中 $\alpha > 0$，$\beta > 0$ 为常数，φ 是 t 的有界函数，它可以视为变弹性的机械阻尼振子，也可以视为变电容的二阶 RLC 网络。

解 系统的状态方程为

$$\begin{aligned} \dot{x}_1 &= x_2 \\ \dot{x}_2 &= -\alpha x_2 - \beta[1+\varphi(t)]x_1 \end{aligned}$$

取李雅普诺夫函数

$$V(\boldsymbol{x})=\frac{1}{2}\left(\frac{\alpha}{2}x_1+x_2\right)^2+\frac{1}{2}\left(\beta+\frac{\alpha^2}{4}\right)x_1^2$$

显然它是正定的，因为$V(\boldsymbol{x})$定常，故它以自身为其上界，易算出

$$\begin{aligned}\dot{V}(\boldsymbol{x})&=\left(\frac{\alpha}{2}x_1+x_2\right)\left(\frac{\alpha}{2}x_2+\dot{x}_2\right)+\left(\beta+\frac{\alpha^2}{4}\right)x_1\dot{x}_1\\&=-\frac{\alpha}{2}x_2^2-\beta\varphi(t)x_1x_2-\frac{\alpha\beta}{2}[1+\varphi(t)]x_1^2\\&=-\begin{bmatrix}x_1 & x_2\end{bmatrix}\begin{bmatrix}\frac{\alpha\beta}{2}[1+\varphi(t)] & \frac{\beta\varphi(t)}{2}\\ \frac{\beta\varphi(t)}{2} & \frac{\alpha}{2}\end{bmatrix}\begin{bmatrix}x_1\\x_2\end{bmatrix}\end{aligned}$$

李雅普诺夫函数对时间的全导数$\dot{V}(\boldsymbol{x})$负定的条件为

$$\alpha^2[1+\varphi(t)]-\beta\varphi^2(t)\geqslant\varepsilon>0$$

式中，ε为一充分小的正数，此式即

$$-\beta\varphi^2(t)+\alpha^2\varphi(t)+\alpha^2-\varepsilon>0$$

上式φ有实数解的条件为

$$\alpha^4+4\beta(\alpha^2-\varepsilon)>0$$

得到φ应满足的条件为

$$\frac{\alpha^2-\sqrt{\alpha^4+4\beta(\alpha^2-\varepsilon)}}{2\beta}\leqslant\varphi(t)\leqslant\frac{\alpha^2+\sqrt{\alpha^4+4\beta(\alpha^2-\varepsilon)}}{2\beta}$$

此时系统零平凡解是一致渐近稳定的，当然也是渐近稳定的。

例 4.9（稳定的例子） 考虑变阻尼二阶振荡系统

$$\ddot{x}+\xi(t)\dot{x}+x=0$$

其中阻尼$\xi(t)>0$，试研究它的稳定性。

解 系统的状态方程为

$$\begin{aligned}\dot{x}_1&=x_2\\\dot{x}_2&=-x_1-\xi(t)x_2\end{aligned}$$

取定常的李雅普诺夫函数

$$V(\boldsymbol{x})=x_1^2+x_2^2$$

易得

$$\dot{V}(\boldsymbol{x})=2x_1\dot{x}_1+2x_2\dot{x}_2=-\xi(t)x_2^2\leqslant0$$

李雅普诺夫函数正定有界，但它时间的全导数是半负定的，虽然从$x_2(t)\equiv0$仍然可以由系统状态方程推得$x_1(t)\equiv0$，但对于非自治系统，没有与自治系统渐近稳定性定理 4.5 对应的定理，因此这里也只能得到系统为稳定的结论。实际上，如果系统的阻尼增长过快，上述变阻尼系统确实只是稳定而非渐近稳定的。设$\xi(t)=2+\mathrm{e}^t$，此时系统的状态方程为

$$\begin{aligned}\dot{x}_1&=x_2\\\dot{x}_2&=-x_1-(2+\mathrm{e}^t)x_2\end{aligned}$$

容易验证，对任意 C ，$x_1 = C(1+\mathrm{e}^{-t})$ ，$\dot{x}_1 = x_2 = -C\mathrm{e}^{-t}$ 是系统的解，而有 $\lim\limits_{t\to\infty} x_1(t) = C$ ，因而系统此时零平凡解就不是渐近稳定的。

4-3 构造李雅普诺夫函数的规则化方法

除线性系统外，目前还没有一个通用的构造李雅普诺夫函数的方法，对于较为复杂的非线性系统，构造李雅普诺夫函数将是一件十分困难的工作。在一些特殊情况下，可以借助规则化的方法得到所需的李雅普诺夫函数，下面介绍其中的几种。

1. 变量梯度方法

变量梯度法由舒尔茨(Schultz)和吉布森(Gibson)提出，特点是采用反向思维的构造思路，即先构造候选李雅普诺夫函数的导数，反向求取李雅普诺夫函数，如果李雅普诺夫函数是正定的，则判断成立构造成功，否则构造失败。

将李雅普诺夫函数 $V(\boldsymbol{x})$ 理解为势能函数，则势能函数就定义了一个标量场，在该标量场中的每一点都存在一个矢量，称为梯度矢量，记为 $\nabla V(\boldsymbol{x})$ 。梯度矢量的方向为势能函数变化率最大的方向，其模值等于势能函数的最大变化率，如此便定义了一个梯度场(有势场也称为场有势)。在梯度场中，梯度向量 $\nabla V(\boldsymbol{x})$ 和势能函数 $V(\boldsymbol{x})$ 间的关系为

$$\nabla V = \frac{\partial V}{\partial \boldsymbol{x}} = \begin{bmatrix} \dfrac{\partial V}{\partial x_1} \\ \dfrac{\partial V}{\partial x_2} \\ \vdots \\ \dfrac{\partial V}{\partial x_n} \end{bmatrix} = \begin{bmatrix} \nabla V_1 \\ \nabla V_2 \\ \vdots \\ \nabla V_n \end{bmatrix} \tag{4.13}$$

而且，由场的知识可知，梯度场的旋度处处为零，即梯度的雅可比矩阵

$$J = \begin{bmatrix} \dfrac{\partial \nabla V_1}{\partial x_1} & \dfrac{\partial \nabla V_1}{\partial x_2} & \cdots & \dfrac{\partial \nabla V_1}{\partial x_n} \\ \dfrac{\partial \nabla V_2}{\partial x_1} & \dfrac{\partial \nabla V_2}{\partial x_2} & \cdots & \dfrac{\partial \nabla V_2}{\partial x_n} \\ \vdots & \vdots & & \vdots \\ \dfrac{\partial \nabla V_n}{\partial x_1} & \dfrac{\partial \nabla V_n}{\partial x_2} & \cdots & \dfrac{\partial \nabla V_n}{\partial x_n} \end{bmatrix} \tag{4.14}$$

是对称的，梯度向量的曲线积分与积分路径无关。

反之，上面的结论也是对的，即一旦某矢量场无旋，则场有势，且梯度向量的曲线积分与积分路径无关，势能函数 $V(\boldsymbol{x})$ 容易通过线积分

$$\begin{aligned} V(\boldsymbol{x}) &= \int_0^{\boldsymbol{x}} (\nabla V)^{\mathrm{T}} \mathrm{d}\boldsymbol{x} \\ &= \int_0^{x_1} \nabla V_1(x_1,0,0,\cdots,0)\mathrm{d}x_1 + \int_0^{x_2} \nabla V_2(x_1,x_2,0,\cdots,0)\mathrm{d}x_2 + \cdots + \int_0^{x_n} \nabla V_n(x_1,x_2,x_3,\cdots,x_n)\mathrm{d}x_n \end{aligned} \tag{4.15}$$

得到。

对于非线性自治系统式(4.11)，设原点为平衡点，即满足 $\boldsymbol{f}(0)=0$，函数 $\boldsymbol{f}(\boldsymbol{x})$ 是连续的。如果系统零平衡态是渐近稳定的，那么能用来确定系统稳定性的势能函数 V 至少在包含原点的某个邻域 Ω 内存在，此时用梯度法判别系统的稳定性问题就转化为寻求梯度函数 ∇V，它的雅可比矩阵是对称的，通过对梯度函数 ∇V 作线积分得到李雅普诺夫函数 $V(\boldsymbol{x})$。具体步骤如下：

(1) 假定梯度向量 ∇V 有如下形式

$$\nabla V=\begin{bmatrix} a_{11}x_1+a_{12}x_2+\cdots+a_{1n}x_n \\ a_{21}x_1+a_{22}x_2+\cdots+a_{2n}x_n \\ \vdots \\ a_{n1}x_1+a_{n2}x_2+\cdots+a_{nn}x_n \end{bmatrix}=\begin{bmatrix} \nabla V_1 \\ \nabla V_2 \\ \vdots \\ \nabla V_n \end{bmatrix}$$

式中，$a_{ij}(i,j=1,2,\cdots,n)$ 为待定参数，它们可以是常数，也可以是 t 和状态的函数。

(2) 计算

$$\dot{V}(\boldsymbol{x})=(\nabla V)^{\mathrm{T}}\dot{\boldsymbol{x}}=(\nabla V)^{\mathrm{T}}\boldsymbol{f}=\nabla V_1 f_1+\nabla V_2 f_2+\cdots+\nabla V_n f_n$$

并限定 $\dot{V}(\boldsymbol{x})$ 是负定或至少是半负定的，即 $\dot{V}(\boldsymbol{x})<0$ 或 $\dot{V}(\boldsymbol{x})\leqslant 0$。

(3) 计算梯度的雅可比矩阵，限定它是对称的，即满足下述 $n(n-1)/2$ 个方程

$$\frac{\partial \nabla V_i}{\partial x_j}=\frac{\partial \nabla V_j}{\partial x_i},\quad i,j=1,2,\cdots,n,\quad i>j$$

(4) 根据上述条件确定 ∇V 中的待定参数。

(5) 求线积分得到 $V(\boldsymbol{x})$。

(6) 若通过上面的步骤能够构造出合适的李雅普诺夫函数 $V(\boldsymbol{x})$，则可以断定系统的零平衡态是稳定的，否则并不能断定系统的零平衡态是不稳定的。

例 4.10 设非线性系统的微分方程为

$$\dot{x}_1=-x_1$$
$$\dot{x}_2=-x_2+x_1x_2^2$$

试利用梯度法构造李雅普诺夫函数，分析系统零平衡态的稳定性。

解 设李雅普诺夫函数 V 的梯度向量为

$$\nabla V=\begin{bmatrix} a_{11}x_1+a_{12}x_2 \\ a_{21}x_1+a_{22}x_2 \end{bmatrix}$$

计算 $\dot{V}(\boldsymbol{x})$ 得到

$$\begin{aligned}\dot{V}(\boldsymbol{x})=\nabla V^{\mathrm{T}}\dot{\boldsymbol{x}}&=\begin{bmatrix} a_{11}x_1+a_{12}x_2 \\ a_{21}x_1+a_{22}x_2 \end{bmatrix}^{\mathrm{T}}\begin{bmatrix} -x_1 \\ -x_2+x_1x_2^2 \end{bmatrix}\\ &=-a_{11}x_1^2-a_{12}x_1x_2-a_{21}x_1x_2-a_{22}x_2^2+a_{21}x_1^2x_2^2+a_{22}x_1x_2^3\end{aligned}$$

若取

$$a_{11}=a_{22}=1,\quad a_{12}=a_{21}=0$$

则有

$$\dot{V}(\boldsymbol{x})=-x_1^2-x_2^2(1-x_1x_2)$$

如果 $|x_1x_2|<1$，则有 $\dot{V}(\boldsymbol{x})$ 是负定的。将 a_{11}、a_{12}、a_{21}、a_{22} 的值代入 ∇V 有

$$\nabla V=\begin{bmatrix}x_1\\x_2\end{bmatrix}$$

因为有

$$\frac{\partial \nabla V_1}{\partial x_2}=\frac{\partial \nabla V_2}{\partial x_1}=0$$

所以满足梯度的雅可比矩阵为对称的要求。作线积分得到

$$V(\boldsymbol{x})=\int_0^{[x_1,0]}x_1\mathrm{d}x_1+\int_0^{[x_1,x_2]}x_2\mathrm{d}x_2=\frac{x_1^2}{2}+\frac{x_2^2}{2}$$

是正定的李雅普诺夫函数，所以在原点附近$|x_1x_2|<1$的范围内，系统零平衡态是局部渐近稳定的。

2. 克拉索夫斯基方法

克拉索夫斯基(Krasovskii)方法也称为雅可比(Jacobian)矩阵法，该方法的特点是直接利用非线性函数构造李雅普诺夫函数，它是判断自治系统稳定的一个充分条件。

考虑非线性自治系统式(4.11)，设$\boldsymbol{x}=[x_1,x_2,\cdots,x_n]^{\mathrm{T}}$是$n$维状态向量，$\boldsymbol{f}=[f_1,f_2,\cdots,f_n]^{\mathrm{T}}$是$n$维函数向量。若在原点的一个邻域$\Omega$内，$\boldsymbol{x}=0$是系统的唯一平衡点，即

$$\boldsymbol{f}(\boldsymbol{x})\begin{cases}=0, & \forall \boldsymbol{x}=0\\ \neq 0, & \forall \boldsymbol{x}\neq 0\end{cases} \tag{4.16}$$

存在正定矩阵$P=P^{\mathrm{T}}>0$，$P\in R^{n\times n}$，使

$$V(\boldsymbol{x})=\boldsymbol{f}^{\mathrm{T}}(\boldsymbol{x})P\boldsymbol{f}(\boldsymbol{x})>0 \tag{4.17}$$

且V对时间的全导数

$$\begin{aligned}\dot{V}(\boldsymbol{x})&=\frac{\mathrm{d}}{\mathrm{d}t}\left[\boldsymbol{f}^{\mathrm{T}}(\boldsymbol{x})P\boldsymbol{f}(\boldsymbol{x})\right]=\frac{\mathrm{d}\boldsymbol{f}^{\mathrm{T}}(\boldsymbol{x})}{\mathrm{d}t}P\boldsymbol{f}(\boldsymbol{x})+\boldsymbol{f}^{\mathrm{T}}(\boldsymbol{x})P\frac{\mathrm{d}\boldsymbol{f}(\boldsymbol{x})}{\mathrm{d}t}\\&=\left[\frac{\partial \boldsymbol{f}(\boldsymbol{x})}{\partial \boldsymbol{x}}\dot{\boldsymbol{x}}\right]^{\mathrm{T}}P\boldsymbol{f}(\boldsymbol{x})+\boldsymbol{f}^{\mathrm{T}}(\boldsymbol{x})P\frac{\partial \boldsymbol{f}(\boldsymbol{x})}{\partial \boldsymbol{x}}\dot{\boldsymbol{x}}\\&=\left[\frac{\partial \boldsymbol{f}(\boldsymbol{x})}{\partial \boldsymbol{x}}\boldsymbol{f}(\boldsymbol{x})\right]^{\mathrm{T}}P\boldsymbol{f}(\boldsymbol{x})+\boldsymbol{f}^{\mathrm{T}}(\boldsymbol{x})P\frac{\partial \boldsymbol{f}(\boldsymbol{x})}{\partial \boldsymbol{x}}\boldsymbol{f}(\boldsymbol{x})\\&=\boldsymbol{f}^{\mathrm{T}}(\boldsymbol{x})\left[\frac{\partial \boldsymbol{f}(\boldsymbol{x})}{\partial \boldsymbol{x}}\right]^{\mathrm{T}}P\boldsymbol{f}(\boldsymbol{x})+\boldsymbol{f}^{\mathrm{T}}(\boldsymbol{x})P\frac{\partial \boldsymbol{f}(\boldsymbol{x})}{\partial \boldsymbol{x}}\boldsymbol{f}(\boldsymbol{x})\\&=\boldsymbol{f}^{\mathrm{T}}(\boldsymbol{x})\left[J^{\mathrm{T}}(\boldsymbol{x})P+PJ(\boldsymbol{x})\right]\boldsymbol{f}(\boldsymbol{x})<0\end{aligned}$$

即矩阵$J^{\mathrm{T}}(\boldsymbol{x})P+PJ(\boldsymbol{x})$是负定的，则系统在原点附近是渐近稳定的。式中$J(\boldsymbol{x})$为系统的雅可比矩阵，即

$$J(\boldsymbol{x})=\frac{\partial \boldsymbol{f}(\boldsymbol{x})}{\partial \boldsymbol{x}}=\begin{bmatrix}\frac{\partial f_1}{\partial x_1} & \frac{\partial f_1}{\partial x_2} & \cdots & \frac{\partial f_1}{\partial x_n}\\ \frac{\partial f_2}{\partial x_1} & \frac{\partial f_2}{\partial x_2} & \cdots & \frac{\partial f_2}{\partial x_n}\\ \vdots & \vdots & & \vdots\\ \frac{\partial f_n}{\partial x_1} & \frac{\partial f_n}{\partial x_2} & \cdots & \frac{\partial f_n}{\partial x_n}\end{bmatrix} \tag{4.18}$$

如果上述条件在整个状态空间$\boldsymbol{x}\in R^n$内都成立，且当$\|\boldsymbol{x}\|\to\infty$时，$V(\boldsymbol{x})\to\infty$，则系统在原点

是大范围渐近稳定的。

例 4.11 给定非线性自治系统

$$\dot{x}_1 = -3x_1 + x_2$$
$$\dot{x}_2 = 2x_1 - x_2 - x_2^3$$

试证明系统在原点是大范围渐近稳定的。

解 从方程组

$$0 = -3x_1 + x_2$$
$$0 = 2x_1 - x_2 - x_2^3$$

容易验证，在实数域内，系统只有一个平衡点位于原点。

计算雅可比矩阵有

$$J(\boldsymbol{x}) = \frac{\partial \boldsymbol{f}(\boldsymbol{x})}{\partial \boldsymbol{x}} = \begin{bmatrix} \dfrac{\partial f_1}{\partial x_1} & \dfrac{\partial f_1}{\partial x_2} \\ \dfrac{\partial f_2}{\partial x_1} & \dfrac{\partial f_2}{\partial x_2} \end{bmatrix} = \begin{bmatrix} -3 & 1 \\ 2 & -1-3x_2^2 \end{bmatrix}$$

取 $P=I$，有

$$V(\boldsymbol{x}) = \boldsymbol{f}^{\mathrm{T}}(\boldsymbol{x})\boldsymbol{f}(\boldsymbol{x}) = \begin{bmatrix} -3x_1 + x_2 \\ 2x_1 - x_2 - x_2^3 \end{bmatrix}^{\mathrm{T}} \begin{bmatrix} -3x_1 + x_2 \\ 2x_1 - x_2 - x_2^3 \end{bmatrix} = (-3x_1 + x_2)^2 + (2x_1 - x_2 - x_2^3)^2 > 0$$

$$J^{\mathrm{T}}(\boldsymbol{x}) + J(\boldsymbol{x}) = \begin{bmatrix} -3 & 1 \\ 2 & -1-3x_2^2 \end{bmatrix}^{\mathrm{T}} + \begin{bmatrix} -3 & 1 \\ 2 & -1-3x_2^2 \end{bmatrix} = -\begin{bmatrix} 6 & -3 \\ -3 & 2+6x_2^2 \end{bmatrix}$$

因为矩阵

$$\begin{bmatrix} 6 & -3 \\ -3 & 2+6x^2 \end{bmatrix}$$

的一阶主子式 $6>0$，$2+6x^2>0$，二阶主子式 $6(2+6x^2)-9 = 3+36x_2^2 > 0$，所以

$$J^{\mathrm{T}}(\boldsymbol{x}) + J(\boldsymbol{x}) = -\begin{bmatrix} 6 & -3 \\ -3 & 2+6x_2^2 \end{bmatrix} < 0$$

且当 $\|\boldsymbol{x}\| \to \infty$ 时，$V(\boldsymbol{x}) \to \infty$，所以系统在原点是大范围渐近稳定的。

例 4.12 对于线性定常系统

$$\dot{\boldsymbol{x}} = A\boldsymbol{x}$$

试用克拉索夫斯基方法得到系统为渐近稳定的充分条件。

解 线性齐次方程

$$A\boldsymbol{x} = 0$$

只有零解的充分必要条件为 $\det A \neq 0$。在此条件下取李雅普诺夫函数

$$V(\boldsymbol{x}) = \boldsymbol{f}^{\mathrm{T}}(\boldsymbol{x})P\boldsymbol{f}(\boldsymbol{x}) = (A\boldsymbol{x})^{\mathrm{T}} PA\boldsymbol{x}$$

则有

$$\dot{V}(\boldsymbol{x}) = (A\dot{\boldsymbol{x}})^{\mathrm{T}} PA\boldsymbol{x} + (A\boldsymbol{x})^{\mathrm{T}} PA\dot{\boldsymbol{x}} = \boldsymbol{x}^{\mathrm{T}} A^{\mathrm{T}} A^{\mathrm{T}} PA\boldsymbol{x} + \boldsymbol{x}^{\mathrm{T}} A^{\mathrm{T}} PAA\boldsymbol{x} = (A\boldsymbol{x})^{\mathrm{T}} (A^{\mathrm{T}}P + PA)A\boldsymbol{x}$$

所以只要可以找到正定矩阵 $P = P^{\mathrm{T}} > 0$，$P \in R^{n\times n}$，使得

$$A^{\mathrm{T}}P + PA < 0$$

系统就是渐近稳定的。特别地，当取 $P = I$ 时，若有

$$A^{\mathrm{T}} + A < 0$$

系统就是渐近稳定的。

注意，上述条件并非线性定常系统为渐近稳定的必要条件。

3. 二次型加非线性特性积分项的李雅普诺夫函数

当系统中含有孤立的静态非线性环节时，如对于含有操作非线性的系统，常可以采用二次型加非线性特性积分项的李雅普诺夫函数来分析系统的稳定性。请看下面的例题。

例 4.13 带有非线性饱和特性的控制系统如图 4.5(a)所示，图中 $T > 0$，非线性函数 $f(e)$ 为过原点位于Ⅰ、Ⅲ象限的饱和特性。

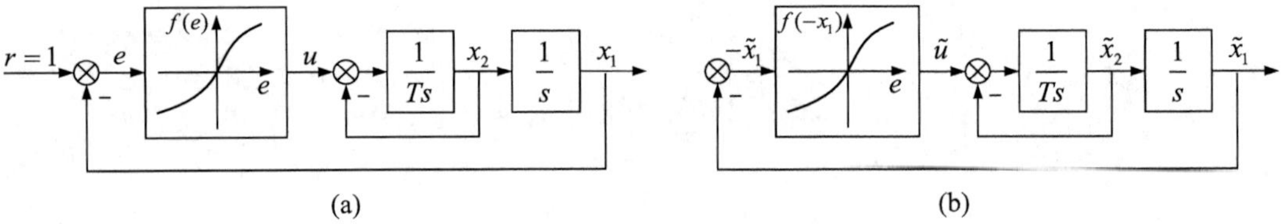

图 4.5 例 4.13 的系统框图

(1) 证明

$$V = \frac{T^2}{2}x_2^2 + T\int_0^e f(\sigma)\mathrm{d}\sigma \tag{4.19}$$

是可选的李雅普诺夫函数。

(2) 证明系统的静态工作点是全局渐近稳定的。

证明 (1) 由于系统开环有一个积分环节，容易看出在单位阶跃指令下，稳态时状态变量 $x_{1\mathrm{ss}} = 1$，$x_{2\mathrm{ss}} = 0$，误差变量 $e_{\mathrm{ss}} = 0$。或者，由系统框图得系统的状态方程为

$$\dot{x}_1 = x_2$$

$$\dot{x}_2 = \frac{1}{T}[f(e) - x_2] = \frac{1}{T}[f(1 - x_1) - x_2]$$

令 $\dot{x}_1 = \dot{x}_2 = 0$，也可解出上述静态工作点。

引入偏差变量 $\tilde{x}_1 = x_1 - x_{1\mathrm{ss}} = x_1 - 1$，$\tilde{x}_2 = x_2$，$\tilde{e} = e = 1 - x_1 = -\tilde{x}_1$，得到描述系统偏差变量的状态方程为

$$\dot{\tilde{x}}_1 = \tilde{x}_2$$

$$\dot{\tilde{x}}_2 = \frac{1}{T}[f(-\tilde{x}_1) - \tilde{x}_2]$$

描述系统偏差变量的框图如图 4.5(b)所示。因为非线性饱和特性曲线位于Ⅰ、Ⅲ象限，且过零点，故对 $\tilde{\boldsymbol{x}} \neq 0$ 有

$$T\int_0^e f(\sigma)\mathrm{d}\sigma = T\int_0^{-\tilde{x}_1} f(\sigma)\mathrm{d}\sigma > 0$$

以及

$$V(\tilde{\boldsymbol{x}})=\frac{T^2}{2}x_2^2+T\int_0^e f(\sigma)\mathrm{d}\sigma=\frac{T^2}{2}\dot{\tilde{x}}_2^2+T\int_0^{-\tilde{x}_1} f(\sigma)\mathrm{d}\sigma>0$$

且有 $V(0)=0$。因此，式(4.19)的 V 是可选的李雅普诺夫函数。

(2)代入偏差变量的状态方程有

$$\begin{aligned}\dot{V}&=T^2x_2\dot{x}_2+Tf(e)\dot{e}=T^2\tilde{x}_2\dot{\tilde{x}}_2-Tf(-\tilde{x}_1)\dot{\tilde{x}}_1\\&=T\tilde{x}_2\left[f(-\tilde{x}_1)-\tilde{x}_2\right]-Tf(-\tilde{x}_1)\tilde{x}_2\\&=-T\tilde{x}_2^2\leqslant 0\end{aligned}$$

而从 $\dot{V}\equiv 0$ 得到 $\tilde{x}_2\equiv 0$，代入偏差变量状态方程的第二式又得到 $f(-\tilde{x}_1)\equiv 0$，因此又有 $x_1\equiv 0$。即在偏差变量状态空间中，满足 $\dot{V}\equiv 0$ 的集合只包含系统的零解在内，且还有 $\|\tilde{\boldsymbol{x}}\|\to\infty$ 时，$V\to\infty$，根据定理4.5，系统的静态工作点是全局渐近稳定的。

在后面的4-6节中，还要对二次型加非线性特性积分项的李雅普诺夫函数作进一步的阐述。

4-4 李雅普诺夫第一法(间接法)

李雅普诺夫第一法(间接法)根据系统工作点附近的线性化模型对系统的稳定性做出判定。与李雅普诺夫第二法(直接法)不同，应用李雅普诺夫第一法只能得到系统有关解局部稳定性的结论，无法得到大范围或全局稳定性的结论，也难以对稳定的区域做出估计。

如前所述，李雅普诺夫稳定性研究给定系统在给定输入作用下响应的稳定性问题，根据第2-1节有关非线性系统在工作点附近线性化的内容，在某标称响应 $\boldsymbol{x}_e(t)$ 附近的线性化模型式(2.10)和某静态工作点 $\boldsymbol{x}_0$ 附近的线性化模型式(2.12)中令 $\tilde{\boldsymbol{u}}\equiv 0$，再结合本章4-1节关于稳定性问题简化的表达式(4.9)和式(4.10)，有非线性系统式(4.11)、(4.12)工作点附近的线性化模型为

$$\dot{\tilde{\boldsymbol{x}}}=\left.\frac{\partial\boldsymbol{\varphi}(\tilde{\boldsymbol{x}},t)}{\partial\tilde{\boldsymbol{x}}}\right|_{\tilde{x}=0}\tilde{\boldsymbol{x}}=\left.\frac{\partial\boldsymbol{f}(\boldsymbol{x},t)}{\partial\boldsymbol{x}}\right|_{x=x_e}\tilde{\boldsymbol{x}}=A(t)\tilde{\boldsymbol{x}}\tag{4.20}$$

$$\dot{\tilde{\boldsymbol{x}}}=\left.\frac{\partial\boldsymbol{\varphi}(\tilde{\boldsymbol{x}},t)}{\partial\tilde{\boldsymbol{x}}}\right|_{\tilde{x}=0}\tilde{\boldsymbol{x}}=\left.\frac{\partial\boldsymbol{f}(\boldsymbol{x},t)}{\partial\boldsymbol{x}}\right|_{x=x_0}\tilde{\boldsymbol{x}}=A(t)\tilde{\boldsymbol{x}}\tag{4.21}$$

式中

$$A(t)=\begin{bmatrix}\dfrac{\partial\varphi_1}{\partial\tilde{x}_1}&\dfrac{\partial\varphi_1}{\partial\tilde{x}_2}&\cdots&\dfrac{\partial\varphi_1}{\partial\tilde{x}_n}\\\dfrac{\partial\varphi_2}{\partial\tilde{x}_1}&\dfrac{\partial\varphi_2}{\partial\tilde{x}_2}&\cdots&\dfrac{\partial\varphi_2}{\partial\tilde{x}_n}\\\vdots&\vdots&&\vdots\\\dfrac{\partial\varphi_n}{\partial\tilde{x}_1}&\dfrac{\partial\varphi_n}{\partial\tilde{x}_2}&\cdots&\dfrac{\partial\varphi_n}{\partial\tilde{x}_n}\end{bmatrix}_{\tilde{x}=0}=\begin{bmatrix}\dfrac{\partial f_1}{\partial x_1}&\dfrac{\partial f_1}{\partial x_2}&\cdots&\dfrac{\partial f_1}{\partial x_n}\\\dfrac{\partial f_2}{\partial x_1}&\dfrac{\partial f_2}{\partial x_2}&\cdots&\dfrac{\partial f_2}{\partial x_n}\\\vdots&\vdots&&\vdots\\\dfrac{\partial f_n}{\partial x_1}&\dfrac{\partial f_n}{\partial x_2}&\cdots&\dfrac{\partial f_n}{\partial x_n}\end{bmatrix}_{x=x_e}\tag{4.22}$$

或

$$A(t)=\begin{bmatrix}\frac{\partial\varphi_1}{\partial\tilde{x}_1} & \frac{\partial\varphi_1}{\partial\tilde{x}_2} & \cdots & \frac{\partial\varphi_1}{\partial\tilde{x}_n}\\ \frac{\partial\varphi_2}{\partial\tilde{x}_1} & \frac{\partial\varphi_2}{\partial\tilde{x}_2} & \cdots & \frac{\partial\varphi_2}{\partial\tilde{x}_n}\\ \vdots & \vdots & & \vdots\\ \frac{\partial\varphi_n}{\partial\tilde{x}_1} & \frac{\partial\varphi_n}{\partial\tilde{x}_2} & \cdots & \frac{\partial\varphi_n}{\partial\tilde{x}_n}\end{bmatrix}_{\tilde{x}=0}=\begin{bmatrix}\frac{\partial f_1}{\partial x_1} & \frac{\partial f_1}{\partial x_2} & \cdots & \frac{\partial f_1}{\partial x_n}\\ \frac{\partial f_2}{\partial x_1} & \frac{\partial f_2}{\partial x_2} & \cdots & \frac{\partial f_2}{\partial x_n}\\ \vdots & \vdots & & \vdots\\ \frac{\partial f_n}{\partial x_1} & \frac{\partial f_n}{\partial x_2} & \cdots & \frac{\partial f_n}{\partial x_n}\end{bmatrix}_{x=x_0} \tag{4.23}$$

若非线性系统模型式(4.11)、式(4.12)和它的线性化模型式(4.20)或式(4.21)之间的差$\|\boldsymbol{f}(\boldsymbol{x},t)-A(t)\boldsymbol{x}\|$，在工作点附近是关于$\|\boldsymbol{x}-\boldsymbol{x}_{\mathrm{e}}\|$或$\|\boldsymbol{x}-\boldsymbol{x}_0\|$的高阶无穷小，李雅普诺夫证明了，若系统的线性化模型式(4.20)或式(4.21)一致渐近稳定(全局)，则系统式(4.11)、式(4.12)的标称解或稳态解也一致渐近稳定(局部)。若系统的线性化模型式(4.20)或式(4.21)中的A是常数矩阵，则当A的所有特征值都具有负的实部时，系统式(4.11)、式(4.12)的标称解或稳态解一致渐近稳定(局部)；当A至少有一个特征值具有正的实部时，系统式(4.11)、式(4.12)的标称解或稳态解不稳定(局部)；当A至少有一个特征值具有零实部时，用一次近似模型式(4.20)或式(4.21)无法对系统式(4.11)、式(4.12)的标称解或稳态解的稳定性做出判断，必须通过对被舍去的高次项进行分析才能确定。

例 4.14 试讨论例 2.7 中非线性系统的解$y(t)=t-e_{\mathrm{ss}}$的稳定性。

解 根据例 2.7 的结果，解$y(t)=t-e_{\mathrm{ss}}$对应的系统工作点附近的线性化模型为

$$A=\left.\frac{\partial\boldsymbol{f}(\boldsymbol{x},r)}{\partial\boldsymbol{x}}\right|_{\boldsymbol{x}_{\mathrm{e}}}=\begin{bmatrix}0 & 1\\ -\left.\frac{\mathrm{d}\varphi}{\mathrm{d}e}\right|_{e=e_{\mathrm{ss}}} & -1\end{bmatrix}$$

从

$$\det(sI-A)=\det\begin{bmatrix}s & -1\\ \left.\frac{\mathrm{d}\varphi}{\mathrm{d}e}\right|_{e=e_{\mathrm{ss}}} & s+1\end{bmatrix}=s^2+s+\left.\frac{\mathrm{d}\varphi}{\mathrm{d}e}\right|_{e=e_{\mathrm{ss}}}$$

由于$\left.\frac{\mathrm{d}\varphi}{\mathrm{d}e}\right|_{e=e_{\mathrm{ss}}}>0$，矩阵$A$的两个特征值实部为负，因此例 2.7 中非线性系统的解$y(t)=t-e_{\mathrm{ss}}$是渐近稳定的。

例 4.15 设非线性系统

$$\ddot{y}+h(y)\dot{y}+g(y)=0$$

的函数g和h是连续可微的，$h(y)>0$。令$x_1=y$，$x_2=\dot{y}$写出系统的状态方程，给出g应满足的条件，使原点是系统唯一的孤立平衡点，且原点是局部渐近稳定的。

解 令$x_1=y$，$x_2=\dot{y}$系统的状态方程为

$$\dot{x}_1=x_2$$
$$\dot{x}_2=-h(x_1)x_2-g(x_1)$$

显然，若满足$g(0)=0$，则原点是系统的一个平衡点,注意到$h(y)=h(x_1)>0$，原点是系统唯一平衡点的条件为$x_1\neq 0$时，$g(x_1)\neq 0$。

系统在原点附近线性化模型的状态矩阵为

$$A=\left.\frac{\partial \boldsymbol{f}(\boldsymbol{x},r)}{\partial \boldsymbol{x}}\right|_{\boldsymbol{x}_0=0}=\begin{bmatrix}\frac{\partial f_1}{\partial x_1} & \frac{\partial f_1}{\partial x_2}\\ \frac{\partial f_2}{\partial x_1} & \frac{\partial f_2}{\partial x_2}\end{bmatrix}_{\boldsymbol{x}_0=0}=\begin{bmatrix}0 & 1\\ -\frac{\partial h}{\partial x_1}x_2-\frac{\partial g}{\partial x_1} & -h(x_1)\end{bmatrix}_{\boldsymbol{x}_0=0}=\begin{bmatrix}0 & 1\\ -\left.\frac{\partial g}{\partial x_1}\right|_{x_1=0} & -h(0)\end{bmatrix}$$

已知$h(0)>0$，根据线性定常二阶系统稳定的充分必要条件，得原点为局部渐近稳定时g应满足的条件为

$$\left.\frac{\partial g}{\partial x_1}\right|_{x_1=0}>0$$

例 4.16 试确定系统

$$\dot{x}_1=-x_1+x_1x_2$$
$$\dot{x}_2=-x_2+2x_1-x_1^2$$

的静态工作点，并判断静态工作点的稳定性。

解 静态工作点为方程

$$0=-x_1+x_1x_2$$
$$0=-x_2+2x_1-x_1^2$$

的解，除$x_1=0$、$x_2=0$是静态工作点外，上式中的第一式还有$x_2=1$的解，将它代入第二式得

$$x_1^2-2x_1+1=0$$

解得$x_1=1$。所以系统有$x_1=0$、$x_2=0$和$x_1=1$、$x_2=1$两个静态工作点。

在原点，线性化系统的状态矩阵为

$$A=\left.\frac{\partial \boldsymbol{f}(\boldsymbol{x},r)}{\partial \boldsymbol{x}}\right|_{\boldsymbol{x}_0=0}=\begin{bmatrix}\frac{\partial f_1}{\partial x_1} & \frac{\partial f_1}{\partial x_2}\\ \frac{\partial f_2}{\partial x_1} & \frac{\partial f_2}{\partial x_2}\end{bmatrix}_{\boldsymbol{x}_0=0}=\begin{bmatrix}-1+x_2 & x_1\\ 2-2x_1 & -1\end{bmatrix}_{\boldsymbol{x}_0=0}=\begin{bmatrix}-1 & 0\\ 2 & -1\end{bmatrix}$$

其特征根为$\lambda_{1,2}=-1$，所以原点为局部渐近稳定的。

在$x_1=1$、$x_2=1$点，线性化系统的状态矩阵为

$$A=\left.\frac{\partial \boldsymbol{f}(\boldsymbol{x},r)}{\partial \boldsymbol{x}}\right|_{\boldsymbol{x}_0=\begin{bmatrix}1\\1\end{bmatrix}}=\begin{bmatrix}\frac{\partial f_1}{\partial x_1} & \frac{\partial f_1}{\partial x_2}\\ \frac{\partial f_2}{\partial x_1} & \frac{\partial f_2}{\partial x_2}\end{bmatrix}_{\boldsymbol{x}_0=\begin{bmatrix}1\\1\end{bmatrix}}=\begin{bmatrix}-1+x_2 & x_1\\ 2-2x_1 & -1\end{bmatrix}_{\boldsymbol{x}_0=\begin{bmatrix}1\\1\end{bmatrix}}=\begin{bmatrix}0 & 1\\ 0 & -1\end{bmatrix}$$

其特征根为$\lambda_{1,2}=0,-1$，无法根据线性化模型判定静态工作点的稳定性。

例 4.17 设非线性系统

$$\dot{x}_1=x_2$$
$$\dot{x}_2=-x_1^3$$

试判定系统原点的稳定性。

解 系统在原点附近的线性化模型为

$$\dot{\tilde{x}}_1=\tilde{x}_2$$
$$\dot{\tilde{x}}_2=0$$

线性化系统的解为 $\tilde{x}_1(t)=\tilde{x}_2(t_0)(t-t_0)$， $\tilde{x}_2(t)=\tilde{x}_2(t_0)$，显然不稳定。但因为线性化系统在原点有两重根，且 $\lambda_{1,2}=0$ 对应的约当块不分列，故不能用线性化模型来判定原系统的稳定性。实际上，取李雅普诺夫函数

$$V(\boldsymbol{x})=\frac{1}{2}x_1^4+x_2^2$$

则有

$$\dot{V}(\boldsymbol{x})=2x_1^3x_2-2x_1^3x_2=0$$

原系统在原点是稳定的。

4-5 线性系统的稳定性分析

在第 2 章中，通过对线性系统的解以及解的结构的讨论知道，线性系统的稳定性等价于对应的齐次系统的稳定性。其中，线性定常系统的稳定性完全由系统矩阵特征值在复平面上的位置来决定，渐近稳定的充分必要条件是系统矩阵的所有特征值都具有负的实部，稳定的充分必要条件是系统矩阵的所有特征值的实部都小于等于零，且零实部的特征值只能是系统矩阵最小多项式的单根，即在系统矩阵的约当标准型中，与零实部特征值对应的约当块的阶数只能为 1。线性定常离散时间系统渐近稳定的充分必要条件是系统矩阵的所有特征值都位于复平面的单位圆内，稳定的充分必要条件是系统矩阵的所有特征值都位于复平面的单位圆内或单位圆上，且位于单位圆上的特征值只能是系统矩阵最小多项式的单根，即在系统矩阵的约当标准型中，与单位圆上特征值对应的约当块的阶数只能为 1。

下面应用李雅普诺夫理论对线性系统的稳定性问题进行研究，给出用李雅普诺夫方程描述的线性系统稳定的充分必要条件，指出线性时变系统稳定性问题的困难性，最后介绍用解的估计理论来判定线性时变系统稳定性的方法。

1. 线性定常系统的李雅普诺夫方程

对于线性定常系统

$$\dot{\boldsymbol{x}}=A\boldsymbol{x},\quad t\geqslant 0 \tag{4.24}$$

取二次型函数 $V(\boldsymbol{x})=\boldsymbol{x}^{\mathrm{T}}P\boldsymbol{x}$ 作为李雅普诺夫函数， $P=P^{\mathrm{T}}>0$，则有

$$\dot{V}(\boldsymbol{x})=\dot{\boldsymbol{x}}^{\mathrm{T}}P\boldsymbol{x}+\boldsymbol{x}^{\mathrm{T}}P\dot{\boldsymbol{x}}=\boldsymbol{x}^{\mathrm{T}}A^{\mathrm{T}}P\boldsymbol{x}+\boldsymbol{x}^{\mathrm{T}}PA\boldsymbol{x}=\boldsymbol{x}^{\mathrm{T}}(A^{\mathrm{T}}P+PA)\boldsymbol{x}=-\boldsymbol{x}^{\mathrm{T}}Q\boldsymbol{x} \tag{4.25}$$

矩阵代数方程

$$A^{\mathrm{T}}P+PA=-Q \tag{4.26}$$

称为代数李雅普诺夫方程。关于代数李雅普诺夫方程，有如下定理 4.12。

定理 4.12 对给定的 $A\in R^{n\times n}$， $Q=C^{\mathrm{T}}C$， $C\in R^{m\times n}$，设 (A,C) 能观，则线性定常系统式(4.24)零平凡解渐近稳定的充分必要条件是李雅普诺夫方程

$$A^{\mathrm{T}}P+PA=-Q=-C^{\mathrm{T}}C \tag{4.27}$$

有唯一正定解 $P=P^{\mathrm{T}}>0$。

证明 设 J 为矩阵 $A\in R^{n\times n}$ 的约当标准型，即有非奇异变换矩阵 T 使 $J=T^{-1}AT$，于是 $\mathrm{e}^{At}=\mathrm{e}^{TJT^{-1}t}=T\mathrm{e}^{Jt}T^{-1}$，考虑积分

$$P=\int_0^{+\infty}(T^{-1})^{\mathrm T}\mathrm e^{J^{\mathrm T}t}T^{\mathrm T}C^{\mathrm T}CT\mathrm e^{Jt}T^{-1}\mathrm dt=(T^{-1})^{\mathrm T}\left(\int_0^{+\infty}\mathrm e^{J^{\mathrm T}t}T^{\mathrm T}C^{\mathrm T}CT\mathrm e^{Jt}\,\mathrm dt\right)T^{-1} \tag{4.28}$$

因为解矩阵 $\mathrm e^{Jt}$ 中的每一个元素都是 t 的多项式和 $\mathrm e^{\lambda_i t}$ 的乘积，λ_i 为矩阵 A 的特征值，故上述积分收敛的充分必要条件是，A 的所有特征根具有负的实部。

下面先看必要性。从式(4.28)容易看出，矩阵 P 至少是半正定的。如果 P 是半正定的，则存在 $\boldsymbol x_0\neq 0$，使得

$$\boldsymbol x_0^{\mathrm T}P\boldsymbol x_0=\boldsymbol x_0^{\mathrm T}\left(\int_0^{+\infty}\mathrm e^{A^{\mathrm T}t}C^{\mathrm T}C\mathrm e^{At}\mathrm dt\right)\boldsymbol x_0=\int_0^{+\infty}\boldsymbol x_0^{\mathrm T}\mathrm e^{A^{\mathrm T}t}C^{\mathrm T}C\mathrm e^{At}\boldsymbol x_0\,\mathrm dt=\int_0^{+\infty}\boldsymbol\eta^{\mathrm T}(t)\boldsymbol\eta(t)\mathrm dt=0$$

因此有从初态 $\boldsymbol x_0\neq 0$ 出发的解 $\mathrm e^{At}\boldsymbol x_0$，使得 $C\mathrm e^{At}\boldsymbol x_0=C\boldsymbol x(t)\equiv 0$，而根据定理中 (A,C) 能观的假设，只能有 $\boldsymbol x_0=0$。引出矛盾，所以 P 只能是正定的。将式(4.28)代入式(4.27)的左端，因为 $\mathrm d\mathrm e^{At}/\mathrm dt=A\mathrm e^{At}=\mathrm e^{At}A$，以及 A 的所有特征值的实部小于零，有

$$\begin{aligned}A^{\mathrm T}P+PA&=A^{\mathrm T}\left(\int_0^{+\infty}\mathrm e^{A^{\mathrm T}t}C^{\mathrm T}C\mathrm e^{At}\mathrm dt\right)+\left(\int_0^{+\infty}\mathrm e^{A^{\mathrm T}t}C^{\mathrm T}C\mathrm e^{At}\mathrm dt\right)A\\&=\int_0^{+\infty}\left(A^{\mathrm T}\mathrm e^{A^{\mathrm T}t}C^{\mathrm T}C\mathrm e^{At}+\mathrm e^{A^{\mathrm T}t}C^{\mathrm T}C\mathrm e^{At}A\right)\mathrm dt\\&=\int_0^{+\infty}\frac{\mathrm d}{\mathrm dt}\left(\mathrm e^{A^{\mathrm T}t}C^{\mathrm T}C\mathrm e^{At}\right)\mathrm dt\\&=\mathrm e^{A^{\mathrm T}t}C^{\mathrm T}C\mathrm e^{At}\Big|_0^{+\infty}=-C^{\mathrm T}C\end{aligned}$$

即式(4.28)给出的矩阵 P 确实是式(4.27)的解矩阵。

再看充分性。取李雅普诺夫函数

$$V(\boldsymbol x)=\boldsymbol x^{\mathrm T}P\boldsymbol x$$

则有

$$\begin{aligned}\dot V(\boldsymbol x)&=\boldsymbol x^{\mathrm T}\left[A^{\mathrm T}P+PA\right]\boldsymbol x\\&=-\boldsymbol x^{\mathrm T}Q\boldsymbol x=-\boldsymbol x^{\mathrm T}C^{\mathrm T}C\boldsymbol x\leqslant 0\end{aligned}$$

因为 (A,C) 能观，所以满足 $C\boldsymbol x\equiv 0$ 的解只能是零解，根据定理 4.5，式(4.24)的零平凡解渐近稳定。证毕。

作为定理 4.12 的特例，还有下面的定理 4.13。

定理 4.13 对给定的 $A\in R^{n\times n}$，$Q\in R^{n\times n}$，$Q>0$，则线性定常系统式(4.24)零平凡解渐近稳定的充分必要条件是李雅普诺夫方程

$$A^{\mathrm T}P+PA=-Q \tag{4.29}$$

有唯一正定解 $P=P^{\mathrm T}>0$。

证明 因为 $Q\in R^{n\times n}$ 正定，所以总有 $Q=D^{\mathrm T}D$，其中 D 非奇异，故 (A,D) 为能观对，因此定理 4.13 可作为定理 4.12 的推论。证毕。

对于线性定常离散时间系统

$$\boldsymbol x(k+1)=G\boldsymbol x(k) \tag{4.30}$$

取离散时间二次型函数 $V[\boldsymbol x(k)]=\boldsymbol x^{\mathrm T}(k)P\boldsymbol x(k)$ 作为李雅普诺夫函数，$P=P^{\mathrm T}>0$，与连续时间系统的讨论方法相同，有如下定理 4.14。

定理 4.14 线性定常离散时间系统式(4.30)渐近稳定的充分必要条件是对于任给正定矩

阵$Q=Q^{\mathrm{T}}>0$，离散时间的李雅普诺夫方程

$$G^{\mathrm{T}}PG-G=-Q \tag{4.31}$$

有唯一正定解$P=P^{\mathrm{T}}>0$。

注意，在上述定理4.12、定理4.13、定理4.14中，李雅普诺夫方程给定的是矩阵Q而非P。对于给定的正定对称阵P，即使系统渐近稳定，李雅普诺夫方程也不一定有解，若有解，解矩阵Q也不一定正定。为简单起见，通常将Q取为单位阵，即取$Q=I$，请看下面的例子。

例4.18 设线性定常系统为

$$\dot{\boldsymbol{x}}=\begin{bmatrix}-1 & 1\\ 2 & -3\end{bmatrix}\boldsymbol{x}$$

试用解李雅普诺夫方程的方法，判断系统的稳定性。

解 取$Q=I_2$，李雅普诺夫方程为

$$A^{\mathrm{T}}P+PA=\begin{bmatrix}-1 & 2\\ 1 & -3\end{bmatrix}\begin{bmatrix}p_1 & p_3\\ p_3 & p_2\end{bmatrix}+\begin{bmatrix}p_1 & p_3\\ p_3 & p_2\end{bmatrix}\begin{bmatrix}-1 & 1\\ 2 & -3\end{bmatrix}=\begin{bmatrix}-1 & 0\\ 0 & -1\end{bmatrix}=-Q$$

对应的$(2+1)\times 2/2=3$个代数方程为

$$\begin{aligned}&-2p_1+4p_3=-1\\ &-6p_2+2p_3=-1\\ &p_1+2p_2-4p_3=0\end{aligned}$$

写成矩阵方式为

$$\begin{bmatrix}p_1\\ p_2\\ p_3\end{bmatrix}=\begin{bmatrix}-2 & 0 & 4\\ 0 & -6 & 2\\ 1 & 2 & -4\end{bmatrix}^{-1}\begin{bmatrix}-1\\ -1\\ 0\end{bmatrix}=\begin{bmatrix}-\frac{5}{4} & -\frac{1}{2} & -\frac{3}{2}\\ -\frac{1}{8} & -\frac{1}{4} & -\frac{1}{4}\\ -\frac{3}{8} & -\frac{1}{4} & -\frac{3}{4}\end{bmatrix}\begin{bmatrix}-1\\ -1\\ 0\end{bmatrix}=\begin{bmatrix}\frac{7}{4}\\ \frac{3}{8}\\ \frac{5}{8}\end{bmatrix}$$

得到

$$P=\begin{bmatrix}\frac{7}{4} & \frac{5}{8}\\ \frac{5}{8} & \frac{3}{8}\end{bmatrix}>0$$

根据定理4.13，系统是渐近稳定的。

例4.19 设线性定常系统式(4.24)渐近稳定，试证明带积分状态反馈的系统

$$\begin{bmatrix}\dot{\boldsymbol{y}}_1\\ \dot{\boldsymbol{y}}_2\end{bmatrix}=\begin{bmatrix}A & I\omega\\ -I\omega & 0\end{bmatrix}\begin{bmatrix}\boldsymbol{y}_1\\ \boldsymbol{y}_2\end{bmatrix} \tag{4.32}$$

也是渐近稳定的。

解 因为系统式(4.24)渐近稳定，所以任给对称正定矩阵$Q=Q^{\mathrm{T}}>0$，李雅普诺夫方程

$$A^{\mathrm{T}}P+PA=-Q$$

有正定对称解P。对式(4.32)的系统，取李雅普诺夫函数

$$V(\boldsymbol{y})=\begin{bmatrix}\boldsymbol{y}_1\\\boldsymbol{y}_2\end{bmatrix}^{\mathrm{T}}\begin{bmatrix}P & \\ & P\end{bmatrix}\begin{bmatrix}\boldsymbol{y}_1\\\boldsymbol{y}_2\end{bmatrix}$$

有

$$\begin{aligned}\dot{V}&=\begin{bmatrix}\boldsymbol{y}_1\\\boldsymbol{y}_2\end{bmatrix}^{\mathrm{T}}\left(\begin{bmatrix}A^{\mathrm{T}} & -I\omega\\ I\omega & 0\end{bmatrix}\begin{bmatrix}P & \\ & P\end{bmatrix}+\begin{bmatrix}P & \\ & P\end{bmatrix}\begin{bmatrix}A & I\omega\\ -I\omega & 0\end{bmatrix}\right)\begin{bmatrix}\boldsymbol{y}_1\\\boldsymbol{y}_2\end{bmatrix}\\&=\begin{bmatrix}\boldsymbol{y}_1\\\boldsymbol{y}_2\end{bmatrix}^{\mathrm{T}}\left(\begin{bmatrix}A^{\mathrm{T}}P & -P\omega\\ P\omega & 0\end{bmatrix}+\begin{bmatrix}PA & P\omega\\ -P\omega & 0\end{bmatrix}\right)\begin{bmatrix}\boldsymbol{y}_1\\\boldsymbol{y}_2\end{bmatrix}\\&=\begin{bmatrix}\boldsymbol{y}_1\\\boldsymbol{y}_2\end{bmatrix}^{\mathrm{T}}\begin{bmatrix}PA+A^{\mathrm{T}}P & 0\\ 0 & 0\end{bmatrix}\begin{bmatrix}\boldsymbol{y}_1\\\boldsymbol{y}_2\end{bmatrix}=-\boldsymbol{y}_1^{\mathrm{T}}Q\boldsymbol{y}_1\leqslant 0\end{aligned}$$

所以系统的解将收敛于集合$\left\{\boldsymbol{y}\middle|\dot{V}=-\boldsymbol{y}_1^{\mathrm{T}}Q\boldsymbol{y}_1=0\right\}$，因为矩阵$Q$正定，所以至少可以得到$\boldsymbol{y}_1$收敛到零，于是$\dot{\boldsymbol{y}}_1$也收敛到零，从系统方程又可得到$\boldsymbol{y}_2=0$，根据定理 4.5，系统渐近稳定。

例 4.19 说明，对于线性定常系统式(4.24)，当它渐近稳定时，将它的每一个子系统由

$$\dot{x}_i(t)=a_{ii}x_i(t)+\sum_{\substack{j=1\\j\neq i}}^{n}a_{ij}x_j(t),\quad i=1,2,\cdots,n$$

变成

$$\dot{x}_i(t)=a_{ii}x_i(t)+\sum_{\substack{j=1\\j\neq i}}^{n}a_{ij}x_j(t)-\omega^2\int_0^t x_i(t)\mathrm{d}t,\quad i=1,2,\cdots,n$$

由此得到的 $2n$ 阶系统还是渐近稳定的。

2. 线性时变系统的李雅普诺夫方程

对于线性时变系统

$$\dot{\boldsymbol{x}}=A(t)\boldsymbol{x}+B(t)\boldsymbol{u},\quad t\geqslant t_0 \tag{4.33}$$

如前所述，它的稳定性和相应的齐次系统

$$\dot{\boldsymbol{x}}=A(t)\boldsymbol{x},\quad t\geqslant t_0 \tag{4.34}$$

零平凡解的稳定性是等价的。注意，对于线性时变系统式(4.34)，即使对于任何时间t，$A(t)$的特征根都具有负的实部，它仍然有可能是不稳定的，这样的例子可以举出很多，例如

$$A(t)=\begin{bmatrix}-1+1.5\cos^2 t & 1-1.5\sin t\cos t\\ -1-1.5\sin t\cos t & -1+1.5\sin^2 t\end{bmatrix}$$

的二阶时变系统，$A(t)$的特征根为$\lambda_{1,2}=-0.25\pm \mathrm{j}0.25\sqrt{7}$，与时间$t$无关，它的解为

$$\boldsymbol{x}(t)=\begin{bmatrix}\mathrm{e}^{0.5t}\cos t & \mathrm{e}^{-t}\sin t\\ -\mathrm{e}^{0.5t}\sin t & \mathrm{e}^{-t}\cos t\end{bmatrix}\boldsymbol{x}_0$$

初始状态$\boldsymbol{x}_0$不为零时，解将趋于无穷大，系统是不稳定的。线性时变系统有线性系统的基本特征，在一般层次上关于它的稳定性问题也取得了相当好的结果，但这些结果几乎全部依赖于系统的基解矩阵，理论价值大于实用价值，这使得线性时变系统的稳定性问题至今仍然是一个未解的难题。

定理 4.15 线性时变系统式(4.34)零平凡解稳定(一致稳定)的充分必要条件是它的基解矩阵 $\Phi(t,t_0)(t>t_0)$ 有界(一致有界)。线性时变系统式(4.34)零平凡解渐近稳定(一致渐近稳定)的充分必要条件是当 $t\to+\infty$ 时，它的基解矩阵 $\Phi(t,t_0)(t>t_0)$ 收敛于零(一致收敛于零)。

与定理 4.13 平行，对有界的线性时变系统，有如下定理 4.16。

定理 4.16 设 $A(t)$ 有界，$Q(t)$ 正定且有界，则线性时变系统式(4.34)零平凡解一致渐近稳定的充分必要条件是下述李雅普诺夫方程

$$\frac{\mathrm{d}P(t)}{\mathrm{d}t}+P(t)A(t)+A^{\mathrm{T}}(t)P(t)=-Q(t) \tag{4.35}$$

的解矩阵 $P(t)$ 存在，且 $P(t)=P^{\mathrm{T}}(t)>0$。

证明 先看必要性。对给定的正定有界矩阵 $Q(t)$，考虑积分

$$P(t)=\int_t^{+\infty}\Phi^{\mathrm{T}}(\tau,t)Q(\tau)\Phi(\tau,t)\mathrm{d}\tau \tag{4.36}$$

对于线性系统式(4.34)，解的一致渐近稳定和一致指数渐近稳定等价(黄琳，1992)，从解一致指数渐近稳定有上述矩阵积分收敛，因为

$$\dot{P}(t)=-Q(t)+\int_t^{+\infty}\left(\frac{\mathrm{d}\Phi^{\mathrm{T}}(\tau,t)}{\mathrm{d}t}\right)Q(\tau)\Phi(\tau,t)\mathrm{d}\tau+\int_t^{+\infty}\Phi^{\mathrm{T}}(\tau,t)Q(\tau)\left(\frac{\mathrm{d}\Phi(\tau,t)}{\mathrm{d}t}\right)\mathrm{d}\tau$$

再从 $\Phi(\tau,t)\Phi(t,\tau)=I$，有

$$\frac{\mathrm{d}\Phi(\tau,t)}{\mathrm{d}t}=-\Phi(\tau,t)A(t)$$

$$\frac{\mathrm{d}\Phi^{\mathrm{T}}(\tau,t)}{\mathrm{d}t}=-A^{\mathrm{T}}(t)\Phi^{\mathrm{T}}(\tau,t)$$

代入得

$$\dot{P}(t)=-Q(t)-A^{\mathrm{T}}(t)P(t)-P(t)A(t)$$

因为 $Q(t)$ 正定有界，$\Phi(\tau,t)$ 可逆收敛，由式(4.36)看出 $P(t)$ 正定且有界。必要性证毕。

再看充分性。取李雅普诺夫函数

$$V(\boldsymbol{x},t)=\boldsymbol{x}^{\mathrm{T}}P(t)\boldsymbol{x}$$

由 $P(t)$ 正定且有界，有 $V(\boldsymbol{x},t)$ 正定有界，$V(\boldsymbol{x},t)$ 对时间的全导数为

$$\dot{V}(\boldsymbol{x},t)=\boldsymbol{x}^{\mathrm{T}}\left[A^{\mathrm{T}}(t)P(t)+\dot{P}(t)+P(t)A(t)\right]\boldsymbol{x}=-\boldsymbol{x}^{\mathrm{T}}Q(t)\boldsymbol{x}<0$$

因 $Q(t)$ 正定有界，故 $\dot{V}(\boldsymbol{x},t)$ 负定有界，由定理 4.7，式(4.34)的零平凡解一致渐近稳定。证毕。

注意，虽然研究稳定性问题的李雅普诺夫方法是一种充分性的方法，然而，对于线性定常和线性时变系统，定理 4.12、定理 4.13 和定理 4.16 给出的是系统零平凡解为一致渐近稳定的充分必要条件，应用这一性质，可以在已知某线性系统为一致渐近稳定的条件下，将稳定性的结果给以扩展。

例 4.20 试考察线性系统

$$\dot{\boldsymbol{x}}=-CA(t)\boldsymbol{x}$$

的稳定性，其中 C 和 $A(t)$ 都是正定有界矩阵。

解 因为 C 正定，故有非奇异矩阵 D，使 $C=DD^{\mathrm{T}}$，作线性变换 $\boldsymbol{x}=D\boldsymbol{z}$ 有

$$D\dot{z} = -CA(t)Dz$$

$$\dot{z} = -D^{-1}DD^{\mathrm{T}}A(t)Dz = -D^{\mathrm{T}}A(t)Dz$$

显然矩阵 $D^{\mathrm{T}}A(t)D$ 正定。取李雅普诺夫函数

$$V(z) = z^{\mathrm{T}}z$$

有

$$\begin{aligned}\dot{V}(z) &= \dot{z}^{\mathrm{T}}z + z^{\mathrm{T}}\dot{z} = -\left[D^{\mathrm{T}}A(t)Dz\right]^{\mathrm{T}}z - z^{\mathrm{T}}D^{\mathrm{T}}A(t)Dz \\ &= -2z^{\mathrm{T}}D^{\mathrm{T}}A(t)Dz < 0\end{aligned}$$

因为 V 和 $\dot{V}$ 分别正定有界和负定有界，由定理 4.7，系统一致渐近稳定。

同样的结论也适用于系统

$$\dot{\boldsymbol{x}} = -A(t)C\boldsymbol{x}$$

其中 C 和 $A(t)$ 都是正定有界矩阵。

例 4.21 设线性时变系统(4.34)是一致渐近稳定的，试证明系统

$$\dot{\boldsymbol{x}} = \left[A(t) - Iz\right]\boldsymbol{x} \tag{4.37}$$

式中 $z > 0$，也是一致渐近稳定的。

解 因为系统(4.34)一致渐近稳定，根据定理 4.16，对任给的对称正定有界矩阵 $Q(t) = Q(t)^{\mathrm{T}} > 0$，李雅普诺夫方程

$$\dot{P}(t) + P(t)A(t) + A^{\mathrm{T}}(t)P(t) = -Q(t)$$

有有界正定解 $P(t) = P^{\mathrm{T}}(t) > 0$。对式(4.37)的系统，取李雅普诺夫函数

$$V(\boldsymbol{x}) = \boldsymbol{x}^{\mathrm{T}}P(t)\boldsymbol{x}$$

有

$$\begin{aligned}\dot{V} &= \boldsymbol{x}^{\mathrm{T}}\left(\dot{P}(t) + P(t)\left[A(t) - Iz\right] + \left[A(t) - Iz\right]^{\mathrm{T}}P(t)\right)\boldsymbol{x} \\ &= \boldsymbol{x}^{\mathrm{T}}\left[\dot{P}(t) + P(t)A(t) + A(t)^{\mathrm{T}}P(t)\right]\boldsymbol{x} - 2\boldsymbol{x}^{\mathrm{T}}zP(t)\boldsymbol{x} \\ &\leqslant \boldsymbol{x}^{\mathrm{T}}\left[\dot{P}(t) + P(t)A(t) + A(t)^{\mathrm{T}}P(t)\right]\boldsymbol{x} \\ &= -\boldsymbol{x}^{\mathrm{T}}Q(t)\boldsymbol{x} < 0\end{aligned}$$

由定理 4.7，系统是一致渐近稳定的。

例 4.21 说明，对于线性时变系统式(4.34)，当它一致渐近稳定时，将它的每一个子系统由

$$\dot{x}_i(t) = a_{ii}x_i(t) + \sum_{\substack{j=1 \\ j\neq i}}^{n} a_{ij}x_j(t)$$

变成

$$\dot{x}_i(t) = \left[a_{ii}(t) - z\right]x_i(t) + \sum_{\substack{j=1 \\ j\neq i}}^{n} a_{ij}(t)x_j(t), \quad i = 1, 2, \cdots, n$$

后，得到的 n 阶系统还是一致渐近稳定的。

例 4.22 设线性时变系统式(4.34)一致渐近稳定，且有定常的对称正定矩阵 P，对称正

定矩阵 $Q(t)$，满足李雅普诺夫方程

$$PA(t)+A^{\mathrm{T}}(t)P=-Q(t)$$

试证明带积分状态反馈的系统

$$\dot{\boldsymbol{y}}=\begin{bmatrix}A(t) & I\omega\\ -I\omega & 0\end{bmatrix}\boldsymbol{y}$$

的稳定性。

解 对系统

$$\dot{\boldsymbol{y}}=\begin{bmatrix}A(t) & I\omega\\ -I\omega & 0\end{bmatrix}\boldsymbol{y}$$

当题给条件满足时，可取定常的李雅普诺夫函数

$$V(\boldsymbol{y})=\begin{bmatrix}\boldsymbol{y}_1\\ \boldsymbol{y}_2\end{bmatrix}^{\mathrm{T}}\begin{bmatrix}P & \\ & P\end{bmatrix}\begin{bmatrix}\boldsymbol{y}_1\\ \boldsymbol{y}_2\end{bmatrix}$$

有

$$\begin{aligned}\dot{V}&=\begin{bmatrix}\boldsymbol{y}_1\\ \boldsymbol{y}_2\end{bmatrix}^{\mathrm{T}}\left(\begin{bmatrix}A^{\mathrm{T}}(t) & -I\omega\\ I\omega & 0\end{bmatrix}\begin{bmatrix}P & \\ & P\end{bmatrix}+\begin{bmatrix}P & \\ & P\end{bmatrix}\begin{bmatrix}A(t) & I\omega\\ -I\omega & 0\end{bmatrix}\right)\begin{bmatrix}\boldsymbol{y}_1\\ \boldsymbol{y}_2\end{bmatrix}\\
&=\begin{bmatrix}\boldsymbol{y}_1\\ \boldsymbol{y}_2\end{bmatrix}^{\mathrm{T}}\left(\begin{bmatrix}A^{\mathrm{T}}(t)P & -P\omega\\ P\omega & 0\end{bmatrix}+\begin{bmatrix}PA(t) & P\omega\\ -P\omega & 0\end{bmatrix}\right)\begin{bmatrix}\boldsymbol{y}_1\\ \boldsymbol{y}_2\end{bmatrix}\\
&=\begin{bmatrix}\boldsymbol{y}_1\\ \boldsymbol{y}_2\end{bmatrix}^{\mathrm{T}}\begin{bmatrix}PA(t)+A^{\mathrm{T}}(t)P & 0\\ 0 & 0\end{bmatrix}\begin{bmatrix}\boldsymbol{y}_1\\ \boldsymbol{y}_2\end{bmatrix}\\
&=-\boldsymbol{y}_1^{\mathrm{T}}Q(t)\boldsymbol{y}_1\leqslant 0\end{aligned}$$

对于时变系统式(4.34)，没有与定理 4.5 平行的定理，根据定理 4.8，只能得到系统为一致稳定的结论。显然，所得结论也适合于时变 $\omega(t)$ 的场合。

例 4.22 说明，当例 4.22 要求的条件满足时，若线性时变系统式(4.34)一致渐近稳定，将它的每一个子系统由

$$\dot{x}_i(t)=a_{ii}(t)x_i(t)+\sum_{\substack{j=1\\ j\neq i}}^{n}a_{ij}(t)x_j(t),\quad i=1,2,\cdots,n$$

变成

$$\dot{x}_i(t)=a_{ii}(t)x_i(t)+\sum_{\substack{j=1\\ j\neq i}}^{n}a_{ij}(t)x_j(t)-\omega^2\int_0^t x_i(t)\,\mathrm{d}t,\quad i=1,2,\cdots,n$$

后，得到的 $2n$ 阶系统是一致稳定的。

3. 用解的估计理论来判定线性时变系统的稳定性

鉴于线性时变系统稳定性分析上的困难，最后介绍一下应用线性系统解的估计理论来判定系统稳定性的方法。下面先介绍有关矩阵测度函数的概念，由此得到线性微分方程解的上界和下界的一个估计，并应用于线性时变系统稳定性的分析。

定义 4.6 设 $\|\cdot\|$ 是 R^n 上的范数，$\|\cdot\|_i$ 是 $R^{n\times n}$ 上相应的诱导矩阵范数，即

$$\|A\|_i = \sup_{\|x\|=1} \frac{\|Ax\|}{\|x\|}$$

则矩阵测度 $\mu_i(A): R^{n\times n} \to R$ 定义为

$$\mu_i(A) = \lim_{\varepsilon\to 0^+} \frac{\|I+\varepsilon A\|_i - 1}{\varepsilon} \tag{4.38}$$

测度函数具有如下几个有用的性质：

(1) 对于每一个 $A \in R^{n\times n}$，其矩阵测度 μ_i 存在，即式(4.38)表示的极限存在，且有确切的值。

(2) $-\|A\|_i \leqslant -\mu_i(-A) \leqslant \mu_i(A) \leqslant \|A\|_i$

(3) $\mu_i(\alpha A) = \alpha\mu_i(A),\quad \alpha > 0$

(4) $\max\left[\mu_i(A)-\mu_i(-B), -\mu_i(-A)+\mu_i(B)\right] \leqslant \mu_i(A+B) \leqslant \mu_i(A)+\mu_i(B)$

(5) $\mu_i(\cdot)$ 是 $R^{n\times n}$ 上的凸函数，即

$$\mu_i\left[\alpha A+(1-\alpha)B\right] \leqslant \alpha\mu_i(A)+(1-\alpha)\mu_i(B),\quad \alpha\in[0,1]$$

(6) $-\mu_i(-A) \leqslant \mathrm{Re}\,\lambda \leqslant \mu_i(A)$，$\lambda$ 是 A 的任何一个特征值。

注意，矩阵的测度函数对符号是敏感的，即有

$$\mu_i(-A) \neq \mu_i(A)$$

虽然总有

$$-\mu_i(-A) \leqslant \mu_i(A)$$

但一般来说

$$\mu_i(-A) \neq -\mu_i(A)$$

一般情况下，关于 R^n 的特定范数，比如说范数 $\|\cdot\|_p$，对于 $R^{n\times n}$ 上相应的诱导范数并不总能给出一个明显的表达式，然而对于范数 $\|\cdot\|_\infty$、$\|\cdot\|_1$、$\|\cdot\|_2$，可以得到诱导范数的明确表达式，如表 4.1 所示。

表 4.1　几种范数及其诱导范数

关于 R^n 的范数	关于 $R^{n\times n}$ 的诱导范数
$\|x\|_\infty = \max_i \|x_i\|$	$\|A\|_{i\infty} = \max_i \sum_{j=1}^{n} \|a_{ij}\|$ (行之和)
$\|x\|_1 = \sum_{i=1}^{n} \|x_i\|$	$\|A\|_{i1} = \max_j \sum_{i=1}^{n} \|a_{ij}\|$ (列之和)
$\|x\|_2 = \left(\sum_{i=1}^{n} \|x_i\|^2\right)^{1/2}$	$\|A\|_{i2} = \lambda_{\max}(A^{\mathrm{T}}A)^{1/2}$ ($\lambda_{\max}[A^*A]$ 表示 A^*A 的最大特征值)

同样，对于 R^n 的特定范数，要求出相应的测度函数就更困难了，但对于范数 $\|\cdot\|_\infty$、$\|\cdot\|_1$、$\|\cdot\|_2$，测度函数可以被计算出来，如表 4.2 所示。

表 4.2　几种范数及其测度函数

关于 R^n 的范数	关于 $R^{n\times n}$ 的测度函数
$\|\boldsymbol{x}\|_\infty = \max\limits_i \|x_i\|$	$\mu_{i\infty}(A) = \max\limits_i \left\{ a_{ii} + \sum\limits_{\substack{j=1 \\ j\neq i}}^n \|a_{ij}\| \right\}$
$\|\boldsymbol{x}\|_1 = \sum\limits_{i=1}^n \|x_i\|$	$\mu_{i1}(A) = \max\limits_j \left\{ a_{jj} + \sum\limits_{\substack{i=1 \\ i\neq j}}^n \|a_{ij}\| \right\}$
$\|\boldsymbol{x}\|_2 = \left(\sum\limits_{i=1}^n \|x_i\|^2 \right)^{1/2}$	$\mu_{i2}(A) = \lambda_{\max}(A^{\mathrm{T}} + A)/2$

定理 4.17　考虑线性微分方程

$$\dot{\boldsymbol{x}}(t) = A(t)\boldsymbol{x}(t), \quad t \geqslant t_0 \tag{4.39}$$

式中，$\boldsymbol{x}(t) \in R^n$，$A(t) \in R^{n\times n}$，且 $A(t)$ 的元素是分段连续的。令 $\|\cdot\|$ 是 R^n 的范数，$\|\cdot\|_i$ 和 μ_i 分别表示 $R^{n\times n}$ 上相应的诱导范数和矩阵测度，则有微分方程式(4.39)的解的估计式

$$\|\boldsymbol{x}(t_0)\| \mathrm{e}^{\int_{t_0}^t -\mu_i[-A(\tau)]\mathrm{d}\tau} \leqslant \|\boldsymbol{x}(t)\| \leqslant \|\boldsymbol{x}(t_0)\| \mathrm{e}^{\int_{t_0}^t \mu_i[A(\tau)]\mathrm{d}\tau} \tag{4.40}$$

证明　设

$$\boldsymbol{x}(t+\delta) = \boldsymbol{x}(t) + \delta A(t)\boldsymbol{x}(t) + \boldsymbol{o}(\delta), \quad \forall \delta > 0$$

式中，$\boldsymbol{o}(\delta)$ 表示误差向量，满足

$$\lim_{\delta\to 0^+} \frac{\|\boldsymbol{o}(\delta)\|}{\delta} = 0$$

即 $\boldsymbol{o}(\delta)$ 是 δ 的高阶无穷小量，这样依次有

$$\boldsymbol{x}(t+\delta) = [I + \delta A(t)]\boldsymbol{x}(t) + \boldsymbol{o}(\delta)$$

$$\|\boldsymbol{x}(t+\delta)\| \leqslant \|I + \delta A(t)\|_i \|\boldsymbol{x}(t)\| + \|\boldsymbol{o}(\delta)\|$$

$$\|\boldsymbol{x}(t+\delta)\| - \|\boldsymbol{x}(t)\| \leqslant \left(\|I + \delta A(t)\|_i - 1\right)\|\boldsymbol{x}(t)\| + \|\boldsymbol{o}(\delta)\|$$

$$\frac{\mathrm{d}^+}{\mathrm{d}t}\|\boldsymbol{x}(t)\| = \lim_{\delta\to 0^+} \frac{\|\boldsymbol{x}(t+\delta)\| - \|\boldsymbol{x}(t)\|}{\delta} \leqslant \mu_i[A(t)]\|\boldsymbol{x}(t)\|$$

式中，$\mathrm{d}^+/\mathrm{d}t$ 表示右导数。用

$$\exp\left\{-\int_{t_0}^t \mu_i[A(\tau)]\mathrm{d}\tau\right\}$$

乘上面得到的最后一个不等式的两边有

$$\frac{\mathrm{d}^+\|\boldsymbol{x}(t)\|}{\mathrm{d}t}\exp\left\{-\int_{t_0}^t \mu_i[A(\tau)]\mathrm{d}\tau\right\} \leqslant \mu_i[A(t)]\|\boldsymbol{x}(t)\|\exp\left\{-\int_{t_0}^t \mu_i[A(\tau)]\mathrm{d}\tau\right\}$$

即

$$\frac{\mathrm{d}^+\|\boldsymbol{x}(t)\|}{\mathrm{d}t}\exp\left\{-\int_{t_0}^{t}\mu_i\left[A(\tau)\right]\mathrm{d}\tau\right\}-\mu_i\left[A(t)\right]\|\boldsymbol{x}(t)\|\exp\left\{-\int_{t_0}^{t}\mu_i\left[A(\tau)\right]\mathrm{d}\tau\right\}$$

$$=\frac{\mathrm{d}^+\|\boldsymbol{x}(t)\|}{\mathrm{d}t}\exp\left\{-\int_{t_0}^{t}\mu_i\left[A(\tau)\right]\mathrm{d}\tau\right\}+\frac{\mathrm{d}^+\exp\left\{-\int_{t_0}^{t}\mu_i\left[A(\tau)\right]\mathrm{d}\tau\right\}}{\mathrm{d}t}\|\boldsymbol{x}(t)\|$$

$$=\frac{\mathrm{d}^+}{\mathrm{d}t}\left[\|\boldsymbol{x}(t)\|\exp\left\{-\int_{t_0}^{t}\mu_i\left[A(\tau)\right]\mathrm{d}\tau\right\}\right]\leqslant 0$$

于是有

$$\|\boldsymbol{x}(t)\|\exp\left\{-\int_{t_0}^{t}\mu_i\left[A(\tau)\right]\mathrm{d}\tau\right\}-\|\boldsymbol{x}(t_0)\|\exp\left\{-\int_{t_0}^{t_0}\mu_i\left[A(\tau)\right]\mathrm{d}\tau\right\}$$

$$=\|\boldsymbol{x}(t)\|\exp\left\{-\int_{t_0}^{t}\mu_i\left[A(\tau)\right]\mathrm{d}\tau\right\}-\|\boldsymbol{x}(t_0)\|\leqslant 0$$

即

$$\|\boldsymbol{x}(t)\|\leqslant\|\boldsymbol{x}(t_0)\|\exp\left\{\int_{t_0}^{t}\mu_i\left[A(\tau)\right]\mathrm{d}\tau\right\}$$

不等式(4.40)的右边的不等式得证。

类似地，由

$$\boldsymbol{x}(t-\delta)=\boldsymbol{x}(t)-\delta A(t)\boldsymbol{x}(t)+\boldsymbol{o}(\delta),\quad \forall\delta>0$$

开始，应用左导数，可以证明不等式(4.40)左边的不等式。

例 4.23 试用线性系统解的估计理论判定下述线性时变系统的稳定性。

$$\frac{\mathrm{d}x_1}{\mathrm{d}t}=-\left(1+\frac{1}{t}\right)x_1+81\left(1+\sin t\right)x_2$$

$$\frac{\mathrm{d}x_2}{\mathrm{d}t}=-\left(1+\sin t\right)x_1-\left(1+\frac{1}{t}\right)x_2$$

解 根据表 4.1 给出的矩阵测度的计算公式

$$\mu_{i2}(A)=\lambda_{\max}(A^{\mathrm{T}}+A)/2$$

计算矩阵

$$\frac{1}{2}\left[A(t)+A^{\mathrm{T}}(t)\right]=\begin{bmatrix}-1-\dfrac{1}{t} & 40\left(1+\sin t\right)\\ 40\left(1+\sin t\right) & -1-\dfrac{1}{t}\end{bmatrix}$$

的特征值为 $\lambda_{1,2}=\pm 40(1+\sin t)-1-\dfrac{1}{t}$，所以有

$$\mu_{i2}\left[A(t)\right]=\lambda_{\max}\left[(A^{\mathrm{T}}+A)/2\right]=39-\frac{1}{t}+40\sin t$$

$$-\mu_{i2}\left[-A(t)\right]=-\lambda_{\max}\left[-(A^{\mathrm{T}}+A)/2\right]=\lambda_{\min}\left[(A^{\mathrm{T}}+A)/2\right]=-41-\frac{1}{t}-40\sin t$$

根据估计式(4.40)，有

$$0\leqslant\|\boldsymbol{x}(t)\|_2\leqslant\|\boldsymbol{x}(t_0)\|_2\,\mathrm{e}^{\int_{t_0}^{t}\mu_{i2}\left[A(\tau)\right]\mathrm{d}\tau}$$

得不到需要的结果。作状态变换

$$z = Tx$$

$$T = \begin{bmatrix} 1 & 0 \\ 0 & 9 \end{bmatrix}, \quad T^{-1} = \begin{bmatrix} 1 & 0 \\ 0 & \dfrac{1}{9} \end{bmatrix}$$

有

$$\tilde{A} = \begin{bmatrix} 1 & 0 \\ 0 & 9 \end{bmatrix} \begin{bmatrix} -1-\dfrac{1}{t} & 81(1+\sin t) \\ -(1+\sin t) & -1-\dfrac{1}{t} \end{bmatrix} \begin{bmatrix} 1 & 0 \\ 0 & 1/9 \end{bmatrix} = \begin{bmatrix} -1-\dfrac{1}{t} & 9(1+\sin t) \\ -9(1+\sin t) & -1-\dfrac{1}{t} \end{bmatrix}$$

$$\frac{1}{2}\left[\tilde{A}(t) + \tilde{A}^{\mathrm{T}}(t)\right] = \begin{bmatrix} -1-\dfrac{1}{t} & 0 \\ 0 & -1-\dfrac{1}{t} \end{bmatrix}$$

此时

$$\lambda_{\max}\left[(\tilde{A}^{\mathrm{T}} + \tilde{A})/2\right] = -1-\frac{1}{t}$$

$$\lambda_{\min}\left[(\tilde{A}^{\mathrm{T}} + \tilde{A})/2\right] = -1-\frac{1}{t}$$

根据估计式(4.40)，有

$$0 \leqslant \|z(t)\|_2 \leqslant \|z(t_0)\|_2 \, \mathrm{e}^{\int_{t_0}^{t} \mu_{i2}[\tilde{A}(\tau)]\mathrm{d}\tau}$$

知道系统是指数稳定的。

例 4.24 在图 4.6(a)(b)所示系统中，$k_i > 0(i=1,2,\cdots,n)$，$\lambda_i > 0(i=1,2,\cdots,n)$ 为常数，$y_i(t) \geqslant 0(i=1,2,\cdots,n)$ 是有界时变增益，试证明系统是一致渐近稳定的。

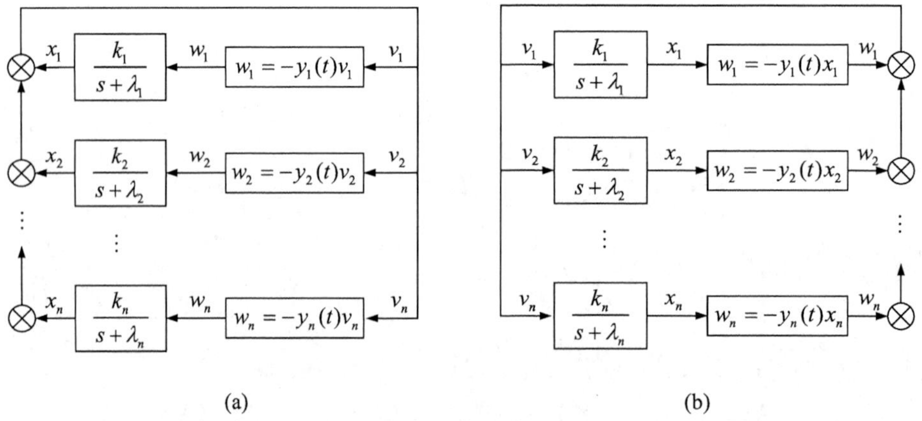

图 4.6 例 4.24 的系统框图

解 先看图 4.6(a)所示系统，其状态方程为

$$\dot{x}_i = -\lambda_i x_i - k_i y_i(t)\sum_{j=1}^{n} x_j, \quad i = 1,2,\cdots,n$$

不妨设式中$0 < \lambda_1 \leqslant \lambda_2 \leqslant \cdots \leqslant \lambda_n$，上式写成状态方程形式为

$$\begin{bmatrix} \dot{x}_1 \\ \dot{x}_2 \\ \vdots \\ \dot{x}_n \end{bmatrix} = \begin{bmatrix} -\lambda_1 - k_1 y_1(t) & -k_1 y_1(t) & \cdots & -k_1 y_1(t) \\ -k_2 y_2(t) & -\lambda_2 - k_2 y_2(t) & \cdots & -k_2 y_2(t) \\ \vdots & \vdots & & \vdots \\ -k_n y_n(t) & -k_n y_n(t) & \cdots & -\lambda_n - k_n y_n(t) \end{bmatrix} \begin{bmatrix} x_1 \\ x_2 \\ \vdots \\ x_n \end{bmatrix} \tag{4.41}$$

作状态变换

$$\boldsymbol{z} = T\boldsymbol{x}$$

$$T = \begin{bmatrix} 1 & 1 & 1 & \cdots & 1 \\ 0 & 1 & 0 & \cdots & 0 \\ 0 & 0 & 1 & \cdots & 0 \\ \vdots & \vdots & \vdots & \ddots & 0 \\ 0 & 0 & 0 & 0 & 1 \end{bmatrix}, \quad T^{-1} = \begin{bmatrix} 1 & -1 & -1 & \cdots & -1 \\ 0 & 1 & 0 & \cdots & 0 \\ 0 & 0 & 1 & \cdots & 0 \\ \vdots & \vdots & \vdots & \ddots & 0 \\ 0 & 0 & 0 & 0 & 1 \end{bmatrix}$$

得

$$\begin{bmatrix} \dot{z}_1 \\ \dot{z}_2 \\ \dot{z}_3 \\ \vdots \\ \dot{z}_n \end{bmatrix} = \begin{bmatrix} -\lambda_1 - \sum_{i=1}^{n} k_i y_i(t) & \lambda_1 - \lambda_2 & \lambda_1 - \lambda_3 & \cdots & \lambda_1 - \lambda_n \\ -k_2 y_2(t) & -\lambda_2 & 0 & \cdots & 0 \\ -k_3 y_3(t) & 0 & -\lambda_3 & \ddots & \vdots \\ \vdots & \vdots & \ddots & \ddots & 0 \\ -k_n y_n(t) & 0 & \cdots & 0 & -\lambda_n \end{bmatrix} \begin{bmatrix} z_1 \\ z_2 \\ z_3 \\ \vdots \\ z_n \end{bmatrix} \tag{4.42}$$

因为$0 < \lambda_1 \leqslant \lambda_2 \leqslant \cdots \leqslant \lambda_n$，于是有

$$-\lambda_1 - \sum_{i=1}^{n} k_i y_i(t) + \sum_{i=2}^{n} \left| k_i y_i(t) \right| = -\lambda_1 - k_1 y_1(t) < 0$$

$$-\lambda_2 + \left| \lambda_1 - \lambda_2 \right| = -\lambda_2 - \lambda_1 + \lambda_2 = -\lambda_1 < 0$$

$$\vdots$$

$$-\lambda_n + \left| \lambda_1 - \lambda_n \right| = -\lambda_n - \lambda_1 + \lambda_n = -\lambda_1 < 0$$

以及

$$\lambda_1 + \sum_{i=1}^{n} k_i y_i(t) + \sum_{i=2}^{n} \left| k_i y_i(t) \right| > 0$$

$$\lambda_2 + \left| \lambda_1 - \lambda_2 \right| = \lambda_2 - \lambda_1 + \lambda_2 = 2\lambda_2 - \lambda_1 > 0$$

$$\vdots$$

$$\lambda_n + \left| \lambda_1 - \lambda_n \right| = \lambda_n - \lambda_1 + \lambda_n = 2\lambda_n - \lambda_1 > 0$$

根据矩阵测度的计算公式$\mu_1[A(t)] = \max\limits_{j} \left\{ a_{jj} + \sum\limits_{\substack{i=1 \\ i \neq j}}^{n} \left| a_{ij} \right| \right\}$，有$\mu_1[A(t)] = -\lambda_1 < 0$，$-\mu_1[-A(t)] < 0$，

故有系统式(4.42)解的估计

$$0 \leqslant \|z(t)\|_1 = \sum_{i=1}^{n} |z_i(t)| \leqslant \|z(t_0)\|_1 \mathrm{e}^{\int_{t_0}^{t} \mu_1[A(\tau)]\mathrm{d}\tau} = \|z(t_0)\|_1 \mathrm{e}^{\int_{t_0}^{t} -\lambda_1 \mathrm{d}\tau}$$

即式(4.42)、式(4.41)系统和图4.6(a)所示系统是全局渐近稳定的。

图4.6(b)所示系统是图4.6(a)所示系统的对偶系统，图4.6(b)系统的状态矩阵为图4.6(a)系统状态矩阵的转置，则状态变换阵取为$(T^{-1})^{\mathrm{T}}$，相应的矩阵测度函数取为

$$\mu_\infty[A(t)] = \max_i \left\{ a_{ii} + \sum_{\substack{j=1 \\ j\neq i}}^{n} |a_{ij}| \right\}$$

证明步骤是相同的。证毕。

零、极点在负实轴上相间分布的传递函数，它的部分分式展开式为静态增益为正的惯性环节的和。而由电路学的知识知道，无源RC、RL网络的端口导纳或阻抗函数具有这样的特性。这样，将图4.6系统及其对偶系统中的惯性环节改为无源RC、RL网络的端口导纳或阻抗函数时也是渐近稳定的。例 4.24 的结果涉及一类多输入单输出(MISO)或单输入多输出(SIMO)时变(或非线性)增益系统的稳定性问题，详细内容请见参考文献(夏超英，2002，2008)。

4-6 绝对稳定性理论

如前所述，对于非线性时变(非自治)系统，李雅普诺夫函数一般也是时变的，这将给分析带来困难。绝对稳定性问题讨论的对象是其中特殊的一类，其特点是可以用线性定常的李雅普诺夫函数对这类非线性时变系统的稳定性进行分析。其中，源于电路网络理论的正实性的概念起了关键性的作用，下面先来介绍这一概念。

1. 正实函数

定义 4.7 设$f(s)=q(s)/p(s)$是复变量s的有理分式函数，$q(s)$和$p(s)$是互质多项式，如果

(1) 当s是实数时，只要$f(s)$有定义就是实数。

(2) 当$\mathrm{Re}[s]\geqslant 0$时，只要$f(s)$有定义就有$\mathrm{Re}[f(s)]\geqslant 0$。

则称$f(s)$是正实函数(Positive Real Function)，记作$f(s)\in\{\mathrm{PR}\}$。如果对于某个$\varepsilon>0$，还有$f(s-\varepsilon)=q(s-\varepsilon)/p(s-\varepsilon)\in\{\mathrm{PR}\}$，则称$f(s)$是严格正实的(Strictly Positive Real Function)，记作$f(s)\in\{\mathrm{SPR}\}$。

注意，严格正实函数的定义在一些文献中稍有差别，这里采用的定义除便于本书内容的阐述外，并不会对相关结论带来影响。

根据正实函数的上述定义，在右半复平面上检验$\mathrm{Re}[f(s)]\geqslant 0$是件烦琐的事，故有正实函数的如下等价定义4.8。

定义 4.8 设$f(s)=q(s)/p(s)$是复变量s的有理分式函数，$q(s)$和$p(s)$是互质多项式，如果

(1) 当s是实数时，只要$f(s)$有定义就是实数。

(2) $f(s)$在$\mathrm{Re}[s]>0$时没有极点。

(3) 对于任何实数 $-\infty<\omega<+\infty$，只要 $f(\mathrm{j}\omega)$ 有定义，就有 $\mathrm{Re}[f(\mathrm{j}\omega)]\geqslant 0$。

(4) $f(s)$ 在虚轴上至多只有留数为非负实数的单重极点。

则 $f(s)\in\{\mathrm{PR}\}$。若进一步假设 $f(s)$ 没有虚轴上的极点，且对于任意有限的实数 ω，$\mathrm{Re}[f(\mathrm{j}\omega)]>0$，则 $f(s)\in\{\mathrm{SPR}\}$。

显然，对于实系数的多项式 $q(s)$ 和 $p(s)$，定义 4.8 的条件(1)自然满足。定义 4.8 的条件(2)说明 $f(s)$ 在右半开平面上解析。条件(3)要求 $f(s)$ 的频率特性曲线只分布在复平面的第 I 和第Ⅳ象限内，至多只能与虚轴相切。

由正实函数的定义，容易推得它下面的一些性质，这些性质对判定有理分式函数 $f(s)=q(s)/p(s)$ 的正实性是有用的。

设有理分式函数 $f(s)=q(s)/p(s)\in\{\mathrm{PR}\}$，则

(1) $q(s)$ 和 $p(s)$ 是实系数多项式。

(2) $1/f(s)\in\{\mathrm{PR}\}$。

(3) $q(s)$ 和 $p(s)$ 同为 s 的稳定多项式。

(4) $q(s)$ 和 $p(s)$ 的最高幂次之差和最低幂次之差都不超过±1。

(5) 设 $f_1(s)\in\{\mathrm{PR}\}$ 和 $f_2(s)\in\{\mathrm{PR}\}$，则有

$$\alpha f_1(s)+\beta f_1(s)\in\{\mathrm{PR}\},\quad \alpha>0,\quad \beta>0$$

以及它们负反馈连接后的传递函数

$$\frac{f_1(s)}{1+f_1(s)f_2(s)}\in\{\mathrm{PR}\}$$

(6) 正实函数的函数还是正实函数，即设 $f_1(s)\in\{\mathrm{PR}\}$ 和 $f_2(s)\in\{\mathrm{PR}\}$，则有

$$f_3(s)=f_1\left[f_2(s)\right]\in\{\mathrm{PR}\}$$

正实函数的概念来源于电路网络理论，一个无源 *RLC* 网络的端口阻抗函数或端口导纳函数是正实的，反之也成立，即一个有理分式函数 $f(s)=q(s)/p(s)$ 能够作为某一集中参数的 *RLC* 无源网络端口的阻抗函数或导纳函数的充分必要条件是 $f(s)=q(s)/p(s)\in\{\mathrm{PR}\}$。

相应地也有正实传递函数矩阵的定义如下。

定义 4.9 设 $G(s)$ 为复变量 s 的有理分式函数矩阵，如果

(1) $G(s)$ 的所有元在右半开平面 $\mathrm{Re}[s]>0$ 上没有极点。

(2) 对于所有 $\mathrm{Re}[s]>0$ 的 s，$G(s)+G^{\mathrm{H}}(s)$ 为半正定的 Hermite 矩阵。

则称 $G(s)$ 是正实的。如果对于某个 $\varepsilon>0$，还有 $G(s-\varepsilon)$ 也是正实的，则称 $G(s)$ 是严格正实的。

和定义 4.9 等价，有下面的定义 4.10。

定义 4.10 设 $G(s)$ 为复变量 s 的有理分式函数矩阵，如果

(1) $G(s)$ 的所有元在右半开平面 $\mathrm{Re}[s]>0$ 上没有极点。

(2) 对于所有实数 ω，只要 $\mathrm{j}\omega$ 不是 $G(s)$ 的任何元的极点，矩阵 $G(\mathrm{j}\omega)+G^{\mathrm{T}}(-\mathrm{j}\omega)$ 为半正定的 Hermite 矩阵。

(3) $G(s)$ 的任何元在虚轴 $\mathrm{Re}[s]=0$ 上如果有极点则是相异的，且相应的留数矩阵为半正定的 Hermite 矩阵，即如果 $\mathrm{j}\omega_0$ 是 $G(s)$ 某个元的极点，且留数矩阵

$$K_0=\lim_{s\to\mathrm{j}\omega_0}(s-\mathrm{j}\omega_0)G(s)\geqslant 0$$

则 $G(s) \in \{\mathrm{PR}\}$。若进一步假设 $G(s)$ 的任何元没有虚轴上的极点，且对于任意有限的实数 ω，$G(\mathrm{j}\omega) + G^{\mathrm{T}}(-\mathrm{j}\omega)$ 为正定的 Hermite 矩阵，则 $G(s) \in \{\mathrm{SPR}\}$。

正实传递函数矩阵的对角元素一定是正实的，但非对角元素一般不是正实的。与此对应，*RLC* 无源多端口网络的开路阻抗矩阵和短路导纳矩阵为正实函数矩阵，阻抗矩阵和导纳矩阵的对角元为端口的阻抗函数或导纳函数，因而总是正实的，非对角元为网络的转移阻抗函数或转移导纳函数，一般不是正实的。

例 4.25 根据等价定义 4.8 和定义 4.10，讨论传递函数

$$G_1(s) = \frac{1}{s}，\quad G_2(s) = \frac{1}{s+a}, \quad a > 0，\quad G_3(s) = \frac{b_1 s + b_0}{s^2 + a_1 s + a_0}, \quad a_1 > 0, a_0 > 0, b_1 > 0, b_0 > 0$$

和传递函数矩阵

$$G_4(s) = \frac{1}{s+1}\begin{bmatrix} 1 & 1 \\ 1 & 1 \end{bmatrix}, \quad G_5(s) = \frac{1}{s+1}\begin{bmatrix} s+1 & 1 \\ -1 & 2s+1 \end{bmatrix}$$

的正实性。

解 传递函数 $G_1(s) = 1/s$ 是正实的，因为 $1/s$ 在右半开复平面没有极点，仅在原点又一个单重极点，留数为 1，且对于任何实数 $-\infty < \omega < +\infty$，有 $\mathrm{Re}[1/\mathrm{j}\omega] = 0$。

传递函数 $G_2(s) = 1/(s+a), a > 0$ 是严格正实的，因为 $1/(s+a)$ 在右半闭复平面没有极点，且对于任何实数 $-\infty < \omega < +\infty$，有 $\mathrm{Re}[1/(\mathrm{j}\omega + a)] = a/(\omega^2 + a^2) > 0$。

传递函数 $G_3(s) = (b_1 s + b_0)/(s^2 + a_1 s + a_0), a_1 > 0, a_0 > 0, b_1 > 0, b_0 > 0$ 在右半闭复平面没有极点，$\mathrm{Re}[(b_1 \mathrm{j}\omega + b_0)/(a_1 \mathrm{j}\omega + a_0 - \omega^2)] = [b_0(a_0 - \omega^2) + b_1 a_1 \omega^2]/[(a_0 - \omega^2)^2 + (a_1\omega)^2]^2$，对于任何实数 $-\infty < \omega < +\infty$，$b_0(a_0 - \omega^2) + b_1 a_1 \omega^2 = (b_1 a_1 - b_0)\omega^2 + b_0 a_0 > 0$ 的条件是 $b_1 a_1 > b_0$，$b_1 a_1 > b_0$ 即为 $G_3(s) = (b_1 s + b_0)/(s^2 + a_1 s + a_0), a_1 > 0, a_0 > 0, b_1 > 0, b_0 > 0$ 严格正实的条件。

传递函数矩阵

$$G_4(s) = \frac{1}{s+1}\begin{bmatrix} 1 & 1 \\ 1 & 1 \end{bmatrix}$$

是正实的，因为它的所有元在右半开复平面上没有极点，且对于所有实数 $-\infty < \omega < +\infty$，矩阵

$$G_4(\mathrm{j}\omega) + G_4^{\mathrm{T}}(-\mathrm{j}\omega) = \frac{2}{\omega^2 + 1}\begin{bmatrix} 1 & 1 \\ 1 & 1 \end{bmatrix}$$

是半正定的 Hermite 矩阵。

传递函数矩阵

$$G_5(s) = \frac{1}{s+1}\begin{bmatrix} s+1 & 1 \\ -1 & 2s+1 \end{bmatrix}$$

是严格正实的，因为它的所有元在右半闭复平面上没有极点，且对于所有实数 $-\infty < \omega < +\infty$，矩阵

$$G_5(\mathrm{j}\omega) + G_5^{\mathrm{T}}(-\mathrm{j}\omega) = \frac{2}{\omega^2 + 1}\begin{bmatrix} \omega^2 + 1 & -\mathrm{j}\omega \\ \mathrm{j}\omega & 2\omega^2 + 1 \end{bmatrix}$$

是正定的 Hermite 矩阵。

2. 正实引理

定理 4.18 设 (A,B,C,D) 是传递函数矩阵 $G(s)$ 的最小实现，则

$$G(s)=D+C(sI-A)^{-1}B$$

为正实传递函数矩阵的充分必要条件，是存在对称正定矩阵 P 、矩阵 K 和 L ，使得

$$\begin{aligned}&A^{\mathrm{T}}P+PA=-L^{\mathrm{T}}L\\&B^{\mathrm{T}}P+K^{\mathrm{T}}L=C\\&K^{\mathrm{T}}K=D+D^{\mathrm{T}}\end{aligned} \tag{4.43}$$

同时成立。

定理 4.19［卡尔曼-雅库波维奇-波波夫(Kalman-Yakubovich-Popov)］ 设 (A,B,C,D) 是传递函数矩阵 $G(s)$ 的最小实现，则

$$G(s)=D+C(sI-A)^{-1}B$$

为严格正实传递函数矩阵的充分必要条件，是存在对称正定矩阵 P 、矩阵 L 和 K 以及标量 $\mu>0$ (或者对称正定矩阵 Q)，使得

$$\begin{aligned}&A^{\mathrm{T}}P+PA=-L^{\mathrm{T}}L-2\mu P=-Q\\&B^{\mathrm{T}}P+K^{\mathrm{T}}L=C\\&K^{\mathrm{T}}K=D+D^{\mathrm{T}}\end{aligned} \tag{4.44}$$

同时满足。

对于没有直接传输矩阵的系统 $D=0$ ，由 $K^{\mathrm{T}}K=0$ 可推出 $K=0$ ，上述两定理的条件变为

$$\begin{aligned}&A^{\mathrm{T}}P+PA=-L^{\mathrm{T}}L\\&B^{\mathrm{T}}P=C\end{aligned} \tag{4.45}$$

和

$$\begin{aligned}&A^{\mathrm{T}}P+PA=-L^{\mathrm{T}}L-2\mu P=-Q\\&B^{\mathrm{T}}P=C\end{aligned} \tag{4.46}$$

3. 关于绝对稳定性问题的主要结果

绝对稳定性理论研究的是图4.7所示含有非线性孤立部分的系统，根据这一理论，设计者只需对系统前向线性定常方框进行适当的设计，便可保证系统对于满足一定约束条件的非线性反馈方框是全局渐近稳定的，而不用去过多地关心非线性反馈方框的细节。

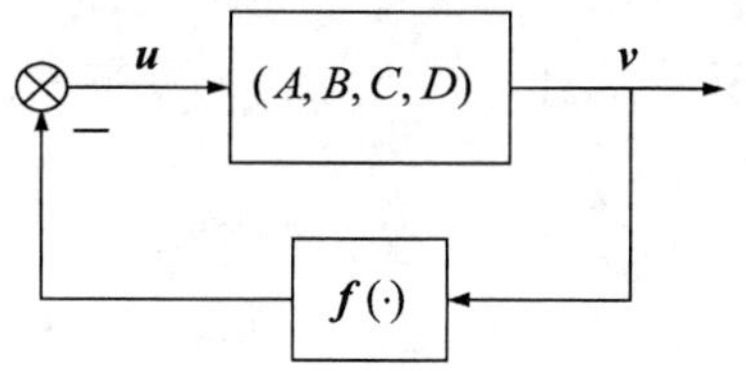

图 4.7 含有非线性孤立部分的系统框图

在图 4.7 所示含有非线性孤立部分的反馈系统中，设线性前向方框的状态方程描述为

$$\begin{aligned}\dot{\boldsymbol{x}}&=A\boldsymbol{x}+B\boldsymbol{u}\\\boldsymbol{v}&=C\boldsymbol{x}+D\boldsymbol{u}\end{aligned} \tag{4.47}$$

式中，$A\in R^{n\times n},B\in R^{n\times m},C\in R^{m\times n},D\in R^{m\times m},\boldsymbol{x}\in R^{n},\boldsymbol{u}\in R^{m},\boldsymbol{v}\in R^{m}$ 。非线性反馈方框的向量函数 $\boldsymbol{f}$ 是 m 维静态非储能函数，它的第 i 个分量只依赖于 $\boldsymbol{v}$ 的第 i 个分量，满足约束条件

$$f_i(0,t)=0,\quad \alpha_i v_i^2<v_i f_i(v_i,t)<\beta_i v_i^2,\quad \forall v_i\neq 0(i=1,2,\cdots,m),\forall t \tag{4.48}$$

或者不依赖于时间，满足约束条件

$$f_i(0)=0,\quad \alpha_i v_i^2<v_i f_i(v_i)<\beta_i v_i^2,\quad \forall v_i\neq 0(i=1,2,\cdots,m) \tag{4.49}$$

即它们的输入输出特性处于某一开的扇形区域之内，如图 4.8 所示，其中(a)为$0<\alpha_i<\beta_i$的情况，(b)为$\alpha_i<0<\beta_i$的情况。

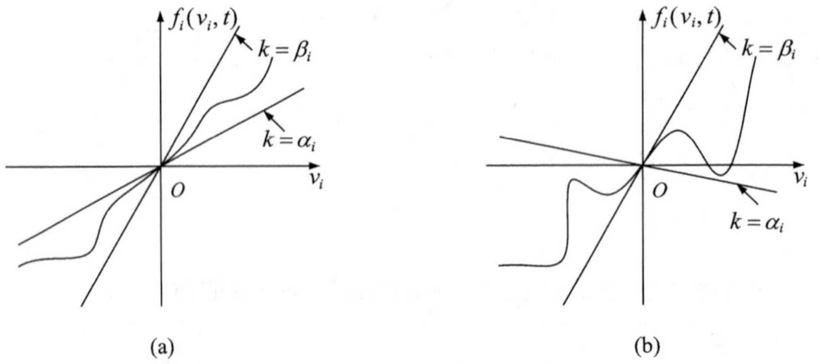

图 4.8　非线性特性及所在的扇形区域

记对角矩阵

$$\begin{aligned} K_1 &= \mathrm{diag}\{\alpha_1,\alpha_2,\cdots,\alpha_m\} \\ K_2 &= \mathrm{diag}\{\beta_1,\beta_2,\cdots,\beta_m\} \end{aligned} \tag{4.50}$$

显然$\boldsymbol{x}=0$是系统式(4.47)、式(4.48)或系统式(4.47)、式(4.49)的平凡解。将满足约束条件式(4.48)的非线性时变函数的全体记为函数类$F_1(K_1,K_2)$，满足约束条件式(4.49)的非线性定常函数的全体记为函数类$F_2(K_1,K_2)$，有如下定义。

定义 4.11　当系统式(4.47)、式(4.48)的平凡解$\boldsymbol{x}=0$是全局渐近稳定时，称系统式(4.47)、式(4.48)关于非线性时变函数类$F_1(K_1,K_2)$是绝对稳定的。

定义 4.12　当系统式(4.48)、式(4.49)的平凡解$\boldsymbol{x}=0$是全局渐近稳定时，称系统式(4.47)、式(4.49)关于非线性定常函数类$F_2(K_1,K_2)$是绝对稳定的。

当式(4.48)或式(4.49)中左边或右边的不等号取为等号时，或左、右两边的不等号都取为等号时，函数类相应地记为$F_1[K_1,K_2)$、$F_1(K_1,K_2]$、$F_1[K_1,K_2]$或$F_2[K_1,K_2)$、$F_2(K_1,K_2]$、$F_2[K_1,K_2]$。同样地，对于这些函数类，也有类似于定义 4.11 和定义 4.12 的绝对稳定性定义。

可以看出，绝对稳定性讨论的是图 4.7 所示系统，当非线性反馈特性属于一个函数类时，系统的全局稳定性，而非局部稳定性问题。另外，其充分必要条件即使存在，在处理实际问题时，对于某个具体的非线性特性，应用绝对稳定性也只能得到系统为稳定的充分条件，而非必要条件。

下面的定理 4.20 给出了至今为止有关绝对稳定性问题的主要研究结果。

定理 4.20　对于图 4.7 所示非线性反馈系统，记其中线性部分的传递函数矩阵为

$$W(s)=C(sI-A)^{-1}B+D$$

其中(A,B)能控，(A,C)能观，则

(1) 系统关于非线性时变函数类$F_1[0,\infty)$为绝对稳定的充分条件为传递函数矩阵$W(s)$是严格正实的。

(2) 系统关于非线性时变函数类$F_1[K_1,\infty)$为绝对稳定的充分条件为传递函数矩阵$W(s)[I+K_1W(s)]^{-1}$是严格正实的。

(3) 系统关于非线性时变函数类 $F_1[K_1, K_2]$ 为绝对稳定的充分条件为传递函数矩阵 $[I+K_2W(s)][I+K_1W(s)]^{-1}$ 是严格正实的，其中要求 $K=K^{\mathrm{T}}=K_2-K_1>0$。

证明 下面首先就非线性时变反馈向量函数属于函数类 $F_1[0,\infty)$ 的情况给出证明，然后再通过所谓环路变换的方法将结果推广到其他情况。

因为图 4.7 所示系统反馈通路中的非线性特性是静态无记忆的，所以整个系统的维数为 n。由传递函数矩阵

$$W(s)=C(sI-A)^{-1}B+D$$

严格正实，根据正实引理，存在正定对称矩阵 P、矩阵 L 和 W 以及标量 $\varepsilon>0$ 满足矩阵方程式(4.44)。取李雅普诺夫函数

$$V(\boldsymbol{x})=\frac{1}{2}\boldsymbol{x}^{\mathrm{T}}P\boldsymbol{x}$$

通过式(4.47)对时间求导数，并代入式(4.44)有

$$\begin{aligned}\dot{V}(\boldsymbol{x})&=\frac{1}{2}\boldsymbol{x}^{\mathrm{T}}P\dot{\boldsymbol{x}}+\frac{1}{2}\dot{\boldsymbol{x}}^{\mathrm{T}}P\boldsymbol{x}=\frac{1}{2}\boldsymbol{x}^{\mathrm{T}}(PA+A^{\mathrm{T}}P)\boldsymbol{x}+\boldsymbol{x}^{\mathrm{T}}PB\boldsymbol{u}\\&=-\frac{1}{2}\boldsymbol{x}^{\mathrm{T}}L^{\mathrm{T}}L\boldsymbol{x}-\frac{1}{2}\varepsilon\boldsymbol{x}^{\mathrm{T}}P\boldsymbol{x}+\boldsymbol{x}^{\mathrm{T}}(C^{\mathrm{T}}-L^{\mathrm{T}}W)\boldsymbol{u}\\&=-\frac{1}{2}\boldsymbol{x}^{\mathrm{T}}L^{\mathrm{T}}L\boldsymbol{x}-\frac{1}{2}\varepsilon\boldsymbol{x}^{\mathrm{T}}P\boldsymbol{x}+(C\boldsymbol{x}+D\boldsymbol{u})^{\mathrm{T}}\boldsymbol{u}-\boldsymbol{u}^{\mathrm{T}}D\boldsymbol{u}-\boldsymbol{x}^{\mathrm{T}}L^{\mathrm{T}}W\boldsymbol{u}\end{aligned}$$

由于 $\boldsymbol{u}^{\mathrm{T}}D\boldsymbol{u}=\frac{1}{2}\boldsymbol{u}^{\mathrm{T}}(D+D^{\mathrm{T}})\boldsymbol{u}$，再利用式(4.44)的最后一个等式，有

$$\dot{V}(\boldsymbol{x})=-\frac{1}{2}\varepsilon\boldsymbol{x}^{\mathrm{T}}P\boldsymbol{x}-\frac{1}{2}(L\boldsymbol{x}+W\boldsymbol{u})^{\mathrm{T}}(L\boldsymbol{x}+W\boldsymbol{u})+(C\boldsymbol{x}+D\boldsymbol{u})^{\mathrm{T}}\boldsymbol{u}$$

代入 $\boldsymbol{u}=-\boldsymbol{f}(t,\boldsymbol{v})$ 有

$$\dot{V}(\boldsymbol{x})=-\frac{1}{2}\varepsilon\boldsymbol{x}^{\mathrm{T}}P\boldsymbol{x}-\frac{1}{2}(L\boldsymbol{x}+W\boldsymbol{u})^{\mathrm{T}}(L\boldsymbol{x}+W\boldsymbol{u})-\boldsymbol{v}^{\mathrm{T}}\boldsymbol{f}(t,\boldsymbol{v})$$

因为 $(L\boldsymbol{x}+W\boldsymbol{u})^{\mathrm{T}}(L\boldsymbol{x}+W\boldsymbol{u})\geqslant 0$，非线性特性满足 $\boldsymbol{v}^{\mathrm{T}}\boldsymbol{f}(t,\boldsymbol{v})>0$，所以有

$$\dot{V}(\boldsymbol{x})\leqslant-\frac{1}{2}\varepsilon\boldsymbol{x}^{\mathrm{T}}P\boldsymbol{x}<0$$

说明原点是全局渐近稳定的。

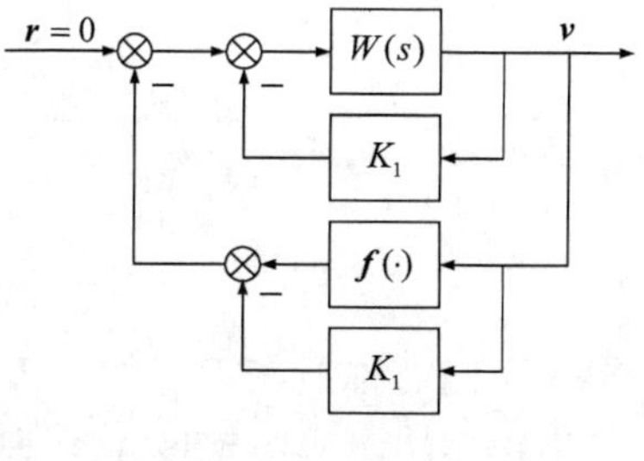

图 4.9 回路变换

对于反馈向量函数属于非线性时变函数类 $F_1[K_1,\infty)$ 的情况，采用图 4.9 所示的回路变换，因为新增的反馈通路的前馈作用和前向通路的反馈作用相互抵消，故变换前后系统的稳定性问题是等价的。回路变换后，等效的非线性反馈方框 $\boldsymbol{f}(t,\boldsymbol{v})-K_1\in F_1[0,\infty)$，等效的前向通道的传递函数为 $W(s)[I+K_1W(s)]^{-1}$，能控性和能观性也不会因输出反馈发生改变，应用上面得到的结果，当等效的前向通道的传递函数矩阵 $W(s)[I+K_1W(s)]^{-1}$ 严格正实时，原点是全局渐近稳定的。

对于反馈向量函数属于非线性时变函数类 $F_1[K_1,K_2]$ 的情况，由于 $K=K^{\mathrm{T}}=K_2-K_1>0$，通过图 4.10(a) 所示的回路变换，有 $\boldsymbol{f}(t,\boldsymbol{v})-K_1\in F_1[0,K_2-K_1]=F_1[0,K]$，$(\boldsymbol{f}(t,\boldsymbol{v})-K_1)K^{-1}\in F_1[0,I]$，再经过图 4.10(b)所示的单位正反馈变换后，等效的反馈向量函

数属于函数类 $F_1[0,\infty)$。同样，图 4.10 所示的变换不改变前向通道的能控性和能观性，应用上面得到的结果，当等效的前向通道的传递函数矩阵

$$
\begin{aligned}
&I+KW(s)\left[I+K_1W(s)\right]^{-1} \\
&=\left[I+K_1W(s)+(K_2-K_1)W(s)\right]\left[I+K_1W(s)\right]^{-1} \\
&=\left[I+K_2W(s)\right]\left[I+K_1W(s)\right]^{-1}
\end{aligned}
$$

严格正实时，原点是全局渐近稳定的。证毕。

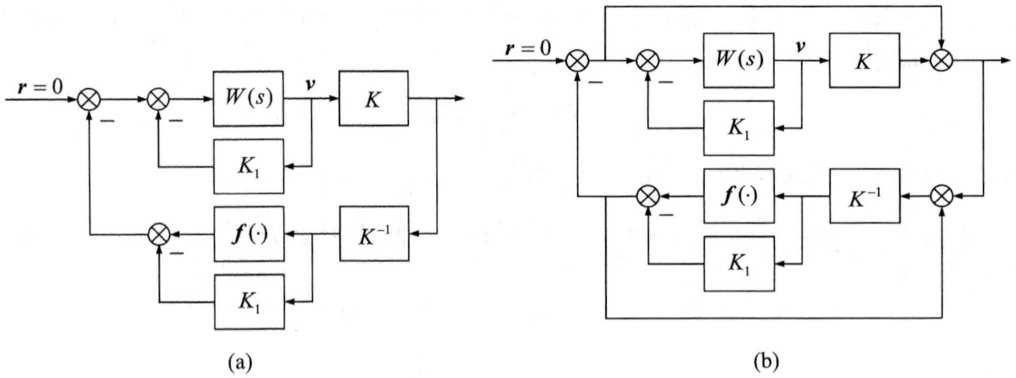

图 4.10　回路变换

定理 4.20 给出了绝对稳定性问题的一个充分条件，当上述条件满足时，所述系统是绝对稳定的，而当上述条件得不到满足时，无法得到所述系统为稳定或不稳定的任何结论。

如果定理 4.20 中关于反馈非线性向量函数的扇区条件只在原点附近的某个邻域内满足，则所述系统在该邻域内部是渐近稳定的。

例 4.26　某含有非线性孤立部分的反馈系统如图 4.7 所示。其中，前向线性系统的状态空间描述为

$$
\dot{\boldsymbol{x}}=\begin{bmatrix}-1 & 0\\ 0 & -3\end{bmatrix}\boldsymbol{x}+\begin{bmatrix}1\\1\end{bmatrix}u
$$

$$
v=\begin{bmatrix}0.5 & 0.5\end{bmatrix}\boldsymbol{x}
$$

反馈非线性特性 $f(t,v)\in F_1(0,\infty)$。试解矩阵方程组

$$
\begin{aligned}
&PA+A^{\mathrm{T}}P=-L^{\mathrm{T}}L-\varepsilon P \\
&PB=C^{\mathrm{T}}-L^{\mathrm{T}}W \\
&W^{\mathrm{T}}W=D+D^{\mathrm{T}}
\end{aligned}
$$

得到正定对称矩阵 P、矩阵 L 和 W 以及标量 $\varepsilon>0$ 的某个解，验证系统线性部分传递函数是严格正实的，应用定理 4.20 说明系统的稳定性。

解　系统的前向线性方框 $A=\begin{bmatrix}-1 & 0\\ 0 & -3\end{bmatrix}$，$\boldsymbol{b}=\begin{bmatrix}1\\1\end{bmatrix}$，$\boldsymbol{c}^{\mathrm{T}}=\begin{bmatrix}0.5 & 0.5\end{bmatrix}$，$D=0$，因此有 $W=0$，故只需解矩阵方程

$$
\begin{aligned}
&PA+A^{\mathrm{T}}P=-L^{\mathrm{T}}L-\varepsilon P \\
&P\boldsymbol{b}=\boldsymbol{c}
\end{aligned}
$$

其中 $P\boldsymbol{b}=\boldsymbol{c}$ 即

$$\begin{bmatrix} p_{11} & p_{12} \\ p_{12} & p_{22} \end{bmatrix}\begin{bmatrix} 1 \\ 1 \end{bmatrix}=\begin{bmatrix} 0.5 \\ 0.5 \end{bmatrix}$$

有

$$p_{11}+p_{12}=0.5$$
$$p_{12}+p_{22}=0.5$$

得到 $p_{11}=p_{22}$。取 $p_{11}=p_{22}=0.5$，有 $p_{12}=0$。从

$$\begin{bmatrix} 0.5 & 0 \\ 0 & 0.5 \end{bmatrix}\begin{bmatrix} -1 & 0 \\ 0 & -3 \end{bmatrix}+\begin{bmatrix} -1 & 0 \\ 0 & -3 \end{bmatrix}\begin{bmatrix} 0.5 & 0 \\ 0 & 0.5 \end{bmatrix}=\begin{bmatrix} -1 & 0 \\ 0 & -3 \end{bmatrix}$$
$$=-\begin{bmatrix} l_1 \\ l_2 \end{bmatrix}\begin{bmatrix} l_1 & l_2 \end{bmatrix}-2\begin{bmatrix} 0.5 & 0 \\ 0 & 0.5 \end{bmatrix}=-\begin{bmatrix} l_1l_1+1 & l_1l_2 \\ l_1l_2 & l_2l_2+1 \end{bmatrix}$$

得 $l_1=0$，$l_2=\sqrt{2}$，$\varepsilon=2$。根据正实引理，系统 $(A,\boldsymbol{b},\boldsymbol{c}^{\mathrm{T}})$ 是严格正实的。根据定理 4.20，系统是全局渐近稳定的。

对于单变量的情况，定理 4.20 的条件可以用图解法通过绘制奈奎斯特(Nyquist)频率特性曲线来验证，即有所谓圆判据，现叙述如下。

在图 4.7 所示系统中，设 $m=1$，$f(t,v)\in F_1[\alpha,\beta]$，则标量传递函数

$$Z(s)=\frac{1+\beta W(s)}{1+\alpha W(s)}$$

严格正实时，图 4.7 所示系统是绝对稳定的。$Z(s)$ 严格正实要求 $Z(s)$ 是 Hurwitz 的，且

$$\mathrm{Re}\left[\frac{1+\beta W(\mathrm{j}\omega)}{1+\alpha W(\mathrm{j}\omega)}\right]>0,\quad \forall\omega\in(-\infty,\infty) \tag{4.51}$$

把上述条件和奈奎斯特频率特性曲线 $W(\mathrm{j}\omega)$ 联系起来，需分三种情况进行讨论。

(1) $0<\alpha<\beta$ 的情况。此时将式(4.51)的条件重新写为

$$\mathrm{Re}\left[\frac{1/\beta+W(\mathrm{j}\omega)}{1/\alpha+W(\mathrm{j}\omega)}\right]>0,\quad \forall\omega\in(-\infty,\infty)$$

即要求满足相角条件

$$\left|\angle\left[\frac{1/\beta+W(\mathrm{j}\omega)}{1/\alpha+W(\mathrm{j}\omega)}\right]\right|=\left|\angle[1/\beta+W(\mathrm{j}\omega)]-\angle[1/\alpha+W(\mathrm{j}\omega)]\right|<\frac{\pi}{2},\quad \forall\omega\in(-\infty,\infty)$$

也即由点 $(-1/\beta,\mathrm{j}0)$ 和点 $(-1/\alpha,\mathrm{j}0)$ 指向频率特性曲线 $W(\mathrm{j}\omega)$ 上任意一点 q 的两条矢量间的夹角小于 $\pi/2$ (两个复数的幅角差小于 $\pi/2$ 时，这两个复数比值的实部就是正的)。定义 $D(\alpha,\beta)$ 为复平面上通过点 $(-1/\alpha,\mathrm{j}0)$ 和点 $(-1/\beta,\mathrm{j}0)$ 直径为 $1/\alpha-1/\beta$ 的闭圆盘，如图 4.11 (a)所示。容易看出，只要点 q 在圆盘 $D(\alpha,\beta)$ 之外，就有 $|\theta_1-\theta_1|<\pi/2$。另一方面，显然若 $W(s)/[1+\alpha W(s)]$ 是 Hurwitz 的，则 $[1+\beta W(s)]/[1+\alpha W(s)]$ 也是 Hurwitz 的。根据 Nyquist 判据，当且仅当频率特性曲线 $W(\mathrm{j}\omega)$ 不经过 $(-1/\alpha,\mathrm{j}0)$ 点，且逆时针方向环绕 $(-1/\alpha,\mathrm{j}0)$ 点 p 次，p 为 $W(s)$ 在右半开复平面中极点的个数，则 $W(s)/[1+\alpha W(s)]$ 是 Hurwitz 的。因而，如果频率特性曲线 $W(\mathrm{j}\omega)$ 不进入到圆盘 $D(\alpha,\beta)$ 内，且逆时针方向环绕该圆盘 p 周，则定理 4.20 中的条件满足。

(2) $0=\alpha<\beta$ 的情况。定理要求 $1+\beta W(s)$ 是 Hurwitz 的，也即 $W(s)$ 是 Hurwitz 的，且

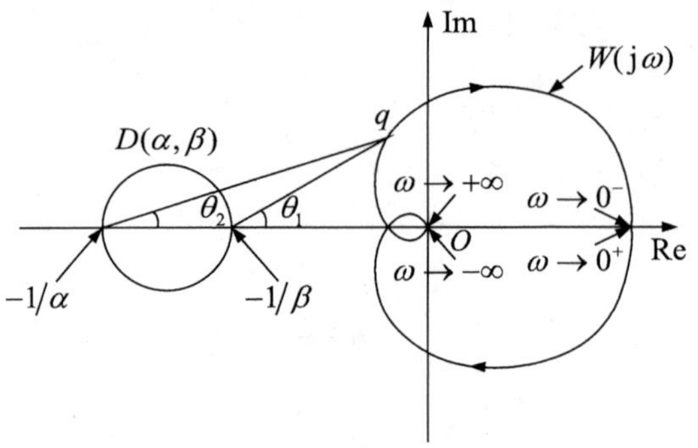

(a) $0<\alpha<\beta$ 的情况

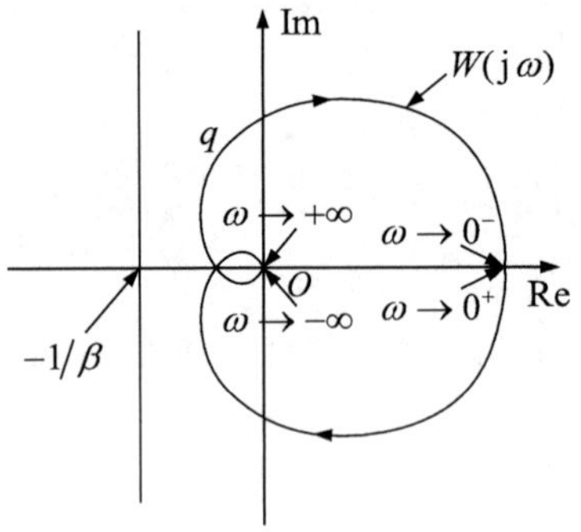

(b) $0=\alpha<\beta$ 的情况

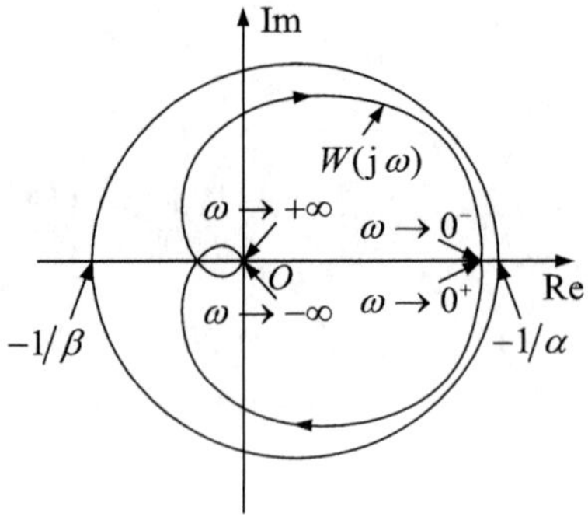

(c) $\alpha<0<\beta$ 的情况

图 4.11　圆盘区域的定义

$$\mathrm{Re}\big[1+\beta W(\mathrm{j}\omega)\big]>0,\quad \forall\omega\in(-\infty,\infty)$$

上式可重写为

$$\mathrm{Re}\big[W(\mathrm{j}\omega)\big]>-\frac{1}{\beta},\quad \forall\omega\in(-\infty,\infty)$$

即频率特性曲线 $W(\mathrm{j}\omega)$ 位于垂直线 $\mathrm{Re}[s]=-1/\beta$ 的右侧，如图 4.11(b)所示。

(3) $\beta>0>\alpha$ 的情况。在这种情况下，式(4.51)的条件相当于

$$\mathrm{Re}\left[\frac{1/\beta+W(\mathrm{j}\omega)}{1/\alpha+W(\mathrm{j}\omega)}\right]<0,\quad \forall\omega\in(-\infty,\infty) \tag{4.52}$$

其中不等号改变方向的原因，是因为从式(4.51)变换到式(4.52)时，不等式两侧均乘以 β/α，此时 β/α 是个负数，于是相角条件变为

$$\left|\angle\left[\frac{1/\beta+W(\mathrm{j}\omega)}{1/\alpha+W(\mathrm{j}\omega)}\right]\right|=\left|\angle\big[1/\beta+W(\mathrm{j}\omega)\big]-\angle\big[1/\alpha+W(\mathrm{j}\omega)\big]\right|>\frac{\pi}{2},\quad \forall\omega\in(-\infty,\infty)$$

重复前面的论述，容易得到，此时频率特性曲线 $W(\mathrm{j}\omega)$ 应全部位于圆盘 $D(\alpha,\beta)$ 的内部，因而也就不可能环绕 $(-1/\alpha,\mathrm{j}0)$ 点，如图 4.11(c)所示。根据 Nyquist 判据，此时要求 $W(s)/[1+\alpha W(s)]$ 是 Hurwitz 的，也就要求 $W(s)$ 是 Hurwitz 的。

综上所述，有如下系统为绝对稳定的圆判据。

定理 4.21(圆判据)　对于图 4.7 所示非线性反馈标量系统，记其中线性部分的传递函数为

$$W(s) = \boldsymbol{c}^{\mathrm{T}}(sI - A)^{-1}\boldsymbol{b} + d$$

且 $(A,\boldsymbol{b})$ 能控，$(A,\boldsymbol{c}^{\mathrm{T}})$ 能观，非线性时变反馈函数 $f(t,v) \in F_1[\alpha,\beta]$，则满足下面的条件之一，系统就是绝对稳定的。

(1) 如果 $0<\alpha<\beta$，频率特性曲线 $W(\mathrm{j}\omega)$ 不进入到圆盘 $D(\alpha,\beta)$ 内，且逆时针方向环绕该圆盘 p 周，其中 p 为 $W(s)$ 在右半开复平面中极点的个数。

(2) 如果 $0=\alpha<\beta$，$W(s)$ 是 Hurwitz 的，且频率特性曲线 $W(\mathrm{j}\omega)$ 位于垂直线 $\mathrm{Re}[s]=-1/\beta$ 的右侧。

(3) 如果 $\alpha<0<\beta$，$W(s)$ 是 Hurwitz 的，且频率特性曲线 $W(\mathrm{j}\omega)$ 位于圆盘 $D(\alpha,\beta)$ 的内部。

同样，若定理 4.21 中关于反馈非线性函数的扇区条件只在原点附近的某个邻域内满足，则系统在该邻域内部是渐近稳定的。

圆判据给出了仅通过频率特性曲线 $W(\mathrm{j}\omega)$ 就可以判定图 4.7 非线性系统稳定性的方法，这一点在实际中很重要。频率特性曲线可以通过实验数据得到，给定系统线性部分的频率特性曲线，就可以确定使系统绝对稳定所允许的非线性特性所在的扇形区域。请看下面的例题。

例 4.27 某非线性系统经过等效变换后如图 4.12(a) 所示。

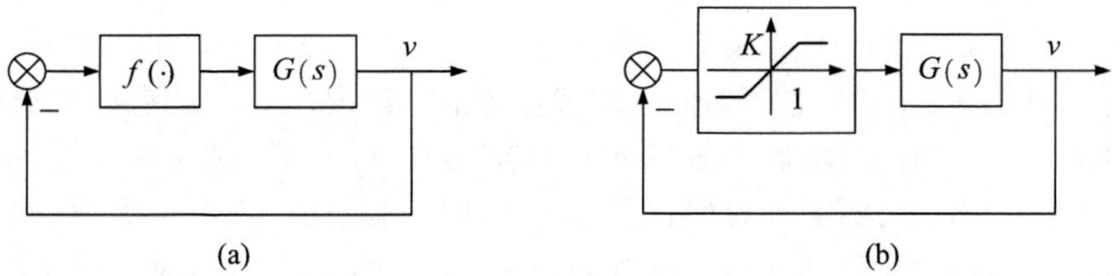

图 4.12 例 4.27 的系统框图

对于操作非线性 $f(t,v) \in F_1(\alpha,\beta)$ 的情况，设系统线性方框的传递函数为

$$G(s) = \frac{4}{(s+1)\left(\frac{1}{2}s+1\right)\left(\frac{1}{3}s+1\right)}$$

或

$$G(s) = \frac{4}{(s-1)\left(\frac{1}{2}s+1\right)\left(\frac{1}{3}s+1\right)}$$

两种情况，试对系统的全局渐近稳定性进行讨论。对于操作非线性为饱和特性的情况，如图 4.12(b) 所示，系统线性方框的传递函数同样取上述两种情况，试讨论系统原点的稳定性。

解 将操作非线性等效到反馈通路，应用圆判据判定系统的稳定性。

对于图 4.12(a) 所示 $f(t,v) \in F_1(\alpha,\beta)$，线性方框的传递函数

$$G(s) = \frac{4}{(s+1)\left(\frac{1}{2}s+1\right)\left(\frac{1}{3}s+1\right)}$$

的情况，因为$G(s)$没有右半闭平面的极点，是 Hurwitz 的，对应于圆判据中的第三种情况，非线性特性所属扇区的下限参数α可以是负的，圆盘$D(\alpha,\beta)$应将$G(j\omega)$曲线包围在它的内部，绘制$G(j\omega)$曲线如图 4.13(a)所示。显然，圆盘$D(\alpha,\beta)$的选择不是唯一的。如果圆盘$D(\alpha,\beta)$的圆心位于复平面的原点，则圆判据要求$|G(j\omega)|<1/\beta$。观察$G(j\omega)$曲线可以看出，$|G(j\omega)|$随频率ω的增大在减小，最大值为$|G(j0)|=G(j0)=4$，故有$\beta<0.25$，得到圆盘$D(-1/4,1/4)$，$G(j\omega)$曲线在它的内部，即当$f(t,v)\in F_1(-0.25,0.25)$时，闭环系统是全局渐近稳定的，如图 4.13(a)所示。进一步将圆盘$D(\alpha,\beta)$的圆心置于$1.5+j0$点，具体计算可知$1.5+j0$点到$G(j\omega)$曲线的最大距离是 2.834，故将圆盘的半径选为 2.9，得到圆盘$D(-1/4.4,1/1.4)$，$G(j\omega)$曲线在它的内部，即当$f(t,v)\in F_1(-0.227,0.714)$时，闭环系统是全局渐近稳定的，如图 4.13(b)所示。可以看出，通过对扇形区域下限的一点让步，可以换取其上限的明显改善。

对于图 4.12(a)所示$f(t,v)\in F_1(\alpha,\beta)$，线性方框的传递函数

$$G(s)=\frac{4}{(s-1)\left(\frac{1}{2}s+1\right)\left(\frac{1}{3}s+1\right)}$$

的情况，因为$G(s)$在右半开平面有一个极点，不是 Hurwitz 的，对应于圆判据中的第一种情况，非线性特性所属扇区的下限参数α必须大于零，绘制$G(j\omega)$曲线如图 4.13(c)所示，选择合适的α和β，使圆盘$D(\alpha,\beta)$位于$G(j\omega)$曲线左边的一瓣内，例如，将圆心置于点$-3.2+j0$，选择半径为 0.168，得到圆盘$D(0.2969,0.3298)$，$G(j\omega)$曲线逆时针方向环绕圆盘$D(0.2969,0.3298)$一圈(若圆盘$D(\alpha,\beta)$位于$G(j\omega)$曲线右边的一瓣内，则$G(j\omega)$曲线将顺时针方向环绕圆盘一圈，是不可取的)，即当$f(t,v)\in F_1(0.2969,0.3298)$时，闭环系统是全局渐近稳定的，如图 4.13(c)所示。

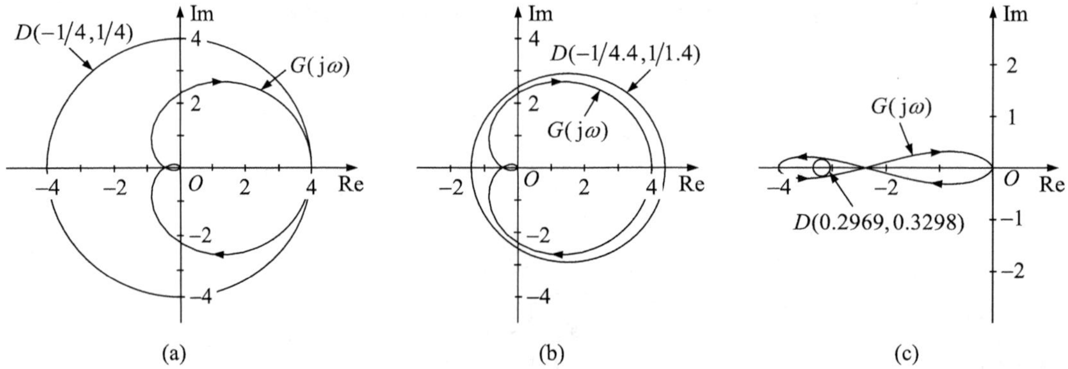

图 4.13　应用圆判据解例 4.27

对于图 4.12(b)所示操作非线性为饱和特性，属于扇区$[\alpha=0,\beta=1]$，线性方框的传递函数

$$G(s)=\frac{4}{(s+1)\left(\frac{1}{2}s+1\right)\left(\frac{1}{3}s+1\right)}$$

的情况，$G(s)$没有右半闭平面的极点，是 Hurwitz 的，对应于圆判据中的第二种情况。因为$G(j\omega)$实部的最小值为-0.857，$G(j\omega)$曲线位于$\mathrm{Re}[s]=-1/\beta=-1$的右侧，故闭环系统是全

局渐近稳定的。

对于图 4.12(b)所示操作非线性为饱和特性，属于扇区 $[\alpha=0,\beta=1]$，线性方框的传递函数

$$G(s)=\frac{4}{(s-1)\left(\frac{1}{2}s+1\right)\left(\frac{1}{3}s+1\right)}$$

的情况，$G(s)$ 在右半开平面有一个极点，不是 Hurwitz 的，对应于圆判据中的第一种情况。因为非线性特性不属于扇区 $[0.2969,0.3298]$，故无法得到闭环系统原点为渐近稳定的结论。实际上，在原点附近，饱和特性不起作用，这时 $G(s)$ 在单位反馈作用下的闭环系统是不稳定的，说明这种情况下原点不可能是系统渐近稳定的工作点。

圆判据可以应用于非线性函数为时变的场合，但得到的系统为绝对稳定的条件相对保守。下面给出的 Popov 判据，适用于反馈通路的非线性函数为定常的场合，得到的系统为绝对稳定的判定条件保守性要相对弱一些。

Popov 判据处理的是式(4.47)和式(4.49)系统绝对稳定性问题的一个特例，即系统线性定常方框的直接传输矩阵 $D=0$，状态空间描述为

$$\begin{aligned}\dot{\boldsymbol{x}}&=A\boldsymbol{x}+B\boldsymbol{u}\\\boldsymbol{v}&=C\boldsymbol{x}\end{aligned}\tag{4.53}$$

式中，$A\in R^{n\times n},B\in R^{n\times m},C\in R^{m\times n},\boldsymbol{x}\in R^n,\boldsymbol{u}\in R^m,\boldsymbol{v}\in R^m$，传递函数矩阵

$$W(s)=C(sI-A)^{-1}B\tag{4.54}$$

的每一个元素都是严格真有理分式，反馈向量函数为静态非线性定常，且 $\boldsymbol{f}(\boldsymbol{v})\in F_2[0,K]$，$K=\mathrm{diag}(k_1,k_2,\cdots,k_m)>0$ 的情况，如图 4.14(a)所示，下面的定理 4.22 给出了该系统为绝对稳定的充分条件。

定理 4.22 对于图 4.14(a)所示非线性反馈系统，设 (A,B,C) 是 $W(s)=C(sI-A)^{-1}B$ 的能控能观实现，$\boldsymbol{f}(\boldsymbol{v})\in F_2[0,K]$，$K=\mathrm{diag}(k_1,k_2,\cdots,k_m)>0$。如果存在矩阵 $\varGamma=\mathrm{diag}(\gamma_1,\gamma_2,\cdots,\gamma_{\mathrm{m}})\geqslant 0$ 和矩阵 $M=\mathrm{diag}(1/k_1,1/k_2,\cdots,1/k_m)$，其中对于 A 的每个特征值 $\lambda_i(i=1,2,\cdots,n)$，$1+\lambda_i\gamma_j\neq 0(i=1,2,\cdots,n,j=1,2,\cdots,m)$（即 $-\gamma_j$（$j=1,2,\cdots,m$）不是传递函数矩阵 $W(s)$ 的任何一个极点），使得传递函数矩阵 $M+(I+s\varGamma)W(s)$ 是严格正实的，则系统是绝对稳定的。

证明 首先来看 $W(s)$ 与 $M+(I+s\varGamma)W(s)$ 的关系。已知 (A,B,C) 是 $W(s)$ 的能控能观实现，因为

$$\begin{aligned}M+(I+s\varGamma)W(s)&=M+(I+s\varGamma)C(sI-A)^{-1}B\\&=M+C(sI-A)^{-1}B+\varGamma Cs(sI-A)^{-1}B\\&=M+C(sI-A)^{-1}B+\varGamma C(sI-A+A)(sI-A)^{-1}B\\&=M+\varGamma CB+(C+\varGamma CA)(sI-A)^{-1}B\end{aligned}$$

所以 $(\tilde{A}=A,\tilde{B}=B,\tilde{C}=C+\varGamma CA,\tilde{D}=M+\varGamma CB)$ 是 $M+(I+s\varGamma)W(s)$ 的一个实现。显然 $(\tilde{A},\tilde{B},\tilde{C},\tilde{D})$ 与 (A,B,C) 是同维数的实现，而且也是能控的。而从定理所给条件，设 λ_i 是 A 的一个特征值，$\boldsymbol{v}_i$ 为相应的特征向量，则有

$$(C+\Gamma CA)\boldsymbol{v}_i=(C+\Gamma C\lambda_i)\boldsymbol{v}_i=(I+\lambda_i\Gamma)C\boldsymbol{v}_i$$

$(1+\lambda_i\gamma_k)\neq 0,(i,k=1,2,\cdots,m)$ 保证 (A,C) 能观时 $(\tilde{A},\tilde{C})$ 也是能观的。故得到在满足定理要求的条件时，$(\tilde{A},\tilde{B},\tilde{C},\tilde{D})$ 是 $M+(I+s\Gamma)W(s)$ 的最小实现。

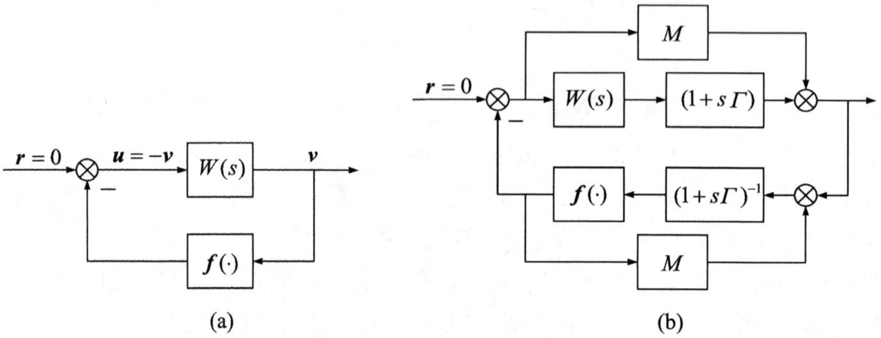

图 4.14　Popov 判据处理的系统

根据正实引理，如果 $M+(I+s\Gamma)W(s)$ 是严格正实的，则对于它的最小实现 $(\tilde{A},\tilde{B},\tilde{C},\tilde{D})$ 有正定对称矩阵 P、矩阵 L 和 W 及常数 $\varepsilon>0$，使得

$$\begin{aligned}&P\tilde{A}+\tilde{A}^{\mathrm{T}}P=PA+A^{\mathrm{T}}P=-L^{\mathrm{T}}L-\varepsilon P\\&P\tilde{B}=PB=\tilde{C}^{\mathrm{T}}-L^{\mathrm{T}}W=(C+\Gamma CA)^{\mathrm{T}}-L^{\mathrm{T}}W\\&W^{\mathrm{T}}W=\tilde{D}+\tilde{D}^{\mathrm{T}}=2M+\Gamma CB+B^{\mathrm{T}}C^{\mathrm{T}}\Gamma\end{aligned}\tag{4.55}$$

同时满足。

对图 4.14(a)所示系统，取二次型加非线性特性积分的李雅普诺夫函数

$$V(\boldsymbol{x})=\frac{1}{2}\boldsymbol{x}^{\mathrm{T}}P\boldsymbol{x}+\sum_{i=1}^{m}\gamma_i\int_0^{v_i}f_i(\sigma)\mathrm{d}\sigma\tag{4.56}$$

其中，非线性特性积分的第 i 项是其积分上限即系统输出 $\boldsymbol{v}=C\boldsymbol{x}$ 的第 i 个分量的函数，而输出 $\boldsymbol{v}$ 的每个分量都是系统状态的线性组合，故上述二次型加非线性特性积分的李雅普诺夫函数 $V(\boldsymbol{x})$ 仍是 n 维状态向量 $\boldsymbol{x}$ 的函数。因为非线性特性曲线位于Ⅰ、Ⅲ象限且过原点，当 $\boldsymbol{x}\neq 0$ 时，无论 v_i 是正是负还是零，都有 $\gamma_i\int_0^{v_i}f_i(\sigma)\mathrm{d}\sigma\geqslant 0$，当 $\boldsymbol{x}=0$ 时，$v_i=0$，$\int_0^{0}f_i(\sigma)\mathrm{d}\sigma=0$。$P$ 为满足式(4.55)的正定对称矩阵，故李雅普诺夫函数式(4.56)正定，它通过系统式(4.53)对时间的导数为

$$\begin{aligned}\dot{V}(\boldsymbol{x})&=\frac{1}{2}\boldsymbol{x}^{\mathrm{T}}P\dot{\boldsymbol{x}}+\frac{1}{2}\dot{\boldsymbol{x}}^{\mathrm{T}}P\boldsymbol{x}+\boldsymbol{f}^{\mathrm{T}}(\boldsymbol{v})\Gamma\dot{\boldsymbol{v}}\\&=\frac{1}{2}\boldsymbol{x}^{\mathrm{T}}(PA+A^{\mathrm{T}}P)\boldsymbol{x}+\boldsymbol{x}^{\mathrm{T}}PB\boldsymbol{u}+\boldsymbol{f}^{\mathrm{T}}(\boldsymbol{v})\Gamma C(A\boldsymbol{x}+B\boldsymbol{u})\end{aligned}$$

利用式(4.55)的第 1 式和第 2 式得到

$$\dot{V}(\boldsymbol{x})=-\frac{1}{2}\boldsymbol{x}^{\mathrm{T}}L^{\mathrm{T}}L\boldsymbol{x}+\boldsymbol{x}^{\mathrm{T}}(C^{\mathrm{T}}+A^{\mathrm{T}}C^{\mathrm{T}}\Gamma-L^{\mathrm{T}}W)\boldsymbol{u}+\boldsymbol{f}^{\mathrm{T}}(\boldsymbol{v})\Gamma C(A\boldsymbol{x}+B\boldsymbol{u})$$

将 $\boldsymbol{u}=-\boldsymbol{f}(\boldsymbol{v})$ 代入，再利用式(4.55)的第 3 式得到

$$
\begin{aligned}
\dot V(\boldsymbol{x}) &= -\frac{1}{2}\boldsymbol{x}^{\mathrm T}L^{\mathrm T}L\boldsymbol{x} - \frac{1}{2}\varepsilon\boldsymbol{x}^{\mathrm T}P\boldsymbol{x} + \boldsymbol{x}^{\mathrm T}(C^{\mathrm T} + A^{\mathrm T}C^{\mathrm T}\Gamma - L^{\mathrm T}W)\boldsymbol{u} - \boldsymbol{u}^{\mathrm T}\Gamma C(A\boldsymbol{x} + B\boldsymbol{u}) \\
&= -\frac{1}{2}\boldsymbol{x}^{\mathrm T}L^{\mathrm T}L\boldsymbol{x} - \frac{1}{2}\varepsilon\boldsymbol{x}^{\mathrm T}P\boldsymbol{x} + \boldsymbol{x}^{\mathrm T}(C^{\mathrm T} - L^{\mathrm T}W)\boldsymbol{u} - \boldsymbol{u}\Gamma CB\boldsymbol{u} - \boldsymbol{u}^{\mathrm T}M\boldsymbol{u} + \boldsymbol{u}^{\mathrm T}M\boldsymbol{u} \\
&= -\frac{1}{2}\boldsymbol{x}^{\mathrm T}L^{\mathrm T}L\boldsymbol{x} - \frac{1}{2}\varepsilon\boldsymbol{x}^{\mathrm T}P\boldsymbol{x} - \frac{1}{2}\boldsymbol{u}^{\mathrm T}(2M + \Gamma CB + B^{\mathrm T}C^{\mathrm T}\Gamma)\boldsymbol{u} + \boldsymbol{x}^{\mathrm T}(C^{\mathrm T} - L^{\mathrm T}W)\boldsymbol{u} + \boldsymbol{u}^{\mathrm T}M\boldsymbol{u} \\
&= -\frac{1}{2}\boldsymbol{x}^{\mathrm T}L^{\mathrm T}L\boldsymbol{x} - \frac{1}{2}\varepsilon\boldsymbol{x}^{\mathrm T}P\boldsymbol{x} - \frac{1}{2}\boldsymbol{u}^{\mathrm T}W^{\mathrm T}W\boldsymbol{u} - \boldsymbol{x}^{\mathrm T}L^{\mathrm T}W\boldsymbol{u} + \boldsymbol{x}^{\mathrm T}C^{\mathrm T}\boldsymbol{u} + \boldsymbol{u}^{\mathrm T}M\boldsymbol{u} \\
&= -\frac{1}{2}\varepsilon\boldsymbol{x}^{\mathrm T}P\boldsymbol{x} - \frac{1}{2}(L\boldsymbol{x} + W\boldsymbol{u})^{\mathrm T}(L\boldsymbol{x} + W\boldsymbol{u}) - \boldsymbol{f}^{\mathrm T}(\boldsymbol{v})\left[\boldsymbol{v} - M\boldsymbol{f}(\boldsymbol{v})\right] \leqslant -\frac{1}{2}\varepsilon\boldsymbol{x}^{\mathrm T}P\boldsymbol{x} < 0
\end{aligned}
$$

故原点是全局渐近稳定的。

另外，也可以对图 4.14(a)所示系统进行图 4.14(b)所示的回路变换，与图 4.10 采用的回路变换不同，图 4.14(b)所示的回路变换因为涉及 m 阶的动态系统 $(I + s\Gamma)^{-1}$，故变换前后的两个系统间只是输入输出等价的。但对图 4.14(b)变换后的系统，仍然可以选取式(4.56)作为李雅普诺夫函数，只是在这种情况下，式(4.56)中的非线性积分项是作为反馈通路非线性系统的李雅普诺夫函数出现的，为保证 $\sum_{i=1}^{m}\gamma_i\int_0^{v_i} f_i(\sigma)\mathrm{d}\sigma$ 的正定性，要求非线性向量函数 $\boldsymbol{f}(\boldsymbol{v}) \in F_2(0, K]$。

在很多应用中，为做到无差调节，系统开环传递函数常常包含有积分环节，定理 4.22 中 $M + (I + s\Gamma)W(s)$ 严格正实，要求 $W(s)$ 没有极点位于右半闭复平面，即要求 A 是 Hurwitz 的，这限制了它的应用。实际中，只要非线性特性位于Ⅰ、Ⅲ象限的某个开区间，即 $\boldsymbol{f}(\boldsymbol{v}) \in F_2(K_1, K_2)$，$K_2 > K_1 > 0$，且可以通过回路变换的方法稳定系统的线性方框，则上述问题就可以得到解决。

下面来看单变量系统的 Popov 判据，这时可以用图解法检验 $1/k + (1 + \gamma s)W(s)$ 的正实性。

记系统线性定常部分的传递函数的频率特性为

$$W(\mathrm{j}\omega) = U(\omega) + \mathrm{j}V(\omega)$$

即 $\mathrm{Re}\left[W(\mathrm{j}\omega)\right] = U(\omega)$，$\mathrm{Im}\left[W(\mathrm{j}\omega)\right] = V(\omega)$，如果 $W(s)$ 是 Hurwitz 的，且

$$\frac{1}{k} + U(\omega) - \gamma\omega V(\omega) > 0, \quad \forall\omega \in \left[-\infty, \infty\right] \tag{4.57}$$

则 $1/k + (1 + \gamma s)W(s)$ 是严格正实的。记 $\tilde W(\mathrm{j}\omega) = \tilde U(\omega) + \mathrm{j}\tilde V(\omega)$，为修正频率特性。在复平面 $[\tilde W]$ 上，即在以 $U(\omega)$ 作为横轴，$\omega V(\omega)$ 作为纵轴的复平面上，以 ω 作为参变量绘制的 $U(\omega)$ 与 $\omega V(\omega)$ 的关系曲线称为修正频率响应曲线，也称为 Popov 曲线，如图 4.15 所示。如果修正频率响应曲线位于以 $1/\gamma$ 为斜率，过 $(-1/k, 0)$ 点的直线的右侧，则式(4.57)的条件满足。以 $1/\gamma$ 为斜率过 $(-1/k, 0)$ 点的直线被称为 Popov 直线。

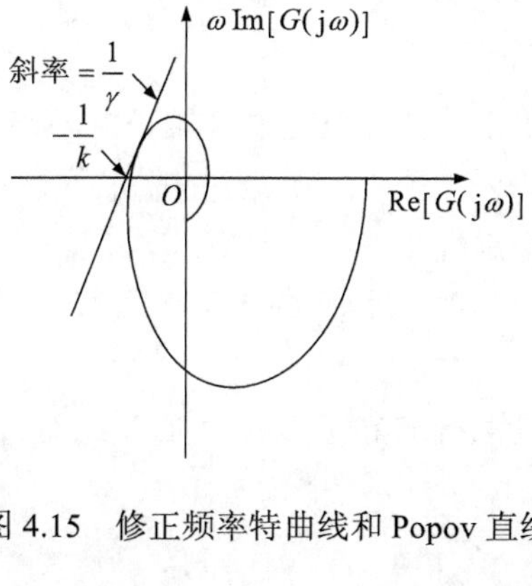

图 4.15　修正频率特曲线和 Popov 直线

当 $\gamma = 0$ 时，式(4.57)的条件退化为圆判据的条件 $\mathrm{Re}[W(\mathrm{j}\omega)] > -1/k$。这说明，对于同样的问题，应用 Popov 判据得到的系统稳定的条件往往比圆判据得到的条件保守性更小。

下面讨论一下修正频率响应曲线的一些特性。

因为$W(\mathrm{j}\omega)=\bar{W}(-\mathrm{j}\omega)$（上标“–”表示取共轭），频率特性$W(\mathrm{j}\omega)$的实部是频率$\omega$的偶函数，虚部是频率$\omega$的奇函数，既有$U(-\omega)=U(\omega)$，$V(-\omega)=-V(\omega)$，所以在复平面$[W]$上，频率特性$W(\mathrm{j}\omega)$ ω从$-\infty$变化到0的曲线与ω从0变化到$+\infty$的曲线关于实轴对称。修正频率特性$\tilde{W}(\mathrm{j}\omega)=U(\omega)+\mathrm{j}\omega V(\omega)$的实部是频率$\omega$的偶函数，虚部也是频率$\omega$的偶函数，既有$\mathrm{Re}[\tilde{W}(\mathrm{j}\omega)]=\tilde{U}(\omega)=\tilde{U}(-\omega)=U(\omega)$，$\mathrm{Im}[\tilde{W}(j\omega)]=\tilde{V}(\omega)=\tilde{V}(-\omega)=\omega V(\omega)=-\omega V(-\omega)$，所以在复平面$[\tilde{W}]$上，修正频率特性$\tilde{W}(j\omega)$ ω从$-\infty$变化到0的曲线与ω从0变化到$+\infty$的曲线是重合的。于是只需绘制ω从0变化到$+\infty$的修正频率特征曲线验证式(4.57)的条件即可。

从$\tilde{U}(\omega)=U(\omega)$，$\tilde{V}(\omega)=\omega V(\omega)$还可以看出，频率特性曲线$W(\mathrm{j}\omega)$和实轴相交时，修正频率特性曲线$\tilde{W}(\mathrm{j}\omega)$也和实轴相交于同一点，相交点上二曲线的频率值$\omega$相同。除实轴上的上述相交点外，二曲线只能在$\omega=1$时相交。

具体写出$\tilde{U}(\omega)$和$\tilde{V}(\omega)$的表达式有

$$\begin{aligned}\tilde{U}(\omega)&=U(\omega)=\mathrm{Re}\left[W(\mathrm{j}\omega)\right]\\&=\mathrm{Re}\left[\boldsymbol{c}^{\mathrm{T}}(\mathrm{j}\omega I-A)^{-1}\boldsymbol{b}\right]=\mathrm{Re}\left[\frac{\boldsymbol{c}^{\mathrm{T}}(-\mathrm{j}\omega I-A)\boldsymbol{b}}{\omega^2 I+A^2}\right]=-\boldsymbol{c}^{\mathrm{T}}A(\omega^2 I+A^2)^{-1}\boldsymbol{b}\\\tilde{V}(\omega)&=\omega V(\omega)=\omega\,\mathrm{Im}\left[W(\mathrm{j}\omega)\right]\\&=\omega\,\mathrm{Im}\left[\boldsymbol{c}^{\mathrm{T}}(\mathrm{j}\omega I-A)^{-1}\boldsymbol{b}\right]=\omega\,\mathrm{Im}\left[\frac{\boldsymbol{c}^{\mathrm{T}}(-\mathrm{j}\omega I-A)\boldsymbol{b}}{\omega^2 I+A^2}\right]=-\omega^2\boldsymbol{c}^{\mathrm{T}}(\omega^2 I+A^2)^{-1}\boldsymbol{b}\end{aligned}$$

如果A满秩，则$\tilde{W}(\mathrm{j}0)+\tilde{V}(\mathrm{j}0)=\boldsymbol{c}^{\mathrm{T}}A^{-1}\boldsymbol{b}+\mathrm{j}0$，$\tilde{W}(\mathrm{j}\infty)+\tilde{V}(\mathrm{j}\infty)=0+\mathrm{j}\boldsymbol{c}^{\mathrm{T}}\boldsymbol{b}$。所以，当$\omega=0$时，修正频率特性曲线$\tilde{W}(\mathrm{j}\omega)$起始于复平面实轴上的点$\boldsymbol{c}^{\mathrm{T}}A^{-1}\boldsymbol{b}+\mathrm{j}0$，当$\omega=+\infty$时，修正频率特性曲线$\tilde{W}(\mathrm{j}\omega)$终止于复平面虚轴上的点$0+\mathrm{j}\boldsymbol{c}^{\mathrm{T}}\boldsymbol{b}$。

了解上述特性，对快速准确地绘制修正频率特性曲线是有益的。在很多实际问题中，在给出系统参数$(A,\boldsymbol{b},\boldsymbol{c})$后，非线性特性$\boldsymbol{f}(\boldsymbol{v})\in F_2[0,k]$的参数并未确定，问题是要确定保证系统稳定最大可能的k值。应用Popov判据，上述设计问题容易得到解决，即在复平面上绘制出修正频率特性曲线$\tilde{W}(\mathrm{j}\omega)$，然后做一条Popov直线，使修正频率特性曲线在其右侧，并使Popov直线与实轴的交点$-1/k$尽可能地靠右，以得到尽可能大的k值。

例 4.28 对于单机无限大母线发电机系统，设标准化后的系统方程为

$$\ddot{\delta}+D\dot{\delta}=P_{\mathrm{i}}-P_{\mathrm{e}}$$
$$P_{\mathrm{e}}=\sin\delta$$

式中，δ对应发电机转子的同步角，P_{i}为发电机轴上输入的机械功率，P_{e}为发电机输出的电功率，$D>0$为系统的阻尼。试用Popov判据，讨论发电机转子同步角波动时自调节过程的稳定性。

解 系统的微分方程为

$$\ddot{\delta}+D\dot{\delta}+\sin\delta=P_{\mathrm{i}}$$

设系统的静态工作点在$P_{\mathrm{i}}=P_{\mathrm{i0}}$处，在静态工作点上机械功率和电磁功率平衡，即有

$$P_{\mathrm{i0}}=P_{\mathrm{e0}}$$
$$P_{\mathrm{e0}}=\sin\delta_0$$

为考察系统在静态工作点附近的自调节过程(输入机械功率 $P_i = P_{e0}$ 维持不变时发电机转子同步角 δ 的调节过程)，令 $P_i = P_{i0}$， $\delta = \delta_0 + \tilde{\delta}$，代入系统微分方程得到

$$\ddot{\tilde{\delta}} + D\dot{\tilde{\delta}} + \sin(\delta_0 + \tilde{\delta}) = P_{i0}$$

即有

$$\ddot{\tilde{\delta}} + D\dot{\tilde{\delta}} + \sin\delta_0 \cos\tilde{\delta} + \cos\delta_0 \sin\tilde{\delta} = \ddot{\tilde{\delta}} + D\dot{\tilde{\delta}} + P_{i0}\cos\tilde{\delta} + \sqrt{1-P_{i0}^2}\sin\tilde{\delta} = P_{i0}$$

将它改写为

$$\ddot{\tilde{\delta}} + D\dot{\tilde{\delta}} = -\left[-P_{i0}\left(1-\cos\tilde{\delta}\right) + \sqrt{1-P_{i0}^2}\sin\tilde{\delta}\right] = -\varphi\left(\tilde{\delta}\right)$$

将 $\tilde{\delta}$ 作为输出， $\varphi(\tilde{\delta}) = -P_{i0} + \sin(\delta_0 + \tilde{\delta}) = -P_{i0}(1-\cos\tilde{\delta}) + \sqrt{1-P_{i0}^2}\sin\tilde{\delta}$ 为非线性反馈作用，如图 4.16(a)所示，开环传递函数为

$$G(s) = \frac{1}{s(s+D)}$$

它不是 Hurwitz 的，故做图 4.16(b)所示的回路变换，其中常数 $\varepsilon > 0$。回路变换后系统前向线性方框的传递函数为

$$\frac{1}{s^2 + Ds + \varepsilon}$$

根据 D 的值，选择 ε 为较小的值，可以保证 $s^2 + Ds + \varepsilon$ 的两个特征根都位于负实轴上，同时选择 $\gamma > 0$ 使 $-1/\gamma$ 的取值在两个负实根之间， $k = +\infty$，则传递函数

$$\frac{1+\gamma s}{s^2 + Ds + \varepsilon}$$

是严格正实的，根据 Popov 判据，当扰动 $\delta_2 < \tilde{\delta} = \delta - \delta_0 < \delta_1$ 时，系统会自动调整回到平衡点 $\delta = \delta_0$，如图 4.16(c)所示。

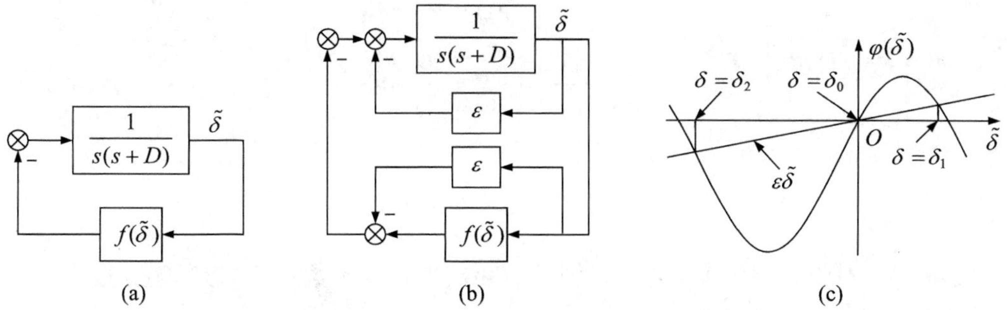

图 4.16　例 4.28 的系统框图和稳定工作区域

4-7　无源性设计

绝对稳定性处理的是一线性方框和一非线性方框反馈连接时系统的稳定性问题，要求非线性方框是静态非储能的，且是去耦的，即它的第 i 个输出只依赖于第 i 个输入，这些限制使得它只有对解决含有操作非线性特性系统的稳定性问题才更为有效。系统的无源性设计是绝对稳定性理论的扩展，反馈连接的两系统可以是线性或是非线性的有耦合的动态系统，只要求两系统各自满

足无源性的要求就可以保证系统的稳定性。无源性的概念来自于无源网络的耗能特性，它将系统的外特性(输入输出特性)和系统的内部特性(能量耗散特性)联系到了一起，用能量耗散系统的互连特性进行控制系统的稳定性分析和设计是现代控制工程的重要手段。

下面从线性网络的无源性开始，对反馈系统的无源性设计方法进行简单的介绍。

设 $G(s)$ 为有 m 个端口的无源 RLC 网络的短路导纳矩阵(或开路阻抗矩阵)，将第 k 个端口的电压 u_k (或流入的电流 i_k)作为输入，第 k 个端口流入的电流 i_k (或端口的电压 u_k)作为输出，因为网络无源，其各端口电压和电流乘积的和 $\sum_{k=1}^{m} u_k i_k$ 在任意时间区间上的积分，一定大于网络中初始能量的负值，即网络对外界能够提供的能量不会大于它的初始储能。设 $V(\boldsymbol{x})$ 为网络的储能函数，则有

$$\int_{t_0}^{t} \boldsymbol{u}^{\mathrm{T}}(t)\boldsymbol{i}(t)\mathrm{d}t = \int_{t_0}^{t}\left(\sum_{k=1}^{m} u_k(t) i_k(t)\right)\mathrm{d}t \geqslant V\left(\boldsymbol{x}(t)\right) - V\left(\boldsymbol{x}(t_0)\right)$$

也即

$$\boldsymbol{u}^{\mathrm{T}}(t)\boldsymbol{i}(t) = \sum_{k=1}^{m} u_k(t) i_k(t) \geqslant \dot{V}$$

即外界对无源 RLC 网络输入的总功率大于其存储能量对时间的变化率。

抽去输入输出变量的物理含义，对于多输入、多输出非线性系统

$$\begin{aligned} \dot{\boldsymbol{x}} &= \boldsymbol{f}(\boldsymbol{x},\boldsymbol{u}) \\ \boldsymbol{y} &= \boldsymbol{h}(\boldsymbol{x},\boldsymbol{u}) \end{aligned} \tag{4.58}$$

式中， $\boldsymbol{x} \in R^n$ 为系统的状态变量， $\boldsymbol{u} \in R^m$ 为系统的输入向量， $\boldsymbol{y} \in R^m$ 为系统的输出向量，如图 4.17(a)所示，有如下无源性的定义。

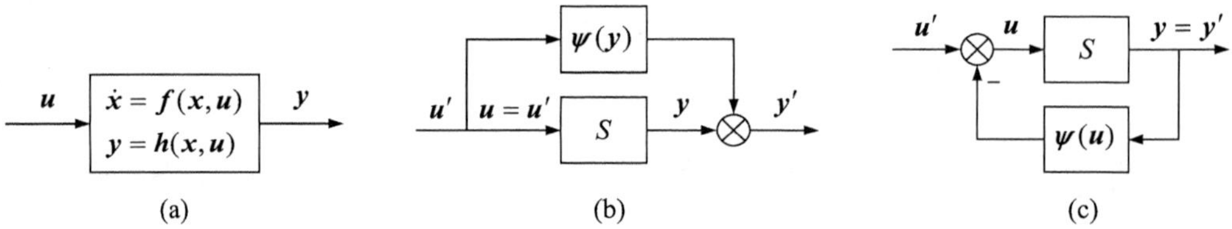

图 4.17　无源系统的定义

定义 4.13　对于式(4.58)描述的系统，设存在半正定函数(也称为存储函数) $V(\boldsymbol{x}) \geqslant 0$，对于任意的 $\boldsymbol{u}$ 和对应的 $\boldsymbol{y}$，如果有

$$\boldsymbol{u}^{\mathrm{T}}\boldsymbol{y} = \dot{V}(\boldsymbol{x}) = \frac{\partial V}{\partial \boldsymbol{x}}\boldsymbol{f}(\boldsymbol{x},\boldsymbol{u})$$

则称系统是无损耗的，如果有

$$\boldsymbol{u}^{\mathrm{T}}\boldsymbol{y} \geqslant \dot{V}(\boldsymbol{x}) = \frac{\partial V}{\partial \boldsymbol{x}}\boldsymbol{f}(\boldsymbol{x},\boldsymbol{u})$$

则称系统是无源的。此外如果对于某个函数 $\boldsymbol{\varphi}$ 有 $\boldsymbol{u}^{\mathrm{T}}\boldsymbol{y} \geqslant \dot{V}(\boldsymbol{x}) + \boldsymbol{u}^{\mathrm{T}}\boldsymbol{\varphi}(\boldsymbol{u})$，则称式(4.58)的系统是输入前馈无源的，其中，若对于任意 $\boldsymbol{u} \neq 0$，还有 $\boldsymbol{u}^{\mathrm{T}}\boldsymbol{\varphi}(\boldsymbol{u}) > 0$ (例如函数 $\boldsymbol{\varphi}(\cdot) \in F_2(0,+\infty)$)，则称式(4.58)的系统是输入严格无源的。图 4.17(b)所示是系统 S 增加了静态非线性前馈后的

系统，因为 $\boldsymbol{u}'^{\mathrm{T}}\boldsymbol{y}'=\boldsymbol{u}^{\mathrm{T}}[\boldsymbol{y}+\boldsymbol{\psi}(\boldsymbol{u})]=\boldsymbol{u}^{\mathrm{T}}\boldsymbol{y}+\boldsymbol{u}^{\mathrm{T}}\boldsymbol{\psi}(\boldsymbol{u})$，故“正的”非线性前馈（例如函数 $\boldsymbol{\psi}(\cdot)\in F_2(0,+\infty)$）会改善系统的无源性。相反，“负的”非线性前馈会减弱系统的无源性。如果系统 S 是输入严格无源的，因为 $\boldsymbol{u}'^{\mathrm{T}}\boldsymbol{y}'=\boldsymbol{u}^{\mathrm{T}}\boldsymbol{y}+\boldsymbol{u}^{\mathrm{T}}\boldsymbol{\psi}(\boldsymbol{u})\geqslant\dot{V}(\boldsymbol{x})+\boldsymbol{u}^{\mathrm{T}}\boldsymbol{\varphi}(\boldsymbol{u})+\boldsymbol{u}^{\mathrm{T}}\boldsymbol{\psi}(\boldsymbol{u})$，故可以容忍某种程度的“负的”非线性前馈而保持系统的无源性。

如果对于某个函数 $\boldsymbol{\varphi}$ 有 $\boldsymbol{u}^{\mathrm{T}}\boldsymbol{y}\geqslant\dot{V}(\boldsymbol{x})+\boldsymbol{y}^{\mathrm{T}}\boldsymbol{\varphi}(\boldsymbol{y})$，则称式(4.58)的系统是输出反馈无源的，其中，若对于任意 $\boldsymbol{y}\neq 0$，还有 $\boldsymbol{y}^{\mathrm{T}}\boldsymbol{\varphi}(\boldsymbol{y})>0$（例如函数 $\boldsymbol{\varphi}(\cdot)\in F_2(0,+\infty)$），则称式(4.58)的系统是输出严格无源的。图 4.17(c)所示为系统 S 增加了静态非线性反馈(负反馈)后的系统，因为 $\boldsymbol{u}'^{\mathrm{T}}\boldsymbol{y}'=[\boldsymbol{u}^{\mathrm{T}}+\boldsymbol{\psi}(\boldsymbol{y})]\boldsymbol{y}=\boldsymbol{u}^{\mathrm{T}}\boldsymbol{y}+\boldsymbol{y}^{\mathrm{T}}\boldsymbol{\psi}(\boldsymbol{y})$，故“正的”非线性反馈(例如函数 $\boldsymbol{\psi}(\cdot)\in F_2(0,+\infty)$）会改善系统的无源性。相反，“负的”非线性反馈会减弱系统的无源性。如果系统 S 是输出严格无源的，因为 $\boldsymbol{u}'^{\mathrm{T}}\boldsymbol{y}'=\boldsymbol{u}^{\mathrm{T}}\boldsymbol{y}+\boldsymbol{y}^{\mathrm{T}}\boldsymbol{\psi}(\boldsymbol{y})\geqslant\dot{V}(\boldsymbol{x})+\boldsymbol{y}^{\mathrm{T}}\boldsymbol{\varphi}(\boldsymbol{y})+\boldsymbol{y}^{\mathrm{T}}\boldsymbol{\psi}(\boldsymbol{y})$，故可以容忍某种程度的“负的”非线性反馈而保持系统的无源性。

最后，如果还存在正定函数 $W(\boldsymbol{x})>0$，对于任意的 $\boldsymbol{u}$ 和 $\boldsymbol{y}$，有

$$\boldsymbol{u}^{\mathrm{T}}\boldsymbol{y}\geqslant\dot{V}(\boldsymbol{x})+W(\boldsymbol{x})=\frac{\partial V}{\partial\boldsymbol{x}}\boldsymbol{f}(\boldsymbol{x},\boldsymbol{u})+W(\boldsymbol{x})$$

则称式(4.58)的系统是严格无源的。

可以看出，输入严格无源、输出严格无源和严格无源都表示系统某种程度的过量无源性。无源性将系统的外部特性(输入输出特性)和系统的内部特性(能量耗散特性)联系到了一起，这将便于连接后系统，特别是反馈连接后系统的稳定性分析。

对于线性定常系统的无源性有如下结论。

定理 4.23 设线性定常系统 (A,B,C,D) 能控能观，传递函数矩阵

$$G(s)=D+C(sI-A)^{-1}B$$

是正实的，则该系统是无源的，如果 $G(s)$ 是严格正实的，则该系统是严格无源的。

证明 设传递函数矩阵

$$W(s)=C(sI-A)^{-1}B+D$$

正实，根据正实引理，存在正定对称矩阵 P、矩阵 L，使得矩阵方程式(4.43)满足。取

$$V(\boldsymbol{x})=\frac{1}{2}\boldsymbol{x}^{\mathrm{T}}P\boldsymbol{x}$$

作为存储函数，设系统输入 $\boldsymbol{u}\in R^m$，输出 $\boldsymbol{y}\in R^m$，则有

$$\begin{aligned}
\boldsymbol{u}^{\mathrm{T}}\boldsymbol{y}-\dot{V}(\boldsymbol{x}) &= \boldsymbol{u}^{\mathrm{T}}\boldsymbol{y}-\frac{\partial V}{\partial\boldsymbol{x}}(A\boldsymbol{x}+B\boldsymbol{u})\\
&= \boldsymbol{u}^{\mathrm{T}}(C\boldsymbol{x}+D\boldsymbol{u})-\boldsymbol{x}^{\mathrm{T}}P(A\boldsymbol{x}+B\boldsymbol{u})\\
&= \boldsymbol{u}^{\mathrm{T}}C\boldsymbol{x}+\frac{1}{2}\boldsymbol{u}^{\mathrm{T}}(D^{\mathrm{T}}+D)\boldsymbol{u}-\frac{1}{2}\boldsymbol{x}^{\mathrm{T}}(PA+A^{\mathrm{T}}P)\boldsymbol{x}-\boldsymbol{x}^{\mathrm{T}}PB\boldsymbol{u}\\
&= \boldsymbol{u}^{\mathrm{T}}(B^{\mathrm{T}}P+W^{\mathrm{T}}L)\boldsymbol{x}+\frac{1}{2}\boldsymbol{u}^{\mathrm{T}}W^{\mathrm{T}}W\boldsymbol{u}+\frac{1}{2}\boldsymbol{x}^{\mathrm{T}}L^{\mathrm{T}}L\boldsymbol{x}-\boldsymbol{x}^{\mathrm{T}}PB\boldsymbol{u}\\
&= \boldsymbol{u}^{\mathrm{T}}W^{\mathrm{T}}L\boldsymbol{x}+\frac{1}{2}\boldsymbol{u}^{\mathrm{T}}W^{\mathrm{T}}W\boldsymbol{u}+\frac{1}{2}\boldsymbol{x}^{\mathrm{T}}L^{\mathrm{T}}L\boldsymbol{x}\\
&= \frac{1}{2}(L\boldsymbol{x}+W\boldsymbol{u})^{\mathrm{T}}(L\boldsymbol{x}+W\boldsymbol{u})\geqslant 0
\end{aligned}$$

故有

$$u^{\mathrm{T}} y \geqslant \dot{V}(x)$$

系统是无源的。同样，设传递函数矩阵

$$W(s) = C(sI - A)^{-1} B + D$$

严格正实，根据正实引理，存在正定对称矩阵 P、矩阵 L 和正数 ε，使得矩阵方程式(4.44)满足。取相同的储能函数，有

$$u^{\mathrm{T}} y - \dot{V}(x) = \frac{1}{2}(Lx + Wu)^{\mathrm{T}}(Lx + Wu) + \frac{1}{2}\varepsilon x^{\mathrm{T}} Px \geqslant \frac{1}{2}\varepsilon x^{\mathrm{T}} Px > 0$$

故有

$$u^{\mathrm{T}} y \geqslant \dot{V}(x) + \frac{1}{2}\varepsilon x^{\mathrm{T}} Px$$

系统是严格无源的。

对于图 4.18(a)所示的并联连接系统，由系统 S_1 的无源性(有半正定存储函数 $V_1(x_1)$，满足 $u_1^{\mathrm{T}}(t)y_1(t) \geqslant \dot{V}_1(x_1)$)和系统 S_2 的无源性（有半正定存储函数 $V_2(x_2)$，满足 $u_2^{\mathrm{T}}(t)y_2(t) \geqslant \dot{V}_2(x_2)$)，可以得到并联后系统的无源性(有 S_1、S_2 并联系统的半正定存储函数 $V(x_1, x_2) = V_1(x_1) + V_2(x_2)$，满足 $u^{\mathrm{T}}(t)y(t) = u^{\mathrm{T}}(t)[y_1(t) + y_1(t)] = u_1^{\mathrm{T}}(t)y_1(t) + u_2^{\mathrm{T}}(t)y_2(t) \geqslant \dot{V}_1(x_1) + \dot{V}_2(x_2) = \dot{V}(x_1, x_2)$)。同理，由系统 S_1 和 S_2 的输入严格无源性，可以得到并联后系统的输入严格无源性；由系统 S_1 和 S_2 的输出严格无源性，可以得到并联后系统的输出严格无源性；由系统 S_1 和 S_2 的严格无源性，可以得到并联后系统的严格无源性。

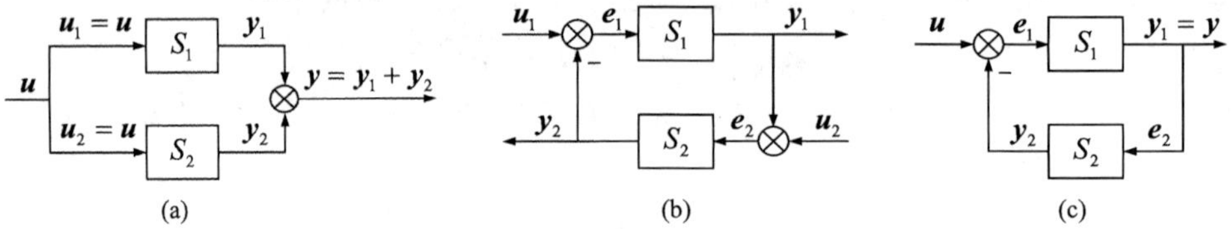

图 4.18　无源系统的并联和反馈联接

对于图 4.18(b)、(c)所示的反馈连接系统，有如下无源性定理。

定理 4.24(无源性定理)　图 4.18（b）所示的两个无源（输出严格无源，严格无源）系统的反馈连接还是无源（输出严格无源，严格无源）系统。图 4.18（c）所示的无源（严格无源）系统的反馈连接还是无源（严格无源）系统；S_1 输出严格无源，S_2 无源，反馈连接后系统是输出严格无源系统。

证明　对于图 4.18(b)所示反馈联接系统，设各分支是无源的，则有

$$\begin{aligned} u^{\mathrm{T}} y &= \begin{bmatrix} u_1 \\ u_2 \end{bmatrix}^{\mathrm{T}} \begin{bmatrix} y_1 \\ y_2 \end{bmatrix} = [e_1 + y_2]^{\mathrm{T}} y_1 + [e_2 - y_1]^{\mathrm{T}} y_2 = e_1^{\mathrm{T}} y_1 + e_2^{\mathrm{T}} y_2 \\ &\geqslant \dot{V}_1(x_1) + \dot{V}_2(x_2) = \dot{V}(x_1, x_2) \end{aligned}$$

式中，$V_1(x_1) \geqslant 0$、$V_2(x_2) \geqslant 0$ 和 $V(x_1, x_2) = V_1(x_1) + V_2(x_2) \geqslant 0$ 分别是系统 S_1、S_2 的存储函数和它们反馈联接后系统的存储函数，故图 4.18(b)所示无源系统的反馈联接还是无源的。

对于图 4.18(b)所示反馈联接系统，设各分支是输出严格无源的，则有

$$u^{\mathrm{T}} y = e_1^{\mathrm{T}} y_1 + e_2^{\mathrm{T}} y_2(t) \geqslant \dot{V}_1(x_1) + y_1^{\mathrm{T}} \varphi_1(y_1) + \dot{V}_2(x_2) + y_2^{\mathrm{T}} \varphi_2(y_2) = \dot{V}(x_1, x_2) + y^{\mathrm{T}} \varphi(y)$$

式中，$V_1(\boldsymbol{x}_1)\geqslant 0$、$V_2(\boldsymbol{x}_2)\geqslant 0$ 和 $V(\boldsymbol{x}_1,\boldsymbol{x}_2)=V_1(\boldsymbol{x}_1)+V_2(\boldsymbol{x}_2)\geqslant 0$ 分别是系统 S_1、S_2 的存储函数和它们反馈联接后系统的存储函数，$\boldsymbol{\varphi}(\boldsymbol{y})=\begin{bmatrix}\boldsymbol{\varphi}_1(\boldsymbol{y}_1)\\ \boldsymbol{\varphi}_2(\boldsymbol{y}_2)\end{bmatrix}$，因为对于任意 $\boldsymbol{y}_1\neq 0$ 有 $\boldsymbol{y}_1^{\mathrm{T}}\boldsymbol{\varphi}_1(\boldsymbol{y}_1)>0$，对于任意 $\boldsymbol{y}_2\neq 0$ 有 $\boldsymbol{y}_2^{\mathrm{T}}\boldsymbol{\varphi}_2(\boldsymbol{y}_2)>0$，故对于任意 $\boldsymbol{y}\neq 0$ 有 $\boldsymbol{y}^{\mathrm{T}}\boldsymbol{\varphi}(\boldsymbol{y})>0$，图 4.18(b)所示输出严格无源系统的反馈联接还是输出严格无源的。

对于图 4.18(b)所示反馈联接系统，设各分支是严格无源的，则有

$$\boldsymbol{u}^{\mathrm{T}}\boldsymbol{y}=\boldsymbol{e}_1^{\mathrm{T}}\boldsymbol{y}_1+\boldsymbol{e}_2^{\mathrm{T}}\boldsymbol{y}_2(t)\geqslant \dot{V}_1(\boldsymbol{x}_1)+W_1(\boldsymbol{x}_1)+\dot{V}_2(\boldsymbol{x}_2)+W_2(\boldsymbol{x}_2)=\dot{V}(\boldsymbol{x}_1,\boldsymbol{x}_2)+W(\boldsymbol{x}_1,\boldsymbol{x}_2)$$

式中，$V_1(\boldsymbol{x}_1)\geqslant 0$、$V_2(\boldsymbol{x}_2)\geqslant 0$ 和 $W_1(\boldsymbol{x}_1)>0$、$W_2(\boldsymbol{x}_2)>0$ 分别是系统 S_1、S_2 的存储函数和正定函数，$V(\boldsymbol{x}_1,\boldsymbol{x}_2)=V_1(\boldsymbol{x}_1)+V_2(\boldsymbol{x}_2)\geqslant 0$ 和 $W(\boldsymbol{x}_1,\boldsymbol{x}_2)=W_1(\boldsymbol{x}_1)+W_2(\boldsymbol{x}_2)>0$ 分别是它们反馈联接后系统的存储函数和正定函数，图 4.18(b)所示严格无源系统的反馈联接还是严格无源的。

图 4.18(c)所示系统是图 4.18(b)所示无源系统反馈联接当 $\boldsymbol{u}_2=0$ 时的特例，证明过程类似。

一般来说，串联连接不维持系统的无源性，但下面例 4.29 中的几个例子是例外。

例 4.29 图 4.19(a)所示系统，是积分器与无记忆无源函数的串联，(b)是一阶惯性环节与无记忆无源函数的串联，(c)中传递函数 $G(s)$ 是正实的，$k(t)$ 是时变增益（$-\infty<k(t)<+\infty$）。试讨论图 4.19(a)、(b)、(c)所示系统的无源性。

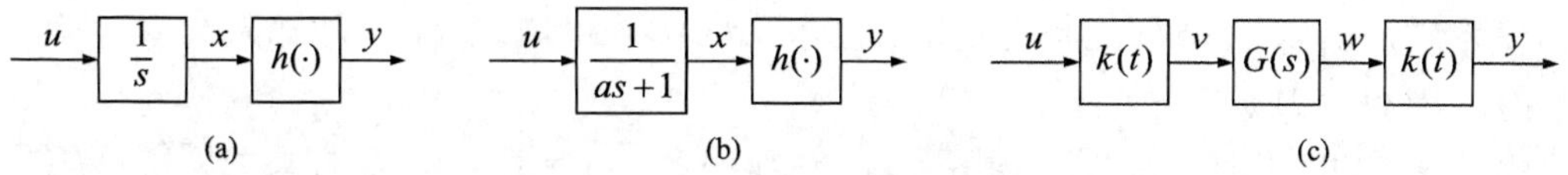

图 4.19　例 4.29 的系统框图

解　对图 4.19(a)所示系统，由函数 h 的无源性，对任意 x，$xh(x)\geqslant 0$，且有

$$V_1(x)=\int_0^x h(\sigma)\mathrm{d}\sigma\geqslant 0$$

以 $V_1(x)$ 作为存储函数，有

$$\dot{V}_1=h(x)\dot{x}=uy$$

故系统是无源的。

对图 4.19(b)所示系统，设 $h\in F_2[0,k)$，$0<k<+\infty$，对任意 x，$xh(x)\geqslant 0$，且有

$$V_2(x)=a\int_0^x h(\sigma)\mathrm{d}\sigma\geqslant 0$$

以 $V_2(x)$ 作为存储函数，有

$$\dot{V}_2=h(x)a\dot{x}=h(x)(-x+u)=-h(x)x+yu\leqslant yu$$

故系统是无源的。若设 $h\in F_2(k_1,k_2)$，$0<k_1<k_2<+\infty$，对任意 $x\neq 0$，$xh(x)>0$，且有

$$V_2(x)=a\int_0^x h(\sigma)\mathrm{d}\sigma>0$$

以 $V_2(x)$ 作为存储函数，有

$$\dot{V}_2=h(x)a\dot{x}=h(x)(-x+u)=-h(x)x+yu$$

即

$$uy > \dot{V}_2 + h(x)x$$

因为此时 $h(x)x$ 是正定的（V_2 也是正定的），故系统是严格无源的。

对图 4.19(c)所示系统，因为 $G(s)$ 是正实的，所以有存储函数 $V_3(\boldsymbol{x}) \geqslant 0$，满足 $vw \geqslant \dot{V}_3(\boldsymbol{x})$，其中 $\boldsymbol{x}$ 为系统 $G(s)$ 的内部状态。因为 $v = uk(t)$， $y = wk(t)$，所以有

$$uy = v\frac{1}{k(t)}wk(t) = vw \geqslant \dot{V}_3(\boldsymbol{x})$$

故系统是无源的。

对于无源系统的稳定性有下面的结论。

对于无源系统，如果存储函数 $V(\boldsymbol{x})$ 为正定，令输入 $\boldsymbol{u} = 0$，有

$$\dot{V}(\boldsymbol{x}) \leqslant 0$$

故输入为零时无源系统的零平凡解是稳定的。

对于严格无源系统，令输入 $\boldsymbol{u} = 0$，有

$$\dot{V}(\boldsymbol{x}) \leqslant -W(\boldsymbol{x})$$

因为 $W(\boldsymbol{x})$ 是正定的，所以 $\dot{V}(\boldsymbol{x})$ 是负定的，据此还可以推出 $V(\boldsymbol{x})$ 是正定的。因为，按无源性的要求 $V(\boldsymbol{x})$ 至少是半正定，如果 $V(\boldsymbol{x})$ 确实是半正定的，则存在 $\boldsymbol{x}_0 \neq 0$ 使 $V(\boldsymbol{x}_0) = 0$，对于以 $\boldsymbol{x}_0 \neq 0$ 为初始状态的解 $\boldsymbol{x}(t, \boldsymbol{x}_0, t_0)$， $t > t_0$ 时，因为 $W(\boldsymbol{x})$ 正定，必有 $V[\boldsymbol{x}(t, \boldsymbol{x}_0, t_0)] < 0$，而这和 $V(\boldsymbol{x}) \geqslant 0$ 矛盾，所以 $V(\boldsymbol{x})$ 只能是正定的。由于 $V(\boldsymbol{x}) > 0$ 和 $\dot{V}(\boldsymbol{x}) < 0$，故输入为零时严格无源系统的零平凡解是渐近稳定的。

另外，如果 $\boldsymbol{u} = 0$ 时，除零平凡解 $\boldsymbol{x}(t) \equiv 0$ 外，方程 $\dot{\boldsymbol{x}} = \boldsymbol{f}(\boldsymbol{x}, 0)$ 没有其他解能够始终保持在集合 $S = \left\{\boldsymbol{x} \middle| \boldsymbol{h}(\boldsymbol{x}, 0) = 0\right\}$ 中，则称式(4.58)的系统是零状态可观测的。对于线性系统来说，零状态可观测即系统能观。

对于输出严格无源系统，令 $\boldsymbol{u} = 0$，有

$$\dot{V}(\boldsymbol{x}) \leqslant -\boldsymbol{y}^{\mathrm{T}}\boldsymbol{\varphi}(\boldsymbol{y})$$

按无源性的要求 $V(\boldsymbol{x})$ 至少是半正定的，现在假设系统是零状态可观测的，则同严格无源系统类似，可以推出 $V(\boldsymbol{x})$ 是正定的。因为，如果 $V(\boldsymbol{x})$ 确实是半正定的，则存在 $\boldsymbol{x}_0 \neq 0$ 使 $V(\boldsymbol{x}_0) = 0$，因为系统是零状态可观测的，故对于以 $\boldsymbol{x}_0$ 为初始状态的解 $\boldsymbol{x}(t, \boldsymbol{x}_0, t_0)$，不可能有 $\boldsymbol{y}(t) \equiv 0$，故必有 $t > t_0$ 使得 $V[\boldsymbol{x}(t, \boldsymbol{x}_0, t_0)] < 0$，而这和 $V(\boldsymbol{x}) \geqslant 0$ 矛盾，所以 $V(\boldsymbol{x})$ 只能是正定的。而从 $V(\boldsymbol{x}) > 0$ 和 $\dot{V}(\boldsymbol{x}) \leqslant -\boldsymbol{y}^{\mathrm{T}}\boldsymbol{\varphi}(\boldsymbol{y}) \leqslant 0$，以及系统零状态可观测的假设，从 $\boldsymbol{y} \equiv 0$ 可以推出 $\boldsymbol{x} \equiv 0$，即输入为零时输出严格无源系统的零平凡解是渐近稳定的。

对于图 4.18(b)和(c)所示的反馈连接系统，有下面的结论。

定理 4.25 如果两个反馈分支都是严格无源的，或者两个反馈分支都是输出严格无源的，且是零状态可观测的，或者其中一个反馈分支是严格无源的，另一个分支是输出严格无源的，且是零状态可观测的，设 $\boldsymbol{u} = \begin{bmatrix} \boldsymbol{u}_1 \\ \boldsymbol{u}_2 \end{bmatrix} = 0$，则原点是渐近稳定的。若进一步假设各分支的存储函数都是径向无界的，则原点是全局渐近稳定的。

证明 对于第一种和第二种情况，根据前面给出的结论，因为图 4.18(b)和(c)所示反馈

连接系统是严格无源的或输出严格无源的，根据上述严格无源或输出严格无源系统的性质，令 $\boldsymbol{u}=\begin{bmatrix}\boldsymbol{u}_1\\ \boldsymbol{u}_2\end{bmatrix}=0$，就可以得到系统原点为渐近稳定的结论。对于第三种情况(假设 S_1 为严格无源分支，S_2 为输出严格无源分支)，有 $\dot{V}=\dot{V}_1+\dot{V}_2\leqslant\psi_1(\boldsymbol{x}_1)-\boldsymbol{y}_2^{\mathrm{T}}\boldsymbol{\varphi}_2(\boldsymbol{y}_2)$，其中 V_1、V_2 和 V 分别为系统 S_1、S_2 和它们反馈连接后系统的存储函数。则从 $\dot{V}=0$ 得到 $\boldsymbol{x}_1=0$，$\boldsymbol{y}_2=0$。而由 $\boldsymbol{y}_2=0$ 推出 $\boldsymbol{e}_1=0$，连同 $\boldsymbol{x}_1=0$ 一起得到 $\boldsymbol{y}_1=0$；由 $\boldsymbol{y}_1=0$ 推出 $\boldsymbol{e}_2=0$，连同 S_2 的零状态可观测，从 $\boldsymbol{y}_2=0$ 推出 $\boldsymbol{x}_2=0$。因此系统是渐近稳定的。

从上面的内容可以看出，对于图 4.18(b)和(c)所示的反馈连接系统，各分支的无源性使得应用各分支存储函数的和作为反馈连接后整个系统的存储函数成为可能。而在这一过程中，为了证明 $\dot{V}=\dot{V}_1+\dot{V}_2\leqslant 0$，要求 $\dot{V}_1\leqslant 0$ 和 $\dot{V}_2\leqslant 0$ 同时成立。显然，这会导致较高的条件，在更一般的条件下并不是必要的。4-6 节中采用的回路变换提供了放松这一要求的一种方法，即在稳定性的证明过程中(注意，回路变换只是稳定性证明过程中的一种手段)，可以用反馈回路中某一分支的过量无源性去补偿另一分支的欠量无源性。

例 4.30 考虑图 4.18(b)所示系统，其中

$$S_1:\begin{cases}\dot{x}_1=x_2\\ \dot{x}_2=-ax_1^3-kx_2+e_1\\ y_1=x_2\end{cases},\qquad S_2:\begin{cases}\dot{x}_3=x_4\\ \dot{x}_4=-bx_3-x_4^3+e_2\\ y_2=x_4\end{cases}$$

式中，a、b、k 都是正常数。试讨论原点的稳定性。

解 取系统 S_1 的存储函数为

$$V_1=\frac{a}{4}x_1^4+\frac{1}{2}x_2^2$$

则有

$$\dot{V}_1=ax_1^3x_2-ax_1^3x_2-kx_2^2+x_2e_1=-ky_1^2+y_1e_1$$

因此系统 S_1 是输出严格无源的。此外，当 $e_1=0$ 时，由 $y_1=0$ 和系统方程可以推得 $x_2=0$ 和 $x_1=0$，故系统 S_1 还是零状态可观测的。

其次，取系统 S_2 的存储函数为

$$V_2=\frac{b}{2}x_3^2+\frac{1}{2}x_4^2$$

则有

$$\dot{V}_2=bx_3x_4-bx_3x_4-x_4^4+x_4e_2=-y_2^4+y_2e_2$$

因此系统 S_2 也是输出严格无源的。当 $e_2=0$ 时，由 $y_2=0$ 和系统方程可以推得 $x_4=0$ 和 $x_3=0$，故系统 S_2 也是零状态可观测的。因为 V_1 和 V_2 还是径向无界的，故由定理 4.25，原点是全局渐近稳定的。

例 4.31 重新考虑例 4.30，只是将系统 S_1 的输出改为 $y_1=x_2+e_1$，试讨论原点的稳定性。

解 存储函数 V_1 不变，则由式

$$\dot{V}_1=-kx_2^2+x_2e_1=-k(y_1-e_1)^2-e_1^2+y_1e_1$$

可以得到 $y_1e_1\geqslant\dot{V}_1$，因此系统 S_1 是无源的，但不能判定系统 S_1 是否为严格无源或严格输出无

源的。因此不能应用定理 4.25。

现取闭环系统的李雅普诺夫函数为

$$V = V_1 + V_2 = \frac{a}{4}x_1^4 + \frac{1}{2}x_2^2 + \frac{b}{2}x_3^2 + \frac{1}{2}x_4^2$$

则得到

$$\begin{aligned}\dot{V} &= -kx_2^2 + x_2e_1 - x_4^4 + x_4e_2 \\ &= -kx_2^2 - x_2x_4 - x_4^4 + x_4y_1 \\ &= -kx_2^2 - x_2x_4 - x_4^4 + x_4(x_2 - x_4) \\ &= -kx_2^2 - x_4^4 - x_4^2 \leqslant 0\end{aligned}$$

从 $\dot{V} = 0$ 得到 $x_2 = 0$ 和 $x_4 = 0$，代入系统 S_1 的方程可以推得 $ax_1^3 + x_4 = 0$， $x_1 = 0$，代入系统 S_2 的方程可以推得 $-bx_3 + x_2 = 0$， $x_3 = 0$。根据定理 4.5 和 V 的径向无界性，得到系统原点是全局渐近稳定的。

最后，作为定理 4.25 的特例，有如下定理 4.26，它实际上是对 2-6 节绝对稳定性相关结果的扩充。

定理 4.26 考虑图 4.18(c)的反馈连接，其中前向方框为某一严格无源定常动力学系统(可以是严格无源的线性定常系统，传递函数矩阵是严格正实的)，反馈方框是无源(可能是时变的)无记忆函数，当闭环系统的输入 $\boldsymbol{u} = 0$ 时，原点是渐近稳定的。如果其中严格无源定常动力学系统的存储函数是径向无界的，则原点是全局渐近稳定的。

证明 如前所述，严格无源定常动力学系统的存储函数 $V_1(\boldsymbol{x}_1)$ 是正定的，其导数为

$$\dot{V}_1(\boldsymbol{x}_1) = \frac{\partial V_1}{\partial x_1}\boldsymbol{f}_1(\boldsymbol{x}_1, \boldsymbol{e}_1) \leqslant \boldsymbol{e}_1^{\mathrm{T}}\boldsymbol{y}_1 - W_1(\boldsymbol{x}_1) = -\boldsymbol{e}_2^{\mathrm{T}}\boldsymbol{y}_2 - W_1(\boldsymbol{x}_1) \leqslant -W_1(\boldsymbol{x}_1) < 0$$

根据定理 4.4 即可得到需要的结论。

下面给出的例子是无源性设计的一个典型应用，即模型参考自适应控制系统的参数修改律和稳定性设计问题。

例 4.32 设某一阶参数未知被控对象的传递函数为

$$G_p(s) = \frac{b_p}{s + a_p}$$

设其中参数 $b_0 > 0$。参考模型描述的传递函数为

$$G_m(s) = \frac{b_m}{s + a_m} \in \{\mathrm{SPR}\}$$

式中，参数 $b_m > 0$，$a_m > 0$，具体设计值已知定常。构造模型参考自适应控制系统如图 4.20(a)所示，其中 k 和 d 是可调参数。描述参考模型的微分方程为

$$\dot{y}_m + a_m y_m = b_m r \tag{4.59}$$

描述被控对象的微分方程为

$$\dot{y}_p + a_p y_p = b_p u = b_p\left[k(t)r + d(t)y_p\right]$$

即

$$\dot{y}_p + \left[a_p - b_p d(t)\right]y_p = b_p k(t) r \tag{4.60}$$

容易看出，当可调参数 $k(t)=k^*=b_m/b_p$ ，$d(t)=d^*=(a_p-a_m)/b_p$ 时，模型通道的传递函数和被控对象通道的传递函数将完全一致。现需要给出可调参数的自适应修改律，在保证系统稳定的同时，自动地完成可调参数的调整过程，使得 $k(t)\to k^*$，$d(t)\to d^*$，$y_p(t)\to y_m(t)$，$e(t)=y_p(t)-y_m(t)\to 0$ 。

记参数偏差 $\phi_1(t)=k(t)-k^*$，$\phi_2(t)=d(t)-d^*$，代入被控对象的微分方程式(4.60)有

$$\begin{aligned}&\dot{y}_p+\left[a_p-b_pd^*-b_p\phi_2(t)\right]y_p\\&=\dot{y}_p+\left[a_m-b_p\phi_2(t)\right]y_p=\left[b_pk^*+b_p\phi_1(t)\right]r=\left[b_m+b_p\phi_1(t)\right]r\end{aligned}\tag{4.61}$$

式(4.61)减去式(4.59)得到

$$\dot{e}+a_me=b_p\left[\phi_1(t)r+\phi_2(t)y_p\right]\tag{4.62}$$

即有图 4.20(b)所示的误差模型，其中 $\boldsymbol{\omega}(t)=\begin{bmatrix}r(t)\\y_p(t)\end{bmatrix}$，$\boldsymbol{\phi}(t)=\begin{bmatrix}\phi_1(t)\\\phi_2(t)\end{bmatrix}$。

取参数修改律

$$\begin{bmatrix}\dot{k}(t)\\\dot{d}(t)\end{bmatrix}=\begin{bmatrix}\dot{\phi}_1(t)\\\dot{\phi}_2(t)\end{bmatrix}=-\begin{bmatrix}\gamma_1&0\\0&\gamma_2\end{bmatrix}\begin{bmatrix}r(t)\\y_p(t)\end{bmatrix}e(t)$$

即

$$\dot{\boldsymbol{\phi}}(t)=-\boldsymbol{\Gamma}\boldsymbol{\omega}(t)e(t)\tag{4.63}$$

将误差模型式(4.62)和参数修改律式(4.63)放在一起，如图 4.20(c)所示。试讨论原点的稳定性。

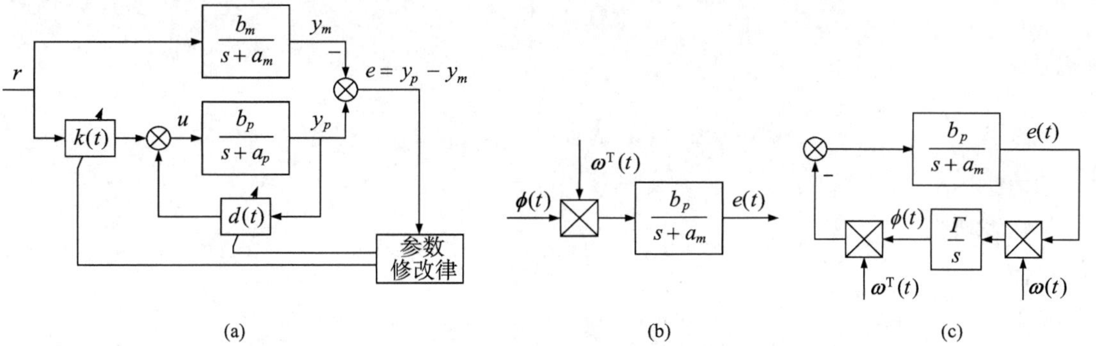

图 4.20　例 4.32 的系统框图

解　图 4.20(c)所示系统为两个无源系统的反馈连接，其中线性前向方框是严格无源的，反馈方框是无源的(例 4.29)(并非严格无源或输出严格无源的)，不能直接应用定理 4.25 得到系统的渐近稳定性。因为应用前馈补偿不可能使反馈方框变成是严格无源的或输出严格无源的，只能应用反馈补偿才能使反馈方框变成是输出严格无源的，而与此相对应，负的前馈将使前向方框的无源性不再维持，所以在本例中应用回路变换也无法达到目的。故只能得到系统为稳定的结论，而无法得到系统为渐近稳定的结论。

实际上，在模型参考自适应系统中，除误差 $e(t)\to 0$ 外，参数偏差 $\boldsymbol{\phi}(t)\to 0$，还要求输入 r 是充分激励的，即信号向量 $\boldsymbol{\omega}(t)$ 要有足够的频率分量。

习　题

4-1　设被控对象为一个单摆，它的状态空间描述为

$$\begin{bmatrix} \dot{x}_1 \\ \dot{x}_2 \end{bmatrix} = \begin{bmatrix} 0 & 1 \\ -\omega_0^2 & 0 \end{bmatrix} \begin{bmatrix} x_1 \\ x_2 \end{bmatrix} + \begin{bmatrix} 0 \\ 1 \end{bmatrix} u$$

$$y = \begin{bmatrix} 1 & 0 \end{bmatrix} \begin{bmatrix} x_1 \\ x_2 \end{bmatrix}$$

设控制输入

$$u = k_0 \int_0^t (r - y)\,\mathrm{d}t + k_1 x_1 + k_2 x_2$$

式中，r 为参考输入。

(1) 以 x_1、x_2、$\xi = \int_0^t k_0(r-y)\,\mathrm{d}t$ 为状态，给出闭环系统的状态空间描述。

(2) 证明通过 k_0、k_1 和 k_2 的适当选取可以任意配置系统的三个闭环极点，并使得系统闭环为稳定。

4-2　试用李雅普诺夫函数

$$V(\boldsymbol{x}) = x_1^2 + x_2^2$$

研究系统

$$\dot{x}_1 = x_2 - x_1(x_1^2 + x_2^2)$$
$$\dot{x}_2 = -x_1 - x_2(x_1^2 + x_2^2)$$

在原点的稳定性。

4-3　试用李雅普诺夫函数

$$V(\boldsymbol{x}) = x_1^2 + x_2^2$$

研究系统

$$\dot{x}_1 = x_2$$
$$\dot{x}_2 = -(1 + x_2)^2 x_2 - x_1$$

在原点的稳定性。

4-4　试研究系统

$$\ddot{x} + f(x, \dot{x})\dot{x} + x = 0$$

在原点的稳定性、渐近稳定性和全局稳定性，其中 $f(x,\dot{x})$ 是 x、$\dot{x}$ 的正定函数。

4-5　考虑线性系统

$$\dot{\boldsymbol{x}} = (A - BR^{-1}B^{\mathrm{T}}P)\boldsymbol{x}$$

其中，$P = P^{\mathrm{T}} > 0$，满足黎卡提代数方程

$$PA + A^{\mathrm{T}}P - PBR^{-1}B^{\mathrm{T}}P = -Q$$

其中，$R = R^{\mathrm{T}} > 0$，$Q = Q^{\mathrm{T}} \geqslant 0$ 给定。试用

$$V(\boldsymbol{x}) = \boldsymbol{x}^{\mathrm{T}}P\boldsymbol{x}$$

作为李雅普诺夫函数，证明

(1) 在 $Q = Q^{\mathrm{T}} > 0$ 时，原点是全局渐近稳定的。

(2) 在 $Q = C^{\mathrm{T}}C$，(A, C) 为可观测对时，原点是全局渐近稳定的。

4-6　对于系统

$$\dot{x}_1 = x_2^3$$
$$\dot{x}_2 = u$$

分别考虑其在控制律取为 $u = u_1 = -x_1 - x_2 - x_2^3$ 和 $u = u_2 = -x_1 - x_2 x_1^2$ 时，系统原点的全局渐近稳定性。

4-7　已知二阶系统

$$\dot{x}_1 = x_2$$
$$\dot{x}_2 = -x_1 - x_2 + \alpha(t) x_1^2$$

其中，$\alpha(t)$ 时变有界。

(1) 取 $V(\boldsymbol{x}) = x_1^2 + x_2^2 + \beta x_1 x_2$ 作为备选的李雅普诺夫函数，试给出 β 的取值范围。

(2) 研究系统在原点的稳定性。

4-8　系统

$$\dot{x}_1 = 0.5x_1, \quad \dot{x}_2 = 0.5x_2$$

它的通解为 $x_1 = x_1(0)\mathrm{e}^{0.5(t-t_0)}$，$x_2 = x_2(0)\mathrm{e}^{0.5(t-t_0)}$，显然系统的零解不稳定。但若取 $V = \mathrm{e}^{-2t}(x_1^2 + x_2^2)$，则有 $V > 0$，$\boldsymbol{x} \neq 0$，以及 $\dot{V} = -\mathrm{e}^{-2t}(x_1^2 + x_2^2) \leqslant 0$，若由此得到系统为稳定的结论显然是错误的。试问错误发生在哪里？

4-9　设系统方程为

$$\dot{x}_1 = x_2$$
$$\dot{x}_2 = -x_2 + (2 + \sin t) x_1$$

取李雅普诺夫函数

$$V(x_1, x_2, t) = x_1^2 + \frac{x_2^2}{2 + \sin t}$$

(1) 试说明 V 可以作为备选的李雅普诺夫函数。

(2) 试用上述李雅普诺夫函数讨论系统原点的稳定性。

4-10　试用梯度法研究系统

$$\dot{x}_1 = x_2$$
$$\dot{x}_2 = -x_2 - x_1^3$$

在原点的稳定性。

4-11　试用克拉索夫斯基方法研究系统

$$\dot{x}_1 = -x_1$$
$$\dot{x}_2 = x_1 - x_2 - x_2^3$$

在原点的稳定性。

4-12　带有无记忆非线性饱和特性的反馈系统如图 4.21 所示，图中非线性反馈函数 $f(y)$ 在Ⅰ、Ⅲ象限的开区间且过零点。试证明

$$V = \frac{T^2}{2} x_2^2 + T\int_0^y f(\sigma)\,\mathrm{d}\sigma$$

是可选的李雅普诺夫函数，并进一步证明系统在原点是全局渐近稳定的。

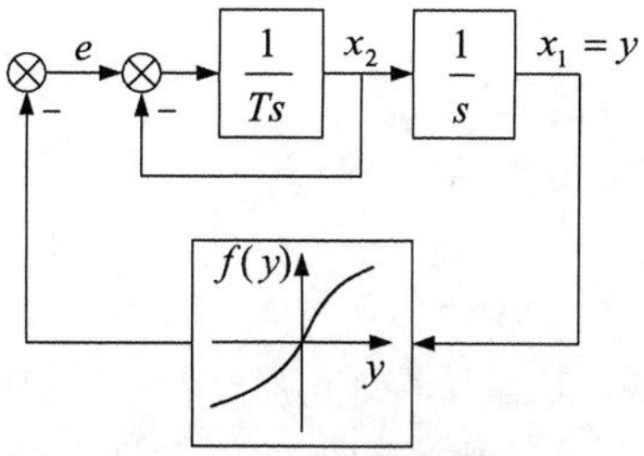

图 4.21　习题 4-12 图

4-13　考虑非线性系统

$$\ddot{y} + h(y)\dot{y} + g(y) = 0$$

函数 g 和 h 是连续可微的，$h(y) > 0$。

(1) 令 $x_1 = y$，$x_2 = \dot{y}$ 写出系统的状态方程，给出有关 g 应满足的条件，使原点是系统唯一孤立的平衡点。

(2) 给出有关 g 应满足的条件，使 $V(x_1, x_2) = \int_0^{x_1} g(y)\,\mathrm{d}y + \frac{1}{2}x_2^2$ 成为李雅普诺夫函数，并使系统原点是渐近

稳定的。

4-14　已知某非线性系统的微分方程描述如下

$$\dot{x}_1 = \alpha x_1 + \beta x_1 x_2$$
$$\dot{x}_2 = \gamma x_2 + \delta x_1 x_2$$

(1)求系统的平衡点。

(2)求系统在平衡点附近的线性化微分方程描述。

(3)讨论系统在平衡点附近的稳定性。

4-15　考虑如下非线性系统

$$\dot{x}_1 = -x_1^3 + x_2 + u$$
$$\dot{x}_2 = -x_1 + a x_2^2 x_1$$

(1)当 $u=0$、$a=1$ 时，找出这个非线性系统的所有平衡点，你能判定出这些平衡点的局部稳定特性吗？

(2)令 $u=0$、$a=0$，使用李雅普诺夫函数 $V(\boldsymbol{x})=\frac{1}{2}x_1^2+\frac{1}{2}x_2^2$ 证明系统的原点是全局渐近稳定的。

4-16　给定系统

$$\dot{x}_1 = -2x_1 + 2x_2^4$$
$$\dot{x}_2 = -x_2$$

试分别采用(1)李雅普诺夫第一法；(2)克拉索夫斯基方法；(3)变量梯度法；(4) $V(\boldsymbol{x}) = x_1^2 + x_2^2$ (李雅普诺夫第二法)判断系统原点的稳定性。

4-17　某磁悬浮系统的模型为

$$\dot{x}_1 = x_2$$
$$\dot{x}_2 = g - \frac{k}{m}x_2 - \frac{L_0 a x_3^2}{2m(a+x_1)^2}$$
$$\dot{x}_3 = \frac{1}{L_1}\left[-Rx_3 + \frac{L_0 a x_2 x_3}{(a+x_1)^2} + u\right]$$

其中，变量 $x_1 = y$ 为铁球和电磁铁间的距离，$x_2 = \dot{y}$ 为铁球的速度，$x_3 = i$ 为电磁铁线圈电流，$u = v$ 为线圈上的控制电压，参数 $m = 0.1\text{kg}$，$k = 0.001\text{N/(m/s)}$，$g = 9.81\text{m/s}^2$，$a = 0.05\text{m}$，$L_0 = 0.01\text{H}$，$L_1 = 0.02\text{H}$，$R = 1\Omega$。

(1)求 $y = 0.05\text{m}$ 时系统的静态工作点，证明静态工作点是不稳定的。

(2)利用线性化，设计一个状态反馈控制律使铁球在 $y = 0.05\text{m}$ 处稳定。

(3)若只有 y 可以测量，(2)中的设计目的可以达到吗？

4-18　考虑如下四阶系统

$$\dot{\boldsymbol{x}} = A\boldsymbol{x}$$

式中

$$\boldsymbol{x} = \begin{bmatrix} x_1 \\ x_2 \\ x_3 \\ x_4 \end{bmatrix},\quad A = \begin{bmatrix} 0 & 1 & 0 & 0 \\ -b_4 & 0 & 1 & 0 \\ 0 & -b_3 & 0 & 1 \\ 0 & 0 & -b_2 & -b_1 \end{bmatrix},\quad b_i \neq 0 (i = 1,2,3,4)$$

试用解李雅普诺夫方程 $A^{\mathrm{T}}P + PA = -W$ 的方法，给出系统原点全局渐近稳定时 $b_i (i = 1,2,3,4)$ 应满足的充要条件，其中

$$W = \begin{bmatrix} 0 & 0 & 0 & 0 \\ 0 & 0 & 0 & 0 \\ 0 & 0 & 0 & 0 \\ 0 & 0 & 0 & 2b_1^2 \end{bmatrix}$$

4-19　设高阶振荡方程为

$$\ddot{\boldsymbol{x}}+Q(t)C\dot{\boldsymbol{x}}+\boldsymbol{x}=0$$

其中，$Q(t)$ 为正定时变矩阵，C 为正定常数矩阵，试选取李雅普诺夫函数，证明系统的稳定性。

4-20　试判断下列传递函数是否为正实函数或严格正实函数，并给出参数应满足的条件。

$$G_1(s)=\frac{K}{s},\quad G_2(s)=\frac{K(T_1s+1)}{T_2s+1},\quad G_3(s)=\frac{K(T_1s+1)}{(T_2s+1)(T_3s+1)}$$

$$G_4(s)=\frac{K}{s(1-Ts)},\quad G_5(s)=\frac{K}{s^2+\omega^2},\quad G_5(s)=\frac{ks}{a_1s^2+a_2s+1}$$

4-21　设线性变阻尼二阶振荡方程为

$$\ddot{x}+q(t)\dot{x}+x=0,\quad q(t)>0$$

(1) 试选取李雅普诺夫函数，证明系统的稳定性。

(2) 若进一步假设时变阻尼 $q(t)>0$ 且有界，即存在常数和 $m_1>0$ 和 $m_2>0$，时变增益 $q(t)$ 满足 $0<m_1<q(t)<m_2$，应用圆判据证明系统原点的稳定性。

4-22　系统如图 4.22 所示。试证明对于任意常值输入 $r=r_0$，系统的静态工作点都是全局渐近稳定的。

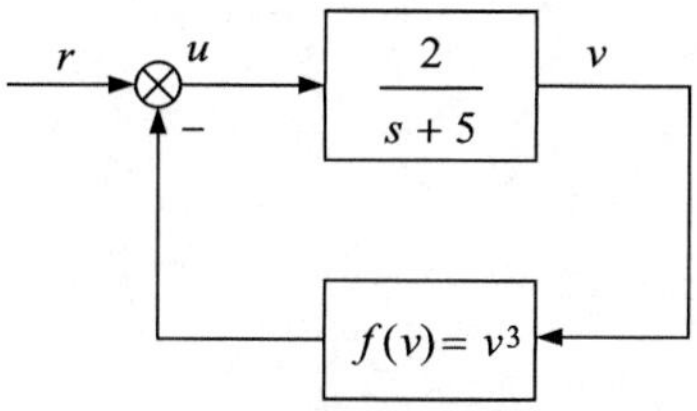

图 4.22　习题 4-22 图

4-23　有阻尼马提厄方程为

$$\ddot{y}+2\mu\dot{y}+(\mu^2+a^2-q\cos\omega_0t)y=0$$

式中，$\mu>0$，$a>0$，$q>0$。

(1) 试将上述微分方程转化成线性定常前向方框和时变反向方框反馈连接的形式。

(2) 试用圆判据确定全局渐近稳定时 q 的取值范围。

提示：对于稳定的二阶振荡环节

$$G(s)=\frac{\omega_n^2}{s^2+2\xi\omega_ns+\omega_n^2}$$

当 $0<\xi<0.707$ 时，幅频特性 $|G(\mathrm{j}\omega)|$ 在 $\omega=\omega_m=\omega_n\sqrt{1-2\xi^2}$ 时有峰值

$$|G(\mathrm{j}\omega_m)|=\frac{1}{2\xi\sqrt{1-\xi^2}}$$

否则幅频特性 $|G(\mathrm{j}\omega)|$ 是单调减函数。

4-24　试证明下面两系统的无源性。

(1) 图 4.23(a)的系统中 $\boldsymbol{u}\in R^p$，$\boldsymbol{y}\in R^p$，M 和 K 都是正定对角矩阵，非线性定常函数向量 $\boldsymbol{h}\in F_2[0,K]$，且对所有 $\boldsymbol{x}$，$\int_0^{\boldsymbol{x}}\boldsymbol{h}^{\mathrm{T}}(\boldsymbol{\sigma})M\,\mathrm{d}\boldsymbol{\sigma}\geqslant 0$。

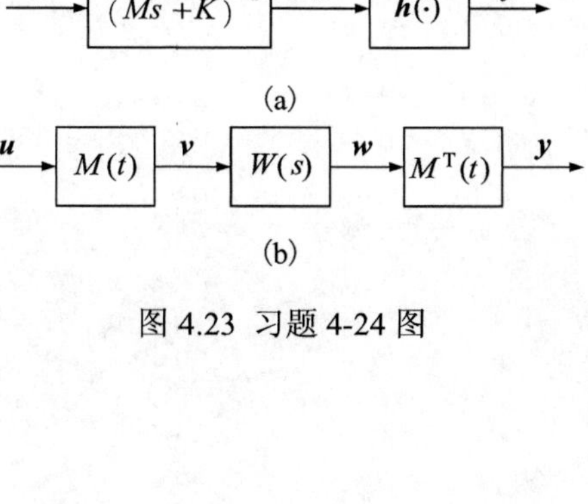

图 4.23　习题 4-24 图

(2) 图 4.23(b)的系统中 $W(s)$ 是严格正实传递函数矩阵，$M(t)$ 是一个时变可逆矩阵。

4-25　取存储函数 $V(x)=\int_0^x h(\sigma)\,\mathrm{d}\sigma$ 证明系统

$$
\begin{aligned}
\dot{x} &= -ax+u \\
y &= h(x)
\end{aligned}
$$

其中，$a \geqslant 0$，$h(x)x \geqslant 0$ 是无源的。将系统

$$
\begin{aligned}
\dot{x}_1 &= -x_1+x_2 \\
\dot{x}_2 &= -x_1^3-x_2-x_3^3+u \\
\dot{x}_3 &= -x_3+x_2 \\
y &= x_2
\end{aligned}
$$

看成三个无源系统的反馈连接，取三个无源系统各自存储函数的和作为系统的存储函数，证明上述以 u 为输入 y 为输出的系统是严格无源的。

第 5 章　控制系统状态空间设计方法

线性定常系统基于状态空间描述的设计方法主要有两类，一类是一般意义下的系统设计方法，这是本章将要介绍的内容，另一类是某种最优意义下的系统设计方法，这是第 6 章将要介绍的内容。所谓一般意义下的设计方法，其设计任务是决定控制作用使系统输出对参考输入的跟踪与调节性能满足一定的性能指标。图 5.1 是多变量跟踪与调节系统的典型结构图，图中 $\boldsymbol{r}$ 是参考输入向量，$\boldsymbol{y}$ 是输出向量，$\boldsymbol{e}=\boldsymbol{r}-\boldsymbol{y}$ 是误差向量，$\boldsymbol{u}$ 是作用于被控对象的控制量，$G_0(s)$ 为被控对象的传递函数矩阵，$G_c(s)$ 为调节器的传递函数矩阵，输出反馈控制仍然是多变量跟踪与调节系统的主要结构形式，适用于单变量反馈控制系统调节器设计的内模原理，对多变量反馈控制系统仍然适用。在单变量反馈控制系统中，不存在解耦设计问题，控制量只是误差作用下调节器状态变量的线性组合，通过改变开环增益和调节器参数，使闭环极点沿根轨迹曲线变化，以满足系统稳定性和动态特性的设计要求。在多变量反馈控制系统中，为完成诸如去掉耦合、系统稳定和极点配置等设计任务，控制向量一般是调节器状态变量和被控对象状态变量的线性组合。本章的内容将说明，只要系统能控，就可以通过状态反馈，任意配置闭环系统的极点；只要被控对象传递函数矩阵满足一定条件，就可以通过状态反馈实现解耦设计；实际中，只有被控对象的输出可以直接测量到，为实现状态反馈控制，需要设计状态观测器对被控对象的内部状态进行观测，如图 5.1 所示。

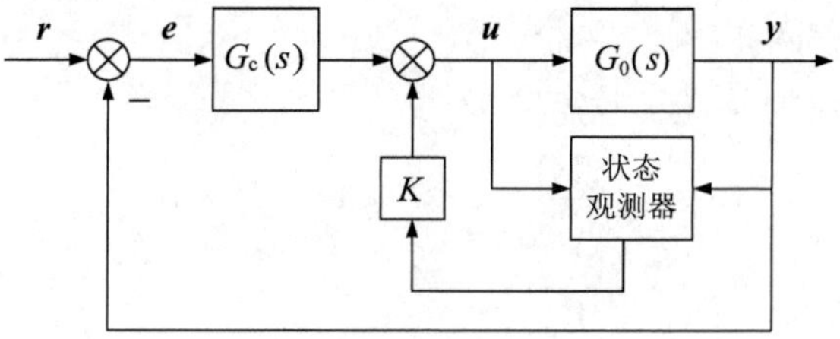

图 5.1　多变量跟踪与调节系统的典型结构图

本章将首先介绍状态反馈极点配置、系统镇定、系统实现问题，然后介绍观测器设计、解耦设计和渐近跟踪与调节器设计问题。其中，通过对控制作用状态变换下不变性的论述，阐明了多变量反馈控制系统设计中对被控对象状态空间描述的基本要求和系统最小实现、代数等价的工程意义。

5-1　状态反馈及对系统特性的影响

在图 5.1 所示的系统中，输出量与参考输入相减构成输出反馈外环，调节器和被控对象状态的线性组合形成控制作用，为状态反馈内环。状态反馈控制是现代控制理论中进行系统设计的重要形式和基本特征，状态反馈综合了更多的系统信息，因而可以得到更好的控制效果。下面针对线性定常系统

$$\begin{aligned}\dot{\boldsymbol{x}} &= A\boldsymbol{x} + B\boldsymbol{u} \\ \boldsymbol{y} &= C\boldsymbol{x}\end{aligned} \tag{5.1}$$

介绍几种状态反馈的形式及对系统的影响，其中状态变量$\boldsymbol{x} \in R^n$，控制变量$\boldsymbol{u} \in R^p$，输出变量$\boldsymbol{y} \in R^q$，在下面的讨论中，不失一般性，总假定系统的输入矩阵B和输出矩阵C是满秩的。

1. 状态反馈的几种不同形式

1) 状态反馈到控制输入

对式(5.1)所示的对象，将控制作用取为状态变量的线性组合，即

$$\boldsymbol{u} = K\boldsymbol{x} + \boldsymbol{v} \tag{5.2}$$

式中，$K \in R^{p \times n}$为状态反馈矩阵，$\boldsymbol{v} \in R^p$为与控制向量$\boldsymbol{u}$同维数的输入向量，构成的闭环系统称为状态反馈系统，如图 5.2 所示。

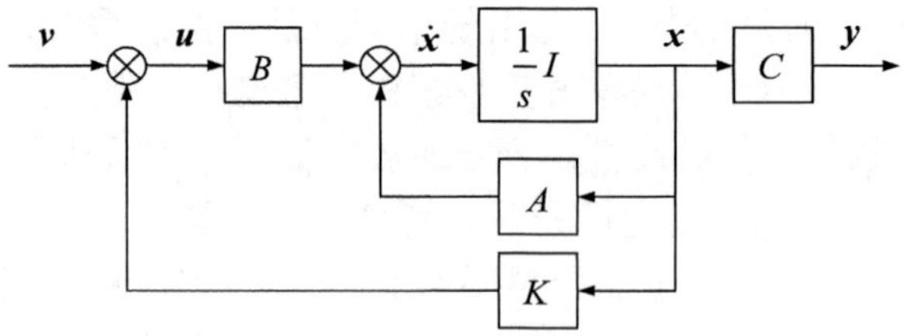

图 5.2　状态反馈的系统框图

将式(5.2)代入式(5.1)，得采用状态反馈后闭环系统的状态空间表达式为

$$\begin{aligned}\dot{\boldsymbol{x}} &= A\boldsymbol{x} + B\boldsymbol{u} = A\boldsymbol{x} + B(K\boldsymbol{x} + \boldsymbol{v}) = (A + BK)\boldsymbol{x} + B\boldsymbol{v} \\ \boldsymbol{y} &= C\boldsymbol{x}\end{aligned} \tag{5.3}$$

采用状态反馈后闭环系统的传递函数矩阵为

$$G_K(s) = \frac{\boldsymbol{y}(s)}{\boldsymbol{v}(s)} = C(sI - A - BK)^{-1}B \tag{5.4}$$

2) 输出反馈到控制输入

一般情况下，系统中可以直接测量的只有系统的输出量，因此输出反馈在工程中更容易实现。将控制作用取为输出变量的线性组合，即

$$\boldsymbol{u} = H\boldsymbol{y} + \boldsymbol{v} \tag{5.5}$$

式中，$H \in R^{p \times q}$为输出反馈矩阵，构成的闭环系统称为输出反馈控制系统，如图 5.3 所示。

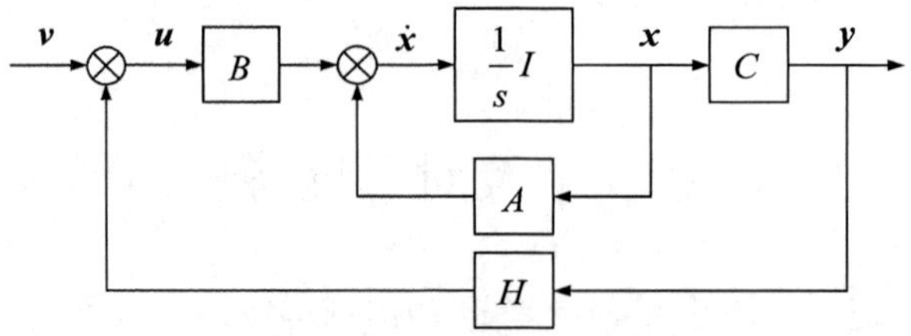

图 5.3　输出反馈的系统框图

将式(5.5)代入式(5.1)，得采用输出反馈后闭环系统的状态空间表达式为

$$\begin{aligned}\dot{x} &= Ax + B(Hy + v) = Ax + B(HCx + v) = (A + BHC)x + Bv \\ y &= Cx\end{aligned} \tag{5.6}$$

采用输出反馈后闭环系统的传递函数矩阵为

$$G_H(s) = \frac{y(s)}{v(s)} = C(sI - A - BHC)^{-1}B \tag{5.7}$$

虽然，输出反馈和状态反馈一样可以改变闭环系统的状态矩阵，但二者的效果却有所不同。因为状态变量所包含的系统信息比输出变量更完整，所以状态反馈可以达到的闭环控制效果，输出反馈未必能够达到。事实上，只有在状态反馈矩阵取为 $K = HC$ 这种特殊情况时，状态反馈与输出反馈才是等价的，而这要求状态反馈矩阵各行向量必须等于系统输出矩阵各行向量的线性组合，因此大大限制了状态反馈设计的自由度。

3) 输出反馈到状态微分

在某些情况下，例如，在状态观测器的设计中，观测器的模型是重新搭建的，输出反馈被引入到观测器内部，作用在状态微分前的综合点上，如图 5.4 所示。

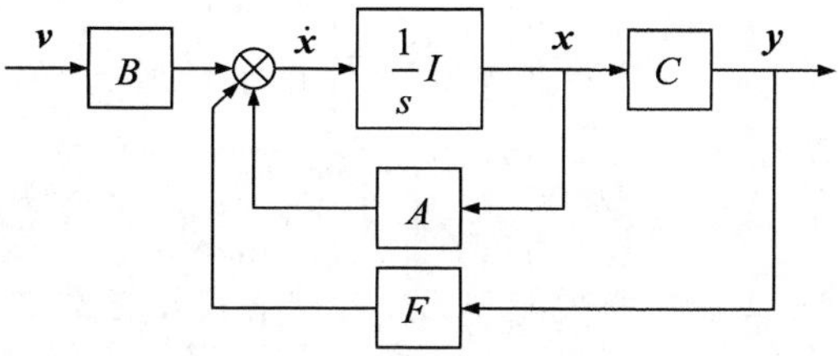

图 5.4　输出反馈到系统微分的系统框图

对图 5.4 所示系统，状态空间表达式为

$$\begin{aligned}\dot{x} &= Ax + Fy + Bv = Ax + FCx + Bv = (A + FC)x + Bv \\ y &= Cx\end{aligned} \tag{5.8}$$

式中，$F \in R^{n\times q}$ 为反馈矩阵。显然，输出反馈到状态微分是假设输入矩阵 $B = I$ 时的输出反馈，这将在很大程度上改善输出反馈作用的效果。图 5.4 所示系统的传递函数矩阵为

$$G_F(s) = \frac{y(s)}{v(s)} = C(sI - A - FC)^{-1}B \tag{5.9}$$

2. 状态反馈和输出反馈对系统特性的影响

1) 状态反馈系统保持原系统的能控性

状态反馈前系统式(5.1)的能控性矩阵为

$$Q_c = \left[B, AB, A^2B, \cdots, A^{n-1}B\right]$$

根据状态反馈后系统的状态空间描述式(5.3)，状态反馈后系统的能控性矩阵为

$$\bar{Q}_c = \left[B, (A+BK)B, (A+BK)^2B, \cdots, (A+BK)^{n-1}B\right]$$

可以看出，$\bar{Q}_c$ 的第一个子块等于 Q_c 的第一个子块。将 $\bar{Q}_c$ 的第二个子块展开有

$$(A+BK)B = AB + BKB$$

可以看出，$\bar{Q}_c$ 的第二个子块是将 Q_c 的第一个子块各列的线性组合加到 Q_c 的第二个子块的各列中得到。同样，展开 $\bar{Q}_c$ 的第三个子块并将它表示为

$$(A+BK)^2 B = A^2 B + AB(KB) + B(KAB) + B(KBKB)$$

它是将 Q_c 的第一个子块各列的线性组合以及 Q_c 的第二个子块各列的线性组合加到 Q_c 的第三个子块的各列中得到，等等。因为矩阵的列变换不改变矩阵的秩，所以有

$$\text{rank}Q_c = \text{rank}\bar{Q}_c$$

即状态反馈不改变系统的能控性。

实际上，因为 (A,B) 能控，设状态反馈前取 $\boldsymbol{u}(t)=\boldsymbol{u}^*(t)$，使初态 $\boldsymbol{x}(t_0)=\boldsymbol{x}_0$ 循着轨迹 $\boldsymbol{x}^*(t)$ 在时刻 t_f 到达原点，$t_0 \leqslant t < t_f < \infty$。状态反馈后只需取 $\boldsymbol{v}^*(t)=\boldsymbol{u}^*(t)-K\boldsymbol{x}^*(t)$ 即可达到同样的目的。

2) 状态反馈系统不一定维持原系统的能观性

状态反馈可能会破坏原系统的能观性，例如，对于系统

$$\dot{\boldsymbol{x}} = \begin{bmatrix} 0 & 1 \\ 1 & 0 \end{bmatrix}\boldsymbol{x} + \begin{bmatrix} 0 \\ 1 \end{bmatrix}u$$

$$y = \begin{bmatrix} 0 & 1 \end{bmatrix}\boldsymbol{x}$$

能控性和能观性矩阵为

$$Q_c = \begin{bmatrix} \boldsymbol{b} & A\boldsymbol{b} \end{bmatrix} = \begin{bmatrix} 0 & 1 \\ 1 & 0 \end{bmatrix}$$

$$Q_o = \begin{bmatrix} \boldsymbol{c}^T \\ \boldsymbol{c}^T A \end{bmatrix} = \begin{bmatrix} 0 & 1 \\ 1 & 0 \end{bmatrix}$$

$\text{rank}Q_c = \text{rank}Q_o = 2 = n$，所以系统能控能观。现取状态反馈矩阵 $K=[-1 \quad 0]$，则状态反馈后的系统矩阵为

$$A+\boldsymbol{b}K = \begin{bmatrix} 0 & 1 \\ 1 & 0 \end{bmatrix} + \begin{bmatrix} 0 \\ 1 \end{bmatrix}\begin{bmatrix} -1 & 0 \end{bmatrix} = \begin{bmatrix} 0 & 1 \\ 0 & 0 \end{bmatrix}$$

状态反馈后系统的能观性矩阵为

$$\bar{Q}_o = \begin{bmatrix} \boldsymbol{c}^T \\ \boldsymbol{c}^T(A+\boldsymbol{b}K) \end{bmatrix} = \begin{bmatrix} 0 & 1 \\ 0 & 0 \end{bmatrix}$$

$\text{rank}\bar{Q}_o = 1 \leqslant n$，降秩，状态反馈后系统不能观。

事实上，正如下面将要指出的，状态反馈可以实现能控系统闭环极点的任意配置，但状态反馈不会改变系统的零点，对于单输入单输出(SISO)系统，在配置闭环极点的过程中一旦出现零、极点相消，由于系统的能控性维持不变，系统的能观性将被破坏。

3) 输出反馈保持原系统的能控性与能观性

因为输出反馈是状态反馈的特例，故和状态反馈系统一样，输出反馈保持系统的能控性不变。而对于能观性，输出反馈前系统式(5.1)的能观性矩阵为

$$Q_o = \begin{bmatrix} C \\ CA \\ CA^2 \\ \vdots \\ CA^{n-1} \end{bmatrix}$$

输出反馈后系统的能观性矩阵为

$$\bar{Q}_o = \begin{bmatrix} C \\ C(A+BHC) \\ C(A+BHC)^2 \\ \vdots \\ C(A+BHC)^{n-1} \end{bmatrix}$$

可以看出，$\bar{Q}_o$的第一个子块等于Q_o的第一个子块。将$\bar{Q}_o$的第二个子块展开成

$$C(A+BHC) = CA + (CBH)C$$

即$\bar{Q}_o$的第二个子块是将Q_o的第一个子块各行的线性组合加到Q_o的第二个子块的各行中得到。同样将$\bar{Q}_o$的第三个子块展开成

$$C(A+BHC)^2 = CA^2 + (CABH)C + (CBH)CA + (CBHCBH)C$$

即$\bar{Q}_o$的第三个子块是将Q_o的第一个子块各行的线性组合以及Q_o的第二个子块各行的线性组合加到Q_o的第三个子块的各行中得到，等等。因为矩阵的行变换不改变矩阵的秩，所以有

$$\text{rank}Q_o = \text{rank}\bar{Q}_o$$

即输出反馈不改变系统的能观性。

实际上，能观性说明的是系统运行状态可由输出完全反映的属性，从输出反馈系统的结构很容易得出输出反馈系统保持原系统能观性的结论。

4) 状态反馈可以任意配置能控系统的闭环极点

对于能控系统，状态反馈可以任意配置系统的闭环极点，即有如下定理 5.1。

定理 5.1　对于系统式(5.1)，通过状态反馈可以任意配置闭环系统极点的充分必要条件是系统式(5.1)能控。

定理 5.1 的必要性，本章 5.3 节的内容将给出说明，即对于不完全能控系统，通过状态反馈只能影响其能控子系统的极点，而无法对其不能控子系统的极点产生影响，由此得到系统能控是状态反馈任意配置系统闭环极点的必要条件。

对于定理 5.1 的充分性，只要在系统(A,B,C)能控的条件下，对于任意给定的极点配置，解决如何求取状态反馈矩阵K的问题即可得证。本章 5-2 节将从单输入系统极点配置问题开始进行讨论，而多输入系统极点配置的设计方法，将借助于第 3 章给出的能控系统的标准型给以解决。

一般来说，输出反馈无法任意配置系统的极点。输出反馈是状态反馈矩阵$K = HC$的特例，输出反馈要达到与状态反馈相同的目的，必须可以从方程$K = HC$中解出输出反馈矩阵H，其中$H \in R^{p\times q}$共有$p\times q$个待定量，而$K \in R^{p\times n}$，一般$n>p$，要从$p\times n$个方程中解出$p\times q$个待定量，方程的个数大于待定变量的个数，不一定有解。以单输入单输出系统为例，调整输出反馈增益的大小，相当于改变系统的开环放大倍数，只能使闭环极点配置在根轨迹上。

5) 带非奇异输入变换的状态反馈不改变系统的零点

对于单输入单输出系统来说，使用状态反馈进行极点配置时，系统控制输入到输出传递函数零点的位置不会发生变化（从单输入单输出系统的龙伯格标准型（能控标准Ⅱ型）可以容易地看出上面的结论），传递函数分母多项式和分子多项式的最高幂次之差也不会发生变化，但可能会发生零、极点对消。零、极点对消会导致系统的降阶实现，而状态反馈不会给系统的能控性带来影响，所以由状态反馈引起的零、极点对消必然要影响系统的能观性。

上述结论对于多变量系统也是一样的。根据 2-6 节给出的零点定义，设$(A,B,C,D=0)$是严格真传递函数矩阵$G(s)$的能控能观实现，系统的零点多项式为

$$z(s)=\det\begin{bmatrix} sI-A & -B \\ C & 0 \end{bmatrix}$$

通过带非奇异状态变换的状态反馈$\boldsymbol{u}=K\boldsymbol{x}+E\boldsymbol{v}$构成闭环系统$(A+BK,BE,C,D=0)$，在闭环系统能控能观的假设条件下，闭环系统的零点多项式为

$$z_K(s)=\det\begin{bmatrix} sI-A-BEK & -BE \\ C & 0 \end{bmatrix}$$

因为列变换不改变行列式的值，故有

$$z_K(s)=\det\begin{bmatrix} sI-A-BEK & -BE \\ C & 0 \end{bmatrix}=\det\left(\begin{bmatrix} sI-A & -B \\ C & 0 \end{bmatrix}\begin{bmatrix} I & 0 \\ K & E \end{bmatrix}\right)=\det\begin{bmatrix} sI-A & -B \\ C & 0 \end{bmatrix}=z(s)$$

即带非奇异状态变换的状态反馈不改变控制输入到系统输出传递函数矩阵零点的位置，也不改变传递函数矩阵每个元素分母多项式和分子多项式的最高幂次之差。否则，一旦发生零、极点对消，系统的能观性就会被破坏。注意，在图 5.1 所示闭环系统中，状态反馈（调节器状态反馈）将会改变系统参考输入到输出传递函数矩阵的零点。

5-2 极点配置问题

无论是单输入单输出系统还是多输入多输出系统，系统的状态响应和输出响应是由系统极点和输入作用极点规定的各模态项的和。极点配置问题就是通过对状态反馈矩阵的选择，将系统极点配置在希望的位置上，使系统动态过渡过程的品质和快速性满足设计要求。

1. 单输入单输出系统的极点配置

设单输入单输出系统

$$\begin{aligned}\dot{\boldsymbol{x}}&=A\boldsymbol{x}+\boldsymbol{b}u\\ \boldsymbol{y}&=\boldsymbol{c}^{\mathrm{T}}\boldsymbol{x}\end{aligned}\tag{5.10}$$

能控，希望的闭环极点为$\lambda_i(i=1,2,\cdots,n)$，希望的闭环特征多项式为

$$\psi^*(s)=\prod_{i=1}^{n}(s-\lambda_i)=s^n+\alpha_{n-1}^*s^{n-1}+\cdots+\alpha_1^*s+\alpha_0^*\tag{5.11}$$

取$u=v+\boldsymbol{k}^{\mathrm{T}}\boldsymbol{x}$，$\boldsymbol{k}^{\mathrm{T}}=[k_1,k_2,k_3,\cdots,k_n]$，令状态反馈后闭环系统的特征多项式等于希望的特征多项式，即有

$$\det(sI-A-\boldsymbol{b}\boldsymbol{k}^{\mathrm{T}})=s^n+\alpha_{n-1}^*s^{n-1}+\cdots+\alpha_1^*s+\alpha_0^*\tag{5.12}$$

则通过比较等式两边多项式的系数，就可以确定状态反馈矩阵$\boldsymbol{k}^{\mathrm{T}}$。

当系统的阶数比较高时，上述比较系数的方法计算比较烦琐，这时可以通过将系统的状态空间模型转换为标准型的方法得到反馈矩阵。因为非奇异变换不影响系统的特征值，所以有

$$\det T^{-1}(sI-A-\boldsymbol{b}\boldsymbol{k}^{\mathrm{T}})T=\det(sI-T^{-1}AT-T^{-1}\boldsymbol{b}\boldsymbol{k}^{\mathrm{T}}T)=\det(sI-\overline{A}-\overline{\boldsymbol{b}\boldsymbol{k}}^{\mathrm{T}})\tag{5.13}$$

式中，$\overline{A}=T^{-1}AT$、$\overline{\boldsymbol{b}}=T^{-1}\boldsymbol{b}$、$\overline{\boldsymbol{k}}^{\mathrm{T}}=\boldsymbol{k}^{\mathrm{T}}T$为变换后的状态矩阵、输入矩阵和状态反馈矩阵。设

$$\det(sI - \overline{A} - \overline{\boldsymbol{b}\boldsymbol{k}}^{\mathrm{T}}) = s^n + \alpha_{n-1}^* s^{n-1} + \cdots + \alpha_1^* s + \alpha_0^* \tag{5.14}$$

其中，将$(\overline{A},\overline{\boldsymbol{b}})$取为龙伯格能控标准型（能控标准Ⅱ型），会使得由式(5.14)求取状态反馈阵$\overline{\boldsymbol{k}}^{\mathrm{T}}$的计算非常简单，之后，再由$\boldsymbol{k}^{\mathrm{T}} = \overline{\boldsymbol{k}}^{\mathrm{T}} T^{-1}$求得变换前系统的状态反馈矩阵。

设系统式(5.10)的特征方程为

$$\psi(s) = \det(sI - A) = s^n + a_{n-1}s^{n-1} + \cdots + a_1 s + a_0 \tag{5.15}$$

根据特征方程的系数构造变换矩阵

$$T = Q_{\mathrm{c}} \begin{bmatrix} a_1 & a_2 & \cdots & a_{n-1} & 1 \\ a_2 & a_3 & \cdots & 1 & 0 \\ \vdots & \vdots & \iddots & 0 & 0 \\ a_{n-1} & 1 & 0 & 0 & 0 \\ 1 & 0 & 0 & 0 & 0 \end{bmatrix} \tag{5.16}$$

式中，$Q_{\mathrm{c}} = [\boldsymbol{b} \quad A\boldsymbol{b} \quad A^2\boldsymbol{b} \quad \cdots \quad A^{n-1}\boldsymbol{b}]$为系统的能控性矩阵，系统$(A,\boldsymbol{b})$能控，故$Q_{\mathrm{c}}$可逆，显然变换矩阵$T$是可逆的，作状态变换$\boldsymbol{x} = T\boldsymbol{z}$，系统式(5.10)的状态空间表达式变为

$$\begin{aligned} \dot{\boldsymbol{z}} &= \overline{A}\boldsymbol{z} + \overline{\boldsymbol{b}}u \\ y &= \overline{\boldsymbol{c}}^{\mathrm{T}}\boldsymbol{z} \end{aligned} \tag{5.17}$$

式中

$$\begin{aligned} \overline{A} = T^{-1}AT &= \begin{bmatrix} 0 & 1 & 0 & \cdots & 0 \\ 0 & 0 & 1 & \ddots & \vdots \\ \vdots & \vdots & \ddots & \ddots & 0 \\ 0 & 0 & \cdots & 0 & 1 \\ -a_0 & -a_1 & -a_2 & \cdots & -a_{n-1} \end{bmatrix} \\ \overline{\boldsymbol{b}} = T^{-1}\boldsymbol{b} &= \begin{bmatrix} 0 \\ 0 \\ \vdots \\ 0 \\ 1 \end{bmatrix}, \quad \overline{\boldsymbol{c}}^{\mathrm{T}} = \boldsymbol{c}^{\mathrm{T}}T = \begin{bmatrix} b_0 & b_1 & b_2 & \cdots & b_{n-1} \end{bmatrix} \end{aligned} \tag{5.18}$$

取$u = v + \overline{\boldsymbol{k}}^{\mathrm{T}}\boldsymbol{z}$，$\overline{\boldsymbol{k}}^{\mathrm{T}} = [\overline{k}_1, \overline{k}_2, \overline{k}_3, \cdots, \overline{k}_n]$，状态反馈后闭环系统变为

$$\begin{aligned} \dot{\boldsymbol{z}} &= (\overline{A} + \overline{\boldsymbol{b}\boldsymbol{k}}^{\mathrm{T}})\boldsymbol{z} + \overline{\boldsymbol{b}}v \\ y &= \overline{\boldsymbol{c}}^{\mathrm{T}}\boldsymbol{z} \end{aligned} \tag{5.19}$$

式中

$$\overline{A} + \overline{\boldsymbol{b}\boldsymbol{k}}^{\mathrm{T}} = \begin{bmatrix} 0 & 1 & 0 & \cdots & 0 \\ 0 & 0 & 1 & \ddots & \vdots \\ \vdots & \vdots & \ddots & \ddots & 0 \\ 0 & 0 & \cdots & 0 & 1 \\ -a_0 + \overline{k}_1 & -a_1 + \overline{k}_2 & -a_2 + \overline{k}_3 & \cdots & -a_{n-1} + \overline{k}_n \end{bmatrix} \tag{5.20}$$

则由式(5.14)有

$$\det(sI-\bar{A}-\bar{\boldsymbol{b}}\bar{\boldsymbol{k}}^{\mathrm{T}})=s^n+(a_{n-1}-\bar{k}_n)s^{n-1}+\cdots+(a_1-\bar{k}_2)s+a_0-\bar{k}_1 \\ =s^n+\alpha_{n-1}^*s^{n-1}+\cdots+\alpha_1^*s+\alpha_0^* \tag{5.21}$$

比较系数得到

$$\bar{\boldsymbol{k}}^{\mathrm{T}}=\left[\bar{k}_1,\bar{k}_2,\bar{k}_3,\cdots,\bar{k}_n\right]=\left[a_0-\alpha_0^*,a_1-\alpha_1^*,a_2-\alpha_2^*,\cdots,a_{n-1}-\alpha_{n-1}^*\right] \tag{5.22}$$

最后，求出原系统式(5.10)的状态反馈矩阵为

$$\boldsymbol{k}^{\mathrm{T}}=\bar{\boldsymbol{k}}^{\mathrm{T}}T^{-1} \tag{5.23}$$

例 5.1 已知单输入线性定常系统的状态方程为

$$\dot{\boldsymbol{x}}=\begin{bmatrix}0&0&0\\1&-6&0\\0&1&-12\end{bmatrix}\boldsymbol{x}+\begin{bmatrix}1\\0\\0\end{bmatrix}u$$

试用比较系数和转换为能控标准型两种方法，求状态反馈向量 $\boldsymbol{k}^{\mathrm{T}}$，使系统闭环的特征值为 $\lambda_1=-2$，$\lambda_{2,3}=-1\pm\mathrm{j}$。

解 采用比较系数的方法有

$$A+\boldsymbol{b}\boldsymbol{k}^{\mathrm{T}}=\begin{bmatrix}0&0&0\\1&-6&0\\0&1&-12\end{bmatrix}+\begin{bmatrix}1\\0\\0\end{bmatrix}\begin{bmatrix}k_1&k_2&k_3\end{bmatrix}=\begin{bmatrix}k_1&k_2&k_3\\1&-6&0\\0&1&-12\end{bmatrix}$$

$$\det\left[sI-(A+\boldsymbol{b}\boldsymbol{k}^{\mathrm{T}})\right]=\det\begin{bmatrix}s-k_1&-k_2&-k_3\\-1&s+6&0\\0&-1&s+12\end{bmatrix}$$

$$=s^3+(18-k_1)s^2+(-18k_1-k_2+72)s-72k_1-12k_2-k_3$$

而

$$(s+2)(s+1-\mathrm{j})(s+1+\mathrm{j})=s^3+4s^2+6s+4$$

比较系数有

$$k_1=14,\quad k_2=-186,\quad k_3=1220$$

采用转换为能控标准型的方法，先求出系统的能控性矩阵为

$$Q_{\mathrm{c}}=\begin{bmatrix}\boldsymbol{b}&A\boldsymbol{b}&A^2\boldsymbol{b}\end{bmatrix}=\begin{bmatrix}1&0&0\\0&1&-6\\0&0&1\end{bmatrix}$$

$\operatorname{rank}Q_{\mathrm{c}}=3$，系统能控，极点可任意配置。状态反馈前系统的特征方程为

$$\det(sI-A)=\det\begin{bmatrix}s&0&0\\-1&s+6&0\\0&-1&s+12\end{bmatrix}=s^3+18s^2+72s=s^3+a_2s^2+a_1s+a_0$$

系统希望的特征多项式为

$$\alpha^*(s)=s^3+4s^2+6s+4=s^3+\alpha_2s^2+\alpha_1s+\alpha_0$$

于是可求得

$$\bar{\boldsymbol{k}}^{\mathrm{T}}=\left[a_0-\alpha_0^*,a_1-\alpha_1^*,a_2-\alpha_2^*\right]=\begin{bmatrix}-4&66&14\end{bmatrix}$$

计算变换矩阵

$$T = Q_c \begin{bmatrix} a_1 & a_2 & \cdots & a_{n-1} & 1 \\ a_2 & a_3 & \cdots & 1 & 0 \\ \vdots & \vdots & \iddots & 0 & 0 \\ a_{n-1} & 1 & 0 & 0 & 0 \\ 1 & 0 & 0 & 0 & 0 \end{bmatrix} = \begin{bmatrix} 1 & 0 & 0 \\ 0 & 1 & -6 \\ 0 & 0 & 1 \end{bmatrix} \begin{bmatrix} 72 & 18 & 1 \\ 18 & 1 & 0 \\ 1 & 0 & 0 \end{bmatrix} = \begin{bmatrix} 72 & 18 & 1 \\ 12 & 1 & 0 \\ 1 & 0 & 0 \end{bmatrix}$$

则同样得到

$$\boldsymbol{k}^{\mathrm{T}} = \bar{\boldsymbol{k}}^{\mathrm{T}} T^{-1} = \begin{bmatrix} -4 & 66 & 14 \end{bmatrix} \begin{bmatrix} 72 & 18 & 1 \\ 12 & 1 & 0 \\ 1 & 0 & 0 \end{bmatrix}^{-1} = \begin{bmatrix} 14 & -186 & 1220 \end{bmatrix}$$

现在考虑非线性系统

$$\dot{\boldsymbol{x}} = \boldsymbol{f}(\boldsymbol{x}, \boldsymbol{u})$$

其中函数 $\boldsymbol{f}(\boldsymbol{x}, \boldsymbol{u})$ 在包含原点 $(\boldsymbol{x} = 0, \boldsymbol{u} = 0)$ 的邻域内是连续可微的，$\boldsymbol{f}(0,0) = 0$。首先在原点线性化，得到线性化系统

$$\dot{\boldsymbol{x}} = A\boldsymbol{x} + B\boldsymbol{u}$$

其中

$$A = \left.\frac{\partial \boldsymbol{f}(\boldsymbol{x}, \boldsymbol{u})}{\partial \boldsymbol{x}}\right|_{\boldsymbol{x}=0, \boldsymbol{u}=0}, \quad B = \left.\frac{\partial \boldsymbol{f}(\boldsymbol{x}, \boldsymbol{u})}{\partial \boldsymbol{u}}\right|_{\boldsymbol{x}=0, \boldsymbol{u}=0}$$

假设矩阵对 (A, B) 能控，则状态反馈 $\boldsymbol{u} = K\boldsymbol{x}$ 作用下的闭环系统为

$$\dot{\boldsymbol{x}} = \boldsymbol{f}(\boldsymbol{x}, K\boldsymbol{x})$$

显然，原点是闭环系统的平衡点，闭环系统在原点的线性化方程为

$$\dot{\boldsymbol{x}} = \left(\left.\frac{\partial \boldsymbol{f}(\boldsymbol{x}, K\boldsymbol{x})}{\partial \boldsymbol{x}}\right|_{\boldsymbol{x}=0} + \left.\frac{\partial \boldsymbol{f}(\boldsymbol{x}, K\boldsymbol{x})}{\partial \boldsymbol{u}}\right|_{\boldsymbol{x}=0} K \right) \boldsymbol{x} = (A + BK)\boldsymbol{x}$$

于是，设计的目的在于求取反馈矩阵 K，将 $A + BK$ 的特征值配置在左半开复平面希望的位置上，根据李雅普诺夫第一法（间接法）给出的结论，闭环系统在原点附近是渐近稳定的。

例 5.2 考虑图 4.3 所示的单摆系统有

$$\ddot{\varphi} = -a \sin \varphi - b\dot{\varphi} + cT$$

其中 $a = g/l > 0$，$b = k/m > 0$，$c = 1/ml^2 > 0$。将力矩 T 作为控制输入，摆角 φ 作为输出，求状态反馈控制律使系统在 $\varphi = \delta$ 处保持稳定。

解 系统在 $\varphi = \delta$ 处保持平衡需要的稳态控制力矩为

$$T_{ss} = \frac{a}{c} \sin \delta$$

选择状态变量 $x_1 = \varphi - \delta$，$x_2 = \dot{\varphi}$，控制变量取为 $u = T - T_{ss}$，则有系统的状态方程为

$$\begin{aligned} \dot{x}_1 &= x_2 \\ \dot{x}_2 &= -a\left[\sin(x_1 + \delta) - \sin \delta\right] - bx_2 + cu \end{aligned}$$

显然有 $\boldsymbol{f}(0,0) = 0$，在平衡点 $x_{10} = 0$、$x_{20} = 0$ 附近有

$$A=\left.\frac{\partial \boldsymbol{f}(\boldsymbol{x},u)}{\partial \boldsymbol{x}}\right|_{\boldsymbol{x}_0=0}=\begin{bmatrix}0 & 1\\ -a\cos(x_1+\delta) & -b\end{bmatrix}_{\boldsymbol{x}_0=0}=\begin{bmatrix}-1 & 1\\ -a\cos\delta & -b\end{bmatrix},\quad B=\left.\frac{\partial \boldsymbol{f}(\boldsymbol{x},u)}{\partial u}\right|_{\boldsymbol{x}_0=0}=\begin{bmatrix}0\\ c\end{bmatrix}$$

设矩阵对 (A,B) 是能控的。取 $K=\begin{bmatrix}k_1 & k_2\end{bmatrix}$，易验证当 $k_1>a\cos\delta/c$，$k_2>b/c$ 时，矩阵 $A+BK$ 是 Hurwitz 矩阵，于是得到控制力矩为

$$T=K\boldsymbol{x}+T_{ss}=k_1(\varphi-\delta)+k_2\dot{\varphi}+\frac{a}{c}\sin\delta$$

2. 利用阿克曼(Ackermann)公式进行单输入系统的极点配置

上述计算状态反馈向量时需要求取状态变换矩阵 T 的逆，利用阿克曼公式进行系统极点配置可以避免矩阵求逆计算。

设 $\boldsymbol{q}^{\mathrm{T}}$ 是系统式(5.10)能控性矩阵 Q_{c} 的逆矩阵 Q_{c}^{-1} 的最后一行，即有

$$\boldsymbol{q}^{\mathrm{T}}=\begin{bmatrix}0 & \cdots & 0 & 1\end{bmatrix}Q_{\mathrm{c}}^{-1} \tag{5.24}$$

可以证明矩阵

$$\bar{T}^{-1}=\begin{bmatrix}\boldsymbol{q}^{\mathrm{T}}\\ \boldsymbol{q}^{\mathrm{T}}A\\ \vdots\\ \boldsymbol{q}^{\mathrm{T}}A^{n-1}\end{bmatrix} \tag{5.25}$$

即式(5.23)中的变换矩阵 T^{-1}，于是有

$$\begin{aligned}\boldsymbol{k}^{\mathrm{T}}&=\bar{\boldsymbol{k}}^{\mathrm{T}}\bar{T}^{-1}=\left[a_0-\alpha_0^*,\cdots,a_{n-1}-\alpha_{n-1}^*\right]\begin{bmatrix}\boldsymbol{q}^{\mathrm{T}}\\ \boldsymbol{q}^{\mathrm{T}}A\\ \vdots\\ \boldsymbol{q}^{\mathrm{T}}A^{n-1}\end{bmatrix}\\ &=\boldsymbol{q}^{\mathrm{T}}(a_0I+A+\cdots+a_{n-1}A^{n-1})-\boldsymbol{q}^{\mathrm{T}}(\alpha_0^*I+A+\cdots+\alpha_{n-1}^*A^{n-1})\\ &=-\boldsymbol{q}^{\mathrm{T}}A^n-\boldsymbol{q}^{\mathrm{T}}(\alpha_0^*I+A+\cdots+\alpha_{n-1}^*A^{n-1})\\ &=-\boldsymbol{q}^{\mathrm{T}}\psi^*(A)\end{aligned} \tag{5.26}$$

式(5.26)称为阿克曼公式。利用阿克曼公式进行系统的极点配置无需计算被控对象特征多项式各项的系数，能控性矩阵的逆矩阵 Q_{c}^{-1} 也只需计算它的最后一行，但是在计算 $\psi^*(A)$ 时，要遇到矩阵的乘方运算，当系统的阶数较高时，计算量会增加。

下面来阐明状态反馈作用在状态变换下的不变性。所谓状态反馈作用在状态变换下的不变性是指，对于给定的对象，状态变量的定义不同时，状态空间描述的状态矩阵、输入矩阵和输出矩阵也会不同，但由于这些状态空间描述间具有代数等价关系，根据这些状态空间描述得到的状态反馈作用不变，可以达到相同的极点配置效果。

设系统 (A,B,C) 与系统 $(\bar{A},\bar{B},\bar{C})$ 代数等价，即存在变换关系 $\bar{A}=T^{-1}AT$，$\bar{\boldsymbol{b}}=T^{-1}\boldsymbol{b}$，$\bar{\boldsymbol{c}}^{\mathrm{T}}=\boldsymbol{c}^{\mathrm{T}}T$，$\boldsymbol{x}=T\bar{\boldsymbol{x}}$，将这些变换关系代入用阿克曼公式有

$$\begin{aligned}\boldsymbol{k}^{\mathrm{T}}\boldsymbol{x}&=-\boldsymbol{q}^{\mathrm{T}}(\alpha_0^*I+A+\cdots+\alpha_{n-1}^*A^{n-1}+A^n)\boldsymbol{x}\\ &=-\boldsymbol{q}^{\mathrm{T}}T(\alpha_0^*I+\bar{A}+\cdots+\alpha_{n-1}^*\bar{A}^{n-1}+\bar{A}^n)T^{-1}T\bar{\boldsymbol{x}}=-\boldsymbol{q}^{\mathrm{T}}T\psi^*(\bar{A})\bar{\boldsymbol{x}}\end{aligned}$$

式中

$$\boldsymbol{q}^{\mathrm{T}}=\begin{bmatrix}0 & \cdots & 0 & 1\end{bmatrix}Q_{\mathrm{c}}^{-1}=\begin{bmatrix}0 & \cdots & 0 & 1\end{bmatrix}\begin{bmatrix}\boldsymbol{b} & A\boldsymbol{b} & A^2\boldsymbol{b} & \cdots & A^{n-1}\boldsymbol{b}\end{bmatrix}^{-1}$$
$$=\begin{bmatrix}0 & \cdots & 0 & 1\end{bmatrix}\begin{bmatrix}T\overline{\boldsymbol{b}} & T\overline{A}\overline{\boldsymbol{b}} & TA^2\boldsymbol{b} & \cdots & TA^{n-1}\boldsymbol{b}\end{bmatrix}^{-1}$$
$$=\begin{bmatrix}0 & \cdots & 0 & 1\end{bmatrix}\begin{bmatrix}\overline{\boldsymbol{b}} & \overline{A}\overline{\boldsymbol{b}} & \overline{A}^2\overline{\boldsymbol{b}} & \cdots & \overline{A}^{n-1}\overline{\boldsymbol{b}}\end{bmatrix}^{-1}T^{-1}=\begin{bmatrix}0 & \cdots & 0 & 1\end{bmatrix}\overline{Q}_{\mathrm{c}}^{-1}T^{-1}=\overline{\boldsymbol{q}}^{\mathrm{T}}T^{-1}$$

于是有

$$\boldsymbol{k}^{\mathrm{T}}\boldsymbol{x}=-\boldsymbol{q}^{\mathrm{T}}\psi^*(A)\boldsymbol{x}=-\overline{\boldsymbol{q}}^{\mathrm{T}}T^{-1}T\psi^*(\overline{A})\overline{\boldsymbol{x}}=\overline{\boldsymbol{q}}^{\mathrm{T}}\psi^*(\overline{A})\overline{\boldsymbol{x}}=\overline{\boldsymbol{k}}^{\mathrm{T}}\overline{\boldsymbol{x}}$$

即状态反馈作用在状态变换下保持不变。系统 (A,B,C) 在状态反馈 $\boldsymbol{k}^{\mathrm{T}}\boldsymbol{x}$ 作用下的闭环极点和系统 $(\overline{A},\overline{B},\overline{C})$ 在状态反馈 $\overline{\boldsymbol{k}}^{\mathrm{T}}\overline{\boldsymbol{x}}$ 作用下的闭环极点配置是相同的。

例 5.3 设被控对象的状态空间描述为

$$\dot{\boldsymbol{x}}=\begin{bmatrix}0 & 1 & 0\\ 0 & -12 & 1\\ 0 & 0 & -6\end{bmatrix}\boldsymbol{x}+\begin{bmatrix}0\\0\\1\end{bmatrix}u$$
$$y=\begin{bmatrix}1 & 0 & 0\end{bmatrix}\boldsymbol{x}$$

试利用阿克曼公式计算状态反馈向量 $\boldsymbol{k}^{\mathrm{T}}$，配置闭环极点，使闭环系统在阶跃输入下超调量 $\sigma\%\leqslant 5\%$，峰值时间 $t_{\mathrm{p}}\leqslant 0.5\ \mathrm{s}$。

解 计算开环系统的传递函数为

$$G(s)=\boldsymbol{c}^{\mathrm{T}}(sI-A)^{-1}\boldsymbol{b}=\frac{\boldsymbol{c}^{\mathrm{T}}\mathrm{adj}(sI-A)\boldsymbol{b}}{\det(sI-A)}=\frac{1}{s(s+6)(s+12)}$$

状态反馈后闭环系统仍然是无零点的三阶系统，需要应用闭环主导极点的概念设置闭环极点。

根据题意，闭环主导极点为一对共轭复数极点，利用二阶系统超调量的计算公式

$$\sigma\%=\mathrm{e}^{\frac{-\xi\pi}{\sqrt{1-\xi^2}}}\times 100\%\leqslant 5\%$$

当闭环主导极点的阻尼比 $\xi=0.707$ 时，超调量 $\sigma\%=4.3\%\leqslant 5\%$，稍留余量取 $\xi=0.707$，代入二阶系统峰值时间的计算公式

$$t_{\mathrm{p}}=\frac{\pi}{\omega_{\mathrm{n}}\sqrt{1-\xi^2}}\leqslant 0.5$$

峰值时间 $t_{\mathrm{p}}\leqslant 0.5\ \mathrm{s}$ 时，要求无阻尼自然振荡频率 $\omega_{\mathrm{n}}\geqslant 9$，考虑到非主导极点的影响，取 $\omega_{\mathrm{n}}=10$，得到主导极点为

$$\lambda_{1,2}=-\xi\omega_{\mathrm{n}}\pm \mathrm{j}\omega_{\mathrm{n}}\sqrt{1-\xi^2}=-7.07\pm \mathrm{j}7.07$$

由根轨迹的知识容易看出，上述主导极点不在系统的根轨迹上，即通过改变系统的开环放大倍数无法满足设计要求。选择系统的非主导极点到虚轴的距离是主导极点的 10 倍以上，取 $\lambda_3=-100$，得到系统希望的闭环特征多项式为

$$\psi^*(s)=s^3+\alpha_2^*s^2+\alpha_1^*s+\alpha_0^*=(s+100)(s+7.07+\mathrm{j}7.07)(s+7.07-\mathrm{j}7.07)$$
$$=(s+100)(s^2+14.1s+100)=s^3+114.1s^2+1510s+10000$$

开环系统的能控性矩阵为

$$Q_{\mathrm{c}}=\begin{bmatrix}\boldsymbol{b}, A\boldsymbol{b}, A^2\boldsymbol{b}\end{bmatrix}=\begin{bmatrix}0 & 0 & 1\\ 0 & 1 & -18\\ 1 & -6 & 36\end{bmatrix}$$

它是下三角矩阵，它的逆为上三角矩阵，得到逆矩阵的最后一行为

$$\boldsymbol{q}^{\mathrm{T}}=\begin{bmatrix}0 & \cdots & 0 & 1\end{bmatrix}Q_{\mathrm{c}}^{-1}=\begin{bmatrix}1 & 0 & 0\end{bmatrix}$$

利用阿克曼公式有状态反馈矩阵

$$\boldsymbol{k}^{\mathrm{T}}=-\boldsymbol{q}^{\mathrm{T}}\psi^*(A)=-\begin{bmatrix}1 & 0 & 0\end{bmatrix}(A^3+114.1A^2+1510A+10000I)=-\begin{bmatrix}10000 & 284.8 & 96\end{bmatrix}$$

3. 利用单输入系统极点配置算法进行多输入系统极点配置

单输入系统实现一组希望的极点配置，状态反馈增益向量 $\boldsymbol{k}^{\mathrm{T}}$ 是唯一的。但对于多输入系统来说，状态反馈矩阵 $K\in R^{p\times n}$ 有 $p\times n$ 个可变参数，而系统闭环特征方程只有 n 个待定系数，故实现一组希望的极点配置，状态反馈矩阵 K 可以有多种不同的设计方案，下面只介绍其中常用的两种，即将多输入系统极点配置问题转化为单输入系统极点配置问题来求解的方法，以及利用多输入系统龙伯格能控标准型(能控标准Ⅱ型)进行极点配置的方法。一般来讲，利用龙伯格能控标准型进行极点配置得到的状态反馈系数的增益比较小，使得系统动态响应过程的调节幅度小，因而被推荐采用。

下面先讨论利用单输入系统极点配置算法进行多输入系统极点配置的方法。

利用单输入系统极点配置算法进行多输入系统极点配置需要分两步进行，首先通过特定的状态反馈矩阵，将多输入能控系统转化成由单个输入能控的系统，例如，由第一个输入分量 u_1 能控的系统，然后再利用单输入系统极点配置算法设计状态反馈矩阵，最后，上述两步得到的状态反馈矩阵的和即为所需的状态反馈矩阵。

设 p 维输入 q 维输出 n 阶系统 (A,B,C) 能控，$\boldsymbol{b}_1$ 是输入矩阵 B 的第一列，下面借助第 3-8 节式(3.58)～式(3.60)给出的列搜索下多输入多输出系统的能控标准Ⅰ型，给出反馈矩阵 F 的选取方法，使系统 $(A+BF,\boldsymbol{b}_1)$ 为能控。

取式(3.54)列搜索方法得到的变换矩阵

$$T_3=\left[\boldsymbol{b}_1,A\boldsymbol{b}_1,\cdots,A^{\sigma_1-1}\boldsymbol{b}_1;\boldsymbol{b}_2,A\boldsymbol{b}_2,\cdots,A^{\sigma_2-1}\boldsymbol{b}_2;\cdots;\boldsymbol{b}_l,A\boldsymbol{b}_l,\cdots,A^{\sigma_l-1}\boldsymbol{b}_l\right]$$

则有能控标准Ⅰ型的状态矩阵为

$$A_3^{\mathrm{c}}=T_3^{-1}AT_3=\begin{bmatrix}
0 & & & -\alpha_1^{11} & & & & -\alpha_1^{12} & & & & & -\alpha_1^{1l}\\
1 & \ddots & & -\alpha_2^{11} & & & & -\alpha_2^{12} & & & & & -\alpha_2^{1l}\\
 & \ddots & 0 & \vdots & & & & \vdots & & & \cdots & & \vdots\\
 & & 1 & -\alpha_{\sigma_1}^{11} & & & & -\alpha_{\sigma_1}^{12} & & & & & -\alpha_{\sigma_1}^{1l}\\
 & & & Z & 0 & & & -\alpha_1^{22} & & & & & -\alpha_1^{2l}\\
 & & & & 1 & \ddots & & -\alpha_2^{22} & & & & & -\alpha_2^{2l}\\
 & & & & & \ddots & 0 & \vdots & & & & & \vdots\\
 & & & & & & 1 & -\alpha_{\sigma_2}^{22} & & & & & -\alpha_{\sigma_2}^{2l}\\
 & & & & & & & Z & & & & & \\
 & & & & & & & & \ddots & 0 & & & -\alpha_1^{ll}\\
 & & & & & & & & & 1 & \ddots & & -\alpha_2^{ll}\\
 & & & & & & & & & & \ddots & 0 & \vdots\\
 & & & & & & & & & & & 1 & -\alpha_{\sigma_l}^{ll}
\end{bmatrix}$$

式中，Z 表示零，输入矩阵为

$$
B_3^{\mathrm{c}} = T_3^{-1}B = \begin{bmatrix} 1 & & & & \\ 0 & 0 & & & \\ \vdots & & & & \\ 0 & & & & \\ & 1 & & & \\ & 0 & & & \\ & \vdots & & T_3^{-1}\boldsymbol{b}_{l+1} \ \cdots \ T_3^{-1}\boldsymbol{b}_p & \\ & 0 & & & \\ & & \ddots & & \\ & & & 1 & \\ & 0 & & 0 & \\ & & & \vdots & \\ & & & 0 & \end{bmatrix}
$$

容易看出，能控标准Ⅰ型由l个单输入能控标准Ⅰ型子系统组成，$l \leqslant p$。其中第k个子系统的输入为u_k，串联有σ_k个积分器，$k=1,2,\cdots,l$。第k个子系统的最后一个状态，即能控标准Ⅰ型的第$\sum_{i=1}^{k}\sigma_k$个状态，除反馈至第k个子系统的σ_k个积分器的输入端以外，还可能反馈至它前面的子系统(即第 1、第 2 直至第$k-1$个子系统)积分器的输入端，具体情况视系数$\alpha_1^{1k},\cdots,\alpha_{\sigma_1}^{1k}$，$\alpha_1^{2k},\cdots,\alpha_{\sigma_2}^{2k}$，$\cdots$，$\alpha_1^{(k-1)k},\cdots,\alpha_{\sigma_{k-1}}^{(k-1)k}$而定，但对它后面的子系统(即第$k+1$、第$k+2$直至第$l$个子系统)没有影响。显然，$u_k$可以控制第$k$个子系统的$\sigma_k$个状态，对它前面子系统的影响视系数$\alpha_1^{1k},\cdots,\alpha_{\sigma_1}^{1k}$，$\alpha_1^{2k},\cdots,\alpha_{\sigma_2}^{2k}$，$\cdots$，$\alpha_1^{(k-1)k},\cdots,\alpha_{\sigma_{k-1}}^{(k-1)k}$而定，对它后面的子系统没有影响。若能使$A_3^{\mathrm{c}}$中位于$\sigma_k+1$（$k=1,2,\cdots,l-1$）行$\sum_{i=1}^{k}\sigma_i$（$k=1,2,\cdots,l-1$）列的$l-1$个$Z$元素全部变为 1，这样从$u_1$开始的$l$个子系统的$\sum_{k=1}^{l}\sigma_k=n$个积分器就可以全部级联起来，$u_1$就能控制系统的所有状态。根据$B_3^{\mathrm{c}}$的形状，显然，只需取状态反馈矩阵$K_1$的第一行的元素全为零，第二行的第$\sigma_1$列元素为 1，第三行的第$\sigma_1+\sigma_2$列元素为 1，直到第$l$行的第$\sigma_1+\sigma_2+\cdots+\sigma_{l-1}$列元素为 1，其余全为零，即

$$
K_1 = \begin{bmatrix} 0 & \cdots & 0 & \boldsymbol{e}_2 & 0 & \cdots & 0 & \boldsymbol{e}_3 & \cdots & 0 & \cdots & 0 & \boldsymbol{e}_l & 0 & \cdots & 0 \end{bmatrix} \tag{5.27}
$$

就可以达到目的。这样，对于原系统(A,B,C)，取状态反馈矩阵

$$
F = K_1 T_3^{-1} \tag{5.28}
$$

就可以使系统$(A+BF,\boldsymbol{b}_1)$为能控，在此基础上，再按照单输入系统来设计反馈向量$\boldsymbol{k}^{\mathrm{T}}$，使闭环系统的特征值$\det[sI-(A+BF+\boldsymbol{b}_1\boldsymbol{k}^{\mathrm{T}})]$等于希望值。上述两步得到的状态反馈矩阵的和

$$
K = F + \begin{bmatrix} \boldsymbol{k}^{\mathrm{T}} \\ 0 \\ \vdots \\ 0 \end{bmatrix} \tag{5.29}
$$

即为所求。

最后，对系统 (A,B,C) 的状态变量 $\boldsymbol{x}$ 做状态变换 $\boldsymbol{x}=T\bar{\boldsymbol{x}}$，变换后系统 $(\bar{A},\bar{B},\bar{C})=(T^{-1}AT,T^{-1}B,CT)$，非奇异变换不会改变能控性矩阵列向量的相关性，故对变换后系统能控性矩阵进行列搜索得到的变换矩阵为

$$\begin{aligned}\bar{T}_3&=\left[\bar{\boldsymbol{b}}_1,\bar{A}\bar{\boldsymbol{b}}_1,\cdots,\bar{A}^{\sigma_1-1}\bar{\boldsymbol{b}}_1;\bar{\boldsymbol{b}}_2,\bar{A}\bar{\boldsymbol{b}}_2,\cdots,\bar{A}^{\sigma_2-1}\bar{\boldsymbol{b}}_2;\cdots;\bar{\boldsymbol{b}}_l,\bar{A}\bar{\boldsymbol{b}}_l,\cdots,\bar{A}^{\sigma_l-1}\bar{\boldsymbol{b}}_l\right]\\&=T^{-1}\left[\boldsymbol{b}_1,A\boldsymbol{b}_1,\cdots,A^{\sigma_1-1}\boldsymbol{b}_1;\boldsymbol{b}_2,A\boldsymbol{b}_2,\cdots,A^{\sigma_2-1}\boldsymbol{b}_2;\cdots;\boldsymbol{b}_l,A\boldsymbol{b}_l,\cdots,A^{\sigma_l-1}\boldsymbol{b}_l\right]\\&=T^{-1}T_3\end{aligned}$$

即变换后 $\sigma_1,\sigma_1,\cdots,\sigma_l$ 维持不变，故式(5.27)的矩阵 K_1 不变，故有 $\bar{F}=K_1\bar{T}_3^{-1}=K_1T_3^{-1}T=FT$。另外，根据前面关于单输入系统极点配置状态反馈的讨论，状态变换前后状态反馈向量的关系为 $\boldsymbol{k}^{\mathrm{T}}=\bar{\boldsymbol{k}}^{\mathrm{T}}T^{-1}$。于是有

$$K\boldsymbol{x}=KT\bar{\boldsymbol{x}}=FT\bar{\boldsymbol{x}}+\begin{bmatrix}\boldsymbol{k}^{\mathrm{T}}T\\0\\\vdots\\0\end{bmatrix}\bar{\boldsymbol{x}}=\bar{F}\bar{\boldsymbol{x}}+\begin{bmatrix}\bar{\boldsymbol{k}}^{\mathrm{T}}\\0\\\vdots\\0\end{bmatrix}\bar{\boldsymbol{x}}=\bar{K}\bar{\boldsymbol{x}}$$

即状态反馈作用在状态变换下维持不变，状态变换前后状态反馈矩阵的关系为

$$K=\bar{K}T^{-1}$$

例 5.4 给定系统

$$A=\begin{bmatrix}0&1&0&0\\0&0&0&0\\1&0&1&0\\0&0&0&2\end{bmatrix},\quad B=\begin{bmatrix}1&0\\0&1\\1&1\\0&1\end{bmatrix}$$

试利用单输入系统极点配置算法设计状态反馈，使闭环系统的特征值为 $-6,-8,-2\pm2\mathrm{j}$。

解 计算系统的能控性矩阵为

$$Q_{\mathrm{c}}=\left[B,AB,A^2B,A^3B\right]=\begin{bmatrix}1&0&0&1&0&0&0&0\\0&1&0&0&0&0&0&0\\1&1&2&1&2&2&2&2\\0&1&0&2&0&4&0&8\end{bmatrix}$$

容易看出 $\operatorname{rank}Q_{\mathrm{c}}=4$，系统 (A,B) 能控，但 $\operatorname{rank}[\boldsymbol{b}_1,A\boldsymbol{b}_1,A^2\boldsymbol{b}_1,A^3\boldsymbol{b}_1]=2<4$，即 $(A,\boldsymbol{b}_1)$ 不能控。按列搜索方法，从能控性矩阵 Q_{c} 中依次搜索出它的第 1、3、2、4 列线性独立，于是有 $\sigma_1=\sigma_2=2$，据此构造变换矩阵

$$T_3=\left[\boldsymbol{b}_1,A\boldsymbol{b}_1,\boldsymbol{b}_2,A\boldsymbol{b}_2\right]=\begin{bmatrix}1&0&0&1\\0&0&1&0\\1&2&1&1\\0&0&1&2\end{bmatrix}$$

有

$$A_3^{\mathrm{c}}=T_3^{-1}AT_3=\begin{bmatrix}1&0&0&1\\0&0&1&0\\1&2&1&1\\0&0&1&2\end{bmatrix}^{-1}\begin{bmatrix}0&1&0&0\\0&0&0&0\\1&0&1&0\\0&0&0&2\end{bmatrix}\begin{bmatrix}1&0&0&1\\0&0&1&0\\1&2&1&1\\0&0&1&2\end{bmatrix}=\begin{bmatrix}0&0&0&-2\\1&1&0&1\\0&0&0&0\\0&0&1&2\end{bmatrix}$$

$$B_3^{\mathrm{c}}=T_3^{-1}B=\begin{bmatrix}1&0&0&1\\0&0&1&0\\1&2&1&1\\0&0&1&2\end{bmatrix}^{-1}\begin{bmatrix}1&0\\0&1\\1&1\\0&1\end{bmatrix}=\begin{bmatrix}1&0\\0&0\\0&1\\0&0\end{bmatrix}$$

取

$$\bar{F}=\begin{bmatrix}0&\boldsymbol{e}_2&0&0\end{bmatrix}=\begin{bmatrix}0&0&0&0\\0&1&0&0\end{bmatrix}$$

则有

$$A_3^{\mathrm{c}}+B_3^{\mathrm{c}}\bar{F}=\begin{bmatrix}0&0&0&-2\\1&1&0&1\\0&1&0&0\\0&0&1&2\end{bmatrix}$$

$$F=\bar{F}T_3^{-1}=\begin{bmatrix}0&0&0&0\\0&1&0&0\end{bmatrix}\begin{bmatrix}1&0&0&1\\0&0&1&0\\1&2&1&1\\0&0&1&2\end{bmatrix}^{-1}=\begin{bmatrix}0&0&0&0\\-0.5&-0.5&0.5&0\end{bmatrix}$$

计算得到

$$\operatorname{rank}\left[\boldsymbol{b}_1,(A+BF)\boldsymbol{b}_1,(A+BF)^2\boldsymbol{b}_1,(A+BF)^3\boldsymbol{b}_1\right]=\operatorname{rank}\begin{bmatrix}1&0&0&1\\0&0&1&1\\1&2&3&4\\0&0&1&3\end{bmatrix}=4$$

即系统$(A+BF,\boldsymbol{b}_1)$能控。希望的特征多项式为

$$\psi^*(s)=(s+6)(s+8)(s+2+2\mathrm{j})(s+2-2\mathrm{j})=s^4+18s^3+112s^2+304s+384$$

设状态反馈向量$\boldsymbol{k}^{\mathrm{T}}=[k_1\quad k_2\quad k_3\quad k_4]$，计算得到

$$\begin{aligned}&\det\left[sI-(A+BF+\boldsymbol{b}_1\boldsymbol{k}^{\mathrm{T}})\right]\\&=s^4-(k_1+k_3+3)s^3+(3k_1+k_3+2)s^2-(2k_1+k_2-k_3+k_4+1)s+2k_2+2k_3+2\end{aligned}$$

令$\psi^*(s)=\det[sI-(A+BF+\boldsymbol{b}_1\boldsymbol{k}^{\mathrm{T}})]$比较系数有

$$k_1=65.5,\quad k_2=277.5,\quad k_3=-86.5,\quad k_4=-800$$

最后得状态反馈矩阵为

$$K=F+\begin{bmatrix}\boldsymbol{k}^{\mathrm{T}}\\0\end{bmatrix}=\begin{bmatrix}65.5&277.5&-86.5&-800\\-0.5&-0.5&0.5&0\end{bmatrix}$$

4. 利用龙伯格能控标准型进行多输入系统极点配置

第 3-8 节式(3.81)～式(3.85)给出的行搜索下多输入多输出系统的龙伯格能控标准型(行搜索下的能控标准Ⅱ型)的状态矩阵为

$$A_6^{\mathrm{c}} = \begin{bmatrix} \bar{A}_{11} & \bar{A}_{12} & \cdots & \bar{A}_{1p} \\ \bar{A}_{21} & \bar{A}_{22} & \cdots & \bar{A}_{2p} \\ \vdots & \vdots & & \vdots \\ \bar{A}_{p1} & \bar{A}_{p2} & \cdots & \bar{A}_{pp} \end{bmatrix}$$

$$\bar{A}_{ii} = \begin{bmatrix} 0 & 1 & & \\ & \ddots & \ddots & \\ & & 0 & 1 \\ -\beta_1^{ii} & -\beta_2^{ii} & \cdots & -\beta_{\sigma_i}^{ii} \end{bmatrix}_{\sigma_i \times \sigma_i}, \quad i = 1, 2, \cdots, p$$

$$\bar{A}_{ij} = \begin{bmatrix} & & 0 & \\ & & & \\ -\beta_1^{ij} & -\beta_2^{ij} & \cdots & -\beta_{\sigma_j}^{ij} \end{bmatrix}_{\sigma_i \times \sigma_j}, \quad i, j = 1, 2, \cdots, p; \quad i \neq j$$

输入矩阵为

$$B_6^{\mathrm{c}} = T_6^{-1} B = \begin{bmatrix} B_1 \\ B_2 \\ \vdots \\ B_p \end{bmatrix}, \quad B_i = \begin{bmatrix} & 0 & \\ & & \\ b_{i1} & \cdots & b_{ip} \end{bmatrix}_{\sigma_i \times p}, \quad i = 1, 2, \cdots, p$$

据此，下面介绍两种多输入系统极点配置状态反馈矩阵的计算方法。

第 1 种算法　先取 B_6^{c} 中 $B_i (i = 1, 2, \cdots, p)$ 的最后一行组成 $p \times p$ 阶矩阵

$$B^* = \begin{bmatrix} b_{11} & \cdots & b_{1p} \\ \vdots & \ddots & \vdots \\ b_{p1} & \cdots & b_{pp} \end{bmatrix} \tag{5.30}$$

根据输入矩阵满秩的假设知 B^* 可逆，有

$$B_6^{\mathrm{c}} (B^*)^{-1} = \begin{bmatrix} 0 & & & \\ \vdots & & & \\ 0 & & & \\ 1 & & & \\ & 0 & & \\ & \vdots & & \\ & 0 & & \\ & 1 & & \\ & & \ddots & \\ & & & 0 \\ & & & \vdots \\ & & & 0 \\ & & & 1 \end{bmatrix}$$

再取

$$
K_1=\begin{bmatrix}
\beta_1^{11} & \cdots & \beta_{\sigma_{j1}}^{11} & \beta_1^{12} & \cdots & \beta_{\sigma_{j2}}^{12} & & \beta_1^{1p} & \cdots & \beta_{\sigma_{jp}}^{1p} \\
\beta_1^{21} & \cdots & \beta_{\sigma_{j1}}^{21} & \beta_1^{22} & \cdots & \beta_{\sigma_{j2}}^{22} & & \beta_1^{2p} & \cdots & \beta_{\sigma_{jp}}^{2p} \\
 & \vdots & & & \vdots & & \cdots & & \vdots & \\
\beta_1^{p1} & \cdots & \beta_{\sigma_{j1}}^{p1} & \beta_1^{p2} & \cdots & \beta_{\sigma_{j2}}^{p2} & & \beta_1^{pp} & \cdots & \beta_{\sigma_{jp}}^{pp}
\end{bmatrix} \tag{5.31}
$$

根据 $A_6^{\mathrm{c}}, B_6^{\mathrm{c}}$ 的特点，有

$$
A_6^{\mathrm{c}}+B_6^{\mathrm{c}}(B^*)^{-1}K_1=\begin{bmatrix}
0 & 1 & & & & & & & & & & & & \\
 & 0 & \ddots & & & & & & & & & & & \\
 & & \ddots & 1 & & & & & & & & & & \\
 & & & 0 & & & & & & & & & & \\
 & & & & 0 & 1 & & & & & & & & \\
 & & & & & 0 & \ddots & & & & & & & \\
 & & & & & & \ddots & 1 & & & & & & \\
 & & & & & & & 0 & & & & & & \\
 & & & & & & & & \ddots & & & & & \\
 & & & & & & & & & 0 & 1 & & & \\
 & & & & & & & & & & 0 & \ddots & & \\
 & & & & & & & & & & & \ddots & 1 & \\
 & & & & & & & & & & & & 0 &
\end{bmatrix}
$$

在此基础上，设系统希望极点配置对应的特征多项式为

$$
\psi^*(s)=s^n+\alpha_{n-1}^*s^{n-1}+\cdots+\alpha_1^*s+\alpha_0^*
$$

选取

$$
K_2=\begin{bmatrix}
 & 1 \;\; 0 \;\; \cdots \;\; 0 & & & \\
 & & \ddots & & \\
0_{(p-1)\times\sigma_1} & & & 1 \;\; 0 \;\; \cdots \;\; 0 & \\
 & & & & 1 \;\; 0 \;\; \cdots \;\; 0 \\
-\alpha_0^* & & \cdots & & -\alpha_{n-1}^*
\end{bmatrix}_{p\times n} \tag{5.32}
$$

得到

$$
A_6^{\mathrm{c}}+B_6^{\mathrm{c}}(B^*)^{-1}(K_1+K_2)=\begin{bmatrix}
0 & 1 & & \\
 & \ddots & \ddots & \\
 & & 0 & 1 \\
-\alpha_0^* & -\alpha_1^* & \cdots & -\alpha_{n-1}^*
\end{bmatrix}_{n\times n}
$$

显然有 $\det[A_6^{\mathrm{c}}+B_6^{\mathrm{c}}(B^*)^{-1}(K_1+K_2)]=\psi^*(s)$。

第 2 种算法　根据龙伯格能控标准型状态矩阵 $\overline{A}_{ii}$ 的阶数，将希望的闭环极点分成 p 组，以 $p=3$，$\sigma_1=3$，$\sigma_2=2$，$\sigma_3=2$ 为例，有

$$\psi^*(s)=\psi_1^*(s)\psi_2^*(s)\psi_3^*(s)$$
$$\psi_1^*(s)=(s-\lambda_1^*)(s-\lambda_2^*)(s-\lambda_3^*)=s^3+\alpha_{12}^*s^2+\alpha_{11}^*s+\alpha_{10}^*$$
$$\psi_2^*(s)=(s-\lambda_4^*)(s-\lambda_5^*)=s^2+\alpha_{21}^*s+\alpha_{20}^*$$
$$\psi_3^*(s)=(s-\lambda_6^*)(s-\lambda_7^*)=s^2+\alpha_{31}^*s+\alpha_{30}^*$$

根据 3-8 节对龙伯格能控标准II型的讨论，此时 $\sigma_1\geqslant\sigma_2\geqslant\sigma_3$， B_6^c 具有形状

$$B_6^c=\begin{bmatrix}0&0&0\\0&0&0\\1&\delta&\varepsilon\\0&0&0\\0&1&\gamma\\0&0&0\\0&0&1\end{bmatrix}$$

取状态反馈矩阵

$$K_3=\left[\begin{matrix}\beta_1^{11}-\alpha_{10}^* & \beta_2^{11}-\alpha_{11}^* & \beta_3^{11}-\alpha_{12}^* & \beta_1^{12}-\delta(\beta_1^{22}-\alpha_{20}^*) & \beta_2^{12}-\delta(\beta_2^{22}-\alpha_{21}^*)\\ 0&0&0&\beta_1^{22}-\alpha_{20}^*&\beta_2^{22}-\alpha_{21}^*\\ 0&0&0&0&0\end{matrix}\right.$$
$$\left.\begin{matrix}\beta_1^{13}-\delta\beta_1^{23}+\delta\gamma(\beta_1^{33}-\alpha_{30}^*)-\varepsilon(\beta_1^{33}-\alpha_{30}^*) & \beta_2^{13}-\delta\beta_2^{23}+\delta\gamma(\beta_2^{33}-\alpha_{31}^*)-\varepsilon(\beta_2^{33}-\alpha_{31}^*)\\ \beta_1^{23}-\gamma(\beta_1^{33}-\alpha_{30}^*) & \beta_2^{23}-\gamma(\beta_2^{33}-\alpha_{31}^*)\\ \beta_1^{33}-\alpha_{30}^* & \beta_2^{33}-\alpha_{31}^*\end{matrix}\right]\tag{5.33}$$

有

$$B_6^cK_3=\begin{bmatrix}0&0&0&0&0&0&0\\0&0&0&0&0&0&0\\ \beta_1^{11}-\alpha_{10}^*&\beta_2^{11}-\alpha_{11}^*&\beta_3^{11}-\alpha_{12}^*&\beta_1^{12}&\beta_2^{12}&\beta_1^{13}&\beta_2^{13}\\0&0&0&0&0&0&0\\0&0&0&\beta_1^{22}-\alpha_{20}^*&\beta_2^{22}-\alpha_{21}^*&\beta_1^{23}&\beta_2^{23}\\0&0&0&0&0&0&0\\0&0&0&0&0&\beta_1^{33}-\alpha_{30}^*&\beta_2^{33}-\alpha_{31}^*\end{bmatrix}$$

$$A_6^c+B_6^cK_3=\begin{bmatrix}0&1&0&0&0&0&0\\0&0&1&0&0&0&0\\-\alpha_{10}^*&-\alpha_{11}^*&-\alpha_{12}^*&0&0&0&0\\0&0&0&0&1&0&0\\-\beta_1^{21}&-\beta_2^{21}&-\beta_3^{21}&-\alpha_{20}^*&-\alpha_{21}^*&0&0\\0&0&0&0&0&0&1\\-\beta_1^{31}&-\beta_2^{31}&-\beta_3^{31}&-\beta_1^{32}&-\beta_2^{32}&-\alpha_{30}^*&-\alpha_{31}^*\end{bmatrix}$$

显然有 $\det[A_6^c+B_6^cK_3]=\psi_1^*(s)\psi_2^*(s)\psi_3^*(s)=\psi^*(s)$。

一般来说，第 2 种算法给出的各状态反馈子系统的阶数低，状态反馈增益值小，对系统

局部性能的控制能力更强，可以得到更好的设计。

根据上面的讨论，利用龙伯格能控标准型进行多输入系统极点配置的计算步骤如下：

(1) 对给定的系统 (A,B) 构造状态变换矩阵 T_6^{-1}，得到龙伯格能控标准型 (A_6^c, B_6^c)。

(2) 由 (A_6^c, B_6^c) 求得矩阵 B^* 和状态反馈矩阵 K_1。

(3) 由希望的极点配置得到希望的特征多项式 $\psi^*(s)$ 求得状态反馈矩阵 K_2（或 K_3）。

(4) 由 $K=(B^*)^{-1}(K_1+K_2)T_6^{-1}$（或 $K=K_3T_6^{-1}$）得到原系统 (A,B) 的状态反馈矩阵。

同样，可以对上述算法得到的状态反馈作用在状态变换下的不变性进行说明。

例 5.5 已知系统的状态空间描述为

$$\dot{\boldsymbol{x}}=\begin{bmatrix}0&1&0&0&0\\0&0&1&0&0\\3&1&0&1&2\\0&0&0&0&1\\4&3&1&-1&-4\end{bmatrix}\boldsymbol{x}+\begin{bmatrix}0&0\\0&0\\1&2\\0&0\\0&1\end{bmatrix}\boldsymbol{u}$$

试用龙伯格能控标准型的两种方法将闭环特征根配置为 $-1,-2\pm \mathrm{j},-1\pm \mathrm{j}2$。

解 系统描述已经是龙伯格能控标准II型，且 $\sigma_1=3$，$\sigma_2=2$。

用第 1 种计算方法有

$$B^*=\begin{bmatrix}1&2\\0&1\end{bmatrix}$$

$$K_1=\begin{bmatrix}-3&-1&0&-1&-2\\-4&-3&-1&1&4\end{bmatrix}$$

希望的特征多项式为

$$\psi^*(s)=(s+1)(s+2+\mathrm{j})(s+2-\mathrm{j})(s+1+2\mathrm{j})(s+1-2\mathrm{j})=s^5+7s^4+24s^3+48s^2+55s+25$$

故有

$$K_2=\begin{bmatrix}0&0&1&0&0\\-25&-55&-48&-24&-7\end{bmatrix}$$

状态反馈矩阵

$$\begin{aligned}K&=(B^*)^{-1}(K_1+K_2)T_6^{-1}\\&=\begin{bmatrix}1&2\\0&1\end{bmatrix}^{-1}\left(\begin{bmatrix}-3&-1&0&-1&-2\\-4&-3&-1&1&4\end{bmatrix}+\begin{bmatrix}0&0&1&0&0\\-25&-55&-48&-24&-7\end{bmatrix}\right)\\&=\begin{bmatrix}55&115&99&45&4\\-29&-58&-49&-23&-3\end{bmatrix}\end{aligned}$$

用第 2 种计算方法，将期望的闭环特征值分成两组，其中

$$\psi_1^*(s)=(s+1)(s+2+\mathrm{j})(s+2-\mathrm{j})=s^3+5s^2+9s+5=s^3+\alpha_{12}^*s^2+\alpha_{11}^*s+\alpha_{10}^*$$

$$\psi_2^*(s)=(s+1+\mathrm{j}2)(s+1-\mathrm{j}2)=s^2+2s+5=s^2+\alpha_{21}^*s+\alpha_{20}^*$$

状态反馈矩阵

$$K_3 = \begin{bmatrix} \beta_1^{11} - \alpha_{10}^* & \beta_2^{11} - \alpha_{11}^* & \beta_3^{11} - \alpha_{12}^* & \beta_1^{12} - \delta(\beta_1^{22} - \alpha_{20}^*) & \beta_2^{12} - \delta(\beta_2^{22} - \alpha_{21}^*) \\ 0 & 0 & 0 & \beta_1^{22} - \alpha_{20}^* & \beta_2^{22} - \alpha_{21}^* \end{bmatrix}$$

$$= \begin{bmatrix} -8 & -10 & -5 & 7 & -6 \\ 0 & 0 & 0 & -4 & 2 \end{bmatrix}$$

显然，用第 2 种方法得到的状态反馈增益比第 1 种方法小得多。

5-3 系统镇定问题

通过状态反馈或输出反馈，使闭环系统为渐近稳定，这样的设计问题称为镇定问题。一个系统如果能够通过状态反馈或输出反馈成为渐近稳定系统，则称该系统是能镇定的。与极点配置问题不同，系统镇定只要求闭环极点位于复平面的左半开平面内，而不必配置到规定的位置上。当系统不完全能控或使用输出反馈时，系统闭环极点的位置无法做到任意配置，在这种情况下，保证闭环系统的稳定性是系统更为基本的设计要求。

显然对于能控系统，通过状态反馈系统一定是能够镇定的。

对于不能控系统 (A,B,C)，按照 3-7 节的方法对系统进行能控结构分解，得结构分解后系统的状态空间表达式为

$$\begin{bmatrix} \dot{\tilde{\boldsymbol{x}}}_1 \\ \dot{\tilde{\boldsymbol{x}}}_2 \end{bmatrix} = \begin{bmatrix} \tilde{A}_{11} & \tilde{A}_{12} \\ 0 & \tilde{A}_{22} \end{bmatrix} \begin{bmatrix} \tilde{\boldsymbol{x}}_1 \\ \tilde{\boldsymbol{x}}_2 \end{bmatrix} + \begin{bmatrix} \tilde{B}_1 \\ 0 \end{bmatrix} \boldsymbol{u}$$

$$\boldsymbol{y} = \begin{bmatrix} \tilde{C}_1 & \tilde{C}_2 \end{bmatrix} \begin{bmatrix} \tilde{\boldsymbol{x}}_1 \\ \tilde{\boldsymbol{x}}_2 \end{bmatrix}$$

式中，$(\tilde{A}_{11}, \tilde{B}_1, \tilde{C}_1)$ 是系统的能控子系统，$(\tilde{A}_{22}, \tilde{B}_2 = 0, \tilde{C}_2)$ 是系统的不能控子系统。若取状态反馈

$$\boldsymbol{u} = \boldsymbol{v} + K\tilde{\boldsymbol{x}} = \boldsymbol{v} + \begin{bmatrix} K_1 & K_2 \end{bmatrix} \begin{bmatrix} \tilde{\boldsymbol{x}}_1 \\ \tilde{\boldsymbol{x}}_2 \end{bmatrix}$$

则闭环系统的状态矩阵为

$$\begin{bmatrix} \tilde{A}_{11} & \tilde{A}_{12} \\ 0 & \tilde{A}_{22} \end{bmatrix} + \begin{bmatrix} \tilde{B}_1 \\ 0 \end{bmatrix} \begin{bmatrix} K_1 & K_2 \end{bmatrix} = \begin{bmatrix} \tilde{A}_{11} + \tilde{B}_1 K_1 & \tilde{A}_{12} + \tilde{B}_1 K_2 \\ 0 & \tilde{A}_{22} \end{bmatrix}$$

闭环系统的特征多项式为

$$\det \begin{bmatrix} sI - \tilde{A}_{11} - \tilde{B}_1 K_1 & -\tilde{A}_{12} - \tilde{B}_1 K_2 \\ 0 & sI - \tilde{A}_{22} \end{bmatrix} = \det\left[sI - \tilde{A}_{11} - \tilde{B}_1 K_1 \right] \det\left[sI - \tilde{A}_{22} \right]$$

对于能控子系统 $(\tilde{A}_{11}, \tilde{B}_1, \tilde{C}_1)$，可以通过选择 K_1，配置相应的闭环极点，使 $\det[sI - \tilde{A}_{11} - \tilde{B}_1 K_1]$ 的特征根全部位于复平面的左半开平面内。但对于不能控子系统 $(\tilde{A}_{22}, \tilde{B}_2 = 0, \tilde{C}_2)$ 相应的闭环极点，即 $\det[sI - \tilde{A}_{22}]$ 的特征根却无法通过状态反馈加以改变。因此，有下面的定理 5.2。

定理 5.2 线性定常系统 (A,B,C)，能够通过状态反馈实现镇定的充分必要条件是，系统不能控子系统是渐近稳定的，即不能控振型都是渐近稳定的。

根据上述结论，判断一个不稳定的系统是否可以通过状态反馈实现镇定，首先要对系统进行能控结构分解，如果系统的不能控子系统是渐近稳定的，则系统就可以通过状态反馈实现镇定，否则就不能通过状态反馈实现镇定。

对于输出反馈，同样根据 3-7 节的结果，对于不完全能控和不完全能观的系统，进行系统的能控能观标准结构分解得到

$$\begin{bmatrix} \dot{\boldsymbol{x}}_{\mathrm{co}} \\ \dot{\boldsymbol{x}}_{\mathrm{c\bar{o}}} \\ \dot{\boldsymbol{x}}_{\mathrm{\bar{c}o}} \\ \dot{\boldsymbol{x}}_{\mathrm{\bar{c}\bar{o}}} \end{bmatrix} = \bar{A}\bar{\boldsymbol{x}} + \bar{B}\boldsymbol{u} = \begin{bmatrix} \bar{A}_{11} & 0 & \bar{A}_{13} & 0 \\ \bar{A}_{21} & \bar{A}_{22} & \bar{A}_{23} & \bar{A}_{24} \\ 0 & 0 & \bar{A}_{33} & 0 \\ 0 & 0 & \bar{A}_{43} & \bar{A}_{44} \end{bmatrix} \begin{bmatrix} \bar{\boldsymbol{x}}_{\mathrm{co}} \\ \bar{\boldsymbol{x}}_{\mathrm{c\bar{o}}} \\ \bar{\boldsymbol{x}}_{\mathrm{\bar{c}o}} \\ \bar{\boldsymbol{x}}_{\mathrm{\bar{c}\bar{o}}} \end{bmatrix} + \begin{bmatrix} \bar{B}_1 \\ \bar{B}_2 \\ 0 \\ 0 \end{bmatrix} \boldsymbol{u}$$

$$\boldsymbol{y} = \bar{C}\bar{\boldsymbol{x}} = \begin{bmatrix} \bar{C}_1 & 0 & \bar{C}_3 & 0 \end{bmatrix} \begin{bmatrix} \bar{\boldsymbol{x}}_{\mathrm{co}} \\ \bar{\boldsymbol{x}}_{\mathrm{c\bar{o}}} \\ \bar{\boldsymbol{x}}_{\mathrm{\bar{c}o}} \\ \bar{\boldsymbol{x}}_{\mathrm{\bar{c}\bar{o}}} \end{bmatrix}$$

式中，$(\bar{A}_{11}, \bar{B}_1, \bar{C}_1)$ 是系统的能控能观子系统，$(\bar{A}_{22}, \bar{B}_2, \bar{C}_2 = 0)$ 是系统的能控不能观子系统，$(\bar{A}_{33}, \bar{B}_3 = 0, \bar{C}_3)$ 是系统的不能控能观子系统，$(\bar{A}_{44}, \bar{B}_4 = 0, \bar{C}_4 = 0)$ 是系统的不能控不能观子系统。若取输出反馈

$$\boldsymbol{u} = \boldsymbol{v} + H\boldsymbol{y}$$

则闭环系统的状态矩阵为

$$\begin{bmatrix} \bar{A}_{11} & 0 & \bar{A}_{13} & 0 \\ \bar{A}_{21} & \bar{A}_{22} & \bar{A}_{23} & \bar{A}_{24} \\ 0 & 0 & \bar{A}_{33} & 0 \\ 0 & 0 & \bar{A}_{43} & \bar{A}_{44} \end{bmatrix} + \begin{bmatrix} \bar{B}_1 \\ \bar{B}_2 \\ 0 \\ 0 \end{bmatrix} H \begin{bmatrix} \bar{C}_1 & 0 & \bar{C}_3 & 0 \end{bmatrix} = \begin{bmatrix} \bar{A}_{11} + \bar{B}_1 H \bar{C}_1 & 0 & \bar{A}_{13} + \bar{B}_1 H \bar{C}_3 & 0 \\ \bar{A}_{21} + \bar{B}_2 H \bar{C}_1 & \bar{A}_{22} & \bar{A}_{23} + \bar{B}_2 H \bar{C}_3 & \bar{A}_{24} \\ 0 & 0 & \bar{A}_{33} & 0 \\ 0 & 0 & \bar{A}_{43} & \bar{A}_{44} \end{bmatrix}$$

闭环系统的特征多项式为

$$\det\left[sI - \bar{A} - \bar{B}H\bar{C}\right] = \det\left[sI - \bar{A}_{11} - \bar{B}_1 H \bar{C}_1\right]\det\left[sI - \bar{A}_{22}\right]\det\left[sI - \bar{A}_{33}\right]\det\left[sI - \bar{A}_{44}\right]$$

可以看出，输出反馈不能改变系统的能控不能观子系统、不能控能观子系统和不能控不能观子系统的振型，同时和状态反馈不同，输出反馈也不能任意配置能控能观子系统 $(\tilde{A}_{11}, \tilde{B}_1, \tilde{C}_1)$ 的振型。因此，有下面的定理 5.3。

定理 5.3 线性定常系统 (A, B, C)，能够通过输出反馈实现镇定的充分必要条件是，系统的能控不能观子系统、不能控能观子系统和不能控不能观子系统的振型都是渐近稳定的，而且系统能控能观子系统是通过输出反馈可以镇定的。

因此，要判断一个系统是否可以通过输出反馈实现镇定，除需要确定它的能控不能观子系统、不能控能观子系统和不能控不能观子系统的振型是否都是渐近稳定以外，还必须确定它的能控能观子系统是否可以通过输出反馈实现镇定。而系统能控能观子系统输出反馈镇定问题，以及如何求取满足设计要求的输出反馈矩阵，并不是一件容易的事，目前还是一个值得研究的领域。

例 5.6 考虑线性定常系统

$$\dot{\boldsymbol{x}} = \begin{bmatrix} 0 & 0 & 5 \\ 1 & 0 & -1 \\ 0 & 1 & -3 \end{bmatrix} \boldsymbol{x} + \begin{bmatrix} -2 & 0 \\ 1 & -2 \\ 0 & 1 \end{bmatrix} \boldsymbol{u}$$

$$y = \begin{bmatrix} 0 & 0 & 1 \end{bmatrix} \boldsymbol{x}$$

讨论其通过 $\boldsymbol{u}^{\mathrm{T}}=[u_1,u_2]$ 输出反馈和通过 u_2 输出反馈镇定系统的可能性。

解 计算系统的能控性和能观性矩阵，可知 $\operatorname{rank}Q_{\mathrm{c}}=\operatorname{rank}Q_{\mathrm{o}}=3$，即系统是完全能控完全能观的。计算系统的特征多项式为

$$\psi(s)=\det(sI-A)=s^3+3s^2+s-5$$

系统是不稳定的。当通过 $\boldsymbol{u}^{\mathrm{T}}=[u_1,u_2]$ 进行输出反馈时，有

$$\boldsymbol{u}=\boldsymbol{v}+\boldsymbol{h}y=\begin{bmatrix}v_1\\v_2\end{bmatrix}+\begin{bmatrix}h_1\\h_2\end{bmatrix}y=\begin{bmatrix}v_1\\v_2\end{bmatrix}+\begin{bmatrix}h_1\\h_2\end{bmatrix}\begin{bmatrix}0&0&1\end{bmatrix}\boldsymbol{x}$$

则闭环系统的状态矩阵为

$$A+B\boldsymbol{h}\boldsymbol{c}^{\mathrm{T}}=\begin{bmatrix}0&0&5\\1&0&-1\\0&1&-3\end{bmatrix}+\begin{bmatrix}-2&0\\1&-2\\0&1\end{bmatrix}\begin{bmatrix}h_1\\h_2\end{bmatrix}\begin{bmatrix}0&0&1\end{bmatrix}=\begin{bmatrix}0&0&5-2h_1\\1&0&h_1-2h_2-1\\0&1&h_2-3\end{bmatrix}$$

闭环系统的特征多项式为

$$\psi_H(s)=\det(sI-A-B\boldsymbol{h}\boldsymbol{c}^{\mathrm{T}})=s^3+(3-h_2)s^2+(1-h_1+2h_2)s+(2h_1-5)$$

利用劳斯判据，知闭环系统渐近稳定的充分必要条件为

$$\begin{aligned}&3-h_2>0\\&1-h_1+2h_2>0\\&2h_1-5>0\\&(3-h_2)(1-h_1+2h_2)>2h_1-5\end{aligned}$$

从上述第 1 式和第 3 式，易得 $h_1>2.5$，$h_2<3$，试取 $h_1=3$，$h_2=2$，易验证第 2 式和第 4 式也满足。由此可知通过 $\boldsymbol{u}^{\mathrm{T}}=[u_1,u_2]$ 进行输出反馈可以实现系统镇定。

若只通过 u_1 进行输出反馈，则有

$$\boldsymbol{u}=\boldsymbol{v}+\boldsymbol{f}y=\begin{bmatrix}v_1\\v_2\end{bmatrix}+\begin{bmatrix}f_1\\0\end{bmatrix}y=\begin{bmatrix}v_1\\v_2\end{bmatrix}+\begin{bmatrix}f_1\\0\end{bmatrix}\begin{bmatrix}0&0&1\end{bmatrix}\boldsymbol{x}$$

闭环系统的状态矩阵为

$$A+B\boldsymbol{f}\boldsymbol{c}^{\mathrm{T}}=\begin{bmatrix}0&0&5\\1&0&-1\\0&1&-3\end{bmatrix}+\begin{bmatrix}-2&0\\1&-2\\0&1\end{bmatrix}\begin{bmatrix}f_1\\0\end{bmatrix}\begin{bmatrix}0&0&1\end{bmatrix}=\begin{bmatrix}0&0&5-2f_1\\1&0&f_1-1\\0&1&-3\end{bmatrix}$$

闭环系统的特征多项式为

$$\psi_H(s)=\det(sI-A-B\boldsymbol{f}\boldsymbol{c}^{\mathrm{T}})=s^3+3s^2+(1-f_1)s+(2f_1-5)$$

闭环系统渐近稳定的充分必要条件为

$$\begin{aligned}&1-f_1>0\\&2f_1-5>0\\&3(1-f_1)>(2f_1-5)\end{aligned}$$

从上述第 1 式和第 2 式，易得 $f_1<1$，$f_1>2.5$，二者矛盾，无解。由此可知通过 u_1 输出反馈不能实现系统镇定。

5-4 系统实现问题

控制系统设计状态空间法所依据的被控对象的状态空间描述，如果是由机理建模方法得到的，状态变量选择不同时不同状态空间表达式之间一定是代数等价的。由本章前面各节关于控制算法在状态变换下不变性的讨论可以看出，由这些代数等价的状态空间描述得到的控制作用是相同的，因此可以达到相同的控制目的。

然而，许多实际问题的物理过程很复杂，想通过机理分析的方法建立被控对象的状态空间表达式往往不可能。这时，就需要采用试验的方法确定系统输入输出变量间的关系，得到系统的传递函数矩阵，然后再根据传递函数矩阵确定它的状态空间描述。由系统的传递函数矩阵入手，建立与传递函数矩阵有相同输入输出特性的状态空间描述的过程，称为系统的实现。显然，传递函数矩阵的实现不唯一，例如，可以有能控实现、能观实现和最小阶实现等，且其状态空间实现中的能控不能观、不能控能观、不能控不能观的部分并不一定是对象的真实描述。

传递函数矩阵的最小阶实现称为最小实现，本节的内容将证明，传递函数矩阵的最小实现一定是能控能观实现，给定传递函数矩阵的任意两个最小实现必然是代数等价的。这样，被控对象传递函数矩阵的任何一个最小实现一定和被控对象的能控能观子系统代数等价。所以，只要被控对象的能控不能观、不能控能观和不能控不能观子系统的振型都是稳定的，就可以根据它的某个最小实现的状态空间描述进行系统设计，而不必去过多地关心这个实现状态变量的具体物理含义，这也正是本节寻找系统最小实现的工程意义。

另外，考虑到物理可实现性，传递函数矩阵应该是真有理分式矩阵，即它的每一个元素的分子多项式的阶次小于等于分母多项式的阶次。因为任一物理可实现的传递函数矩阵总可以被表示成严格真有理分式矩阵与直接传输矩阵的和，即

$$G(s)=G_0(s)+D$$

式中，$D=\lim\limits_{s\to\infty}G(s)$，故在下面的讨论中不妨进一步假设传递函数矩阵是严格真有理分式矩阵，它的每一个元素的分子多项式的阶次小于分母多项式的阶次，状态空间实现的直接传输矩阵等于零。

1. 标量传递函数的实现

设标量传递函数 $G(s)$ 是 s 的真有理分式函数，在第 2-2 节中已经给出了它的几种实现，包括能控标准实现和能观标准实现。当传递函数没有可以对消的零极点时，能控标准实现也是能观的，能观标准实现也是能控的，即能控标准实现和能观标准实现也是系统的最小实现。否则，当传递函数存在可以对消的零极点时，能控标准实现不能观，能观标准实现不能控。要得到系统的最小实现，只需根据零极点对消后的标量传递函数求取其能控或能观标准实现即可。

标量传递函数的能控标准实现和能观标准实现的状态空间描述，请见 2-2 节，这里不再重复。

2. 传递函数矩阵的能控标准实现和能观标准实现

设 p 维输入 q 维输出系统的传递函数矩阵为 $G(s)$，它是 s 的严格真有理分式函数，传递函数矩阵 $G(s)$ 各元素的最小公分母为

$$\varphi(s)=s^l+\alpha_{l-1}s^{l-1}+\cdots+\alpha_1 s+\alpha_0 \tag{5.34}$$

则 $\varphi(s)G(s)$ 能展开成各元素次数不超过 $l-1$ 的多项式矩阵，即

$$\varphi(s)G(s) = R_0 + sR_1 + \cdots + s^{l-1}R_{l-1}$$

式中， $R_i(i=0,1,\cdots,l-1)$ 为 $q\times p$ 阶的常数矩阵。

对于能控标准实现，取

$$A_1 = \begin{bmatrix} 0_p & I_p & 0_p & \cdots & 0_p \\ 0_p & 0_p & I_p & \ddots & \vdots \\ \vdots & \ddots & \ddots & \ddots & 0_p \\ 0_p & \cdots & 0_p & 0_p & I_p \\ -\alpha_0 I_p & \cdots & -\alpha_{l-3}I_p & -\alpha_{l-2}I_p & -\alpha_{l-1}I_p \end{bmatrix}, \quad B_1 = \begin{bmatrix} 0_p \\ 0_p \\ \vdots \\ 0_p \\ I_p \end{bmatrix}, \quad C_1 = \begin{bmatrix} R_0 & R_1 & \cdots & R_{l-2} & R_{l-1} \end{bmatrix} \tag{5.35}$$

式中， 0_p 为 $p\times p$ 维的零矩阵， I_p 为 $p\times p$ 维的单位矩阵，则系统 (A_1,B_1,C_1) 为传递函数矩阵 $G(s)$ 的能控标准实现，它是一个 $p\times l$ 阶的实现。

下面来验证式(5.35)确实为传递函数矩阵 $G(s)$ 的一个实现，并且是能控的。式(5.35)确定的系统 (A_1,B_1,C_1) 由 p 维输入到 $p\times l$ 维状态的传递函数矩阵为

$$W(s) = (sI - A_1)^{-1}B_1 = \begin{bmatrix} W_1(s) \\ W_2(s) \\ \vdots \\ W_l(s) \end{bmatrix}$$

式中， $W_i(s)$ (i=1,2, ⋯ ,l) 是 $p\times p$ 维的有理分式矩阵，故有 $(sI - A_1)W(s) = B_1$ 以及 $sW(s) = A_1W(s) + B_1$，再考虑到式(5.35)给出的系统矩阵的具体形式，容易得到递推关系

$$\begin{aligned} &W_2(s) = sW_1(s) \\ &W_3(s) = sW_2(s) = s^2W_1(s) \\ &\vdots \\ &W_l(s) = sW_{l-1}(s) = s^{l-1}W_1(s) \end{aligned} \tag{5.36}$$

以及

$$sW_l(s) = -\alpha_0W_1(s) - \alpha_1W_2(s) - \cdots - \alpha_{l-1}W_l(s) + I \tag{5.37}$$

将式(5.36)给出的关系代入式(5.37)移项得

$$(s^l + \alpha_{l-1}s^{l-1} + \cdots + \alpha_0)W_1(s) = \varphi(s)W_1(s) = I$$

即

$$W_1(s) = \frac{1}{\varphi(s)}I$$

将它代回到式(5.36)得到

$$W_i(s) = \frac{s^{i-1}}{\varphi(s)}I, \quad i = 1,2,\cdots,l$$

从上式可以看出 p 维输入对 $p\times l$ 维状态的能控性。这样得到系统式(5.35)的传递函数矩阵为

$$G_1(s)=C_1(sI-A_1)^{-1}B_1=\begin{bmatrix}R_0 & R_1 & \cdots & R_{l-1}\end{bmatrix}\begin{bmatrix}W_1(s)\\W_2(s)\\\vdots\\W_l(s)\end{bmatrix}$$

$$=R_0W_1(s)+R_1W_2(s)+\cdots+R_{l-1}W_l(s)$$

$$=\frac{1}{\varphi(s)}\begin{bmatrix}R_0 & R_1s & \cdots & R_{l-1}s^{l-1}\end{bmatrix}=G(s)$$

即式(5.35)确实为传递函数阵$G(s)$的一个能控实现。

对于能观标准实现，取

$$A_2=\begin{bmatrix}0_q & 0_q & \cdots & 0_q & -\alpha_0I_q\\I_q & 0_q & \ddots & \vdots & -\alpha_1I_q\\0_q & I_q & \ddots & 0_q & \vdots\\\vdots & \ddots & \ddots & 0_q & -\alpha_{l-2}I_q\\0_q & \cdots & 0_q & I_q & -\alpha_{l-1}I_q\end{bmatrix},\quad B_2=\begin{bmatrix}R_0\\R_1\\\vdots\\R_{l-2}\\R_{l-1}\end{bmatrix},\quad C_2=\begin{bmatrix}0_q & 0_q & \cdots & 0_q & I_q\end{bmatrix}\tag{5.38}$$

式中，0_q为$q\times q$维的零矩阵，I_q为$q\times q$维的单位矩阵，则系统(A_2,B_2,C_2)为传递函数矩阵$G(s)$的能观标准型实现，它是一个$q\times l$阶的实现。

例 5.7 设系统的传递函数矩阵为

$$G(s)=\begin{bmatrix}\dfrac{1}{s^2} & 0\\\dfrac{1}{s^2-s} & \dfrac{1}{1-s}\end{bmatrix}$$

试求它的能控标准实现和能观标准实现。

解 系统为 2 输入 2 输出系统，传递函数矩阵各元素的最小公分母为$s^2(s-1)$，故有$p=q=2$，$l=3$以及

$$\varphi(s)=s^2(s-1)=s^3+\alpha_2s^2=s^3-s^2$$

$$\varphi(s)G(s)=R_0+sR_1+s^2R_2=\begin{bmatrix}-1 & 0\\0 & 0\end{bmatrix}+s\begin{bmatrix}1 & 0\\1 & 0\end{bmatrix}+s^2\begin{bmatrix}0 & 0\\0 & -1\end{bmatrix}$$

故有系统的能控标准实现为

$$A_1=\begin{bmatrix}0_2 & I_2 & 0_2\\0_2 & 0_2 & I_2\\0_2 & 0_2 & I_2\end{bmatrix}=\begin{bmatrix}0&0&1&0&0&0\\0&0&0&1&0&0\\0&0&0&0&1&0\\0&0&0&0&0&1\\0&0&0&0&1&0\\0&0&0&0&0&1\end{bmatrix},\quad B_1=\begin{bmatrix}0_2\\0_2\\I_2\end{bmatrix}=\begin{bmatrix}0&0\\0&0\\0&0\\0&0\\1&0\\0&1\end{bmatrix}$$

$$C_1=\begin{bmatrix}R_0 & R_1 & R_2\end{bmatrix}=\begin{bmatrix}-1&0&1&0&0&0\\0&0&1&0&0&-1\end{bmatrix}$$

系统的能观标准实现为

$$A_2=\begin{bmatrix}0_2 & 0_2 & 0_2\\ I_2 & 0_2 & 0_2\\ 0_2 & I_2 & I_2\end{bmatrix}=\begin{bmatrix}0&0&0&0&0&0\\0&0&0&0&0&0\\1&0&0&0&0&0\\0&1&0&0&0&0\\0&0&1&0&1&0\\0&0&0&1&0&1\end{bmatrix},\quad B_2=\begin{bmatrix}R_0\\R_1\\R_2\end{bmatrix}=\begin{bmatrix}-1&0\\0&0\\1&0\\1&0\\0&0\\0&-1\end{bmatrix}$$

$$C_2=\begin{bmatrix}0_2 & 0_2 & I_2\end{bmatrix}=\begin{bmatrix}0&0&0&0&1&0\\0&0&0&0&0&1\end{bmatrix}$$

3. 传递函数矩阵的最小实现

为得到传递函数矩阵的最小实现，即能控能观实现，可以在系统能控标准实现的基础上，通过对系统(A_1,B_1,C_1)进行能观结构分解得到(这时分解中不会出现不能控能观子系统和不能控不能观子系统)，或者在系统能观标准实现的基础上，通过对系统(A_2,B_2,C_2)进行能控结构分解得到(这时分解中不会出现能控不能观子系统和不能控不能观子系统)。

为了减小计算量，对输入和输出维数不同的情况，当$p<q$时，选择能控标准实现，当$p>q$时，选择能观标准实现，可以得到维数较低的实现。其次，当$p<q$时，可以求取传递函数矩阵$G(s)$每列元素的最小公分母$\varphi_i(s)$，设它的阶次为l_i，显然l_i小于$G(s)$各元素的最小公分母的阶次l，这样传递函数矩阵$G(s)$可表示为

$$G(s)=\begin{bmatrix}\dfrac{\boldsymbol{g}_1(s)}{\varphi_1(s)} & \dfrac{\boldsymbol{g}_2(s)}{\varphi_2(s)} & \cdots & \dfrac{\boldsymbol{g}_p(s)}{\varphi_p(s)}\end{bmatrix} \tag{5.39}$$

式中，$\boldsymbol{g}_i(s)/\varphi_i(s)$表示第$i$个输入到系统$q$个输出的传递函数列向量。分别构造每个传递函数向量$\boldsymbol{g}_i(s)/\varphi_i(s)$的能控标准实现$(A_i,\boldsymbol{b}_i,C_i)$，它们是单输入$q$维输出$l_i$阶的能控实现，将它们组合起来就得到

$$A_3=\begin{bmatrix}A_1 & & & \\ & A_2 & & \\ & & \ddots & \\ & & & A_p\end{bmatrix},\quad B_3=\begin{bmatrix}\boldsymbol{b}_1 & & & \\ & \boldsymbol{b}_2 & & \\ & & \ddots & \\ & & & \boldsymbol{b}_p\end{bmatrix},\quad C_3=\begin{bmatrix}C_1 & C_2 & \cdots & C_p\end{bmatrix} \tag{5.40}$$

显然系统(A_3,B_3,C_3)实现的阶数$\sum\limits_{i=1}^{p}l_i$小于系统能控标准实现的阶数pl。

相反，若$p>q$时，可以求取传递函数矩阵$G(s)$每行元素的最小公分母$\varphi_i(s)$，设它的阶次为l_i，传递函数矩阵$G(s)$可表述为

$$G(s)=\begin{bmatrix}\dfrac{\boldsymbol{g}_1^{\mathrm{T}}(s)}{\varphi_1(s)}\\ \dfrac{\boldsymbol{g}_2^{\mathrm{T}}(s)}{\varphi_2(s)}\\ \vdots \\ \dfrac{\boldsymbol{g}_q^{\mathrm{T}}(s)}{\varphi_q(s)}\end{bmatrix} \tag{5.41}$$

式中，$\boldsymbol{g}_i^{\mathrm{T}}(s)/\varphi_i(s)$表示系统$p$个输入到系统第$i$个输出的传递函数行向量。分别构造每个传

递函数向量 $\boldsymbol{g}_i^{\mathrm{T}}(s)/\varphi_i(s)$ 的能观标准实现 $(A_i, B_i, \boldsymbol{c}_i^{\mathrm{T}})$，它们是 p 维输入单输出 l_i 阶的能观实现，将它们组合起来就得到

$$A_4 = \begin{bmatrix} A_1 & & & \\ & A_2 & & \\ & & \ddots & \\ & & & A_q \end{bmatrix}, \quad B_4 = \begin{bmatrix} B_1 \\ B_2 \\ \vdots \\ B_q \end{bmatrix}, \quad C_4 = \begin{bmatrix} \boldsymbol{c}_1^{\mathrm{T}} & & & \\ & \boldsymbol{c}_2^{\mathrm{T}} & & \\ & & \ddots & \\ & & & \boldsymbol{c}_q^{\mathrm{T}} \end{bmatrix} \tag{5.42}$$

显然系统 (A_4, B_4, C_4) 实现的阶数 $\sum_{i=1}^{q} l_i$ 小于系统能观标准实现的阶数 ql 。

上述系统实现 (A_3, B_3, C_3) 和 (A_4, B_4, C_4) 有更小的阶数，在此基础上再进行能观或能控结构分解得到系统的最小实现，计算量通常要小得多。

对于多输入多输出系统，即使两个不同实现的维数相同，它们一般也不是代数等价的，但对于系统的最小实现，有如下定理 5.4。

定理 5.4　传递函数矩阵的最小实现间必然是代数等价的。

证明　设 (A,B,C) 和 $(\bar{A},\bar{B},\bar{C})$ 都是严格真传递函数矩阵 $G(s)$ 的最小实现，维数都为 n，要证明它们是代数等价的，就需要找出它们之间的坐标变换。设系统 (A,B,C) 和系统 $(\bar{A},\bar{B},\bar{C})$ 的能控性矩阵和能观性矩阵分别为 Q_{c} 、 Q_{o} 和 $\bar{Q}_{\mathrm{c}}$ 、 $\bar{Q}_{\mathrm{o}}$ ，则有

$$\mathrm{rank}Q_{\mathrm{c}} = \mathrm{rank}Q_{\mathrm{o}} = \mathrm{rank}\bar{Q}_{\mathrm{c}} = \mathrm{rank}\bar{Q}_{\mathrm{o}} = n$$

它们都是满秩矩阵。因为两个实现有相同的传递函数矩阵，所以有相同的脉冲响应阵，即有 $C\mathrm{e}^{At}B = \bar{C}\mathrm{e}^{\bar{A}t}\bar{B}$ ，当然也有

$$\frac{\mathrm{d}^k}{\mathrm{d}t^k}\left(C\mathrm{e}^{At}B\right) = \frac{\mathrm{d}^k}{\mathrm{d}t^k}\left(\bar{C}\mathrm{e}^{\bar{A}t}\bar{B}\right), \quad k = 0,1,2,\cdots$$

于是有 $CA^k\mathrm{e}^{At}B = \overline{CA}^k\mathrm{e}^{\bar{A}t}\bar{B}$ ，令 $t=0$ 就得到

$$CA^kB = \overline{CA}^k\bar{B}, \quad k = 0,1,2,\cdots$$

由此得到

$$Q_{\mathrm{o}}Q_{\mathrm{c}} = \bar{Q}_{\mathrm{o}}\bar{Q}_{\mathrm{c}}$$

因为 $\bar{Q}_{\mathrm{c}}$ 、 $\bar{Q}_{\mathrm{o}}$ 是满秩矩阵， $\bar{Q}_{\mathrm{c}}\bar{Q}_{\mathrm{c}}^{\mathrm{T}}$ 、 $\bar{Q}_{\mathrm{o}}^{\mathrm{T}}\bar{Q}_{\mathrm{o}}$ 可逆，于是在上式两端左乘 $\left(\bar{Q}_{\mathrm{o}}^{\mathrm{T}}\bar{Q}_{\mathrm{o}}\right)^{-1}\bar{Q}_{\mathrm{o}}^{\mathrm{T}}$ 就有

$$\left(\bar{Q}_{\mathrm{o}}^{\mathrm{T}}\bar{Q}_{\mathrm{o}}\right)^{-1}\bar{Q}_{\mathrm{o}}^{\mathrm{T}}Q_{\mathrm{o}}Q_{\mathrm{c}} = \bar{Q}_{\mathrm{c}} \tag{5.43}$$

而 $\mathrm{rank}\bar{Q}_{\mathrm{c}} = \mathrm{rank}\bar{Q}_{\mathrm{o}} = n$ ，故 $\mathrm{rank}\left(\bar{Q}_{\mathrm{o}}^{\mathrm{T}}\bar{Q}_{\mathrm{o}}\right)^{-1}\bar{Q}_{\mathrm{o}}^{\mathrm{T}}Q_{\mathrm{o}} = n$ ，记

$$T_1^{-1} = \left(\bar{Q}_{\mathrm{o}}^{\mathrm{T}}\bar{Q}_{\mathrm{o}}\right)^{-1}\bar{Q}_{\mathrm{o}}^{\mathrm{T}}Q_{\mathrm{o}} \tag{5.44}$$

式(5.43)就可以表示为

$$T_1^{-1}Q_{\mathrm{c}} = \bar{Q}_{\mathrm{c}} \tag{5.45}$$

同样的分析有 $\mathrm{rank}Q_{\mathrm{c}}\bar{Q}_{\mathrm{c}}^{\mathrm{T}}\left(\bar{Q}_{\mathrm{c}}\bar{Q}_{\mathrm{c}}^{\mathrm{T}}\right)^{-1} = n$ ，记

$$T_2 = Q_{\mathrm{c}}\bar{Q}_{\mathrm{c}}^{\mathrm{T}}\left(\bar{Q}_{\mathrm{c}}\bar{Q}_{\mathrm{c}}^{\mathrm{T}}\right)^{-1} \tag{5.46}$$

则

$$Q_{\mathrm{o}}T_2 = \bar{Q}_{\mathrm{o}} \tag{5.47}$$

再从 $Q_oQ_c = \bar{Q}_o\bar{Q}_c$ 可得

$$T_1^{-1}T_2 = \left(\bar{Q}_o^{\mathrm{T}}\bar{Q}_o\right)^{-1}\bar{Q}_o^{\mathrm{T}}Q_oQ_c\bar{Q}_c^{\mathrm{T}}\left(\bar{Q}_c\bar{Q}_c^{\mathrm{T}}\right)^{-1} = \left(\bar{Q}_o^{\mathrm{T}}\bar{Q}_o\right)^{-1}\bar{Q}_o^{\mathrm{T}}\bar{Q}_o\bar{Q}_c\bar{Q}_c^{\mathrm{T}}\left(\bar{Q}_c\bar{Q}_c^{\mathrm{T}}\right)^{-1} = I$$

所以 $T_1 = T_2$，取

$$T = T_1 \tag{5.48}$$

它就是所需要的变换矩阵。因为式(5.45)和式(5.47)，有 $T^{-1}Q_c = \bar{Q}_c$ 和 $Q_oT = \bar{Q}_o$，从而

$$\bar{B} = T^{-1}B, \quad \bar{C} = CT$$

再由 $CA^kB = \overline{CA}^k\bar{B}$ 易得 $Q_oAQ_c = \bar{Q}_o\bar{A}\bar{Q}_c$，有

$$\bar{Q}_o^{\mathrm{T}}Q_oAQ_c\bar{Q}_c^{\mathrm{T}} = \bar{Q}_o^{\mathrm{T}}\bar{Q}_o\bar{A}\bar{Q}_c\bar{Q}_c^{\mathrm{T}}$$

所以

$$\bar{A} = \left(\bar{Q}_o^{\mathrm{T}}\bar{Q}_o\right)^{-1}\bar{Q}_o^{\mathrm{T}}Q_oAQ_c\bar{Q}_c^{\mathrm{T}}\left(\bar{Q}_c\bar{Q}_c^{\mathrm{T}}\right)^{-1} = T^{-1}AT$$

证毕。

在定理 5.4 的证明中，给出了求两个最小实现之间变换矩阵的式(5.44)、式(5.46)、式(5.48)。注意，上述公式只能用来求取两个代数等价且能控能观系统之间的变换矩阵。

例 5.8 设系统的传递函数矩阵同例 5.7，试采用求列元素最小公分母的方法，得到系统的能控实现，并在此基础上求系统的最小实现。

解 采用求传递函数矩阵列元素最小公分母的方法，$G(s)$ 可以表示为

$$G(s) = \begin{bmatrix} \dfrac{1}{s^2} & 0 \\ \dfrac{1}{s^2 - s} & \dfrac{1}{1-s} \end{bmatrix} = \begin{bmatrix} \dfrac{1}{s^2(s-1)}\begin{bmatrix} s-1 \\ s \end{bmatrix} & \dfrac{1}{s-1}\begin{bmatrix} 0 \\ -1 \end{bmatrix} \end{bmatrix}$$

两列列元素最小公分母的阶次之和为 4，所以采用求传递函数矩阵列元素最小公分母的方法，所得能控实现的阶数为 4，小于例 5.7 中给出实现的维数。两传递函数列向量的能控实现分别为

$$A_1 = \begin{bmatrix} 0 & 1 & 0 \\ 0 & 0 & 1 \\ 0 & 0 & 1 \end{bmatrix}, \quad \boldsymbol{b}_1 = \begin{bmatrix} 0 \\ 0 \\ 1 \end{bmatrix}, \quad C_1 = \begin{bmatrix} -1 & 1 & 0 \\ 0 & 1 & 0 \end{bmatrix}$$

$$A_2 = 1, \quad \boldsymbol{b}_2 = 1, \quad C_2 = \begin{bmatrix} 0 \\ -1 \end{bmatrix}$$

得 $G(s)$ 的实现为

$$A_3 = \begin{bmatrix} A_1 & \\ & A_2 \end{bmatrix} = \begin{bmatrix} 0 & 1 & 0 & 0 \\ 0 & 0 & 1 & 0 \\ 0 & 0 & 1 & 0 \\ 0 & 0 & 0 & 1 \end{bmatrix}, \quad B_3 = \begin{bmatrix} \boldsymbol{b}_1 & \\ & \boldsymbol{b}_2 \end{bmatrix} = \begin{bmatrix} 0 & 0 \\ 0 & 0 \\ 1 & 0 \\ 0 & 1 \end{bmatrix}, \quad C_3 = \begin{bmatrix} C_1 & C_2 \end{bmatrix} = \begin{bmatrix} -1 & 1 & 0 & 0 \\ 0 & 1 & 0 & -1 \end{bmatrix}$$

上述实现的能观性矩阵为

$$Q_o = \begin{bmatrix} C_3 \\ C_3 A_3 \\ C_3 A_3^2 \\ C_3 A_3^3 \end{bmatrix} = \begin{bmatrix} -1 & 1 & 0 & 0 \\ 0 & 1 & 0 & -1 \\ 0 & -1 & 1 & 0 \\ 0 & 0 & 1 & -1 \\ 0 & 0 & 0 & 0 \\ 0 & 0 & 1 & -1 \\ 0 & 0 & 0 & 0 \\ 0 & 0 & 1 & -1 \end{bmatrix}$$

能观性矩阵的秩为 3，系统不完全能观，下面对其进行能观结构分解。

取 Q_o 线性无关的前三行，再补充与它们线性独立的一行构成能观结构分解变换矩阵

$$T^{-1} = \begin{bmatrix} -1 & 1 & 0 & 0 \\ 0 & 1 & 0 & -1 \\ 0 & -1 & 1 & 0 \\ 0 & 0 & 0 & 1 \end{bmatrix}, \quad T = \begin{bmatrix} -1 & 1 & 0 & 1 \\ 0 & 1 & 0 & 1 \\ 0 & 1 & 1 & 1 \\ 0 & 0 & 0 & 1 \end{bmatrix}$$

得到

$$T^{-1} A_3 T = \begin{bmatrix} 0 & 0 & 1 & 0 \\ 0 & 1 & 1 & 0 \\ 0 & 0 & 0 & 0 \\ 0 & 0 & 0 & 1 \end{bmatrix}, \quad T^{-1} B_3 = \begin{bmatrix} 0 & 0 \\ 0 & -1 \\ 1 & 0 \\ 0 & 1 \end{bmatrix}, \quad C_3 T = \begin{bmatrix} 1 & 0 & 0 & 0 \\ 0 & 1 & 0 & 0 \end{bmatrix}$$

其中能控能观的 3 阶子系统就是传递函数矩阵 $G(s)$ 的最小实现，即

$$A = \begin{bmatrix} 0 & 0 & 1 \\ 0 & 1 & 1 \\ 0 & 0 & 0 \end{bmatrix}, \quad B = \begin{bmatrix} 0 & 0 \\ 0 & -1 \\ 1 & 0 \end{bmatrix}, \quad C = \begin{bmatrix} 1 & 0 & 0 \\ 0 & 1 & 0 \end{bmatrix}$$

5-5 状态观测器设计

实际中被控对象的内部状态往往无法通过直接测量得到，需借助观测器对它的状态进行重构。观测器有全维和降维两种设计，在被观测系统全部或部分拷贝的基础上，经过稳定性和收敛性设计而成。而且，除控制输入外，如果被观测对象还受到未知扰动作用的影响，只要扰动信号的模态已知，通过对扰动建模，观测器还可以用来对扰动输入以及扰动输入作用下系统的状态进行观测。

1. 全维状态观测器设计

设 n 阶 p 维输入 q 维输出被观测对象的状态空间描述为

$$\begin{aligned} \dot{\boldsymbol{x}} &= A\boldsymbol{x} + B\boldsymbol{u}, \quad \boldsymbol{x}(t_0) = \boldsymbol{x}_0 \\ \boldsymbol{y} &= C\boldsymbol{x} \end{aligned} \tag{5.49}$$

它的状态响应为

$$\boldsymbol{x}(t) = \mathrm{e}^{A(t-t_0)}\boldsymbol{x}(t_0) + \int_{t_0}^{t} \mathrm{e}^{A(t-\tau)} B\boldsymbol{u}(\tau)\mathrm{d}\tau \tag{5.50}$$

如果系统式(5.49)能观，则一定能从系统输出的测量确定系统的初始状态 $\boldsymbol{x}(t_0)$，并应用式(5.50)得到系统的状态 $\boldsymbol{x}(t)$。然而，式(5.50)得到 $\boldsymbol{x}(t)$ 的运算是一种开环运算，有关初始状态观测误差对状态观测带来的影响无法得到及时的修正。而且，从系统输出确定系统初态需要一定的观测时间，且计算复杂，根据式(5.50)计算得到状态观测值的做法，难以满足实际使用中对实时性的要求。

另一方面，如果对系统的输入和输出进行微分运算则有

$$
\begin{aligned}
&\boldsymbol{y} = C\boldsymbol{x}\\
&\dot{\boldsymbol{y}} = C\dot{\boldsymbol{x}} = C(A\boldsymbol{x} + B\boldsymbol{u}) = CA\boldsymbol{x} + CB\boldsymbol{u}\\
&\ddot{\boldsymbol{y}} = C\ddot{\boldsymbol{x}} = CA\dot{\boldsymbol{x}} + CB\dot{\boldsymbol{u}} = CA(A\boldsymbol{x} + B\boldsymbol{u}) + CB\dot{\boldsymbol{u}} = CA^2\boldsymbol{x} + C(AB\boldsymbol{u} + B\dot{\boldsymbol{u}})\\
&\vdots\\
&\boldsymbol{y}^{(n-1)} = C\boldsymbol{x}^{(n-1)} = CA^{n-1}\boldsymbol{x} + C(A^{n-2}B\boldsymbol{u} + A^{n-3}B\dot{\boldsymbol{u}} + \cdots + B\boldsymbol{u}^{(n-2)})
\end{aligned}
$$

写成矩阵形式即

$$
\begin{bmatrix} \boldsymbol{y} \\ \dot{\boldsymbol{y}} \\ \ddot{\boldsymbol{y}} \\ \vdots \\ \boldsymbol{y}^{(n-1)} \end{bmatrix} - C\begin{bmatrix} 0 \\ B\boldsymbol{u} \\ AB\boldsymbol{u} + B\dot{\boldsymbol{u}} \\ \vdots \\ A^{n-2}B\boldsymbol{u} + A^{n-3}B\dot{\boldsymbol{u}} + \cdots + B\boldsymbol{u}^{(n-2)} \end{bmatrix} = \begin{bmatrix} C \\ CA \\ CA^2 \\ \vdots \\ CA^{n-1} \end{bmatrix}\boldsymbol{x} = Q_\mathrm{o}\boldsymbol{x} \tag{5.51}
$$

设系统能观，则 Q_o 满秩，可从 Q_o 中选出 n 个线性无关的行来构成 Q，再将方程式(5.51)左边和这 n 行对应的元素取出构成 $\tilde{\boldsymbol{y}}$ 得到

$$
Q\boldsymbol{x} = \tilde{\boldsymbol{y}}
$$

故有

$$
\boldsymbol{x} = Q^{-1}\tilde{\boldsymbol{y}}
$$

即如果可以对系统的输入和输出进行微分运算，则从 $\boldsymbol{y}(t)$ 和 $\boldsymbol{u}(t)$ 可以唯一地确定 $\boldsymbol{x}(t)$。然而，实际中系统的输出信号都是由传感器测量得到的，这些测量信号中不可避免地会含有高频测量噪声。微分或高阶微分运算对高频测量噪声信号特别敏感，有很强的放大作用，引入的高频干扰会将有用信号湮没。因此，通过微分或高阶微分得到系统输入输出的各阶导数，以获得系统状态变量的做法也是行不通的。

实际中，解决状态重构问题的做法是构造一个动态观测器，它与被观测对象式(5.49)有相同的状态空间描述，受相同的输入信号激励，其状态空间描述为

$$
\begin{aligned}
&\dot{\boldsymbol{x}}^* = A\boldsymbol{x}^* + B\boldsymbol{u}, \quad \boldsymbol{x}^*(0) = \boldsymbol{x}_0^*\\
&\boldsymbol{y}^* = C\boldsymbol{x}^*
\end{aligned} \tag{5.52}
$$

式(5.49)减去式(5.52)得到有关于状态观测偏差的微分方程为

$$
\begin{aligned}
&\frac{\mathrm{d}(\boldsymbol{x} - \boldsymbol{x}^*)}{\mathrm{d}t} = A(\boldsymbol{x} - \boldsymbol{x}^*), \quad \boldsymbol{x}(0) - \boldsymbol{x}^*(0) = \boldsymbol{x}_0 - \boldsymbol{x}_0^*\\
&\boldsymbol{y} - \boldsymbol{y}^* = C(\boldsymbol{x} - \boldsymbol{x}^*)
\end{aligned} \tag{5.53}
$$

若式(5.49)和式(5.52)两个系统有相同的初始状态，根据解的唯一性有 $\boldsymbol{x}(t) - \boldsymbol{x}^*(t) = 0$，但这是理想情况，在实际中很难做到。实际上，正如观测误差方程式(5.53)所表明的，只要 A 渐近稳定，由初始状态不同所引起的状态观测误差会衰减到零，即观测器的状态将收敛到被观

测对象的状态，收敛速率由 A 的特征根的负实部的大小决定。

对于观测误差衰减速度慢或 A 不稳定导致观测误差不收敛的情况，解决的办法是将对象输出 $\boldsymbol{y}$ 和观测器输出 $\boldsymbol{y}^*$ 相比较，用输出观测误差进行反馈控制，因为观测器是人为搭建的，故可将输出观测误差乘上反馈矩阵 $G \in R^{n\times q}$ 后反馈到观测器状态微分前的综合点处。图 5.5(a)给出了体现这一设计思想的观测器设计框图，图 5.5(b)与图 5.5(a)是等价的。

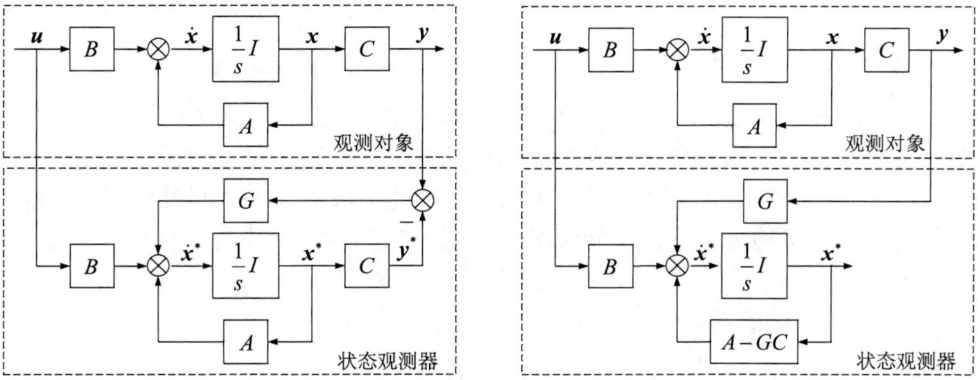

(a) (b)

图 5.5 全维状态观测器设计

在图 5.5 所示的观测器设计方案中，观测器状态和被观测对象状态的维数是一样的，故称为全维状态观测器。对图 5.5 所示的全维观测器有

$$\begin{aligned}\dot{\boldsymbol{x}}^* &= A\boldsymbol{x}^* + B\boldsymbol{u} + G(C\boldsymbol{x} - C\boldsymbol{x}^*)\\ &= (A-GC)\boldsymbol{x}^* + B\boldsymbol{u} + G\boldsymbol{y}\end{aligned} \tag{5.54}$$

于是有观测误差满足的微分方程为

$$\begin{aligned}\dot{\boldsymbol{x}} - \dot{\boldsymbol{x}}^* &= A\boldsymbol{x} - (A-GC)\boldsymbol{x}^* - GC\boldsymbol{x}\\ &= (A-GC)(\boldsymbol{x} - \boldsymbol{x}^*)\end{aligned} \tag{5.55}$$

称 $A-GC$ 的特征值为观测器的极点。因为观测误差系统是齐次的，故对于任意的 $\boldsymbol{u}(t)$ 和初态 $\boldsymbol{x}(t_0)$，观测器状态收敛于被观测对象式(5.49)的状态，即 $\boldsymbol{x}(t)-\boldsymbol{x}^*(t)\to 0$ 的充分必要条件是观测器的全部极点都具有负的实部。

观测误差收敛速度快，往往对应输出误差反馈矩阵 G 较高的增益，这将导致观测器对测量噪声的敏感程度增加，因此对观测误差收敛速度过高的要求在实际中并不可取。一般来说，选择观测器 $A-GC$ 的快速性是被观测系统 A 的快速性的 3～5 倍就足够了。

在图 5.5 所示的观测器中，输出误差是反馈至观测器的状态微分，而矩阵 $A-GC$ 和它的转置 $A^{\mathrm{T}}-C^{\mathrm{T}}G^{\mathrm{T}}$ 有相同的特征值。根据能控性和能观性的对偶关系，(A,C) 能观，则 $(A^{\mathrm{T}},C^{\mathrm{T}})$ 能控，因此可以依照能控系统状态反馈极点配置的方法，配置 $A^{\mathrm{T}}-C^{\mathrm{T}}G^{\mathrm{T}}$ 的极点，求出矩阵 G，于是有下面的定理 5.5。

定理 5.5 设式(5.49)的系统完全能观，则可借助全维观测器

$$\dot{\boldsymbol{x}}^* = (A-GC)\boldsymbol{x}^* + B\boldsymbol{u} + G\boldsymbol{y}$$

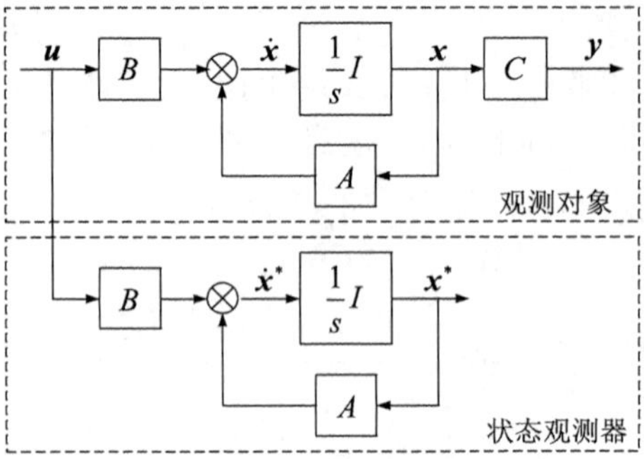

图 5.6　开环全维状态观测器

对式(5.49)系统的状态进行观测，其中 $A-GC$ 的特征根可以任意配置。只要 $A-GC$ 渐近稳定，则观测误差 $\boldsymbol{x}(t)-\boldsymbol{x}^*(t)\to 0$，收敛速度由 $A-GC$ 的特征根决定。

当被观测对象的状态矩阵 A 为渐近稳定时，可以令 $G=0$，得到观测器的开环设计方案如图 5.6 所示。开环状态观测器状态观测误差满足的微分方程为

$$\dot{\boldsymbol{x}}-\dot{\boldsymbol{x}}^*=A(\boldsymbol{x}-\boldsymbol{x}^*) \tag{5.56}$$

即开环状态观测器状态误差的收敛特性完全由被观测对象的稳定性决定。因为开环状态观测器结构简单，在实际中经常被采用。

最后，如果式（5.49）被观察对象的状态空间描述不完全能观，则要求它的不能观子系统是渐近稳定的。在这种情况下，不能观子系统状态观测误差收敛到零的速度，由不能观子系统的特征根决定。

例 5.9　已知某系统的状态空间描述为

$$\dot{\boldsymbol{x}}=\begin{bmatrix}1&0&0\\3&-1&1\\0&2&0\end{bmatrix}\boldsymbol{x}+\begin{bmatrix}2\\1\\1\end{bmatrix}u$$

$$y=\begin{bmatrix}0&0&1\end{bmatrix}\boldsymbol{x}$$

试构造全维状态观测器观测系统状态，使观测器极点为 -3、-4、-5，写出观测器的状态方程。

解　首先判断系统的能观性。系统的能观性矩阵为

$$Q_o=\begin{bmatrix}\boldsymbol{c}^{\mathrm{T}}\\\boldsymbol{c}^{\mathrm{T}}A\\\boldsymbol{c}^{\mathrm{T}}A^2\end{bmatrix}=\begin{bmatrix}0&0&1\\0&2&0\\6&-2&2\end{bmatrix}$$

$\mathrm{rank}Q_o=3$，系统完全能观，可以任意配置观测器的极点。

由希望的观测器极点有

$$\det(sI-A+GC)=\det\left(\begin{bmatrix}s-1&0&0\\-3&s+1&-1\\0&-2&s\end{bmatrix}+\begin{bmatrix}g_1\\g_2\\g_3\end{bmatrix}\begin{bmatrix}0&0&1\end{bmatrix}\right)$$

$$=\det\begin{bmatrix}s-1&0&g_1\\-3&s+1&-1+g_2\\0&-2&s+g_3\end{bmatrix}=(s+3)(s+4)(s+5)$$

即

$$s^3+g_3s^2+\left[2(g_2-1)-1\right]s+6g_1-g_3-2(g_2-1)=s^3+12s^2+47s+60$$

比较系数有 $g_3=12$、$g_2=25$、$g_1=20$。

观测器的状态方程为

$$\dot{x}^* = \left(\begin{bmatrix} 1 & 0 & 0 \\ 3 & -1 & 1 \\ 0 & 2 & 0 \end{bmatrix} - \begin{bmatrix} 20 \\ 25 \\ 12 \end{bmatrix} \begin{bmatrix} 0 & 0 & 1 \end{bmatrix} \right) x^* + \begin{bmatrix} 2 \\ 1 \\ 1 \end{bmatrix} u + \begin{bmatrix} 20 \\ 25 \\ 12 \end{bmatrix} y$$

$$= \begin{bmatrix} 1 & 0 & -20 \\ 3 & -1 & -24 \\ 0 & 2 & -12 \end{bmatrix} x^* + \begin{bmatrix} 2 \\ 1 \\ 1 \end{bmatrix} u + \begin{bmatrix} 20 \\ 25 \\ 12 \end{bmatrix} y$$

例 5.10 已知某系统的传递函数为

$$\frac{y(s)}{u(s)} = \frac{2}{(s+1)(s+2)}$$

试设计全维观测器观测系统的输出及输出的一阶导数，并将观测器极点设置为 -10 、 -10 ，写出观测器的状态方程。

解 被观测对象的传递函数为

$$\frac{y(s)}{u(s)} = \frac{2}{(s+1)(s+2)} = \frac{2}{s^2+3s+2}$$

因为要观测对象的输出及输出的一阶导数，故选择上述被观测对象的能观标准II型作为观测器模型，即构造观测器

$$\dot{x}^* = \left(\begin{bmatrix} 0 & 1 \\ -2 & -3 \end{bmatrix} - \begin{bmatrix} g_1 \\ g_2 \end{bmatrix} \begin{bmatrix} 1 & 0 \end{bmatrix} \right) x^* + \begin{bmatrix} 0 \\ 2 \end{bmatrix} u + \begin{bmatrix} g_1 \\ g_2 \end{bmatrix} y$$

$$= \begin{bmatrix} -g_1 & 1 \\ -2-g_2 & -3 \end{bmatrix} x^* + \begin{bmatrix} 0 \\ 2 \end{bmatrix} u + \begin{bmatrix} g_1 \\ g_2 \end{bmatrix} y$$

令观测器极点等于希望值有

$$\det\left(sI - \begin{bmatrix} -g_1 & 1 \\ -2-g_2 & -3 \end{bmatrix} \right) = \det \begin{bmatrix} s+g_1 & -1 \\ 2+g_2 & s+3 \end{bmatrix}$$

$$= s^2 + (3+g_2)s + 3g_1 + g_2 + 2 = (s+10)^2 = s^2 + 20s + 100$$

得到 $g_2 = 17$ 、 $g_1 = 27$ 。

观测器的状态方程为

$$\dot{x}^* = \left(\begin{bmatrix} 0 & 1 \\ -2 & -3 \end{bmatrix} - \begin{bmatrix} 27 \\ 17 \end{bmatrix} \begin{bmatrix} 1 & 0 \end{bmatrix} \right) x^* + \begin{bmatrix} 0 \\ 2 \end{bmatrix} u + \begin{bmatrix} 27 \\ 17 \end{bmatrix} y$$

$$= \begin{bmatrix} -27 & 1 \\ -19 & -3 \end{bmatrix} x^* + \begin{bmatrix} 0 \\ 2 \end{bmatrix} u + \begin{bmatrix} 27 \\ 17 \end{bmatrix} y$$

2. 降维观测器设计

全维状态观测器的阶数较高，实现起来不方便。另一方面，系统的 q 个输出量已经包含有系统状态的可测信息，下面利用这些可测信息来降低状态观测器的维数。

实际中，总假设系统输出变量是相互独立的，否则系统输出矩阵的某些行必定能表示成其他行的线性组合，这时总可以从输出矩阵和输出变量中剔除这些行及相应的输出变量，使输出矩阵中剩下的行及对应的输出变量是相互独立的。所以，在下面的讨论中，设式(5.49)系统的输出矩阵 $C \in R^{q \times n}$ 满秩，除此之外进一步假设 (A, C) 能观。

构造矩阵

$$T^{-1}=\begin{bmatrix} C \\ C_2 \end{bmatrix} \in R^{n\times n} \tag{5.57}$$

式中，C_2 是在保证 T^{-1} 为正则的条件下任取的，作状态变换 $\boldsymbol{x}=T\tilde{\boldsymbol{x}}$，因为

$$T^{-1}T=\begin{bmatrix} C \\ C_2 \end{bmatrix}T=\begin{bmatrix} I_q & 0 \\ 0 & I_{n-q} \end{bmatrix}$$

所以变换后的输出矩阵为

$$\tilde{C}=CT=\begin{bmatrix} I_q & 0 \end{bmatrix}$$

变换后系统的状态空间描述变为

$$\begin{aligned} \begin{bmatrix} \dot{\tilde{\boldsymbol{x}}}_1 \\ \dot{\tilde{\boldsymbol{x}}}_2 \end{bmatrix} &= \begin{bmatrix} \tilde{A}_{11} & \tilde{A}_{12} \\ \tilde{A}_{21} & \tilde{A}_{22} \end{bmatrix}\begin{bmatrix} \tilde{\boldsymbol{x}}_1 \\ \tilde{\boldsymbol{x}}_2 \end{bmatrix}+\begin{bmatrix} \tilde{B}_1 \\ \tilde{B}_2 \end{bmatrix}\boldsymbol{u} \\ \boldsymbol{y} &= \begin{bmatrix} I_q & 0 \end{bmatrix}\begin{bmatrix} \tilde{\boldsymbol{x}}_1 \\ \tilde{\boldsymbol{x}}_2 \end{bmatrix} \end{aligned} \tag{5.58}$$

式中

$$\tilde{A}=T^{-1}AT=\begin{bmatrix} \tilde{A}_{11} & \tilde{A}_{12} \\ \tilde{A}_{21} & \tilde{A}_{22} \end{bmatrix},\quad \tilde{B}=T^{-1}B=\begin{bmatrix} \tilde{B}_1 \\ \tilde{B}_2 \end{bmatrix}$$

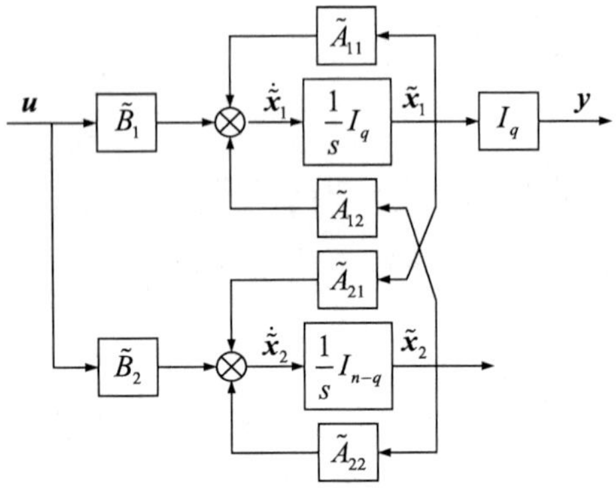

图 5.7　状态变换后的被观测系统

即通过上述状态变换，将原系统独立的 q 个输出变成了新系统的前 q 个状态变量，如图 5.7 所示。

状态变换不改变系统的能控能观性。观察变换后的状态空间描述可以看出，系统的状态分量 $\tilde{\boldsymbol{x}}_2$ 只有通过 $\tilde{A}_{12}$ 作用于子系统 $(\tilde{A}_{11},\tilde{B}_1,I_q)$，引起状态变量 $\tilde{\boldsymbol{x}}_1$ 的变化才能被观测到。所以，从原系统能观，可以猜测变换后的系统中 $(\tilde{A}_{22},\tilde{A}_{12})$ 是能观对，下面来证明的确如此。

由原系统 (A,B,C) 能观，得变换后系统 $(\tilde{A},\tilde{B},\tilde{C})$ 能观，于是有

$$\operatorname{rank}\tilde{Q}_o=\operatorname{rank}\begin{bmatrix} \tilde{C} \\ \tilde{C}\tilde{A} \\ \tilde{C}\tilde{A}^2 \\ \vdots \end{bmatrix}=\operatorname{rank}\begin{bmatrix} I_q & 0 \\ \tilde{A}_{11} & \tilde{A}_{12} \\ \tilde{A}_{11}^2+\tilde{A}_{12}\tilde{A}_{21} & \tilde{A}_{11}\tilde{A}_{12}+\tilde{A}_{12}\tilde{A}_{22} \\ \vdots & \vdots \end{bmatrix}=n$$

因为对矩阵进行行变换不改变矩阵的秩，可以看出

$$\operatorname{rank}\tilde{Q}_o=\operatorname{rank}\begin{bmatrix} I_q & 0 \\ 0 & \tilde{A}_{12} \\ \vdots & \tilde{A}_{11}\tilde{A}_{12}+\tilde{A}_{12}\tilde{A}_{22} \\ 0 & \vdots \end{bmatrix}=\operatorname{rank}\begin{bmatrix} I_q & 0 \\ 0 & \tilde{A}_{12} \\ 0 & \tilde{A}_{12}\tilde{A}_{22} \\ \vdots & \vdots \\ 0 & \tilde{A}_{12}A_{22}^{n-1} \end{bmatrix}=n$$

因为 $\tilde{A}_{22}\in R^{(n-q)\times(n-q)}$，所以又有

$$\mathrm{rank}\begin{bmatrix}\tilde{A}_{12}\\ \tilde{A}_{12}\tilde{A}_{22}\\ \vdots\\ \tilde{A}_{12}A_{22}^{n-1}\end{bmatrix}=\mathrm{rank}\begin{bmatrix}\tilde{A}_{12}\\ \tilde{A}_{12}\tilde{A}_{22}\\ \vdots\\ \tilde{A}_{12}A_{22}^{n-q-1}\end{bmatrix}=n-q$$

即 $(\tilde{A}_{22},\tilde{A}_{12})$ 是能观对。

以下考虑如何利用系统输入 $\boldsymbol{u}$ 和输出 $\boldsymbol{y}=\tilde{\boldsymbol{x}}_1$ 来构造状态 $\tilde{\boldsymbol{x}}$ 的后 $n-q$ 维状态 $\tilde{\boldsymbol{x}}_2$ 的 $n-q$ 维状态观测器。

根据式(5.58)，将与状态 $\tilde{\boldsymbol{x}}_2$ 对应的待观测子系统的状态方程写出为

$$\dot{\tilde{\boldsymbol{x}}}_2=\tilde{A}_{22}\tilde{\boldsymbol{x}}_2+\tilde{A}_{21}\boldsymbol{y}+\tilde{B}_2\boldsymbol{u} \tag{5.59}$$

式中

$$\tilde{A}_{21}\boldsymbol{y}+\tilde{B}_2\boldsymbol{u}=\tilde{A}_{21}\tilde{\boldsymbol{x}}_1+\tilde{B}_2\boldsymbol{u}$$

为待观测子系统式(5.59)的输入。再将与 $\tilde{\boldsymbol{x}}$ 的前 q 个分量 $\tilde{\boldsymbol{x}}_1=\boldsymbol{y}$ 对应的状态方程改写为

$$\dot{\boldsymbol{y}}-\tilde{A}_{11}\boldsymbol{y}-\tilde{B}_1\boldsymbol{u}=\tilde{A}_{12}\tilde{\boldsymbol{x}}_2$$

式中，将 $\tilde{A}_{12}$ 看成是待观测子系统式(5.59)的输出矩阵，$\dot{\boldsymbol{y}}-\tilde{A}_{11}\boldsymbol{y}-\tilde{B}_1\boldsymbol{u}$ 为待观测子系统的输出。仿照全维状态观测器的构建方法，构建降维观测器

$$\dot{\tilde{\boldsymbol{x}}}_2^*=(\tilde{A}_{22}-\tilde{G}_2\tilde{A}_{12})\tilde{\boldsymbol{x}}_2^*+\tilde{G}_2(\dot{\boldsymbol{y}}-\tilde{A}_{11}\boldsymbol{y}-\tilde{B}_1\boldsymbol{u})+\tilde{A}_{21}\boldsymbol{y}+\tilde{B}_2\boldsymbol{u} \tag{5.60}$$

将式(5.60)中的微分项移到方程的左边，有

$$\dot{\tilde{\boldsymbol{x}}}_2^*-\tilde{G}_2\dot{\boldsymbol{y}}=(\tilde{A}_{22}-\tilde{G}_2\tilde{A}_{12})\tilde{\boldsymbol{x}}_2^*+(\tilde{A}_{21}-\tilde{G}_2\tilde{A}_{11})\boldsymbol{y}+(\tilde{B}_2-\tilde{G}_2\tilde{B}_1)\boldsymbol{u}$$

令

$$\boldsymbol{z}=\tilde{\boldsymbol{x}}_2^*-\tilde{G}_2\boldsymbol{y}$$

得到

$$\dot{\boldsymbol{z}}=(\tilde{A}_{22}-\tilde{G}_2\tilde{A}_{12})\tilde{\boldsymbol{x}}_2^*+(\tilde{A}_{21}-\tilde{G}_2\tilde{A}_{11})\boldsymbol{y}+(\tilde{B}_2-\tilde{G}_2\tilde{B}_1)\boldsymbol{u} \tag{5.61}$$

根据式(5.61)构造降维观测器如图 5.8(a)所示。

式(5.61)给出的状态观测器并非标准的状态方程形式，为得到状态方程形式描述的降维观测器，在式(5.61)中利用关系式 $\tilde{\boldsymbol{x}}_2^*=\boldsymbol{z}+\tilde{G}_2\boldsymbol{y}$ 得到

$$\begin{aligned}\dot{\boldsymbol{z}}&=(\tilde{A}_{22}-\tilde{G}_2\tilde{A}_{12})(\boldsymbol{z}+\tilde{G}_2\boldsymbol{y})+(\tilde{A}_{21}-\tilde{G}_2\tilde{A}_{11})\boldsymbol{y}+(\tilde{B}_2-\tilde{G}_2\tilde{B}_1)\boldsymbol{u}\\&=(\tilde{A}_{22}-\tilde{G}_2\tilde{A}_{12})\boldsymbol{z}+\left[(\tilde{A}_{22}-\tilde{G}_2\tilde{A}_{12})\tilde{G}_2-\tilde{G}_2\tilde{A}_{11}+\tilde{A}_{21}\right]\boldsymbol{y}+(\tilde{B}_2-\tilde{G}_2\tilde{B}_1)\boldsymbol{u}\end{aligned} \tag{5.62}$$

所以 $\tilde{A}_{22}-\tilde{G}_2\tilde{A}_{12}$ 的特征值决定降维观测器的稳定性和 $\tilde{\boldsymbol{x}}_2^*\to\tilde{\boldsymbol{x}}_2$ 的收敛速度，故称 $\tilde{A}_{22}-\tilde{G}_2\tilde{A}_{12}$ 的特征值为降维观测器的极点。因为 $(\tilde{A}_{22},\tilde{A}_{12})$ 能观，所以 $\tilde{A}_{22}-\tilde{G}_2\tilde{A}_{12}$ 的特征值可以任意配置。

同样，在降维观测器式(5.62)中令 $\tilde{G}_2=0$，也可以得到开环降维状态观测器

$$\dot{\tilde{\boldsymbol{x}}}_2^*=\tilde{A}_{22}\tilde{\boldsymbol{x}}_2^*+\tilde{A}_{21}\boldsymbol{y}+\tilde{B}_2\boldsymbol{u} \tag{5.63}$$

如图 5.8(b)所示。比较图 5.8(b)和图 5.7，可以看出开环降维状态观测器实际上是由系统输入和输出激励的原系统的一个子系统，在 $\tilde{A}_{22}$ 为稳定的条件下，状态误差由 $\tilde{A}_{22}$ 的特征值决定。降维开环状态观测器所需要的系统参数进一步减少，在工程中经常被采用。

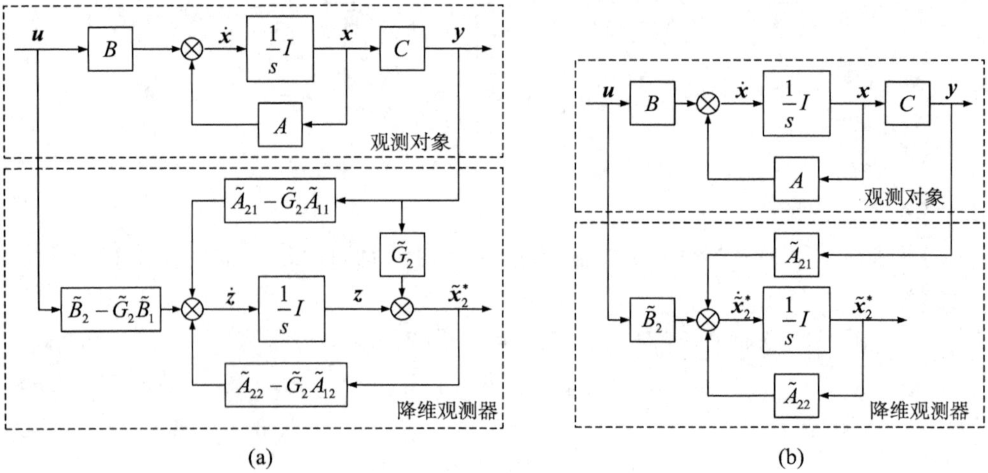

图 5.8 降维状态观测器设计

例 5.11 已知某系统的状态空间描述为

$$\dot{\boldsymbol{x}} = \begin{bmatrix} 4 & 4 & 4 \\ -11 & -12 & -12 \\ 13 & 14 & 13 \end{bmatrix} \boldsymbol{x} + \begin{bmatrix} 1 \\ -1 \\ 0 \end{bmatrix} u$$

$$y = \begin{bmatrix} 1 & 1 & 1 \end{bmatrix} \boldsymbol{x}$$

试构造降维状态观测器，使观测器极点为 -3、-4，写出观测器的状态方程。

解 首先判断系统的能观性。系统的能观性矩阵为

$$Q_o = \begin{bmatrix} \boldsymbol{c}^{\mathrm{T}} \\ \boldsymbol{c}^{\mathrm{T}} A \\ \boldsymbol{c}^{\mathrm{T}} A^2 \end{bmatrix} = \begin{bmatrix} 1 & 1 & 1 \\ 6 & 6 & 5 \\ 23 & 22 & 17 \end{bmatrix}$$

$\mathrm{rank} Q_o = 3$，系统完全能观，可以进行降维观测器设计，并配置它的极点。

取状态变换矩阵

$$T^{-1} = \begin{bmatrix} \boldsymbol{c}^{\mathrm{T}} \\ C_2 \end{bmatrix} = \begin{bmatrix} 1 & 1 & 1 \\ 0 & 1 & 0 \\ 0 & 0 & 1 \end{bmatrix}, \quad T = \begin{bmatrix} 1 & -1 & -1 \\ 0 & 1 & 0 \\ 0 & 0 & 1 \end{bmatrix}$$

作状态变换 $\boldsymbol{x} = T\tilde{\boldsymbol{x}}$，得到输出分解形式为

$$\tilde{A} = T^{-1} A T = \begin{bmatrix} \tilde{A}_{11} & \tilde{A}_{12} \\ \tilde{A}_{21} & \tilde{A}_{22} \end{bmatrix} = \begin{bmatrix} 6 & 0 & -1 \\ -11 & -1 & -1 \\ 13 & 1 & 0 \end{bmatrix}, \quad \tilde{\boldsymbol{b}} = T^{-1}\boldsymbol{b} = \begin{bmatrix} 0 \\ -1 \\ 0 \end{bmatrix}, \quad \tilde{\boldsymbol{c}}^{\mathrm{T}} = \boldsymbol{c}^{\mathrm{T}} T = \begin{bmatrix} 1 & 0 & 0 \end{bmatrix}$$

式中，$\tilde{A}_{11} = 6$，$\tilde{A}_{12} = [0 \quad -1]$，$\tilde{A}_{21} = \begin{bmatrix} -11 \\ 13 \end{bmatrix}$，$\tilde{A}_{22} = \begin{bmatrix} -1 & -1 \\ 1 & 0 \end{bmatrix}$，$\tilde{B}_1 = 0$，$\tilde{B}_2 = \begin{bmatrix} -1 \\ 0 \end{bmatrix}$，$\tilde{x}_1 = y$ 不必重构。重构状态 $\tilde{\boldsymbol{x}}_2^{\mathrm{T}} = [\tilde{x}_2, \tilde{x}_3]$ 的子系统模型为

$$\dot{\tilde{\boldsymbol{x}}}_2^* = \tilde{A}_{22} \tilde{\boldsymbol{x}}_2^* + \tilde{A}_{21} \boldsymbol{y} + \tilde{B}_2 \boldsymbol{u} = \begin{bmatrix} -1 & -1 \\ 1 & 0 \end{bmatrix} \tilde{\boldsymbol{x}}_2^* + \begin{bmatrix} -11 \\ 13 \end{bmatrix} y + \begin{bmatrix} -1 \\ 0 \end{bmatrix} u$$

令降维观测器的极点等于希望值有

$$\det\left[sI-\tilde{A}_{22}+\tilde{G}_2\tilde{A}_{12}\right]=\det\left(\begin{bmatrix} s+1 & 1 \\ -1 & s \end{bmatrix}+\begin{bmatrix} \tilde{g}_1 \\ \tilde{g}_2 \end{bmatrix}\begin{bmatrix} 0 & -1 \end{bmatrix}\right)$$

$$=\det\begin{bmatrix} s+1 & 1-\tilde{g}_1 \\ -1 & s-\tilde{g}_2 \end{bmatrix}=s^2+(1-\tilde{g}_2)s+1-\tilde{g}_1-\tilde{g}_2$$

$$=(s+3)(s+4)=s^2+7s+12$$

比较系数得

$$\tilde{G}_2=\begin{bmatrix} \tilde{g}_1 \\ \tilde{g}_2 \end{bmatrix}=\begin{bmatrix} -5 \\ -6 \end{bmatrix}$$

根据 $\tilde{G}_2$，得降维观测器 $\boldsymbol{z}_2^{\mathrm{T}}=[z_2,z_3]$ 的观测模型为

$$\dot{\boldsymbol{z}}=(\tilde{A}_{22}-\tilde{G}_2\tilde{A}_{12})\tilde{\boldsymbol{x}}_2^*+(\tilde{A}_{21}-\tilde{G}_2\tilde{A}_{11})y+(\tilde{B}_2-\tilde{G}_2\tilde{B}_1)u$$

$$=\begin{bmatrix} -1 & -6 \\ 1 & -6 \end{bmatrix}\tilde{\boldsymbol{x}}_2^*+\left(\begin{bmatrix} -11 \\ 13 \end{bmatrix}-\begin{bmatrix} -5 \\ -6 \end{bmatrix}\times 6\right)y+\left(\begin{bmatrix} -1 \\ 0 \end{bmatrix}-\begin{bmatrix} -5 \\ -6 \end{bmatrix}\times 0\right)u$$

$$=\begin{bmatrix} -1 & -6 \\ 1 & -6 \end{bmatrix}\tilde{\boldsymbol{x}}_2^*+\begin{bmatrix} 19 \\ 49 \end{bmatrix}y+\begin{bmatrix} -1 \\ 0 \end{bmatrix}u$$

由状态变换

$$\boldsymbol{x}^*=T\tilde{\boldsymbol{x}}^*=\begin{bmatrix} 1 & -1 & -1 \\ 0 & 1 & 0 \\ 0 & 0 & 1 \end{bmatrix}\tilde{\boldsymbol{x}}^*=\begin{bmatrix} 1 & -1 & -1 \\ 0 & 1 & 0 \\ 0 & 0 & 1 \end{bmatrix}\begin{bmatrix} y \\ \tilde{x}_2^* \\ \tilde{x}_3^* \end{bmatrix}=\begin{bmatrix} y-\tilde{x}_2^*-\tilde{x}_3^* \\ \tilde{x}_2^* \\ \tilde{x}_3^* \end{bmatrix}$$

得到对原系统状态的观测结果。

3. 使用观测器时闭环系统的特性

状态观测器解决了系统的状态重构问题，下面以被控对象用状态观测器的状态观测值代替实际状态进行状态反馈控制，以实现对被控对象的改造为例，如图 5.9 所示，来说明状态重构反馈系统和直接状态反馈系统之间相同点和不同点，以及二者之间的关系。

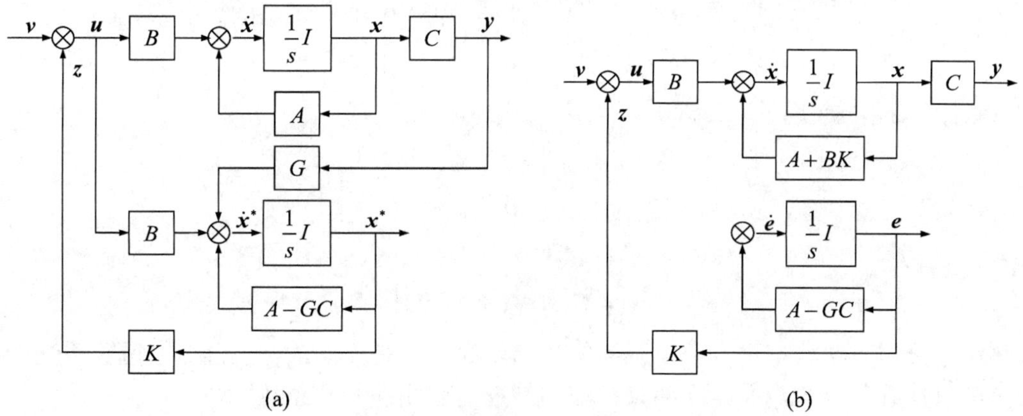

图 5.9　由状态重构实现状态反馈控制的系统

状态反馈后图 5.9 所示系统的状态空间描述为

$$
\begin{aligned}
\begin{bmatrix} \dot{\boldsymbol{x}} \\ \dot{\boldsymbol{x}}^* \end{bmatrix} &= \begin{bmatrix} A & -BK \\ GC & A+BK-GC \end{bmatrix} \begin{bmatrix} \boldsymbol{x} \\ \boldsymbol{x}^* \end{bmatrix} + \begin{bmatrix} B \\ B \end{bmatrix} \boldsymbol{v} \\
\boldsymbol{y} &= \begin{bmatrix} C & 0 \end{bmatrix} \begin{bmatrix} \boldsymbol{x} \\ \boldsymbol{x}^* \end{bmatrix}
\end{aligned} \tag{5.64}
$$

对它做状态变换

$$
\begin{bmatrix} \boldsymbol{x} \\ \boldsymbol{e} \end{bmatrix} = \begin{bmatrix} \boldsymbol{x} \\ \boldsymbol{x}-\boldsymbol{x}^* \end{bmatrix} = \begin{bmatrix} I_n & 0 \\ I_n & -I_n \end{bmatrix} \begin{bmatrix} \boldsymbol{x} \\ \boldsymbol{x}^* \end{bmatrix} \tag{5.65}
$$

得

$$
\begin{aligned}
\begin{bmatrix} \dot{\boldsymbol{x}} \\ \dot{\boldsymbol{e}} \end{bmatrix} &= \begin{bmatrix} A+BK & BK \\ 0 & A-GC \end{bmatrix} \begin{bmatrix} \boldsymbol{x} \\ \boldsymbol{e} \end{bmatrix} + \begin{bmatrix} B \\ 0 \end{bmatrix} \boldsymbol{v} \\
\boldsymbol{y} &= \begin{bmatrix} C & 0 \end{bmatrix} \begin{bmatrix} \boldsymbol{x} \\ \boldsymbol{e} \end{bmatrix}
\end{aligned} \tag{5.66}
$$

容易看出，支配状态观测误差的子系统

$$
\dot{\boldsymbol{e}} = (A-GC)\boldsymbol{e} \tag{5.67}
$$

是齐次系统，不能控，观测误差是由初始观测误差激励，它衰减到零的速度由 $A-GC$ 的特征值决定。

再看系统式(5.66)的特征值有

$$
\det \begin{bmatrix} sI-(A+BK) & BK \\ 0 & sI-(A-GC) \end{bmatrix} = \det[sI-(A+BK)]\det[sI-(A-GC)] \tag{5.68}
$$

即整个系统的特征值由状态反馈子系统的特征值和全维状态观测器子系统的特征值两部分组成。其中，$A-GC$ 特征值支配了观测误差子系统的动态行为，$A+BK$ 的特征值为图 5.9 所示闭环系统的特征值，这只需要求一下图 5.9 所示系统的传递函数矩阵就可以得出结论。

对用观测器的状态观测值代替实际状态实现状态反馈控制的系统，由式(5.64)和式(5.66)，输入 $\boldsymbol{v}$ 到输出 $\boldsymbol{y}$ 间的传递函数矩阵为

$$
G(s) = \begin{bmatrix} C & 0 \end{bmatrix} \left(sI - \begin{bmatrix} A & BK \\ GC & A+BK-GC \end{bmatrix} \right)^{-1} \begin{bmatrix} B \\ B \end{bmatrix} = \begin{bmatrix} C & 0 \end{bmatrix} \begin{bmatrix} sI-(A+BK) & BK \\ 0 & sI-A+GC \end{bmatrix}^{-1} \begin{bmatrix} B \\ 0 \end{bmatrix}
$$

利用分块矩阵的求逆公式

$$
\begin{bmatrix} R & S \\ 0 & T \end{bmatrix}^{-1} = \begin{bmatrix} R^{-1} & -R^{-1}ST^{-1} \\ 0 & T^{-1} \end{bmatrix}
$$

得到

$$
G(s) = C[sI-(A+BK)]^{-1}B
$$

它和系统直接用真实状态进行反馈得到的传递函数矩阵是相同的。实际上，因为系统的传递函数矩阵只反映系统的能控能观部分，与不能控的观测误差子系统无关。

于是，用状态观测器的状态观测值实现状态反馈时，系统极点和观测器极点的配置可分别独立进行，状态反馈矩阵 K 决定了系统矩阵 $A+BK$ 的特征值，观测误差反馈矩阵 G 决定了观测器系统矩阵 $A-GC$ 的特征值，这一性质被称为分离性原理。

分离性原理说明，无法通过状态反馈矩阵 K 的选择，来改善观测器的极点，同样也无法通过观测误差反馈矩阵 G 的选择，来改善系统的极点。分别任意配置系统极点和观测器极点的充分必要条件是式(5.49)的状态空间模型能控能观。

对于降维观测器进行类似的分析，也有与上述相同的结论。

4. 观测器状态反馈系统与带补偿器反馈控制系统的等价性

观测器是由被观测系统输入和输出激励的一个线性定常系统，图 5.9(a)中的观测器部分即

$$\dot{\boldsymbol{x}}^* = (A-GC)\boldsymbol{x}^* + B\boldsymbol{u} + G\boldsymbol{y}$$
$$\boldsymbol{z} = K\boldsymbol{x}^*$$

它的传递函数描述为

$$\boldsymbol{z}(s) = \begin{bmatrix} K(A-GC)^{-1}B & K(A-GC)^{-1}G \end{bmatrix} \begin{bmatrix} \boldsymbol{u}(s) \\ \boldsymbol{y}(s) \end{bmatrix} = \begin{bmatrix} W_1(s) & W_2(s) \end{bmatrix} \begin{bmatrix} \boldsymbol{u}(s) \\ \boldsymbol{y}(s) \end{bmatrix}$$

式中

$$W_1(s) = K(sI - A + GC)^{-1}B$$
$$W_2(s) = K(sI - A + GC)^{-1}G$$

分别为 $p\times p$ 和 $p\times q$ 阶的传递函数矩阵，如图 5.10(a)所示。图 5.10(a)所示控制算法可以等效为图 5.10(b)、(c)所示串联和反馈调节器的形式，其中反馈调节器 $W_2(s)$ 的状态空间描述为 $(A-GC,G,K)$，串联调节器为单位增益 I 和系统 $(A-GC,B,K)$ 的反馈联接，以 $\boldsymbol{e}$ 作为输入，反馈联接的状态空间描述为

$$\begin{aligned}\dot{\boldsymbol{w}} &= (A-GC)\boldsymbol{w} + B\boldsymbol{u} = (A-GC)\boldsymbol{w} + B(\boldsymbol{z}_1 + \boldsymbol{e}) \\ &= (A-GC)\boldsymbol{w} + B(K\boldsymbol{w} + \boldsymbol{e}) \\ &= (A-GC+BK)\boldsymbol{w} + B\boldsymbol{e} \\ \boldsymbol{u} &= \boldsymbol{z}_1 + \boldsymbol{e} = K\boldsymbol{w} + I\boldsymbol{e}\end{aligned}$$

即图 5.10(c)中串联调节器 $\tilde{W}_1(s)$ 的状态空间实现为 $(A-GC+BK,B,K,I)$，是物理可实现的。

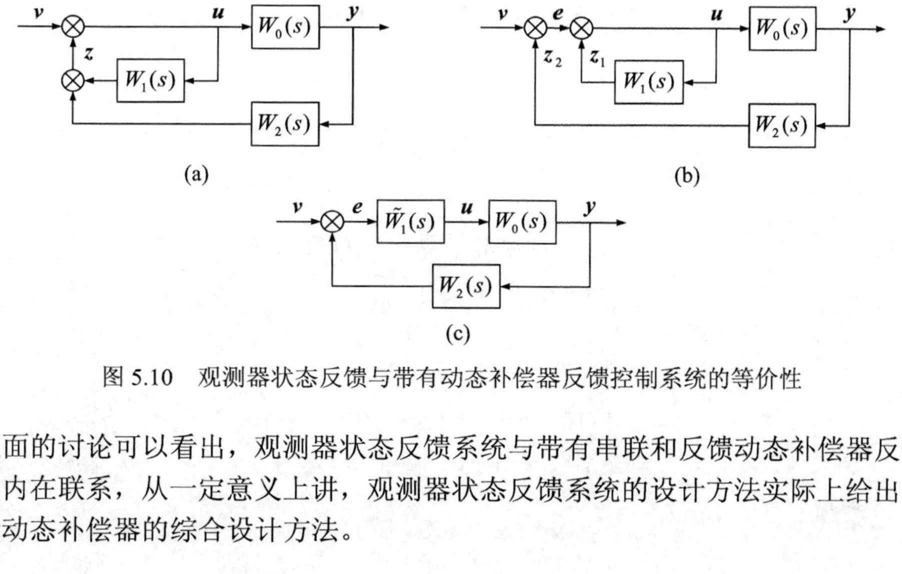

图 5.10 观测器状态反馈与带有动态补偿器反馈控制系统的等价性

从上面的讨论可以看出，观测器状态反馈系统与带有串联和反馈动态补偿器反馈控制系统之间的内在联系，从一定意义上讲，观测器状态反馈系统的设计方法实际上给出了一种串联和反馈动态补偿器的综合设计方法。

例 5.12 设被控对象的状态方程描述为

$$\dot{\boldsymbol{x}}=\begin{bmatrix}0&1&0\\0&0&1\\0&-24&-10\end{bmatrix}\boldsymbol{x}+\begin{bmatrix}0\\10\\-80\end{bmatrix}u$$

$$y=\begin{bmatrix}1&0&0\end{bmatrix}\boldsymbol{x}$$

(1) 求取状态反馈矩阵 K 使系统的闭环极点为 $s_{1,2}=-1\pm \mathrm{j}2$，$s_3=-5$。

(2) 设观测器极点为 -10，-10，-10 或 -5，-5，-5，求取两种情况下全维状态观测器的反馈矩阵 G。

(3) 针对上述两种观测器极点配置，分别求取等价的串联调节器和反馈调节器的传递函数，分析其优缺点。

解 (1) 希望的闭环特征多项式为

$$\psi^*(s)=(s+1+\mathrm{j}2)(s+1-\mathrm{j}2)(s+5)=s^3+7s^2+15s+25$$

令状态反馈后系统的特征多项式

$$\det(sI-A-BK)=\det\begin{bmatrix}s&-1&0\\-10k_1&s-10k_2&-1-10k_3\\80k_1&24+80k_2&s+10+80k_3\end{bmatrix}$$

$$=s^3+(10-10k_2+80k_3)s^2+(24-10k_1-20k_2+240k_3)s-20k_1$$

$$=s^3+7s^2+15s+25$$

比较系数得到状态反馈矩阵

$$K=\begin{bmatrix}-1.25&-1.25&-0.1937\end{bmatrix}$$

(2) 当观测器极点为 -10，-10，-10 时，令观测器子系统的特征多项式

$$\det(sI-A+GC)=\det\begin{bmatrix}s+g_1&-1&0\\g_2&s&-1\\g_3&24&s+10\end{bmatrix}$$

$$=s^3+(10+g_1)s^2+(24+10g_1+g_2)s+24g_1+10g_2+g_3$$

$$=(s+10)^3=s^3+30s^2+300s+1000$$

得反馈增益矩阵

$$G=\begin{bmatrix}20\\76\\-240\end{bmatrix}$$

当观测器极点为 -5，-5，-5 时，令观测器子系统的特征多项式

$$\det(sI-A+GC)=\det\begin{bmatrix}s+g_1&-1&0\\g_2&s&-1\\g_3&24&s+10\end{bmatrix}$$

$$=s^3+(10+g_1)s^2+(24+10g_1+g_2)s+24g_1+10g_2+g_3$$

$$=(s+5)^3=s^3+15s^2+75s+125$$

得反馈增益矩阵

$$G=\begin{bmatrix}5\\1\\-5\end{bmatrix}$$

(3) 观测器极点为 -10，-10，-10 时，将各系数矩阵的值代入，计算得到等价的串联调节器的传递函数为

$$\tilde{W}_1(s)=K(sI-A+GC-BK)^{-1}B+I=\frac{s^3+30s^2+300s+1000}{s^3+27s^2+231s-118}$$

等价的反馈调节器的传递函数为

$$W_2(s)=K\left(sI-A+GC\right)^{-1}G=\frac{-73.5s^2-641.6s-1250}{s^3+30s^2+300s+1000}$$

观测器极点为 -5，-5，-5 时，将各系数矩阵的值代入，计算得到等价的串联调节器的传递函数为

$$\tilde{W}_1(s)=K(sI-A+GC-BK)^{-1}B+I=\frac{s^3+15s^2+75s+125}{s^3+12s^2+51s+36.6875}$$

等价的反馈调节器的传递函数为

$$W_2(s)=K\left(sI-A+GC\right)^{-1}G=\frac{-6.5312s^2-65.35s-156.25}{s^3+15s^2+75s+125}$$

可以看出，当观测器极点为 -10，-10，-10 时，串联调节器 $\tilde{W}_1(s)$ 不稳定，即系统等价的开环传递函数有不稳定的开环极点，这样当控制器饱和时，会导致系统不能正常运行，当观测器极点为 -5，-5，-5 时，不会出现这种情况。本例说明过大的观测器反馈增益往往并不可取。

5. 扰动量和扰动输入下状态观测器的设计

在很多实际问题中，往往无法方便地测量扰动。前面给出的观测器设计方法，并不能解决系统受到未知扰动作用时的状态观测问题。如何通过观测器设计经济方便地获得扰动数据，也是控制工程中关心的问题。下面仅就确定性干扰的观测和干扰作用下系统状态的观测问题进行讨论。

干扰作为独立的外部输入作用，其具体数值一般是未知的，但若假设干扰的变化规律已知，可以通过对干扰信号进行建模的方法，将干扰信号处理成状态变量，借助状态观测器的设计方法，对干扰进行观测。例如，对于常值或随时间缓慢变化的干扰，可以将其处理成零输入的积分环节的输出，对于周期变化的干扰信号，只要周期已知，就可以将其处理成某自激振荡环节的输出等。只要这些关于干扰信号的知识是基本准确的，就可以应用和前面相同的方法设计全维和降维观测器，对干扰作用下系统的状态和干扰进行观测，并得到满意的观测效果。

设带有扰动的系统状态空间描述为

$$\begin{aligned}\dot{\boldsymbol{x}}&=A\boldsymbol{x}+B\boldsymbol{u}+H\boldsymbol{w}\\ \boldsymbol{y}&=C\boldsymbol{x}\end{aligned}\tag{5.69}$$

式中，$A\in R^{n\times n},B\in R^{n\times p},H\in R^{n\times l},C\in R^{q\times n}$。对于常值干扰，满足

$$\dot{\boldsymbol{w}}=0$$

包含扰动在内，增广系统的状态空间描述为

$$\begin{aligned}\dot{\boldsymbol{x}} &= A\boldsymbol{x} + B\boldsymbol{u} + H\boldsymbol{w} \\ \dot{\boldsymbol{w}} &= 0 \\ \boldsymbol{y} &= C\boldsymbol{x}\end{aligned}$$

写成矩阵形式即

$$\begin{aligned}\begin{bmatrix}\dot{\boldsymbol{x}} \\ \dot{\boldsymbol{w}}\end{bmatrix} &= \begin{bmatrix}A & H \\ 0 & 0\end{bmatrix}\begin{bmatrix}\boldsymbol{x} \\ \boldsymbol{w}\end{bmatrix} + \begin{bmatrix}B \\ 0\end{bmatrix}\boldsymbol{u} \\ \boldsymbol{y} &= \begin{bmatrix}C & 0\end{bmatrix}\begin{bmatrix}\boldsymbol{x} \\ \boldsymbol{w}\end{bmatrix}\end{aligned} \tag{5.70}$$

如果增广系统式(5.70)是能观的，则按照前面给出的设计方法，构造增广系统的状态观测器如下

$$\begin{bmatrix}\dot{\boldsymbol{x}}^* \\ \dot{\boldsymbol{w}}^*\end{bmatrix} = \left(\begin{bmatrix}A & H \\ 0 & 0\end{bmatrix} - \begin{bmatrix}G_1 \\ G_2\end{bmatrix}\begin{bmatrix}C & 0\end{bmatrix}\right)\begin{bmatrix}\boldsymbol{x}^* \\ \boldsymbol{w}^*\end{bmatrix} + \begin{bmatrix}G_1 \\ G_2\end{bmatrix}C\boldsymbol{x} + \begin{bmatrix}B \\ 0\end{bmatrix}\boldsymbol{u} \tag{5.71}$$

通过对式(5.71)中反馈矩阵

$$G = \begin{bmatrix}G_1 \\ G_2\end{bmatrix} \tag{5.72}$$

的设计，其中 $G_1 \in R^{n\times q}, G_2 \in R^{l\times q}$，可以任意配置观测器的极点，使得

$$\begin{aligned}&\lim_{t\to\infty}\left(\boldsymbol{x}(t) - \boldsymbol{x}^*(t)\right) = 0 \\ &\lim_{t\to\infty}\left(\boldsymbol{w} - \boldsymbol{w}^*(t)\right) = 0\end{aligned}$$

即实现对状态和干扰的渐近观测。

对于非常值干扰，假设干扰的变化规律满足方程

$$\dot{\boldsymbol{w}} = A_{\mathrm{w}}\boldsymbol{w}$$

式中，$A_{\mathrm{w}} \in R^{l\times l}$。以周期干扰为例，$A_{\mathrm{w}}$ 的特征根将全部位于虚轴上。此时增广系统的状态空间描述为

$$\begin{aligned}\begin{bmatrix}\dot{\boldsymbol{x}} \\ \dot{\boldsymbol{w}}\end{bmatrix} &= \begin{bmatrix}A & H \\ 0 & A_{\mathrm{w}}\end{bmatrix}\begin{bmatrix}\boldsymbol{x} \\ \boldsymbol{w}\end{bmatrix} + \begin{bmatrix}B \\ 0\end{bmatrix}\boldsymbol{u} \\ \boldsymbol{y} &= \begin{bmatrix}C & 0\end{bmatrix}\begin{bmatrix}\boldsymbol{x} \\ \boldsymbol{w}\end{bmatrix}\end{aligned} \tag{5.73}$$

如果增广系统式(5.73)是能观的，增广系统的状态观测器为

$$\begin{bmatrix}\dot{\boldsymbol{x}}^* \\ \dot{\boldsymbol{w}}^*\end{bmatrix} = \left(\begin{bmatrix}A & H \\ 0 & A_{\mathrm{w}}\end{bmatrix} - \begin{bmatrix}G_1 \\ G_2\end{bmatrix}\begin{bmatrix}C & 0\end{bmatrix}\right)\begin{bmatrix}\boldsymbol{x}^* \\ \boldsymbol{w}^*\end{bmatrix} + \begin{bmatrix}G_1 \\ G_2\end{bmatrix}C\boldsymbol{x} + \begin{bmatrix}B \\ 0\end{bmatrix}\boldsymbol{u} \tag{5.74}$$

通过对式(5.74)中反馈矩阵

$$G = \begin{bmatrix}G_1 \\ G_2\end{bmatrix} \tag{5.75}$$

的设计，其中 $G_1 \in R^{n\times q}, G_2 \in R^{l\times q}$，可以任意配置观测器的极点，使得

$$\lim_{t\to\infty}\left(\boldsymbol{x}(t)-\boldsymbol{x}^*(t)\right)=0$$

$$\lim_{t\to\infty}\left(\boldsymbol{w}(t)-\boldsymbol{w}^*(t)\right)=0$$

在实际应用中，只要扰动量的变化速率与系统观测器观测误差的收敛速度相比是缓慢的，都可以用扰动为常值的扰动观测器设计方法设计扰动观测器，得到满意的扰动观测效果。

5-6　输入输出解耦设计

在多输入多输出反馈控制系统中，每个输出量总是被调整在相应输入量给定值的附近。对于某个输入输出通道来说，其他输入输出通道的输入量和外部作用，都被视作扰动，它会使系统的工作状态发生改变，重新建立新的平衡状态。系统镇定设计和极点配置可以使得这种调整过程是稳定的并有希望的调整速度和振荡模态，但这并不意味着耦合的消失或减弱。解耦设计是多输入多输出控制系统设计的一个基本问题，也是多变量系统与单变量系统设计的主要差异。

在下面的讨论中，假设被控对象的输入矩阵和输出矩阵都是满秩矩阵，这样，需要也只需要与被控量数量相等的控制量就可以对系统实现有效的控制。一般来说，总是选择对某个输出量有着最直接或最重要影响的输入量作为该输出量的控制量，这样，被控对象的传递函数矩阵，对角线上的传递函数有较高的增益，较快的响应速度，分子和分母多项式的相对阶数也较小。否则，就需要对控制量做适当的变换，输入变换是解耦控制的必要手段。

另外，可以采用在被控对象前串联一个动态补偿器的方法实现解耦控制，设被控对象 $p\times p$ 维传递函数矩阵 $G_0(s)$ 非奇异，在它前面串联 $p\times p$ 维的动态补偿器 $K(s)$，要求闭环传递函数 $G(s)$ 是对角矩阵，即

$$G(s)=\mathrm{diag}\left[g_1(s),g_2(s),\cdots,g_p(s)\right]=\left[I+G_0(s)K(s)\right]^{-1}G_0(s)K(s)$$

左乘 $\left[I+G_0(s)K(s)\right]$ 得到

$$\left[I+G_0(s)K(s)\right]\mathrm{diag}\left[g_1(s),g_2(s),\cdots,g_p(s)\right]=G_0(s)K(s)$$

$$\mathrm{diag}\left[g_1(s),g_2(s),\cdots,g_p(s)\right]=G_0(s)K(s)\left\{I-\mathrm{diag}\left[g_1(s),g_2(s),\cdots,g_p(s)\right]\right\}$$

于是得到串联动态补偿器后系统的开环传递函数矩阵为

$$G_0(s)K(s)=\mathrm{diag}\left[\frac{g_1(s)}{1-g_1(s)},\frac{g_2(s)}{1-g_2(s)},\cdots,\frac{g_p(s)}{1-g_p(s)}\right]$$

动态补偿器的传递函数矩阵为

$$K(s)=G_0^{-1}(s)\mathrm{diag}\left[\frac{g_1(s)}{1-g_1(s)},\frac{g_2(s)}{1-g_2(s)},\cdots,\frac{g_p(s)}{1-g_p(s)}\right]$$

即去耦设计要求系统的开环传递函数矩阵 $G_0(s)K(s)$ 也是对角阵，动态补偿器 $K(s)$ 含有被控对象的逆，控制器和被控对象间的零、极点要全部实现对消，因此只适用于最小相位被控对象，系统的结构复杂阶次高，设计中还应保证动态补偿器 $K(s)$ 的每个元素都是物理可实现的。

有关串联动态补偿器解耦控制的深入讨论并非本节的内容，本节主要介绍通过输入变换和状态反馈进行系统解耦的设计方法。在这样的系统中，被控对象已经通过自身的状态反馈去掉了耦合，在此基础上误差反馈调节器可以是对角无交叉耦合的，这有别于串联动态补偿

器的解耦方案。

1. 动态解耦

考虑线性定常被控对象

$$\begin{aligned}\dot{\boldsymbol{x}} &= A\boldsymbol{x} + B\boldsymbol{u}\\ \boldsymbol{y} &= C\boldsymbol{x}\end{aligned} \tag{5.76}$$

式中，$A \in R^{n\times n}$ ，$B \in R^{n\times p}$ ，$C \in R^{q\times n}$ ，$p = q$ ，输入和输出矩阵满秩，即 $\mathrm{rank}B = \mathrm{rank}C = p$ ，则被控对象的 $p\times p$ 维传递函数矩阵描述为

$$\boldsymbol{y}(s) = G(s)\boldsymbol{u}(s) = C(sI - A)^{-1}B\boldsymbol{u}(s) \tag{5.77}$$

传递函数矩阵 $G(s)$ 的第 i 行第 j 列元素

$$g_{ij}(s) = \boldsymbol{c}_i^{\mathrm{T}}(sI - A)^{-1}\boldsymbol{b}_j \tag{5.78}$$

表示第 j 个控制输入到第 i 个输出间的传递函数，它是 s 的严格真有理分式。将式(5.77)展开写有

$$\begin{aligned}y_1(s) &= g_{11}(s)u_1(s) + g_{12}(s)u_2(s) + \cdots + g_{1p}(s)u_p(s)\\ y_2(s) &= g_{21}(s)u_1(s) + g_{22}(s)u_2(s) + \cdots + g_{2p}(s)u_p(s)\\ &\vdots\\ y_p(s) &= g_{p1}(s)u_1(s) + g_{p2}(s)u_2(s) + \cdots + g_{pp}(s)u_p(s)\end{aligned} \tag{5.79}$$

设 $G(s)$ 的第 i 行中各元素分母多项式阶次和分子多项式阶次之差的最小值为 $d_i + 1$，用 s^k 乘式(5.79)的第 i 行，得到

$$s^k y_i(s) = s^k g_{i1}(s)u_1(s) + s^k g_{i2}(s)u_2(s) + \cdots + s^k g_{ip}(s)u_p(s) \tag{5.80}$$

因为传递函数矩阵 $G(s)$ 的第 i 行中各元素分母多项式阶次和分子多项式阶次之差的最小值为 $d_i + 1$，式(5.80)表明，只要 $k \leqslant d_i + 1$， $\boldsymbol{u}$ 到 $y_i^{(k)}$ 间就不会出现直接传输项。将 y_i 对时间求导数，并代入系统式(5.76)的状态方程 $\dot{\boldsymbol{x}} = A\boldsymbol{x} + B\boldsymbol{u}$ ，有

$$\dot{y}_i = \boldsymbol{c}_i^{\mathrm{T}}\dot{\boldsymbol{x}} = \boldsymbol{c}_i^{\mathrm{T}}A\boldsymbol{x} + \boldsymbol{c}_i^{\mathrm{T}}B\boldsymbol{u}$$

根据上面的讨论，除非 $d_i + 1 = 1$， $\boldsymbol{u}$ 到 $\dot{y}_i$ 间出现直接传输项， $\boldsymbol{c}_i^{\mathrm{T}}B \neq 0$ ，否则就有 $\boldsymbol{c}_i^{\mathrm{T}}B = 0$ ，此时再对 $\dot{y}_i$ 求导数，有

$$\ddot{y}_i = \boldsymbol{c}_i^{\mathrm{T}}A\dot{\boldsymbol{x}} = \boldsymbol{c}_i^{\mathrm{T}}A^2\boldsymbol{x} + \boldsymbol{c}_i^{\mathrm{T}}AB\boldsymbol{u}$$

同样的理由，除非 $d_i + 1 = 2$， $\boldsymbol{u}$ 到 $\ddot{y}_i$ 间出现直接传输项， $\boldsymbol{c}_i^{\mathrm{T}}AB \neq 0$ ，否则就有 $\boldsymbol{c}_i^{\mathrm{T}}AB = 0$ ，此时就再对 $\ddot{y}_i$ 求导数。这样的过程进行 $d_i + 1$ 次，直至 $\boldsymbol{c}_i^{\mathrm{T}}A^{d_i}B \neq 0$ 时停止求导运算。于是得到下面的运算结果

$$\begin{aligned}y_i^{(j)} &= \boldsymbol{c}_i^{\mathrm{T}}A^j\boldsymbol{x}, \quad j = 1,2,\cdots,d_i\\ y_i^{(d_i+1)} &= \boldsymbol{c}_i^{\mathrm{T}}A^{d_i+1}\boldsymbol{x} + \boldsymbol{c}_i^{\mathrm{T}}A^{d_i}B\boldsymbol{u}\end{aligned} \tag{5.81}$$

即 $y_i^{(d_i+1)}$ 可以表示为系统状态和输入的线性组合，不含它们的导数项。

对被控对象式(5.76)的每个输出都进行相同的讨论，有

$$\begin{bmatrix} y_1^{(d_1+1)}\\ y_2^{(d_2+1)}\\ \vdots\\ y_p^{(d_p+1)}\end{bmatrix} = \begin{bmatrix}\boldsymbol{c}_1^{\mathrm{T}}A^{d_1+1}\\ \boldsymbol{c}_2^{\mathrm{T}}A^{d_2+1}\\ \vdots\\ \boldsymbol{c}_p^{\mathrm{T}}A^{d_p+1}\end{bmatrix}\boldsymbol{x} + \begin{bmatrix}\boldsymbol{c}_1^{\mathrm{T}}A^{d_1}B\\ \boldsymbol{c}_2^{\mathrm{T}}A^{d_2}B\\ \vdots\\ \boldsymbol{c}_p^{\mathrm{T}}A^{d_p}B\end{bmatrix}\boldsymbol{u} \tag{5.82}$$

定义行向量

$$\boldsymbol{e}_i^{\mathrm{T}} = \lim_{s\to\infty} s^{d_i+1}\left[g_{i1}(s) \quad g_{i2}(s) \quad \cdots \quad g_{ip}(s)\right], \quad i=1,2,\cdots,p \tag{5.83}$$

为 $\boldsymbol{u}$ 到 $y_i^{(d_i+1)}(i=1,2,\cdots,m)$ 的直接传输向量。定义矩阵

$$E=\begin{bmatrix}\boldsymbol{c}_1^{\mathrm{T}}A^{d_1}B\\ \boldsymbol{c}_2^{\mathrm{T}}A^{d_2}B\\ \vdots\\ \boldsymbol{c}_p^{\mathrm{T}}A^{d_p}B\end{bmatrix}\in R^{p\times p},\quad F=\begin{bmatrix}\boldsymbol{c}_1^{\mathrm{T}}A^{d_1+1}\\ \boldsymbol{c}_2^{\mathrm{T}}A^{d_2+1}\\ \vdots\\ \boldsymbol{c}_p^{\mathrm{T}}A^{d_p+1}\end{bmatrix}\in R^{p\times n} \tag{5.84}$$

式中，E 是 $\boldsymbol{u}$ 到 $[y_1^{(d_1+1)},y_2^{(d_2+1)},\cdots,y_p^{(d_p+1)}]^{\mathrm{T}}$ 的直接传输矩阵，显然有

$$E=\begin{bmatrix}\boldsymbol{c}_1^{\mathrm{T}}A^{d_1}B\\ \boldsymbol{c}_2^{\mathrm{T}}A^{d_2}B\\ \vdots\\ \boldsymbol{c}_p^{\mathrm{T}}A^{d_p}B\end{bmatrix}=\begin{bmatrix}\boldsymbol{e}_1^{\mathrm{T}}\\ \boldsymbol{e}_2^{\mathrm{T}}\\ \vdots\\ \boldsymbol{e}_p^{\mathrm{T}}\end{bmatrix} \tag{5.85}$$

式(5.82)说明，如果矩阵 E 非奇异，取控制作用

$$\boldsymbol{u}=-E^{-1}F\boldsymbol{x}+E^{-1}\boldsymbol{v} \tag{5.86}$$

就有

$$\begin{bmatrix}y_1^{(d_1+1)}\\ y_2^{(d_2+1)}\\ \vdots\\ y_p^{(d_p+1)}\end{bmatrix}=F\boldsymbol{x}+E(-E^{-1}F\boldsymbol{x}+E^{-1}\boldsymbol{v})=\boldsymbol{v} \tag{5.87}$$

即

$$\begin{bmatrix}y_1(s)\\ y_2(s)\\ \vdots\\ y_p(s)\end{bmatrix}=\begin{bmatrix}\dfrac{1}{s^{d_1+1}} & & & \\ & \dfrac{1}{s^{d_2+1}} & & \\ & & \ddots & \\ & & & \dfrac{1}{s^{d_p+1}}\end{bmatrix}\begin{bmatrix}v_1(s)\\ v_2(s)\\ \vdots\\ v_p(s)\end{bmatrix} \tag{5.88}$$

即系统采用带有输入变换的状态反馈控制式(5.86)后，闭环系统

$$\begin{aligned}\dot{\boldsymbol{x}}&=A\boldsymbol{x}+B\boldsymbol{u}=A\boldsymbol{x}+B(-E^{-1}F\boldsymbol{x}+E^{-1}\boldsymbol{v})=(A-BE^{-1}F)\boldsymbol{x}+BE^{-1}\boldsymbol{v}\\ \boldsymbol{y}&=C\boldsymbol{x}\end{aligned} \tag{5.89}$$

的传递函数矩阵为式(5.88)，实现了不同输入输出通道间的解耦。显然，解耦后系统传递函数矩阵特征多项式的阶次为 $p+\sum_{i=1}^{p}d_i$ 。因为状态反馈不会增加系统的维数，所以一定有关系式

$$p+\sum_{i=1}^{p}d_i \leqslant n$$

除非上式中的等号成立，否则解耦后的系统式(5.89)是式(5.88)系统的一个非最小实现系统。

式(5.87)为积分串联型，每个解耦子系统的 d_i+1 个极点都在原点，闭环系统并不是渐近稳定的。而且，除去上述 $p+\sum_{i=1}^{p}d_i$ 个原点的极点外，系统其余的 $n-p-\sum_{i=1}^{p}d_i$ 个闭环极点由反馈控制作用式(5.86)唯一确定，具体位置需要进一步检验。

在使用式(5.86)带输入变换的状态反馈后，系统已经实现了解耦，且为积分串联型。在此基础上，为维持 p 个积分串联型解耦子系统的解耦特性不变，只能对每个子系统引入它的输出及其小于 $d_i(i=1,2,\cdots,p)$ 阶导数的反馈，将每个解耦子系统的极点配置在希望的位置上。下面的讨论说明这一设计目标总是可以实现的。

设其中第 i 个子系统希望的传递函数为

$$y_i(s)=\frac{1}{s^{d_i+1}+\beta_{id_i}s^{d_i}+\cdots+\beta_{i1}s+\beta_{i0}}r_i(s)$$

即

$$y_i^{(d_i+1)}+\beta_{id_i}y_i^{(d_i)}+\cdots+\beta_{i1}y_i^{(1)}+\beta_{i0}y_i=r_i$$

式(5.81)的结果说明，上式中 y_i 及其直至 $y_i^{(d_i)}$ 阶导数可以表示为系统状态变量的线性组合，将式(5.81)代入上式得到

$$y_i^{(d_i+1)}+\beta_{id_i}\boldsymbol{c}_i^{\mathrm{T}}A^{d_i}\boldsymbol{x}+\cdots+\beta_{i1}\boldsymbol{c}_i^{\mathrm{T}}A\boldsymbol{x}+\beta_{i0}\boldsymbol{c}_i^{\mathrm{T}}\boldsymbol{x}=r_i$$

对式(5.87)中第 i 个积分串联子系统，令其中的

$$\begin{aligned}v_i&=-\beta_{id_i}\boldsymbol{c}_i^{\mathrm{T}}A^{d_i}\boldsymbol{x}-\cdots-\beta_{i1}\boldsymbol{c}_i^{\mathrm{T}}A\boldsymbol{x}-\beta_{i0}\boldsymbol{c}_i^{\mathrm{T}}\boldsymbol{x}+r_i\\&=-(\beta_{id_i}\boldsymbol{c}_i^{\mathrm{T}}A^{d_i}+\cdots+\beta_{i1}\boldsymbol{c}_i^{\mathrm{T}}A+\beta_{i0}\boldsymbol{c}_i^{\mathrm{T}})\boldsymbol{x}+r_i\end{aligned}$$

就得到

$$y_i^{(d_i+1)}+\beta_{id_i}\boldsymbol{c}_i^{\mathrm{T}}A^{d_i}\boldsymbol{x}+\cdots+\beta_{i1}\boldsymbol{c}_i^{\mathrm{T}}A\boldsymbol{x}+\beta_{i0}\boldsymbol{c}_i^{\mathrm{T}}\boldsymbol{x}=r_i$$

对式(5.87)的每个积分串联子系统都进行上述类似的反馈，即取

$$\boldsymbol{v}=-\begin{bmatrix}\beta_{1d_1}\boldsymbol{c}_1^{\mathrm{T}}A^{d_1}+\cdots+\beta_{11}\boldsymbol{c}_1^{\mathrm{T}}A+\beta_{10}\boldsymbol{c}_1^{\mathrm{T}}\\\beta_{2d_2}\boldsymbol{c}_2^{\mathrm{T}}A^{d_2}+\cdots+\beta_{21}\boldsymbol{c}_2^{\mathrm{T}}A+\beta_{20}\boldsymbol{c}_2^{\mathrm{T}}\\\vdots\\\beta_{pd_p}\boldsymbol{c}_p^{\mathrm{T}}A^{d_p}+\cdots+\beta_{p1}\boldsymbol{c}_p^{\mathrm{T}}A+\beta_{p0}\boldsymbol{c}_p^{\mathrm{T}}\end{bmatrix}\boldsymbol{x}+\boldsymbol{r}=-H\boldsymbol{x}+\boldsymbol{r}\tag{5.90}$$

式中

$$H=\begin{bmatrix}\beta_{1d_1}\boldsymbol{c}_1^{\mathrm{T}}A^{d_1}+\cdots+\beta_{11}\boldsymbol{c}_1^{\mathrm{T}}A+\beta_{10}\boldsymbol{c}_1^{\mathrm{T}}\\\beta_{2d_2}\boldsymbol{c}_2^{\mathrm{T}}A^{d_2}+\cdots+\beta_{21}\boldsymbol{c}_2^{\mathrm{T}}A+\beta_{20}\boldsymbol{c}_2^{\mathrm{T}}\\\vdots\\\beta_{pd_p}\boldsymbol{c}_p^{\mathrm{T}}A^{d_p}+\cdots+\beta_{p1}\boldsymbol{c}_p^{\mathrm{T}}A+\beta_{p0}\boldsymbol{c}_p^{\mathrm{T}}\end{bmatrix}\tag{5.91}$$

得极点配置后闭环解耦系统的输入输出描述为

$$\begin{bmatrix}y_1^{(d_1+1)}+\beta_{1d_1}y_1^{(d_1)}+\cdots+\beta_{11}\dot{y}_1+\beta_{10}y_1\\y_2^{(d_2+1)}+\beta_{2d_2}y_2^{(d_2)}+\cdots+\beta_{21}\dot{y}_2+\beta_{20}y_2\\\vdots\\y_p^{(d_p+1)}+\beta_{pd_p}y_p^{(d_p)}+\cdots+\beta_{p1}\dot{y}_p+\beta_{p0}y_p\end{bmatrix}=\boldsymbol{r}\tag{5.92}$$

即

$$
\begin{bmatrix} y_1(s) \\ y_2(s) \\ \vdots \\ y_p(s) \end{bmatrix}
= \begin{bmatrix} \dfrac{1}{s^{d_1+1}+\beta_{1d_1}s^{d_1}+\cdots+\beta_{10}} & & & \\ & \dfrac{1}{s^{d_2+1}+\beta_{2d_2}s^{d_2}+\cdots+\beta_{20}} & & \\ & & \ddots & \\ & & & \dfrac{1}{s^{d_p+1}+\beta_{pd_p}s^{d_p}+\cdots+\beta_{p0}} \end{bmatrix}
\begin{bmatrix} r_1(s) \\ r_2(s) \\ \vdots \\ r_p(s) \end{bmatrix}
\tag{5.93}
$$

将上述带有输入变换的状态反馈式(5.86)、子系统极点分别配置的状态反馈式(5.90)合在一起，得带有输入变换的状态反馈控制

$$
\boldsymbol{u} = -E^{-1}F\boldsymbol{x} + E^{-1}(-H\boldsymbol{x}+\boldsymbol{r}) = -E^{-1}(H+F)\boldsymbol{x} + E^{-1}\boldsymbol{r} = K\boldsymbol{x} + L\boldsymbol{r} \tag{5.94}
$$

式中，$L \in R^{p\times p}$, $L = E^{-1}$, $K \in R^{p\times n}$, $K = -L(H+F)$ 为最终得到的状态反馈矩阵，其中

$$
\begin{aligned}
H+F &= \begin{bmatrix} \beta_{1d_1}\boldsymbol{c}_1^{\mathrm{T}}A^{d_1}+\cdots+\beta_{11}\boldsymbol{c}_1^{\mathrm{T}}A+\beta_{10}\boldsymbol{c}_1^{\mathrm{T}} \\ \beta_{2d_2}\boldsymbol{c}_2^{\mathrm{T}}A^{d_2}+\cdots+\beta_{21}\boldsymbol{c}_2^{\mathrm{T}}A+\beta_{20}\boldsymbol{c}_2^{\mathrm{T}} \\ \vdots \\ \beta_{pd_p}\boldsymbol{c}_p^{\mathrm{T}}A^{d_p}+\cdots+\beta_{p1}\boldsymbol{c}_p^{\mathrm{T}}A+\beta_{p0}\boldsymbol{c}_p^{\mathrm{T}} \end{bmatrix} + \begin{bmatrix} \boldsymbol{c}_1^{\mathrm{T}}A^{d_1+1} \\ \boldsymbol{c}_2^{\mathrm{T}}A^{d_2+1} \\ \vdots \\ \boldsymbol{c}_p^{\mathrm{T}}A^{d_p+1} \end{bmatrix} \\
&= \begin{bmatrix} \boldsymbol{c}_1^{\mathrm{T}}A^{d_1+1}+\beta_{1d_1}\boldsymbol{c}_1^{\mathrm{T}}A^{d_1}+\cdots+\beta_{11}\boldsymbol{c}_1^{\mathrm{T}}A+\beta_{10}\boldsymbol{c}_1^{\mathrm{T}} \\ \boldsymbol{c}_2^{\mathrm{T}}A^{d_2+1}+\beta_{2d_2}\boldsymbol{c}_2^{\mathrm{T}}A^{d_2}+\cdots+\beta_{21}\boldsymbol{c}_2^{\mathrm{T}}A+\beta_{20}\boldsymbol{c}_2^{\mathrm{T}} \\ \vdots \\ \boldsymbol{c}_p^{\mathrm{T}}A^{d_p+1}+\beta_{pd_p}\boldsymbol{c}_p^{\mathrm{T}}A^{d_p}+\cdots+\beta_{p1}\boldsymbol{c}_p^{\mathrm{T}}A+\beta_{p0}\boldsymbol{c}_p^{\mathrm{T}} \end{bmatrix}
\end{aligned}
$$

综上所述，关于系统动态解耦有下面的定理。

定理 5.6 对于被控对象式(5.76)，采用式(5.94)带输入变换的状态反馈控制能够实现系统动态解耦的充分必要条件是

$$
\det E = \det \begin{bmatrix} \boldsymbol{c}_1^{\mathrm{T}}A^{d_1}B \\ \boldsymbol{c}_2^{\mathrm{T}}A^{d_2}B \\ \vdots \\ \boldsymbol{c}_p^{\mathrm{T}}A^{d_p}B \end{bmatrix} \neq 0
$$

本节讲述的用状态反馈实现被控对象输入到输出的解耦，矩阵 E 的可逆性乃是被控对象传递函数矩阵的一个性质，矩阵 E 的行向量 $\boldsymbol{c}_i^{\mathrm{T}}A^{d_i}B(i=1,2,\cdots,p)$ 可以根据被控对象的传递函数矩阵由式(5.83)直接得到。其中，d_i+1 为被控对象传递函数矩阵第 i 行各元素分母多项式阶次和分子多项式阶次之差的最小值，$d_i(i=1,2,\cdots,p)$ 称为系统的解耦阶常数。对于式(5.76)的被控对象，在式(5.94) $\boldsymbol{u}=K\boldsymbol{x}+L\boldsymbol{r}$ 控制作用下的闭环传递函数矩阵为

$$G_{LK}(s)=C\left(sI-A-BK\right)^{-1}BL \tag{5.95}$$

因为从

$$\begin{aligned}&\boldsymbol{c}_i^{\mathrm{T}}B=0\\&\boldsymbol{c}_i^{\mathrm{T}}AB=0\\&\quad\vdots\\&\boldsymbol{c}_i^{\mathrm{T}}A^{d_i-1}B=0\\&\boldsymbol{c}_i^{\mathrm{T}}A^{d_i}B\neq 0\end{aligned}$$

可以推得

$$\begin{aligned}&\boldsymbol{c}_i^{\mathrm{T}}BL=0\\&\boldsymbol{c}_i^{\mathrm{T}}(A+BK)BL=0\\&\quad\vdots\\&\boldsymbol{c}_i^{\mathrm{T}}(A+BK)^{d_i-1}BL=0\\&\boldsymbol{c}_i^{\mathrm{T}}(A+BK)^{d_i}BL\neq 0\end{aligned}$$

所以解耦阶常数 $d_i(i=1,2,\cdots,p)$ 是状态反馈控制下系统的不变量。

另外，在状态反馈和输入变换共同作用下，解耦后系统 $(A+BK,BL,C)$ 的能控性矩阵为

$$\begin{aligned}Q_{\mathrm{c}KL}&=\begin{bmatrix}BL & (A+BK)BL & (A+BK)^2BL & \cdots & (A+BK)^{n-1}BL\end{bmatrix}\\&=\begin{bmatrix}B & (A+BK)B & (A+BK)^2B & \cdots & (A+BK)^{n-1}B\end{bmatrix}\begin{bmatrix}L & & \\ & \ddots & \\ & & L\end{bmatrix}_{(n\times p)\times(n\times p)}\end{aligned}$$

因为 L 可逆，根据西尔维斯特不等式(第 3-5 节)，有

$$\begin{aligned}&\operatorname{rank}\begin{bmatrix}B & (A+BK)B & (A+BK)^2B & \cdots & (A+BK)^{n-1}B\end{bmatrix}\leqslant\operatorname{rank}Q_{\mathrm{c}KL}\\&\leqslant\min\left(\operatorname{rank}\begin{bmatrix}B & (A+BK)B & (A+BK)^2B & \cdots & (A+BK)^{n-1}B\end{bmatrix},n\times p\right)\\&=\operatorname{rank}\begin{bmatrix}B & (A+BK)B & (A+BK)^2B & \cdots & (A+BK)^{n-1}B\end{bmatrix}\end{aligned}$$

因为状态反馈不改变系统的能控性，所以解耦后系统的能控性不变。

上述先得到解耦的积分串联型，然后再进行极点配置的解耦设计方法，所得到的 $p\times p$ 维的对角传递函数矩阵，对角传递函数的阶次为 d_i+1，传递函数矩阵特征多项式的阶次为 $p+\sum_{i=1}^{p}d_i$，且解耦后系统没有零点。带输入非奇异变换的状态反馈不会影响系统的能控性，也不会改变系统零点的位置，但有可能会导致零、极点的对消，影响闭环系统的能观性。因此，除非 $p+\sum_{i=1}^{m}d_i=n$，否则解耦后系统 $(A+BK,BL,C)$ 是解耦后系统传递函数矩阵的一个非最小实现，要保证解耦后系统的稳定性，还需验证

$$A+BK=A-BL(H+F) \tag{5.96}$$

的所有特征值是否都是稳定的。

可以给出证明，任何一个可以通过状态反馈实现解耦控制的系统，必然能实现积分串联型解耦，也即能实现解耦后系统的无零点设计。但对于给定系统，状态反馈解耦设计可以有

多种选择，例如可以选择有零点设计，特别在被控对象有不稳定零点时，通常是把不稳定零点留在解耦后的系统中，不稳定的零、极点对消会导致系统内部不稳定振型的存在，是不能被接受的。

最后，由于解耦阶常数 $d_i(i=1,2,\cdots,p)$ 是状态变换下的不变量，对系统 (A,B,C) 的状态变量 $\boldsymbol{x}$ 做状态变换 $\boldsymbol{x}=T\bar{\boldsymbol{x}}$，变换后系统 $(\bar{A},\bar{B},\bar{C})=(T^{-1}AT,T^{-1}B,CT)$，将变换前后状态变量和系统系数矩阵间的关系代入到式(5.94)的控制律中就可以看出，对于给定的被控对象，它的状态空间描述只要满足代数等价关系，根据这些状态空间描述得到的式(5.94)的解耦控制都是相同的。

例 5.13 给定 2 输入 2 输出系统

$$\dot{\boldsymbol{x}}=\begin{bmatrix}0&1&0&0\\3&0&0&2\\0&0&0&1\\0&-2&0&0\end{bmatrix}\boldsymbol{x}+\begin{bmatrix}0&0\\1&0\\0&0\\0&1\end{bmatrix}\boldsymbol{u}$$

$$\boldsymbol{y}=\begin{bmatrix}1&0&0&0\\0&0&1&0\end{bmatrix}\boldsymbol{x}$$

用状态反馈实现系统的动态解耦，并使解耦后第 1 个子系统的极点为 $\lambda_{11}=-2$，$\lambda_{12}=-4$，第 2 个子系统的极点为 $\lambda_{21}=-2+\mathrm{j}$，$\lambda_{22}=-2-\mathrm{j}$。

解 易验证所给系统是能控能观的。题中未给出被控系统的传递函数矩阵，故直接根据式(5.85)求输入变换矩阵 E，有如下计算

$$\boldsymbol{c}_1^{\mathrm{T}}B=\begin{bmatrix}1&0&0&0\end{bmatrix}\begin{bmatrix}0&0\\1&0\\0&0\\0&1\end{bmatrix}=\begin{bmatrix}0&0\end{bmatrix}$$

$$\boldsymbol{c}_1^{\mathrm{T}}AB=\begin{bmatrix}1&0&0&0\end{bmatrix}\begin{bmatrix}0&1&0&0\\3&0&0&2\\0&0&0&1\\0&-2&0&0\end{bmatrix}\begin{bmatrix}0&0\\1&0\\0&0\\0&1\end{bmatrix}=\begin{bmatrix}1&0\end{bmatrix}$$

$$\boldsymbol{c}_2^{\mathrm{T}}B=\begin{bmatrix}0&0&1&0\end{bmatrix}\begin{bmatrix}0&0\\1&0\\0&0\\0&1\end{bmatrix}=\begin{bmatrix}0&0\end{bmatrix}$$

$$\boldsymbol{c}_2^{\mathrm{T}}AB=\begin{bmatrix}0&0&1&0\end{bmatrix}\begin{bmatrix}0&1&0&0\\3&0&0&2\\0&0&0&1\\0&-2&0&0\end{bmatrix}\begin{bmatrix}0&0\\1&0\\0&0\\0&1\end{bmatrix}=\begin{bmatrix}0&1\end{bmatrix}$$

由此得到 $d_1=1$，$d_2=1$，$\boldsymbol{e}_1^{\mathrm{T}}=\boldsymbol{c}_1^{\mathrm{T}}AB=[1\quad 0]$，$\boldsymbol{e}_2^{\mathrm{T}}=\boldsymbol{c}_2^{\mathrm{T}}AB=[0\quad 1]$，故

$$E=\begin{bmatrix}1&0\\0&1\end{bmatrix},\quad L=E^{-1}=\begin{bmatrix}1&0\\0&1\end{bmatrix}$$

矩阵 E 非奇异，系统可以通过状态反馈实现动态解耦。

解耦后第一个子系统的阶次为 $d_1+1=2$，传递函数的分母多项式为

$$\psi_1(s)=s^2+\beta_{11}s+\beta_{10}=(s+2)(s+4)=s^2+6s+8$$

第二个子系统的阶次为 $d_2+1=2$，传递函数的分母多项式为

$$\psi_2(s)=s^2+\beta_{21}s+\beta_{20}=(s+2-\mathrm{j})(s+2+\mathrm{j})=s^2+4s+5$$

$$H+F=\begin{bmatrix}\boldsymbol{c}_1^{\mathrm{T}}A^2+\beta_{11}\boldsymbol{c}_1^{\mathrm{T}}A+\beta_{10}\boldsymbol{c}_1^{\mathrm{T}}\\ \boldsymbol{c}_2^{\mathrm{T}}A^2+\beta_{21}\boldsymbol{c}_2^{\mathrm{T}}A+\beta_{20}\boldsymbol{c}_2^{\mathrm{T}}\end{bmatrix}=\begin{bmatrix}\boldsymbol{c}_1^{\mathrm{T}}(A^2+\beta_{11}A+\beta_{10}I)\\ \boldsymbol{c}_2^{\mathrm{T}}(A^2+\beta_{21}A+\beta_{20}I)\end{bmatrix}$$

$$=\begin{bmatrix}\boldsymbol{c}_1^{\mathrm{T}}(A^2+6A+8I)\\ \boldsymbol{c}_2^{\mathrm{T}}(A^2+4A+5I)\end{bmatrix}=\begin{bmatrix}11&6&0&2\\0&-2&5&4\end{bmatrix}$$

$$K=-L(H+F)=-\begin{bmatrix}11&6&0&2\\0&-2&5&4\end{bmatrix}$$

于是得到解耦控制的反馈控制律为

$$\boldsymbol{u}=-\begin{bmatrix}11&6&0&2\\0&-2&5&4\end{bmatrix}\boldsymbol{x}+\begin{bmatrix}1&0\\0&1\end{bmatrix}\boldsymbol{r}$$

闭环系统为

$$\dot{\boldsymbol{x}}=(A+BK)\boldsymbol{x}+BL\boldsymbol{r}=\begin{bmatrix}0&1&0&0\\-8&-6&0&0\\0&0&0&1\\0&0&-5&-4\end{bmatrix}\boldsymbol{x}+\begin{bmatrix}0&0\\1&0\\0&0\\0&1\end{bmatrix}\boldsymbol{r}$$

$$\boldsymbol{y}=C\boldsymbol{x}=\begin{bmatrix}1&0&0&0\\0&0&1&0\end{bmatrix}\boldsymbol{x}$$

闭环传递函数矩阵为

$$C(sI-A-BK)^{-1}BL=\begin{bmatrix}\dfrac{1}{s^2+6s+8}&0\\0&\dfrac{1}{s^2+4s+5}\end{bmatrix}$$

因为 $d_1=1$，$d_2=1$，满足 $2+\sum\limits_{i=1}^{2}d_i=4=n$ 的条件，所以解耦后系统仍旧是能控能观的，而且是闭环稳定的。

例 5.14 某能控能观的 3 阶系统如下

$$\dot{\boldsymbol{x}}=\begin{bmatrix}0&1&0\\-2&-3&0\\1&1&-1\end{bmatrix}\boldsymbol{x}+\begin{bmatrix}0&0\\1&0\\0&1\end{bmatrix}\boldsymbol{u},\quad \boldsymbol{y}=\begin{bmatrix}1&1&0\\0&0&1\end{bmatrix}\boldsymbol{x}$$

试计算输入变换矩阵 E^{-1} 和状态反馈矩阵 F，实现积分串联型解耦，画出解耦前和解耦后系统的方框图，判断解耦后系统的能观性。为使解耦后系统能控能观，另取输入变换矩阵和状态反馈矩阵

$$E^{-1}=\begin{bmatrix}1 & 0\\ 0 & 1\end{bmatrix},\quad K=\begin{bmatrix}0 & -1 & 0\\ 1 & 1 & 0\end{bmatrix}$$

进行解耦，画出解耦后系统的方框图，给出解耦后系统的传递函数矩阵。

解 计算 $\boldsymbol{c}_1^{\mathrm{T}}B=[1\quad 0]$，$\boldsymbol{c}_2^{\mathrm{T}}B=[0\quad 1]$，得 $E=E^{-1}=\begin{bmatrix}1 & 0\\ 0 & 1\end{bmatrix}$。计算 $\boldsymbol{c}_2^{\mathrm{T}}A=[-2\quad -2\quad 0]$，$\boldsymbol{c}_2^{\mathrm{T}}A=[1\quad 1\quad -1]$，得 $F=\begin{bmatrix}-2 & -2 & 0\\ 1 & 1 & -1\end{bmatrix}$。取 $\boldsymbol{u}=-E^{-1}F\boldsymbol{x}+E^{-1}\boldsymbol{v}=-\begin{bmatrix}-2 & -2 & 0\\ 1 & 1 & -1\end{bmatrix}\boldsymbol{x}+\boldsymbol{v}$，可以实现积分型解耦控制，解耦前和解耦后系统的方框图如图 5.11(a)、(b)所示，因为 $d_1=d_2=0$，$p+d_1+d_2=2<3$，所以解耦后系统不能观，这从解耦后系统存在前面环节极点与后面环节零点的对消可以看得很清楚，解耦后系统的传递函数矩阵为

$$G(s)=\begin{bmatrix}\dfrac{s+1}{(s+1)s} & 0\\ 0 & \dfrac{1}{s}\end{bmatrix}=\begin{bmatrix}\dfrac{1}{s} & 0\\ 0 & \dfrac{1}{s}\end{bmatrix}$$

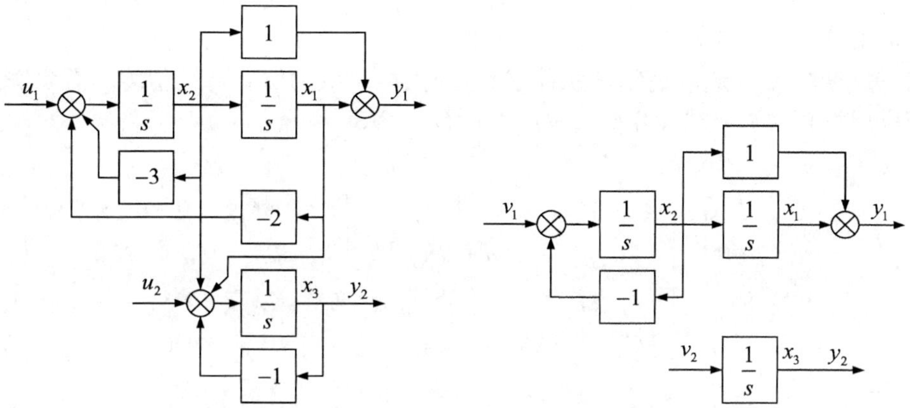

(a) (b)

图 5.11 例 5.14 的系统框图

另取输入变换和状态反馈

$$\boldsymbol{u}=-E^{-1}K\boldsymbol{x}+E^{-1}\boldsymbol{v}=\begin{bmatrix}0 & 1 & 0\\ -1 & -1 & 0\end{bmatrix}\boldsymbol{x}+\boldsymbol{v}$$

系统的方框图如图 5.12 所示，解耦后系统的传递函数矩阵为

$$G(s)=\begin{bmatrix}\dfrac{s+1}{s^2+2s+2} & 0\\ 0 & \dfrac{1}{s+1}\end{bmatrix}$$

因为解耦后系统传递函数矩阵特征多项式的阶次等于 3，与矩阵 A 同阶次，故解耦后系统仍然能控能观。

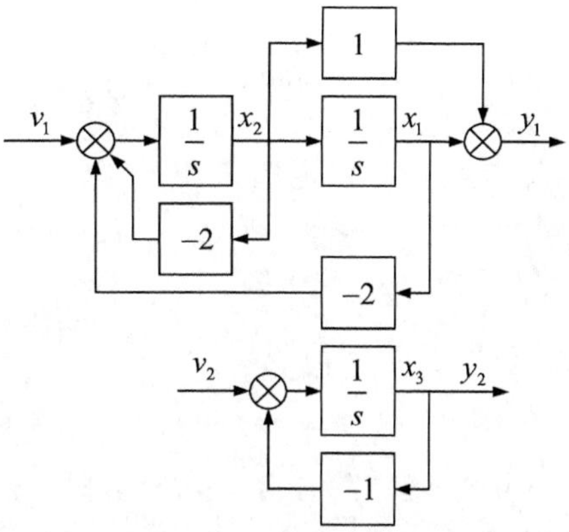

图 5.12 例 5.14 的系统框图

2. 静态解耦

显然，系统若能通过状态反馈实现动态解耦，则必能实现静态解耦。然而，通过动态解耦来达到静态解耦的目的，会导致更强的条件。实际中，当动态解耦条件得不到满足，或为了简化控制，也可以采用静态解耦控制。

对于系统式(5.76)，采用与式(5.94)形式相同的带有输入变换的状态反馈控制后，闭环系统的静态增益矩阵为

$$G_{LK}(0) = -C(A+BK)^{-1}BL$$

静态解耦要求 $G_{LK}(0) \in R^{p\times p}$ 为非奇异 $p\times p$ 阶对角矩阵，这要求 $C(A+BK)^{-1}B \in R^{p\times p}$ 和 $L \in R^{p\times p}$ 同为非奇异 $p\times p$ 阶矩阵，除此以外，在保证闭环系统状态矩阵 $A+BK$ 的所有特征值为稳定的条件下，取

$$L = -\left[C(A+BK)^{-1}B\right]^{-1} G_{LK}(0)$$

即为所求。

可以看出，系统是可以静态解耦的，一个必要条件是被控系统 (A,B,C) 是能够镇定的，除此以外，下面将给出证明，只要闭环系统状态矩阵 $A+BK$ 是稳定的，则矩阵 $C(A+BK)^{-1}B$ 的可逆性可由被控对象式(5.76)的系数矩阵唯一确定。

设状态反馈阵 K 的选取使闭环系统状态矩阵 $A+BK$ 的所有特征值均具有负实部，闭环后系统在原点没有极点，故 $\det(A+BK)\neq 0$，$(A+BK)^{-1}$ 存在。

因为

$$\begin{bmatrix} I_{n\times n} & 0 \\ 0 & C(A+BK)^{-1}B \end{bmatrix} = \begin{bmatrix} A+BK & B \\ 0 & -C(A+BK)^{-1}B \end{bmatrix} \begin{bmatrix} (A+BK)^{-1} & (A+BK)^{-1}B \\ 0 & -I_{p\times p} \end{bmatrix}$$

$$= \begin{bmatrix} I_{n\times n} & 0 \\ -C(A+BK)^{-1} & I_{p\times p} \end{bmatrix} \begin{bmatrix} A+BK & B \\ C & 0 \end{bmatrix} \begin{bmatrix} (A+BK)^{-1} & (A+BK)^{-1}B \\ 0 & -I_{p\times p} \end{bmatrix}$$

以及

$$\begin{bmatrix} A+BK & B \\ C & 0 \end{bmatrix} = \begin{bmatrix} A & B \\ C & 0 \end{bmatrix} \begin{bmatrix} I_{n\times n} & 0 \\ -K & I_{p\times p} \end{bmatrix}$$

所以

$$\operatorname{rank}\begin{bmatrix} I_{n\times n} & 0 \\ 0 & C(A+BK)^{-1}B \end{bmatrix} = \operatorname{rank}\begin{bmatrix} A+BK & B \\ C & 0 \end{bmatrix} = \operatorname{rank}\begin{bmatrix} A & B \\ C & 0 \end{bmatrix}$$

即在 $A+BK$ 可逆的条件下，如果被控系统式(5.76)满足

$$\operatorname{rank}\begin{bmatrix} A & B \\ C & 0 \end{bmatrix} = n+p$$

就可以保证

$$\operatorname{rank}\left[C(A+BK)^{-1}B\right] = p$$

即 $p\times p$ 维矩阵 $C(A+BK)^{-1}B$ 非奇异。取

$$L = -\left[C(A+BK)^{-1}B\right]^{-1} F$$

式中，F 为对角矩阵

$$F=\begin{bmatrix} f_1 & & & \\ & f_2 & & \\ & & \ddots & \\ & & & f_p \end{bmatrix},\quad f_i\neq 0,\quad i=1,2,\cdots,p$$

则有闭环系统的静态增益矩阵

$$\begin{aligned} G_{KL}(0)&=\lim_{s\to 0}G_{KL}(s)=\lim_{s\to 0}C(sI-A-BK)^{-1}BL \\ &=C(A+BK)^{-1}B\left[C(A+BK)^{-1}B\right]^{-1}F=F \end{aligned}$$

即系统实现了静态解耦。

容易看出，静态解耦是通过输入变换来完成的，如果希望闭环系统的静态增益阵 F 为单位阵，且被控对象稳定，被控对象的静态增益阵 $CA^{-1}B$ 非奇异，则输入变换矩阵就等于被控对象静态增益阵的逆 $[CA^{-1}B]^{-1}$。静态解耦中状态反馈的作用只用来对被控对象的稳定性进行改造，只要矩阵 $A+BK$ 渐近稳定，静态增益矩阵的可逆性便由被控对象的系数矩阵

$$\begin{bmatrix} A & B \\ C & 0 \end{bmatrix}$$

唯一确定。

综上所述，有关系统的静态解耦有下面的定理。

定理 5.7 对于被控对象式(5.76)，采用式(5.94)带输入变换的状态反馈控制能够实现系统静态解耦的充分必要条件是被控对象 (A,B,C) 是能镇定的，且

$$\operatorname{rank}\begin{bmatrix} A & B \\ C & 0 \end{bmatrix}=n+p \tag{5.97}$$

根据 2-6 节有关系统零点的定义，式(5.97)的含义是被控对象传递函数矩阵没有位于原点的零点，即在非零常值控制向量作用下，对象的输出向量不会恒为零。

例 5.15 设 2 输入 2 输出线性定常系统

$$\dot{\boldsymbol{x}}=\begin{bmatrix} -1 & 0 & 0 \\ 0 & -2 & -3 \\ 1 & 0 & 1 \end{bmatrix}\boldsymbol{x}+\begin{bmatrix} 1 & 0 \\ 0 & 1 \\ 0 & -1 \end{bmatrix}\boldsymbol{u}$$

$$\boldsymbol{y}=\begin{bmatrix} 1 & 2 & 0 \\ 0 & 1 & 1 \end{bmatrix}\boldsymbol{x}$$

试判定系统是否可以通过输入变换和状态反馈实现静态解耦，如果可以，试确定输入变换阵和状态反馈阵，使闭环系统的静态增益阵为单位矩阵。

解 系统开环的特征方程为

$$\det\begin{bmatrix} s+1 & 0 & 0 \\ 0 & s+2 & 3 \\ -1 & 0 & s-1 \end{bmatrix}=(s+1)(s+2)(s-1)=0$$

有一个不稳定的特征根1，系统开环不稳定。

计算系统的能控性矩阵有

$$\operatorname{rank}Q_c=\operatorname{rank}\begin{bmatrix}B & AB & A^2B\end{bmatrix}=\operatorname{rank}\begin{bmatrix}1&0&-1&0&1&0\\0&1&0&1&-3&1\\0&-1&1&-1&0&-1\end{bmatrix}=3$$

系统能控，可以通过状态反馈配置系统的闭环极点，使系统稳定。

由被控对象的系数矩阵，有

$$\operatorname{rank}\begin{bmatrix}A & B\\C & 0\end{bmatrix}=\operatorname{rank}\begin{bmatrix}-1&0&0&1&0\\0&-2&-3&0&1\\1&0&1&0&-1\\1&2&0&0&0\\0&1&1&0&0\end{bmatrix}=5=n+p$$

所以系统是可以静态解耦的。

设状态反馈矩阵为

$$K=\begin{bmatrix}k_{11}&k_{12}&k_{13}\\k_{21}&k_{22}&k_{23}\end{bmatrix}$$

则有

$$A+BK=\begin{bmatrix}-1&0&0\\0&-2&-3\\1&0&1\end{bmatrix}+\begin{bmatrix}1&0\\0&1\\0&-1\end{bmatrix}\begin{bmatrix}k_{11}&k_{12}&k_{13}\\k_{21}&k_{22}&k_{23}\end{bmatrix}=\begin{bmatrix}-1+k_{11}&k_{12}&k_{13}\\k_{21}&-2+k_{22}&-3+k_{23}\\1-k_{21}&-k_{22}&1-k_{23}\end{bmatrix}$$

取 $k_{11}=k_{12}=k_{13}=0$， $k_{21}=k_{22}=0$， $k_{23}=3$，即取状态反馈矩阵

$$K=\begin{bmatrix}0&0&0\\0&0&3\end{bmatrix}$$

时，有

$$A+BK=\begin{bmatrix}-1&0&0\\0&-2&0\\1&0&-2\end{bmatrix}$$

可以保证闭环系统的稳定性。此时系统的静态增益矩阵为

$$-C(A+BK)^{-1}B=-\begin{bmatrix}1&2&0\\0&1&1\end{bmatrix}\begin{bmatrix}-1&0&0\\0&-2&0\\1&0&-2\end{bmatrix}^{-1}\begin{bmatrix}1&0\\0&1\\0&-1\end{bmatrix}=\begin{bmatrix}1&1\\0.5&0\end{bmatrix}$$

根据题意，要求静态解耦后系统的静态增益矩阵

$$G_{LK}(0)=\begin{bmatrix}1&0\\0&1\end{bmatrix}$$

于是得到输入变换矩阵

$$L=-\left[C(A+BK)^{-1}B\right]^{-1}G_{LK}(0)=-\left[C(A+BK)^{-1}B\right]^{-1}=\begin{bmatrix}0&2\\1&-2\end{bmatrix}$$

5-7 渐近跟踪调节器设计

本节讨论多变量反馈控制系统跟踪与调节器的设计问题，给出控制系统结构和调节器的设计方法，使得在外部扰动作用下控制系统可以实现输出量对参考指令的渐近跟踪，且动态调节过程快速稳定。通过本节的介绍可以看出，多变量反馈控制系统跟踪与调节器设计问题与单变量系统在原理和方法上是相似的，静态设计根据内模原理进行，动态稳定性和快速性设计依靠配置闭环系统的极点来完成。

设 n 阶 p 维输入 p 维输出被控对象的状态空间描述为

$$\begin{aligned}\dot{\boldsymbol{x}} &= A\boldsymbol{x} + B\boldsymbol{u} + B_{\mathrm{w}}\boldsymbol{w} \\ \boldsymbol{y} &= C\boldsymbol{x} + D_{\mathrm{w}}\boldsymbol{w}\end{aligned} \tag{5.98}$$

式中，$\boldsymbol{u}(t)$ 为控制作用，$\boldsymbol{y}(t)$ 为系统输出，$\boldsymbol{w}(t)$ 为扰动信号，(A,B) 能控，(A,C) 能观。实际中，如果对象不是能控能观的，则假设它的不能控或不能观子系统都是稳定的，式(5.98)只反映了它的能控能观部分。

容易理解，在多变量反馈控制系统中，对于某个输入输出通道来说，其他通道的参考输入与外部扰动一样都被视作扰动输入，因为参考输入或外部扰动信号中随时间趋于零的分量并不会对系统的渐近跟踪特性产生影响，故只需考虑它们不趋于零的不稳定分量。在控制工程中，一般将缓慢变化的信号看作常值阶跃信号，其模态对应于原点的单重极点；快速线性变化的信号看作斜坡信号，其模态对应于原点的两重极点；而频率已知的周期性扰动信号，其模态对应于虚轴上的共轭虚数极点等等。在下面的讨论中，设参考输入信号 $\boldsymbol{r}(t)$ 和控制作用 $\boldsymbol{u}(t)$ 同维数，参考输入信号 $\boldsymbol{r}(t)$ 和扰动信号 $\boldsymbol{w}(t)$ 不稳定分量的模态特征已知，但强度和作用的时间未知，参考输入向量 $\boldsymbol{r}(t)$ 各分量和扰动输入向量 $\boldsymbol{w}(t)$ 各分量拉氏变换分母多项式不稳定因式的最小公倍式为

$$\gamma(s) = s^l + \gamma_{l-1}s^{l-1} + \cdots + \gamma_1 s + \gamma_0 \tag{5.99}$$

设图 5.1 所示误差作用下的调节器由 p 个相互独立的子系统构成，每个调节器子系统取为能控标准Ⅱ型，并将参考输入和扰动输入共同的不稳定模型 $\gamma(s)$ 作为它的特征多项式，调节器系统的状态方程描述为

$$\dot{\boldsymbol{\eta}}_i = \varGamma\boldsymbol{\eta}_i + \boldsymbol{\beta} e_i,\quad i = 1,2,\cdots,p$$

式中

$$\varGamma = \begin{bmatrix} 0 & 1 & 0 & \cdots & 0 \\ 0 & 0 & 1 & \ddots & 0 \\ \vdots & \vdots & \ddots & \ddots & 0 \\ 0 & 0 & \cdots & 0 & 1 \\ -\gamma_0 & -\gamma_1 & \cdots & -\gamma_{l-2} & -\gamma_{l-1} \end{bmatrix},\quad \boldsymbol{\beta} = \begin{bmatrix} 0 \\ 0 \\ \vdots \\ 0 \\ 1 \end{bmatrix}$$

调节器第 i 个子系统的输入为误差向量 $\boldsymbol{e} = \boldsymbol{r} - \boldsymbol{y}$ 的第 i 个分量，状态向量为 $\boldsymbol{\eta}_i$。整个 $p\times l$ 阶调节器系统的状态方程描述为

$$\begin{aligned}\dot{\boldsymbol{\eta}} &= A_{\mathrm{c}}\boldsymbol{\eta} + B_{\mathrm{c}}\boldsymbol{e} \\ \boldsymbol{v} &= K_{\mathrm{c}}\boldsymbol{\eta}\end{aligned} \tag{5.100}$$

式中

$$e=\begin{bmatrix}e_1\\e_2\\\vdots\\e_p\end{bmatrix}_{p\times 1},\quad \eta=\begin{bmatrix}\eta_1\\\eta_2\\\vdots\\\eta_p\end{bmatrix}_{(l\times p)\times 1}$$

$$A_c=\begin{bmatrix}\Gamma & & & \\ & \Gamma & & \\ & & \ddots & \\ & & & \Gamma\end{bmatrix}_{(l\times p)\times(l\times p)},\quad B_c=\begin{bmatrix}\beta & & & \\ & \beta & & \\ & & \ddots & \\ & & & \beta\end{bmatrix}_{(l\times p)\times p}$$

式中，$K_c \in p\times(p\times l)$ 是待定的调节器输出矩阵。注意到 $\operatorname{adj}(sI-\Gamma)$ 的最后一列为 $[1\quad s\quad s^2\quad\cdots\quad s^{l-1}]^{\mathrm{T}}$，故有

$$(sI-A_c)^{-1}B_c=\begin{bmatrix}\dfrac{\operatorname{adj}(sI-\Gamma)\beta}{\det(sI-\Gamma)} & & \\ & \ddots & \\ & & \dfrac{\operatorname{adj}(sI-\Gamma)\beta}{\det(sI-\Gamma)}\end{bmatrix}=\frac{1}{\gamma(s)}\begin{bmatrix}1 & & \\ s & & \\ \vdots & & \\ s^{l-1} & & \\ & \ddots & \\ & & 1\\ & & s\\ & & \vdots\\ & & s^{l-1}\end{bmatrix}_{(p\times l)\times p}$$

显然，调节器系统的特征多项式 $\psi_c(s)=\det(sI-A_c)=\gamma^p(s)$，最小多项式等于 $\gamma(s)$，因为调节器系统式(5.100)能控，上式中的分子矩阵和分母多项式 $\gamma(s)$ 间不会有因子相消。调节器系统的传递函数矩阵为

$$G_c(s)=K_c(sI-A_c)^{-1}B_c=\frac{K_c}{\gamma(s)}\begin{bmatrix}1 & & \\ s & & \\ \vdots & & \\ s^{l-1} & & \\ & \ddots & \\ & & 1\\ & & s\\ & & \vdots\\ & & s^{l-1}\end{bmatrix}_{(p\times l)\times p}=\frac{Q_c(s)}{\gamma(s)}$$

其中，K_c 的取值应保证调节器传递函数矩阵的分子矩阵 $Q_c(s)$ 和分母多项式 $\gamma(s)$ 间没有因子相消。

多变量系统的渐近跟踪调节器设计如图 5.13 所示，图中，由参考输入 $\boldsymbol{r}$ 减去系统输出 $\boldsymbol{y}$ 得到误差信号 $\boldsymbol{e}=\boldsymbol{r}-\boldsymbol{y}$ 作为调节器的输入，构成输出反馈外环，调节器状态 $\boldsymbol{\eta}$ 和被控对象状态 $\boldsymbol{x}$ 的线性组合组成控制作用 $\boldsymbol{u}=K\boldsymbol{x}+K_c\boldsymbol{\eta}$，构成状态反馈内环。其中，外环调节器系统的设计目的是使系统做到静态无差，而状态反馈内环的设计目的是使闭环系统有良好的稳定性和动态响应特性。

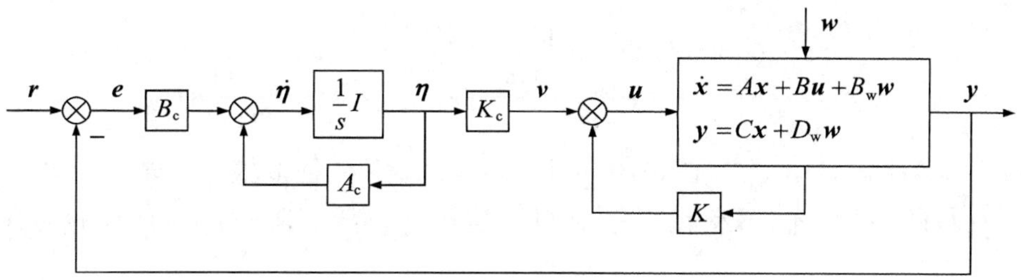

图 5.13　多回路渐近跟踪调节器设计

这样，将状态反馈 $\boldsymbol{u}=K\boldsymbol{x}+K_c\boldsymbol{\eta}$ 考虑进来，参考信号 $\boldsymbol{r}$ 和扰动输入 $\boldsymbol{w}$ 作用下，系统误差为

$$\boldsymbol{e}(s)=\left[I+G_0(s)G_c(s)\right]^{-1}\left[\boldsymbol{r}(s)-G_w(s)\boldsymbol{w}(s)\right]$$

式中

$$G_0(s)=\frac{C\mathrm{adj}(sI-A-BK)B}{\det(sI-A-BK)}=\frac{C\mathrm{adj}(sI-A-BK)B}{\psi_0(s)}=\frac{Q_0(s)}{\alpha(s)}$$

$$G_w(s)=\frac{C\mathrm{adj}(sI-A-BK)B_w}{\det(sI-A-BK)}+D_w=\frac{C\mathrm{adj}(sI-A-BK)B_w+\psi_0(s)D_w}{\psi_0(s)}=\frac{Q_w(s)}{\beta(s)}$$

分别为由 $\boldsymbol{v}$ 到 $\boldsymbol{y}$ 经过 $K\boldsymbol{x}$ 的状态反馈后被控对象的传递函数矩阵，以及由 $\boldsymbol{w}$ 到 $\boldsymbol{y}$ 的开环传递函数矩阵，$\psi_0(s)=\det(sI-A-BK)$ 是 $A+BK$ 的特征多项式，$\alpha(s)$ 和 $\beta(s)$ 是两传递函数矩阵的分母多项式，为避免非最小相位被控对象带来的麻烦，设计中要求状态反馈 $K\boldsymbol{x}$ 改造后的被控对象是稳定的，即 $\psi_0(s)$、$\alpha(s)$ 和 $\beta(s)$ 都是稳定的。而

$$G_c(s)=\frac{K_c\mathrm{adj}(sI-A_c)B_c}{\det(sI-A_c)}=\frac{K_c\mathrm{adj}(sI-A_c)B_c}{\gamma^p(s)}=\frac{Q_c(s)}{\gamma(s)}$$

为调节器系统的传递函数矩阵，如前所述，设计中保证分子矩阵 $Q_c(s)$ 和分母多项式 $\gamma(s)$ 之间不出现进一步的因子相消。作为设计条件，被控对象传递函数矩阵多项式矩阵 $Q_0(s)$ 不能存在公因子和 $\gamma(s)$ 之间发生因子对消，$\gamma(s)$ 的极点是不稳定极点，被控对象阻塞零点和 $\gamma(s)$ 因子的对消将使系统内部含有不稳定的极点，系统的稳定性得不到保证。

以 $\boldsymbol{r}$ 和 $\boldsymbol{w}$ 作为输入，$\boldsymbol{e}$ 作为输出，调节器子系统位于反馈通路，这样调节器子系统的极点将成为闭环系统传递函数矩阵的阻塞零点。下面的推导说明了这一点。

参考输入、扰动输入到误差的传递函数矩阵为

$$\boldsymbol{e}(s)=\left[I+G_0(s)G_c(s)\right]^{-1}\left[\boldsymbol{r}(s)-G_w(s)\boldsymbol{w}(s)\right]=\frac{\mathrm{adj}\left[I+G_0(s)G_c(s)\right]}{\det\left[I+G_0(s)G_c(s)\right]}\left[\boldsymbol{r}(s)-G_w(s)\boldsymbol{w}(s)\right]$$

$$=\frac{\psi_0(s)\gamma^p(s)\mathrm{adj}\left[I+\dfrac{Q_0(s)}{\alpha(s)}\dfrac{Q_c(s)}{\gamma(s)}\right]}{\psi_0(s)\psi_c(s)\det\left[I+\dfrac{Q_0(s)}{\alpha(s)}\dfrac{Q_c(s)}{\gamma(s)}\right]}\left[\boldsymbol{r}(s)-\frac{Q_w(s)}{\beta(s)}\boldsymbol{w}(s)\right]$$

式中，$\gamma^p(s)=\psi_c(s)$ 是调节器系统的特征多项式。根据系统闭环特征多项式和系统回差矩阵间的关系又有

$$e(s)=\frac{\psi_0(s)\gamma^p(s)\mathrm{adj}\left[I+\dfrac{Q_0(s)}{\alpha(s)}\dfrac{Q_c(s)}{\gamma(s)}\right]}{\psi(s)}\left[r(s)-\frac{Q_w(s)}{\beta(s)}w(s)\right]$$

式中，$\psi(s)=\psi_0(s)\psi_c(s)\det\left[I+G_0(s)G_c(s)\right]$是闭环系统的特征多项式。如前所述，$\gamma(s)$与多项式矩阵$Q_0(s)$、$Q_c(s)$间不存在因子对消，这样从伴随矩阵$\mathrm{adj}\left[I+G_0(s)G_c(s)\right]$ 中提出$\left[\gamma(s)\alpha(s)\right]^{-(p-1)}$有

$$e(s)=\frac{\dfrac{\psi_0(s)}{\left[\alpha(s)\right]^{p-1}}\gamma(s)\mathrm{adj}\left[\alpha(s)\gamma(s)I+Q_0(s)Q_c(s)\right]}{\psi(s)}\left[r(s)-\frac{Q_w(s)}{\beta(s)}w(s)\right]$$

设计要求$\alpha(s)$、$\beta(s)$及$\psi(s)$都是稳定的，$\alpha(s)$、$\beta(s)$和$\psi(s)$不会有因子与$\gamma(s)$发生对消。因为传递函数矩阵的分母多项式最多只能是其特征多项式，故上式中的分子部分

$$\frac{\psi_0(s)}{\left[\alpha(s)\right]^{p-1}}\gamma(\mathrm{s})\mathrm{adj}\left[\alpha(s)\gamma(s)I+Q_0(s)Q_c(s)\right]$$

一定是多项式矩阵，且$\gamma(s)$一定以阻塞零点多项式的形式出现在参考输入、扰动输入到误差的传递函数矩阵中，$\gamma(s)$与输入信号$r(s)$和$w(s)$的分母多项式相消，$e(s)$表达式中的极点全部位于左半复平面，因而有

$$e_{ss}=\lim_{t\to\infty}e(t)=\lim_{s\to 0}se(s)=0$$

当对象参数在标称值附近发生变化时，和被控对象相关的多项式$\alpha(s)$、$\beta(s)$、$\psi_0(s)$和多项式矩阵$Q_0(s)$、$Q_w(s)$的参数会发生相应变化，但只要闭环系统稳定，其静态无差的渐近跟踪调节特性维持不变，故这种基于内模原理的控制系统的设计方法也被称为鲁棒调节器设计。

在稳定性和动态特性设计方面，调节器的状态总是可以得到的，如果被控对象的状态可测，就可以通过状态反馈来配置系统的极点，若被控对象的状态不全部可测，则应尽量采用调节器的状态和系统输出来镇定系统。通过状态反馈任意配置系统极点，必须满足能控性条件。就图 5.13 所示系统而言，为保证植入到调节器中的输入信号的不稳定模态不被破坏，状态反馈的综合点必须向后放在被控对象的输入端。在状态反馈的综合点处将系统断开，即令状态反馈矩阵$K=0$，$K_c=0$，被控对象在前，调节器在后的串联开环系统的状态空间描述为

$$\begin{bmatrix}\dot{x}\\ \dot{\eta}\end{bmatrix}=\begin{bmatrix}A & 0\\ -B_cC & A_c\end{bmatrix}\begin{bmatrix}x\\ \eta\end{bmatrix}+\begin{bmatrix}B\\ 0\end{bmatrix}u+\begin{bmatrix}B_w\\ -B_cD_w\end{bmatrix}w \tag{5.101}$$

若它能控，则可以通过状态反馈$u=Kx+K_c\eta$任意配置系统的闭环极点。第 3-5 节给出了满足这一要求的一个充分条件，即只要不出现被控对象零点和调节器极点的对消，则被控对象在前，调节器在后的串联系统就能控，即要求对多项式$\gamma(s)$的所有特征值λ成立

$$\mathrm{rank}\begin{bmatrix}sI-A & B\\ -C & 0\end{bmatrix}=\mathrm{rank}\begin{bmatrix}\lambda I-A-BK & B\\ -C & 0\end{bmatrix}=n+p \tag{5.102}$$

其中，被控对象的零点并不会因为状态反馈Kx的作用发生改变。前面在进行系统的静态设计时，要求被控对象传递函数矩阵不存在能与多项式$\gamma(s)$因子对消的阻塞零点，可见无论是

从静态设计还是从稳定性设计出发，多项式 $\gamma(s)$ 与被控对象传递函数分子矩阵 $Q_0(s)$ 间没有因子对消的要求是一致的，是必须满足的条件。

注意到式(5.102)成立的一个必要条件是被控对象控制变量的个数要大于等于输出变量的个数，对上述内容稍作推广，有下面关于渐近跟踪调节器设计的存在性定理 5.8。

定理 5.8 对于 p 维输入 q 维输出被控对象 (A,B,C)，渐近跟踪调节器存在的充分条件是：

(1) 被控对象完全能控，即 (A,B) 能控。

(2) 被控对象控制变量的维数大于等于输出变量的维数，即 $p \geqslant q$。

(3) 各参考输入和各扰动信号拉氏变换的每一个位于虚轴和右半复平面的极点不是被控对象的零点，即对于各参考输入和各扰动信号拉氏变换的每一个位于虚轴和右半复平面的极点 λ 有

$$\operatorname{rank}\begin{bmatrix} \lambda I - A & B \\ -C & 0 \end{bmatrix} = n + p$$

将上述多输入多输出系统渐近跟踪调节器设计与单回路输出反馈渐近跟踪调节器设计相比较可以看出，状态反馈是系统稳定性和动态特性设计更强有力的设计手段，这也是二者的主要区别。然而在实际中，被控对象的状态 $\boldsymbol{x}$ 往往需要借助观测器进行观测，否则就应尽量采用调节器的状态 $\boldsymbol{\eta}$ 和系统输出 $\boldsymbol{y}$ 来镇定系统。

例 5.16 单位反馈的渐近跟踪与调节系统如图 5.14 所示，试推导闭环系统的传递函数矩阵，验证系统可以实现对于阶跃输入和扰动无静态误差，并确定使闭环系统特征根的阻尼比为 0.5 时 k_1、k_2 和 k_3 的取值。

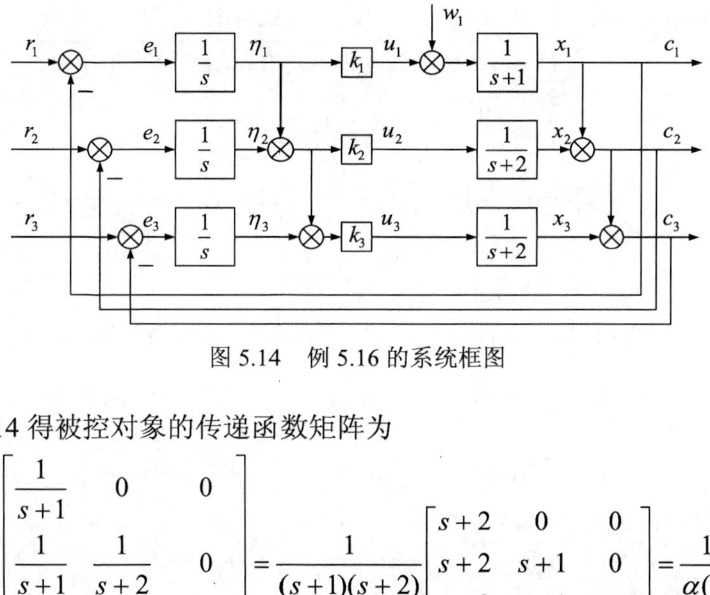

图 5.14　例 5.16 的系统框图

解　由图 5.14 得被控对象的传递函数矩阵为

$$G_0(s) = \begin{bmatrix} \dfrac{1}{s+1} & 0 & 0 \\ \dfrac{1}{s+1} & \dfrac{1}{s+2} & 0 \\ \dfrac{1}{s+1} & \dfrac{1}{s+2} & \dfrac{1}{s+2} \end{bmatrix} = \frac{1}{(s+1)(s+2)}\begin{bmatrix} s+2 & 0 & 0 \\ s+2 & s+1 & 0 \\ s+2 & s+1 & s+1 \end{bmatrix} = \frac{1}{\alpha(s)}Q_0(s)$$

由传递函数矩阵的所有 1 阶、2 阶和 3 阶子式的最小公分母得被控对象的特征多项式为 $\psi_0(s) = (s+1)(s+2)^2$，由传递函数矩阵的所有 1 阶子式的最小公分母得被控对象的最小多项式为 $\alpha(s) = (s+1)(s+2)$。扰动输入到输出的开环传递函数矩阵及调节器的传递函数矩阵为

$$G_{\mathrm{w}}(s)=\begin{bmatrix}\dfrac{1}{s+1}\\\dfrac{1}{s+1}\\\dfrac{1}{s+1}\end{bmatrix},\quad G_{\mathrm{c}}(s)=\begin{bmatrix}\dfrac{k_1}{s}&0&0\\\dfrac{k_2}{s}&\dfrac{k_2}{s}&0\\\dfrac{k_3}{s}&\dfrac{k_3}{s}&\dfrac{k_3}{s}\end{bmatrix}=\frac{1}{s}\begin{bmatrix}k_1&0&0\\k_2&k_2&0\\k_3&k_3&k_3\end{bmatrix}=\frac{1}{\gamma(s)}Q_{\mathrm{c}}(s)$$

调节器的阵特征多项式和最小多项式分别为$\psi_{\mathrm{c}}(s)=s^3$，$\gamma(s)=s$。将上述结果代入得到

$$\frac{\dfrac{\psi_0(s)}{[\alpha(s)]^2}\gamma(s)\mathrm{adj}\left[\alpha(s)\gamma(s)I+Q_0(s)Q_{\mathrm{c}}(s)\right]}{\dfrac{\psi_0(s)}{[\alpha(s)]^3}\det\left[\alpha(s)\gamma(s)I+Q_0(s)Q_{\mathrm{c}}(s)\right]}$$

$$=\frac{\dfrac{(s+1)(s+2)^2}{(s+1)^2(s+2)^2}s\mathrm{adj}\left[s(s+1)(s+2)I+\begin{bmatrix}s+2&0&0\\s+2&s+1&0\\s+2&s+1&s+1\end{bmatrix}\begin{bmatrix}k_1&0&0\\k_2&k_2&0\\k_3&k_3&k_3\end{bmatrix}\right]}{\dfrac{(s+1)(s+2)^2}{(s+1)^3(s+2)^3}\det\left[s(s+1)(s+2)I+\begin{bmatrix}s+2&0&0\\s+2&s+1&0\\s+2&s+1&s+1\end{bmatrix}\begin{bmatrix}k_1&0&0\\k_2&k_2&0\\k_3&k_3&k_3\end{bmatrix}\right]}$$

$$=\frac{\dfrac{s}{s+1}\mathrm{adj}\begin{bmatrix}s(s+1)(s+2)+k_1(s+2)&0&0\\k_1(s+2)+k_2(s+1)&s(s+1)(s+2)+k_2(s+1)&0\\k_1(s+2)+(k_2+k_3)(s+1)&(k_2+k_3)(s+1)&s(s+1)(s+2)+k_3(s+1)\end{bmatrix}}{[s(s+1)+k_1][s(s+2)+k_2][s(s+2)+k_3]}$$

$$=\frac{s}{\psi(s)}\begin{bmatrix}(s+1)[s(s+2)+k_2][s(s+2)+k_3]&0&0\\(k_2+k_3)(s+2)[s(s+1)+k_1]&(s+2)[s(s+1)+k_1][s(s+2)+k_3]&0\\(k_2+k_3)[k_1(s+2)+k_2(s+1)]-[s(s+2)+k_2][k_1(s+2)+(k_2+k_3)(s+1)]&[k_1(s+2)+k_2(s+1)][s(s+2)+k_3]&(s+2)[s(s+1)+k_1][s(s+2)+k_2]\end{bmatrix}$$

分子多项式矩阵中含有公因子s，系统可以实现对于阶跃输入和扰动无静态误差，系统闭环的特征多项式

$$\psi(s)=[s(s+1)+k_1][s(s+2)+k_2][s(s+2)+k_3]$$

现要求特征根的阻尼比全部为0.5，即要求

$$\psi(s)=(s^2+s+k_1)(s^2+2s+k_2)(s^2+2s+k_3)=(s^2+s+1)(s^2+2s+2)(s^2+2s+2)$$

得到$k_1=1$，$k_2=k_3=2$。

例 5.17 考虑被控对象

$$\dot{\boldsymbol{x}}=\begin{bmatrix}0&1\\1&1\end{bmatrix}\boldsymbol{x}+\begin{bmatrix}0\\1\end{bmatrix}u+\begin{bmatrix}0.5&0&0\\0&0&0.2\end{bmatrix}\boldsymbol{w}$$

$$y=\begin{bmatrix}-1&0\end{bmatrix}\boldsymbol{x}+\begin{bmatrix}0&-1&2\end{bmatrix}\boldsymbol{w}$$

设参考输入$r(t)$为阶跃信号，扰动信号$\boldsymbol{w}$满足模型

$$\dot{z}=\begin{bmatrix}0&1&0\\-1&0&0\\0&0&0\end{bmatrix}z=A_w z$$

$$w=z$$

试设计渐近跟踪调节器，使闭环极点的实部均小于 -0.5 。

解 此题中 $p=q=1$，参考输入信号的特征多项式为

$$\psi_{\mathrm{r}}(s)=s$$

扰动输入信号的特征多项式为

$$\psi_{\mathrm{w}}(s)=\det(sI-A_{\mathrm{w}})=s^3+s$$

所有输入作用模型中不稳定极点对应的特征多项式为

$$\gamma(s)=s^3+s$$

故 $l=3$ 。根据式(5.100)构造调节器系统

$$\dot{\boldsymbol{\eta}}=\begin{bmatrix}0&1&0\\0&0&1\\0&-1&0\end{bmatrix}\boldsymbol{\eta}+\begin{bmatrix}0\\0\\1\end{bmatrix}e$$

易验证，对于 $\gamma(s)=s^3+s$ 的根 $\lambda_1=0$， $\lambda_{2,3}=\pm\mathrm{j}$ 均有

$$\operatorname{rank}\begin{bmatrix}\lambda_i I-A & B\\ -C & 0\end{bmatrix}=\operatorname{rank}\begin{bmatrix}\lambda_i & -1 & 0\\ -1 & \lambda_i-1 & 1\\ 1 & 0 & 0\end{bmatrix}=3,\quad i=1,2,3$$

故系统能实现渐近跟踪调节器设计。被控对象和调节器串联，开环系统的状态方程描述为

$$\begin{aligned}\begin{bmatrix}\dot{\boldsymbol{x}}\\ \dot{\boldsymbol{\eta}}\end{bmatrix}&=\begin{bmatrix}A&0\\-B_{\mathrm{c}}C&A_{\mathrm{c}}\end{bmatrix}\begin{bmatrix}\boldsymbol{x}\\ \boldsymbol{\eta}\end{bmatrix}+\begin{bmatrix}B\\0\end{bmatrix}u+\begin{bmatrix}B_{\mathrm{w}}\\-B_{\mathrm{c}}D_{\mathrm{w}}\end{bmatrix}\boldsymbol{w}\\&=\begin{bmatrix}0&1&0&0&0\\1&1&0&0&0\\0&0&0&1&0\\0&0&0&0&1\\1&0&0&-1&0\end{bmatrix}\begin{bmatrix}\boldsymbol{x}\\ \boldsymbol{\eta}\end{bmatrix}+\begin{bmatrix}0\\1\\0\\0\\0\end{bmatrix}u+\begin{bmatrix}0.5&0&0\\0&0&0.2\\0&0&0\\0&0&0\\0&1&-2\end{bmatrix}\boldsymbol{w}\end{aligned}$$

选择期望的闭环极点为 $\lambda_1=-1$， $\lambda_{2,3}=-0.5\pm\mathrm{j}$， $\lambda_{4,5}=-2\pm\mathrm{j}$，则期望的闭环特征多项式为

$$\psi^*(s)=(s+1)(s^2+s+1.25)(s^2+4s+5)=s^5+6s^4+\frac{61}{4}s^3+\frac{81}{4}s^2+\frac{65}{4}s+\frac{25}{4}$$

取状态反馈控制律

$$u=K\boldsymbol{x}+K_{\mathrm{c}}\boldsymbol{\eta}=\begin{bmatrix}k_1&k_2\end{bmatrix}\boldsymbol{x}+\begin{bmatrix}k_3&k_4&k_5\end{bmatrix}\boldsymbol{\eta}$$

则闭环系统的状态矩阵为

$$\begin{bmatrix}A&0\\-B_{\mathrm{c}}C&A_{\mathrm{c}}\end{bmatrix}+\begin{bmatrix}B\\0\end{bmatrix}\begin{bmatrix}K&K_{\mathrm{c}}\end{bmatrix}=\begin{bmatrix}A+BK&BK_{\mathrm{c}}\\-B_{\mathrm{c}}C&A_{\mathrm{c}}\end{bmatrix}=\begin{bmatrix}0&1&0&0&0\\1+k_1&1+k_2&k_3&k_4&k_5\\0&0&0&1&0\\0&0&0&0&1\\1&0&0&-1&0\end{bmatrix}$$

它的特征多项式为

$$s^5-(1+k_2)s^4-k_1s^3-(1+k_2+k_5)s^2-(1+k_1+k_4)s-k_3$$

与 $\psi^*(s)$ 比较系数得 $k_1=-\dfrac{61}{4}$， $k_2=-7$， $k_3=-\dfrac{25}{4}$， $k_4=-2$， $k_5=-\dfrac{57}{4}$，即

$$K=\begin{bmatrix}-\dfrac{61}{4} & -7\end{bmatrix},\quad K_\mathrm{c}=\begin{bmatrix}-\dfrac{25}{4} & -2 & -\dfrac{57}{4}\end{bmatrix}$$

习　题

5-1　已知单输入单输出能控标准Ⅱ型(设 $\beta_n=0$)的状态空间表达式

$$\dot{\boldsymbol{x}}=\begin{bmatrix}0 & 1 & & \\ & \ddots & \ddots & \\ & & 0 & 1\\ -\alpha_0 & \cdots & -\alpha_{n-2} & -\alpha_{n-1}\end{bmatrix}\boldsymbol{x}+\begin{bmatrix}0\\ \vdots\\ 0\\ 1\end{bmatrix}u$$

$$y=\begin{bmatrix}\beta_0 & \beta_1 & \cdots & \beta_{n-1}\end{bmatrix}\boldsymbol{x}$$

分别用求传递函数和用系统系数矩阵直接计算零点多项式两种方法，验证状态反馈 $u=\boldsymbol{k}^\mathrm{T}\boldsymbol{x}=\begin{bmatrix}k_1 & \cdots & k_{n-1} & k_n\end{bmatrix}\boldsymbol{x}$ 不改系统的零点。

5-2　设习题 1-5 中磁悬浮系统工作点处线性化状态空间描述为

$$\Delta\dot{\boldsymbol{x}}=\begin{bmatrix}-100 & 0 & 0\\ 0 & 0 & 1\\ -16 & 64.4 & 0\end{bmatrix}\Delta\boldsymbol{x}+\begin{bmatrix}100\\ 0\\ 0\end{bmatrix}\Delta u$$

设控制电压 Δu 由状态反馈 $\Delta u=\boldsymbol{k}^\mathrm{T}\Delta\boldsymbol{x}$ 决定，其中 $\boldsymbol{k}^\mathrm{T}=[k_1,k_2,k_3]$，求 $\boldsymbol{k}^\mathrm{T}$ 的取值，使系统闭环的特征值为 $-6\pm\mathrm{j}5$，-20。

5-3　状态反馈系统如图 5.15 所示。求反馈增益 k_1、k_2 和 k_3 使阶跃输入的稳态误差为零，特征方程的复数根是 $-1\pm\mathrm{j}$，此时系统特征方程的第三个根等于多少？能任意配置闭环的三个根并满足静态设计要求吗？

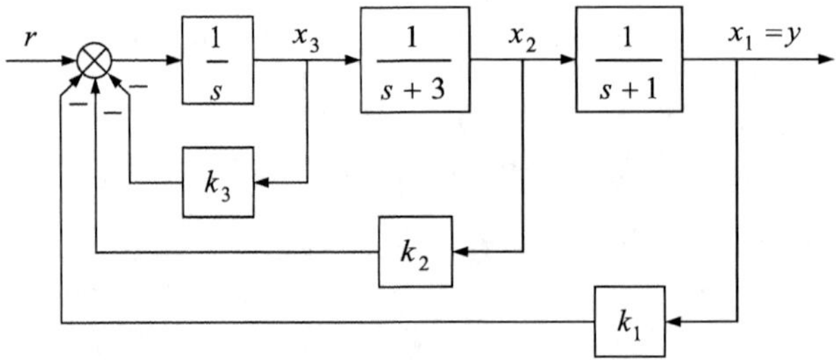

图 5.15　习题 5-3 图

5-4　在控制系统设计中，分别用开环传递函数频率特性的相角裕度 γ 和幅值穿越频率 ω_c 大于一定值，来使闭环系统的稳定性和快速性满足一定设计要求。对于图 5.16 所示的单位反馈系统，其中被控对象的传递函数为

$$G(s)=\frac{2}{s(s+1)(s+1)}$$

状态反馈被用来改善系统开环传递函数的特性。

(1)设图中 $k_c=1$，试求在未加入状态反馈时($\boldsymbol{k}^{\mathrm{T}}=0$)系统的相角裕度 γ。

(2)确定状态反馈 $\boldsymbol{k}$ 的参数，使改造后系统开环传递函数的极点为 $s_1=0$、$s_2=-1$、$s_3=-10$。

(3)状态反馈后，为维持系统的快速性不变，图中的 k_c 应做何调整？求调整 k_c 后系统的相角裕度。

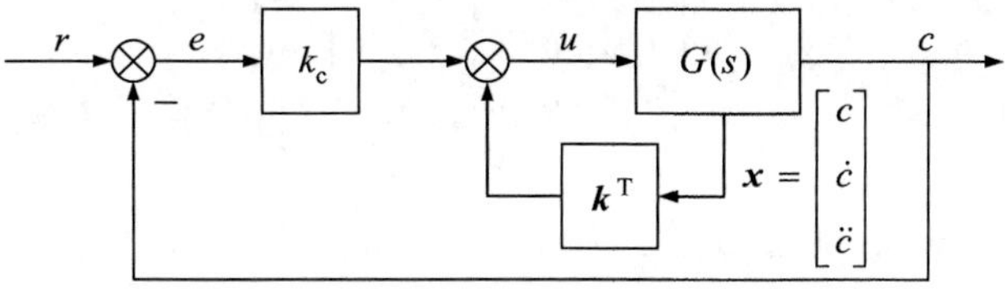

图 5.16　习题 5-4 图

5-5　设单摆系统状态空间描述为

$$\begin{bmatrix} \dot{x}_1 \\ \dot{x}_2 \end{bmatrix}=\begin{bmatrix} 0 & 1 \\ -\omega_0^2 & 0 \end{bmatrix}\begin{bmatrix} x_1 \\ x_2 \end{bmatrix}+\begin{bmatrix} 0 \\ 1 \end{bmatrix}u$$

$$y=\begin{bmatrix} 1 & 0 \end{bmatrix}\begin{bmatrix} x_1 \\ x_2 \end{bmatrix}$$

(1)求状态反馈 $u=\begin{bmatrix} k_1 & k_2 \end{bmatrix}\begin{bmatrix} x_1 \\ x_2 \end{bmatrix}$ 中 k_1 和 k_2 的取值，使系统闭环的两个极点都等于 $-2\omega_0$。

(2)为了消除静态误差，设由参考输入 r 和输出 y 的差乘上增益 k_0 以后，再经过积分器积分，由积分器的输出加上述状态反馈 $k_1x_1+k_2x_2$ 得到 u。问这时通过 k_0、k_1 和 k_2 的适当选取，可以任意配置系统的三个闭环极点吗？证明你的结论。

5-6　对于图 5.17(a)所示状态反馈系统，k_1、k_2、k_3 为状态反馈增益。

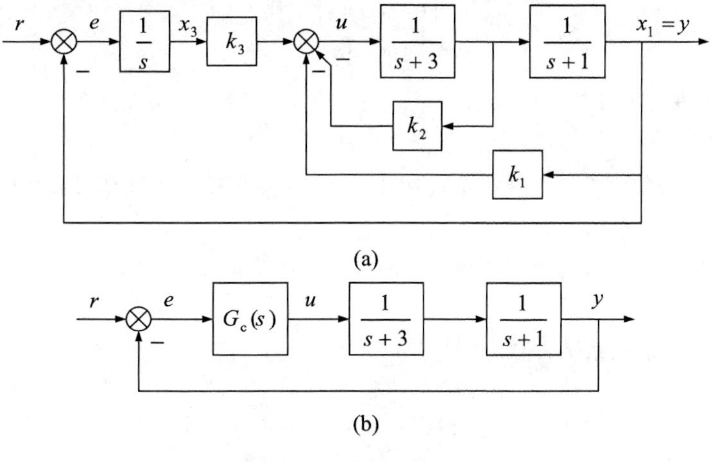

图 5.17　习题 5-6 图

(1)求状态反馈增益的值，使系统响应阶跃输入的稳态误差为零，系统的特征根为 $-1\pm \mathrm{j}1$ 和 -10。

(2)不采用状态反馈，采用图 5.17(b)所示的串联调节器，根据(1)中得到的 k_1、k_2、k_3 的值以及系统其他已知参数，求等价的串联控制器 $G_c(s)$。

5-7　设开环系统的系数矩阵为

$$A=\begin{bmatrix} 1 & 0 \\ 0 & 1 \end{bmatrix},\quad B=\begin{bmatrix} 1 & 1 \\ 0 & 1 \end{bmatrix}$$

(1)试求状态反馈矩阵，使闭环系统由第一个输入分量完全能控，并检验得到的结果。

(2)在步骤(1)的基础上，求反馈矩阵使闭环系统的极点为 −1、−2。

5-8　设两输入系统的系数矩阵为

$$A=\begin{bmatrix}1&1&0&0\\0&2&0&0\\1&0&0&0\\0&1&0&0\end{bmatrix},\quad B=\begin{bmatrix}1&2\\1&0\\0&0\\0&0\end{bmatrix}$$

试求状态反馈矩阵，将闭环极点被配置为 −1、−1、−2、−2。

5-9　已知单输入两输出系统的系数矩阵为

$$A=\begin{bmatrix}0&1&0\\0&0&-1\\-1&0&0\end{bmatrix},\quad \boldsymbol{b}=\begin{bmatrix}0\\1\\0\end{bmatrix},\quad C=\begin{bmatrix}1&0&0\\0&0&1\end{bmatrix}$$

试问系统能否通过输出反馈实现系统镇定？

5-10　已知系统的状态空间表达式为

$$\dot{\boldsymbol{x}}=\begin{bmatrix}-2&0&0\\0&1&1\\0&0&1\end{bmatrix}\boldsymbol{x}+\begin{bmatrix}1&0\\1&0\\0&1\end{bmatrix}\boldsymbol{u},\quad y=\begin{bmatrix}0&1&0\end{bmatrix}\boldsymbol{x}$$

(1)判断系统能否通过状态反馈实现闭环系统极点的任意配置？

(2)判断系统能否通过输出反馈实现闭环系统的稳定？

5-11　给定线性定常系统

$$\dot{\boldsymbol{x}}=\begin{bmatrix}2&-1&1\\0&-1&a\\0&1&-1\end{bmatrix}\boldsymbol{x}+\begin{bmatrix}0\\0\\1\end{bmatrix}u$$

$$y=\begin{bmatrix}1&0&0\end{bmatrix}\boldsymbol{x}$$

(1)给出系统完全能控时参数 a 应满足的条件，完全能观时参数 a 应满足的条件，完全能控能观时参数 a 应满足的条件。

(2)求系统的传递函数，验证当参数 a 的取值导致系统不能控或不能观时必然出现传递函数的零极点对消。

(3)确定参数 a 的取值导致系统不能控时，通过状态反馈 $u=K\boldsymbol{x}$ 实现系统镇定的可能性及反馈矩阵 $K=\begin{bmatrix}k_1&k_2&k_3\end{bmatrix}$ 中各系数的取值区间。

5-12　已知两输入两输出系统的传递函数矩阵为

$$G(s)=\begin{bmatrix}\dfrac{s+3}{(s+1)(s+2)}&\dfrac{1}{s+1}\\\dfrac{1}{s+1}&\dfrac{2s}{(s+1)(s+2)}\end{bmatrix}$$

(1)试求系统的能控标准实现。

(2)试求系统的能观标准实现。

5-13　已知两输入两输出系统的传递函数矩阵为

$$G(s)=\begin{bmatrix}\dfrac{1}{s(s+1)}&\dfrac{2}{s+1}\\\dfrac{2}{s+1}&\dfrac{1}{s+1}\end{bmatrix}$$

试以系统的能控标准实现为基础，求系统的最小实现。

5-14　求下列代数等价系统间的变换矩阵。

(1) 已知传递函数

$$\frac{s^2+2}{s^3+2s^2+2s+1}$$

的两个最小实现为

$$A_1=\begin{bmatrix}0 & 1 & 0\\ -1 & -1 & 1\\ 0 & 0 & -1\end{bmatrix},\quad \boldsymbol{b}_1=\begin{bmatrix}0\\0\\1\end{bmatrix},\quad \boldsymbol{c}_1^{\mathrm{T}}=\begin{bmatrix}1 & -1 & 1\end{bmatrix}$$

$$A_2=\begin{bmatrix}-1 & 1 & 0\\ -1 & 0 & 2\\ 0 & 0 & -1\end{bmatrix},\quad \boldsymbol{b}_2=\begin{bmatrix}1\\0\\1\end{bmatrix},\quad \boldsymbol{c}_2^{\mathrm{T}}=\begin{bmatrix}2 & -1 & -1\end{bmatrix}$$

试求系统 $(A_1,\boldsymbol{b}_1,\boldsymbol{c}_1^{\mathrm{T}})$ 和系统 $(A_2,\boldsymbol{b}_2,\boldsymbol{c}_2^{\mathrm{T}})$ 间的状态变换矩阵 T，即求 T 使得 $(A_2,\boldsymbol{b}_2,\boldsymbol{c}_2^{\mathrm{T}})=(T^{-1}A_1T,T^{-1}\boldsymbol{b}_1,\boldsymbol{c}_1^{\mathrm{T}}T)$。

(2) 已知传递函数

$$\frac{b_0s^2+b_1s+b_2}{s^3+a_1s^2+a_2s+a_3}$$

的一个最小实现为

$$\begin{aligned}\dot{\boldsymbol{x}}&=A_1\boldsymbol{x}+\boldsymbol{b}_1u\\ y&=\boldsymbol{c}^{\mathrm{T}}\boldsymbol{x}\end{aligned}$$

求状态变换矩阵，使变换后为能控标准II型。

5-15　已知某对象

$$\begin{aligned}\dot{\boldsymbol{x}}&=\begin{bmatrix}0 & 1\\ -2 & -1\end{bmatrix}\boldsymbol{x}+\begin{bmatrix}0\\2\end{bmatrix}u\\ y&=\begin{bmatrix}1 & 0\end{bmatrix}\boldsymbol{x}\end{aligned}$$

(1) 构造它的全维状态观测器，使观测器的特征值为 $-10\pm \mathrm{j}10$。

(2) 以观测器的状态取代实际系统的状态实现状态反馈，使系统的闭环极点为 -5、-10。

5-16　设系统的系数矩阵为

$$A=\begin{bmatrix}4 & 4 & 4\\ -11 & -12 & -12\\ 13 & 14 & 13\end{bmatrix},\quad \boldsymbol{b}=\begin{bmatrix}1\\-1\\0\end{bmatrix},\quad \boldsymbol{c}^{\mathrm{T}}=\begin{bmatrix}1 & 1 & 1\end{bmatrix}$$

试设计降维观测器，使降维观测器的极点为 -3、-4。

5-17　设被控对象是能控能观的，被控对象的传递函数为

$$G_0(s)=\frac{C(s)}{U(s)}=\frac{1}{s(s+6)}$$

(1) 试设计全维状态观测器，观测对象的输出 c 及其一阶导数 $\dot{c}$，给出状态观测器的状态空间描述。

(2) 求观测误差的反馈矩阵，要求观测器的极点为 -10、-10。

(3) 用观测器的状态实现状态反馈，求状态反馈矩阵，使闭环系统极点为 $-4\pm \mathrm{j}6$。

5-18　设 n 阶非线性系统的状态空间描述为

$$\begin{aligned}\dot{\boldsymbol{x}}&=A\boldsymbol{x}+\boldsymbol{g}(\boldsymbol{y},\boldsymbol{u})\\ \boldsymbol{y}&=C\boldsymbol{x}\end{aligned}$$

式中，系数矩阵 $A\in R^{n\times n}$、$C\in R^{q\times n}$、非线性函数向量 $\boldsymbol{g}:R^q\times R^p\to R^n$，设它们为已知，$(A,C)$ 能观，试构造状态观测器，并使观测误差以希望的速率衰减。

5-19　已知系统的系数矩阵为

$$A=\begin{bmatrix}-1 & -2 & -3\\ 0 & 4 & 1\\ 1 & 0 & -1\end{bmatrix},\quad B=\begin{bmatrix}2 & 3\\ 1 & 4\\ 0 & 7\end{bmatrix},\quad C=\begin{bmatrix}1 & 0 & 3\\ 4 & 2 & 0\end{bmatrix}$$

试判断系统状态反馈的可解耦性，并实现积分串联型状态反馈解耦。

5-20　取状态变换 $\boldsymbol{x}=T\bar{\boldsymbol{x}}$，将变换前后状态变量和系统系数矩阵间的关系 $(\bar{A},\bar{B},\bar{C})=(T^{-1}AT,T^{-1}B,CT)$，代入到有输入变换的状态反馈去耦控制律中，证明对于给定的被控对象，它的状态空间描述只要满足代数等价关系，根据这些状态空间描述得到的解耦控制都是相同的。

5-21　卫星在地球赤道平面上作圆周运动，状态方程为

$$\dot{\boldsymbol{x}}=\begin{bmatrix}0 & 1 & 0 & 0\\ 3\omega^2 & 0 & 0 & 2\omega\\ 0 & 0 & 0 & 1\\ 0 & -2\omega & 0 & 0\end{bmatrix}\boldsymbol{x}+\begin{bmatrix}0 & 0\\ 1 & 0\\ 0 & 0\\ 0 & 1\end{bmatrix}\begin{bmatrix}u_1\\ u_2\end{bmatrix}$$

$$\begin{bmatrix}y_1\\ y_2\end{bmatrix}=\begin{bmatrix}1 & 0 & 0 & 0\\ 0 & 0 & 1 & 0\end{bmatrix}\boldsymbol{x}$$

式中，ω 是圆周运动的角速度，设它是常值，u_1、u_2 和 y_1、y_2 分别表示卫星切线和矢径两个方向的输入和输出。

(1) 求系统的传递函数矩阵，说明系统在切线和矢径两个方向上是耦合的。

(2) 判断系统状态反馈的可解耦性，并实现积分串联型状态反馈解耦。

(3) 在 (2) 的基础上进一步求取状态反馈矩阵，使系统保持解耦，且极点为 $-1,-1;-1,-1$。

5-22　2 输入 2 输出被控对象的方框图如图 5.18 所示，u_1、u_2 为控制输入，y_1、y_2 为输出，f 为扰动输入。

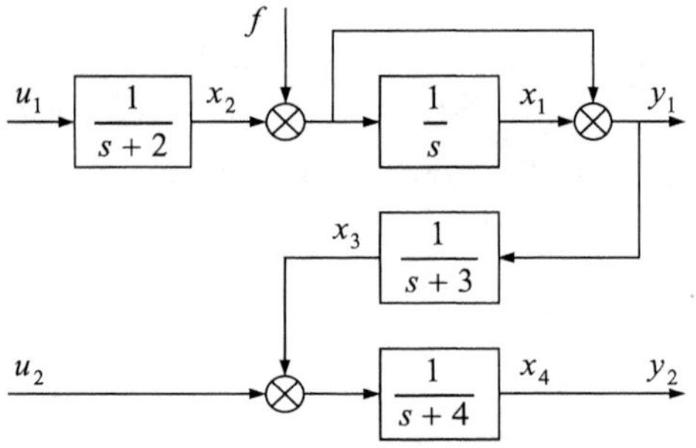

图 5.18　习题 5-22 图

(1) 设扰动输入 $f=0$，试按图中给出的状态变量列写系统的状态方程，计算得到带输入变换的状态反馈控制

$$\boldsymbol{u}=L\boldsymbol{v}+K\boldsymbol{x}$$

中系数矩阵 L 和 K 的具体取值，实现积分器型去耦。

(2) 通过观察直接得到状态反馈控制律，去掉耦合但保留系统的零点。

(3) 对去耦后的系统，选择输出反馈控制比例积分调节器 $\dfrac{k(\tau s+1)}{s}$ 的参数，使系统的闭环极点为 $-2\pm \mathrm{j}2$。设计得到的系统可以在常值阶跃扰动 f 作用下无静态误差吗？

5-23　两回路控制系统如图 5.19 所示，为实现阶跃输入下的无差调节，采用了两个 PI 调节器，k_{p1}、k_{i1} 和 k_{p2}、k_{i2} 分别是两个调节器比例系数和积分系数。

(1) 如图 5.19 所示选择状态变量，列写闭环系统的状态空间描述。

(2) 选择两个 PI 调节器的参数 k_{p1}、k_{i1} 和 k_{p2}、k_{i2}，使闭环系统的特征根等于 $-5\pm \mathrm{j}5$，$-5\pm \mathrm{j}5$，-9，

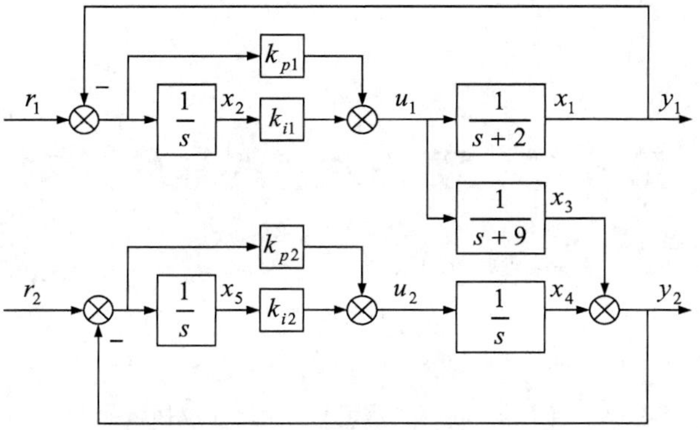

图 5.19　习题 5-23 图

并说明闭环根 -9 是上述闭环系统的不变根。提示：在计算系统的闭环根时，请利用三角形分块矩阵的性质

$$\det\begin{bmatrix} E & 0 & 0 \\ H & F & 0 \\ M & L & G \end{bmatrix} = \det E \det F \det G$$

5-24　某倒立摆的状态空间表达式为

$$\dot{\boldsymbol{x}} = \begin{bmatrix} 0 & 1 & 0 & 0 \\ 0 & 0 & -1 & 0 \\ 0 & 0 & 0 & 1 \\ 0 & 0 & 11 & 0 \end{bmatrix}\boldsymbol{x} + \begin{bmatrix} 0 \\ 1 \\ 0 \\ -1 \end{bmatrix}u + \begin{bmatrix} 0 \\ 4 \\ 0 \\ 6 \end{bmatrix}w$$

$$y = \begin{bmatrix} 1 & 0 & 0 & 0 \end{bmatrix}\boldsymbol{x}$$

其中，u 为作用在小车上的控制力，w 为作用在小车和摆杆上定常的风力扰动。

(1)试设计渐近跟踪调节器，使闭环系统的极点为 -1、-2、$-1\pm \mathrm{j}$ 和 -2 。

(2)绘制闭环系统的方框图。

5-25　已知受扰系统的状态空间描述为

$$\begin{bmatrix} \dot{x}_1 \\ \dot{x}_2 \end{bmatrix} = \begin{bmatrix} 0 & 1 \\ 1 & 1 \end{bmatrix}\begin{bmatrix} x_1 \\ x_2 \end{bmatrix} + \begin{bmatrix} 0 \\ 1 \end{bmatrix}u + \begin{bmatrix} 0.5 & 0 & 0 \\ 0 & 0.2 & 0 \end{bmatrix}\begin{bmatrix} w_1 \\ w_2 \\ w_3 \end{bmatrix}$$

$$y = \begin{bmatrix} 1 & 0 \end{bmatrix}\begin{bmatrix} x_1 \\ x_2 \end{bmatrix} + \begin{bmatrix} 0 & 2 & 1 \end{bmatrix}\begin{bmatrix} w_1 \\ w_2 \\ w_3 \end{bmatrix}$$

其中，扰动 $w_1 = \sin t$ ，$w_2 = \cos t$ ，$w_3 = 1(t)$ 。试设计渐近跟踪调节器，使闭环系统的极点为 -1 、$-0.5\pm \mathrm{j}$ 和 $-2\pm \mathrm{j}$ 。

第 6 章　动态系统的最优控制

由于 20 世纪中后期科学技术的迅速发展，特别是军事上和空间技术的迫切需要，控制系统的任务不再仅仅是实现输出对输入的跟踪与调节，还要做到一定意义上性能指标的优化，例如使控制过程消耗的能量尽量小，成本尽量低，收益尽量大，在控制变量受限的条件下使控制过程花费的时间最短，在被控变量的个数大于控制变量个数时，使包含这些被控变量在内的某个综合型的性能指标达到最优，处理任意非零初始条件下的系统响应特性等等。动态系统的最优控制理论是在状态空间方法基础上发展起来的解决上述优化控制问题的有效工具，是现代控制理论的一个重要组成部分。

在最优控制问题中，性能指标是控制变量函数和系统状态变量函数的函数，这种函数的函数被称为泛函。最优控制问题就是在满足控制系统动态方程约束的条件下，求取最优控制函数，使泛函达到极值。研究发现，古典变分法在解决动态系统的最优控制问题时起了关键性的作用。然而，古典变分理论只有在控制变量不受约束时才是有效的。在实际问题中，遇到更多的是控制变量属于有限闭集的情况，在这方面，庞特里亚金等在 1956 年至 1958 年提出了有约束最优控制问题的解应满足的必要条件，被称为最小值原理，并于 1962 年和加姆克来列采及巴尔强斯基一道给出了证明。同时，贝尔曼于 1957 年提出了动态规划方法，其核心是贝尔曼的最优化原理，它将多阶段决策问题转化为一系列的一阶段决策问题。将贝尔曼最优化原理应用于连续时间系统，便得到贝尔曼方程，它是解决有约束最优控制问题的必要和充分条件。最小值原理、动态规划和贝尔曼方程提供了解决动态系统最优控制问题的强有力手段，这些极大地深化了人们对动态系统最优控制问题的认识。

最优控制必须做到瞻前顾后，最优控制策略的当前值会因为之前和之后直至全部控制任务的不同而发生改变，所以最优控制策略一般需要事先离线得到。另一方面，控制工程中的系统都是因果的，对于给定的对象和给定的控制任务，初始状态或当前状态一定时，之后的最优控制策略便也随之确定了，这意味着最优控制的当前值应该是系统当前状态的函数。

本章首先介绍最优控制问题的数学描述，阐述泛函变分法的主要内容和结果，然后介绍变分法在最优控制问题特别是二次型性能指标最优控制问题中的应用，介绍最小值原理和动态规划的基本原理，给出离散时间系统二次型性能指标最优控制问题的解，推导给出贝尔曼方程，论述它和最小值原理的一致性。其中，当性能指标不只是系统输入输出变量，而且是系统状态变量的函数时，要求应用机理建模的方法得到被控对象的状态空间描述，或者用系统实现的方法建模，但要求明确其状态变量的具体含义。

6-1　最优控制问题的数学描述

1. 对象的数学模型

如上所述，最优控制问题就是在满足控制系统动态方程约束的条件下，求取最优控制函数，使指标泛函达到极值。对于状态方程描述的控制系统，设它的动态数学模型为

$$\dot{\boldsymbol{x}} = \boldsymbol{f}(\boldsymbol{x},\boldsymbol{u},t), \quad \boldsymbol{x}(t_0) = \boldsymbol{x}_0 \tag{6.1}$$

式中，$\boldsymbol{x} \in R^n$ 是 n 维的状态向量，$\boldsymbol{u} \in R^p$ 是 p 维的控制向量，对于非自治系统，$\boldsymbol{f}: R^n \times R^p \times R^1 \to R^n$ 为 n 维显含 t 的向量函数，对于自治系统，$\boldsymbol{f}: R^n \times R^p \to R^n$ 为 n 维不显含 t 的向量函数，$\boldsymbol{x}(t_0) = \boldsymbol{x}_0$ 为系统的初始状态。

2. 边界条件和目标集

在最优控制问题中，初始时刻 t_0 和初始状态 $\boldsymbol{x}(t_0)$ 通常是固定已知的，但终端时刻 t_{f} 和终端状态 $\boldsymbol{x}(t_{\mathrm{f}}) = \boldsymbol{x}_{\mathrm{f}}$ 视具体控制问题而异，可以固定，也可以自由，或者满足约束条件

$$\boldsymbol{\psi}[\boldsymbol{x}(t_{\mathrm{f}}), t_{\mathrm{f}}] = 0 \tag{6.2}$$

式中，$\boldsymbol{\psi}: R^n \times R^1 \to R^k$ 为 k 维的约束向量函数，一般 $k \leqslant n$。当 $\boldsymbol{x}(t_{\mathrm{f}})$ 为固定值时，称相应的最优控制问题为固定终端问题，当 $\boldsymbol{x}(t_{\mathrm{f}})$ 为任意值时，称相应的最优控制问题为自由终端问题。

3. 允许控制

在实际控制问题中，控制量通常是电压、电流、功率、压力、流量等物理量，它们的取值范围一般会受到控制装置输出能力的限制。控制向量 $\boldsymbol{u}(t)$ 允许的取值范围称为控制域，用 Ω 表示。凡是在允许控制域 Ω 内且分段连续的控制向量称为允许控制，记为 $\boldsymbol{u} \in \Omega$。

4. 性能指标

性能指标是衡量不同控制作用下系统工作优良程度的标准，不同的控制问题有不同形式的性能指标。积分型性能指标的形式为

$$J = \int_{t_0}^{t_{\mathrm{f}}} L[\boldsymbol{x}(t), \boldsymbol{u}(t), t]\mathrm{d}t \tag{6.3}$$

式中，$L: R^n \times R^p \times R^1 \to R^1$ 为连续可微的标量函数。例如，最小时间控制的性能指标为

$$J = \int_{t_0}^{t_{\mathrm{f}}} \mathrm{d}t = t_{\mathrm{f}} - t_0$$

它是在积分型性能指标中 $L=1$ 的情况，要求系统由初态 $\boldsymbol{x}(t_0)$ 转移到末态 $\boldsymbol{x}(t_{\mathrm{f}})$ 所用的时间最短。又例如最小能量控制的性能指标为

$$J = \int_{t_0}^{t_{\mathrm{f}}} \boldsymbol{u}^{\mathrm{T}}(t)\boldsymbol{u}(t)\mathrm{d}t$$

它要求系统在由初态 $\boldsymbol{x}(t_0)$ 转移到末态 $\boldsymbol{x}(t_{\mathrm{f}})$ 的过程中消耗的能量最小。末值型性能指标为

$$J = \varphi[\boldsymbol{x}(t_{\mathrm{f}}), t_{\mathrm{f}}] \tag{6.4}$$

式中，$\varphi: R^n \times R^1 \to R^1$ 为连续可微的标量函数，终端时刻 t_{f} 可以固定，也可以自由。末值型性能指标表示控制过程结束后，对系统终端状态 $\boldsymbol{x}(t_{\mathrm{f}})$ 的要求，例如，导弹的脱靶量最小等。复合型性能指标为

$$J = \varphi[\boldsymbol{x}(t_{\mathrm{f}}), t_{\mathrm{f}}] + \int_{t_0}^{t_{\mathrm{f}}} L[\boldsymbol{x}(t), \boldsymbol{u}(t), t]\mathrm{d}t \tag{6.5}$$

例如，状态调节问题的性能指标为

$$J = \frac{1}{2}\boldsymbol{x}^{\mathrm{T}}(t_{\mathrm{f}})F\boldsymbol{x}(t_{\mathrm{f}}) + \frac{1}{2}\int_{t_0}^{t_{\mathrm{f}}} [\boldsymbol{x}^{\mathrm{T}}(t)Q\boldsymbol{x}(t) + \boldsymbol{u}^{\mathrm{T}}(t)R\boldsymbol{u}(t)]\mathrm{d}t$$

式中，$F \in R^{n\times n}$，$F = F^{\mathrm{T}} \geqslant 0$，$Q \in R^{n\times n}$，$Q = Q^{\mathrm{T}} \geqslant 0$，$R \in R^{p\times p}$，$R = R^{\mathrm{T}} > 0$ 为加权矩阵，表示对终端状态、状态和控制量的不同加权要求。

总结上述，最优控制问题的一般提法是，对系统式(6.1)，寻找控制作用 $\boldsymbol{u}(t)$，使系统由初始状态 $\boldsymbol{x}(t_0)$ 转移到目标集，并使性能指标 J 达到极值，即

$$\begin{aligned}&\min_{\boldsymbol{u}\in\Omega} J=\varphi[\boldsymbol{x}(t_\mathrm{f}),t_\mathrm{f}]+\int_{t_0}^{t_\mathrm{f}} L[\boldsymbol{x}(t),\boldsymbol{u}(t),t]\mathrm{d}t\\&\text{s.t.}\ \ \dot{\boldsymbol{x}}=\boldsymbol{f}(\boldsymbol{x},\boldsymbol{u},t),\quad \boldsymbol{x}(t_0)=\boldsymbol{x}_0,\quad \boldsymbol{\psi}[\boldsymbol{x}(t_\mathrm{f}),t_\mathrm{f}]=0\end{aligned}\tag{6.6}$$

在下面的叙述中，系统状态 $\boldsymbol{x}$、控制作用 $\boldsymbol{u}$、终端约束 $\boldsymbol{\psi}$ 的维数总设定为 n、p 和 k，不再重复。

6-2 泛函和泛函的极值

1. 泛函和泛函的变分

为叙述上的简单，下面先介绍标量函数的泛函和变分，然后再将结果扩展到向量函数的情况。

定义 6.1(泛函的概念) 对于定义在 $t_0\leqslant t\leqslant t_\mathrm{f}$ 上连续可微的函数集合 $\{x(t)\}$，如果对于集合中的每个函数 $x(t)$，都有某个确定的数与之对应，记为 $J(x)$，则称 $J(x)$ 是定义在函数集合 $\{x(t)\}$ 上的一个泛函。

注意，在上述泛函的定义中，t 应理解为函数 x 的自变量，但并不一定将其理解为时间。

泛函是标量，是“函数的函数”，是以函数集合为定义域的实值函数。例如，求函数极大值的运算

$$J(x)=\max_{0\leqslant t\leqslant 2\pi} x(t)$$

当 $x(t)=t$ 时，$J(x)=2\pi$；当 $x(t)=\cos t$ 时，$J(x)=1$。又如积分运算

$$J(y)=\int_0^1 y(x)\mathrm{d}x$$

当 $y=x$ 时

$$J(y)=\int_0^1 x\mathrm{d}x=0.5x^2\Big|_0^1=0.5$$

当 $y=\cos x$ 时

$$J(y)=\int_0^1 \cos x\mathrm{d}x=\sin x\Big|_0^1=\sin 1$$

上述 $J(x)$ 和 $J(y)$ 分别是函数 x 和函数 y 的函数，它们都是泛函。

为对泛函进行运算，常要求泛函具有连续性和线性性质。

定义 6.2 设 $J(x)$ 是线性赋范函数空间中子集 Ω 到实数集 R 上的泛函算子，Ω 为泛函 $J(x)$ 的定义域。若对于函数序列 $\{x_k(t)\}$ 有 $\lim\limits_{k\to\infty} x_k=x_0$，其中 $x_0(t),x_k(t)\in\Omega$，则称函数序列 $\{x_k(t)\}$ 收敛于 $x_0(t)$。若对于收敛到 $x_0(t)$ 的任意函数序列 $\{x_k(t)\}$，都有 $\lim\limits_{k\to\infty} J(x_k)=J(x_0)$，则称 $J(x)$ 在 x_0 处是连续的。如 $J(x)$ 在 Ω 上的每一点都连续，则称 $J(x)$ 在 Ω 中连续。

定义 6.3 设 $J(x)$ 是线性赋范函数空间中子集 Ω 到实数集 R 上的泛函算子，Ω 为泛函 $J(x)$ 的定义域。若对于 Ω 中的任意函数 f 和 g 以及任意常数 a 和 b，泛函 $J(x)$ 满足条件：

(1) $J(af+bg)=aJ(f)+bJ(g)$。

(2) $J(af)=aJ(f)$。

则称 $J(x)$ 为线性泛函。

注意，在上述有关线性泛函的定义中，为使 $J(af+bg)$ 有意义，必须假设 Ω 是线性函数空间，它保证了对任意函数 $f\in\Omega$ 和 $g\in\Omega$，以及任意常数 a 和 b，$af+bg\in\Omega$。例如，有界的连续函数的全体构成实数域上的线性函数空间。又如，一阶连续可微函数的全体也构成实数域上的线性函数空间，等等。线性泛函是最为重要的一种泛函。

定义 6.4 对于给定的函数 $x(t)$，另一函数 $\overline{x}(t)$ 与函数 $x(t)$ 的差 $\overline{x}(t)-x(t)$ 称为函数 $x(t)$ 的变分，记为 δx。显然函数的变分 δx 也是函数，反映函数 x 在定义区间上的变化。

如果 $x(t)$ 和 $\delta x=\overline{x}(t)-x(t)$ 都可以求导，则有

$$(\delta x)'=\left[\overline{x}(t)-x(t)\right]'=\overline{x}'(t)-x'(t)=\delta x'$$

即函数变分的导数等于函数导数的变分，也就是说，函数求导运算和函数变分运算的顺序可以交换。

定义 6.5 设 $J(x)$ 是线性赋范函数空间中的连续泛函，若其增量可以表示为

$$\begin{aligned}\Delta J(x)&=J(x+\delta x)-J(x)\\&=L(x,\delta x)+r(x,\delta x)\end{aligned}$$

式中，$L(x,\delta x)$ 是关于 δx 的线性连续泛函，$r(x,\delta x)$ 是关于 δx 高阶无穷小，则 $L(x,\delta x)$ 称为泛函 $J(x)$ 的变分，记作 $\delta J(x,\delta x)$，简记为 δJ。当一个泛函具有变分时，也称该泛函可微。

上述定义表明，泛函的变分是泛函增量关于函数变分的线性主部，泛函的变分也是泛函，而且是关于函数变分 δx 的线性连续泛函。将泛函 $J(x)$ 与函数 $y(x)$ 相对比，函数的变分 δx 类似于自变量的微分 $\mathrm{d}x$，泛函的变分 δJ 类似于函数的微分 $\mathrm{d}y$，δJ 是 ΔJ 关于 δx 的线性主部，$\mathrm{d}y=y'\mathrm{d}x$ 是 Δy 关于 $\mathrm{d}x$ 的线性主部。二者的区别是，泛函的变分 δJ 表示函数的变分 δx 引起的泛函增量，而函数的微分 $\mathrm{d}y$ 表示自变量的微分 $\mathrm{d}x$ 引起的函数增量。

关于泛函变分的求法有下面的定理。

定理 6.1 设 $J(x)$ 是线性赋范函数空间中的连续泛函，且在 $x=x_0$ 处可微(变分存在)，则 $J(x)$ 在 x_0 处的变分为

$$\delta J(x_0)=\frac{\partial}{\partial\varepsilon}J(x_0+\varepsilon\delta x)\bigg|_{\varepsilon=0}\tag{6.7}$$

证明 对给定函数 x_0，将泛函 $J(x_0+\varepsilon\delta x)$ 看成是 ε 和 δx 的函数，则 $J(\varepsilon,\delta x)=J(x_0+\varepsilon\delta x)$，$J(0,\delta x)=J(x_0+\varepsilon\delta x)\big|_{\varepsilon=0}=J(x_0)$，按偏导数的定义和泛函可微的性质有

$$\frac{\partial}{\partial\varepsilon}J(x_0+\varepsilon\delta x)\bigg|_{\varepsilon=0}=\lim_{\varepsilon\to0}\frac{J(x_0+\varepsilon\delta x)-J(x_0)}{\varepsilon}=\lim_{\varepsilon\to0}\frac{L(x_0,\varepsilon\delta x)+r(x_0,\varepsilon\delta x)}{\varepsilon}$$

因为 $L(x_0,\varepsilon\delta x)$ 是关于 $\varepsilon\delta x$ 的线性连续泛函，故

$$L(x_0,\varepsilon\delta x)=\varepsilon L(x_0,\delta x)$$

又因为 $r(x_0,\varepsilon\delta x)$ 是关于 $\varepsilon\delta x$ 的高阶无穷小，故

$$\lim_{\varepsilon\to 0}\frac{r(x_0,\varepsilon\delta x)}{\varepsilon}=\lim_{\varepsilon\to 0}\frac{r(x_0,\varepsilon\delta x)}{\varepsilon\delta x}\delta x=o\delta x=0$$

于是

$$\frac{\partial}{\partial\varepsilon}J(x_0+\varepsilon\delta x)\bigg|_{\varepsilon=0}=\lim_{\varepsilon\to 0}\frac{\varepsilon L(x_0,\delta x)+r(x_0,\varepsilon\delta x)}{\varepsilon}=L(x_0,\delta x)=\delta J(x_0)$$

例 6.1 求泛函

$$J(x)=\int_{t_0}^{t_f}x^2(t)\mathrm{d}t$$

的变分。

解 用两种方法来求变分。

第一种方法是根据变分的定义来求取，此时有

$$\Delta J=\int_{t_0}^{t_f}(x+\delta x)^2\mathrm{d}t-\int_{t_0}^{t_f}x^2\mathrm{d}t=\int_{t_0}^{t_f}2x\delta x\mathrm{d}t+\int_{t_0}^{t_f}(\delta x)^2\mathrm{d}t$$

ΔJ 的线性主部为

$$L(x,\delta x)=\int_{t_0}^{t_f}2x\delta x\,\mathrm{d}t$$

于是有

$$\delta J(x)=\int_{t_0}^{t_f}2x\delta x\mathrm{d}t$$

它是关于 δx 的线性连续泛函。

第二种方法是根据定理 6.1 给出的方法来求取，此时有

$$\delta J(x)=\frac{\partial}{\partial\varepsilon}J(x+\varepsilon\delta x)\bigg|_{\varepsilon=0}=\int_{t_0}^{t_f}\frac{\partial}{\partial\varepsilon}(x+\varepsilon\delta x)^2\mathrm{d}t\bigg|_{\varepsilon=0}=\int_{t_0}^{t_f}2(x+\varepsilon\delta x)\delta x\mathrm{d}t\bigg|_{\varepsilon=0}=\int_{t_0}^{t_f}2x\delta x\mathrm{d}t$$

两种方法得到的结果是一样的。

例 6.2 求下列泛函

$$J_1(x)=M(x,\dot{x},t)$$

$$J_2(x)=\int_{t_0}^{t_f}F(x,\dot{x},t)\mathrm{d}t$$

的变分。

解 采用定理 6.1 给出的方法，有

$$\begin{aligned}\delta J_1(x)&=\frac{\partial}{\partial\varepsilon}J_1(x+\varepsilon\delta x)\bigg|_{\varepsilon=0}=\frac{\partial}{\partial\varepsilon}M(x+\varepsilon\delta x,\dot{x}+\varepsilon\delta\dot{x},t)\bigg|_{\varepsilon=0}\\&=\frac{\partial M(x+\varepsilon\delta x,\dot{x}+\varepsilon\delta\dot{x},t)}{\partial(x+\varepsilon\delta x)}\frac{\partial(x+\varepsilon\delta x)}{\partial\varepsilon}\bigg|_{\varepsilon=0}+\frac{\partial M(x+\varepsilon\delta x,\dot{x}+\varepsilon\delta\dot{x},t)}{\partial(\dot{x}+\varepsilon\delta\dot{x})}\frac{\partial(\dot{x}+\varepsilon\delta\dot{x})}{\partial\varepsilon}\bigg|_{\varepsilon=0}\\&=\frac{\partial M(x,\dot{x},t)}{\partial x}\delta x+\frac{\partial M(x,\dot{x},t)}{\partial\dot{x}}\delta\dot{x}\end{aligned}$$

$$\delta J_2(x)=\frac{\partial}{\partial\varepsilon}J_2(x+\varepsilon\delta x)\bigg|_{\varepsilon=0}=\int_{t_0}^{t_f}\frac{\partial}{\partial\varepsilon}F(x+\varepsilon\delta x,\dot{x}+\varepsilon\delta\dot{x},t)\,\mathrm{d}t\bigg|_{\varepsilon=0}$$

$$=\int_{t_0}^{t_f}\left[\frac{\partial F(x+\varepsilon\delta x,\dot{x}+\varepsilon\delta\dot{x},t)}{\partial(x+\varepsilon\delta x)}\frac{\partial(x+\varepsilon\delta x)}{\partial\varepsilon}+\frac{\partial F(x+\varepsilon\delta x,\dot{x}+\varepsilon\delta\dot{x},t)}{\partial(\dot{x}+\varepsilon\delta\dot{x})}\frac{\partial(\dot{x}+\varepsilon\delta\dot{x})}{\partial\varepsilon}\right]\mathrm{d}t\bigg|_{\varepsilon=0}$$

$$=\int_{t_0}^{t_f}\left[\frac{\partial F(x,\dot{x},t)}{\partial x}\delta x+\frac{\partial F(x,\dot{x},t)}{\partial\dot{x}}\delta\dot{x}\right]\mathrm{d}t$$

从这个例子可以看出，变分 $\delta x(t)$ 是函数 $x(t)$ 的增量，这一增量并不是由自变量 t 的增量引起的，而是由在同一 t 值上函数 $x(t)$ 的改变引起的。同样，泛函变分 δJ 也是由在同一 t 值上函数 $x(t)$ 的改变引起的。

2. 泛函的极值

设 $J(x)$ 是线性赋范函数空间中子集 Ω 到实数集 R 上的泛函，设 $x^*(t)\in\Omega$，若对于任意 $x(t)\in\Omega$，都有 $J(x^*)\leqslant J(x)$（或 $J(x^*)\geqslant J(x)$），则称泛函 $J(x)$ 在 $x^*(t)$ 上取得了绝对极小值(或绝对极大值)。

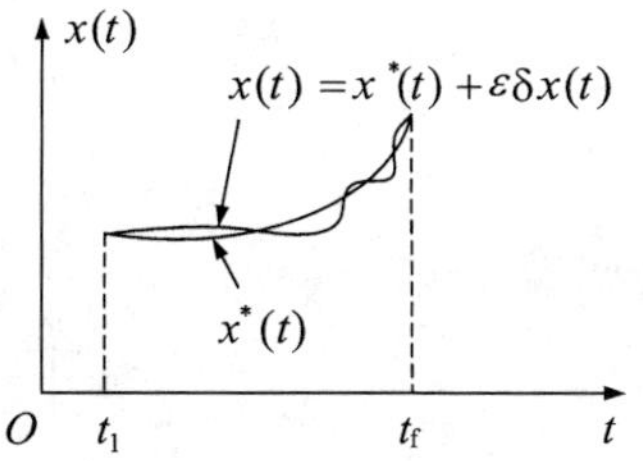

图 6.1　极值曲线及其变分

如果作比较的函数 $x(t)$ 限于函数 $x^*(t)$ 的某一邻域，且对该邻域内的任意 $x(t)$，都有 $J(x^*)\leqslant J(x)$（或 $J(x^*)\geqslant J(x)$），则称泛函 $J(x)$ 在 $x^*(t)$ 上取得了相对极小值(或相对极大值)。就变分问题来说，一般是寻求泛函取得相对极值或稳定值(或称驻值)的条件。

泛函在某函数类上的绝对极值和相对极值相当于普通函数在某定义域上的绝对极值和相对极值。

设泛函 $J(x)$ 在 $x^*(t)$ 取得极值，$x^*(t)$ 称为极值曲线。为推导极值曲线应满足的条件，如图 6.1 所示，给极值曲线 $x^*(t)$ 加上一个小的增量 $\varepsilon\delta x$ 得到

$$x=x^*+\varepsilon\delta x$$

式中，ε 为一小实数，δx 为任意函数。显然当 $\varepsilon=0$ 时，便得到极值曲线。

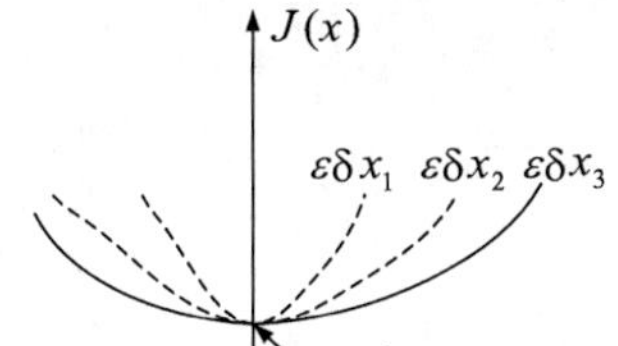

图 6.2　泛函极值曲线的特性

图 6.2 绘出了取不同函数变分 δx 时，泛函 $J(x)$ 相对于 ε 的曲线，显然当 $\varepsilon=0$ 时，所有的曲线都有极小值，且和 δx 的选择无关，即不同的 δx 和 ε 的不同取值 $J(x)$ 的值也不同，但总有

$$\frac{\partial}{\partial\varepsilon}J(x^*+\varepsilon\delta x)\bigg|_{\varepsilon=0}=0$$

显然，对非极值曲线，泛函的变分不具备上述特性。于是，根据定理 6.1，得到泛函取得极值(局部极大值或极小值)的必要条件是它的变分等于零，即 $\delta J(x^*)=0$。

3. 欧拉方程

在最优控制问题中，两百多年前主要由欧拉、拉格朗日完成的变分法得到了应用。变分法解决的是积分型泛函

$$J(x)=\int_{t_0}^{t_f}L[x(t),\dot{x}(t),t]\mathrm{d}t \tag{6.8}$$

的极值问题，即寻找函数 $x(t)$，使 J 取极值。

欧拉方程给出了式(6.8)所示泛函取得极值的必要条件。在处理实际泛函极值问题时，一般不去考虑充分条件，而是从实际问题的性质出发，间接地判断泛函极值的存在性，直接利用欧拉方程来求出极值曲线。下面根据欧拉方程定解条件的不同，分几种情况进行介绍。

1)终端时刻固定的情况

定理 6.2 设已知轨线 $x(t)$ 的始端时间 t_0 及状态 $x(t_0)=x_0$，终端时间 t_f 固定，则使性能指标泛函式(6.8)取极值的必要条件是，极值轨线 $x(t)$ 满足如下欧拉方程

$$\frac{\partial L}{\partial x}-\frac{\mathrm{d}}{\mathrm{d}t}\frac{\partial L}{\partial \dot{x}}=0 \tag{6.9}$$

和横截条件

$$\left(\frac{\partial L}{\partial \dot{x}}\delta x\right)\bigg|_{t_f}-\left(\frac{\partial L}{\partial \dot{x}}\delta x\right)\bigg|_{t_0}=0 \tag{6.10}$$

证明 取泛函式(6.8)的变分有

$$\begin{aligned}\delta J&=\frac{\partial}{\partial \varepsilon}J(x+\varepsilon\delta x)\bigg|_{\varepsilon=0}=\int_{t_0}^{t_f}\left(\frac{\partial L}{\partial(x+\varepsilon\delta x)}\delta x+\frac{\partial L}{\partial(\dot{x}+\varepsilon\delta\dot{x})}\delta\dot{x}\right)\bigg|_{\varepsilon=0}\mathrm{d}t\\&=\int_{t_0}^{t_f}\left(\frac{\partial L}{\partial x}\delta x+\frac{\partial L}{\partial \dot{x}}\delta\dot{x}\right)\mathrm{d}t\end{aligned}$$

对其中的第二项采用分部积分法，即利用

$$\int_{t_0}^{t_f}u(t)\mathrm{d}v(t)=u(t)v(t)\big|_{t_0}^{t_f}-\int_{t_0}^{t_f}v(t)\mathrm{d}u(t)$$

可得

$$\begin{aligned}\delta J&=\int_{t_0}^{t_f}\frac{\partial L}{\partial x}\delta x\mathrm{d}t+\int_{t_0}^{t_f}\frac{\partial L}{\partial \dot{x}}\delta\dot{x}\mathrm{d}t\\&=\int_{t_0}^{t_f}\frac{\partial L}{\partial x}\delta x\mathrm{d}t+\left(\frac{\partial L}{\partial \dot{x}}\delta x\right)\bigg|_{t_0}^{t_f}-\int_{t_0}^{t_f}\frac{\mathrm{d}}{\mathrm{d}t}\frac{\partial L}{\partial \dot{x}}\delta x\mathrm{d}t\\&=\int_{t_0}^{t_f}\left(\frac{\partial L}{\partial x}-\frac{\mathrm{d}}{\mathrm{d}t}\frac{\partial L}{\partial \dot{x}}\right)\delta x\mathrm{d}t+\left(\frac{\partial L}{\partial \dot{x}}\delta x\right)\bigg|_{t_0}^{t_f}\end{aligned}$$

根据泛函取极值的必要条件，令 $\delta J=0$，考虑到 δx 的任意性便得到欧拉方程式(6.9)和横截条件(6.10)。证毕。

欧拉方程还可以写成

$$\frac{\partial L}{\partial x}-\frac{\partial^2 L}{\partial t\partial \dot{x}}-\frac{\partial^2 L}{\partial x\partial \dot{x}}\dot{x}-\frac{\partial^2 L}{\partial \dot{x}\partial \dot{x}}\ddot{x}=0$$

或简写为

$$L_x-L_{t\dot{x}}-L_{x\dot{x}}\dot{x}-L_{\dot{x}\dot{x}}\ddot{x}=0$$

显然上述欧拉方程是一个 2 阶微分方程，定解的 2 个边界条件由横截条件给出。一般始端是固定的，$\delta x(t_0)=0$，由初始条件 $x(t_0)=x_0$ 给出 1 个边界条件，另外 1 个边界条件，由

$\left.\frac{\partial L}{\partial \dot{x}}\right|_{t_f} \delta x(t_f) = 0$ 给出。终端自由时，由 $\delta x(t_f)$ 的任意性，由 $\left.\frac{\partial L}{\partial \dot{x}}\right|_{t_f} = 0$ 给出；终端固定时，$\delta x(t_f) = 0$，退化为由 $x(t_f) = x_f$ 给出。

欧拉方程的解称为欧拉方程的积分，该积分曲线称为极值曲线。如上所述，求解欧拉方程将导致微分方程的两点边值问题，这一般比解初值问题要困难得多。下面对一些特殊情况下的欧拉方程进行讨论。

(1) 如果 L 中不显含 $\dot{x}$，则欧拉方程变为

$$L_x(x,t) = 0$$

这样得到的是一个代数方程，若由此确定的函数 $x(t)$ 满足边界条件的要求，则退化为静态优化问题的解，若 $x(t)$ 不满足边界条件的要求，则问题无解。

(2) 如果 L 中不显含 x 和 t，则欧拉方程变为

$$L_{\dot{x}\dot{x}}(\dot{x})\ddot{x} = 0$$

这时，若 $L_{\dot{x}\dot{x}}(\dot{x}) \neq 0$，可得 $\ddot{x} = 0$，欧拉方程的积分曲线为直线方程

$$x(t) = a + bt$$

式中，a、b 由边界条件确定。

(3) 如果 L 中不显含 x，则欧拉方程变为

$$\frac{\mathrm{d}}{\mathrm{d}t} L_{\dot{x}}(\dot{x},t) = 0$$

积分一次得到 1 阶微分方程

$$L_{\dot{x}}(\dot{x},t) = c_1$$

再积分一次得到 $\eta(x,t,c_1,c_2) = 0$，c_1、c_2 由边界条件确定。

(4) 如果 L 中不显含 t，则欧拉方程变为

$$L_x - L_{x\dot{x}}\dot{x} - L_{\dot{x}\dot{x}}\ddot{x} = 0$$

这是一个 2 阶的微分方程，由边界条件确定 2 个积分常数。

例 6.3 求使泛函

$$J = \int_0^{t_f} (x^2 + \dot{x}^2)\mathrm{d}t$$

达到极小的极值曲线。

解 现在 $L = x^2 + \dot{x}^2$，不显含 t，欧拉方程为

$$\frac{\partial L}{\partial x} - \frac{\mathrm{d}}{\mathrm{d}t}\frac{\partial L}{\partial \dot{x}} = 2x - 2\ddot{x} = 0$$

积分两次得到解为

$$x(t) = C_1\mathrm{e}^t + C_2\mathrm{e}^{-t}$$

从始端条件有

$$x(0) = x_0 = C_1 + C_2 \tag{6.11}$$

终端自由时，由

$$\left.\frac{\partial L}{\partial \dot{x}}\right|_{t_f} = 2\dot{x}(t_f) = 2C_1\mathrm{e}^{t_f} - 2C_2\mathrm{e}^{-t_f} = 0$$

得到 $C_1 = C_2 e^{-2t_f}$，与式(6.11)联立得到

$$C_1 = \frac{x_0 e^{-2t_f}}{1+e^{-2t_f}}, \quad C_2 = \frac{x_0}{1+e^{-2t_f}}$$

极值轨线为

$$x^*(t) = \frac{x_0 e^{-2t_f}}{1+e^{-2t_f}} e^t + \frac{x_0}{1+e^{-2t_f}} e^{-t}$$

终端固定时，有 $x_f = C_1 e^{t_f} + C_2 e^{-t_f}$，与式(6.11)联立得到

$$C_1 = \frac{x_f - x_0 e^{-t_f}}{e^{t_f} - e^{-t_f}}, \quad C_2 = \frac{x_0 e^{t_f} - x_f}{e^{t_f} - e^{-t_f}}$$

极值轨线为

$$x^*(t) = \frac{x_f - x_0 e^{-t_f}}{e^{t_f} - e^{-t_f}} e^t + \frac{x_0 e^{t_f} - x_f}{e^{t_f} - e^{-t_f}} e^{-t}$$

2)终端时刻自由的情况

定理 6.3 设已知轨线 $x(t)$ 的始端时间 t_0 及状态 $x(t_0) = x_0$，终端时间 t_f 自由，则使性能指标泛函

$$J(x) = \varphi[x(t_f), t_f] + \int_{t_0}^{t_f} L(x, \dot{x}, t) \mathrm{d}t \tag{6.12}$$

取极值的必要条件是，极值轨线 $x(t)$ 满足欧拉方程

$$\frac{\partial L}{\partial x} - \frac{\mathrm{d}}{\mathrm{d}t}\frac{\partial L}{\partial \dot{x}} = 0 \tag{6.13}$$

有终端约束 $\psi\left[x(t_f), t_f\right] = 0$ 时，横截条件及边界条件为

$$\begin{aligned} & x(t_0) = x_0 \\ & \left[\frac{\partial L}{\partial \dot{x}} + \frac{\partial \varphi}{\partial x(t_f)} + \gamma \frac{\partial \psi}{\partial x(t_f)}\right]\Bigg|_{t_f} = 0 \\ & \psi\left[x(t_f), t_f\right] = 0 \\ & \left(L - \dot{x}\frac{\partial L}{\partial \dot{x}} + \frac{\partial \varphi}{\partial t_f} + \gamma \frac{\partial \psi}{\partial t_f}\right)\Bigg|_{t_f} = 0 \end{aligned} \tag{6.14}$$

式中，前两个等式是定解的 1 个边界条件和 1 个横截条件，后两个等式用来确定待定的拉格朗日常数 γ 和终端时刻 t_f。

无终端约束时，横截条件及边界条件为

$$\begin{aligned} & x(t_0) = x_0 \\ & \left[\frac{\partial L}{\partial \dot{x}} + \frac{\partial \varphi}{\partial x(t_f)}\right]\Bigg|_{t_f} = 0 \\ & \left(L - \dot{x}\frac{\partial L}{\partial \dot{x}} + \frac{\partial \varphi}{\partial t_f}\right)\Bigg|_{t_f} = 0 \end{aligned} \tag{6.15}$$

式中，前两个等式是定解的 1 个边界条件和 1 个横截条件，后一个等式是用来确定终端时刻 t_f。

无终端约束，指标泛函无终端项时，横截条件及边界条件为

$$x(t_0)=x_0,\quad \left.\frac{\partial L}{\partial \dot{x}}\right|_{t_f}=0,\quad \left.\left(L-\dot{x}\frac{\partial L}{\partial \dot{x}}\right)\right|_{t_f}=0 \tag{6.16}$$

证明　先看终端有约束的情况，引进拉格朗日常数，将有约束泛函极值问题转化为无约束泛函极值问题，性能指标泛函式(6.12)等价为

$$J(x)=\varphi[x(t_f),t_f]+\gamma\psi[x(t_f),t_f]+\int_{t_0}^{t_f}L(x,\dot{x},t)\mathrm{d}t$$

性能指标泛函的变分为

$$\begin{aligned}\delta J=&\int_{t_0}^{t_f}\left(\frac{\partial L}{\partial x}-\frac{\mathrm{d}}{\mathrm{d}t}\frac{\partial L}{\partial \dot{x}}\right)\delta x\mathrm{d}t+\left.\left(\frac{\partial L}{\partial \dot{x}}\delta x\right)\right|_{t_0}^{t_f}+L(x,\dot{x},t)\Big|_{t_f}\delta t_f\\&+\left.\left[\frac{\partial \varphi}{\partial x(t_f)}+\gamma\frac{\partial \psi}{\partial x(t_f)}\right]\right|_{t_f}\delta x_f+\left.\left(\frac{\partial \varphi}{\partial t_f}+\gamma\frac{\partial \psi}{\partial t_f}\right)\right|_{t_f}\delta t_f\end{aligned} \tag{6.17}$$

式中，第一项和第二项是对被积函数的变分，同固定端点的情况，第三项是对积分上限的变分，第四和第五项是对终端项和终端约束项的变分。如图 6.3 所示，δx_f、$\delta x(t_f)$、δt_f 间存在关系

$$\delta x_f=\delta x(t_f)+\dot{x}(t_f)\delta t_f$$

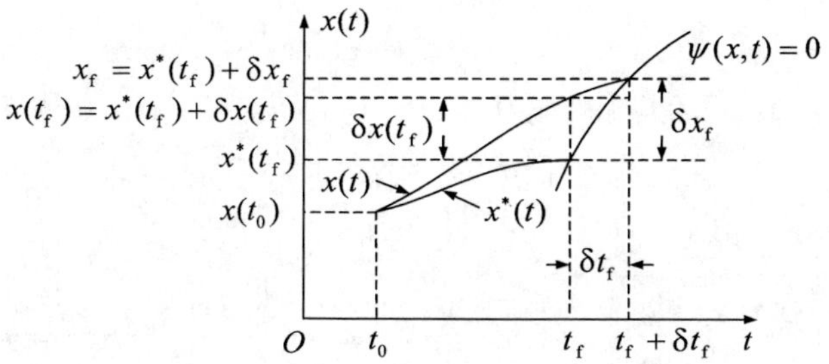

图 6.3　变分 δx_f、$\delta x(t_f)$、δt_f 间的关系

因为始端固定，$\delta x(t_0)=0$，再将关系式 $\delta x(t_f)=\delta x_f-\dot{x}(t_f)\delta t_f$ 代入到式(6.17)得

$$\begin{aligned}\delta J=&\int_{t_0}^{t_f}\left(\frac{\partial L}{\partial x}-\frac{\mathrm{d}}{\mathrm{d}t}\frac{\partial L}{\partial \dot{x}}\right)\delta x\mathrm{d}t+\left.\left(\frac{\partial L}{\partial \dot{x}}\delta x\right)\right|_{t_f}\\&+\left.\left[\frac{\partial \varphi}{\partial x(t_f)}+\gamma\frac{\partial \psi}{\partial x(t_f)}\right]\right|_{t_f}\delta x_f+\left.\left(L+\frac{\partial \varphi}{\partial t_f}+\gamma\frac{\partial \psi}{\partial t_f}\right)\right|_{t_f}\delta t_f\\=&\int_{t_0}^{t_f}\left(\frac{\partial L}{\partial x}-\frac{\mathrm{d}}{\mathrm{d}t}\frac{\partial L}{\partial \dot{x}}\right)\delta x\mathrm{d}t+\left.\left[\frac{\partial L}{\partial \dot{x}}+\frac{\partial \varphi}{\partial x(t_f)}+\gamma\frac{\partial \psi}{\partial x(t_f)}\right]\right|_{t_f}\delta x_f\\&+\left.\left(L-\dot{x}\frac{\partial L}{\partial \dot{x}}+\frac{\partial \varphi}{\partial t_f}+\gamma\frac{\partial \psi}{\partial t_f}\right)\right|_{t_f}\delta t_f\end{aligned}$$

由 δx、δx_f 和 δt_f 的任意性，定理 6.3 的条件式(6.13)、式(6.14)得证。

终端无约束时则无需引入拉格朗日常数，指标泛函无终端项时则令 $\varphi=0$，证明过程相似，或在上述结果中直接令 $\psi=0$，$\varphi=0$ 即可，定理 6.3 的条件式(6.15)、式(6.16)得证。证毕。

从上面的结果看出，因为当最优轨线确定后，终端时刻 t_f、终端状态 $x(t_f)$ 和指标泛函的

终端项 $\varphi[x(t_f),t_f]$ 也就成了定值，于是 $\varphi[x(t_f),t_f]+\int_{t_0}^{t_f}L(x,\dot{x},t)\mathrm{d}t$ 作为 t_f 和 $x(t_f)$ 固定的情况，也应该取极值，因此 $x(t)$ 仍应满足欧拉方程。

例 6.4 求使性能指标

$$J=\int_{t_0}^{t_f}\sqrt{1+\dot{x}^2}\,\mathrm{d}t$$

为极小的轨线 $x(t)$，设 $x(0)=1$，终端目标的约束为 $\psi(t_f)=x(t_f)-2+t_f=0$，t_f 终端时间待定。

解 根据题意 $L=\sqrt{1+\dot{x}^2}$，L 中不显含 x 和 t。欧拉方程为

$$\frac{\partial L}{\partial x}-\frac{\mathrm{d}}{\mathrm{d}t}\frac{\partial L}{\partial \dot{x}}=-\frac{\mathrm{d}}{\mathrm{d}t}\left[\frac{\dot{x}}{\sqrt{1+\dot{x}^2}}\right]=-\frac{\mathrm{d}}{\mathrm{d}\dot{x}}\left[\frac{\dot{x}}{\sqrt{1+\dot{x}^2}}\right]\ddot{x}=\frac{\ddot{x}}{(1+\dot{x}^2)\sqrt{1+\dot{x}^2}}=0$$

由于

$$\frac{1}{(1+\dot{x}^2)\sqrt{1+\dot{x}^2}}\neq 0$$

推得

$$\ddot{x}=0$$

积分两次得到积分曲线

$$x=C_1t+C_2$$

指标泛函不含终端项，故 $\varphi=0$。将 $\varphi=0$ 和 $\psi(t_f)=x(t_f)-2+t_f=0$ 代入横截条件有

$$\left[\frac{\partial L}{\partial \dot{x}}+\frac{\partial \varphi}{\partial x(t_f)}+\gamma\frac{\partial \psi}{\partial x(t_f)}\right]\Bigg|_{t_f}=\left[\frac{\partial L}{\partial \dot{x}}+\gamma\frac{\partial \psi}{\partial x(t_f)}\right]\Bigg|_{t_f}=\left[\frac{\partial L}{\partial \dot{x}}+\gamma\right]\Bigg|_{t_f}=0$$

$$\left(L-\frac{\partial L}{\partial \dot{x}}\dot{x}+\frac{\partial \varphi}{\partial t_f}+\gamma\frac{\partial \psi}{\partial t_f}\right)\Bigg|_{t_f}=\left(L-\frac{\partial L}{\partial \dot{x}}\dot{x}+\gamma\frac{\partial \psi}{\partial t_f}\right)\Bigg|_{t_f}=\left(L-\frac{\dot{x}^2}{\sqrt{1+\dot{x}^2}}+\gamma\right)\Bigg|_{t_f}=0$$

于是有

$$\frac{\partial L}{\partial \dot{x}}\bigg|_{t_f}=\frac{\dot{x}}{\sqrt{1+\dot{x}^2}}\bigg|_{t_f}=-\gamma,\quad \left(L-\frac{\dot{x}^2}{\sqrt{1+\dot{x}^2}}\right)\bigg|_{t_f}=\frac{1}{\sqrt{1+\dot{x}^2}}\bigg|_{t_f}=-\gamma$$

得 $\dot{x}(t_f)=1$。再由 $x(0)=1$，$x(t_f)-2+t_f=0$，得

$$\dot{x}(t_f)=C_1=1,\quad x(0)=C_2=1,$$
$$x(t_f)-2+t_f=C_1t_f+C_2-2+t_f=0$$

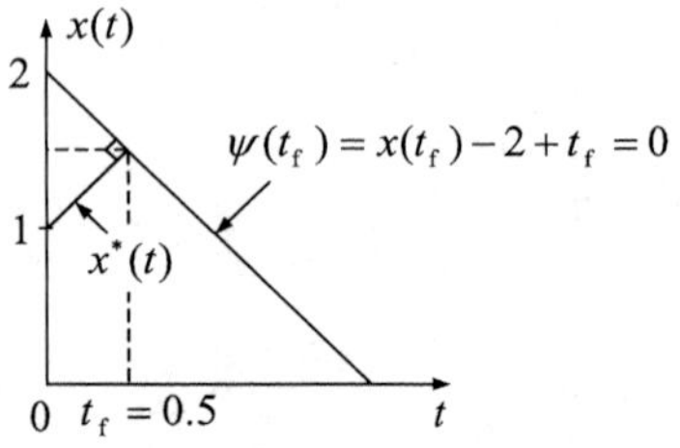

图 6.4 例 6.4 的积分曲线

即有

$$C_1=1,\quad C_2=1,\quad t_f=\frac{1}{2}$$

如图 6.4 所示，积分曲线是 $(0,1)$ 点到直线 $x=2-t$ 的垂线，它是由点 $(0,1)$ 到直线 $x=2-t$ 间的最短路径。

对于依赖于多个函数的泛函

$$J(x_1,x_2,\cdots,x_n)=\varphi[x_1(t_f),x_2(t_f),\cdots,x_n(t_f),t_f]+\int_{t_0}^{t_f}L(x_1,x_2,\cdots,x_n;\dot{x}_1,\dot{x}_2,\cdots,\dot{x}_n,t)\mathrm{d}t$$

和目标约束

$$\psi_1[x_1(t_f), x_2(t_f), \cdots, x_n(t_f), t_f] = 0, \cdots, \psi_k[x_1(t_f), x_2(t_f), \cdots, x_n(t_f), t_f] = 0 \,, \quad k \leqslant n$$

用函数向量可以简单地表示为

$$J(\boldsymbol{x}) = \varphi[\boldsymbol{x}(t_f), t_f] + \int_{t_0}^{t_f} L(\boldsymbol{x}, \dot{\boldsymbol{x}}, t)\mathrm{d}t \tag{6.18}$$

和

$$\boldsymbol{\psi}[\boldsymbol{x}(t_f), t_f] = 0 \tag{6.19}$$

则上述有关标量函数泛函极值的结果，可以直接推广到多个函数的泛函极值问题中，如表 6.1 所示。

表 6.1　变分法解泛函极值问题的必要条件

终端时刻	性能指标	欧拉方程	终端状态	边界条件和横截条件	L 在终端的变化
t_f 固定	$J = \varphi[\boldsymbol{x}(t_f)] + \int_{t_0}^{t_f} L(\boldsymbol{x}, \dot{\boldsymbol{x}}, t)\mathrm{d}t$	$\frac{\partial L}{\partial \boldsymbol{x}} - \frac{\mathrm{d}}{\mathrm{d}t}\frac{\partial L}{\partial \dot{\boldsymbol{x}}} = 0$	终端约束	$\boldsymbol{x}(t_0) = \boldsymbol{x}_0$ $\boldsymbol{\psi}[\boldsymbol{x}(t_f)] = 0$ $\left[\frac{\partial L}{\partial \dot{\boldsymbol{x}}} + \frac{\partial \varphi}{\partial \boldsymbol{x}} + \left(\frac{\partial \boldsymbol{\psi}}{\partial \boldsymbol{x}}\right)^{\mathrm{T}} \boldsymbol{\gamma}\right]\Bigg\|_{t_f} = 0$	
			终端自由	$\boldsymbol{x}(t_0) = \boldsymbol{x}_0$ $\left(\frac{\partial L}{\partial \dot{\boldsymbol{x}}} + \frac{\partial \varphi}{\partial \boldsymbol{x}}\right)\Bigg\|_{t_f} = 0$	
	$J = \int_{t_0}^{t_f} L(\boldsymbol{x}, \dot{\boldsymbol{x}}, t)\mathrm{d}t$		终端约束	$\boldsymbol{x}(t_0) = \boldsymbol{x}_0$ $\boldsymbol{\psi}[\boldsymbol{x}(t_f), t_f] = 0$ $\left[\frac{\partial L}{\partial \dot{\boldsymbol{x}}} + \left(\frac{\partial \boldsymbol{\psi}}{\partial \boldsymbol{x}}\right)^{\mathrm{T}} \boldsymbol{\gamma}\right]\Bigg\|_{t_f} = 0$	
			终端自由	$\boldsymbol{x}(t_0) = \boldsymbol{x}_0$ $\frac{\partial L}{\partial \dot{\boldsymbol{x}}}\Big\|_{t_f} = 0$	
			终端固定	$\boldsymbol{x}(t_0) = \boldsymbol{x}_0$ $\boldsymbol{x}(t_f) = \boldsymbol{x}_f$	
t_f 自由	$J = \varphi[\boldsymbol{x}(t_f), t_f] + \int_{t_0}^{t_f} L(\boldsymbol{x}, \dot{\boldsymbol{x}}, t)\mathrm{d}t$		终端约束	$\boldsymbol{x}(t_0) = \boldsymbol{x}_0$ $\boldsymbol{\psi}[\boldsymbol{x}(t_f), t_f] = 0$ $\left[\frac{\partial L}{\partial \dot{\boldsymbol{x}}} + \frac{\partial \varphi}{\partial \boldsymbol{x}} + \left(\frac{\partial \boldsymbol{\psi}}{\partial \boldsymbol{x}}\right)^{\mathrm{T}} \boldsymbol{\gamma}\right]\Bigg\|_{t_f} = 0$	$\left[L - \dot{\boldsymbol{x}}^{\mathrm{T}} \frac{\partial L}{\partial \dot{\boldsymbol{x}}} + \frac{\partial \varphi}{\partial t_f} + \left(\frac{\partial \boldsymbol{\psi}}{\partial t_f}\right)^{\mathrm{T}} \boldsymbol{\gamma}\right]\Bigg\|_{t_f} = 0$
			终端自由	$\boldsymbol{x}(t_0) = \boldsymbol{x}_0$ $\left(\frac{\partial L}{\partial \dot{\boldsymbol{x}}} + \frac{\partial \varphi}{\partial \boldsymbol{x}}\right)\Bigg\|_{t_f} = 0$	$\left(L - \dot{\boldsymbol{x}}^{\mathrm{T}} \frac{\partial L}{\partial \dot{\boldsymbol{x}}} + \frac{\partial \varphi}{\partial t_f}\right)\Bigg\|_{t_f} = 0$
	$J = \int_{t_0}^{t_f} L(\boldsymbol{x}, \dot{\boldsymbol{x}}, t)\mathrm{d}t$		终端约束	$\boldsymbol{x}(t_0) = \boldsymbol{x}_0$ $\boldsymbol{\psi}[\boldsymbol{x}(t_f), t_f] = \boldsymbol{0}$ $\left[\frac{\partial L}{\partial \dot{\boldsymbol{x}}} + \left(\frac{\partial \boldsymbol{\psi}}{\partial \boldsymbol{x}}\right)^{\mathrm{T}} \boldsymbol{\gamma}\right]\Bigg\|_{t_f} = 0$	$\left[L - \dot{\boldsymbol{x}}^{\mathrm{T}} \frac{\partial L}{\partial \dot{\boldsymbol{x}}} +^{\mathrm{T}} \left(\frac{\partial \boldsymbol{\psi}}{\partial t_f}\right)^{\mathrm{T}} \boldsymbol{\gamma}\right]\Bigg\|_{t_f} = 0$
			终端自由	$\boldsymbol{x}(t_0) = \boldsymbol{x}_0$ $\frac{\partial L}{\partial \dot{\boldsymbol{x}}}\Big\|_{t_f} = 0$	$L\big\|_{t_f} = 0$
			终端固定	$\boldsymbol{x}(t_0) = \boldsymbol{x}_0$ $\boldsymbol{x}(t_f) = \boldsymbol{x}_f$	$L\big\|_{t_f} = 0$

表 6.1 中标量函数对向量的偏微分、向量函数对标量的偏微分及向量函数对向量的偏微分约定如下：

$$\frac{\partial L}{\partial \boldsymbol{x}}=\begin{bmatrix}\dfrac{\partial L}{\partial x_1}\\ \dfrac{\partial L}{\partial x_2}\\ \vdots\\ \dfrac{\partial L}{\partial x_n}\end{bmatrix},\quad \frac{\partial \boldsymbol{\psi}}{\partial t_{\mathrm{f}}}=\begin{bmatrix}\dfrac{\partial \psi_1}{\partial t_{\mathrm{f}}}\\ \dfrac{\partial \psi_2}{\partial t_{\mathrm{f}}}\\ \vdots\\ \dfrac{\partial \psi_k}{\partial t_{\mathrm{f}}}\end{bmatrix},\quad \frac{\partial \boldsymbol{\psi}}{\partial \boldsymbol{x}}=\begin{bmatrix}\dfrac{\partial \psi_1}{\partial x_1} & \dfrac{\partial \psi_1}{\partial x_2} & \cdots & \dfrac{\partial \psi_1}{\partial x_n}\\ \dfrac{\partial \psi_2}{\partial x_1} & \dfrac{\partial \psi_2}{\partial x_2} & \cdots & \dfrac{\partial \psi_2}{\partial x_n}\\ \vdots & \vdots & & \vdots\\ \dfrac{\partial \psi_k}{\partial x_1} & \dfrac{\partial \psi_k}{\partial x_2} & \cdots & \dfrac{\partial \psi_k}{\partial x_n}\end{bmatrix}$$

6-3 用变分法解决最优控制问题

本节应用变分法来解决动态系统的最优控制问题，即在满足被控系统动态方程

$$\dot{\boldsymbol{x}}=\boldsymbol{f}(\boldsymbol{x},\boldsymbol{u},t),\quad \boldsymbol{x}(t_0)=\boldsymbol{x}_0 \tag{6.20}$$

约束的条件下，寻找最优控制向量 $\boldsymbol{u}(t)$，将状态变量自初态 $\boldsymbol{x}_0$ 转移到满足边界条件 $\boldsymbol{\psi}[\boldsymbol{x}(t_{\mathrm{f}}),t_{\mathrm{f}}]=0$ 的终态，并使性能指标

$$J=\varphi[\boldsymbol{x}(t_{\mathrm{f}}),t_{\mathrm{f}}]+\int_{t_0}^{t_{\mathrm{f}}}L(\boldsymbol{x},\boldsymbol{u},t)\mathrm{d}t \tag{6.21}$$

取得极大或极小。在本节的讨论中，设控制量 $\boldsymbol{u}(t)$ 的取值不受限制，且是时间的分段连续函数，$\boldsymbol{f}$、$\boldsymbol{\psi}$、φ、L 对 $\boldsymbol{x}$、$\boldsymbol{u}$ 连续且可微。

引入拉格朗日乘子 $\boldsymbol{\lambda}(t):R^1\to R^n$ 和 $\boldsymbol{\gamma}\in R^k$，将条件极值问题转化成无条件极值问题，式(6.21)的性能指标等价为

$$\begin{aligned}J&=\varphi[\boldsymbol{x}(t_{\mathrm{f}}),t_{\mathrm{f}}]+\boldsymbol{\gamma}^{\mathrm{T}}\boldsymbol{\psi}[\boldsymbol{x}(t_{\mathrm{f}}),t_{\mathrm{f}}]+\int_{t_0}^{t_{\mathrm{f}}}\{L(\boldsymbol{x},\boldsymbol{u},t)+\boldsymbol{\lambda}^{\mathrm{T}}(t)[\boldsymbol{f}(\boldsymbol{x},\boldsymbol{u},t)-\dot{\boldsymbol{x}}]\}\mathrm{d}t\\&=\varphi[\boldsymbol{x}(t_{\mathrm{f}}),t_{\mathrm{f}}]+\boldsymbol{\gamma}^{\mathrm{T}}\boldsymbol{\psi}[\boldsymbol{x}(t_{\mathrm{f}}),t_{\mathrm{f}}]+\int_{t_0}^{t_{\mathrm{f}}}[H(\boldsymbol{x},\boldsymbol{\lambda},\boldsymbol{u},t)-\boldsymbol{\lambda}^{\mathrm{T}}\dot{\boldsymbol{x}}]\mathrm{d}t\end{aligned} \tag{6.22}$$

其中函数

$$H(\boldsymbol{x},\boldsymbol{\lambda},\boldsymbol{u},t)=L(\boldsymbol{x},\boldsymbol{u},t)+\boldsymbol{\lambda}^{\mathrm{T}}\boldsymbol{f}(\boldsymbol{x},\boldsymbol{u},t) \tag{6.23}$$

称为哈密顿函数，拉格朗日乘子 $\boldsymbol{\lambda}(t)\in R^n$ 又称为协态变量。

显然，上述动态系统的最优控制问题是前面变分法处理的泛函极值问题的一个特例。首先，式(6.21)给出的性能指标中的被积函数只是状态变量和控制变量的函数，不含它们的导数；其次，被控系统式(6.20)为状态方程描述，即 n 个状态变量的 1 阶导数可以被解出，并表示成状态和控制变量的显函数，由此导致被转化成无条件极值问题后，被积函数为

$$L=H(\boldsymbol{x},\boldsymbol{\lambda},\boldsymbol{u},t)-\boldsymbol{\lambda}^{\mathrm{T}}\dot{\boldsymbol{x}}$$

它只含有状态变量的导数，且状态变量的导数和协态变量以乘积的形式出现，哈密顿函数中未含状态变量和协态变量的导数，且只有哈密顿函数才可能显含 t。

对于动态系统式(6.20)，性能指标泛函式(6.22)，极值必要条件的欧拉方程为

$$\frac{\partial\left(H-\boldsymbol{\lambda}^{\mathrm{T}}\dot{\boldsymbol{x}}\right)}{\partial \boldsymbol{x}}-\frac{\mathrm{d}}{\mathrm{d}t}\frac{\partial\left(H-\boldsymbol{\lambda}^{\mathrm{T}}\dot{\boldsymbol{x}}\right)}{\partial \dot{\boldsymbol{x}}}=\frac{\partial\left(H-\boldsymbol{\lambda}^{\mathrm{T}}\dot{\boldsymbol{x}}\right)}{\partial \boldsymbol{x}}+\frac{\mathrm{d}\boldsymbol{\lambda}}{\mathrm{d}t}=\frac{\partial H}{\partial \boldsymbol{x}}+\dot{\boldsymbol{\lambda}}=0$$

$$\frac{\partial\left(H-\boldsymbol{\lambda}^{\mathrm{T}}\dot{\boldsymbol{x}}\right)}{\partial\boldsymbol{\lambda}}-\frac{\mathrm{d}}{\mathrm{d}t}\frac{\partial\left(H-\boldsymbol{\lambda}^{\mathrm{T}}\dot{\boldsymbol{x}}\right)}{\partial\dot{\boldsymbol{\lambda}}}=\frac{\partial\left(H-\boldsymbol{\lambda}^{\mathrm{T}}\dot{\boldsymbol{x}}\right)}{\partial\boldsymbol{\lambda}}=\frac{\partial H}{\partial\boldsymbol{\lambda}}-\dot{\boldsymbol{x}}=\boldsymbol{f}(\boldsymbol{x},\boldsymbol{u},t)-\dot{\boldsymbol{x}}=0$$

$$\frac{\partial\left(H-\boldsymbol{\lambda}^{\mathrm{T}}\dot{\boldsymbol{x}}\right)}{\partial\boldsymbol{u}}-\frac{\mathrm{d}}{\mathrm{d}t}\frac{\partial\left(H-\boldsymbol{\lambda}^{\mathrm{T}}\dot{\boldsymbol{x}}\right)}{\partial\dot{\boldsymbol{u}}}=\frac{\partial\left(H-\boldsymbol{\lambda}^{\mathrm{T}}\dot{\boldsymbol{x}}\right)}{\partial\boldsymbol{u}}=\frac{\partial H}{\partial\boldsymbol{u}}=0$$

式中，第一个方程

$$\dot{\boldsymbol{\lambda}}=-\frac{\partial H\left[\boldsymbol{x},\boldsymbol{\lambda},\boldsymbol{u},t\right]}{\partial\boldsymbol{x}} \tag{6.24}$$

称为协态方程，是 n 个协态变量满足的一阶微分方程组。第二个方程

$$\dot{\boldsymbol{x}}=\boldsymbol{f}(\boldsymbol{x},\boldsymbol{u},t) \tag{6.25}$$

即系统状态方程，是 n 个系统状态变量满足的一阶微分方程组。协态方程和状态方程一起称为正则方程，以 $2n$ 阶状态方程的形式出现。而第三个方程

$$\frac{\partial H\left[\boldsymbol{x},\boldsymbol{\lambda},\boldsymbol{u},t\right]}{\partial\boldsymbol{u}}=0 \tag{6.26}$$

是 p 个代数方程，称为控制方程或极值条件。

容易看出，正是由于系统式(6.20)和性能指标式(6.21)最优控制问题的上述一些特点，导致了欧拉方程以正则方程和控制方程的形式出现。动态系统最优控制问题的解，就是联立求解 $2n$ 阶状态方程形式的正则方程和 p 个代数方程形式的控制方程，满足边界条件和横截条件，得到最优控制函数。

横截条件根据终端条件的不同而不同。对于复合型性能指标，终端时间固定，有终端约束的情况，所需满足的边界条件为

$$\begin{aligned}&\boldsymbol{x}(t_0)=\boldsymbol{x}_0\\&\boldsymbol{\psi}[\boldsymbol{x}(t_{\mathrm{f}}),t_{\mathrm{f}}]=0\end{aligned} \tag{6.27}$$

横截条件为

$$\left[\frac{\partial\left[H(\boldsymbol{x},\boldsymbol{\lambda},\boldsymbol{u},t)-\boldsymbol{\lambda}^{\mathrm{T}}\dot{\boldsymbol{x}}\right]}{\partial\dot{\boldsymbol{x}}}+\frac{\partial\varphi}{\partial\boldsymbol{x}}+\left(\frac{\partial\boldsymbol{\psi}}{\partial\boldsymbol{x}}\right)^{\mathrm{T}}\gamma\right]\Bigg|_{t_{\mathrm{f}}}=\left[-\boldsymbol{\lambda}+\frac{\partial\varphi}{\partial\boldsymbol{x}}+\left(\frac{\partial\boldsymbol{\psi}}{\partial\boldsymbol{x}}\right)^{\mathrm{T}}\gamma\right]\Bigg|_{t_{\mathrm{f}}}=0$$

即

$$\boldsymbol{\lambda}(t_{\mathrm{f}})=\left[\frac{\partial\varphi}{\partial\boldsymbol{x}}+\left(\frac{\partial\boldsymbol{\psi}}{\partial\boldsymbol{x}}\right)^{\mathrm{T}}\gamma\right]\Bigg|_{t_{\mathrm{f}}} \tag{6.28}$$

对于复合型性能指标，终端时间自由，有终端约束的情况，除上述条件外还要加上哈密顿函数 H 在终端的变化情况

$$\left(H(\boldsymbol{x},\boldsymbol{\lambda},\boldsymbol{u},t)-\boldsymbol{\lambda}^{\mathrm{T}}\dot{\boldsymbol{x}}-\dot{\boldsymbol{x}}^{\mathrm{T}}\frac{\partial\left[H(\boldsymbol{x},\boldsymbol{\lambda},\boldsymbol{u},t)-\boldsymbol{\lambda}^{\mathrm{T}}\dot{\boldsymbol{x}}\right]}{\partial\dot{\boldsymbol{x}}}+\frac{\partial\varphi}{\partial t_{\mathrm{f}}}+\left(\frac{\partial\boldsymbol{\psi}}{\partial\boldsymbol{x}}\right)^{\mathrm{T}}\gamma\right)\Bigg|_{t_{\mathrm{f}}}$$

$$=\left(H(\boldsymbol{x},\boldsymbol{\lambda},\boldsymbol{u},t)+\frac{\partial\varphi}{\partial t_{\mathrm{f}}}+\left(\frac{\partial\boldsymbol{\psi}}{\partial\boldsymbol{x}}\right)^{\mathrm{T}}\gamma\right)\Bigg|_{t_{\mathrm{f}}}=0$$

即

$$H(t_f)=-\left[\frac{\partial\varphi}{\partial t_f}+\left(\frac{\partial\boldsymbol{\psi}}{\partial\boldsymbol{x}}\right)^{\mathrm{T}}\boldsymbol{\gamma}\right]\Bigg|_{t_f} \tag{6.29}$$

对终端无约束的情况，令$\boldsymbol{\psi}=0$；对指标泛函没有终端项的情况，令$\varphi=0$；对指标泛函没有积分项的情况，令哈密顿函数$H(\boldsymbol{x},\boldsymbol{\lambda},\boldsymbol{u},t)=\boldsymbol{\lambda}^{\mathrm{T}}\boldsymbol{f}(\boldsymbol{x},\boldsymbol{u},t)$，容易得到变分法解最优控制问题的必要条件，汇总如表 6.2 所示。

表 6.2　变分法解最优控制问题的必要条件

终端时刻	性能指标	终端状态	正则方程	控制方程极值条件	边界条件和横截条件	H 在终端的变化
t_f 固定	$J=\varphi[\boldsymbol{x}(t_f)]+\int_{t_0}^{t_f}L(\boldsymbol{x},\boldsymbol{u},t)\mathrm{d}t$	终端约束	$\dot{\boldsymbol{x}}=\boldsymbol{f}$ $\dot{\boldsymbol{\lambda}}=-\frac{\partial H}{\partial\boldsymbol{x}}$ 其中 $H=L+\boldsymbol{\lambda}^{\mathrm{T}}\boldsymbol{f}$	$\frac{\partial H}{\partial\boldsymbol{u}}=0$	$\boldsymbol{x}(t_0)=\boldsymbol{x}_0$ $\boldsymbol{\psi}[\boldsymbol{x}(t_f),t_f]=0$ $\boldsymbol{\lambda}(t_f)=\left[\frac{\partial\varphi}{\partial\boldsymbol{x}}+\left(\frac{\partial\boldsymbol{\psi}}{\partial\boldsymbol{x}}\right)^{\mathrm{T}}\boldsymbol{\gamma}\right]\Big\|_{t_f}$	
		终端自由			$\boldsymbol{x}(t_0)=\boldsymbol{x}_0$ $\boldsymbol{\lambda}(t_f)=\frac{\partial\varphi}{\partial\boldsymbol{x}}\Big\|_{t_f}$	
	$J=\int_{t_0}^{t_f}L(\boldsymbol{x},\boldsymbol{u},t)\mathrm{d}t$	终端约束			$\boldsymbol{x}(t_0)=\boldsymbol{x}_0$ $\boldsymbol{\psi}[\boldsymbol{x}(t_f),t_f]=0$ $\boldsymbol{\lambda}(t_f)=\left[\left(\frac{\partial\boldsymbol{\psi}}{\partial\boldsymbol{x}}\right)^{\mathrm{T}}\boldsymbol{\gamma}\right]\Big\|_{t_f}$	
		终端自由			$\boldsymbol{x}(t_0)=\boldsymbol{x}_0$ $\boldsymbol{\lambda}(t_f)=0$	
		终端固定			$\boldsymbol{x}(t_0)=\boldsymbol{x}_0$ $\boldsymbol{x}(t_f)=\boldsymbol{x}_f$	
t_f 自由	$J=\varphi[\boldsymbol{x}(t_f),t_f]+\int_{t_0}^{t_f}L(\boldsymbol{x},\boldsymbol{u},t)\mathrm{d}t$	终端约束			$\boldsymbol{x}(t_0)=\boldsymbol{x}_0$ $\boldsymbol{\psi}[\boldsymbol{x}(t_f),t_f]=0$ $\boldsymbol{\lambda}(t_f)=\left[\frac{\partial\varphi}{\partial\boldsymbol{x}}+\left(\frac{\partial\boldsymbol{\psi}}{\partial\boldsymbol{x}}\right)^{\mathrm{T}}\boldsymbol{\gamma}\right]\Big\|_{t_f}$	$H(t_f)=$ $-\left[\frac{\partial\varphi}{\partial t_f}+\left(\frac{\partial\boldsymbol{\psi}}{\partial t_f}\right)^{\mathrm{T}}\boldsymbol{\gamma}\right]\Big\|_{t_f}$
		终端自由			$\boldsymbol{x}(t_0)=\boldsymbol{x}_0$ $\boldsymbol{\lambda}(t_f)=\frac{\partial\varphi}{\partial\boldsymbol{x}}\Big\|_{t_f}$	$H(t_f)=-\frac{\partial\varphi}{\partial t_f}\Big\|_{t_f}$
	$J=\int_{t_0}^{t_f}L(\boldsymbol{x},\boldsymbol{u},t)\mathrm{d}t$	终端约束			$\boldsymbol{x}(t_0)=\boldsymbol{x}_0$ $\boldsymbol{\psi}[\boldsymbol{x}(t_f),t_f]=0$ $\boldsymbol{\lambda}(t_f)=\left[\left(\frac{\partial\boldsymbol{\psi}}{\partial\boldsymbol{x}}\right)^{\mathrm{T}}\boldsymbol{\gamma}\right]\Big\|_{t_f}$	$H(t_f)=$ $-\left[\left(\frac{\partial\boldsymbol{\psi}}{\partial t_f}\right)^{\mathrm{T}}\boldsymbol{\gamma}\right]\Big\|_{t_f}$
		终端自由			$\boldsymbol{x}(t_0)=\boldsymbol{x}_0$ $\boldsymbol{\lambda}(t_f)=0$	$H(t_f)=0$
		终端固定			$\boldsymbol{x}(t_0)=\boldsymbol{x}_0$ $\boldsymbol{x}(t_f)=\boldsymbol{x}_f$	$H(t_f)=0$

上述内容可以总结为下面的定理 6.4 和定理 6.5。

定理 6.4（终端时间已知）　对于系统

$$\dot{\boldsymbol{x}} = \boldsymbol{f}(\boldsymbol{x}, \boldsymbol{u}, t)$$

把状态 $\boldsymbol{x}(t)$ 自初态 $\boldsymbol{x}(t_0) = \boldsymbol{x}_0$ 转移到满足条件 $\boldsymbol{\psi}[\boldsymbol{x}(t_f)] = 0$ 的终态，其中 t_f 已知，并使性能指标

$$J = \varphi[\boldsymbol{x}(t_f)] + \int_{t_0}^{t_f} L(\boldsymbol{x}, \boldsymbol{u}, t)\mathrm{d}t$$

取极值(极大或极小)，实现最优控制的必要条件是：

(1) 状态向量 $\boldsymbol{x}(t)$ 、协态向量 $\boldsymbol{\lambda}(t)$ 满足下列正则方程(2n 个联立的 1 阶微分方程组)

$$\dot{\boldsymbol{x}}(t) = \frac{\partial H(\boldsymbol{x}, \boldsymbol{\lambda}, \boldsymbol{u}, t)}{\partial \boldsymbol{\lambda}}$$

$$\dot{\boldsymbol{\lambda}}(t) = -\frac{\partial H(\boldsymbol{x}, \boldsymbol{\lambda}, \boldsymbol{u}, t)}{\partial \boldsymbol{x}}$$

式中，$H(\boldsymbol{x}, \boldsymbol{\lambda}, \boldsymbol{u}, t) = L(\boldsymbol{x}, \boldsymbol{u}, t) + \boldsymbol{\lambda}^{\mathrm{T}} \boldsymbol{f}(\boldsymbol{x}, \boldsymbol{u}, t)$ 为哈密顿函数。定解的 n 个边界条件和 n 个横截条件为

$$\boldsymbol{x}(t_0) = \boldsymbol{x}_0$$

$$\boldsymbol{\lambda}(t_f) = \left[\frac{\partial \varphi}{\partial \boldsymbol{x}} + \left(\frac{\partial \boldsymbol{\psi}}{\partial \boldsymbol{x}}\right)^{\mathrm{T}} \boldsymbol{\gamma}\right]_{t=t_f}$$

其中 k 个拉格朗日乘子 $\boldsymbol{\gamma}$ 的定解条件由 k 个终端条件

$$\boldsymbol{\psi}[\boldsymbol{x}(t_f), t_f] = 0$$

提供。

(2) 哈密顿函数对控制作用 $\boldsymbol{u}$ 有稳定性，即

$$\frac{\partial H(\boldsymbol{x}, \boldsymbol{\lambda}, \boldsymbol{u}, t)}{\partial \boldsymbol{u}} = 0$$

例 6.5(复合型性能指标，t_f 固定，终端自由)　设一阶系统的状态方程和初始条件为

$$\dot{x} = u, \quad x(t_0) = x_0$$

性能指标

$$J = \frac{1}{2} C x^2(t_f) + \frac{1}{2} \int_{t_0}^{t_f} u^2 \mathrm{d}t$$

其中 $C > 0$ 为常数，t_0 、t_f 给定，求最优控制 $u(t)$ 使 J 达到极小。

解　作哈密顿函数

$$H = \frac{1}{2} u^2 + \lambda u$$

则协态方程和系统方程为

$$\dot{\lambda} = -\frac{\partial H}{\partial x} = 0$$

$$\dot{x} = u$$

极值条件为

$$\frac{\partial H}{\partial u} = u + \lambda = 0$$

边界条件与横截条件为

$$x(t_0)=x_0$$

$$\lambda(t_{\mathrm{f}})=\left.\frac{\partial\varphi}{\partial x}\right|_{t_{\mathrm{f}}}=\frac{\partial}{\partial x(t_{\mathrm{f}})}\left[\frac{1}{2}Cx^2(t_{\mathrm{f}})\right]=Cx(t_{\mathrm{f}})$$

解之有

$$\lambda=Cx(t_{\mathrm{f}})$$
$$x(t)=-Cx(t_{\mathrm{f}})(t-t_0)+x_0$$
$$u=-\lambda=-Cx(t_{\mathrm{f}})$$

令 $t=t_{\mathrm{f}}$ 得

$$x(t_{\mathrm{f}})=\frac{x_0}{1+C(t_{\mathrm{f}}-t_0)}$$

故得最优控制为

$$u=\frac{-Cx_0}{1+C(t_{\mathrm{f}}-t_0)}$$

例 6.6(积分型性能指标，t_{f} 固定，终端固定)　设二阶系统的状态方程为

$$\dot{\boldsymbol{x}}=\begin{bmatrix}0 & 1\\ 0 & 0\end{bmatrix}\boldsymbol{x}+\begin{bmatrix}0\\ 1\end{bmatrix}u$$

欲使状态在 1s 内从 $\boldsymbol{x}^{\mathrm{T}}(0)=[1,1]$ 转移到 $\boldsymbol{x}^{\mathrm{T}}(1)=[0,0]$，且使性能指标

$$J=\frac{1}{2}\int_0^1 u^2(t)\mathrm{d}t$$

达到极小，试求 $u(t)$。

解　作哈密顿函数

$$H=\frac{1}{2}u^2(t)+\left[\lambda_1(t)\ \ \lambda_2(t)\right]\left(\begin{bmatrix}0 & 1\\ 0 & 0\end{bmatrix}\begin{bmatrix}x_1\\ x_2\end{bmatrix}+\begin{bmatrix}0\\ 1\end{bmatrix}u\right)=\frac{1}{2}u^2+\lambda_1x_2+\lambda_2u$$

则协态方程为

$$\dot{\lambda}_1=-\frac{\partial H}{\partial x_1}=0$$

$$\dot{\lambda}_2=-\frac{\partial H}{\partial x_2}=-\lambda_1$$

可以单独积分得到解

$$\lambda_1=C_1$$
$$\lambda_2=-C_1t+C_2$$

极值条件为

$$\frac{\partial H}{\partial u}=u+\lambda_2=0$$

得到

$$u=C_1t-C_2$$

代入到系统状态方程

$$\dot{x}_1 = x_2$$
$$\dot{x}_2 = u$$

得到状态方程的解为

$$x_2 = \frac{1}{2}C_1t^2 - C_2t + C_3$$
$$x_1 = \frac{1}{6}C_1t^3 - \frac{1}{2}C_2t^2 + C_3t + C_4$$

将边界条件 $x_1(0)=1$、$x_2(0)=1$、$x_1(1)=x_2(1)=0$ 代入得到最优解和最优控制为

$$x_1(t) = 3t^3 - 5t^2 + t + 1$$
$$x_2(t) = 9t^2 - 10t + 1$$
$$u = 18t - 10$$

例 6.7（复合型性能指标，t_f 固定，终端受约束） 系统同例 6.6，初始状态为 $\boldsymbol{x}^\mathrm{T}(0)=[0,0]$，终端受约束，即 $t_\mathrm{f}=1$ 时转移到目标集 $x_1(1)+x_2(1)=1$，试求最优控制使性能指标

$$J = \frac{1}{2}\int_0^1 u^2(t)\mathrm{d}t$$

达到极小。

解 根据题意，终端约束为

$$\psi[\boldsymbol{x}(t_\mathrm{f})] = x_1(1) + x_2(1) - 1 = 0$$

同例 6.7 得到协态方程和状态方程的解为

$$\lambda_1 = C_1$$
$$\lambda_2 = -C_1t + C_2$$
$$x_1 = \frac{1}{6}C_1t^3 - \frac{1}{2}C_2t^2 + C_3t + C_4$$
$$x_2 = \frac{1}{2}C_1t^2 - C_2t + C_3$$

最优控制为

$$u = C_1t - C_2$$

将边界条件 $x_1(0)=0$、$x_2(0)=0$、$x_1(1)+x_2(1)=1$ 与横截条件 $\lambda_1(1)=\frac{\partial\psi}{\partial x_1}\gamma=\gamma$，$\lambda_2(1)=\frac{\partial\psi}{\partial x_2}\gamma=\gamma$ 代入有 $C_1=-3/7$，$C_2=-6/7$，$\gamma=-3/7$，$C_3=0$，$C_4=0$，得到最优解和最优控制为

$$x_1(t) = -\frac{1}{14}t^3 + \frac{3}{7}t^2$$
$$x_2(t) = -\frac{3}{14}t^2 + \frac{6}{7}t$$
$$u = -\frac{3}{7}t + \frac{6}{7}$$

例 6.8（积分型性能指标，t_f 固定，终端自由） 设系统方程为

$$\dot{x}_1 = -x_1 + u$$
$$\dot{x}_2 = x_1$$

初始状态为 $x_1(t_0)=x_{10}, x_2(t_0)=x_{20}$，试求控制作用 u，使性能指标

$$J=\int_{t_0}^{t_f}(x_2^2+0.1u^2)\mathrm{d}t$$

达到极小，其中 $t_f\to\infty$。

解 哈密顿函数为

$$H=(x_2^2+0.1u^2)+\lambda_1(u-x_1-\dot{x}_1)+\lambda_2(x_1-\dot{x}_2)$$

正则方程和极值条件为

$$\frac{\partial H}{\partial x_1}-\frac{\mathrm{d}}{\mathrm{d}t}\frac{\partial H}{\partial \dot{x}_1}=-\lambda_1+\lambda_2+\dot{\lambda}_1=0$$
$$\frac{\partial H}{\partial x_2}-\frac{\mathrm{d}}{\mathrm{d}t}\frac{\partial H}{\partial \dot{x}_2}=2x_2+\dot{\lambda}_2=0$$
$$\frac{\partial H}{\partial \lambda_1}-\frac{\mathrm{d}}{\mathrm{d}t}\frac{\partial H}{\partial \dot{\lambda}_1}=\frac{\partial H}{\partial \lambda_1}=-\dot{x}_1-x_1+u=0$$
$$\frac{\partial H}{\partial \lambda_2}-\frac{\mathrm{d}}{\mathrm{d}t}\frac{\partial H}{\partial \dot{\lambda}_2}=\frac{\partial H}{\partial \lambda_2}=-\dot{x}_2+x_1=0$$
$$\frac{\partial H}{\partial u}-\frac{\mathrm{d}}{\mathrm{d}t}\frac{\partial H}{\partial \dot{u}}=\frac{\partial H}{\partial u}=0.2u+\lambda_1=0$$

定解条件为两个初始条件

$$x_1(t_0)=x_{10},\quad x_2(t_0)=x_{20}$$

和两个横截条件

$$\lambda_1(t_f)=0$$
$$\lambda_2(t_f)=0$$

从上述正则方程和极值条件中消去 $u, x_1, \lambda_1, \lambda_2$（注意 $u=\dot{x}_1+x_1=\ddot{x}_2+\dot{x}_2$），可得一个关于 x_2 的微分方程

$$\ddddot{x}_2-\ddot{x}_2+10x_2=0$$

积分得到

$$x_2=\mathrm{e}^{-1.35t}\left(C_1\mathrm{e}^{\mathrm{j}1.15t}+C_2\mathrm{e}^{-\mathrm{j}1.15t}\right)+\mathrm{e}^{1.35t}\left(C_3\mathrm{e}^{\mathrm{j}1.15t}+C_4\mathrm{e}^{-\mathrm{j}1.15t}\right)$$

因为 $x_1=\dot{x}_2$，故

$$\begin{aligned}x_1=&\mathrm{e}^{-1.35t}[(-1.35+\mathrm{j}1.15)C_1\mathrm{e}^{\mathrm{j}1.15t}+(-1.35-\mathrm{j}1.15)C_2\mathrm{e}^{-\mathrm{j}1.15t}]\\&+\mathrm{e}^{1.35t}[(1.35+\mathrm{j}1.15)C_3\mathrm{e}^{\mathrm{j}1.15t}+(1.35-\mathrm{j}1.15)C_4\mathrm{e}^{-\mathrm{j}1.15t}]\end{aligned}$$

因为 $\dot{\lambda}_2=-2x_2$，故积分 x_2 可得 λ_2，而 $\lambda_1=-0.2(\dot{x}_1+x_1)$，它们都是以上几个指数项的线性组合。从横截条件 $\lambda_1(t_f)=\lambda_2(t_f)=0$，$t_f\to\infty$，容易看出，$C_3=C_4=0$。据此有

$$x_2=\mathrm{e}^{-1.35t}\left(C_1\mathrm{e}^{\mathrm{j}1.15t}+C_2\mathrm{e}^{-\mathrm{j}1.15t}\right)=A\mathrm{e}^{-1.35t}\sin(1.15t+\alpha)$$
$$x_1=\dot{x}_2=A\mathrm{e}^{-1.35t}[1.15\cos(1.15t+\alpha)-1.35\sin(1.15t+\alpha)]$$

代入初始条件 $x_1(t_0)=x_{10}, x_2(t_0)=x_{20}$ 得

$$A=\sqrt{x_{20}^2+(0.867x_{10}+1.173x_{20})^2},\quad \alpha=\arctan\left(\frac{x_{20}}{0.867x_{10}+1.173x_{20}}\right)$$

故最后得到

$$u(t)=\dot{x}_1+x_1=A\mathrm{e}^{-1.35t}[-1.96\cos(1.15t+\alpha)-0.85\sin(1.15t+\alpha)]$$

上述控制作用表示为状态反馈的形式为

$$u=-1.7x_1-3.15x_2$$

定理 6.5（终端时间未知） 对于系统

$$\dot{\boldsymbol{x}}=\boldsymbol{f}(\boldsymbol{x},\boldsymbol{u},t)$$

把状态 $\boldsymbol{x}(t)$ 自初态 $\boldsymbol{x}(t_0)=\boldsymbol{x}_0$ 转移到满足条件 $\boldsymbol{\psi}[\boldsymbol{x}(t_{\mathrm{f}}),t_{\mathrm{f}}]=0$ 的终态，其中 t_{f} 未知，并使性能指标

$$J=\varphi[\boldsymbol{x}(t_{\mathrm{f}}),t_{\mathrm{f}}]+\int_{t_0}^{t_{\mathrm{f}}}L(\boldsymbol{x},\boldsymbol{u},t)\mathrm{d}t$$

取极值（极大或极小），实现最优控制的必要条件是：

（1）状态向量 $\boldsymbol{x}(t)$、协态向量 $\boldsymbol{\lambda}(t)$ 满足下列正则方程（$2n$ 个联立的 1 阶微分方程组）

$$\dot{\boldsymbol{x}}(t)=\frac{\partial H(\boldsymbol{x},\boldsymbol{\lambda},\boldsymbol{u},t)}{\partial\boldsymbol{\lambda}}$$

$$\dot{\boldsymbol{\lambda}}(t)=-\frac{\partial H(\boldsymbol{x},\boldsymbol{\lambda},\boldsymbol{u},t)}{\partial\boldsymbol{x}}$$

式中，$H(\boldsymbol{x},\boldsymbol{\lambda},\boldsymbol{u},t)=L(\boldsymbol{x},\boldsymbol{u},t)+\boldsymbol{\lambda}^{\mathrm{T}}\boldsymbol{f}(\boldsymbol{x},\boldsymbol{u},t)$ 为哈密顿函数。定解的 n 个边界条件和 n 个横截条件为

$$\boldsymbol{x}(t_0)=\boldsymbol{x}_0$$

$$\boldsymbol{\lambda}(t_{\mathrm{f}})=\left[\frac{\partial\varphi}{\partial\boldsymbol{x}}+\left(\frac{\partial\boldsymbol{\psi}}{\partial\boldsymbol{x}}\right)^{\mathrm{T}}\boldsymbol{\gamma}\right]\Bigg|_{t=t_{\mathrm{f}}}$$

其中 k 个拉格朗日乘子 $\boldsymbol{\gamma}$ 和终端时刻 t_{f} 的定解条件由 k 个终端条件

$$\boldsymbol{\psi}[\boldsymbol{x}(t_{\mathrm{f}}),t_{\mathrm{f}}]=\boldsymbol{0}$$

和 1 个横截条件

$$\left[H+\frac{\partial\varphi}{\partial t_{\mathrm{f}}}+\left(\frac{\partial\boldsymbol{\psi}}{\partial t_{\mathrm{f}}}\right)^{\mathrm{T}}\boldsymbol{\gamma}\right]\Bigg|_{t=t_{\mathrm{f}}}=0$$

提供。

（2）哈密顿函数对控制作用 $\boldsymbol{u}$ 有稳定性，即

$$\frac{\partial H(\boldsymbol{x},\boldsymbol{\lambda},\boldsymbol{u},t)}{\partial\boldsymbol{u}}=0$$

例 6.9（积分型性能指标，t_{f} 自由，终端自由的情况） 设系统的微分方程为

$$\dot{x}+x=u$$

初时状态 $x(0)=1$，终端时刻 t_{f} 和状态 $x(t_{\mathrm{f}})$ 不受约束，试求最优控制使性能指标

$$J=\frac{1}{2}\int_0^{t_f}(x^2+u^2)\mathrm{d}t$$

取极小值。

解 哈密顿函数为

$$H=\frac{1}{2}(x^2+u^2)+\lambda(u-x)$$

协态方程为

$$\dot{\lambda}=-\frac{\partial H}{\partial x}=-x+\lambda$$

由极值条件得

$$u=-\lambda$$

将极值条件代入系统方程有 $\dot{x}+x=u=-\lambda$，微分得 $\dot{\lambda}=-\ddot{x}-\dot{x}$，将结果代入协态方程得

$$\ddot{x}-2x=0$$

积分两次得到

$$x(t)=C_1\mathrm{e}^{\sqrt{2}t}+C_2\mathrm{e}^{-\sqrt{2}t}$$

以及

$$\lambda=-\dot{x}-x=-C_1(1+\sqrt{2})\mathrm{e}^{\sqrt{2}t}-C_2(1-\sqrt{2})\mathrm{e}^{-\sqrt{2}t} \tag{6.30}$$

由初始条件 $x(0)=1$ 得

$$C_1+C_2=1 \tag{6.31}$$

根据终端自由的横截条件得

$$\lambda(t_f)=-C_1(1+\sqrt{2})\mathrm{e}^{\sqrt{2}t_f}-C_2(1-\sqrt{2})\mathrm{e}^{-\sqrt{2}t_f}=0 \tag{6.32}$$

由 $u=-\lambda$ 知 $u(t_f)=-\lambda(t_f)=0$，将它们用在 $H(t_f)=0$ 中有

$$H(t_f)=\frac{1}{2}\left[x^2(t_f)+u^2(t_f)\right]+\lambda(t_f)\left[u(t_f)-x(t_f)\right]=\frac{1}{2}x^2(t_f)=0$$

即

$$x(t_f)=C_1\mathrm{e}^{\sqrt{2}t_f}+C_2\mathrm{e}^{-\sqrt{2}t_f}=0 \tag{6.33}$$

但因为 $\mathrm{e}^{\sqrt{2}t_f}\neq 0$，所以有 $C_1=-C_2\mathrm{e}^{-2\sqrt{2}t_f}$，将它代回式(6.30)，得 $-C_2\mathrm{e}^{-\sqrt{2}t_f}=0$。$C_2$ 不可能为零，否则 $C_1=0$，式(6.31)将不成立。最后式(6.32)和式(6.33)都成立的唯一可能是 $t_f=\infty$，$C_1=0$，这样得到 $C_2=1$。

这样得到最优轨线为 $x(t)=\mathrm{e}^{-\sqrt{2}t}$，最优控制为 $u=(1-\sqrt{2})\mathrm{e}^{-\sqrt{2}t}$。

一般情况下，最优控制总能表示成状态反馈的形式，但状态反馈的系数是时变的。在例 6.8 和例 6.9 中，$t_f\to\infty$，此时状态反馈的系数还是常数。

最后，对于状态方程、边界条件和性能指标诸函数 $\boldsymbol{f}$、$\boldsymbol{\psi}$、φ、L 中均不显含 t 的情况，有如下定理。

定理 6.6 对于系统

$$\dot{\boldsymbol{x}}=\boldsymbol{f}(\boldsymbol{x},\boldsymbol{u})$$

把状态 $\boldsymbol{x}(t)$ 自初态 $\boldsymbol{x}(t_0)=\boldsymbol{x}_0$ 转移到满足条件 $\boldsymbol{\psi}[\boldsymbol{x}(t_f)]=0$ 的终态，并使性能指标

$$J=\varphi[\boldsymbol{x}(t_{\mathrm{f}})]+\int_{t_0}^{t_{\mathrm{f}}}L(\boldsymbol{x},\boldsymbol{u})\mathrm{d}t$$

取极值(极大或极小)，实现最优控制的必要条件是：

(1)状态向量$\boldsymbol{x}(t)$、伴随向量$\boldsymbol{\lambda}(t)$满足下列正则方程(2n个联立的一阶微分方程组)

$$\dot{\boldsymbol{x}}(t)=\frac{\partial H(\boldsymbol{x},\boldsymbol{\lambda},\boldsymbol{u})}{\partial\boldsymbol{\lambda}}$$

$$\dot{\boldsymbol{\lambda}}(t)=-\frac{\partial H(\boldsymbol{x},\boldsymbol{\lambda},\boldsymbol{u})}{\partial\boldsymbol{x}}$$

式中，$H[\boldsymbol{x}(t),\boldsymbol{\lambda}(t),\boldsymbol{u}(t)]=L[\boldsymbol{x}(t),\boldsymbol{u}(t)]+\boldsymbol{\lambda}^{\mathrm{T}}(t)\boldsymbol{f}[\boldsymbol{x}(t),\boldsymbol{u}(t)]$为哈密顿函数。定解的$n$个边界条件和$n$个横截条件为

$$\boldsymbol{x}(t_0)=\boldsymbol{x}_0$$

$$\boldsymbol{\lambda}(t_{\mathrm{f}})=\left[\frac{\partial\varphi}{\partial\boldsymbol{x}}+\left(\frac{\partial\boldsymbol{\psi}}{\partial\boldsymbol{x}}\right)^{\mathrm{T}}\boldsymbol{\gamma}\right]_{t=t_{\mathrm{f}}}$$

其中k个拉格朗日乘子$\boldsymbol{\gamma}$的定解条件由k个终端条件

$$\boldsymbol{\psi}[\boldsymbol{x}(t_{\mathrm{f}})]=0$$

提供。

(2)若终端时间固定，则在整个最优轨线上

$$H(t)=\mathrm{const}$$

若终端时间自由，则在整个最优轨线上

$$H(t)=0$$

证明　仅就哈密顿函数在最优轨线上取值的情况给出证明。因为L和$\boldsymbol{f}$中不显含t，求哈密顿函数对时间的全导数，并将$\dot{\boldsymbol{x}}=\frac{\partial H}{\partial\boldsymbol{\lambda}}$、$\dot{\boldsymbol{\lambda}}=-\frac{\partial H}{\partial\boldsymbol{x}}$和$\frac{\partial H}{\partial\boldsymbol{u}}=0$代入有

$$\begin{aligned}\frac{\mathrm{d}H}{\mathrm{d}t}&=\left(\frac{\partial H}{\partial\boldsymbol{x}}\right)^{\mathrm{T}}\dot{\boldsymbol{x}}+\left(\frac{\partial H}{\partial\boldsymbol{u}}\right)^{\mathrm{T}}\dot{\boldsymbol{u}}+\left(\frac{\partial H}{\partial\boldsymbol{\lambda}}\right)^{\mathrm{T}}\dot{\boldsymbol{\lambda}}=\left(\frac{\partial H}{\partial\boldsymbol{x}}\right)^{\mathrm{T}}\dot{\boldsymbol{x}}+\left(\frac{\partial H}{\partial\boldsymbol{\lambda}}\right)^{\mathrm{T}}\dot{\boldsymbol{\lambda}}\\&=\left(\frac{\partial H}{\partial\boldsymbol{x}}\right)^{\mathrm{T}}\frac{\partial H}{\partial\boldsymbol{\lambda}}-\left(\frac{\partial H}{\partial\boldsymbol{\lambda}}\right)^{\mathrm{T}}\frac{\partial H}{\partial\boldsymbol{x}}=0\end{aligned}$$

所以在整个最优轨线上哈密顿函数保持常值。

终端时间自由时，因为φ和$\boldsymbol{\psi}$均不显含t，根据终端条件，有

$$H(t_{\mathrm{f}})=-\left[\frac{\partial\varphi}{\partial t_{\mathrm{f}}}+\left(\frac{\partial\boldsymbol{\psi}}{\partial t_{\mathrm{f}}}\right)^{\mathrm{T}}\boldsymbol{\gamma}\right]_{t=t_{\mathrm{f}}}=0$$

又因为在整个最优轨线上哈密顿函数保持常值，故在整个最优轨线上有$H(t)=0$。

6-4　线性系统的二次型性能指标最优控制

本节研究线性系统二次型性能指标最优控制问题。二次型性能指标具有鲜明的物理意义，线性系统二次型最优控制问题有唯一解，可以表示成线性状态反馈甚至是线性定常状态反馈

的形式，易于构成反馈控制系统。

线性二次型最优控制主要包括有最优状态调节器、最优输出调节器和最优输出跟踪器问题。其中，最优状态调节要解决的问题是决定控制作用 $\boldsymbol{u}(t)$ 使线性系统

$$\dot{\boldsymbol{x}} = A(t)\boldsymbol{x} + B(t)\boldsymbol{u}$$
$$\boldsymbol{y} = C(t)\boldsymbol{x}$$

的状态保持在零附近，并使二次型性能指标

$$J = \frac{1}{2}\boldsymbol{x}^{\mathrm{T}}(t_{\mathrm{f}})F\boldsymbol{x}(t_{\mathrm{f}}) + \frac{1}{2}\int_{t_0}^{t_{\mathrm{f}}}\left[\boldsymbol{x}^{\mathrm{T}}Q(t)\boldsymbol{x} + \boldsymbol{u}^{\mathrm{T}}R(t)\boldsymbol{u}\right]\mathrm{d}t$$

达到综合最优。而最优输出调节要解决问题是，决定控制作用 $\boldsymbol{u}(t)$ 使系统输出保持在零附近，并使二次型性能指标

$$J = \frac{1}{2}\boldsymbol{y}^{\mathrm{T}}(t_{\mathrm{f}})F\boldsymbol{y}(t_{\mathrm{f}}) + \frac{1}{2}\int_{t_0}^{t_{\mathrm{f}}}\left[\boldsymbol{y}^{\mathrm{T}}Q(t)\boldsymbol{y} + \boldsymbol{u}^{\mathrm{T}}R(t)\boldsymbol{u}\right]\mathrm{d}t$$

达到综合最优。其中，假设控制作用 $\boldsymbol{u}(t)$ 不受约束，终端时间 t_{f} 固定，终端状态无约束，加权矩阵 $F = F^{\mathrm{T}} \geqslant 0$，$Q(t) = Q^{\mathrm{T}}(t) \geqslant 0$，$R(t) = R^{\mathrm{T}}(t) > 0$ 分别表示对系统状态终端值、状态变量、控制变量的加权矩阵，通过调整其相对大小，来体现设计者的不同设计意图。

在最优调节器问题中，一个重要的特例是线性定常系统终端时间 $t_{\mathrm{f}} \to \infty$ 时的无限时间调节器问题。对于无限时间调节问题来说，系统必须是闭环渐近稳定的，$t_{\mathrm{f}} \to \infty$ 时，$\boldsymbol{u}(t) \to 0$，$\boldsymbol{x}(t) \to 0$，否则最优控制问题将会因为 $J \to \infty$ 而失去意义。

最优输出跟踪问题是决定控制作用 $\boldsymbol{u}(t)$，使线性系统

$$\dot{\boldsymbol{x}} = A(t)\boldsymbol{x} + B(t)\boldsymbol{u}$$
$$\boldsymbol{y} = C(t)\boldsymbol{x}$$

的输出 $\boldsymbol{y}(t)$ 跟随指令 $\boldsymbol{z}(t)$，跟踪误差 $\boldsymbol{e}(t) = \boldsymbol{z}(t) - \boldsymbol{y}(t)$ 尽可能小，并使二次型性能指标

$$J = \frac{1}{2}\boldsymbol{e}^{\mathrm{T}}(t_{\mathrm{f}})F\boldsymbol{e}(t_{\mathrm{f}}) + \frac{1}{2}\int_{t_0}^{t_{\mathrm{f}}}\left[\boldsymbol{e}^{\mathrm{T}}Q(t)\boldsymbol{e} + \boldsymbol{u}^{\mathrm{T}}R(t)\boldsymbol{u}\right]\mathrm{d}t$$

达到综合最优。其中，假设控制作用 $\boldsymbol{u}(t)$ 不受约束，终端时间 t_{f} 固定，终端状态无约束，加权矩阵 $F = F^{\mathrm{T}} \geqslant 0$，$Q(t) = Q^{\mathrm{T}}(t) \geqslant 0$，$R(t) = R^{\mathrm{T}}(t) > 0$。

与最优调节问题不同，在最优跟踪问题中，控制量一般不为零，所以除非 t_{f} 有限，否则无限时间最优跟踪问题会因为 $J \to \infty$ 而失去意义。

1. 有限时间状态调节器问题

定理 6.7 对于线性时变系统

$$\dot{\boldsymbol{x}} = A(t)\boldsymbol{x} + B(t)\boldsymbol{u} \tag{6.34}$$

和性能指标

$$J = \frac{1}{2}\boldsymbol{x}^{\mathrm{T}}(t_{\mathrm{f}})F\boldsymbol{x}(t_{\mathrm{f}}) + \frac{1}{2}\int_{t_0}^{t_{\mathrm{f}}}\left[\boldsymbol{x}^{\mathrm{T}}Q(t)\boldsymbol{x} + \boldsymbol{u}^{\mathrm{T}}R(t)\boldsymbol{u}\right]\mathrm{d}t \tag{6.35}$$

式中，$\boldsymbol{u}(t)$ 不受约束，终端时间 t_{f} 固定，$F = F^{\mathrm{T}} \geqslant 0$，$Q(t) = Q^{\mathrm{T}}(t) \geqslant 0$，$R(t) = R^{\mathrm{T}}(t) > 0$，则最优控制存在且唯一，由下式决定

$$\boldsymbol{u}(t) = -R^{-1}(t)B^{\mathrm{T}}(t)K(t)\boldsymbol{x}(t) \tag{6.36}$$

式中，对称矩阵 $K^{\mathrm{T}}(t) = K(t) \geqslant 0$ 是下述黎卡提矩阵微分方程的唯一解

$$
\begin{aligned}
&\dot{K}(t)+K(t)A(t)+A^{\mathrm{T}}(t)K(t)-K(t)B(t)R^{-1}(t)B^{\mathrm{T}}(t)K(t)+Q(t)=0\\
&K(t_{\mathrm{f}})=F
\end{aligned}
\tag{6.37}
$$

闭环最优系统为下述线性时变系统

$$
\dot{\boldsymbol{x}}(t)=\left[A(t)-B(t)R^{-1}(t)B^{\mathrm{T}}(t)K(t)\right]\boldsymbol{x}(t),\quad \boldsymbol{x}(t_0)=\boldsymbol{x}_0 \tag{6.38}
$$

最优性能指标为

$$
J^{*}=\frac{1}{2}\boldsymbol{x}_0^{\mathrm{T}}K(t_0)\boldsymbol{x}_0 \tag{6.39}
$$

证明 构造哈密顿函数

$$
H=\frac{1}{2}\boldsymbol{x}^{\mathrm{T}}Q(t)\boldsymbol{x}+\frac{1}{2}\boldsymbol{u}^{\mathrm{T}}R(t)\boldsymbol{u}+\boldsymbol{x}^{\mathrm{T}}A^{\mathrm{T}}(t)\boldsymbol{\lambda}(t)+\boldsymbol{u}^{\mathrm{T}}B^{\mathrm{T}}(t)\boldsymbol{\lambda}(t)
$$

因为 $\boldsymbol{u}$ 不受约束，由极值条件

$$
\frac{\partial H}{\partial \boldsymbol{u}}=R(t)\boldsymbol{u}(t)+B^{\mathrm{T}}(t)\boldsymbol{\lambda}(t)=0
$$

因为 $R(t)=R^{\mathrm{T}}(t)>0$，故 $R^{-1}(t)$ 存在，得最优控制律为

$$
\boldsymbol{u}(t)=-R^{-1}(t)B^{\mathrm{T}}(t)\boldsymbol{\lambda}(t) \tag{6.40}
$$

由协态方程

$$
\dot{\boldsymbol{\lambda}}(t)=-\frac{\partial H}{\partial \boldsymbol{x}}=-Q(t)\boldsymbol{x}(t)-A^{\mathrm{T}}(t)\boldsymbol{\lambda}(t) \tag{6.41}
$$

将 $\boldsymbol{u}(t)=-R^{-1}(t)B^{\mathrm{T}}(t)\boldsymbol{\lambda}(t)$ 代入系统状态方程得

$$
\dot{\boldsymbol{x}}(t)=A(t)\boldsymbol{x}(t)-B(t)R^{-1}(t)B^{\mathrm{T}}(t)\boldsymbol{\lambda}(t) \tag{6.42}
$$

将式(6.41)和式(6.42)联立，得如下 $2n$ 阶线性齐次正则方程组

$$
\begin{bmatrix}\dot{\boldsymbol{x}}\\ \dot{\boldsymbol{\lambda}}\end{bmatrix}=\begin{bmatrix}A(t) & -S(t)\\ -Q(t) & -A^{\mathrm{T}}(t)\end{bmatrix}\begin{bmatrix}\boldsymbol{x}\\ \boldsymbol{\lambda}\end{bmatrix} \tag{6.43}
$$

式中，$S(t)=S^{\mathrm{T}}(t)=B(t)R^{-1}(t)B^{\mathrm{T}}(t)$。$2n$ 个定解条件中 n 个由初始状态 $\boldsymbol{x}(t_0)$ 给出，其余 n 个由横截条件

$$
\boldsymbol{\lambda}(t_{\mathrm{f}})=\frac{\partial}{\partial \boldsymbol{x}(t_{\mathrm{f}})}\left[\frac{1}{2}\boldsymbol{x}^{\mathrm{T}}(t_{\mathrm{f}})F\boldsymbol{x}(t_{\mathrm{f}})\right]=F\boldsymbol{x}(t_{\mathrm{f}}) \tag{6.44}
$$

提供，它给出了伴随变量终端值和状态变量终端值之间的线性关系。

用 $\Omega(t,t_0)$ 表示式(6.43) $2n$ 阶线性齐次方程组的状态转移矩阵，令 $\boldsymbol{\lambda}(t_0)$ 为待定协态向量的初值，则方程组的解可表示为

$$
\begin{bmatrix}\boldsymbol{x}(t)\\ \boldsymbol{\lambda}(t)\end{bmatrix}=\Omega(t,t_0)\begin{bmatrix}\boldsymbol{x}(t_0)\\ \boldsymbol{\lambda}(t_0)\end{bmatrix}
$$

在终端 $t=t_{\mathrm{f}}$，下列关系式成立

$$
\begin{bmatrix}\boldsymbol{x}(t_{\mathrm{f}})\\ \boldsymbol{\lambda}(t_{\mathrm{f}})\end{bmatrix}=\Omega(t_{\mathrm{f}},t)\begin{bmatrix}\boldsymbol{x}(t)\\ \boldsymbol{\lambda}(t)\end{bmatrix}=\begin{bmatrix}\Omega_{11}(t_{\mathrm{f}},t) & \Omega_{12}(t_{\mathrm{f}},t)\\ \Omega_{21}(t_{\mathrm{f}},t) & \Omega_{22}(t_{\mathrm{f}},t)\end{bmatrix}\begin{bmatrix}\boldsymbol{x}(t)\\ \boldsymbol{\lambda}(t)\end{bmatrix}
$$

即

$$x(t_f) = \Omega_{11}(t_f, t)x(t) + \Omega_{12}(t_f, t)\lambda(t)$$
$$\lambda(t_f) = \Omega_{21}(t_f, t)x(t) + \Omega_{22}(t_f, t)\lambda(t) = Fx(t_f)$$

于是有

$$x(t_f) = \Omega_{11}(t_f, t)x(t) + \Omega_{12}(t_f, t)\lambda(t)$$
$$\lambda(t_f) = \Omega_{21}(t_f, t)x(t) + \Omega_{22}(t_f, t)\lambda(t) = Fx(t_f) = F\Omega_{11}(t_f, t)x(t) + F\Omega_{12}(t_f, t)\lambda(t)$$

可以证明 $\Omega_{22}(t_f, t) - F\Omega_{12}(t_f, t)$ 的逆存在，由上式第二式有

$$\lambda(t) = [\Omega_{22}(t_f, t) - F\Omega_{12}(t_f, t)]^{-1}[F\Omega_{11}(t_f, t) - \Omega_{21}(t_f, t)]x(t)$$

令

$$K(t) = \left[\Omega_{22}(t_f, t) - F\Omega_{12}(t_f, t)\right]^{-1}\left[F\Omega_{11}(t_f, t) - \Omega_{21}(t_f, t)\right] \tag{6.45}$$

则有

$$\lambda(t) = K(t)x(t) \tag{6.46}$$

因此，$K(t) \in R^{n\times n}$ 和系统式(6.34)的初始状态无关。对于给定的系统式(6.34)，加权矩阵 F 、$Q(t)$ 、 $R(t)$ 和终端时间 t_f ，可以事先离线地得到 $K(t)$ ，用状态反馈

$$u(t) = -R^{-1}(t)B^{\mathrm{T}}(t)\lambda(t) = -R^{-1}(t)B^{\mathrm{T}}(t)K(t)x(t) \tag{6.47}$$

实现最优控制。

前面给出的求取 $K(t)$ 的过程，需要求解正则方程的状态转移矩阵和 $n\times n$ 阶时变矩阵的逆，当系统维数较大时，工作量较大，下面给出 $K(t)$ 的另外一种求法。

令 $t = t_f$ ，将 $\Omega_{11}(t_f, t_f) = \Omega_{22}(t_f, t_f) = I$ ， $\Omega_{12}(t_f, t_f) = \Omega_{21}(t_f, t_f) = 0$ 代入式(6.45)得

$$K(t_f) = F \tag{6.48}$$

因为

$$\dot{\lambda}(t) = \dot{K}(t)x(t) + K(t)\dot{x}(t) \tag{6.49}$$

将式(6.46)代入到式(6.42)有

$$\dot{x}(t) = A(t)x(t) - S(t)\lambda(t) = [A(t) - S(t)K(t)]x(t)$$

将上式代回到式(6.49)得

$$\dot{\lambda}(t) = \left[\dot{K}(t) + K(t)A(t) - K(t)S(t)K(t)\right]x(t)$$

将式(6.46)代入到式(6.41)有

$$\dot{\lambda}(t) = \left[-Q(t) - A^{\mathrm{T}}(t)K(t)\right]x(t)$$

故有

$$[\dot{K}(t) + K(t)A(t) - K(t)S(t)K(t) + A^{\mathrm{T}}(t)K(t) + Q(t)]x(t) = 0$$

称

$$\dot{K}(t) + K(t)A(t) - K(t)S(t)K(t) + A^{\mathrm{T}}(t)K(t) + Q(t) = 0$$

即

$$\begin{aligned} &\dot{K}(t) + K(t)A(t) + A^{\mathrm{T}}(t)K(t) - K(t)B(t)R^{-1}(t)B^{\mathrm{T}}(t)K(t) + Q(t) = 0 \\ &K(t_f) = F \end{aligned} \tag{6.50}$$

为黎卡提矩阵微分方程。

下面进一步说明黎卡提方程的解使性能指标式(6.35)达到极小。考察二次型 $\boldsymbol{x}^{\mathrm{T}}(t)K(t)\boldsymbol{x}(t)$ 对时间的微分，有

$$\frac{\mathrm{d}}{\mathrm{d}t}\left[\boldsymbol{x}^{\mathrm{T}}(t)K(t)\boldsymbol{x}(t)\right]=\dot{\boldsymbol{x}}^{\mathrm{T}}(t)K(t)\boldsymbol{x}(t)+\boldsymbol{x}^{\mathrm{T}}(t)\dot{K}(t)\boldsymbol{x}(t)+\boldsymbol{x}^{\mathrm{T}}(t)K(t)\dot{\boldsymbol{x}}(t)$$

代入系统状态方程式(6.34)和黎卡提方程式(6.50)，整理配方得

$$\begin{aligned}&\frac{\mathrm{d}}{\mathrm{d}t}\left[\boldsymbol{x}^{\mathrm{T}}(t)K(t)\boldsymbol{x}(t)\right]\\&=-\left[\boldsymbol{x}^{\mathrm{T}}Q(t)\boldsymbol{x}+\boldsymbol{u}^{\mathrm{T}}R(t)\boldsymbol{u}\right]+\left[\boldsymbol{u}+R^{-1}(t)B^{\mathrm{T}}(t)K(t)\boldsymbol{x}\right]^{\mathrm{T}}R(t)\left[\boldsymbol{u}+R^{-1}(t)B^{\mathrm{T}}(t)K(t)\boldsymbol{x}\right]\end{aligned}$$

从 t_0 到 t_{f} 积分有

$$\begin{aligned}&\boldsymbol{x}^{\mathrm{T}}(t_{\mathrm{f}})K(t_{\mathrm{f}})\boldsymbol{x}(t_{\mathrm{f}})-\boldsymbol{x}_0^{\mathrm{T}}K(t_0)\boldsymbol{x}_0=\boldsymbol{x}^{\mathrm{T}}(t_{\mathrm{f}})F\boldsymbol{x}(t_{\mathrm{f}})-\boldsymbol{x}_0^{\mathrm{T}}K(t_0)\boldsymbol{x}_0\\&=-\int_{t_0}^{t_{\mathrm{f}}}\left[\boldsymbol{x}^{\mathrm{T}}Q(t)\boldsymbol{x}+\boldsymbol{u}^{\mathrm{T}}R(t)\boldsymbol{u}\right]\mathrm{d}t+\int_{t_0}^{t_{\mathrm{f}}}\left[\boldsymbol{u}+R^{-1}(t)B^{\mathrm{T}}(t)K(t)\boldsymbol{x}\right]^{\mathrm{T}}R(t)\left[\boldsymbol{u}+R^{-1}(t)B^{\mathrm{T}}(t)K(t)\boldsymbol{x}\right]\mathrm{d}t\end{aligned}$$

即

$$\begin{aligned}J&=\boldsymbol{x}^{\mathrm{T}}(t_{\mathrm{f}})F\boldsymbol{x}(t_{\mathrm{f}})+\int_{t_0}^{t_{\mathrm{f}}}\left[\boldsymbol{x}^{\mathrm{T}}Q(t)\boldsymbol{x}+\boldsymbol{u}^{\mathrm{T}}R(t)\boldsymbol{u}\right]\mathrm{d}t\\&=\int_{t_0}^{t_{\mathrm{f}}}\left[\boldsymbol{u}+R^{-1}(t)B^{\mathrm{T}}(t)K(t)\boldsymbol{x}\right]^{\mathrm{T}}R(t)\left[\boldsymbol{u}+R^{-1}(t)B^{\mathrm{T}}(t)K(t)\boldsymbol{x}\right]\mathrm{d}t+\boldsymbol{x}_0^{\mathrm{T}}K(t_0)\boldsymbol{x}_0\geqslant\boldsymbol{x}_0^{\mathrm{T}}K(t_0)\boldsymbol{x}_0\end{aligned}$$

因为 $K(t_0)$ 和 $\boldsymbol{x}_0$、$\boldsymbol{u}$ 无关，为使等号成立，只需取

$$\boldsymbol{u}=-R^{-1}(t)B^{\mathrm{T}}(t)K(t)\boldsymbol{x}$$

证毕。

最优状态调节系统的结构框图如图 6.5 所示。

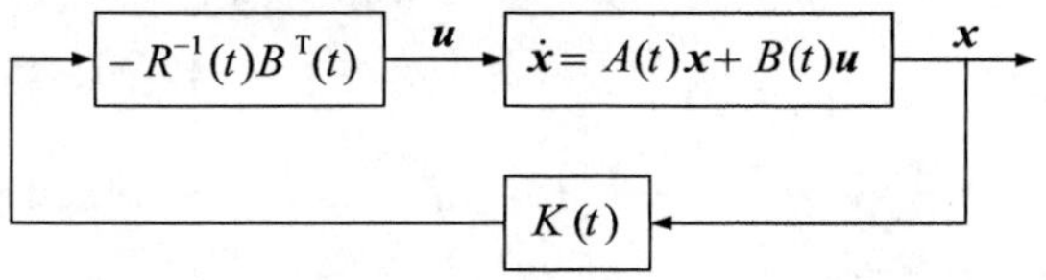

图 6.5　最优状态调节系统的结构框图

对定理 6.7 有如下几点说明：

(1) 最优控制律式(6.47)是线性反馈控制律，易于实现闭环反馈最优控制。

(2) 黎卡提矩阵微分方程式(6.50)是非线性的，由于对称性，解黎卡提矩阵微分方程需要联立求解 $n(n+1)/2$ 个一阶非线性微分方程，满足末端条件，一般只能用计算机逆时间方向迭代求得数值解。黎卡提矩阵微分方程与状态和控制无关，因而可以离线算出 $K(t)$ 备用。

(3) 只要时间区间 $[t_0,t_{\mathrm{f}}]$ 是有限的，黎卡提方程的解 $K(t)$ 就是时变的，闭环反馈最优控制系统将成为线性时变系统，即使 A、B、Q、R 都是定常矩阵也是如此。

关于矩阵 $Q(t)=Q^{\mathrm{T}}(t)\geqslant 0$、$R(t)=R^{\mathrm{T}}(t)>0$、$F=F^{\mathrm{T}}\geqslant 0$，黎卡提矩阵微分方程式(6.50)的解有如下一些性质：

(1) 解矩阵 $K(t)$ 在 $[t_0,t_{\mathrm{f}}]$ 上存在且唯一。

(2) 解矩阵 $K(t)$ 是对称矩阵。

(3) 解矩阵 $K(t)$ 在 $[t_0,t_{\mathrm{f}}]$ 上至少是半正定的。

(4) $F=0$ 时，解 $K(t)$ 一致有界。

(5) 对于给定的 $Q(t)$、$R(t)$ 及 $[t_0,t_f]$，当 $F_1 \geqslant F_2$ 时，则有 $K_1(t) \geqslant K_2(t)$。

(6) 对于给定的 $Q(t)$、$R(t)$ 及 $[t_0,t_{f1}]$、$[t_0,t_{f2}]$，设 $F=0$，$t_{f1}<t_{f2}$，则有 $K_1(t)<K_2(t)$。

(7) 对于给定的 $Q(t)$、$R(t)$、F_1、F_2 及 $[t_0,t_{f1}]$、$[t_0,t_{f2}]$，设 $t_{f1}<t_{f2}$，若有 $K_2(t_{f1})=K_1(t_{f1})=F_1$，则在 $[t_0,t_{f1}]$ 上有 $K_2(t)=K_1(t)$。

(8) 当 A、B、$Q \geqslant 0$、$R>0$ 为常数矩阵，(A,B) 能控，任意满秩分解 $Q=D^{\mathrm{T}}D$，(A,D) 能观时，则 $t_f \to \infty$ 或 t_f 充分大时，在时间段 $0 \leqslant t \ll t_f$ 内，$K(t)=K$，常数矩阵 K 是下述黎卡提代数方程

$$KA+A^{\mathrm{T}}K-KBR^{-1}B^{\mathrm{T}}K+Q=0 \tag{6.51}$$

的唯一解，且 $K=K^{\mathrm{T}}>0$。

例 6.10 已知系统

$$\dot{x}=ax+u$$

试确定最优控制，使性能指标

$$J=\frac{1}{2}fx^2(T_f)+\frac{1}{2}\int_0^{T_f}\left[qx^2(t)+ru^2(t)\right]\mathrm{d}t$$

取极小值，式中，$f \geqslant 0$，$q>0$，$r>0$。

解 根据定理 6.7，最优控制律为

$$u(t)=-\frac{1}{r}k(t)x(t)$$

式中，$k(t)$ 是黎卡提微分方程

$$\dot{k}(t)=-2ak(t)+\frac{1}{r}k^2(t)-q$$

的解。黎卡提微分方程的边界条件为

$$k(T_f)=f$$

此例中黎卡提微分方程为变量可分离形，即

$$\frac{\mathrm{d}k(t)}{\dfrac{1}{r}k^2(t)-2ak(t)-q}=\mathrm{d}t$$

两边积分有

$$\int_{k(t)}^{f}\frac{\mathrm{d}k(t)}{\dfrac{1}{r}k^2(t)-2ak(t)-q}=\int_t^{T_f}\mathrm{d}t$$

得到

$$k(t)=r\frac{\beta+a+(\beta-a)\dfrac{f/r-a-\beta}{f/r-a+\beta}\mathrm{e}^{2\beta(t-T_f)}}{1-\dfrac{f/r-a-\beta}{f/r-a+\beta}\mathrm{e}^{2\beta(t-T_f)}}$$

式中，

$$\beta = \sqrt{\frac{q}{r} + a^2}$$

于是得最优控制为

$$u(t) = -\frac{\beta + a + (\beta - a)\dfrac{f/r - a - \beta}{f/r - a + \beta}\mathrm{e}^{2\beta(t-T_\mathrm{f})}}{1 - \dfrac{f/r - a - \beta}{f/r - a + \beta}\mathrm{e}^{2\beta(t-T_\mathrm{f})}}x(x)$$

将它代入到系统方程得

$$\dot{x} = \left[a - \frac{1}{r}k(t)\right]x$$

系统的最优解为

$$x(t) = x(0)\mathrm{e}^{\int_0^t\left[a - \frac{1}{r}k(\tau)\right]\mathrm{d}\tau}$$

图 6.6(a)表示在 $a=-1$，$f=0$，$T_\mathrm{f}=1$，$x(0)=1$ 和 $q=1$ 时，以 r 作为可变参数的一组状态轨线。可见 r 取值越小，意味着对控制 u 的加权越小，对状态 x 的加权相对增大，状态变量将更迅速地回到零值。

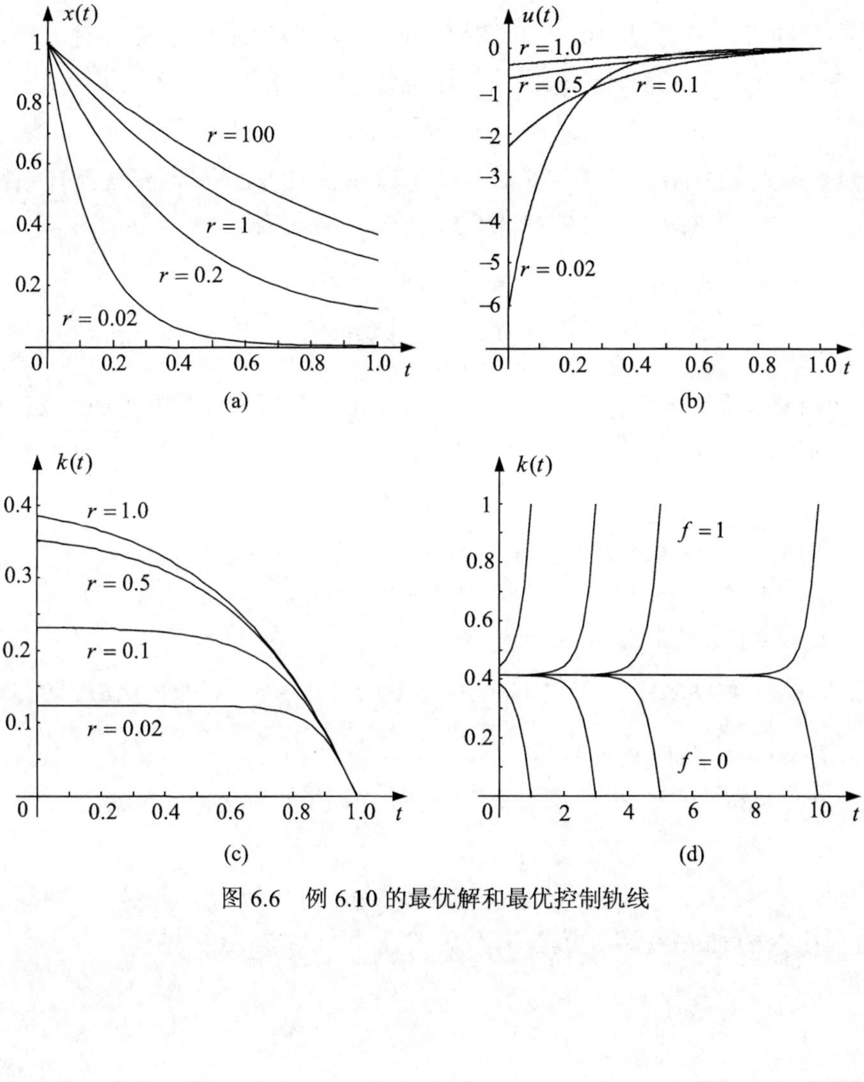

图 6.6　例 6.10 的最优解和最优控制轨线

图 6.6(b)表示在上述同样参数条件下，以 r 作为可变参数的一组最优控制轨线。可见 r 取值越小，控制量在控制区间的起始部分会变得很大，以缩短控制过程。

图 6.6(c)是以 r 作为可变参数时黎卡提方程的解 $k(t)$。可见随着 r 的减小，$k(t)$ 在控制区间的起始部分几乎是一常数，随着 r 的增大，控制过程变长，$k(t)$ 自始至终都在变化。

图 6.6(d)是 $a=-1$，$q=r=1$ 时，$f=1$ 和 $f=0$ 两种情况下，当 T_{f} 取不同值时，黎卡提方程的解 $k(t)$ 的曲线。可以看出，随着 T_{f} 的增长，$k(t)$ 只在控制区间末端才发生变化，在控制区间的大部分时间里保持常值，且与终端条件无关。上述事实容易从 $k(t)$ 的表达式看出，即在 $T_{\mathrm{f}} \to \infty$ 时，在有限时间内有

$$k(t)=k=r(\beta+a)$$

将 $r=q=1$，$\beta=\sqrt{1+a^2}$ 代入有 $k=\sqrt{2}-1=0.414$。

2. 无限时间状态调节器问题

定理 6.8 对于线性定常系统

$$\dot{\boldsymbol{x}}=A\boldsymbol{x}+B\boldsymbol{u} \tag{6.52}$$

和性能指标

$$J=\frac{1}{2}\int_0^{\infty}\left(\boldsymbol{x}^{\mathrm{T}}Q\boldsymbol{x}+\boldsymbol{u}^{\mathrm{T}}R\boldsymbol{u}\right)\mathrm{d}t \tag{6.53}$$

其中，$\boldsymbol{u}(t)$ 不受约束，$Q=Q^{\mathrm{T}}\geqslant 0$，$R=R^{\mathrm{T}}>0$。若矩阵对 (A,B) 能控，对于任意满秩分解 $Q=D^{\mathrm{T}}D$，矩阵对 (A,D) 能观，则最优控制存在且唯一，由下式决定

$$\boldsymbol{u}(t)=-R^{-1}B^{\mathrm{T}}K\boldsymbol{x}(t) \tag{6.54}$$

其中，对称矩阵 $K^{\mathrm{T}}=K>0$ 是黎卡提矩阵代数方程(6.51)的唯一解。最优闭环系统为

$$\dot{\boldsymbol{x}}(t)=\left(A-BR^{-1}B^{\mathrm{T}}K\right)\boldsymbol{x}(t),\quad \boldsymbol{x}(t_0)=\boldsymbol{x}_0 \tag{6.55}$$

它是渐近稳定的，系统达到的最优性能指标为

$$J^*=\frac{1}{2}\boldsymbol{x}_0^{\mathrm{T}}K\boldsymbol{x}_0$$

证明 应用黎卡提矩阵微分方程解的性质(8)，黎卡提矩阵代数方程(6.51)有唯一定常解 $K=K^{\mathrm{T}}>0$，取正定二次型函数

$$V(\boldsymbol{x})=\boldsymbol{x}^{\mathrm{T}}K\boldsymbol{x}$$

则有

$$\dot{V}(\boldsymbol{x})=\dot{\boldsymbol{x}}^{\mathrm{T}}K\boldsymbol{x}+\boldsymbol{x}^{\mathrm{T}}K\dot{\boldsymbol{x}}$$

将系统式(6.51)和最优反馈控制律式(6.53)代入有

$$\dot{V}(\boldsymbol{x})=\boldsymbol{x}^{\mathrm{T}}\left[\left(A-BR^{-1}B^{\mathrm{T}}K\right)^{\mathrm{T}}K+K\left(A-BR^{-1}B^{\mathrm{T}}K\right)\right]\boldsymbol{x}=-\boldsymbol{x}^{\mathrm{T}}\left(Q+KBR^{-1}B^{\mathrm{T}}K\right)\boldsymbol{x}$$

因为 $Q\geqslant 0$，$R>0$，所以 $\dot{V}(\boldsymbol{x})\leqslant 0$。

因为 $Q\geqslant 0$，$KBR^{-1}B^{\mathrm{T}}K\geqslant 0$，所以集合 $\left\{\boldsymbol{x}\middle|\dot{V}(\boldsymbol{x})=0\right\}$ 中的状态 $\boldsymbol{x}$ 应满足

$$\begin{aligned}&\boldsymbol{x}^{\mathrm{T}}Q\boldsymbol{x}=0\\&\boldsymbol{x}^{\mathrm{T}}KBR^{-1}B^{\mathrm{T}}K\boldsymbol{x}=0\end{aligned} \tag{6.56}$$

将 $\boldsymbol{u}(t)=-R^{-1}B^{\mathrm{T}}K\boldsymbol{x}(t)$ 即 $R\boldsymbol{u}(t)=-B^{\mathrm{T}}K\boldsymbol{x}(t)$ 代入式(6.56)的第二式，得到

$$\boldsymbol{u}^{\mathrm{T}} R \boldsymbol{u} = 0$$

因为 $R > 0$，推出 $\boldsymbol{u} = 0$。因此集合 $\left\{ \boldsymbol{x} \middle| \dot{V}(\boldsymbol{x}) = 0 \right\}$ 中的状态 $\boldsymbol{x}$ 还应该满足齐次微分方程

$$\dot{\boldsymbol{x}} = A\boldsymbol{x}$$

设这样的解为 $\boldsymbol{x}(t) = \mathrm{e}^{At}\boldsymbol{x}_0$，将其代入式(6.56)中的第一式，得到

$$\boldsymbol{x}_0^{\mathrm{T}} \mathrm{e}^{A^{\mathrm{T}}t} Q \mathrm{e}^{At} \boldsymbol{x}_0 = \boldsymbol{x}_0^{\mathrm{T}} \mathrm{e}^{A^{\mathrm{T}}t} D^{\mathrm{T}} D \mathrm{e}^{At} \boldsymbol{x}_0 = 0$$

因为 (A, D) 能观，上式只有 $\boldsymbol{x}_0 = 0$ 才有可能，系统的渐近稳定性得证。和前面定理 6.7 的证明相似，并利用黎卡提矩阵微分方程解的性质(8)，易证定理 6.8 的其他部分。证毕。

对定理 6.8 有以下几点说明：

(1) 定理 6.8 中 (A, B) 能控的要求，是为了保证最优解存在，防止系统不能控不稳定状态存在时，$J \to \infty$ 的情况发生。在有限时间调节器问题中，性能指标 J 总是有限的，可以没有系统能控的要求。

(2) 显然，$Q = 0$ 时，$K = 0$ 是黎卡提代数方程式（6.51）的显然解，因此有 $\boldsymbol{u}(t) = 0$，$J = 0$ 为性能指标的最小值，特别是在对象不稳定的情况下，系统将失去控制，这是不允许的。所以，不同于 t_{f} 为有限时的情况，无限时间状态调节器问题要求 (A, B) 能控，且对于满秩分解 $Q = D^{\mathrm{T}} D$，(A, D) 能观，以保证 $K > 0$ 及闭环控制系统是渐近稳定的。若取 $Q = Q^{\mathrm{T}} > 0$，则 D 为可逆矩阵，(A, D) 总是能观的。

(3) 在无限时间状态调节器问题中，不考虑末端项的原因，是因为 $t_{\mathrm{f}} \to \infty$ 时，总有 $\boldsymbol{x}(t_{\mathrm{f}}) \to 0$，否则就会导致 $J \to \infty$。另外，工程上考虑 $t_{\mathrm{f}} \to \infty$ 时的末端指标项也没有实际意义。

例 6.11 设线性定常系统

$$\dot{x}_1 = x_2$$
$$\dot{x}_2 = x_2 + u$$

试确定最优控制使性能指标

$$J = \frac{1}{2} \int_0^{\infty} \left(q_1 x_1^2 + q_2 x_2^2 + u^2 \right) \mathrm{d}t$$

达到最优，式中，$q_1 \geqslant 0$，$q_2 \geqslant 0$。

解 本例中

$$A = \begin{bmatrix} 0 & 1 \\ 0 & 1 \end{bmatrix}, \quad B = \begin{bmatrix} 0 \\ 1 \end{bmatrix}, \quad Q = \begin{bmatrix} q_1 & 0 \\ 0 & q_2 \end{bmatrix}, \quad r = 1$$

令

$$K = \begin{bmatrix} k_{11} & k_{12} \\ k_{12} & k_{22} \end{bmatrix}$$

黎卡提矩阵代数方程为

$$\begin{bmatrix} k_{11} & k_{12} \\ k_{12} & k_{22} \end{bmatrix} \begin{bmatrix} 0 & 1 \\ 0 & 1 \end{bmatrix} + \begin{bmatrix} 0 & 0 \\ 1 & 1 \end{bmatrix} \begin{bmatrix} k_{11} & k_{12} \\ k_{12} & k_{22} \end{bmatrix} - \begin{bmatrix} k_{11} & k_{12} \\ k_{12} & k_{22} \end{bmatrix} \begin{bmatrix} 0 \\ 1 \end{bmatrix} \begin{bmatrix} 0 & 1 \end{bmatrix} \begin{bmatrix} k_{11} & k_{12} \\ k_{12} & k_{22} \end{bmatrix} + \begin{bmatrix} q_1 & 0 \\ 0 & q_2 \end{bmatrix} = \begin{bmatrix} 0 & 0 \\ 0 & 0 \end{bmatrix}$$

将上式展开有

$$q_1 - k_{12}^2 = 0$$
$$k_{11} + k_{12} - k_{12}k_{22} = 0$$
$$2(k_{12} + k_{22}) + q_2 - k_{22}^2 = 0$$

解第一个方程得到 $k_{12} = \pm\sqrt{q_1}$，取 $k_{12} = \sqrt{q_1}$（取 $k_{12} = -\sqrt{q_1}$ 无法得到正定的 K）代入后两个方程得

$$k_{11} = \sqrt{q_1}\sqrt{1 + 2\sqrt{q_1} + q_2}$$
$$k_{22} = 1 + \sqrt{1 + 2\sqrt{q_1} + q_2}$$

即得

$$K = \begin{bmatrix} \sqrt{q_1}\sqrt{1 + 2\sqrt{q_1} + q_2} & \sqrt{q_1} \\ \sqrt{q_1} & 1 + \sqrt{1 + 2\sqrt{q_1} + q_2} \end{bmatrix}$$

最优控制函数为

$$\begin{aligned} u(t) &= -\begin{bmatrix} 0 & 1 \end{bmatrix} \begin{bmatrix} \sqrt{q_1}\sqrt{1 + 2\sqrt{q_1} + q_2} & \sqrt{q_1} \\ \sqrt{q_1} & 1 + \sqrt{1 + 2\sqrt{q_1} + q_2} \end{bmatrix} \boldsymbol{x}(t) \\ &= -\sqrt{q_1}x_1(t) - \left(1 + \sqrt{1 + 2\sqrt{q_1} + q_2}\right)x_2(t) \end{aligned}$$

设 $q_2 = 1$，当分别取 $q_1 = 100$，$q_1 = 1$ 和 $q_1 = 0.01$ 时，状态 $x_1(t)$ 的时间响应曲线如图 6.7 所示，从图中曲线看出，当 q_1 相对 q_2 较大时，$x_1(t)$ 衰减速度快，反之就慢。

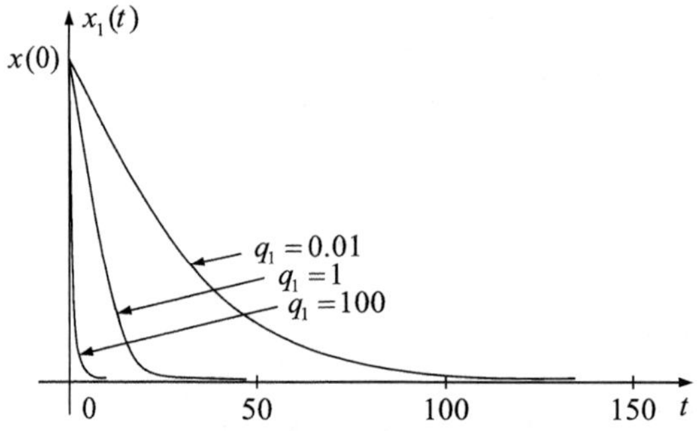

图 6.7　例 6.11 的响应曲线

3. 有限时间输出调节器问题

定理 6.9　对于线性系统

$$\begin{aligned} \dot{\boldsymbol{x}}(t) &= A(t)\boldsymbol{x}(t) + B(t)\boldsymbol{u}(t) \\ \boldsymbol{y}(t) &= C(t)\boldsymbol{x}(t) \end{aligned} \tag{6.57}$$

和性能指标

$$J = \frac{1}{2}\boldsymbol{y}^{\mathrm{T}}(t_{\mathrm{f}})F\boldsymbol{y}(t_{\mathrm{f}}) + \frac{1}{2}\int_{t_0}^{t_{\mathrm{f}}} \left[\boldsymbol{y}^{\mathrm{T}}Q(t)\boldsymbol{y} + \boldsymbol{u}^{\mathrm{T}}R(t)\boldsymbol{u}\right]\mathrm{d}t \tag{6.58}$$

其中，$\boldsymbol{u}(t)$ 不受约束，终端时间 t_{f} 固定，$F = F^{\mathrm{T}} \geqslant 0$，$Q(t) = Q^{\mathrm{T}}(t) \geqslant 0$，$R(t) = R^{\mathrm{T}}(t) > 0$，则最优控制存在且唯一，由下式决定

$$\boldsymbol{u}(t) = -R^{-1}(t)B^{\mathrm{T}}(t)K(t)\boldsymbol{x}(t) \tag{6.59}$$

式中，对称矩阵 $K^{\mathrm{T}}(t) = K(t) \geqslant 0$ 是下述黎卡提矩阵微分方程的唯一解

$$\begin{aligned}&\dot{K}(t) + K(t)A(t) + A^{\mathrm{T}}(t)K(t) - K(t)B(t)R^{-1}(t)B^{\mathrm{T}}(t)K(t) + C(t)^{\mathrm{T}}Q(t)C(t) = 0\\&K(t_{\mathrm{f}}) = C(t_{\mathrm{f}})^{\mathrm{T}}FC(t_{\mathrm{f}})\end{aligned} \tag{6.60}$$

闭环最优系统为下述线性时变系统

$$\dot{\boldsymbol{x}}(t) = [A(t) - B(t)R^{-1}(t)B^{\mathrm{T}}(t)K(t)]\boldsymbol{x}(t), \quad \boldsymbol{x}(t_0) = \boldsymbol{x}_0 \tag{6.61}$$

证明 显然，线性系统输出调节器问题是线性系统状态调节器问题的特例，将系统式(6.57)的输出方程代入到性能指标式(6.58)中有

$$J = \frac{1}{2}\boldsymbol{x}^{\mathrm{T}}(t_{\mathrm{f}})C^{\mathrm{T}}(t_{\mathrm{f}})FC(t_{\mathrm{f}})\boldsymbol{x}(t_{\mathrm{f}}) + \frac{1}{2}\int_{t_0}^{t_{\mathrm{f}}}\left[\boldsymbol{x}^{\mathrm{T}}C^{\mathrm{T}}(t)Q(t)C(t)\boldsymbol{x} + \boldsymbol{u}^{\mathrm{T}}R(t)\boldsymbol{u}\right]\mathrm{d}t$$

从 $Q(t) \geqslant 0$ 可以推出 $Q_1(t) = C^{\mathrm{T}}(t)Q(t)C(t) \geqslant 0$，从 $F \geqslant 0$ 可以推出 $F_1 = C^{\mathrm{T}}(t_{\mathrm{f}})FC(t_{\mathrm{f}}) \geqslant 0$，对于系统式(6.57)和性能指标

$$J = \frac{1}{2}\boldsymbol{x}^{\mathrm{T}}(t_{\mathrm{f}})F_1\boldsymbol{x}(t_{\mathrm{f}}) + \frac{1}{2}\int_{t_0}^{\infty}\left[\boldsymbol{x}^{\mathrm{T}}Q_1(t)\boldsymbol{x} + \boldsymbol{u}^{\mathrm{T}}R(t)\boldsymbol{u}\right]\mathrm{d}t \tag{6.62}$$

应用线性系统状态调节器的定理 6.7 就可以得到本定理 6.9 的结论。证毕。

最优输出调节系统的结构框图如图 6.8 所示。

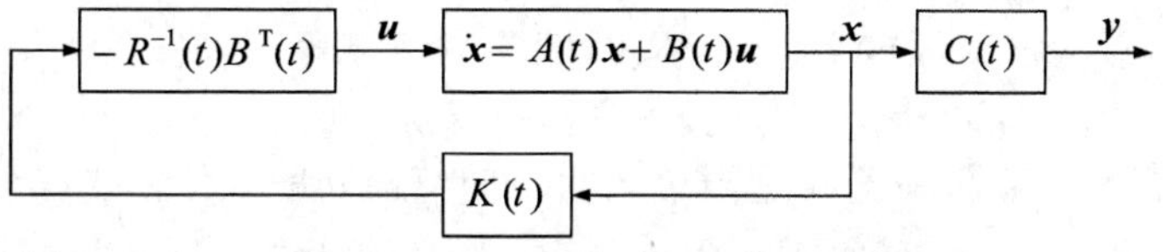

图 6.8 最优输出调节系统的结构框图

对定理 6.9 有如下几点说明：

(1) 比较定理 6.7 和定理 6.9，可见有限时间输出调节器可以作为有限时间状态调节器的特例，在黎卡提矩阵微分方程及其边界条件上有所区别，请注意这一区别。

(2) 最优输出调节器仍然保留了状态反馈的形式，而非输出反馈的形式，这表明需要全部的状态信息才能构成最优控制。

(3) 只要时间区间 $[t_0, t_{\mathrm{f}}]$ 是有限的，闭环反馈最优控制系统将成为线性时变系统，即使 A、B、C 和 Q、R 都是定常矩阵也是如此。

4. 无限时间输出调节器问题

定理 6.10 对于线性定常系统

$$\begin{aligned}\dot{\boldsymbol{x}}(t) &= A\boldsymbol{x}(t) + B\boldsymbol{u}(t)\\\boldsymbol{y}(t) &= C\boldsymbol{x}(t)\end{aligned} \tag{6.63}$$

和性能指标

$$J = \frac{1}{2}\int_{t_0}^{\infty}\left[\boldsymbol{y}^{\mathrm{T}}Q\boldsymbol{y} + \boldsymbol{u}^{\mathrm{T}}R\boldsymbol{u}\right]\mathrm{d}t \tag{6.64}$$

其中 $\boldsymbol{u}(t)$ 不受约束，$Q = Q^{\mathrm{T}} \geqslant 0$，$R = R^{\mathrm{T}} > 0$。若矩阵对 (A, B) 能控，对于任意满秩分解 $C^{\mathrm{T}}QC = D^{\mathrm{T}}D$，矩阵对 (A, D) 能观，则最优控制存在且唯一，由下式决定

$$\boldsymbol{u}(t) = -R^{-1}B^{\mathrm{T}}K\boldsymbol{x}(t)$$

其中，对称矩阵 $K^{\mathrm{T}} = K > 0$ 是下述黎卡提矩阵代数方程的唯一解

$$KA + A^{\mathrm{T}}K - KBR^{-1}B^{\mathrm{T}}K + C^{\mathrm{T}}QC = 0 \tag{6.65}$$

最优闭环系统

$$\dot{\boldsymbol{x}}(t) = [A - BR^{-1}B^{\mathrm{T}}K]\boldsymbol{x}(t) \tag{6.66}$$

是渐近稳定的，达到的最优性能指标为

$$J^* = \frac{1}{2}\boldsymbol{x}_0^{\mathrm{T}}K\boldsymbol{x}_0 \tag{6.67}$$

证明 显然，线性定常系统无限时间输出调节器问题是线性定常系统无限时间状态调节器的特例，将系统式(6.63)的输出方程代入到性能指标式(6.64)中有

$$J = \frac{1}{2}\int_{t_0}^{\infty}\left[\boldsymbol{x}^{\mathrm{T}}C^{\mathrm{T}}QC\boldsymbol{x} + \boldsymbol{u}^{\mathrm{T}}R\boldsymbol{u}\right]\mathrm{d}t$$

从 $Q \geqslant 0$ 可以推出 $Q_1 = C^{\mathrm{T}}QC \geqslant 0$，对于系统式(6.63)和性能指标

$$J = \frac{1}{2}\int_{t_0}^{\infty}\left[\boldsymbol{x}^{\mathrm{T}}Q_1\boldsymbol{x} + \boldsymbol{u}^{\mathrm{T}}R\boldsymbol{u}\right]\mathrm{d}t$$

应用线性定常系统无限时间状态调节器的定理 6.8 就可以得到本定理的结论。证毕。

对定理 6.10 有如下几点说明：

(1) 比较定理 6.8 和定理 6.10，可见无限时间输出调节器可以作为无限时间状态调节器的特例，黎卡提矩阵代数方程有所区别，请注意这一区别。

(2) 无限时间输出调节器问题和无限时间状态调节器问题类似，要求 (A, B) 能控，且对于满秩分解 $C^{\mathrm{T}}QC = D^{\mathrm{T}}D$，$(A, D)$ 能观，以保证 $K > 0$ 及闭环控制系统是渐近稳定的。

(3) 最优输出调节器仍然保留了状态反馈的形式，而非输出反馈的形式，这表明需要全部的状态信息才能构成最优控制。

例 6.12 调节器问题的扩展。设开环系统的方程为

$$\dot{\boldsymbol{x}} = A(t)\boldsymbol{x} + B(t)\boldsymbol{u} + B_{\mathrm{w}}(t)\boldsymbol{w}$$

其中 $\boldsymbol{u}$ 是系统的控制输入，$\boldsymbol{w}$ 是系统除去控制输入以外的其他输入(非控制输入)，可以是参考指令、扰动输入等，可以是常值，也可以随时间变化。设 $\boldsymbol{x}_{\mathrm{e}}(t_0)$ 为系统的标称初始状态，$\boldsymbol{u}_{\mathrm{e}}(t)$ 是某一标称控制或者是零，记系统在标称初始状态和标称控制作用下的标称响应为 $\boldsymbol{x}_{\mathrm{e}}(t)$，它可以是静态响应，也可以是动态响应。现考察系统在任意初始状态 $\boldsymbol{x}(t_0)$ 和控制作用 $\boldsymbol{u}(t)$ 下的响应 $\boldsymbol{x}(t)$，定义状态偏差 $\tilde{\boldsymbol{x}}(t) = \boldsymbol{x}(t) - \boldsymbol{x}_{\mathrm{e}}(t)$ 和控制偏差 $\tilde{\boldsymbol{u}}(t) = \boldsymbol{u}(t) - \boldsymbol{u}_{\mathrm{e}}(t)$，试确定最优控制使性能指标

$$J = \frac{1}{2}\tilde{\boldsymbol{x}}^{\mathrm{T}}(t_{\mathrm{f}})F\tilde{\boldsymbol{x}}(t_{\mathrm{f}}) + \frac{1}{2}\int_{t_0}^{t_{\mathrm{f}}}\left[\tilde{\boldsymbol{x}}^{\mathrm{T}}Q(t)\tilde{\boldsymbol{x}} + \tilde{\boldsymbol{u}}^{\mathrm{T}}R(t)\tilde{\boldsymbol{u}}\right]\mathrm{d}t$$

达到极小，这一问题称为扩展的最优状态调节器问题。

解 容易看出，状态偏差仅由初始状态的偏差引起，按照上面的定义，支配状态偏差、控制偏差的状态方程为

$$\dot{\tilde{\boldsymbol{x}}} = A(t)\tilde{\boldsymbol{x}} + B(t)\tilde{\boldsymbol{u}}, \quad \tilde{\boldsymbol{x}}(t_0) = \boldsymbol{x}(t_0) - \boldsymbol{x}_{\mathrm{e}}(t_0)$$

它与非控制输入 $\boldsymbol{w}$ 和标称控制 $\boldsymbol{u}_{\mathrm{e}}$ 无关。显然，对于偏差系统，使性能指标 J 达到极小的最优

控制可由前面一般状态调节器设计问题的解得到，即 $\tilde{\boldsymbol{u}}(t)=-R^{-1}(t)B^{\mathrm{T}}(t)K(t)\tilde{\boldsymbol{x}}(t)$，状态反馈矩阵 $K(t)$ 是黎卡提微分方程式(6.50)的解，于是有

$$
\begin{aligned}
\boldsymbol{u}(t)&=\tilde{\boldsymbol{u}}(t)+\boldsymbol{u}_{\mathrm{e}}(t)\\
&=-R^{-1}(t)B^{\mathrm{T}}(t)K(t)\tilde{\boldsymbol{x}}(t)+\boldsymbol{u}_{\mathrm{e}}(t)\\
&=-R^{-1}(t)B^{\mathrm{T}}(t)K(t)\left[\boldsymbol{x}(t)-\boldsymbol{x}_{\mathrm{e}}(t)\right]+\boldsymbol{u}_{\mathrm{e}}(t)
\end{aligned}
$$

即最优控制是状态偏差的线性组合加上标称控制 $\boldsymbol{u}_{\mathrm{e}}(t)$，其中标称响应 $\boldsymbol{x}_{\mathrm{e}}(t)$ 可以借助标称初始状态下系统对标称控制响应的实时模拟得到。作为特殊情况，若标称控制也取为状态反馈，且反馈矩阵与上述偏差调节反馈矩阵相同，即有

$$
\boldsymbol{u}_{\mathrm{e}}(t)=-R^{-1}(t)B^{\mathrm{T}}(t)K(t)\boldsymbol{x}_{\mathrm{e}}(t)
$$

则有

$$
\begin{aligned}
\boldsymbol{u}(t)&=-R^{-1}(t)B^{\mathrm{T}}(t)K(t)\left[\boldsymbol{x}(t)-\boldsymbol{x}_{\mathrm{e}}(t)\right]-R^{-1}(t)B^{\mathrm{T}}(t)K(t)\boldsymbol{x}_{\mathrm{e}}(t)\\
&=-R^{-1}(t)B^{\mathrm{T}}(t)K(t)\boldsymbol{x}(t)
\end{aligned}
$$

这时最优控制可以直接表示成状态变量的线性组合，而不需要标称控制和标称响应。进一步，对于 $A(t)=A$、$B(t)=B$、$Q(t)=Q$、$R(t)=R$ 为常数矩阵，$B_{\mathrm{w}}(t)$、$\boldsymbol{w}$ 为常数矩阵、常值输入或时变矩阵、时变输入的情况，$t_{\mathrm{f}}\to\infty$ 时，$K(t)=K$ 为常数矩阵，是黎卡提代数方程的解，且 $A-BR^{-1}B^{\mathrm{T}}K$ 是稳定矩阵。

可以看出，$K(t)$ 的解除满足末端条件外，只与系统参数矩阵有关，故可以离线算出备用。而标称响应 $\boldsymbol{x}_{\mathrm{e}}(t)$ 的模拟，除标称初始状态 $\boldsymbol{x}_{\mathrm{e}}(t_0)$ 和标称控制 $\boldsymbol{u}_{\mathrm{e}}(t)$ 外，只需要对非控制输入 $\boldsymbol{w}$ 进行实时测量，并不需要事先已知。

对于输出调节器问题也有与例 6.12 类似的结果。

5. 输出跟踪器问题

定理 6.11 对于线性系统

$$
\begin{aligned}
\dot{\boldsymbol{x}}(t)&=A(t)\boldsymbol{x}(t)+B(t)\boldsymbol{u}(t)\\
\boldsymbol{y}(t)&=C(t)\boldsymbol{x}(t)
\end{aligned}
\tag{6.68}
$$

和性能指标

$$
J=\frac{1}{2}\boldsymbol{e}^{\mathrm{T}}(t_{\mathrm{f}})F\boldsymbol{e}(t_{\mathrm{f}})+\frac{1}{2}\int_{t_0}^{t_{\mathrm{f}}}\left[\boldsymbol{e}^{\mathrm{T}}Q(t)\boldsymbol{e}+\boldsymbol{u}^{\mathrm{T}}R(t)\boldsymbol{u}\right]\mathrm{d}t \tag{6.69}
$$

其中，$\boldsymbol{e}(t)=\boldsymbol{z}(t)-\boldsymbol{y}(t)$ 为控制误差，$\boldsymbol{z}(t)$ 为指令信号，控制量 $\boldsymbol{u}(t)$ 不受约束，终端时间 t_{f} 固定，$F=F^{\mathrm{T}}\geqslant 0$，$Q(t)=Q^{\mathrm{T}}(t)\geqslant 0$，$R(t)=R^{\mathrm{T}}(t)>0$，则最优控制存在且唯一，由下式决定

$$
\boldsymbol{u}(t)=-R^{-1}(t)B^{\mathrm{T}}(t)\left[K(t)\boldsymbol{x}(t)-\boldsymbol{g}(t)\right] \tag{6.70}
$$

式中，对称矩阵 $K^{\mathrm{T}}(t)=K(t)\geqslant 0$ 是下述黎卡提矩阵微分方程的唯一解。

$$
\begin{aligned}
&\dot{K}(t)+K(t)A(t)+A^{\mathrm{T}}(t)K(t)-K(t)B(t)R^{-1}(t)B^{\mathrm{T}}(t)K(t)+C^{\mathrm{T}}(t)Q(t)C(t)=0\\
&K(t_{\mathrm{f}})=C^{\mathrm{T}}(t_{\mathrm{f}})FC(t_{\mathrm{f}})
\end{aligned}
\tag{6.71}
$$

伴随向量函数 $\boldsymbol{g}(t)$ 满足下述矩阵微分方程

$$
\begin{aligned}
&\dot{\boldsymbol{g}}(t)=-\left[A(t)-B(t)R^{-1}(t)B^{\mathrm{T}}(t)K(t)\right]^{\mathrm{T}}\boldsymbol{g}(t)-C^{\mathrm{T}}(t)Q(t)\boldsymbol{z}(t)\\
&\boldsymbol{g}(t_{\mathrm{f}})=C^{\mathrm{T}}(t_{\mathrm{f}})F\boldsymbol{z}(t_{\mathrm{f}})
\end{aligned}
\tag{6.72}
$$

闭环最优跟踪系统为下述线性时变系统

$$\dot{\boldsymbol{x}}(t)=[A(t)-B(t)R^{-1}(t)B^{\mathrm{T}}(t)K(t)]\boldsymbol{x}(t)+B(t)R^{-1}(t)B^{\mathrm{T}}(t)\boldsymbol{g}(t) \tag{6.73}$$

证明 构造哈密顿函数

$$\begin{aligned}H&=\frac{1}{2}\boldsymbol{e}^{\mathrm{T}}Q(t)\boldsymbol{e}+\frac{1}{2}\boldsymbol{u}^{\mathrm{T}}R(t)\boldsymbol{u}+\boldsymbol{x}^{\mathrm{T}}A^{\mathrm{T}}(t)\boldsymbol{\lambda}(t)+\boldsymbol{u}^{\mathrm{T}}B^{\mathrm{T}}(t)\boldsymbol{\lambda}(t)\\&=\frac{1}{2}\left[\boldsymbol{z}-C(t)\boldsymbol{x}\right]^{\mathrm{T}}Q(t)\left[\boldsymbol{z}-C(t)\boldsymbol{x}\right]+\frac{1}{2}\boldsymbol{u}^{\mathrm{T}}R(t)\boldsymbol{u}+\boldsymbol{x}^{\mathrm{T}}A^{\mathrm{T}}(t)\boldsymbol{\lambda}(t)+\boldsymbol{u}^{\mathrm{T}}B^{\mathrm{T}}(t)\boldsymbol{\lambda}(t)\end{aligned}$$

因为 $\boldsymbol{u}$ 不受约束，由极值条件

$$\frac{\partial H}{\partial \boldsymbol{u}}=R(t)\boldsymbol{u}(t)+B^{\mathrm{T}}(t)\boldsymbol{\lambda}(t)=0$$

得最优控制律

$$\boldsymbol{u}(t)=-R^{-1}(t)B^{\mathrm{T}}(t)\boldsymbol{\lambda}(t) \tag{6.74}$$

因为 $R(t)=R^{\mathrm{T}}(t)>0$，故 $R^{-1}(t)$ 存在。

正则方程为

$$\begin{aligned}\dot{\boldsymbol{x}}(t)&=\frac{\partial H}{\partial \boldsymbol{\lambda}}=A(t)\boldsymbol{x}(t)+B(t)\boldsymbol{u}=A(t)\boldsymbol{x}(t)-B(t)R^{-1}(t)B^{\mathrm{T}}(t)\boldsymbol{\lambda}(t)\\\dot{\boldsymbol{\lambda}}(t)&=-\frac{\partial H}{\partial \boldsymbol{x}}=C^{\mathrm{T}}(t)Q(t)\left[\boldsymbol{z}(t)-C(t)\boldsymbol{x}(t)\right]-A^{\mathrm{T}}(t)\boldsymbol{\lambda}(t)\end{aligned} \tag{6.75}$$

$2n$ 个定解条件中的 n 个由初始状态 $\boldsymbol{x}(t_0)$ 给出，其余 n 个由横截条件

$$\begin{aligned}\boldsymbol{\lambda}(t_{\mathrm{f}})&=\frac{\partial}{\partial \boldsymbol{x}(t_{\mathrm{f}})}\left\{\frac{1}{2}\left[\boldsymbol{z}(t_{\mathrm{f}})-C(t_{\mathrm{f}})\boldsymbol{x}(t_{\mathrm{f}})\right]^{\mathrm{T}}F\left[\boldsymbol{z}(t_{\mathrm{f}})-C(t_{\mathrm{f}})\boldsymbol{x}(t_{\mathrm{f}})\right]\right\}\\&=-C^{\mathrm{T}}(t_{\mathrm{f}})F\left[\boldsymbol{z}(t_{\mathrm{f}})-C(t_{\mathrm{f}})\boldsymbol{x}(t_{\mathrm{f}})\right]\end{aligned} \tag{6.76}$$

提供。

因为正则方程为线性方程，横截条件中 $\boldsymbol{\lambda}(t_{\mathrm{f}})$ 和 $\boldsymbol{z}(t_{\mathrm{f}})$、$\boldsymbol{x}(t_{\mathrm{f}})$ 呈线性关系，可以假设协态方程的解有下面的形式

$$\boldsymbol{\lambda}(t)=K(t)\boldsymbol{x}(t)-\boldsymbol{g}(t) \tag{6.77}$$

其中 $K(t)$ 和 $\boldsymbol{g}(t)$ 待定。对式(6.77)求导有

$$\dot{\boldsymbol{\lambda}}(t)=\dot{K}(t)\boldsymbol{x}(t)+K(t)\dot{\boldsymbol{x}}(t)-\dot{\boldsymbol{g}}(t) \tag{6.78}$$

将式(6.74)、式(6.77)代入到式(6.68)有

$$\dot{\boldsymbol{x}}(t)=\left[A(t)-B(t)R^{-1}(t)B^{\mathrm{T}}(t)K(t)\right]\boldsymbol{x}(t)+B(t)R^{-1}(t)B^{\mathrm{T}}(t)\boldsymbol{g}(t) \tag{6.79}$$

将式(6.79)代入到式(6.78)有

$$\dot{\boldsymbol{\lambda}}(t)=\left[\dot{K}(t)+K(t)A(t)-K(t)B(t)R^{-1}(t)B^{\mathrm{T}}(t)K(t)\right]\boldsymbol{x}(t)+K(t)B(t)R^{-1}(t)B^{\mathrm{T}}(t)\boldsymbol{g}(t)-\dot{\boldsymbol{g}}(t) \tag{6.80}$$

另外，将式(6.77)代入到式(6.75)的第二式又有

$$\dot{\boldsymbol{\lambda}}(t)=\left[-C^{\mathrm{T}}(t)Q(t)C(t)-A^{\mathrm{T}}(t)K(t)\right]\boldsymbol{x}(t)+A^{\mathrm{T}}(t)\boldsymbol{g}(t)+C^{\mathrm{T}}(t)Q(t)\boldsymbol{z}(t) \tag{6.81}$$

比较式(6.80)和式(6.81)得到

$$\begin{aligned}&\left[\dot{K}(t)+K(t)A(t)-K(t)B(t)R^{-1}(t)B^{\mathrm{T}}(t)K(t)\right]\boldsymbol{x}(t)+K(t)B(t)R^{-1}(t)B^{\mathrm{T}}(t)\boldsymbol{g}(t)-\dot{\boldsymbol{g}}(t)\\&=\left[-C^{\mathrm{T}}(t)Q(t)C(t)-A^{\mathrm{T}}(t)K(t)\right]\boldsymbol{x}(t)+A^{\mathrm{T}}(t)\boldsymbol{g}(t)+C^{\mathrm{T}}(t)Q(t)\boldsymbol{z}(t)\end{aligned}\tag{6.82}$$

上式对任意$t\in[t_0,t_{\mathrm{f}}]$、任意$\boldsymbol{x}(t)$和$\boldsymbol{g}(t)$都成立，故等式(6.82)两端对应项相等，于是式(6.71)和式(6.72)成立。

在式(6.77)中，令$t=t_{\mathrm{f}}$，并与横截条件式(6.76)相比，可知式(6.71)和式(6.72)的定解条件成立。充分性的证明略。证毕。

最优输出跟踪系统的结构框图如图 6.9 所示，图中$G(t)=-[A(t)-B(t)R^{-1}(t)B^{\mathrm{T}}(t)K(t)]^{\mathrm{T}}$。

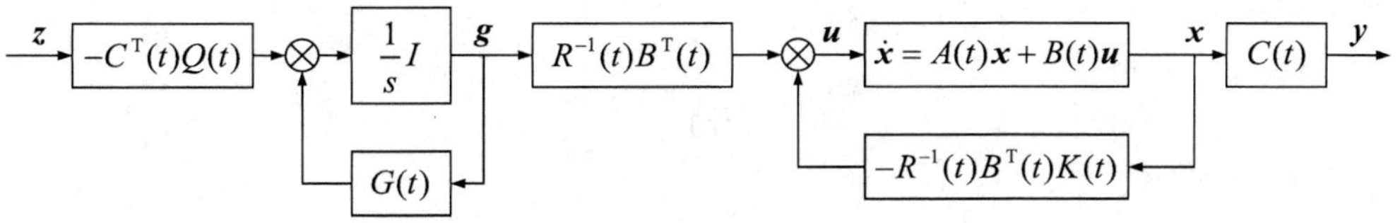

图 6.9　最优输出跟踪系统的结构框图

对定理 6.11 有如下几点说明：

(1) 跟踪问题的黎卡提矩阵微分方程和指令信号$\boldsymbol{z}(t)$无关，和输出调节问题的黎卡提矩阵微分方程是一样的，这意味着动态系统、性能指标及终端时间t_{f}一旦确定，矩阵$K(t)$也就随之确定。

(2) 最优跟踪系统的反馈结构和最优输出调节系统的反馈结构相同，二者有相同的动态特征。

(3) 最优跟踪系统和最优调节系统的本质差异，主要反映在伴随向量$\boldsymbol{g}(t)$上。伴随向量为指令信号$\boldsymbol{z}(t)$驱动下伴随系统式(6.72)的输出，伴随系统式(6.72)的状态矩阵为$-[A(t)-B(t)R^{-1}(t)B^{\mathrm{T}}(t)K(t)]^{\mathrm{T}}$，而最优跟踪系统式(6.73)的状态矩阵为$[A(t)-B(t)R^{-1}(t)B^{\mathrm{T}}(t)K(t)]$，二者互为负的转置，因此称系统式(6.72)是系统式(6.73)的伴随系统。根据伴随系统状态转移矩阵的关系，设系统式(6.72)的状态转移矩阵为$\varPhi_1(t,t_0)$，系统式(6.73)的状态转移矩阵为$\varPhi_2(t,t_0)$，则有$\varPhi_1^{\mathrm{T}}(t,t_0)\varPhi_2(t,t_0)=I$。

(4) 伴随向量$\boldsymbol{g}(t)$满足矩阵微分方程式(6.72)和末端条件，逆向求解伴随向量需要时间区间$[t_0,t_{\mathrm{f}}]$内指令信号$\boldsymbol{z}(t)$的全部信息，故最优跟踪控制$\boldsymbol{u}(t)$的当前值，不仅与指令信号$\boldsymbol{z}(t)$的过去值有关，还与指令信号$\boldsymbol{z}(t)$的将来值有关。然而在大多数实际工程问题中，指令未来的变化往往是无法事先掌握的。解决的方法无非有两种，一种是把指令看成是某种典型信号，另一种是把指令看成是具有某种统计规律的随机信号。在前一种情况下，系统的性能取决于典型信号与实际指令信号是否基本相符，在后一种情况下，系统的性能只能达到某种统计意义下的优化。.

例 6.13　设系统的动态方程为

$$\dot{x}=ax+u$$
$$y=x$$

预期输出为$z(t)$，误差为$e(t)=z(t)-y(t)=z(t)-x(t)$。试求最优控制使性能指标

$$J=\frac{1}{2}fe^2(T_f)+\frac{1}{2}\int_0^{T_f}\left[qe^2(t)+ru^2(t)\right]dt$$

达到最小，其中 $f\geqslant 0$， $q>0$， $r>0$， T_f 给定。

解 应用最优控制律式(6.70)有

$$u(t)=\frac{1}{r}[g(t)-k(t)x(t)]$$

其中 $k(t)$ 为黎卡提微分方程

$$\dot{k}(t)=-2ak(t)+\frac{1}{r}k^2(t)-q$$

满足终端条件

$$k(T_f)=f$$

的解。 $g(t)$ 是伴随方程

$$\dot{g}(t)=-\left[a-\frac{1}{r}k(t)\right]g(t)-qz(t)$$

满足终端条件

$$g(T_f)=f\,z(T_f)$$

的解。最优轨线满足的微分方程为

$$\dot{x}(t)=\left[a-\frac{1}{r}k(t)\right]x(t)+\frac{1}{r}g(t)$$

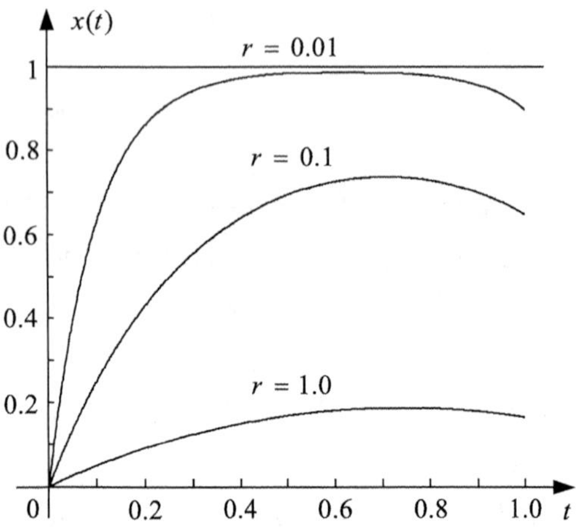

图 6.10 例 6.13 的响应曲线

图 6.10 给出的是 $a=-1$， $x(0)=0$， $f=0$， $q=1$， $T_f=1$ 情况下，预期输出为阶跃函数，即 $z(t)=1$ 时系统的一组响应曲线。由图可见，随加权系数 r 的减小，系统的跟踪能力增强。因为被控对象是惯性环节，静态下控制作用不为零，由于性能指标中存在控制量的加权项，故随时间的增长，会出现控制误差。

容易理解，在跟踪问题中，为了响应指令信号 $z(t)$，控制量一般不为零，无限时间最优跟踪问题会因为 $J\to\infty$ 而失去意义。而对于常值指令作用下的线性定常系统

$$\dot{\boldsymbol{x}}(t)=\boldsymbol{A}\boldsymbol{x}(t)+\boldsymbol{B}\boldsymbol{u}(t)$$
$$\boldsymbol{y}(t)=\boldsymbol{C}\boldsymbol{x}(t)$$

和性能指标

$$J=\frac{1}{2}\int_{t_0}^{t_f}\left(\boldsymbol{e}^{\mathrm{T}}\boldsymbol{Q}\boldsymbol{e}+\boldsymbol{u}^{\mathrm{T}}\boldsymbol{R}\boldsymbol{u}\right)dt$$

式中，$\boldsymbol{u}(t)$ 不受约束，指令信号 $\boldsymbol{z}(t)=\boldsymbol{z}_0$ 为常值，跟踪误差 $\boldsymbol{e}(t)=\boldsymbol{z}_0-\boldsymbol{y}(t)$，定常矩阵 $Q=Q^{\mathrm{T}}\geqslant 0$，$R=R^{\mathrm{T}}>0$。设 (A,B) 能控，任意满秩分解 $Q=D^{\mathrm{T}}D$，(A,D) 能观，t_f 充分大但为有限值（$t_f=\infty$ 时的跟踪问题可能会因 $J\to\infty$ 而失去意义），则有如下近似最优控制律

$$
\boldsymbol{u}(t)=-R^{-1}B^{\mathrm{T}}K\boldsymbol{x}(t)+R^{-1}B^{\mathrm{T}}\boldsymbol{g} \tag{6.83}
$$

式中,常值矩阵 K 和常值向量 $\boldsymbol{g}$ 满足下列代数方程

$$
\begin{aligned}
&-KA-A^{\mathrm{T}}K+KBR^{-1}B^{\mathrm{T}}K-C^{\mathrm{T}}QC=0\\
&\boldsymbol{g}=\left(KBR^{-1}B^{\mathrm{T}}-A^{\mathrm{T}}\right)^{-1}C^{\mathrm{T}}Q\boldsymbol{z}_0
\end{aligned} \tag{6.84}
$$

闭环系统为

$$
\dot{\boldsymbol{x}}(t)=\left(A-BR^{-1}B^{\mathrm{T}}K\right)\boldsymbol{x}(t)+BR^{-1}B^{\mathrm{T}}\boldsymbol{z}_0
$$

它是渐近稳定的。证明略。

实际应用中当指令信号变化缓慢时，可以近似将它看成是常值，这样矩阵 K 和向量 $\boldsymbol{g}$ 都可以由代数方程式(6.84)得到，与未来的指令信号无关，便于在线计算和应用。

例 6.14 输出跟踪器问题的扩展。设开环系统的方程为

$$
\begin{aligned}
\dot{\boldsymbol{x}}(t)&=A(t)\boldsymbol{x}(t)+B(t)\boldsymbol{u}(t)+B_{\mathrm{w}}(t)\boldsymbol{w}(t)\\
\boldsymbol{y}(t)&=C(t)\boldsymbol{x}(t)
\end{aligned}
$$

其中 $\boldsymbol{u}(t)$ 是系统的控制输入， $\boldsymbol{w}(t)$ 是系统的非控制输入，如扰动输入等，它可以是常值，也可以随时间变化。设 $\boldsymbol{z}(t)$ 为系统的希望输出， $\boldsymbol{u}_{\mathrm{e}}(t)$ 是某一标称控制或者是零，定义输出偏差 $\boldsymbol{e}(t)=\boldsymbol{z}(t)-\boldsymbol{y}(t)$ 、控制偏差 $\tilde{\boldsymbol{u}}(t)=\boldsymbol{u}(t)-\boldsymbol{u}_{\mathrm{e}}(t)$ ，试确定最优控制使性能指标

$$
J=\frac{1}{2}\boldsymbol{e}^{\mathrm{T}}(t_{\mathrm{f}})F\boldsymbol{e}(t_{\mathrm{f}})+\frac{1}{2}\int_{t_0}^{t_{\mathrm{f}}}\left[\boldsymbol{e}^{\mathrm{T}}Q(t)\boldsymbol{e}+\tilde{\boldsymbol{u}}^{\mathrm{T}}R(t)\tilde{\boldsymbol{u}}\right]\mathrm{d}t
$$

达到极小，这一问题称为扩展的最优输出跟踪器问题。

解 构造哈密顿函数

$$
\begin{aligned}
H&=\frac{1}{2}\boldsymbol{e}^{\mathrm{T}}Q(t)\boldsymbol{e}+\frac{1}{2}\tilde{\boldsymbol{u}}^{\mathrm{T}}R(t)\tilde{\boldsymbol{u}}+\boldsymbol{x}^{\mathrm{T}}A^{\mathrm{T}}(t)\boldsymbol{\lambda}(t)+\boldsymbol{u}^{\mathrm{T}}B^{\mathrm{T}}(t)\boldsymbol{\lambda}(t)+\boldsymbol{w}^{\mathrm{T}}B_{\mathrm{w}}^{\mathrm{T}}(t)\boldsymbol{\lambda}(t)\\
&=\frac{1}{2}\left[\boldsymbol{z}(t)-C(t)\boldsymbol{x}\right]^{\mathrm{T}}Q(t)\left[\boldsymbol{z}(t)-C(t)\boldsymbol{x}\right]+\frac{1}{2}\left[\boldsymbol{u}(t)-\boldsymbol{u}_{\mathrm{e}}(t)\right]^{\mathrm{T}}R(t)\left[\boldsymbol{u}(t)-\boldsymbol{u}_{\mathrm{e}}(t)\right]\\
&\quad+\boldsymbol{x}^{\mathrm{T}}(t)A^{\mathrm{T}}(t)\boldsymbol{\lambda}(t)+\boldsymbol{u}^{\mathrm{T}}(t)B^{\mathrm{T}}(t)\boldsymbol{\lambda}(t)+\boldsymbol{w}^{\mathrm{T}}(t)B_{\mathrm{w}}^{\mathrm{T}}(t)\boldsymbol{\lambda}(t)
\end{aligned}
$$

由极值条件

$$
\frac{\partial H}{\partial \boldsymbol{u}}=R(t)\left[\boldsymbol{u}(t)-\boldsymbol{u}_{\mathrm{e}}(t)\right]+B^{\mathrm{T}}(t)\boldsymbol{\lambda}(t)=0
$$

得最优控制律

$$
\boldsymbol{u}(t)=-R^{-1}(t)B^{\mathrm{T}}(t)\boldsymbol{\lambda}(t)+\boldsymbol{u}_{\mathrm{e}}(t)
$$

正则方程为

$$
\begin{aligned}
\dot{\boldsymbol{x}}(t)&=\frac{\partial H}{\partial \boldsymbol{\lambda}}=A(t)\boldsymbol{x}(t)+B(t)\boldsymbol{u}(t)+B_{\mathrm{w}}(t)\boldsymbol{w}(t)\\
&=A(t)\boldsymbol{x}(t)-B(t)R^{-1}(t)B^{\mathrm{T}}(t)\boldsymbol{\lambda}(t)+B(t)\boldsymbol{u}_{\mathrm{e}}(t)+B_{\mathrm{w}}(t)\boldsymbol{w}(t)\\
\dot{\boldsymbol{\lambda}}(t)&=-\frac{\partial H}{\partial \boldsymbol{x}}=C^{\mathrm{T}}(t)Q(t)\left[\boldsymbol{z}(t)-C(t)\boldsymbol{x}(t)\right]-A^{\mathrm{T}}(t)\boldsymbol{\lambda}(t)
\end{aligned}
$$

同样，假设协态方程的解为

$$
\boldsymbol{\lambda}(t)=K(t)\boldsymbol{x}(t)-\boldsymbol{g}(t)
$$

求导有

$$\dot{\boldsymbol{\lambda}}(t)=\dot{K}(t)\boldsymbol{x}(t)+K(t)\dot{\boldsymbol{x}}(t)-\dot{\boldsymbol{g}}(t)$$

将最优控制律和上面假设的协态方程的解代入到系统方程得到

$$\dot{\boldsymbol{x}}(t)=\left[A(t)-B(t)R^{-1}(t)B^{\mathrm{T}}(t)K(t)\right]\boldsymbol{x}(t)+B(t)R^{-1}(t)B^{\mathrm{T}}(t)\boldsymbol{g}(t)+B(t)\boldsymbol{u}_{\mathrm{e}}(t)+B_{\mathrm{w}}(t)\boldsymbol{w}(t)$$

于是又有

$$\begin{aligned}\dot{\boldsymbol{\lambda}}(t)=&\left[\dot{K}(t)+K(t)A(t)-K(t)B(t)R^{-1}(t)B^{\mathrm{T}}(t)K(t)\right]\boldsymbol{x}(t)\\&+K(t)B(t)R^{-1}(t)B^{\mathrm{T}}(t)\boldsymbol{g}(t)+K(t)B(t)\boldsymbol{u}_{\mathrm{e}}(t)+K(t)B_{\mathrm{w}}(t)\boldsymbol{w}(t)-\dot{\boldsymbol{g}}(t)\end{aligned}$$

另外，将上面假设的协态方程的解代入到协态方程有

$$\dot{\boldsymbol{\lambda}}(t)=\left[-C^{\mathrm{T}}(t)Q(t)C(t)-A^{\mathrm{T}}(t)K(t)\right]\boldsymbol{x}(t)+A^{\mathrm{T}}(t)\boldsymbol{g}(t)+C^{\mathrm{T}}(t)Q(t)\boldsymbol{z}(t)$$

比较上边两式得到

$$\begin{aligned}&\left[\dot{K}(t)+K(t)A(t)-K(t)B(t)R^{-1}(t)B^{\mathrm{T}}(t)K(t)\right]\boldsymbol{x}(t)\\&+K(t)B(t)R^{-1}(t)B^{\mathrm{T}}(t)\boldsymbol{g}(t)+K(t)B(t)\boldsymbol{u}_{\mathrm{e}}(t)+K(t)B_{\mathrm{w}}(t)\boldsymbol{w}(t)-\dot{\boldsymbol{g}}(t)\\=&\left[-C^{\mathrm{T}}(t)Q(t)C(t)-A^{\mathrm{T}}(t)K(t)\right]\boldsymbol{x}(t)+A^{\mathrm{T}}(t)\boldsymbol{g}(t)+C^{\mathrm{T}}(t)Q(t)\boldsymbol{z}(t)\end{aligned}$$

令上式两端对应项相等有

$$\dot{K}(t)+K(t)A(t)-K(t)B(t)R^{-1}(t)B^{\mathrm{T}}(t)K(t)+C^{\mathrm{T}}(t)Q(t)C(t)+A^{\mathrm{T}}(t)K(t)=0$$

$$\dot{\boldsymbol{g}}(t)=-\left[A(t)-B(t)R^{-1}(t)B^{\mathrm{T}}(t)K(t)\right]^{\mathrm{T}}\boldsymbol{g}(t)+K(t)B(t)\boldsymbol{u}_{\mathrm{e}}(t)+K(t)B_{\mathrm{w}}(t)\boldsymbol{w}(t)-C^{\mathrm{T}}(t)Q(t)\boldsymbol{z}(t)$$

同理，应用横截条件给出定解条件为

$$K(t_{\mathrm{f}})=C^{\mathrm{T}}(t_{\mathrm{f}})FC(t_{\mathrm{f}})$$

$$\boldsymbol{g}(t_{\mathrm{f}})=C^{\mathrm{T}}(t_{\mathrm{f}})F\boldsymbol{z}(t_{\mathrm{f}})$$

由此得到最优控制。

这里，$K(t)$ 的解除满足末端条件外，只与系统参数矩阵有关，故可以离线算出备用。$\boldsymbol{g}(t)$ 的解满足末端条件，与系统参数矩阵、希望输出 $\boldsymbol{z}(t)$、非控制输入 $\boldsymbol{w}(t)$、标称控制 $\boldsymbol{u}_{\mathrm{e}}(t)$ 都有关，逆向求解它们必须事先知道。

对于线性定常系统，当指令信号、非控制输入、标称控制为常值(或变化缓慢)，t_{f} 充分大但为有限值时，有与式(6.83)、式(6.84)类似的近似最优控制律，与未来的指令信号、非控制输入、标称控制无关，便于在线计算和应用。

上述结果可以用来解决混合动力汽车和微型电网的功率分配优化控制问题。

6-5 最小值原理

在前面的讨论中，假设控制量 $\boldsymbol{u}(t)$ 不受任何限制，用经典变分法处理最优控制问题。而实际中，控制量只能在一有界闭集 Ω 内取值，或满足形如 $\boldsymbol{g}[\boldsymbol{u}(t)]\geqslant 0$ 的不等式约束，这时经典变分法就不再适用，庞特里雅金等给出的最小值原理是解决这一问题的有力工具。

最小值原理的数学证明过程十分烦杂，需要借助较多的数学工具，这里只阐述其结果。对终端时间已知的情况，有如下定理。

定理 6.12 对于系统

$$\dot{\boldsymbol{x}} = \boldsymbol{f}(\boldsymbol{x},\boldsymbol{u},t) \tag{6.85}$$

其中控制作用 $\boldsymbol{u}(t)$ 是分段连续函数，属于 p 维空间中的有界闭域 Ω，则把状态 $\boldsymbol{x}(t)$ 自初态 $\boldsymbol{x}(t_0)=\boldsymbol{x}_0$ 转移到满足条件 $\boldsymbol{\psi}[\boldsymbol{x}(t_f),t_f]=0$ 的终态，其中 t_f 已知，并使性能指标

$$J = \varphi[\boldsymbol{x}(t_f),t_f] + \int_{t_0}^{t_f} L(\boldsymbol{x},\boldsymbol{u},t)\mathrm{d}t \tag{6.86}$$

取极值(极大或极小)，实现最优控制的必要条件如下。

(1) 状态向量 $\boldsymbol{x}(t)$、伴随向量 $\boldsymbol{\lambda}(t)$ 满足下列正则方程组(2n 个联立的 1 阶微分方程组)

$$\begin{aligned}\dot{\boldsymbol{x}}(t) &= \frac{\partial H(\boldsymbol{x},\boldsymbol{\lambda},\boldsymbol{u},t)}{\partial \boldsymbol{\lambda}}\\ \dot{\boldsymbol{\lambda}}(t) &= -\frac{\partial H(\boldsymbol{x},\boldsymbol{\lambda},\boldsymbol{u},t)}{\partial \boldsymbol{x}}\end{aligned} \tag{6.87}$$

式中，$H(\boldsymbol{x},\boldsymbol{\lambda},\boldsymbol{u},t)=L(\boldsymbol{x},\boldsymbol{u},t)+\boldsymbol{\lambda}^{\mathrm{T}}\boldsymbol{f}(\boldsymbol{x},\boldsymbol{u},t)$ 为哈密顿函数。定解的 n 个边界条件和 n 个横截条件为

$$\begin{aligned}\boldsymbol{x}(t_0) &= \boldsymbol{x}_0\\ \boldsymbol{\lambda}(t_f) &= \left[\frac{\partial \varphi}{\partial \boldsymbol{x}} + \left(\frac{\partial \boldsymbol{\psi}}{\partial \boldsymbol{x}}\right)^{\mathrm{T}}\boldsymbol{\gamma}\right]_{t=t_f}\end{aligned} \tag{6.88}$$

其中 k 个拉格朗日乘子 $\boldsymbol{\gamma}$ 由 k 个终端条件

$$\boldsymbol{\psi}[\boldsymbol{x}(t_f),t_f]=0 \tag{6.89}$$

提供。

(2) 在最优轨线上，最优控制 $\boldsymbol{u}^*(t)$ 对应的哈密顿函数取最小值，即有

$$\boldsymbol{u}^*(\boldsymbol{x},\boldsymbol{\lambda},,t) = \min_{\boldsymbol{u}\in\Omega} H(\boldsymbol{x},\boldsymbol{\lambda},\boldsymbol{u},t) \tag{6.90}$$

与定理 6.4 相比较，除增加了对控制量 $\boldsymbol{u}(t)$ 属于有界闭域 Ω 的限制外，只有极值条件由原来的哈密顿函数对控制作用 $\boldsymbol{u}$ 有稳定性，即

$$\frac{\partial H(\boldsymbol{x},\boldsymbol{\lambda},\boldsymbol{u},t)}{\partial \boldsymbol{u}} = 0 \tag{6.91}$$

改成了在最优轨线上，最优控制对应的哈密顿函数取最小值，即式(6.90)。

终端时间未知时最小值原理的内容也是类似的，再结合不同的边界条件，表 6.3 给出了连续时间系统应用极小值原理求解最优控制问题的必要条件。与定理 6.6 相同，对于状态方程、边界条件和性能指标诸函数 $\boldsymbol{f}$、$\boldsymbol{\psi}$、φ、L 中均不显含 t 的情况，若终端时间固定，则在整个最优轨线上哈密顿函数

$$H(t)=\text{const}$$

若终端时间自由，则在整个最优轨线上哈密顿函数

$$H(t)=0$$

显然，控制量 $\boldsymbol{u}(t)$ 不受约束时，应用极值条件式(6.91)解出 $\boldsymbol{u}(t)$，代入正则方程式(6.87)，解两点边值问题的过程，要比控制量 $\boldsymbol{u}(t)$ 受约束时，应用极值条件式(6.90)解出 $\boldsymbol{u}(t)$，代入

表 6.3　最小值原理解最优控制问题的必要条件

终端时刻	性能指标	终端状态	正则方程	极值条件	边界条件和横截条件	H 在终端的变化
t_f 固定	$J=\varphi[\boldsymbol{x}(t_f)]+\int_{t_0}^{t_f}L(\boldsymbol{x},\boldsymbol{u},t)\mathrm{d}t$ (性能指标中不含变量的导数)	终端约束	$\dot{\boldsymbol{x}}=\boldsymbol{f}$ $\dot{\boldsymbol{\lambda}}=-\dfrac{\partial H}{\partial \boldsymbol{x}}$ 其中 $H=L+\boldsymbol{\lambda}^{\mathrm{T}}\boldsymbol{f}$	$\boldsymbol{u}^*=\min\limits_{\boldsymbol{u}\in\Omega}H$	$\boldsymbol{x}(t_0)=\boldsymbol{x}_0$ $\boldsymbol{\psi}[\boldsymbol{x}(t_f),t_f]=0$ $\boldsymbol{\lambda}(t_f)=\left[\dfrac{\partial\varphi}{\partial\boldsymbol{x}}+\left(\dfrac{\partial\boldsymbol{\psi}}{\partial\boldsymbol{x}}\right)^{\mathrm{T}}\boldsymbol{\gamma}\right]_{t_f}$	
		终端自由			$\boldsymbol{x}(t_0)=\boldsymbol{x}_0$ $\boldsymbol{\lambda}(t_f)=\left.\dfrac{\partial\varphi}{\partial\boldsymbol{x}}\right\|_{t_f}$	
	$J=\int_{t_0}^{t_f}L(\boldsymbol{x},\boldsymbol{u},t)\mathrm{d}t$	终端约束			$\boldsymbol{x}(t_0)=\boldsymbol{x}_0$ $\boldsymbol{\psi}[\boldsymbol{x}(t_f),t_f]=0$ $\boldsymbol{\lambda}(t_f)=\left[\left(\dfrac{\partial\boldsymbol{\psi}}{\partial\boldsymbol{x}}\right)^{\mathrm{T}}\boldsymbol{\gamma}\right]_{t_f}$	
		终端自由			$\boldsymbol{x}(t_0)=\boldsymbol{x}_0$ $\boldsymbol{\lambda}(t_f)=0$	
		终端固定			$\boldsymbol{x}(t_0)=\boldsymbol{x}_0$ $\boldsymbol{x}(t_f)=\boldsymbol{x}_f$	
	$J=\varphi[\boldsymbol{x}(t_f)]$	终端约束			$\boldsymbol{x}(t_0)=\boldsymbol{x}_0$ $\boldsymbol{\psi}[\boldsymbol{x}(t_f),t_f]=0$ $\boldsymbol{\lambda}(t_f)=\left[\dfrac{\partial\varphi}{\partial\boldsymbol{x}}+\left(\dfrac{\partial\boldsymbol{\psi}}{\partial\boldsymbol{x}}\right)^{\mathrm{T}}\boldsymbol{\gamma}\right]_{t_f}$	
		终端自由			$\boldsymbol{x}(t_0)=\boldsymbol{x}_0$ $\boldsymbol{\lambda}(t_f)=\left.\dfrac{\partial\varphi}{\partial\boldsymbol{x}}\right\|_{t_f}$	
t_f 自由	$J=\varphi[\boldsymbol{x}(t_f),t_f]+\int_{t_0}^{t_f}L(\boldsymbol{x},\boldsymbol{u},t)\mathrm{d}t$ (性能指标中不含变量的导数)	终端约束			$\boldsymbol{x}(t_0)=\boldsymbol{x}_0$ $\boldsymbol{\psi}[\boldsymbol{x}(t_f),t_f]=0$ $\boldsymbol{\lambda}(t_f)=\left[\dfrac{\partial\varphi}{\partial\boldsymbol{x}}+\left(\dfrac{\partial\boldsymbol{\psi}}{\partial\boldsymbol{x}}\right)^{\mathrm{T}}\boldsymbol{\gamma}\right]_{t_f}$	$H(t_f)=$ $-\left[\dfrac{\partial\varphi}{\partial t_f}+\left(\dfrac{\partial\boldsymbol{\psi}}{\partial t_f}\right)^{\mathrm{T}}\boldsymbol{\gamma}\right]_{t_f}$
		终端自由			$\boldsymbol{x}(t_0)=\boldsymbol{x}_0$ $\boldsymbol{\lambda}(t_f)=\left.\dfrac{\partial\varphi}{\partial\boldsymbol{x}}\right\|_{t_f}$	$H(t_f)=-\left.\dfrac{\partial\varphi}{\partial t_f}\right\|_{t_f}$
	$J=\int_{t_0}^{t_f}L(\boldsymbol{x},\boldsymbol{u},t)\mathrm{d}t$	终端约束			$\boldsymbol{x}(t_0)=\boldsymbol{x}_0$ $\boldsymbol{\psi}[\boldsymbol{x}(t_f),t_f]=0$ $\boldsymbol{\lambda}(t_f)=\left[\left(\dfrac{\partial\boldsymbol{\psi}}{\partial\boldsymbol{x}}\right)^{\mathrm{T}}\boldsymbol{\gamma}\right]_{t_f}$	$H(t_f)=$ $-\left[\left(\dfrac{\partial\boldsymbol{\psi}}{\partial t_f}\right)^{\mathrm{T}}\boldsymbol{\gamma}\right]_{t_f}$
		终端自由			$\boldsymbol{x}(t_0)=\boldsymbol{x}_0$ $\boldsymbol{\lambda}(t_f)=0$	$H(t_f)=0$
		终端固定			$\boldsymbol{x}(t_0)=\boldsymbol{x}_0$ $\boldsymbol{x}(t_f)=\boldsymbol{x}_f$	$H(t_f)=0$
	$J=\varphi[\boldsymbol{x}(t_f),t_f]$	终端约束			$\boldsymbol{x}(t_0)=\boldsymbol{x}_0$ $\boldsymbol{\psi}[\boldsymbol{x}(t_f),t_f]=0$ $\boldsymbol{\lambda}(t_f)=\left[\dfrac{\partial\varphi}{\partial\boldsymbol{x}}+\left(\dfrac{\partial\boldsymbol{\psi}}{\partial\boldsymbol{x}}\right)^{\mathrm{T}}\boldsymbol{\gamma}\right]_{t_f}$	$H(t_f)=$ $-\left[\dfrac{\partial\varphi}{\partial t_f}+\left(\dfrac{\partial\boldsymbol{\psi}}{\partial t_f}\right)^{\mathrm{T}}\boldsymbol{\gamma}\right]_{t_f}$
		终端自由			$\boldsymbol{x}(t_0)=\boldsymbol{x}_0$ $\boldsymbol{\lambda}(t_f)=\left.\dfrac{\partial\varphi}{\partial\boldsymbol{x}}\right\|_{t_f}$	$H(t_f)=-\left.\dfrac{\partial\varphi}{\partial t_f}\right\|_{t_f}$

正则方程式(6.87)解两点边值问题的过程容易得多。好在常见的控制问题中，控制量往往在其允许值的边界上取值，此时得到问题的解较容易。与变分法相同，由最小值原理得到的仍是系统取得最优解的必要条件。另外，极小值原理并不能用来解决状态变量受约束的优化控制问题。

下面以时间最短和燃料最省控制问题为例来说明极小值原理的应用。时间最短控制问题见下面的例 6.15。

例 6.15 实际中由力到速度再到位置、由转矩到转速再到转角都是二阶积分运算。二阶积分模型的状态方程为

$$\dot{x}_1 = x_2$$
$$\dot{x}_2 = u$$

其中状态变量 x_1 相当于位置或转角，状态变量 x_2 相当于速度或角速度，控制作用受限，满足不等式 $|u| \leqslant 1$ 。试决定控制作用，将系统由初始状态 $x_1(0) = x_{10}$ 、 $x_2(0) = x_{20}$ 驱动到原点且所用时间

$$J = T = \int_0^T \mathrm{d}t$$

为最短。

解 哈密顿函数为

$$H = L + \boldsymbol{\lambda}^{\mathrm{T}} \boldsymbol{f} = 1 + \lambda_1 x_2 + \lambda_2 u$$

协态方程为

$$\dot{\lambda}_1 = -\frac{\partial H}{\partial x_1} = 0$$
$$\dot{\lambda}_2 = -\frac{\partial H}{\partial x_2} = -\lambda_1$$

根据最小值原理，在允许控制域内，控制变量取值应使哈密顿函数达到全局最小，即有

$$\min_{|u| \leqslant 1} H(\boldsymbol{x}, \boldsymbol{\lambda}, u) = 1 + \lambda_1 x_2 + \lambda_2 u^*$$

于是有

$$u^*(t) = -\operatorname{sign}\{\lambda_2(t)\} = \pm 1$$

积分协态方程，令 C_1 、 C_2 分别是 $\lambda_1(t)$ 、 $\lambda_2(t)$ 的初值，得

$$\lambda_1(t) = C_1, \quad \lambda_2(t) = C_2 - C_1 t$$

故 $\lambda_2(t)$ 在时间段 $[0,T]$ 上至多取一次零或至多变号一次。于是有最优控制 $u^*(t)$ 的候选函数为

$$\{+1\}, \{-1\}, \{-1, +1\}, \{+1, -1\}$$

$u = \pm 1$ 时，以 $x_1(0) = x_{10}$ 、 $x_2(0) = x_{20}$ 为初态，系统的运动方程为

$$x_1(t) = x_{10} + x_{20} t \pm \frac{1}{2} t^2$$
$$x_2(t) = x_{20} \pm t$$

消去时间 t ，得

$$x_1 = \left(x_{10} \mp \frac{1}{2} x_{20}^2 \right) \pm \frac{1}{2} x_2^2$$

它是(x_1, x_2)相平面上的两族抛物线，其中，只有两条到达原点，满足末值条件。这两条相轨迹是

$$\gamma_+ = \left\{(x_1, x_2) \middle| x_1 = \frac{1}{2}x_2^2,\ x_2 \leqslant 0\right\}$$

$$\gamma_- = \left\{(x_1, x_2) \middle| x_1 = -\frac{1}{2}x_2^2,\ x_2 \geqslant 0\right\}$$

γ_+和γ_-将相平面分成两个区域，如图 6.11(a)所示，两个区域的分界线为

$$\gamma = \gamma_+ \cup \gamma_- = \left\{(x_1, x_2) \middle| x_1 = -\frac{1}{2}x_2|x_2|\right\}$$

曲线γ上方的区域为R_-，曲线γ下方的区域为R_+，即

$$R_+ = \left\{(x_1, x_2) \middle| x_1 < -\frac{1}{2}x_2|x_2|\right\}$$

$$R_- = \left\{(x_1, x_2) \middle| x_1 > -\frac{1}{2}x_2|x_2|\right\}$$

于是有二阶积分模型的快速控制律为

$$u^*(t) = \begin{cases} +1, & (x_1, x_2) \in \gamma_+ \cup R_+ \\ -1, & (x_1, x_2) \in \gamma_- \cup R_- \end{cases}$$

曲线γ又称为开关线，开关线方程为

$$h(x_1, x_2) = x_1 + \frac{1}{2}x_2|x_2| = 0$$

$h(x_1, x_2)$称为开关函数，利用开关函数，上述快速控制律又可以写成

$$u^*(t) = \begin{cases} +1, & h(x_1, x_2) \leqslant 0 \\ -1, & h(x_1, x_2) \geqslant 0 \end{cases}$$

系统方框图如图 6.11(b)所示。

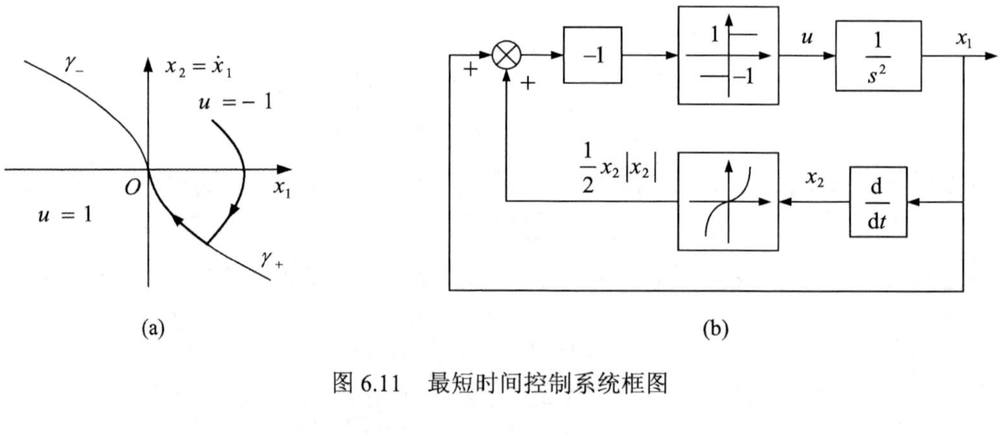

图 6.11　最短时间控制系统框图

燃料最省控制问题见下面的例 6.16。

例 6.16　仍以二阶积分对象

$$\dot{x}_1 = x_2$$
$$\dot{x}_2 = u$$

为例，控制作用满足不等式$|u| \leqslant 1$，试决定控制作用，将系统由初始状态$x_1(0) = x_{10}$、$x_2(0) = x_{20}$驱动到原点且所用燃料

$$J = \int_0^{t_f} |u(t)| \mathrm{d}t$$

最省。

解 哈密顿函数为

$$H = L + \boldsymbol{\lambda}^{\mathrm{T}} \boldsymbol{f} = |u| + \lambda_1 x_2 + \lambda_2 u$$

协态方程为

$$\dot{\lambda}_1 = -\frac{\partial H}{\partial x_1} = 0$$
$$\dot{\lambda}_2 = -\frac{\partial H}{\partial x_2} = -\lambda_1$$

根据最小值原理，在允许控制域内，控制变量取值应使哈密顿函数达到全局最小，即

$$\min_{|u| \leqslant 1} H(\boldsymbol{x}, \boldsymbol{\lambda}, u) = |u^*| + \lambda_1 x_2 + \lambda_2 u^*$$

容易得到λ_2取不同值时$u^*(t)$的取值为

$$\begin{cases} u^*(t) = +1, & \lambda_2 < -1 \\ u^*(t) = 0, & -1 < \lambda_2 < +1 \\ u^*(t) = -1, & \lambda_2 > +1 \\ 0 \leqslant u^*(t) \leqslant 1, & \lambda_2 = -1 \\ -1 \leqslant u^*(t) \leqslant 0, & \lambda_2 = +1 \end{cases}$$

令$\lambda_1(0)$、$\lambda_2(0)$分别是$\lambda_1(t)$、$\lambda_2(t)$的初值，积分协态方程得到

$$\lambda_1(t) = \lambda_1(0), \quad \lambda_2(t) = \lambda_2(0) - \lambda_1(0)t$$

根据协态初值$\lambda_1(0)$、$\lambda_2(0)$的不同，分奇异和非奇异两种情况。

若$\lambda_1(0) = 0$，因为状态方程、边界条件和性能指标诸函数$\boldsymbol{f}$、$\boldsymbol{\psi}$、φ、L中均不显含t，因此有$H(t) = |u| + \lambda_2 u = 0$，由此得到$\lambda_2 = -|u|/u = \pm 1$，$|\lambda_2(0)| = |\lambda_2(t)| = 1$。于是有$0 \leqslant u^*(t) \leqslant 1$或$-1 \leqslant u^*(t) \leqslant 0$，只能确定$u^*(t)$的符号，无法给出其确定数值，称为奇异情况。奇异情况下燃料最优控制的候选函数为

$$u(t) = -\operatorname{sgn}\left[\lambda_2(0)\right] v(t)$$

式中，函数$0 \leqslant v(t) \leqslant 1$且不恒为零。

若$\lambda_1(0) \neq 0$，此时$\lambda_2(t) = \lambda_2(0) - \lambda_1(0)t$是时间$t$的线性函数，$|\lambda_2(t)| = 1$至多在两个孤立时刻成立，称为非奇异情况。非奇异情况下燃料最优控制$u^*(t)$在-1、0、$+1$三个值间选取或依次切换，且最多切换两次，得到 9 种候选函数为

$$\{0\}, \{+1\}, \{-1\}, \{+1, 0\}, \{-1, 0\}, \{0, +1\}, \{0, -1\}, \{+1, 0, -1\}, \{-1, 0, +1\}$$

因为$u(t) = 0$时，$x_2(t)$或为非零常值，$x_1(t)$随时间线性变化，$x_2(t)$或为零，$x_1(t)$为常值，因

此在上述 9 种候选函数中，以 $u(t)=0$ 结尾的 3 种候选函数不可能是最优控制。于是，非奇异情况下燃料最优控制可能的 6 种候选函数为

$$\{+1\},\{-1\},\{0,+1\},\{0,-1\},\{+1,0,-1\},\{-1,0,+1\}$$

最后，因为对于任意的 $u(t)$，当 $x_2(t_f)=0$ 时有

$$x_2(t_f)=x_{20}+\int_0^{t_f}u(t)\mathrm{d}t=0$$

即

$$\left|\int_0^{t_f}u(t)\mathrm{d}t\right|=|x_{20}|$$

所以总有

$$J=\int_0^{t_f}|u(t)|\,\mathrm{d}t\geqslant\left|\int_0^{t_f}u(t)\mathrm{d}t\right|=|x_{20}|$$

因此，一旦有 $u(t)$ 使得

$$\int_0^{t_f}|u(t)|\,\mathrm{d}t=|x_{20}|$$

则它肯定就是最优控制 $u^*(t)$。

对于二阶积分被控对象，$u(t)=0$ 时，系统在 (x_1,x_2) 平面上的运行轨迹是平行于横轴（x_1 轴）的直线，在上半平面运行轨迹随时间向右，在下半平面运行轨迹随时间向左；$u(t)$ 为正常值时，运行轨迹为顶点在横轴上开口向右的一族抛物线，$u(t)$ 为负常值时，运行轨迹为顶点在横轴上开口向左的一族抛物线。$|u(t)|$ 取较小的常值时，对应抛物线族的开口较小。根据上面的讨论，取 $u(t)=+1$ 或 -1 过原点的两条轨迹

$$\gamma_+=\left\{(x_1,x_2)\middle|\,x_1=\frac{1}{2}x_2^2,\ x_2\leqslant 0\right\}$$

$$\gamma_-=\left\{(x_1,x_2)\middle|\,x_1=-\frac{1}{2}x_2^2,\ x_2\geqslant 0\right\}$$

将 (x_1,x_2) 平面分成 4 个区域

$$R_1=\left\{(x_1,x_2)\middle|\,x_1>-\frac{1}{2}x_2|x_2|,x_2>0\right\},\quad R_2=\left\{(x_1,x_2)\middle|\,x_1<-\frac{1}{2}x_2|x_2|,x_2\geqslant 0\right\}$$

$$R_3=\left\{(x_1,x_2)\middle|\,x_1<-\frac{1}{2}x_2|x_2|,x_2<0\right\},\quad R_4=\left\{(x_1,x_2)\middle|\,x_1>-\frac{1}{2}x_2|x_2|,x_2\leqslant 0\right\}$$

如图 6.12(a)所示。

当系统初始状态位于 γ_+ 上时，若 $\lambda_1(0)=0$，则 $|\lambda_2(0)|=1$，最优控制的候选函数

$$u(t)=-\mathrm{sgn}[\lambda_2(0)]v(t)$$

除非 $u(t)=-\mathrm{sgn}[\lambda_2(0)]v(t)\leqslant 1$ 中的等号恒成立，否则系统运行轨线将位于 γ_+ 的左侧，不能通过原点，不是最优控制。若 $\lambda_1(0)\neq 0$，在上述 6 种候选函数中，只有 $u(t)=+1$ 能够到达原点，由于解唯一，故得到燃料最省控制问题的解为 $u(t)=+1$。实际上，因为 $u(t)=+1$ 不变号，有

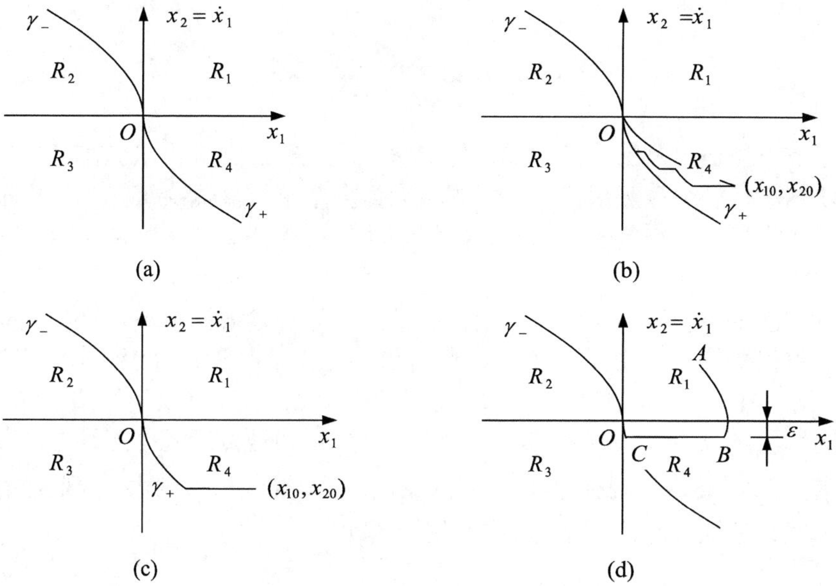

图 6.12　燃料最省控制状态轨迹

$$J=\int_0^{t_f}\left|u(t)\right|\mathrm{d}t=\left|\int_0^{t_f}u(t)\mathrm{d}t\right|=\left|x_2(0)\right|=J^*$$

根据前面的讨论，$u(t)=+1$ 确实为初始状态位于 γ_+ 上时燃料最省控制问题的解。

同理，可以得到系统初始状态位于 γ_- 上时，燃料最省控制问题的解为 $u(t)=-1$ 。

当系统初始状态位于区域 R_4 时，若 $\lambda_1(0)=0$ ，则 $\left|\lambda_2(0)\right|=1$ ，最优控制的候选函数

$$u(t)=-\operatorname{sgn}\left[\lambda_2(0)\right]v(t)$$

设 $v(t)$ 取小于1的一个正常值 a，使在 $u(t)=a$ 作用下过初值 (x_{10},x_{20}) 的抛物线也通过原点，如图 6.12(b)所示，因为 $u(t)$ 不变号，所以总有 $J=J^*=\left|x_2(0)\right|$ 成立，是最优控制。实际上，在区域 R_4 上，任何一条通过初值 (x_{10},x_{20}) 和原点的轨线，只要对应的 $0\leqslant u(t)\leqslant 1$（始终不改变符号），它都是初始状态位于区域 R_4 时燃料最省控制问题的解。再看 $\lambda_1(0)\neq 0$ 的情况，在上述6种候选函数中，只有 $\{0,+1\}$ 和 $\{-1,0,+1\}$ 两种控制序列可以到达原点，其中控制序列 $\{0,+1\}$ 没有改变符号，是最优控制，$\{-1,0,+1\}$ 则不是，如图 6.12(c)所示。实际上，控制序列 $\{0,+1\}$ 只是 $\lambda_1(0)=0$ 情况下得到的众多最优解中所用时间最短的一个。

同理，可以得到系统初始状态位于区域 R_2 时燃料最省控制问题的解。

最后，当系统初始状态位于区域 R_1 时，如图 6.12(d)所示，任何一条先行到达 B 点（$-1\leqslant u(t)<0$），再沿水平线到达 C 点（$u(t)=0$），最后到达原点（$0<u(t)\leqslant 1$）的轨线，性能指标为

$$J=\int_0^{t_f}\left|u(t)\right|\mathrm{d}t=x_{20}+\varepsilon+\varepsilon=x_{20}+2\varepsilon$$

因为由 B 点到达 C 点的时间为 B 点到 C 点间的路程（B 点横坐标减 C 点横坐标的绝对值）除以速度 ε，所以当 $\varepsilon\to 0$ 时，虽然有 $J=x_{20}+2\varepsilon\to J^*=x_{20}$ ，但 $t_f\to+\infty$ ，这在实际中将难以接受，因此，当系统初始状态位于区域 R_1 时，燃料最省控制问题的解，只有在对最大响应时间做出规定后才有意义。同理可以对初始状态位于区域 R_3 时的情况进行讨论。

6-6 动态规划

动态规划是一种适用范围很广的最优化方法，是由美国学者贝尔曼在 1957 年首先提出来的。动态规划法将一个多级最优决策问题转化为多个单级最优决策问题，从而使求解过程大大简化。下面将结合几个例子来阐明动态规划法的最优性原理，以及应用动态规划方法解决优化问题的特点。

首先通过下面最短管线问题的例子来说明动态规划法是如何解决多级优化问题的。

例 6.17 设拟从地点 A_0 铺设一条天然气管道到地点 A_6，途中需经 5 个中间站。如图 6.13 所示，第 1 站可在 A_1、B_1 两地间任选一地，第 2、3、4、5 站可供选择的地点分别是 $\{A_2,B_2,C_2,D_2\}$、$\{A_3,B_3,C_3\}$、$\{A_4,B_4,C_4\}$ 和 $\{A_5,B_5\}$，两地点间凡有连线者，表示两地点间可以铺设管道，连线上的数字表示两地点间的距离。现需要选择一条由 A_0 到 A_6 的铺管线路，顺次通过各中间站某地一次，并使总的铺设距离最短。

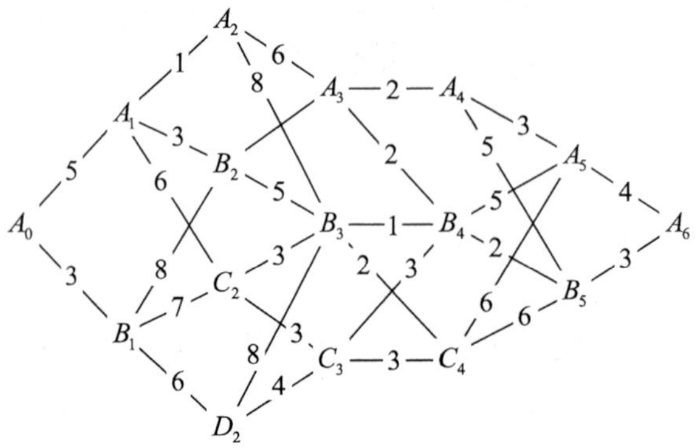

图 6.13 最短管线铺设问题

解 这一问题可用两种方法求解。第一种是穷举法，即列出所有可能的路径选择方案，计算每一种方案的铺设距离，从中选出最短者。具体来说，第一步，起点在 A_0，有两种选择 $\{A_0,A_1\}$ 和 $\{A_0,B_1\}$。第二步，若起点在 A_1 有三种选择 $\{A_1,A_2\}$、$\{A_1,B_2\}$ 和 $\{A_1,C_2\}$，若起点在 B_1，也有三种选择 $\{B_1,B_2\}$、$\{B_1,C_2\}$ 和 $\{B_1,D_2\}$。第一步和第二步组合起来有 $2\times3=6$ 种选择。同样对余下的各步进行分析，从 A_0 到 A_6 这六段中，总共有 $2\times3\times2\times2\times2\times1=48$ 种铺设路线可供选择。分别计算这 48 种铺设路线的起止距离，从中找出最短的铺设路线为

$$A_0-A_1-B_2-A_3-B_4-B_5-A_6$$

最短的铺设距离为 18。不难看出，穷举法在段数较多，各段供选择的地点也较多时，计算量是很大的，不是一种高效的方法。

第二种是下面将要介绍的动态规划法。动态规划法采用逆向递推的方法解决上述最短铺设路线问题，具体步骤如下。

第一步，计算自终点 A_6 到倒数第二站各地的最短距离：从 A_5 到 A_6 只有一条路线，距离为 4，将 A_5 到 A_6 用直线连接起来，并在 A_5 处的圆圈内填上数字 4，用以表示 A_5 到 A_6 的最短距离；同样从 B_5 到 A_6 也只有一条路线，距离 3 为，将 B_5 到 A_6 用直线连接起来，并在 B_5 处的圆圈内填上表示从 B_5 到 A_6 最短距离的数字 3。

第二步，计算倒数第三站各地到终点 A_6 的最短距离：从 A_4 到 A_6 共有两条路线可供选择 $A_4-A_5-A_6$ 和 $A_4-B_5-A_6$，前一路线的距离是 A_4-A_5 的距离加上 A_5 处圆圈内的数字4，即 $3+4=7$；后一路线的距离是 A_4-B_5 的距离加上 B_5 处圆圈内的数字3，即 $5+3=8$。可见前一路线 $A_4-A_5-A_6$ 是从 A_4 到 A_6 的最短路线，将 A_4 到 A_5 用直线连接起来，并在 A_4 处的圆圈内填上表示从 A_4 到 A_6 最短距离的数字7。对 B_4 和 C_4 地进行同样的分析，连接最短路线并标注相应的最短距离5和9。

用同样的方法，一步步从后向前推进，得到如图6.14所示的各站各地到终点的最短路线和最短距离，从中得到从起点到终点的最短路线为

$$A_0-A_1-B_2-A_3-B_4-B_5-A_6$$

最短距离为18。

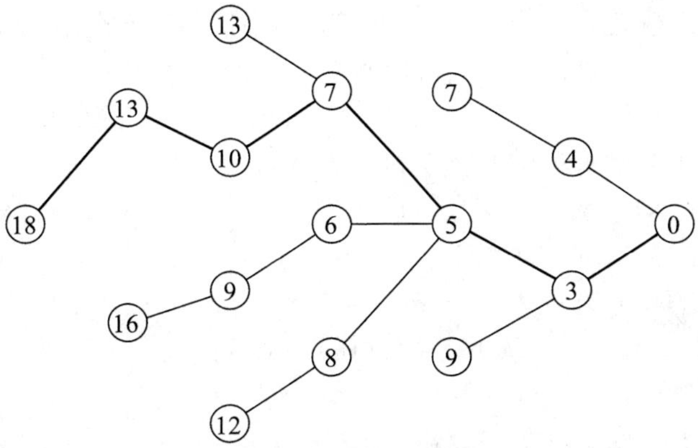

图 6.14　各站各地到终点的最短路线

从上述动态规划法对问题的求解过程容易看出，无论是以哪一站的哪一地作为起始点，只要起点一定，它到终点的最优路线和最短距离便随之确定。其次，在上述反方向递推过程中，必须求出各站各地到终点的最优路线和最短距离。最后，一旦某站某地到终点的最短路线和最短距离被确定，则该站该地到终点的其他路线在以后的递推过程中便没有必要再被考虑，这样可以大大减小计算比较的次数。

例6.17是始端和终端都固定的多级优化决策问题。将图6.13中的最后一站去掉，从 A_0 到 A_5 或从 A_0 到 B_5，顺次通过中间各站某地一次，选择两地间距离较短的铺设一条天然气管道，这是一个变终端的多步优化问题，它同样可以应用动态规划法来解决。可以首先以 A_5 为终点站，应用和前面相同的方法，得到各站各地到 A_5 的最短路线和最短距离并连接和标注，得到 A_0 到 A_5 的最短路线和最短距离；再以 B_5 为终点站，应用相同的方法，得到各站各地到 B_5 的最短路线和最短距离并连接和标注，得到 A_0 到 B_5 的最短路线和最短距离，从二者中选择距离较短的一条便为所求。也可以将上面的两个步骤合二为一，即一次性地得到各站各地到两终点的最短路线和最短距离，并进行标注，最终求得 $A_0\sim A_5$ 和 $A_0\sim B_5$ 的最短距离，从中选择距离较短的一条。与终端固定情况不同，变终点的多段优化问题，在反方向递推过程中，必须求出各站各地到各终点的最优路线和最短距离。

显然，虽然从起点到终点的最短距离是唯一的，但最短路线可能不只一条，也就是最优解可能不唯一。在下面的讨论中，不考虑这种情况，假设问题的最优解总是唯一的。

将上述多步优化决策问题的各站点和事件进展的节拍或时段相对应，各站点的各地和系统的状态相对应，则相邻站点各地间的距离与状态转化的代价或收益值相对应，最佳铺设路线和最短距离就是问题最优解及对应的最优性能指标。一个多步优化决策问题，可以采用反方向递推转化为一系列单步决策问题来处理的一个必要前提条件是过程的无后效性，即前阶段决策对后阶段过程结果的影响，是通过对后阶段过程初始状态的改变间接地实现的，一旦过程的初始状态确定，过程后来的状态便只受后来决策的影响。

对于无后效过程来说，一个决策是最优的，它必然具有这样的性质，即不论初始状态和初始决策如何，对于前面的决策形成的状态来说，后面的决策必然构成一个最优决策。无后效过程最优决策的这种性质称为最优性原理。

根据最优性原理，对于给定的过程，当它的初始条件一定时，最优决策及相应的最优解和最优性能指标便随之确定。应用动态规划的方法，从过程的终端状态开始，一步一步逆推求解过程的优化解时，每一步只需计算本步各状态下的最优解和最优性能指标，而且只有本步各状态的最优解才有可能被下一步所采纳。在逆向递推进行完之后，还要根据过程的初始状态进行正向求解，来得到对应的最优决策和最优解。

控制工程中处理的动态过程都满足无后效性的要求，现将采用动态规划法逆向递推求解动态系统最优控制问题的过程描述如下。

设描述动态过程的差分方程为

$$\begin{aligned} \boldsymbol{x}(k+1) &= \boldsymbol{f}[\boldsymbol{x}(k), \boldsymbol{u}(k), k] \\ \boldsymbol{x}(0) &= \boldsymbol{x}_0 \end{aligned} \tag{6.92}$$

式中，允许控制满足约束 $\boldsymbol{u} \in \Omega$，求最优控制 $\boldsymbol{u}^*(k), k = 0,1,\cdots,N-1$，使得代价函数(性能指标)

$$J = \boldsymbol{x}^{\mathrm{T}}(N) S \boldsymbol{x}(N) + \sum_{k=0}^{N-1} L\left[\boldsymbol{x}(k), \boldsymbol{u}(k), k\right] \tag{6.93}$$

达到最小。

上述 N 步决策过程如图 6.15 所示，图中 k 表示 N 级决策过程中的阶段变量，$\boldsymbol{x}(k)$ 表示第 $k+1$ 阶段的状态变量，$\boldsymbol{u}(k)$ 表示第 $k+1$ 阶段所采用的控制变量。记始于任意状态 $\boldsymbol{x}(k)$，采用任意控制序列 $\{\boldsymbol{u}(k), k = k, \mathrm{k}+1, \cdots, N-1\}$ 的代价函数为 $J_{N-k}[\boldsymbol{x}(k)]$，采用最优控制序列 $\{\boldsymbol{u}^*(k), k = k, \mathrm{k}+1, \cdots, N-1\}$ 的代价函数为 $J_{N-k}^*[\boldsymbol{x}(k)]$，则动态规划的逆向递推方程为

$$J_{N-k}^*\left[\boldsymbol{x}(k)\right] = \min_{\boldsymbol{u}(k)\in\Omega}\left\{L[\boldsymbol{x}(k), \boldsymbol{u}(k)] + J_{N-(k+1)}^*[\boldsymbol{x}(k+1)]\right\}, \quad k = N-1, \cdots, 2, 1, 0 \tag{6.94}$$

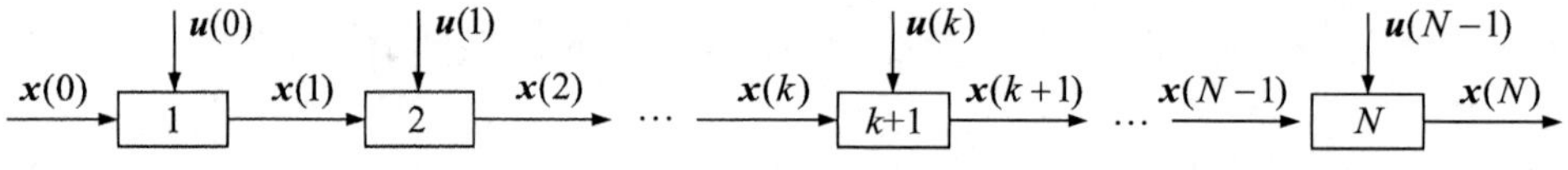

图 6.15　N 步决策过程的动态规划

根据式(6.94)，末值项代价函数为 $J_0^*[\boldsymbol{x}(N)] = \boldsymbol{x}^{\mathrm{T}}(N) S \boldsymbol{x}(N)$，以此为 $k = N-1$ 第一次逆向递推的初始条件，在由上一步得到的最优代价函数 $J_{N-(k+1)}^*[\boldsymbol{x}(k+1)]$ 确定下一步的最优控制 $\boldsymbol{u}^*(k)$ 和最优代价函数 $J_{N-k}^*[\boldsymbol{x}(k)]$ 时，$\boldsymbol{u}^*(k)$ 只是状态 $\boldsymbol{x}(k)$ 的函数，这样经过 N 次递推后即

可得到最优控制序列 $\{\boldsymbol{u}^*(0),\boldsymbol{u}^*(1),\cdots,\boldsymbol{u}^*(N-1)\}$ 和最优代价函数序列 $\{J_N^*[\boldsymbol{x}(0)],J_{N-1}^*[\boldsymbol{x}(1)],\cdots,J_1^*[\boldsymbol{x}(N-1)]\}$。然后，将系统的初始条件 $\boldsymbol{x}_0$ 和最优控制序列 $\{\boldsymbol{u}^*(0),\boldsymbol{u}^*(1),\cdots,\boldsymbol{u}^*(N-1)\}$ 代入系统方程式(6.92)，正向递推得到系统的最优轨迹序列 $\{\boldsymbol{x}^*(1),\boldsymbol{x}^*(2),\cdots,\boldsymbol{x}^*(N)\}$。

例 6.18 已知离散系统方程

$$x(k+1)=2x(k)+u(k),\quad x(0)=1 \tag{6.95}$$

式中，状态 $x(k)$ 及控制 $u(k)$ 均不受约束。试求最优控制序列 $\{u^*(0),u^*(1),u^*(2)\}$ 使代价函数

$$J[x(0)]=x^2(3)+\sum_{k=0}^{2}\left[x^2(k)+u^2(k)\right]$$

取最小，并求最优代价函数值 J^* 和系统的最优响应序列 $\{x^*(0),x^*(1),x^*(2),x^*(3)\}$。

解 本例为 $N=3$ 级的最优决策问题。根据递推方程(6.94)，按如下步骤逆向递推。

由代价函数的末值项，有

$$J_0^*[x(3)]=x^2(3)$$

第一步，令 $k=2$，根据最优性原理有

$$J_1^*[x(2)]=\min_{u(2)}\left\{x^2(2)+u^2(2)+J_0^*[x(3)]\right\}=\min_{u(2)}\left\{x^2(2)+u^2(2)+x^2(3)\right\}$$

根据系统方程式(6.95)，有

$$J_1^*[x(2)]=\min_{u(2)}\left\{x^2(2)+u^2(2)+\left[2x(2)+u(2)\right]^2\right\}$$

上式右端大括号内只与 $x(2)$、$u(2)$ 相关，其中控制无约束，为得到使其为最小的 $u(2)$，求上式大括号内的函数对 $u(2)$ 的偏导数，并令其等于零得到

$$u^*(2)=-x(2)$$

将结果代入 J_1^* 得到

$$J_1^*[x(2)]=3x^2(2)$$

第二步，令 $k=1$，根据最优性原理有

$$J_2^*[x(1)]=\min_{u(1)}\left\{x^2(1)+u^2(1)+J_1^*[x(2)]\right\}=\min_{u(1)}\left\{x^2(1)+u^2(1)+3x^2(2)\right\}$$

根据系统方程式(6.95)，有

$$J_2^*[x(1)]=\min_{u(1)}\left\{x^2(1)+u^2(1)+3\left[2x(1)+u(1)\right]^2\right\}$$

上式右端大括号内只与 $x(1)$、$u(1)$ 相关，其中控制无约束，为得到使其为最小的 $u(1)$，求上式大括号内的函数对 $u(1)$ 的偏导数，并令其等于零得到

$$u^*(1)=-\frac{3}{2}x(1)$$

将结果代入 J_2^* 得到

$$J_2^*[x(1)]=4x^2(1)$$

第三步，令 $k=0$，根据最优性原理有

$$J_3^*[x(0)] = \min_{u(0)}\left\{x^2(0) + u^2(0) + J_2^*[x(1)]\right\} = \min_{u(1)}\left\{x^2(0) + u^2(0) + 4x^2(1)\right\}$$

根据系统方程式(6.95)，有

$$J_3^*[x(0)] = \min_{u(0)}\left\{x^2(0) + u^2(0) + 4[2x(0) + u(0)]^2\right\}$$

同样，求上式大括号内的函数对 $u(0)$ 的偏导数，并令其等于零得到

$$u^*(0) = -\frac{8}{5}x(0)$$

将结果代入 J_3^* 得到

$$J_3^*[x(0)] = \frac{21}{5}x^2(0) = \frac{21}{5} = 4.2$$

正向求取最优控制序列和最优响应序列的过程为

$$u^*(0) = \frac{-8}{5}x(0) = \frac{-8}{5}$$

$$x^*(1) = 2x(0) + u^*(0) = 2 - \frac{8}{5} = \frac{2}{5}$$

$$u^*(1) = -\frac{3}{2}x^*(1) = -\frac{6}{10}$$

$$x^*(2) = 2x^*(1) + u^*(1) = \frac{4}{5} - \frac{6}{10} = \frac{2}{10}$$

$$u^*(2) = -x^*(2) = \frac{-2}{10}$$

$$x^*(3) = 2x^*(2) + u^*(2) = \frac{4}{10} - \frac{2}{10} = \frac{2}{10}$$

上述例题清楚地说明了根据最优性原理逆向递推求取最优控制序列，正向求解最优控制和最优轨线的过程。其中在逆向递推求取最优控制序列的过程中，如前所述，每一步都需要计算本步状态下的最优解和最优性能指标，并表示成本步状态变量的函数，备下一步递推采用。

例 6.19 求一阶离散时间系统

$$x(k+1) = ax(x) + bu(k), \quad x(0) = x_0 \tag{6.96}$$

在指标泛函

$$J = \frac{1}{2}\sum_{k=0}^{2}\left[qx^2(k) + ru^2(k)\right]$$

下的最优控制。

解 因为代价函数无末值项，所以

$$J_0^*[x(3)] = 0$$

第一步，令 $k = 2$，根据最优性原理有

$$J_1^*[x(2)] = \min_{u(2)}\left\{\frac{1}{2}qx^2(2) + \frac{1}{2}ru^2(2) + J_0^*[x(3)]\right\} = \min_{u(2)}\left\{\frac{1}{2}qx^2(2) + \frac{1}{2}ru^2(2)\right\}$$

由

$$\frac{\partial\left[qx^2(2)+ru^2(2)\right]}{\partial u(2)}=2ru(2)=0$$

得到

$$u^*(2)=0,\quad J_1^*\left[x(2)\right]=\frac{1}{2}qx^2(2)$$

第二步，令$k=1$，则

$$J_2^*\left[x(1)\right]=\min_{u(1)}\left\{\frac{1}{2}qx^2(1)+\frac{1}{2}ru^2(1)+J_1^*\left[x(2)\right]\right\}=\min_{u(1)}\left\{\frac{1}{2}qx^2(1)+\frac{1}{2}ru^2(1)+\frac{1}{2}qx^2(2)\right\}$$

根据系统方程式(6.96)，有

$$J_2^*\left[x(1)\right]=\min_{u(1)}\left\{\frac{1}{2}qx^2(1)+\frac{1}{2}ru^2(1)+J_1^*\left[x(2)\right]\right\}=\min_{u(1)}\left\{\frac{1}{2}qx^2(1)+\frac{1}{2}ru^2(1)+\frac{1}{2}q\left[ax(1)+bu(1)\right]^2\right\}$$

由

$$\begin{aligned}\frac{\partial\left[qx^2(1)+ru^2(1)+q\left[ax(1)+bu(1)\right]^2\right]}{\partial u(1)}&=2ru(1)+2qb\left[ax(1)+bu(1)\right]\\&=2ru(1)+2b^2qu(1)+2abqx(1)=0\end{aligned}$$

得

$$u^*(1)=-\frac{abq}{r+b^2q}x(1)=-f(1)x(1),\quad J_2^*\left[x(1)\right]=\frac{1}{2}\left(1+\frac{ra^2}{r+b^2q}\right)qx^2(1)$$

第三步，令$k=0$，则

$$\begin{aligned}J_3^*\left[x(0)\right]&=\min_{u(0)}\left\{\frac{1}{2}x^2(0)+\frac{1}{2}u^2(0)+J_2^*\left[x(1)\right]\right\}\\&=\min_{u(0)}\left\{\frac{1}{2}x^2(0)+\frac{1}{2}u^2(0)+\frac{1}{2}\left(1+\frac{ra^2}{r+b^2q}\right)qx^2(1)\right\}\\&=\min_{u(0)}\left\{\frac{1}{2}x^2(0)+\frac{1}{2}u^2(0)+\frac{1}{2}\left(1+\frac{ra^2}{r+b^2q}\right)q\left[ax(0)+bu(0)\right]^2\right\}\end{aligned}$$

由

$$\begin{aligned}&\frac{\partial\left[x^2(0)+u^2(0)+\left(1+\frac{ra^2}{r+b^2q}\right)q\left[ax(0)+bu(0)\right]^2\right]}{\partial u(0)}\\&=2u(0)+\left(1+\frac{ra^2}{r+b^2q}\right)2bq\left[ax(0)+bu(0)\right]=0\end{aligned}$$

得

$$u^*(0)=-\frac{abq(r+b^2q+ra^2)}{(r+b^2q)^2+ra^2b^2q}x(0)=-f_0(0)x(0)$$

$$J_3^*\left[x(0)\right]=\frac{1}{2}\left\{q+r\left[\frac{abq(r+b^2q+ra^2)}{(r+b^2q)^2+ra^2b^2q}\right]^2+\left(1+\frac{ra^2}{r+b^2q}\right)q\left[a-b\frac{abq(r+b^2q+ra^2)}{(r+b^2q)^2+ra^2b^2q}\right]^2\right\}x^2(0)$$

于是得到最优控制具有状态反馈控制的形式

$$u(k) = -f(k)x(k), \quad k = 0,1,2$$

$$f(0) = \frac{abq(r + b^2 q + ra^2)}{(r + b^2 q)^2 + ra^2 b^2 q}$$

$$f(1) = \frac{abq}{r + b^2 q}$$

$$f(2) = 0$$

6-7 用动态规划法解决最优控制问题

动态规划解决优化问题的离散化特性，使得它对于求解线性离散时间系统二次型性能指标最优控制问题特别有效。除此以外，动态规划的连续时间形式即贝尔曼方程，除它本身也是连续时间系统最优控制问题的一种求解方法外，在理论上与变分法和最小值原理是一致和相辅相成的。

1. 用动态规划法解决离散系统二次型性能指标最优控制问题

在最优控制理论发展的过程中，人们基于连续时间系统与它的离散化模型之间的关系，设想把连续时间系统最优控制的研究成果直接推广到离散时间系统中去，然而这种尝试却失败了。研究表明，只有在采样周期足够小时，这种推广才是有效的，否则并不能实现离散时间系统严格意义上的最优控制，即不能简单地通过将连续时间的黎卡提方程离散化的方法得到离散形式的黎卡提方程。动态规划方法处理的多阶段优化问题具有离散化的本质特征，应用它来解决离散时间系统二次型性能指标最优控制问题，可以得到问题在严格意义上解析形式的解。

设离散时间线性系统的状态方程为

$$\boldsymbol{x}(k+1) = A(k)\boldsymbol{x}(k) + B(k)\boldsymbol{u}(k), \quad \boldsymbol{x}(0) = \boldsymbol{x}_0 \tag{6.97}$$

其中控制作用 $\boldsymbol{u}(k)$ 不受约束。试寻找最优控制 $\boldsymbol{u}^*(k)(k = 0,1,2,\cdots,N-1)$，使性能指标

$$J = \frac{1}{2}\boldsymbol{x}^{\mathrm{T}}(N)S\boldsymbol{x}(N) + \frac{1}{2}\sum_{k=0}^{N-1}\left[\boldsymbol{x}^{\mathrm{T}}(k)Q(k)\boldsymbol{x}(k) + \boldsymbol{u}^{\mathrm{T}}(k)R(k)\boldsymbol{u}(k)\right] \tag{6.98}$$

达到最小，式中，$S = S^{\mathrm{T}} \geqslant 0$，$Q(k) = Q^{\mathrm{T}}(k) \geqslant 0$，$R(k) = R^{\mathrm{T}}(k) > 0$。

利用动态规划解上述问题，根据最优性原理有

$$J_{N-k}^*\left[\boldsymbol{x}(k)\right] = \min_{\boldsymbol{u}(k)}\left\{\frac{1}{2}\boldsymbol{x}^{\mathrm{T}}(k)Q(k)\boldsymbol{x}(k) + \frac{1}{2}\boldsymbol{u}^{\mathrm{T}}(k)R(k)\boldsymbol{u}(k) + J_{N-(k+1)}^*\left[\boldsymbol{x}(k+1)\right]\right\} \tag{6.99}$$

猜测最优解对应的性能指标具有如下二次型形式

$$J_{N-k}^*\left[\boldsymbol{x}(k)\right] = \frac{1}{2}\boldsymbol{x}^{\mathrm{T}}(k)P(k)\boldsymbol{x}(k), \quad k = 0,1,2,\cdots,N \tag{6.100}$$

式中，$P(k) = P^{\mathrm{T}}(k) \geqslant 0$，根据性能指标的终端项，有

$$J_0^*\left[\boldsymbol{x}(N)\right] = \frac{1}{2}\boldsymbol{x}^{\mathrm{T}}(N)S\boldsymbol{x}(N) \tag{6.101}$$

即有 $P(N) = S$。

将式(6.100)代入到式(6.99)，有

$$
\begin{aligned}
J_{N-k}^{*}\left[\boldsymbol{x}(k)\right] &= \frac{1}{2}\boldsymbol{x}^{\mathrm{T}}(k)P(k)\boldsymbol{x}(k) \\
&= \min_{\boldsymbol{u}(k)}\left[\frac{1}{2}\boldsymbol{x}^{\mathrm{T}}(k)Q(k)\boldsymbol{x}(k)+\frac{1}{2}\boldsymbol{u}^{\mathrm{T}}(k)R(k)\boldsymbol{u}(k)+\frac{1}{2}\boldsymbol{x}^{\mathrm{T}}(k+1)P(k+1)\boldsymbol{x}(k+1)\right] \\
&= \min_{\boldsymbol{u}(k)}\left\{\frac{1}{2}\boldsymbol{x}^{\mathrm{T}}(k)Q(k)\boldsymbol{x}(k)+\frac{1}{2}\boldsymbol{u}^{\mathrm{T}}(k)R(k)\boldsymbol{u}(k)\right. \\
&\quad \left.+\frac{1}{2}\left[A(k)\boldsymbol{x}(k)+B(k)\boldsymbol{u}(k)\right]^{\mathrm{T}}P(k+1)\left[A(k)\boldsymbol{x}(k)+B(k)\boldsymbol{u}(k)\right]\right\}
\end{aligned} \tag{6.102}
$$

上式右边大括号中的式子对 $\boldsymbol{u}(k)$ 求偏导，并令其为零，得取得极小值时 $\boldsymbol{u}(k)$ 和 $\boldsymbol{x}(k)$ 应满足的关系为

$$
R(k)\boldsymbol{u}(k)+B^{\mathrm{T}}(k)P(k+1)A(k)\boldsymbol{x}(k)+B^{\mathrm{T}}(k)P(k+1)B(k)\boldsymbol{u}(k)=0
$$

即

$$
\boldsymbol{u}(k)=-\left[R(k)+B^{\mathrm{T}}(k)P(k+1)B(k)\right]^{-1}B^{\mathrm{T}}(k)P(k+1)A(k)\boldsymbol{x}(k)
$$

将上述状态反馈形式的控制作用记作

$$
\boldsymbol{u}(k)=-K(k)\boldsymbol{x}(k) \tag{6.103}
$$

式中

$$
K(k)=\left[R(k)+B^{\mathrm{T}}(k)P(k+1)B(k)\right]^{-1}B^{\mathrm{T}}(k)P(k+1)A(k) \tag{6.104}
$$

将式(6.103)代回到式(6.102)，去掉求最小的符号 min，得到

$$
\begin{aligned}
&\frac{1}{2}\boldsymbol{x}^{\mathrm{T}}(k)P(k)\boldsymbol{x}(k) \\
&=\frac{1}{2}\boldsymbol{x}^{\mathrm{T}}(k)\left\{Q(k)+K(k)R(k)K(k)+\left[A(k)-B(k)K(k)\right]^{\mathrm{T}}P(k+1)\left[A(k)-B(k)K(k)\right]\right\}\boldsymbol{x}(k)
\end{aligned} \tag{6.105}
$$

因为方程式(6.105)对任意的 $\boldsymbol{x}(k)$ 都成立，得

$$
P(k)=Q(k)+K(k)R(k)K(k)+\left[A(k)-B(k)K(k)\right]^{\mathrm{T}}P(k+1)\left[A(k)-B(k)K(k)\right] \tag{6.106}
$$

再将 $K(k)$ 的表达式(6.104)代入式(6.106)，整理后得到

$$
P(k)=A^{\mathrm{T}}(k)P(k+1)\left[I+B(k)R^{-1}(k)B^{\mathrm{T}}(k)P(k+1)\right]^{-1}A(k)+Q(k) \tag{6.107}
$$

式(6.107)称为离散形式的黎卡提方程，它定解的边界条件为 $P(N)=S$。

求解离散形式的黎卡提方程需要进行反方向递推，即从 $k=N$ 开始，令 $P(N)=S$，反方向递推得到 $P(k)(k=N-1,N-2,\cdots,1,0)$。因为黎卡提方程和系统的初始状态和终端状态无关，可以离线地预先计算好备用。系统运行时，用事先计算好的 $P(k)(k=0,1,2,\cdots,N-1)$ 实现最优控制 $\boldsymbol{u}^{*}(k)(k=0,1,2,\cdots,N-1)$，得到系统的最优解 $\boldsymbol{x}^{*}(k)(k=0,1,2,\cdots,N-1,N)$。

例 6.20 用解黎卡提方程的方法，重新解例 6.18。

解 本题系统是一阶的，其中 $A(k)=2$，$B(k)=1$，$S=1$，$Q(k)=1$，$R(k)=1$，由式(6.107)得离散形式的黎卡提方程为

$$p(k)=\frac{a^2rp(k+1)}{r+b^2p(k+1)}+q$$

即有

$$p(k)=\frac{4p(k+1)}{1+p(k+1)}+1$$

反向递推得到

$$p(3)=S=1,\quad p(2)=\frac{4p(3)}{1+p(3)}+1=\frac{4\times 1}{1+1}+1=3$$

$$p(1)=\frac{4p(2)}{1+p(2)}+1=\frac{4\times 3}{1+3}+1=4,\quad p(0)=\frac{4p(1)}{1+p(1)}+1=\frac{4\times 4}{1+4}+1=4.2$$

由式(6.104)，得最优状态反馈增益为

$$K(k)=\frac{abp(k+1)}{r+b^2p(k+1)}=\frac{2p(k+1)}{1+p(k+1)}$$

于是有

$$K(0)=\frac{2p(1)}{1+p(1)}=\frac{2\times 4}{1+4}=\frac{8}{5},\quad K(1)=\frac{2p(2)}{1+p(2)}=\frac{2\times 3}{1+3}=\frac{3}{2},\quad K(2)=\frac{2p(3)}{1+p(3)}=\frac{2\times 1}{1+1}=1$$

根据式(6.103)得到状态反馈最优控制律

$$u^*(0)=-K(0)x(0)=\frac{-8}{5}x(0),\quad u^*(1)=-K(1)x(1)=-\frac{3}{2}x(1),\quad u^*(2)=-K(2)x(2)=-x(2)$$

和前面得到的结果是一致的。其余略。

2. 连续时间系统的动态规划和贝尔曼方程

最优性原理不仅适用于离散决策过程，也适用于连续决策过程。连续时间的动态规划问题，可以看成是离散时间系统动态规划问题在连续时间系统中的扩展，即将每步间的时间间隔看成是等间隔的，且时间间隔很小的极限情况。下面运用最优性原理，推导连续时间系统最优控制问题的贝尔曼方程，阐明它的涵义，推出最优解的条件，沟通动态规划法和最小值原理之间的联系。

根据动态规划考虑问题的一般方法，采用从终端反方向逆推的方法。

设连续时间系统的状态方程为

$$\dot{\boldsymbol{x}}(t)=\boldsymbol{f}[\boldsymbol{x}(t),\boldsymbol{u}(t),t] \tag{6.108}$$

试寻找最优控制 $\boldsymbol{u}^*(t)\in\Omega$，把状态从一任意的初态 $(\boldsymbol{x}(t),t)$ 转移到满足边界条件

$$\boldsymbol{\psi}[\boldsymbol{x}(t_{\mathrm{f}}),t_{\mathrm{f}}]=0 \tag{6.109}$$

的终端状态，并使性能指标泛函

$$J(t)=\varphi[\boldsymbol{x}(t_{\mathrm{f}}),t_{\mathrm{f}}]+\int_t^{t_{\mathrm{f}}}L[\boldsymbol{x}(\tau),\boldsymbol{u}(\tau),\tau]\mathrm{d}\tau \tag{6.110}$$

达到极小，式中，t_{f} 固定。

设最优控制存在且唯一，则对于每一个初态，存在一个相应的最优控制。不同的初态，最优控制和极值不同，将最优控制和极值看成是初始状态的函数，记为 $\boldsymbol{u}^*(\boldsymbol{x},t)$ 和 $J^*(\boldsymbol{x},t)$。

于是有

$$J^*(\boldsymbol{x},t)=\min_{\boldsymbol{u}\in\Omega}\left\{\varphi[\boldsymbol{x}(t_f),t_f]+\int_t^{t_f}L[\boldsymbol{x}(\tau),\boldsymbol{u}(\tau),\tau]\mathrm{d}\tau\right\} \tag{6.111}$$

并在终端上满足条件

$$J^*[\boldsymbol{x}^*(t_f),t_f]=\varphi[\boldsymbol{x}^*(t_f),t_f] \tag{6.112}$$

下面假定 $J^*(\boldsymbol{x},t)$ 具有连续的一阶和二阶偏导数。

现假设系统从 $\boldsymbol{x}(t)$ 出发，在任意允许控制 $\boldsymbol{u}(t)\in\Omega$ 作用下，经过一短暂的时间间隔 Δt 到达新状态

$$\left[\boldsymbol{x}(t)+\dot{\boldsymbol{x}}(t)\Delta t,t+\Delta t\right]=\left[\boldsymbol{x}(t)+f(\boldsymbol{x},\boldsymbol{u},t)\Delta t,t+\Delta t\right]$$

然后用最优控制 $\boldsymbol{u}^*\left[\boldsymbol{x}(t+\Delta t),t+\Delta t\right]$ 把式(6.108)的系统状态转移到终态，则上述两阶段的代价函数为

$$\begin{aligned}J\left[\boldsymbol{x}(t),\boldsymbol{u}(t),t\right]&=L\left[\boldsymbol{x}(t),\boldsymbol{u}(t),t\right]\Delta t+\varepsilon_1\left[(\Delta t)^2\right]+J\left[\boldsymbol{x}(t+\Delta t),t+\Delta t\right]\\&=L\left[\boldsymbol{x}(t),\boldsymbol{u}(t),t\right]\Delta t+\varepsilon_1\left[(\Delta t)^2\right]+J\left[\boldsymbol{x}(t)+\boldsymbol{f}(\boldsymbol{x}(t),\boldsymbol{u}(t),t)\Delta t,t+\Delta t\right]\end{aligned} \tag{6.113}$$

对于最优控制来说，显然有

$$J^*\left[\boldsymbol{x}(t),t\right]\leqslant J\left[\boldsymbol{x}(t),\boldsymbol{u}(t),t\right]$$

上式只有在选择控制作用 $\boldsymbol{u}(t)(t\in[t,t_f])$ 使式(6.113)达到最小时等号才能成立。于是有

$$J^*\left[\boldsymbol{x}(t),t\right]=\min_{\substack{\boldsymbol{u}\in\Omega\\ t\in[t,t_f]}}\left\{L\left[\boldsymbol{x}(t),\boldsymbol{u}(t),t\right]\Delta t+\varepsilon_1\left[(\Delta t)^2\right]+J\left[\boldsymbol{x}(t)+\boldsymbol{f}(\boldsymbol{x}(t),\boldsymbol{u}(t),t)\Delta t,t+\Delta t\right]\right\}$$

根据最优性原理，上式可以改写为

$$J^*\left[\boldsymbol{x}(t),t\right]=\min_{\substack{\boldsymbol{u}(t)\in\Omega\\ t\in[t,t+\Delta t]}}\left\{L\left[\boldsymbol{x}(t),\boldsymbol{u}(t),t\right]\Delta t+\varepsilon_1\left[(\Delta t)^2\right]+J^*\left[\boldsymbol{x}(t+\Delta t),t+\Delta t\right]\right\} \tag{6.114}$$

由假设 $J^*(\boldsymbol{x},t)$ 连续可微，将上式右端大括号中的 $J^*[\boldsymbol{x}(t)+\Delta t,t+\Delta t]$ 在 $(\boldsymbol{x},t)$ 的邻域展开成泰勒级数，注意到 $J^*[\boldsymbol{x}(t)+\Delta t,t+\Delta t]$ 与 $\boldsymbol{u}(t)(t\in[t,t+\Delta t])$ 不直接相关，而只与 $\boldsymbol{x}(t+\Delta t)$ 直接相关，得到

$$\begin{aligned}&J^*\left[\boldsymbol{x}(t),t\right]\\&=\min_{\substack{\boldsymbol{u}(t)\in\Omega\\ t\in[t,t+\Delta t]}}\left\{L\left[\boldsymbol{x}(t),\boldsymbol{u}(t),t\right]\Delta t+\varepsilon_1\left[(\Delta t)^2\right]+J^*\left[\boldsymbol{x}(t),t\right]+\left(\frac{\partial J^*}{\partial \boldsymbol{x}}\right)^{\mathrm{T}}\boldsymbol{f}\left[\boldsymbol{x}(t),\boldsymbol{u}(t),t\right]\Delta t+\left(\frac{\partial J^*}{\partial t}\right)\Delta t\right\}\end{aligned}$$

因为上式右端大括号中的 $J^*[\boldsymbol{x}(t),t]$ 与 $\boldsymbol{u}(t)(t\in[t,t+\Delta t])$ 无关，因此也有 $\left(\partial J^*/\partial t\right)\Delta t$ 一项与 $\boldsymbol{u}(t)(t\in[t,t+\Delta t])$ 无关，将这两项提到最小运算符号 min 之外，有

$$-\frac{\partial J^*}{\partial t}\Delta t=\min_{\substack{\boldsymbol{u}(t)\in\Omega\\ t\in[t,t+\Delta t]}}\left\{L\left[\boldsymbol{x}(t),\boldsymbol{u}(t),t\right]\Delta t+\varepsilon_1\left[(\Delta t)^2\right]+\left(\frac{\partial J^*}{\partial \boldsymbol{x}}\right)^{\mathrm{T}}\boldsymbol{f}\left[\boldsymbol{x}(t),\boldsymbol{u}(t),t\right]\Delta t\right\}$$

等式两边同除以 Δt，并令 $\Delta t\to 0$，便得到连续时间系统最优指标函数满足的微分方程为

$$-\frac{\partial J^*}{\partial t}=\min_{\boldsymbol{u}\in\Omega}\left\{L\left[\boldsymbol{x}(t),\boldsymbol{u}(t),t\right]+\left(\frac{\partial J^*}{\partial \boldsymbol{x}}\right)^{\mathrm{T}}\boldsymbol{f}[\boldsymbol{x}(t),\boldsymbol{u}(t),t]\right\} \tag{6.115}$$

这就是连续时间系统的贝尔曼方程。

贝尔曼方程是关于最优指标函数 J^* 的一阶非线性偏微分方程，求解此方程的边界条件是

$$J^*(t_f) = \varphi[\boldsymbol{x}(t_f), t_f] \tag{6.116}$$

贝尔曼方程是根据最优性原理得到的，是优化问题取得极值的充分条件，这与变分法及最小值原理不同。另外，根据式(6.110)给出的代价函数 $J(t)$ 的定义，时间 t 为性能指标中积分项的积分下限，所以代价函数是时间的减函数。

应用贝尔曼方程求解最优控制的步骤和动态规划法的求解步骤是相同的，叙述如下。

(1) 在 $[t_0, t_f]$ 区间内选择 $\boldsymbol{u} \in \Omega$，使

$$L(\boldsymbol{x}, \boldsymbol{u}, t) + \left(\frac{\partial J}{\partial \boldsymbol{x}}\right)^{\mathrm{T}} \boldsymbol{f}(\boldsymbol{x}, \boldsymbol{u}, t)$$

达到全局最小，得到 $\boldsymbol{u}^*$，把它表示成 $\boldsymbol{x}$、$\partial J^*/\partial \boldsymbol{x}$ 和 t 的函数，即

$$\boldsymbol{u}^*\left(\boldsymbol{x}, \frac{\partial J^*}{\partial \boldsymbol{x}}, t\right) \tag{6.117}$$

当 $\boldsymbol{u}(t)$ 无约束时，则由

$$\frac{\partial}{\partial \boldsymbol{u}}\left\{L(\boldsymbol{x}, \boldsymbol{u}, t) + \left(\frac{\partial J^*}{\partial \boldsymbol{x}}\right)^{\mathrm{T}} \boldsymbol{f}(\boldsymbol{x}, \boldsymbol{u}, t)\right\} = 0$$

得到式(6.117)。

(2) 将式(6.117)的 $\boldsymbol{u}^*(\boldsymbol{x}, \partial J^*/\partial \boldsymbol{x}, t)$ 代入到贝尔曼方程，去掉求极小值符号，得到

$$-\frac{\partial J^*}{\partial t} = L\left[\boldsymbol{x}, \boldsymbol{u}^*\left(\boldsymbol{x}, \frac{\partial J^*}{\partial \boldsymbol{x}}, t\right), t\right] + \left(\frac{\partial J^*}{\partial \boldsymbol{x}}\right)^{\mathrm{T}} \boldsymbol{f}\left[\boldsymbol{x}, \boldsymbol{u}^*\left(\boldsymbol{x}, \frac{\partial J^*}{\partial \boldsymbol{x}}, t\right), t\right]$$

代入边界条件 $J(t_f) = \varphi[\boldsymbol{x}(t_f), t_f]$，解上述偏微分方程，得到 J^*，它是 $\boldsymbol{x}$ 的函数，记为

$$J^*\left[\boldsymbol{x}(t), t\right]$$

(3) 将 $J^*[\boldsymbol{x}(t), t]$ 代入式(6.117)，将 $\boldsymbol{u}^*$ 表示成系统状态的函数，记为

$$\boldsymbol{u}^*\left[\boldsymbol{x}(t), t\right]$$

(4) 将 $\boldsymbol{u}^*[\boldsymbol{x}(t), t]$ 代入到系统方程式(6.108)，实现状态反馈，应用初始条件 $\boldsymbol{x}(t_0)$，得最优解 $\boldsymbol{x}^*(t)$。

一般情况下，求解最优性能指标 J^* 满足的贝尔曼偏微分方程是十分困难的。在下面的例题中，或者应用问题的相关知识，对 $\partial J^*/\partial \boldsymbol{x}$ 做了假设；或者由贝尔曼方程式(6.115)右边提供的条件，直接得到了最优控制 $\boldsymbol{u}^*$。

例 6.21 设系统的状态方程为

$$\dot{x} = ax + u$$

性能指标为

$$J = \frac{1}{2}\int_{t_0}^{t_f} (x^2 + u^2)\mathrm{d}t$$

终端 $x(t_f)$ 无约束，$u(t)$ 也无约束。试用动态规划法求使 J 为最小的控制作用 $u(t)$。

解 构造性能指标函数

$$J(t)=\frac{1}{2}\int_t^{t_f}\left[x^2(\tau)+u^2(\tau)\right]\mathrm{d}\tau$$

于是贝尔曼方程为

$$-\frac{\partial J^*}{\partial t}=\min_{u\in\Omega}\left[\frac{1}{2}\left(x^2+u^2\right)+\left(ax+u\right)\frac{\partial J^*}{\partial x}\right] \tag{6.118}$$

因为对u没有约束，故将上式右端方括号里的函数对u求偏导，并令其为零有

$$\frac{\partial}{\partial u}\left[\frac{1}{2}\left(x^2+u^2\right)+\left(ax+u\right)\frac{\partial J^*}{\partial x}\right]=u+\frac{\partial J^*}{\partial x}=0$$

得到

$$u^*=-\frac{\partial J^*}{\partial x}$$

将上式代入式(6.118)去掉求极小符号有

$$-\frac{\partial J^*}{\partial t}=\frac{1}{2}x^2+ax\frac{\partial J^*}{\partial x}-\frac{1}{2}\left(\frac{\partial J^*}{\partial x}\right)^2$$

由于性能指标为二次型形式，故假定$J^*(t)=p(t)x^2$，代入上式得到

$$\dot{p}=2p^2(t)-2ap(t)-\frac{1}{2}$$

此即黎卡提微分方程，其解为

$$p(t)=\frac{\lambda_1 C_1\mathrm{e}^{\lambda_1 t}+\lambda_2 C_2\mathrm{e}^{\lambda_2 t}}{2(C_1\mathrm{e}^{\lambda_1 t}+C_2\mathrm{e}^{\lambda_2 t})} \tag{6.119}$$

式中，$\lambda_1=-a+\sqrt{a^2+1}$，$\lambda_2=-a-\sqrt{a^2+1}$，$C_1$、$C_2$为积分常数。由于终端$x(t_f)$无约束，从性能指标函数的边界条件$J(t_f)=0$，得$p(t_f)=0$，因此有$\lambda_1 C_1\mathrm{e}^{\lambda_1 t_f}+\lambda_2 C_2\mathrm{e}^{\lambda_2 t_f}=0$，得到

$$C_1=-C_2\frac{\lambda_2}{\lambda_1}\mathrm{e}^{(\lambda_2-\lambda_1)t_f}$$

将其代入式(6.119)得到

$$p(t)=\frac{\lambda_1\lambda_2\left[\mathrm{e}^{(\lambda_1-\lambda_2)(t-t_f)}-1\right]}{2\left[-\lambda_2\mathrm{e}^{(\lambda_1-\lambda_2)(t-t_f)}+\lambda_1\right]}=\frac{-\mathrm{e}^{2\sqrt{a^2+1}(t-t_f)}+1}{2\left[\left(a+\sqrt{a^2+1}\right)\mathrm{e}^{2\sqrt{a^2+1}(t-t_f)}+\sqrt{a^2+1}-a\right]}$$

由此得最优控制律为

$$u^*=-\frac{\partial J^*}{\partial x}=-2p(t)x(t)=\frac{\left(\mathrm{e}^{2\sqrt{a^2+1}(t-t_f)}-1\right)x(t)}{\left(a+\sqrt{a^2+1}\right)\mathrm{e}^{2\sqrt{a^2+1}(t-t_f)}+\sqrt{a^2+1}-a}$$

这和前面例6.10得到的结果是一致的。

最后，下面的例子说明了贝尔曼方程和最小值原理之间的关系。

例 6.22 用贝尔曼方程求解二阶积分环节

$$\begin{bmatrix}\dot{x}\\ \ddot{x}\end{bmatrix}=\begin{bmatrix}0 & 1\\ 0 & 0\end{bmatrix}\begin{bmatrix}x\\ \dot{x}\end{bmatrix}+\begin{bmatrix}0\\ 1\end{bmatrix}u(t),\quad |u(t)|\leqslant 1$$

的时间最优控制问题，即在最短的时间内将系统由某一初态控制到原点。

解　按题意性能指标为

$$J(t)=t_{\mathrm{f}}-t=\int_t^{t_{\mathrm{f}}}\mathrm{d}t$$

于是 $L=1$。贝尔曼方程为

$$-\frac{\partial J^*}{\partial t}=\min_{u\in\Omega}\left\{1+\left(\frac{\partial J^*}{\partial \boldsymbol{x}}\right)^{\mathrm{T}}\left(\begin{bmatrix}0&1\\0&0\end{bmatrix}\begin{bmatrix}x\\\dot{x}\end{bmatrix}+\begin{bmatrix}0\\1\end{bmatrix}u(t)\right)\right\}=\min_{u\in\Omega}\left\{1+\left(\frac{\partial J^*}{\partial \boldsymbol{x}}\right)^{\mathrm{T}}\begin{bmatrix}\dot{x}\\0\end{bmatrix}+\left(\frac{\partial J^*}{\partial \boldsymbol{x}}\right)^{\mathrm{T}}\begin{bmatrix}0\\u(t)\end{bmatrix}\right\}$$

显然，满足约束条件 $|u(t)|\leqslant 1$，使上式右边大括号中的函数取最小值的控制量为

$$u(t)=-\mathrm{sign}\left(\frac{\partial J^*}{\partial \dot{x}}\right)\tag{6.120}$$

于是 $u(t)=\pm 1$。据此假设系统的响应轨线如图 6.16 所示，即先取 $u=-1$，将系统由 A 点驱动到 B 点，然后取 $u=+1$，将系统由 B 点驱动到原点。

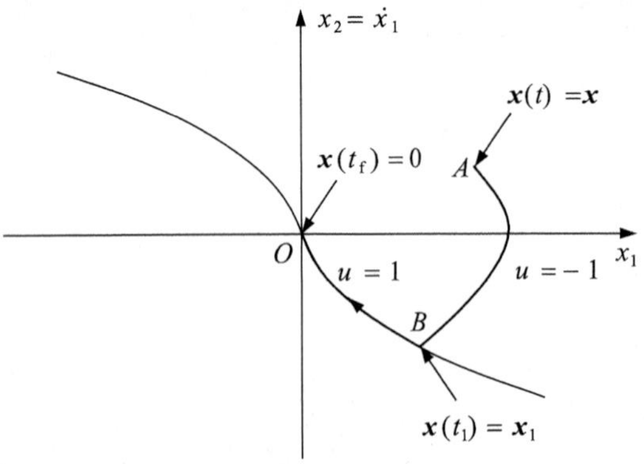

图 6.16　例 6.22 的响应轨线

按照动态规划的分析方法，先将 J^* 表示成状态 $\boldsymbol{x}$ 的函数，再求取 $\dfrac{\partial J^*}{\partial \boldsymbol{x}}$。如图 6.16 所示，在最优轨线上的 A、B 段，$u=-1$，$\dfrac{\mathrm{d}\dot{x}}{\mathrm{d}t}=-1$，所以由 A 点到 B 点所用的时间等于轨迹上纵坐标增量的负值，即 $t_1-t=-[\dot{x}(t_1)-\dot{x}(t)]$。在最优轨线上的 B、O 段，$u=+1$，$\dfrac{\mathrm{d}\dot{x}}{\mathrm{d}t}=1$，所以由 B 点到原点所用的时间等于轨迹上纵坐标的增量值，即 $t_{\mathrm{f}}-t_1=\dot{x}(t_{\mathrm{f}})-\dot{x}(t_1)=0-\dot{x}(t_1)$。两段时间相加等于性能指标，即有 $J^*=t_{\mathrm{f}}-t=\dot{x}(t)-2\dot{x}(t_1)$。为将 $\dot{x}(t_1)$ 表示成 A 点状态 $\boldsymbol{x}(t)=[x(t),\dot{x}(t)]$ 的函数，求轨线上 A、B 段和 B、O 段的交点 B。容易得到 A、B 段曲线上的一点 $\boldsymbol{x}_1(t)=[x_1(t),\dot{x}_1(t)]$ 满足的方程为

$$x_1=-\frac{1}{2}(-\dot{x}_1+\dot{x})^2+\dot{x}(-\dot{x}_1+\dot{x})+x\tag{6.121}$$

B、O 段曲线上的一点 $\boldsymbol{x}_1(t)=[x_1(t),\dot{x}_1(t)]$ 满足的方程为

$$x_1=\frac{1}{2}\dot{x}_1^2\tag{6.122}$$

令式(6.121)和式(6.122)相等求得

$$\dot{x}_1=\pm\sqrt{x+\frac{1}{2}\dot{x}^2}$$

图 6.16 中 B 点的 $\dot{x}(t_1)=\dot{x}_1<0$，所以上式应取负值，因此得到

$$J^*(x,\dot{x})=\dot{x}-2\dot{x}_1=\dot{x}+2\sqrt{x+\frac{1}{2}\dot{x}^2}$$

根据最优控制式(6.120)，切换点坐标满足

$$\frac{\partial J^*}{\partial \dot{x}}=\frac{\partial}{\partial \dot{x}}\left(\dot{x}+2\sqrt{x+\frac{1}{2}\dot{x}^2}\right)=1+\frac{\dot{x}}{\sqrt{x+\frac{1}{2}\dot{x}^2}}=0$$

即得切换线方程

$$\frac{1}{2}\dot{x}^2-x=0$$

它和 6-5 节中应用最小值原理得到的二阶积分对象最短时间控制的切换线方程 γ_+ 是一样的。

通过例 6.22 看出，根据最优性原理得到的贝尔曼方程和最小值原理的一致性。如前所述，最小值原理给出的是最优控制的必要条件，当小值原理得到的解为唯一解时，它和由贝尔曼方程得到的解是一样的。

习　题

6-1　设包含燃料在内的火箭质量为 m，火箭发射时火箭质量随时间的变化规律为

$$\dot{m}=-\beta(t)$$

其中，$\beta(t)$ 是燃料的燃烧速率。设火箭发动机燃气的喷射速度为常数 c，喷射方向与水平轴的夹角为 $w(t)$，燃料的燃烧速率和喷射方向在一定范围内变化，满足 $0\leqslant\beta(t)\leqslant\beta_m$，$w_1\leqslant w(t)\leqslant w_2$。忽略空气阻力，在 xOy（水平和高度）坐标系内，根据动量守恒定律有火箭的运动方程为

$$m\frac{\mathrm{d}^2x}{\mathrm{d}t^2}=c\beta(t)\cos\beta$$

$$m\frac{\mathrm{d}^2y}{\mathrm{d}t^2}=-mg+c\beta(t)\sin\beta$$

设火箭的初始位置和速度为零，结束发射时火箭的位置和速度事先给定，发射结束的时间 T_f 给定或不定，控制目标是使火箭发射的燃料消耗最小。试给出上述优化控制问题的性能指标、目标集、控制约束和动态约束方程。

6-2　求泛函

$$J=\int_{x_0}^{x_1}(y^2+\dot{y}^2)\,\mathrm{d}x$$

的变分。

6-3　求平面上过 $A(x_0,y_0)$ 和 $B(x_1,y_1)$ 两点距离最短的曲线。

6-4　在以点 $A(x_0,y_0)$ 和点 $B(x_1,y_1)$ 为端点的所有光滑曲线中，设 $x_1>x_0$，$y_1>0$，$y_0>0$，求一曲线，它绕 Ox 轴旋转时所得旋转面的面积最小，如图 6.17 所示。

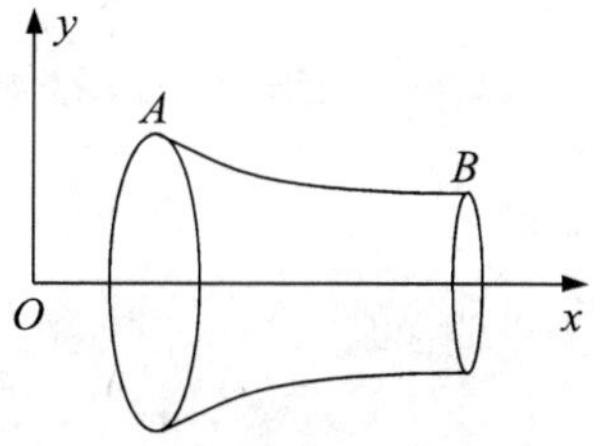

图 6.17　习题 6-4 图

6-5　在习题 6-3 中，令 $\frac{\mathrm{d}y}{\mathrm{d}x}=u$，将问题转换为求控制函数 $u(x)$ 使性能指标达到最小的问题来求解，并和 6-3 题的结果相比较。

6-6　设质量为 M 的小车在外力 $F(t)$ 作用下在水平轨道上运动，设开始时刻小车处于停止状态，$v(0)=0$，忽略摩擦力，$v_f>0$ 为某常值。

(1) 求最优控制 $F^*(t)$，使性能指标

$$J=\int_0^{T_f}\left[F^2+(v-v_f)^2\right]\mathrm{d}t$$

为最小。

(2) 求最优控制 $F^*(t)$，使性能指标

$$J=\int_0^{T_f}\left[F^2+(v-v_f)^2\right]\mathrm{d}t$$

为最小，且 $v(T_f)=v_f>0$ 为某常值。

6-7　用变分法重新解 6-6 题。

6-8　给定系统的状态方程为

$$\dot{x}_1=2x_2$$
$$\dot{x}_2=u$$

$x_1(0)=1$，$x_2(0)=0$，试求最优控制 $u^*(t)$，将系统转移到终态 $x_1(t_f)=0$，$x_2(t_f)$ 为任意，t_f 待定，并使性能指标

$$J=t_f+\frac{1}{2}\int_0^{t_f}u^2\,\mathrm{d}t$$

为最小。

6-9　给定系统的状态方程为

$$\dot{x}_1=x_2$$
$$\dot{x}_2=u$$

$x_1(0)=0$，$x_2(0)=0$，终端约束为 $x_1(t_f)+x_2(t_f)+t_f=0$，t_f 待定，试求最优控制 $u^*(t)$ 使性能指标

$$J=\frac{1}{2}\int_0^{t_f}u^2\,\mathrm{d}t$$

为最小，并检验在整个最优轨线上哈密顿函数 $H(t)$ 为常值。

6-10　考虑二阶积分对象

$$\dot{\boldsymbol{x}}=\begin{bmatrix}0&1\\0&0\end{bmatrix}\boldsymbol{x}+\begin{bmatrix}0\\1\end{bmatrix}u$$
$$y=\begin{bmatrix}1&0\end{bmatrix}\boldsymbol{x}$$

及性能指标

$$J=\frac{1}{2}\int_0^{\infty}\left(\boldsymbol{x}^{\mathrm{T}}\begin{bmatrix}1&b\\b&a\end{bmatrix}\boldsymbol{x}+u^2\right)\mathrm{d}t$$

式中，$a-b^2\geqslant 0$。试证明其中 $a=b=0$ 时的最优控制使闭环系统具有最佳阻尼比 $\xi=0.707$。

6-11　考虑二阶振荡系统

$$\dot{\boldsymbol{x}}=\begin{bmatrix}0&1\\-\omega_n^2&-2\xi\omega_n\end{bmatrix}\boldsymbol{x}+\begin{bmatrix}0\\b\end{bmatrix}u$$

及性能指标

$$J=\frac{1}{2}\int_0^{\infty}\left[\boldsymbol{x}^{\mathrm{T}}(t)\begin{bmatrix}q_1&0\\0&q_2\end{bmatrix}\boldsymbol{x}(t)+ru^2(t)\right]\mathrm{d}t$$

试求最优控制律。

6-12　证明二阶系统

$$\dot{\boldsymbol{x}}=\begin{bmatrix}0&1\\-a_1&-a_2\end{bmatrix}\boldsymbol{x}+\begin{bmatrix}0\\1\end{bmatrix}u$$
$$y=\begin{bmatrix}c_1&c_2\end{bmatrix}\boldsymbol{x}$$

无限长输出调节器性能指标

$$J=\frac{1}{2}\int_0^{\infty}\left[Qy^2(t)+Ru^2(t)\right]\mathrm{d}t$$

最优控制问题的解为

$$u(t)=\left(a_1-\sqrt{a_1^2+\frac{Q}{R}c_1^2}\right)x_1(t)+\left(a_2-\sqrt{a_2^2+\frac{Q}{R}c_2^2-2a_1+2\sqrt{a_1^2+\frac{Q}{R}c_1^2}}\right)x_2(t)$$

6-13　对于线性定常系统

$$\dot{\boldsymbol{x}}=A\boldsymbol{x}+B\boldsymbol{u}$$
$$\boldsymbol{y}=C\boldsymbol{x}$$

及二次型性能指标

$$J=\frac{1}{2}\boldsymbol{x}^{\mathrm{T}}(T_{\mathrm{f}})F\boldsymbol{x}(T_{\mathrm{f}})+\frac{1}{2}\int_{t_0}^{T_{\mathrm{f}}}\begin{bmatrix}\boldsymbol{x}^{\mathrm{T}} & \boldsymbol{u}^{\mathrm{T}}\end{bmatrix}\begin{bmatrix}Q & M\\ M^{\mathrm{T}} & R\end{bmatrix}\begin{bmatrix}\boldsymbol{x}\\ \boldsymbol{u}\end{bmatrix}\mathrm{d}t$$

式中 $Q=Q^{\mathrm{T}}\geqslant 0$， $R=R^{\mathrm{T}}>0$，矩阵

$$\begin{bmatrix}Q & M\\ M^{\mathrm{T}} & R\end{bmatrix}\geqslant 0$$

试求最优控制律。

6-14　在最优跟踪问题中，对于线性定常系统

$$\dot{\boldsymbol{x}}=A\boldsymbol{x}+B\boldsymbol{u}$$
$$\boldsymbol{y}=C\boldsymbol{x}$$

设指令 $\boldsymbol{z}(t)$ 为常值信号，跟踪误差 $\boldsymbol{e}=\boldsymbol{z}-\boldsymbol{y}$，性能指标

$$J=\frac{1}{2}\int_{t_0}^{t_{\mathrm{f}}}\left(e^{\mathrm{T}}Qe+u^{\mathrm{T}}Ru\right)\mathrm{d}t$$

其中，定常矩阵 $Q=Q^{\mathrm{T}}\geqslant 0$， $R=R^{\mathrm{T}}>0$， t_{f} 充分大但有限，则在有限的时间内有如下近似最优控制律

$$\boldsymbol{u}^*=-R^{-1}B^{\mathrm{T}}K\boldsymbol{x}+R^{-1}B^{\mathrm{T}}\boldsymbol{g}$$

其中，定常矩阵 P 和向量 $\boldsymbol{g}$ 满足下列代数方程

$$-KA-A^{\mathrm{T}}K+KBR^{-1}B^{\mathrm{T}}K-C^{\mathrm{T}}QC=0$$
$$\boldsymbol{g}=\left(KBR^{-1}B^{\mathrm{T}}-A^{\mathrm{T}}\right)^{-1}C^{\mathrm{T}}Q\boldsymbol{z}$$

最优轨线满足

$$\dot{\boldsymbol{x}}^*=\left(A-BR^{-1}B^{\mathrm{T}}K\right)\boldsymbol{x}+BR^{-1}B^{\mathrm{T}}\boldsymbol{g}$$

试结合例题 6.13 对上述结论给以验证。

6-15　试用二次型输出跟踪器问题的解法重新做 6-6 题。

6-16　设某一混合动力系统的需求功率 P_{req} 预先已知，它等于蓄电池-电机驱动系统输出功率 P_{ess} 和内燃机驱动系统输出功率 P_{ice} 的和，即有 $P_{\mathrm{req}}=P_{\mathrm{ice}}+P_{\mathrm{ess}}$。设其中发动机燃油消耗率 $\dot{m}$ 与它的输出功率 P_{ice} 间满足 $\dot{m}=\alpha_0+\alpha_1P_{\mathrm{ice}}+\alpha_2P_{\mathrm{ice}}^2$， α_0、α_1、α_2 为已知系数，蓄电池-电机驱动系统的效率很高，充放电损耗忽略不计，即有电池电量的变化率 $\dot{Q}=P_{\mathrm{ess}}$。为节省燃油，同时防止电池电量的大幅度波动，试决定需求功率的分配规律，使下述性能指标

$$J=\int_0^{T_{\mathrm{f}}}\left[\gamma_1\left(Q-Q^*\right)^2+\gamma_2P_{\mathrm{ess}}^2+\dot{m}\right]\mathrm{d}t$$

达到最小，其中 Q^* 为电池电量的希望值， γ_1 和 γ_2 为两个事先设定的加权系数， T_{f} 为已知的控制周期。

提示：将 $\dot{m}=\alpha_0+\alpha_1 P_{\text{ice}}+\alpha_2 P_{\text{ice}}^2$ 和 $P_{\text{req}}=P_{\text{ice}}+P_{\text{ess}}$ 代入性能指标，进行配方有

$$J=\int_0^{T_f}\left[\gamma_1\left(Q-Q^*\right)^2+\gamma_2 P_{\text{ess}}^2+\alpha_0+\alpha_1 P_{\text{ice}}+\alpha_2 P_{\text{ice}}^2\right]\mathrm{d}t$$

$$=\int_0^{T_f}\left[\gamma_1\left(Q-Q^*\right)^2+\left(\gamma_2+\alpha_2\right)\left(\frac{\alpha_2 P_{\text{req}}+\alpha_1/2}{\gamma_2+\alpha_2}-P_{\text{ess}}\right)^2-\frac{\left(\alpha_2 P_{\text{req}}+\alpha_1/2\right)^2}{\gamma_2+\alpha_2}+\alpha_2 P_{\text{req}}^2+\alpha_1 P_{\text{req}}+\alpha_0\right]\mathrm{d}t$$

因为方括号内的后 4 项事先确定，故性能指标 J 的优化控制问题等价于性能指标

$$J_1=\int_0^{T_f}\left[\gamma_1\left(Q-Q^*\right)^2+\left(\gamma_2+\alpha_2\right)\left(\frac{\alpha_2 P_{\text{req}}+\alpha_1/2}{\gamma_2+\alpha_2}-P_{\text{ess}}\right)^2\right]\mathrm{d}t$$

的优化控制问题，可以用扩展最优输出跟踪器问题的解法得到结果。

6-17　谐振系统

$$\begin{bmatrix}\dot{x}_1\\ \dot{x}_2\end{bmatrix}=\begin{bmatrix}0 & 1\\ -1 & 0\end{bmatrix}\begin{bmatrix}x_1\\ x_2\end{bmatrix}+\begin{bmatrix}0\\ 1\end{bmatrix}u$$

设 $|u|\leqslant 1$，初始状态为相平面上的任意一点，目标集为 $x_1=\dfrac{1}{2}$， $x_2=0$ 。试证其时间最优控制是“砰砰”控制，且两次切换之间的时间小于等于 π 。

6-18　给定系统

$$\dot{x}_1=x_2$$
$$\dot{x}_2=u$$

$x_1(0)=-1$ 、 $x_2(0)=0$ ， $x_1(t_f)=1$ 、 $x_2(t_f)=0$ ，控制约束为 $|u(t)|\leqslant 1$ 。试求最优控制、最优轨线和最优时间（时间最短控制）。

6-19　系统如图 6.18 所示， $G(s)=1/[s(s+1)]$ ，试确定阶跃输入下没有超调且响应时间最短的非线性环节 N 。

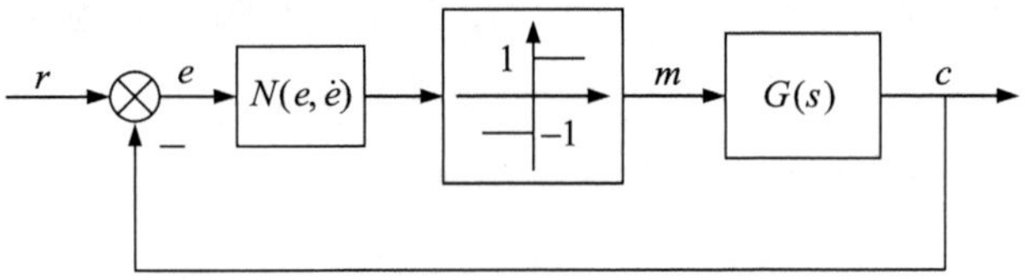

图 6.18　习题 6-19 图

6-20　已知描述系统的差分方程式为

$$x(k+1)=x(k)+u(k),\quad k=0,1,2,3,4$$

性能指标为

$$J=\sum_{k=0}^{3}\left[|x(k)|+|u(k)|\right]$$

终端条件为 $x(4)=0$ ，求最佳控制策略 $u^*(k),k=0,1,2,3$ 。

6-21　已知描述系统的差分方程为

$$\boldsymbol{x}(k+1)=\boldsymbol{x}(k)+\boldsymbol{u}(k),\quad k=0,1,2$$

初始条件为 $\boldsymbol{x}(0)$ ，控制量 $\boldsymbol{u}$ 不受约束，性能指标为

$$J_3=\frac{1}{2}\boldsymbol{x}^{\mathrm{T}}(3)\boldsymbol{x}(3)+\frac{1}{2}\sum_{k=0}^{2}\boldsymbol{u}^{\mathrm{T}}(k)\boldsymbol{u}(k)$$

试求最佳控制策略 $\boldsymbol{u}^*(k), k=0,1,2$ ，使 J_3 达到最小。

6-22　试用解李卡提方程的方法重新做 6-21 题，并将结果进行比较。

6-23　设系统的状态方程为

$$\dot{x} = -2x + u$$

性能评价函数为

$$J = \int_0^{\infty} (x^2 + u^2)\,\mathrm{d}t$$

试应用连续时间系统的贝尔曼方程求最优控制函数 u^* 。

6-24　设系统的状态方程为

$$\dot{\boldsymbol{x}} = \begin{bmatrix} 0 & 1 \\ 0 & 0 \end{bmatrix} \boldsymbol{x} + \begin{bmatrix} 0 \\ 0 \end{bmatrix} u$$

初始条件为 $x_1(0)=1$ ， $x_2(0)=0$ ， u 不受约束，性能指标函数为

$$J = \int_0^{\infty} \left(2x_1^2 + \frac{1}{2}u^2 \right) \mathrm{d}t$$

试应用连续时间系统的贝尔曼方程求最优控制函数 u^* 。

6-25　已知系统的状态方程为

$$\dot{\boldsymbol{x}} = A\boldsymbol{x} + B\boldsymbol{u}$$

性能评价函数为

$$J = \int_{t_0}^{t_f} (\boldsymbol{x}^{\mathrm{T}} Q \boldsymbol{x} + \boldsymbol{u}^{\mathrm{T}} R \boldsymbol{u})\,\mathrm{d}t$$

式中 $A \in R^{n\times n}$ ， $B \in R^{n\times p}$ ， $R = R^{\mathrm{T}} \in R^{p\times p}$ 为正定矩阵， $Q = Q^{\mathrm{T}} \in R^{n\times n}$ 为半正定矩阵。试用连续时间系统的贝尔曼方程求最优控制函数 $\boldsymbol{u}^*$ 。

参 考 文 献

陈啟宗. 1988. 线性系统理论与设计. 北京: 科学出版社

程云鹏. 2004. 矩阵论. 西安: 西北工业大学出版社

黄琳. 1992. 稳定性理论. 北京: 北京大学出版社

廖晓昕. 2000. 动力系统的稳定性理论和应用. 北京: 国防工业出版社

孙增圻, 袁曾任. 1988. 控制系统的计算机辅助设计. 北京: 清华大学出版社

吴麒, 王诗宓. 2006. 自动控制原理. 北京: 清华大学出版社

夏超英. 2002. 多综合点误差模型及其稳定性充分条件的一个猜想. 自动化学报, 28(5): 183-191

夏超英. 2008. SIMO和MISO系统绝对稳定性问题的一个猜想和几个推论. 自动化学报, 34(5):542-555

夏超英. 2010. 自动控制原理. 北京: 科学出版社

须田信英, 等. 1979. 自动控制中的矩阵理论. 曹常修译. 北京: 科学出版社

附录 MATLAB 函数一览表

1. 矩阵函数

命令和函数	解 释
compan	由多项式系数向量生成伴随矩阵
cond	计算矩阵的条件数
diag	生成对角矩阵和提取矩阵的对角元素
det	计算举证的行列式
eig	计算矩阵的特征值和特征向量
expm	计算以 e 为底的矩阵指数
eye	生成单位矩阵
fliplr	矩阵的各列左右翻转排列
flipud	矩阵的各行上下翻转排列
inv	计算矩阵的逆
length	求向量的维数
linspace	生成线性间隔的向量
logm	计算矩阵的对数
norm	计算矩阵的范数
ones	生成所有元素皆为 1 的整数矩阵
pinv	计算矩阵的伪逆
poly	计算矩阵的特征多项式
polyvalm	计算矩阵多项式的值
prod	计算向量各元素的乘积
rank	计算矩阵的秩
rand	生成均匀分布的随机数和矩阵
rem	求矩阵中各对应元素相除后的余数
size	求矩阵的行和列的维数
sqrm	计算矩阵的平方根
svd	矩阵奇异分解，获得奇异值和酉变换矩阵
trace	计算矩阵的迹
zeros	生成元素全为 0 的矩阵

2. 控制问题求解

命令和函数	解　　释
acker	确定单输入系统状态反馈极点配置的反馈增益矩阵
are	计算代数黎卡提方程的解
balreal/dbalreal	状态空间的均衡实现
bintprog	求解 0-1 整数规划问题
bode	画伯德图
bvp4c	求解有两点边值条件的微分方程
c2dm	将连续时间系统状态空间表达式转换为离散时间系统表达式
canon	将状态空间表达式变换为对角标准型
care	求解连续时间代数黎卡提方程
cloop	计算单位反馈系统的闭环状态空间表达式或传递函数
color	稀疏有限差分的列分区
ctrb	构造能控性矩阵
ctrbf	对不可控系统进行可控性分解
damp	阻尼和自然频率
d2cm	将离散时间系统状态空间表达式转换为连续时间系统表达式
dif2ss	将常微分方程转换到状态空间表达式
dare	求解离散时间代数 Riccati 方程
dimpulse/impulse	计算和绘制离散/连续时间线性系统的单位冲激响应
dinitial/initial	计算和绘制离散/连续时间线性系统在给定初始条件下的时间响应
dlsim/lsim	计算和绘制具有任意输入和初始条件的离散/连续时间系统的时间响应
dstep/step	计算和绘制离散连续时间线性系统的单位阶跃响应
dlqr/lqr	设计离散/连续时间系统的线性二次型状态反馈调节器
dlyap/lyap	求解线性定常离散/连续时间系统的李雅普诺夫方程
dsolve	求解符号型微分方程
feedback	计算两个系统反馈连接生成的闭环系统
fgoalattain	多目标达到问题
fminbnd	右边界的标量非线性最小化
fmincon	有约束的非线性最小化
fminimax	求解最大最小约束问题
fminisearch	使用无导数方法求解无约束多变量问题最小化
fminunc	无约束多变量问题最小化
fseminf	半无限约束多变量非线性问题最小化
fsolve	非线性方程求解
fzero	单变量连续函数求根
fzmult	零空间基的乘法
gram	能控性(能观性)格兰姆矩阵
jordan	计算 Jordan 规范型
kalman	设计 Kalman 估计器

续表

命令和函数	解　　释
kalmd	求解连续对象的离散 Kalman 估计器
ktrlink	使用第三方库 KNITRO 求解多变量非线性问题最小化
linprog	求解线性规划问题
logspace	对数刻度的频率点
lqe	计算线性二次型估计器的增益矩阵和代数黎卡提方程的解
lqgreg	给定线性二次型反馈增益及 Kalman 估计器，形成线性二次型高斯调节器
lqr2	设计连续时间系统线性二次型状态反馈调节器
lqrd	设计连续对象的离散二次型状态调节器
lqry	设计具有输出加权的连续时间系统线性二次型状态反馈调节器
lsim	计算和绘制具有任意输入和初始条件的线性系统的时间响应
lsqcurvefit	非线性曲线拟合
lsqlin	有约束线性最小二乘
lsqnonlin	非线性最小二乘
lsqnonneq	非负线性最小二乘
margin	由频率响应数据计算增益裕量、相位裕量及穿越频率
minreal	获得最小状态空间实现，或消去传递函数的零极点
modred/dmodred	模型降阶
ngrid	在尼克尔斯图线上画网格
nichols	画尼克尔斯频率响应图线
nyquist	画奈奎斯特频率响应图
obsv	构造能观性矩阵
obsvf	对不可观测系统进行可观测性分解
ode45	用 4 阶和 5 阶龙格-库塔法求解常微分方程
optimget	获取优化选项结构的参数值
optimtool	选择求解器、最优化选项和求解最优化问题的工具
optimset	创建或编辑优化选项结构
pade	计算时间延迟 $\exp(-Ts)$ 的有理多项式或状态空间形式的 n 阶 Pade 近似
parallel	计算由两系统并联构成的复合系统
place	确定多输入系统状态反馈极点配置的反馈增益矩阵
quadprog	二次规划
rank	求矩阵的秩
rlocfind	求根轨迹上给定点的增益
rlocus	画根轨迹
rltool	交互式根轨迹工具，基于根轨迹分析及校正
series	计算由两个系统串联构成的复合系统
ss	建立状态空间表达式
ss2ss	进行状态空间表达式的相似变换
ss2tf	将状态空间表达式转换为传递函数

续表

命令和函数	解　　释
ss2zp	将状态空间表达式转换为零极点形式
ssdata	返回状态空间表达式的 A、B、C、D 矩阵
tf	变换为传递函数
tf2ss	将传递函数转换为状态空间表达式
tf2zp	将传递函数转换为零极点形式
zp2ss	将零极点形式转换为状态空间表达式
zp2tf	将零极点形式转换为传递函数形式

3. 作图

命令和函数	解　　释
axis	设定坐标轴人工分度范围并绘制坐标轴
grid	在当前图形上画网格线
hold	保持屏幕上的当前图形
loglog	生成横、纵坐标均为对数坐标的图
mesh	生成 3 维表面网格图形
meshdom	生成供 MESH 函数使用的阵列
plot	生成线性坐标图形
polar	生成极坐标图形
pzmap	零极点图
semilogx	生成半对数 x-y 坐标图，x-轴为对数标度，y-轴为线性标度
semilogy	生成半对数 x-y 坐标图，x-轴为线性标度，y-轴为对数标度
shg	显示图形窗口
subplot	将图形窗口分成子窗口
text	在当前图形上添加文字
title	在当前图形上添加标题
xlabel	在当前图形上对 x-轴名称作标记
ylabel	在当前图形上对 y-轴名称作标记

4. 其他

命令和函数	解　　释
abs	求绝对值或复数的模
acos	计算反余弦
angle	求复数的辐角
ans	答案
asin	计算反正弦
atan	计算反正切(2 象限)
atan2	计算反正切(4 象限)
clear	清除工作空间

续表

命令和函数	解　　　　释
conj	计算共轭复数
conv	计算卷积以及多项式乘积
cos	计算余弦
cosh	计算双曲余弦
deconv	反卷积，进行多项式的除法获得商式和余式
diary	将后面 MATLAB 工作进程中的输入和大部分输出存入文本文件
disp	显示矩阵和字符串
end	结束 FOR、WHILE 和 IF 语句
exp	计算以 e 为底的指数
for	生成循环
format	设定输出数据显示的格式
help	显示帮助文本
i	$\sqrt{-1}$
imag	求复数的虚部
inf	无穷大(∞)
j	$\sqrt{-1}$
line	在当前图形中画折线
load	装载保存在文件中的变量
log	计算自然对数
log10	计算以 10 为底的对数
max	求极大值
mean	求平均值
median	求中值
min	求极小值
NaN	非数值
num2str	将数值转换为字符串
pi	π，圆周率
polyval	计算多项式的数值
printsys	以整齐的格式显示状态变量和传递函数
quit	退出 MATLAB
real	求复数的实部
residue	求部分分式展开式中的余式
roots	求多项式的根
sign	符号函数，以 1、0 或–1 显示实数的符号，或将复数化为模为 1 的复数
sin	求正弦
sqrt	计算平方根
std	求一组元素的标准差
sum	计算一组元素的和
tan	求正切
tanh	求双曲正切
who	列出当前内存中的变量名
whos	列出当前的变量和空间大小

部分习题参考答案

第 2 章

2-1 $$\begin{bmatrix}\dfrac{\mathrm{d}u_1}{\mathrm{d}t}\\ \dfrac{\mathrm{d}i_2}{\mathrm{d}t}\end{bmatrix}=\begin{bmatrix}-\dfrac{1}{R_1C} & -\dfrac{1}{C}\\ -\dfrac{1}{L} & \dfrac{R_2}{L}\end{bmatrix}\begin{bmatrix}u_1\\ i_2\end{bmatrix}+\begin{bmatrix}\dfrac{1}{R_1C}\\ 0\end{bmatrix}u,\quad y=\begin{bmatrix}0 & 1\end{bmatrix}\begin{bmatrix}u_1\\ i_2\end{bmatrix}$$

$$\begin{bmatrix}\dfrac{\mathrm{d}u_1}{\mathrm{d}t}\\ \dfrac{\mathrm{d}u_1}{\mathrm{d}t}\end{bmatrix}=\begin{bmatrix}-\dfrac{R_1+R_2}{R_1R_2C} & \dfrac{1}{R_2C}\\ -\dfrac{R_1+R_2}{R_1R_2C} & \dfrac{1}{R_2C}-\dfrac{R_2}{L}\end{bmatrix}\begin{bmatrix}u_1\\ u_2\end{bmatrix}+\begin{bmatrix}\dfrac{1}{R_1C}\\ \dfrac{1}{R_1C}\end{bmatrix}u,\quad y=\begin{bmatrix}0 & 1\end{bmatrix}\begin{bmatrix}u_1\\ u_2\end{bmatrix}$$

2-2 $$\begin{bmatrix}\dfrac{\mathrm{d}i_a}{\mathrm{d}t}\\ \dfrac{\mathrm{d}\omega}{\mathrm{d}t}\\ \dfrac{\mathrm{d}\theta_m}{\mathrm{d}t}\end{bmatrix}=\begin{bmatrix}-\dfrac{R_a}{L_a} & -\dfrac{C_e}{L_a} & 0\\ \dfrac{C_m}{J_m} & 0 & 0\\ 0 & 1 & 0\end{bmatrix}\begin{bmatrix}i_a\\ \omega\\ \theta_m\end{bmatrix}+\begin{bmatrix}\dfrac{1}{L_a} & 0\\ 0 & -\dfrac{1}{J_m}\\ 0 & 0\end{bmatrix}\begin{bmatrix}u_a\\ m_L\end{bmatrix},\quad \begin{bmatrix}\omega\\ \theta_m\end{bmatrix}=\begin{bmatrix}0 & 1 & 0\\ 0 & 0 & 1\end{bmatrix}\begin{bmatrix}i_a\\ \omega\\ \theta_m\end{bmatrix}$$

2-3 $$\begin{bmatrix}\dot{x}_1\\ \dot{x}_2\\ \dot{x}_3\end{bmatrix}=\begin{bmatrix}-10 & 0 & 0\\ 1 & -2 & 0\\ 0 & 1 & 0\end{bmatrix}\begin{bmatrix}x_1\\ x_2\\ x_3\end{bmatrix}+\begin{bmatrix}1\\ 0\\ 0\end{bmatrix}u,\quad y=\begin{bmatrix}0 & 0 & 1\end{bmatrix}\begin{bmatrix}x_1\\ x_2\\ x_3\end{bmatrix}$$

$$\begin{bmatrix}\dot{x}_1\\ \dot{x}_2\\ \dot{x}_3\\ \dot{x}_4\end{bmatrix}=\begin{bmatrix}-2 & 0 & -2 & 0\\ 1 & -2 & -2 & -1\\ 0 & 1 & 0 & 0\\ 0 & 0 & 2.5 & -5\end{bmatrix}\begin{bmatrix}x_1\\ x_2\\ x_3\\ x_4\end{bmatrix}+\begin{bmatrix}2\\ 0\\ 0\\ 0\end{bmatrix}u,\quad y=\begin{bmatrix}0 & 0 & 1 & 0\end{bmatrix}\begin{bmatrix}x_1\\ x_2\\ x_3\\ x_4\end{bmatrix}$$

2-4 $$\begin{bmatrix}\dot{x}_1\\ \dot{x}_2\\ \dot{x}_3\\ \dot{x}_4\end{bmatrix}=\begin{bmatrix}-2 & 0 & -2 & 0\\ 1 & -2 & -2 & -1\\ 0 & 1 & 0 & 0\\ 0 & 0 & 2.5 & -5\end{bmatrix}\begin{bmatrix}x_1\\ x_2\\ x_3\\ x_4\end{bmatrix}+\begin{bmatrix}2\\ 0\\ 0\\ 0\end{bmatrix}u,\quad y=\begin{bmatrix}0 & 0 & 1 & 0\end{bmatrix}\begin{bmatrix}x_1\\ x_2\\ x_3\\ x_4\end{bmatrix}$$

2-5 （1）$\dot{\boldsymbol{x}}=A\boldsymbol{x}+B\boldsymbol{u}$

$\boldsymbol{y}=C\boldsymbol{x}$

$\boldsymbol{u}=\boldsymbol{r}-\boldsymbol{\psi}(t,\boldsymbol{y})=\boldsymbol{r}-\boldsymbol{\psi}(t,C\boldsymbol{x})$

（2）令 $x_1=y$， $x_2=\dot{y}$， $x_{n-1}=y^{(n-2)}$， $x_n=y^{(n-1)}-g_2\left(t,y,\dot{y},\cdots,y^{(n-2)}\right)u$，有

$\dot{x}_1=x_2$

$\dot{x}_2=x_3$

$\vdots$

$\dot{x}_{n-1}=y^{(n-1)}=x_n+g_2\left(t,y,\dot{y},\cdots,y^{(n-2)}\right)u=x_n+g_2\left(t,x_1,x_2,\cdots,x_{n-1}\right)u$

$$\dot{x}_n=g_1\left(t,x_1,x_2,\cdots,x_{n-1},x_n+g_2u,u\right)-\left[\frac{\partial g_2}{\partial t}+\frac{\partial g_2}{\partial x_1}x_2+\cdots+\frac{\partial g_2}{\partial x_{n-1}}\left(x_n+g_2u\right)\right]u$$

$y=x_1$

2-6 （1）$\dot{x}_1=x_2$

$\dot{x}_2=-10x_2-100x_1-(x_1)^3+r$

$y=x_1$

(2) $\begin{bmatrix}\dot{\tilde{x}}_1\\ \dot{\tilde{x}}_2\end{bmatrix}=\begin{bmatrix}0 & 1\\ -400 & -10\end{bmatrix}\begin{bmatrix}\tilde{x}_1\\ \tilde{x}_2\end{bmatrix}+\begin{bmatrix}0\\ 1\end{bmatrix}\tilde{r}$

2-7 $\begin{bmatrix}\dot{\tilde{x}}_1\\ \dot{\tilde{x}}_2\\ \dot{\tilde{x}}_3\end{bmatrix}=\begin{bmatrix}-\dfrac{R}{L} & 0 & 0\\ 0 & 0 & 1\\ -\dfrac{2ki_0}{mx_0} & \dfrac{ki_0^2}{mx_0^2} & 0\end{bmatrix}\begin{bmatrix}\tilde{x}_1\\ \tilde{x}_2\\ \tilde{x}_3\end{bmatrix}+\begin{bmatrix}\dfrac{1}{L}\\ 0\\ 0\end{bmatrix}\tilde{u}$

2-11 (1) $\Phi(t)=\begin{bmatrix}2\mathrm{e}^{-t}-\mathrm{e}^{-2t} & 2\mathrm{e}^{-t}-2\mathrm{e}^{-2t}\\ \mathrm{e}^{-2t}-\mathrm{e}^{-t} & 2\mathrm{e}^{-2t}-\mathrm{e}^{-t}\end{bmatrix}$ (2) $A=\begin{bmatrix}0 & 2\\ -1 & -3\end{bmatrix}$

2-13 (1) $\mathrm{e}^{At}=\begin{bmatrix}1 & t & t^2/2 & t^3/6\\ 0 & 1 & t & t^2/2\\ 0 & 0 & 1 & t\\ 0 & 0 & 0 & 1\end{bmatrix}$ (2) $\mathrm{e}^{At}=\begin{bmatrix}3\mathrm{e}^{-2t}-2\mathrm{e}^{-3t} & \mathrm{e}^{-2t}-\mathrm{e}^{-3t}\\ -6\mathrm{e}^{-2t}+6\mathrm{e}^{-3t} & -2\mathrm{e}^{-2t}+3\mathrm{e}^{-3t}\end{bmatrix}$

2-14 $\mathrm{e}^{At}=\dfrac{1}{2}\begin{bmatrix}6\mathrm{e}^{-t}-6\mathrm{e}^{-2t}+2\mathrm{e}^{-3t} & 5\mathrm{e}^{-t}-8\mathrm{e}^{-2t}+3\mathrm{e}^{-3t} & \mathrm{e}^{-t}-2\mathrm{e}^{-2t}+\mathrm{e}^{-3t}\\ -6\mathrm{e}^{-t}+12\mathrm{e}^{-2t}-6\mathrm{e}^{-3t} & -5\mathrm{e}^{-t}+16\mathrm{e}^{-2t}-9\mathrm{e}^{-3t} & -\mathrm{e}^{-t}+4\mathrm{e}^{-2t}-3\mathrm{e}^{-3t}\\ 6\mathrm{e}^{-t}-24\mathrm{e}^{-2t}+18\mathrm{e}^{-3t} & 5\mathrm{e}^{-t}-32\mathrm{e}^{-2t}+27\mathrm{e}^{-3t} & \mathrm{e}^{-t}-8\mathrm{e}^{-2t}+9\mathrm{e}^{-3t}\end{bmatrix}$

2-15 (1) $\boldsymbol{x}(t)=\begin{bmatrix}1+\mathrm{e}^{-t}\\ \dfrac{1}{2}+\dfrac{5}{2}\mathrm{e}^{-2t}\end{bmatrix}$ (2) $\boldsymbol{x}(t)=\begin{bmatrix}t-1+3\mathrm{e}^{-t}\\ \dfrac{t}{2}-\dfrac{1}{4}+\dfrac{13}{4}\mathrm{e}^{-2t}\end{bmatrix}$ (3) $\boldsymbol{x}(t)=\begin{bmatrix}\dfrac{1}{2}(\sin t-\cos t+5\mathrm{e}^{-t})\\ \dfrac{1}{5}(2\sin t-\cos t+16\mathrm{e}^{-2t})\end{bmatrix}$

2-16 两系统稳定。

2-18 $G(s)=\begin{bmatrix}\dfrac{1}{(s+1)^2} & \dfrac{-4}{(s+1)^2(s+2)}\\ \dfrac{2}{(s+1)^2} & \dfrac{s^3+6s^2+9s-4}{(s+1)^2(s+2)}\end{bmatrix}$

2-20 (1) $\boldsymbol{x}(0)=\begin{bmatrix}x_1(0)\\ x_2(0)\end{bmatrix}=\begin{bmatrix}2.5\\ -2.5\end{bmatrix}$ (2) $\boldsymbol{x}(0)=\begin{bmatrix}x_1(0)\\ x_2(0)\end{bmatrix}=\begin{bmatrix}-1.5\\ 2.5\end{bmatrix}$

2-21 (1)传递函数矩阵 $G_1(s)$ 的极点是1、1、1，零点是 -1，它是传输零点。传递函数矩阵 $G_2(s)$ 的极点是 $-1\pm\mathrm{j}$、-2、$\pm\mathrm{j}$，零点是 0、-1、-1、-2、-2，其中有一个 -1 的零点是阻塞零点，其他都是传输零点。传递函数矩阵 $G_3(s)$ 的极点是 -1、1、1，零点是 2，它是传输零点。

(2)系统 1 的极点为 -1、$-1+\mathrm{j}$、$-1-\mathrm{j}$，零点为 -4。系统 2 的极点为 -0.618、1、1.618，没有有限的零点。

2-22 (1)调节器系统的极点为 0、0，零点为 -6.25、-5。被控对象系统的极点为 0、-2、-9，零点为 -9。

(2)以对象输出为系统输出时，闭环系统的极点为 -9、$-5\pm\mathrm{j}5$、$-5\pm\mathrm{j}5$，零点为 -6.25、-5、-9。以误差信号为系统输出时，闭环系统的极点为 -9、$-5\pm\mathrm{j}5$、$-5\pm\mathrm{j}5$，零点为 0、0、0、-2、-9。

2-23 $\boldsymbol{x}(k+1)=\begin{bmatrix}1 & 0.632\\ 0 & 0.368\end{bmatrix}\boldsymbol{x}(k)+\begin{bmatrix}0.368\\ 0.632\end{bmatrix}u(k)$

$y(k)=[1\quad 0]\boldsymbol{x}(k)$

2-24 $\boldsymbol{x}(k)=\begin{bmatrix}-\dfrac{17}{6}(-0.2)^k+\dfrac{22}{9}(-0.8)^k+\dfrac{25}{18}\\ \dfrac{17}{30}(-0.2)^k-\dfrac{88}{45}(-0.8)^k+\dfrac{7}{18}\end{bmatrix}$

2-25 $\Phi=\mathrm{e}^{AT}$

$$\Gamma_1=\int_0^{\tau}\mathrm{e}^{A\xi}\,\mathrm{d}\xi B$$

$$\Gamma_2=\int_0^{T-\tau}\mathrm{e}^{A\eta}\,\mathrm{d}\eta B$$

$$H=C$$

$$G(z)=\frac{\boldsymbol{y}(z)}{\boldsymbol{r}(z)}=H(zI-\Phi)^{-1}(\frac{1}{z}\Gamma_1+\Gamma_2)$$

第 3 章

3-1 (1) $\begin{bmatrix}\dot{x}_1\\ \dot{x}_2\\ \dot{x}_3\end{bmatrix}=\begin{bmatrix}0&1&0\\0&-2&2\\-1&0&-3\end{bmatrix}\begin{bmatrix}x_1\\x_2\\x_3\end{bmatrix}+\begin{bmatrix}0\\0\\2\end{bmatrix}r,\quad y=\begin{bmatrix}1&0&0\end{bmatrix}\begin{bmatrix}x_1\\x_2\\x_3\end{bmatrix}$

(2) 系统能控能观。

3-2 系统能控。

3-3 (1) $\begin{bmatrix}\dot{x}_1\\ \dot{x}_2\end{bmatrix}=\begin{bmatrix}-\frac{1}{R_1C}&0\\0&-\frac{R_2}{L}\end{bmatrix}\begin{bmatrix}x_1\\x_2\end{bmatrix}+\begin{bmatrix}\frac{1}{R_1C}\\ \frac{1}{L}\end{bmatrix}u,\quad y=\begin{bmatrix}1&0\end{bmatrix}\begin{bmatrix}x_1\\x_2\end{bmatrix}$

(2) $\frac{R_2}{L}\neq\frac{1}{R_1C}$ 时系统能控。系统不能观。

(3) $\frac{R_2}{L}\neq\frac{1}{R_1C}$ 时系统能观。

3-4 (1) 系统不能控。 (2) 系统能控。

3-6 (1) z_1、z_2 能控，z_3 不能控，z_1、z_3 能观，z_2 不能观。

(2) 能控能观的状态为 z_1，$z_1=x_1+x_3$。

(3) 不能控但能观的状态为 z_3，$z_3=x_2+x_3$。

3-7 (1) 能控对角型实现

$$\begin{bmatrix}\dot{z}_1\\ \dot{z}_2\\ \dot{z}_3\end{bmatrix}=\begin{bmatrix}-1&0&0\\0&-2&0\\0&0&-3\end{bmatrix}\begin{bmatrix}z_1\\z_2\\z_3\end{bmatrix}+\begin{bmatrix}1\\1\\1\end{bmatrix}r,\quad y=\begin{bmatrix}0.5&0&0.5\end{bmatrix}\begin{bmatrix}z_1\\z_2\\z_3\end{bmatrix}$$

能控标准 II 型实现

$$\begin{bmatrix}\dot{x}_1\\ \dot{x}_2\\ \dot{x}_3\end{bmatrix}=\begin{bmatrix}0&1&0\\0&0&1\\-6&-11&-6\end{bmatrix}\begin{bmatrix}x_1\\x_2\\x_3\end{bmatrix}+\begin{bmatrix}0\\0\\1\end{bmatrix}r,\quad y=\begin{bmatrix}2&1&0\end{bmatrix}\begin{bmatrix}x_1\\x_2\\x_3\end{bmatrix}$$

(2) 上述两种实现一定不能观。

(3) 对于能控对角型实现，能观子空间为 $z_2=0$，它的补空间为不能观子空间。对于能控标准 II 型实现，能观子空间为 $z_2=-3x_1-4x_2-x_3=0$，它的补空间为不能观子空间。

3-10 (1) $a=1$ 或 $a=2$ 或 $a=4$ 时，系统就不能控或不能观。

(2) 选择能观标准实现。

(3) 选择能控标准实现。

(4) 选择对角形实现。

3-11 (A,B_1) 能控。(A,B_2) 不能控。

3-12 (A,C_1) 能观。(A,C_2) 不能观。

3-13 (1) 系统能控的条件为 $\boldsymbol{b}_1^{\mathrm{T}}$、$\boldsymbol{b}_3^{\mathrm{T}}$ 线性独立，$\boldsymbol{b}_4^{\mathrm{T}}$、$\boldsymbol{b}_6^{\mathrm{T}}$ 线性独立。

(2) 系统能观的条件为 $\boldsymbol{c}_1$ 、 $\boldsymbol{c}_2$ 线性独立， $\boldsymbol{c}_4$ 、 $\boldsymbol{c}_5$ 线性独立。

(3) u 至少应该是 2 维的， y 至少应该是 2 维的。

3-14　能控，能控模态为 e^{-t} 、 e^{-2t} 和 e^{-3t} 。不能观，能观模态为 e^{-2t} 和 e^{-3t} ，不能观模态为 e^{-t} 。

3-15　(1) 系统不能控。系统能观。

(2) 同(1)。

3-16　(1) $A=\begin{bmatrix}0 & 1 & 0\\ -3 & -4 & 0\\ 2 & 1 & -2\end{bmatrix}$， $\boldsymbol{b}=\begin{bmatrix}0\\1\\0\end{bmatrix}$， $\boldsymbol{c}^{\mathrm{T}}=\begin{bmatrix}0 & 0 & 1\end{bmatrix}$

(2) 系统不能控。系统能观。

(3) 同(2)。

3-17　串联连接系统，能控的条件为 $d\neq b/c$ ，能观的条件为 $a\neq b/c$ 。反馈连接系统，能控的条件为 $d\neq b/c$ ，能观的条件为 $d\neq b/c$ 以及 $a\neq b/c$ 。

3-18　$G=\mathrm{e}^{AT}=\begin{bmatrix}\cos T & \sin T\\ -\sin T & \cos T\end{bmatrix}$， $\boldsymbol{h}=\int_0^T \mathrm{e}^{A\tau}\,\mathrm{d}\tau\boldsymbol{b}=\begin{bmatrix}\sin T\\ \cos T-1\end{bmatrix}$， $\boldsymbol{c}^{\mathrm{T}}=\begin{bmatrix}0 & 1\end{bmatrix}$

采样周期 $T=k\pi$ 时，离散化系统不能控且不能观， $T\neq k\pi$ 时，离散化系统能控且能观。

3-19　$\dot{\tilde{\boldsymbol{x}}}=\begin{bmatrix}0 & -4\\ 1 & 4\end{bmatrix}\tilde{\boldsymbol{x}}+\begin{bmatrix}1\\0\end{bmatrix}u,\quad y=\begin{bmatrix}1 & 2\end{bmatrix}\tilde{\boldsymbol{x}}$

3-20　$\dot{\tilde{\boldsymbol{x}}}=\begin{bmatrix}0 & 1\\ -2 & -3\end{bmatrix}\tilde{\boldsymbol{x}}+\begin{bmatrix}0\\1\end{bmatrix}u,\quad y=\begin{bmatrix}1 & 0\end{bmatrix}\tilde{\boldsymbol{x}}$

3-21　(1) 可控可观状态变量是 x_3 ；可控不可观状态变量是 x_4 ；不可控可观状态变量是 x_1 ；不可控不可观状态变量是 x_2 。

(2) $G(s)=\dfrac{1}{s+2}$

3-22　(1) 能控变量为 x_1、x_2、x_3、x_5；不能控变量为 x_4、x_6；能观变量为 x_1、x_2、x_4；不能观变量为 x_3、x_5、x_6。

(2) 能控能观变量为 x_1、x_2 。能控不可观变量为 x_3、x_5 。不能控能观变量为 x_4 。不能控不能观变量为 x_6 。

(3) $$\begin{bmatrix}\dot{\boldsymbol{x}}_{co}\\ \dot{\boldsymbol{x}}_{c\bar{o}}\\ \dot{\boldsymbol{x}}_{\bar{c}o}\\ \dot{\boldsymbol{x}}_{\bar{c}\bar{o}}\end{bmatrix}=\begin{bmatrix}-4 & 1 & 0 & 0 & 0 & 0\\ 0 & -4 & 0 & 0 & 0 & 0\\ 0 & 0 & 3 & 0 & 1 & 0\\ 0 & 0 & 0 & -1 & 0 & 1\\ 0 & 0 & 0 & 0 & 3 & 0\\ 0 & 0 & 0 & 0 & 0 & -1\end{bmatrix}\begin{bmatrix}\boldsymbol{x}_{co}\\ \boldsymbol{x}_{c\bar{o}}\\ \boldsymbol{x}_{\bar{c}o}\\ \boldsymbol{x}_{\bar{c}\bar{o}}\end{bmatrix}+\begin{bmatrix}1 & 3\\ 5 & 7\\ 4 & 3\\ 1 & 6\\ 0 & 0\\ 0 & 0\end{bmatrix}\begin{bmatrix}u_1\\ u_2\end{bmatrix},\quad \begin{bmatrix}y_1\\ y_2\end{bmatrix}=\begin{bmatrix}3 & 1 & 0 & 0 & 5 & 0\\ 1 & 4 & 0 & 0 & 2 & 0\end{bmatrix}\begin{bmatrix}\boldsymbol{x}_{co}\\ \boldsymbol{x}_{c\bar{o}}\\ \boldsymbol{x}_{\bar{c}o}\\ \boldsymbol{x}_{\bar{c}\bar{o}}\end{bmatrix}$$

3-23 $$T_1^{-1}AT_1=\begin{bmatrix}-3 & 1 & & & & & & \\ & -3 & & & & & & \\ & & -5 & & 1 & & & \\ & & & -4 & & & & \\ & & & & -1 & & & 1\\ & & & & & -4 & & \\ & & & & & & -5 & \\ & & & & & & & -1\end{bmatrix},\quad T_1^{-1}B=\begin{bmatrix}1 & 3\\ 5 & 7\\ 9 & 2\\ 4 & 3\\ 1 & 6\\ 0 & 0\\ 0 & 0\\ 0 & 0\end{bmatrix},\quad CT_1=\begin{bmatrix}3 & 4 & 3 & 0 & 0 & 5 & 6 & 0\\ 1 & 1 & 7 & 0 & 0 & 2 & 1 & 0\end{bmatrix}$$

系统的传递函数矩阵为

$$G(s)=\tilde{C}_1(sI-A_{11})^{-1}\tilde{B}_1=\begin{bmatrix}3&4&3\\1&1&7\end{bmatrix}\begin{bmatrix}s+3&-1&\\&s+3&\\&&s+5\end{bmatrix}^{-1}\begin{bmatrix}1&3\\5&7\\9&2\end{bmatrix}$$

$$=\frac{1}{(s+3)^2(s+5)}\begin{bmatrix}50s^2+361s+663&43s^2+353s+714\\69s^2+431s+682&24s^2+171s+311\end{bmatrix}$$

3-24 $\sigma_1=4$，变换矩阵为

$$T_4^{-1}=\begin{bmatrix}1&0&0&1\\1&0&0&0\\0&0&1&0\\-1&1&4&-1\end{bmatrix}$$

列搜索下的能控标准II型为

$$A_4^c=T_4^{-1}AT_4=\begin{bmatrix}0&1&0&0\\0&0&1&0\\0&0&0&1\\1&1&-3&4\end{bmatrix},\quad B_4^c=T_4^{-1}B=\begin{bmatrix}0&0\\0&0\\0&1\\1&4\end{bmatrix}$$

3-25 $\sigma_1=1$，$\sigma_2=3$，变换矩阵为

$$T_6^{-1}=\begin{bmatrix}1&1&0&-2\\1&0&0&1\\1&0&0&0\\0&0&1&0\end{bmatrix}$$

行搜索下的能控标准II型为

$$A_6^c=T_6^{-1}AT_6=\begin{bmatrix}0&1&0&0\\0&0&1&0\\0&0&0&1\\1&1&-3&4\end{bmatrix},\quad B_6^c=T_6^{-1}B=\begin{bmatrix}1&0\\0&0\\0&0\\0&1\end{bmatrix}$$

第4章

4-1 (1)系统的状态方程为

$$\begin{bmatrix}\dot{x}_1\\\dot{x}_2\\\dot{\xi}\end{bmatrix}=\begin{bmatrix}0&1&0\\-\omega_0^2+k_1&k_2&1\\-k_0&0&0\end{bmatrix}\begin{bmatrix}x_1\\x_2\\\xi\end{bmatrix}+\begin{bmatrix}0\\0\\k_0\end{bmatrix}r,\quad y=\begin{bmatrix}1&0&0\end{bmatrix}\begin{bmatrix}x_1\\x_2\\\xi\end{bmatrix}$$

(2)略

4-2 原点全局渐近稳定。

4-3 原点全局渐近稳定。

4-4 原点全局渐近稳定。

4-6 原点全局渐近稳定。

4-7 (1) $-2<\beta<2$ 。(2)原点局部渐近稳定。

4-9 (1)略。(2)原点稳定。

4-10 原点全局渐近稳定。

4-11 原点全局渐近稳定。

4-13 (1)原点是系统唯一平衡点的条件是 $g(0)=0$，且 $x_1\neq 0$ 时，$g(x_1)\neq 0$ 。

(2) g 在Ⅰ、Ⅲ象限，此时原点是全局渐近稳定的。

4-14 (1)两个平衡点$[x_1,x_2]=[0,0]$，$[x_1,x_2]=\left[-\frac{\gamma}{\delta},-\frac{\alpha}{\beta}\right]$。

(2)第一个平衡点附近线性化微分方程为

$\dot{x}_1=\alpha x_1$

$\dot{x}_2=\gamma x_2$

第二个平衡点附近线性化微分方程为

$\dot{x}_1=-\frac{\beta\gamma}{\delta}x_2$

$\dot{x}_2=-\frac{\delta\alpha}{\beta}x_1$

(3)第一个平衡点$\alpha<0$、$\gamma<0$时稳定，否则不稳定。第二个平衡点$\delta\gamma<0$时不稳定，$\delta\gamma>0$时无法判定。

4-15 (1)当$u=0$、$a=1$时，系统的三个平衡点分别为$\boldsymbol{x}_{01}=\begin{bmatrix}0\\0\end{bmatrix},\boldsymbol{x}_{02}=\begin{bmatrix}1\\1\end{bmatrix},\boldsymbol{x}_{03}=\begin{bmatrix}-1\\-1\end{bmatrix}$。$\boldsymbol{x}_{01}$附近线性化微分方程的特征值为$\pm\mathrm{j}$；平衡点$\boldsymbol{x}_{02}$附近线性化微分方程的特征值为$-3$、$2$；平衡点$\boldsymbol{x}_{03}$附近线性化微分方程的特征值为$-3$、$2$。因为它们分别是中心点、鞍点和鞍点，故不能判断出这些平衡点的局部稳定性。

(2)略

4-16 (1)原点局部渐近稳定。

(2)在包含原点的邻域$x_2^6<0.125$内，局部渐近稳定。

(3)在包含原点的邻域$|2x_1x_2^2|<1$内，局部渐近稳定。

(4)包含原点的邻域$|2x_1x_2^2|<1$内，局部渐近稳定。

4-17 (1)静态工作点$x_{10}=0.05$，$x_{20}=0$，$x_{30}=6.26$，$u_0=6.26$。静态工作点附近的线性化方程为

$\dot{\tilde{x}}_1=\tilde{x}_2$

$\dot{\tilde{x}}_2=-0.01\tilde{x}_2-3.13\tilde{x}_3+195.94\tilde{x}_1$

$\dot{\tilde{x}}_3=-50\tilde{x}_3+15.7\tilde{x}_2+50\tilde{u}$

特征方程为

$s^3+50.01s^2-146.3s-9797=0$

故系统在静态工作点上是不稳定的。

(2)取状态偏差的反馈控制为

$\tilde{u}=u-u_0=\boldsymbol{k}^{\mathrm{T}}(\boldsymbol{x}-\boldsymbol{x}_0)=[k_1\quad k_2\quad k_3](\boldsymbol{x}-\boldsymbol{x}_0)$

工作点附近系统的特征方程为

$s^3+(50.01-50k_3)s^2+(-146.3-0.5k_3+156.5k_2)s-9797+156.5k_1+9797k_3=0$

可以使静态工作点稳定。

(3)无法使静态工作点稳定。

4-18 $b_i>0(i=1,2,3,4)$

4-23 (1)略。(2) $q<2\mu a$

第5章

5-2 $\boldsymbol{k}^{\mathrm{T}}=[k_1,k_2,k_3]=[0.68\quad 2.0505\quad 0.2284]$

5-3　$k_1=-8$，$k_2=6$，$k_3=-1.5$，$s_3=-0.5$，闭环三个根不能任意配置。

5-4　(1) $\gamma=0°$

(2) $k_1=0$，$k_2=-4.5$，$k_3=-4.5$

(3) $k_c=7.1$，$\gamma'=39.3°$

5-5　(1) $k_1=-3\omega_0^2$，$k_2=-4\omega_0$

(2)特征根可以任意配置。

5-6　(1) $k_1=11$，$k_2=8$，$k_3=20$

(2) $G_c(s)=\dfrac{U(s)}{E(s)}=\dfrac{20(s+1)(s+3)}{s(s^2+12s+22)}$

5-7　(1) $F=\begin{bmatrix}0 & 0\\ 1 & -1\end{bmatrix}$　(2) $K=\begin{bmatrix}-5 & -1\\ 1 & -1\end{bmatrix}$

5-8　$K=\begin{bmatrix}0 & -2 & 0.5 & -0.5\\ -3.5 & -8.5 & -6.5 & 2.5\end{bmatrix}$

5-9　无法通过输出反馈镇定。

5-10　(1)能通过状态反馈实现闭环极点的任意配置。

(2)能通过输出反馈实现闭环稳定。

5-11　(1) $a=0$ 或 $a=3$ 时系统不能控，否则系统能控。$a=1$ 时系统不能观，否则系统能观。$a=0$ 或 $a=3$ 或 $a=1$ 时，系统不能控能观，否则系统能控能观。

(2) $G(s)=\dfrac{s+1-a}{(s-2)\left[(s+1)^2-a\right]}$

(3) $k_3<-1$、$k_1<-4$、k_2 任意时系统渐近稳定。

5-12　(1) $A=\begin{bmatrix}0 & 0 & 1 & 0\\ 0 & 0 & 0 & 1\\ -2 & 0 & -3 & 0\\ 0 & -2 & 0 & -3\end{bmatrix}$，$B=\begin{bmatrix}0 & 0\\ 0 & 0\\ 1 & 0\\ 0 & 1\end{bmatrix}$，$C=\begin{bmatrix}3 & 2 & 1 & 1\\ 2 & 0 & 1 & 2\end{bmatrix}$

(2) $A=\begin{bmatrix}0 & 0 & -2 & 0\\ 0 & 0 & 0 & -2\\ 1 & 0 & -3 & 0\\ 0 & 1 & 0 & -3\end{bmatrix}$，$B=\begin{bmatrix}3 & 2\\ 2 & 0\\ 1 & 1\\ 1 & 2\end{bmatrix}$，$C=\begin{bmatrix}0 & 0 & 1 & 0\\ 0 & 0 & 0 & 1\end{bmatrix}$

5-13　$A=\begin{bmatrix}0 & 0 & 1\\ 0 & -1 & 0\\ 0 & 0 & -1\end{bmatrix}$，$B=\begin{bmatrix}0 & 2\\ 2 & 1\\ 1 & -2\end{bmatrix}$，$C=\begin{bmatrix}1 & 0 & 0\\ 0 & 1 & 0\end{bmatrix}$

5-14　(1) $T=\begin{bmatrix}1 & 0 & 1\\ 1 & 1 & 0\\ 0 & 0 & 1\end{bmatrix}$　(2) $T=\begin{bmatrix}\boldsymbol{b}_1 & \boldsymbol{b}_1A & \boldsymbol{b}_1A^2\end{bmatrix}\begin{bmatrix}a_2 & a_1 & 1\\ a_1 & 1 & 0\\ 1 & 0 & 0\end{bmatrix}$

5-15　(1) $g_1=19$，$g_2=179$

(2) $k_1=24$，$k_2=7$

5-16　$g_1=\dfrac{1}{3}$，$g_2=-6$

5-17　(1) $\begin{bmatrix}\dot{x}_1^*\\ \dot{x}_2^*\end{bmatrix}=\begin{bmatrix}0 & 1\\ 0 & -6\end{bmatrix}\begin{bmatrix}x_1^*\\ x_2^*\end{bmatrix}+\begin{bmatrix}1\\ 0\end{bmatrix}u+\begin{bmatrix}g_1\\ g_2\end{bmatrix}(y-y^*)$

(2) $g_1=14$，$g_2=16$

(3) $k_1=-52$，$k_2=-2$

5-19 $E^{-1}=\begin{bmatrix}-0.1 & 0.12\\ 0.05 & -0.01\end{bmatrix}$, $F=\begin{bmatrix}2 & -2 & -6\\ -4 & 0 & -10\end{bmatrix}$

5-21 (1) $G(s)=\begin{bmatrix}\dfrac{1}{s^2+\omega^2} & \dfrac{2\omega}{s(s^2+\omega^2)}\\ \dfrac{-2\omega}{s(s^2+\omega^2)} & \dfrac{s^2-3\omega^2}{s^2(s^2+\omega^2)}\end{bmatrix}$

(2) $E=\lim\limits_{s\to\infty}s^2G(s)=\begin{bmatrix}1 & 0\\ 0 & 1\end{bmatrix}$, $E^{-1}=\begin{bmatrix}1 & 0\\ 0 & 1\end{bmatrix}$, $F=\begin{bmatrix}3\omega^2 & 0 & 0 & 2\omega\\ 0 & -2\omega & 0 & 0\end{bmatrix}$

(3) $H=\begin{bmatrix}1 & 2 & 0 & 0\\ 0 & 0 & 1 & 2\end{bmatrix}$

5-22 (1) $L=\begin{bmatrix}1 & 0\\ 0 & 1\end{bmatrix}$, $K=\begin{bmatrix}0 & 1 & 0 & 0\\ 0 & 0 & -1 & 4\end{bmatrix}$

(2) $\boldsymbol{u}=L\boldsymbol{v}+K=\boldsymbol{v}+\begin{bmatrix}0 & 0 & 0 & 0\\ 0 & 0 & -1 & 0\end{bmatrix}\boldsymbol{x}$

(3) PI 调节器参数 $k=8$，$\tau=0.5$，可以做到在常值阶跃扰动 f 作用下无静态误差。

5-23 (1) 状态空间描述为

$$\begin{bmatrix}\dot{x}_1\\ \dot{x}_2\\ \dot{x}_3\\ \dot{x}_4\\ \dot{x}_5\end{bmatrix}=\begin{bmatrix}-2-k_{p1} & k_{i1} & 0 & 0 & 0\\ -1 & 0 & 0 & 0 & 0\\ -k_{p1} & k_{i1} & -9 & 0 & 0\\ 0 & 0 & -k_{p2} & -k_{p2} & k_{i2}\\ 0 & 0 & -1 & -1 & 0\end{bmatrix}\begin{bmatrix}x_1\\ x_2\\ x_3\\ x_4\\ x_5\end{bmatrix}+\begin{bmatrix}k_{p1} & 0\\ 1 & 0\\ k_{p1} & 0\\ 0 & k_{p2}\\ 0 & 1\end{bmatrix}\begin{bmatrix}r_1\\ r_2\end{bmatrix}$$

$$\begin{bmatrix}y_1\\ y_2\end{bmatrix}=\begin{bmatrix}1 & 0 & 0 & 0 & 0\\ 0 & 0 & 1 & 1 & 0\end{bmatrix}\begin{bmatrix}x_1\\ x_2\\ x_3\\ x_4\\ x_5\end{bmatrix}$$

(2) $k_{p1}=8$，$k_{i1}=50$，$k_{p1}=10$，$k_{i2}=50$，特征根 -9 不受 k_{p1}、k_{i1}、k_{p2}、k_{i2} 的影响。

5-24 (1) $\dot{\eta}=r-y$, $u=[2.4\quad 3.08\quad 33.4\quad 10.08]\boldsymbol{x}-0.8\eta$

(2) 略

5-25 $\dot{\boldsymbol{\eta}}=\begin{bmatrix}0 & 1 & 0\\ 0 & 0 & 1\\ 0 & -1 & 0\end{bmatrix}\boldsymbol{\eta}+\begin{bmatrix}0\\ 0\\ 1\end{bmatrix}(r-y)$, $u=\begin{bmatrix}-\dfrac{61}{4} & -7\end{bmatrix}\boldsymbol{x}+\begin{bmatrix}\dfrac{25}{4} & 2 & \dfrac{57}{4}\end{bmatrix}\boldsymbol{\eta}$

第 6 章

6-2 $\delta J=2\int_{x_0}^{x_1}(y\delta y+\dot{y}\delta\dot{y})\mathrm{d}x$

6-3 $y=\dfrac{y_1-y_0}{x_1-x_0}x+\dfrac{y_0x_1-x_0y_1}{x_1-x_0}$

6-4 $y=C_1\mathrm{ch}\left(\dfrac{1}{C_1}x+C_2\right)$

6-6 (1) $F^*(t)=M\dot{v}=\dfrac{-v_f}{\mathrm{e}^{\frac{T_f}{M}}+\mathrm{e}^{\frac{-T_f}{M}}}\left(\mathrm{e}^{\frac{t-T_f}{M}}-\mathrm{e}^{-\frac{t-T_f}{M}}\right)$

(2) $F^*(t)=M\dot{v}=\dfrac{v_f}{\mathrm{e}^{\frac{T_f}{M}}-\mathrm{e}^{\frac{-T_f}{M}}}\left(\mathrm{e}^{\frac{t-T_f}{M}}+\mathrm{e}^{-\frac{t-T_f}{M}}\right)$

6-8 $u^*(t)=1.3732t-1.4142$

$x_1^*(t)=0.4577t^3-1.4142t^2+1$

$x_2^*(t)=0.6866t^2-1.4142t$

6-9 $u=\left(2-\sqrt{3}\right)t-\sqrt{3}+1$

$x_1=\dfrac{2-\sqrt{3}}{6}t^3-\dfrac{\sqrt{3}-1}{2}t^2$

$x_2=\dfrac{2-\sqrt{3}}{2}t^2-\left(\sqrt{3}-1\right)t$

$t_f=\sqrt{3}$

6-11 $k_1=\dfrac{b^2}{r}\left(\dfrac{q_2}{d_2}k_3+\dfrac{q_1}{d_1}k_2+k_2k_3\right)$, $k_2=\dfrac{q_2}{d_2}\left[\sqrt{1+\dfrac{d_2}{2\xi\omega_n}\left(1+\dfrac{2k_3}{q_2}\right)}-1\right]$, $k_3=\dfrac{q_1}{d_1}\left[\sqrt{1+\dfrac{d_1}{\omega_n^2}}-1\right]$

式中

$d_1=\dfrac{b^2q_1}{\omega_n^2r}$, $d_2=\dfrac{b^2q_2}{2\xi\omega_nr}$

最优控制

$$u^*=-\frac{1}{r}[0\quad b]\begin{bmatrix}k_1 & k_3\\ k_3 & k_2\end{bmatrix}\boldsymbol{x}=-\frac{bk_3}{r}x_1-\frac{bk_2}{r}x_2$$

6-18 最短运行时间为 $t_f^*=2\sqrt{2}$ 。

6-19 $N(e,\dot{e})=\begin{cases}e+\dot{e}-\ln(1+\dot{e}), & e>0\\ e+\dot{e}+\ln(1-\dot{e}), & e\leqslant 0\end{cases}$

6-20 $u^*(k)=-x(k),\quad k=0,1,2,3$

6-21 $\boldsymbol{u}(0)=-\dfrac{1}{4}\boldsymbol{x}(0)$, $\boldsymbol{u}(1)=-\dfrac{1}{3}\boldsymbol{x}(1)$, $\boldsymbol{u}(2)=-\dfrac{1}{2}\boldsymbol{x}(2)$

6-23 $u^*=\left(2-\sqrt{5}\right)x$

6-24 $u^*=-2x_1-2x_2$

6-25 $\boldsymbol{u}^*=-R^{-1}B^{\mathrm{T}}P(t)\boldsymbol{x}$

式中， $P(t)$ 为黎卡提微分方程

$$-\dot{P}(t)=Q+P(t)A+A^{\mathrm{T}}P(t)-P(t)BR^{-1}B^{\mathrm{T}}P(t),\quad P(t_f)=0$$

的解。